作者简介

叶世昌（1929—2022），男，浙江台州人，中国经济思想史、货币史领域著名学者，复旦大学经济学院教授，博士生导师，享受政府特殊津贴。曾任中国经济思想史学会副会长、中国钱币学会理事、上海市钱币学会副理事长、《辞海》编辑委员暨分科主编。发表论文200余篇，主要著述有《鸦片战争前后我国的货币学说》、《中国经济思想简史》、《中国古代经济管理思想》、《中国货币理论史》、《中国经济史学论集》、《古代中国经济思想史》、《近代中国经济思想史》、《中国古近代金融史》、《中国近代市场经济思想》、《中国学术名著提要·经济卷》、《中国金融通史》（第1卷）、《中国历代货币大系》（第5、8、12卷）等。

中国货币理论史

叶世昌 等 著

复旦大学出版社

内容提要

本书是对中国两千多年来货币理论的一次系统性总结和梳理，分为上、下两编：上编为《中国古代货币理论》，介绍了自先秦至鸦片战争前的货币理论；下编为《中国近代货币理论》，介绍了鸦片战争到中华人民共和国成立前的货币理论。本书尤侧重于近代货币理论，总括了这一时期百家争鸣的货币思想，追溯了新旧思想冲激合流的渊源，并且考察、发掘了大量在历史上不知名的货币论著及作者，填补了这方面研究的空缺。本书还结合现代经济学观点，对古今各类货币理论作了诠释、分析和评价。

本书初版问世以来，深受读者喜爱，多次改版重印。此次再版，结合新的资料考订了书中人物的生平，史实叙述更为准确；核对了重要引文并增补了若干文献出处，以便读者根据本书提供的线索查阅相关资料，拓展研究的广度和深度；根据学界最新研究成果，修正了对一些文献章句的诠释和解读，使之更符合古人的原意。

本书体大思精，征引宏富，言简意赅，探幽析微，重视总结经济和历史规律，使中国历史上的货币理论前后衔接，构建了自成一体、独具特色的中国货币理论史体系。

三版前言

《中国货币理论史》,已经出版过两次。第一次是分上下册,于1985年4月和1993年12月由中国金融出版社出版。上册作者为叶世昌;下册作者为叶世昌、李保金、钟祥财三人。后由叶世昌对全书进行了修订,修订后合为一册,2003年由厦门大学出版社出版,作者仍为叶世昌、李保金、钟祥财三人。此书初版于1995年获全国高等学校人文社会科学研究优秀成果著作一等奖。修订版获上海市第七届哲学社会科学优秀成果(2002—2003)著作三等奖。

学术研究无止境。即使是已出版的书,也会有需要修订的内容。但已出的书,要改也难,只有在再版时才有可能。不久前,复旦大学出版社编辑戚雅斯女士告诉我,该社已决定出版《中国货币理论史》的第三版。我很高兴,这是一次修订此书的机会。于是当即集中精力,将全书再查看了一遍,做了一些必要的修改。修改以后,此书比旧著又前进了一步。但时间紧迫,年事已高,也只能适可而止了。又,书中凡引古籍,一般注明作者、书名、卷数、篇名,不详注版本、页码,以省篇幅。于先秦诸子则按惯例不注作者、卷数。二十四史亦不注作者。

感谢复旦大学出版社,感谢徐惠平副总编以及岑品杰、戚雅斯、王轶飚等编辑。

叶世昌

2018年9月

目 录

三版前言 / 1

上编　中国古代货币理论

第一章　春秋战国时期的货币理论 / 3
　　第一节　单旗的子母相权论 / 4
　　第二节　墨家的刀粟相为价论 / 7
　　第三节　商鞅的金生粟死论 / 9
　　第四节　《管子》(战国部分)的货币理论 / 11

第二章　西汉的货币理论 / 13
　　第一节　贾谊、贾山的垄断铸币权论 / 13
　　第二节　晁错的贱金玉论 / 16
　　第三节　《管子·轻重》的货币基本理论 / 17
　　第四节　《管子·轻重》的货币政策论 / 22

第五节　司马迁的货币起源论 / 26
第六节　盐铁会议上的铸币权之争 / 27
第七节　贡禹的罢货币论 / 31

第三章　东汉两晋的货币理论 / 33
第一节　班固的货币论 / 34
第二节　张林和刘陶的议论 / 35
第三节　荀悦的行钱论 / 38
第四节　鲁褒的钱神论 / 39
第五节　孔琳之的反废钱论 / 42

第四章　南北朝时期的货币理论 / 45
第一节　范泰的铸钱无益论 / 46
第二节　何尚之、沈演之关于大钱当两的争论 / 47
第三节　沈庆之、颜竣关于货币铸造权的争论 / 50
第四节　孔觊的不惜铜爱工论 / 54
第五节　周朗、沈约的罢货币论 / 56
第六节　北朝的货币理论 / 58

第五章　唐朝的货币理论 / 61
第一节　崔沔、刘秩的垄断铸币权论 / 62
第二节　杜佑的货币论 / 67
第三节　陆贽的反对赋税征钱和货币数量论 / 69
第四节　白居易的反对赋税征钱和平物价论 / 72
第五节　韩愈的名目主义观点 / 75
第六节　元稹、杨於陵的货币论 / 77

第六章　北宋的货币理论 / 80
第一节　李觏的货币论 / 81

第二节　张方平的货币论 / 83
第三节　沈括的货币流通速度论 / 87
第四节　司马光等人的货币观点 / 90
第五节　周行己的货币论 / 92

第七章　南宋淳熙以前的货币理论 / 97
　　第一节　对发行新交子的批评 / 97
　　第二节　吕祖谦的货币论 / 102
　　第三节　辛弃疾的纸币论 / 106
　　第四节　宋孝宗的纸币论 / 109
　　第五节　叶适的货币论 / 111

第八章　南宋绍熙以后和金朝的货币理论 / 118
　　第一节　杨万里的母子相权论 / 118
　　第二节　袁燮的货币流通论 / 121
　　第三节　吴潜的纸币国之命脉论 / 125
　　第四节　袁甫论会子流通四戒 / 128
　　第五节　许衡的纸币论 / 131
　　第六节　金朝关于纸币流通的主要观点 / 134

第九章　元朝的货币理论 / 137
　　第一节　至元年间的纸币理论 / 137
　　第二节　郑介夫的子母相权论 / 142
　　第三节　马端临的货币论 / 146
　　第四节　王祎的货币论 / 148
　　第五节　刘基的纸币流通法定论 / 152

第十章　明朝的货币理论 / 155
　　第一节　叶子奇的纸币兑现论 / 156

第二节　刘定之的货币论 / 158
第三节　丘濬的金属主义货币论 / 162
第四节　谭纶的用银致贫论 / 167
第五节　靳学颜的重钱轻银论 / 171
第六节　崇祯年间的货币理论 / 174

第十一章　清朝初期的货币理论 / 180
第一节　黄宗羲的废金银论 / 180
第二节　顾炎武的货币论 / 183
第三节　王夫之的货币论 / 186
第四节　唐甄的废银用钱论 / 191
第五节　姚文然的钱多则滞论 / 194
第六节　清朝初期的其他货币理论 / 196

第十二章　鸦片战争前白银外流时期的货币理论 / 200
第一节　王鎏的名目主义货币论 / 201
第二节　王鎏货币理论的主观性 / 209
第三节　包世臣的货币论 / 216
第四节　鸦片战争前的其他货币理论 / 221

下编　中国近代货币理论

第十三章　鸦片战争后十年间的货币理论 / 227
第一节　徐鼒的用银致贫论 / 228
第二节　魏源的金属主义货币论 / 231
第三节　许楣兄弟的金属主义货币论 / 236
第四节　许楣对王鎏虚夸之论和鼓吹君权的批评 / 239
第五节　马敬之、吴嘉宾等的重钱轻银论 / 244
第六节　陆蔿恩、陈池养、缪梓等的行钞论 / 249

目 录

第十四章　咸丰年间的货币理论 / 256
　　第一节　王茂荫的货币论 / 257
　　第二节　杨象济、周悦让的反行钞论 / 263
　　第三节　孙鼎臣的反用银论 / 265
　　第四节　冯桂芬的货币论 / 270
　　第五节　周腾虎的铸银钱说 / 274

第十五章　洋务运动时期的货币理论 / 279
　　第一节　《富国策》和《富国养民策》中的货币理论 / 281
　　第二节　黄遵宪的纸币论 / 284
　　第三节　钟天纬的铸银钱论 / 287
　　第四节　张之洞等的铸银钱论 / 290
　　第五节　陈虬对币制混乱的批评 / 293
　　第六节　郑观应的铸银钱及行钞论 / 296
　　第七节　唐才常的铸银钱及行钞论 / 300

第十六章　甲午战争至辛亥革命时期的货币理论（上） / 305
　　第一节　胡燏棻等的铸金钱论和马相伯的币制论 / 307
　　第二节　陈炽的通用金镑说 / 312
　　第三节　江标的金属主义货币论 / 318
　　第四节　《保富述要》和《原富》译文中的货币理论 / 322
　　第五节　严复的名目主义货币论 / 326
　　第六节　钱恂的货币理论 / 331
　　第七节　三种译著中的货币理论 / 337

第十七章　甲午战争至辛亥革命时期的货币理论（下） / 347
　　第一节　对精琦方案的驳议 / 347
　　第二节　章宗元的货币数量论 / 354
　　第三节　刘世珩的划一币制论 / 359

第四节　宋育仁的货币论 / 362

　　　第五节　梁启超的虚金本位论 / 368

　　　第六节　两元之争和汪大燮等的金本位论 / 377

　　　第七节　康有为的金主币救国论 / 383

第十八章　北洋政府时期的货币理论 / 389

　　　第一节　本位制度的讨论（上）/ 391

　　　第二节　本位制度的讨论（下）/ 397

　　　第三节　孙中山的钱币革命论 / 403

　　　附：赵祖荫的币制改革救国论 / 410

　　　第四节　康有为的理财救国论 / 412

　　　第五节　章炳麟的金属主义货币论 / 415

　　　第六节　徐永祚、马寅初等的废两改元论 / 420

　　　第七节　朱执信的纸币理论 / 423

　　　第八节　廖仲恺的货物本位论 / 428

　　　第九节　王怡柯编译的《货币学》/ 433

第十九章　国民政府时期废两改元前的货币理论 / 440

　　　第一节　对于币制的一般意见 / 442

　　　第二节　寿勉成的科学银圆本位论 / 447

　　　第三节　刘振东的有限银本位论 / 451

　　　第四节　黄元彬的物银矫正策 / 455

　　　第五节　刘冕执的能力本位论 / 461

　　　附：刘子亚的物工化币论 / 470

　　　第六节　胡召南的经济救国论 / 472

　　　第七节　徐青甫的虚粮本位论 / 475

　　　第八节　阎锡山的物产证券论 / 481

　　　第九节　李权时的货币价值论 / 488

目 录

第二十章 废两改元至全国性抗战初期的货币理论(上) / 495
  第一节 顾翊群、姚庆三等的币制论 / 498
  第二节 褚辅成的货币革命论 / 505
  第三节 赵兰坪的币制论和货币价值论 / 509
  第四节 学者们对新币制的评论 / 517
  第五节 马寅初的币制论 / 525
  第六节 姚庆三的现代货币思潮论 / 531

第二十一章 废两改元至全国性抗战初期的货币理论(下) / 538
  第一节 陈豹隐的货币理论 / 540
  第二节 沈志远对错误货币理论的批判 / 546
  第三节 章乃器的币制理论 / 550
  第四节 钱俊瑞的国际货币权论 / 556
  第五节 孙冶方对物产证券论的批判 / 560
  第六节 李达的货币学概论 / 564

第二十二章 全国性抗战中后期和解放战争时期的货币理论(上) / 574
  第一节 杨端六对西方货币理论的介绍 / 578
  第二节 马寅初的通货新论 / 583
  第三节 徐青甫的物本币末论 / 589
  第四节 刘涤源的货币相对数量说 / 597
  第五节 滕茂桐的货币新论 / 602
  第六节 樊弘的货币理论 / 609

第二十三章 全国性抗战中后期和解放战争时期的货币理论(下) / 617
  第一节 黄宪章的货币学总论 / 618
  第二节 彭迪先的新货币学 / 628
  第三节 曹菊如的货币理论 / 634
  第四节 薛暮桥的货币理论 / 639

上编
中国古代货币理论

第一章
春秋战国时期的货币理论

货币在原始社会末期即已产生。但货币产生后,人们对货币的理论认识还要经过相当长的时期才产生,然后缓慢地由低级向高级、由简单向复杂发展。

中国在商、周时,大约牲畜、粮食、布帛、珠、玉、金、银、铜、贝等都起过货币的作用,而以铜和贝最为流行。春秋战国时期,商品经济有较大的发展,除黄金用于大额支付外,铜铸币盛行。由于处于诸侯并立的条件下,铜铸币的形式不统一,有布币、刀币、圜钱(或称"环钱")和蚁鼻钱四大类。布币仿农具镈(bó)而制成。初期的布币和铲的形状相似,是铲的微型化,首空可以纳柄,称为"空首布"。后来逐渐脱离原型,首亦变平,称为"平首布"。刀币由刀、削(一种小刀)演变而成,始终呈刀形。圜钱由纺轮或璧环演变而成,呈圆形,内有圆孔或方孔。蚁鼻钱和贝币形状相近,由仿制贝演变而成,是楚国的货币。另外,春秋战国时期的黄金也有很强的货币性。

和上述货币流通情况相适应，中国的货币理论在春秋战国时期有了初步的发展。虽然还只是一些零星的论述[①]，但已经有了一定的理论深度。

第一节 单旗的子母相权论

中国最早的货币理论相传由春秋末年的单旗所提出。单旗即单穆公，是周景王和敬王的卿士。

《国语·周语下》记载周景王二十一年（前524年）要铸造一种大钱，单旗表示反对，提出了子母相权论。当时王畿流通的铜铸币是空首布，因此这里所说的钱应指空首布。现存的空首布有大小的区别，不过从币面上看不出它们之间的比价关系，不像后来的平首布有时会在币面上铸明币值。也有学者怀疑这段史料是战国人所伪托[②]。

单旗首先指出："古者天灾降戾（至），于是乎量资（物资）币，权轻重，以振（拯）救民。"这句话中，已经包含有货币起源和货币职能的两层意思。

单旗认为货币的产生是由于发生了天灾，天灾引起饥荒，于是先王造出货币来救荒。他不了解货币是商品流通的自发产物，而将它的产生归于统治者的主观意志。这种货币起源论后来在《管子·轻重》中有了更明确的阐述。

[①] 这里不包括《管子·轻重》诸篇。《管子·轻重》有较丰富的货币理论，但对其著作年代有争论，笔者赞成西汉说。不计《管子·轻重》，则春秋战国的货币理论只有零星的论述。

[②] 加藤繁：《周景王铸钱传说批判》，《中国经济史考证》第1卷，吴杰译，商务印书馆1959年版。

"价值尺度和流通手段的统一是货币。"①单旗已经涉及了这两个职能,并把价值尺度职能放在首位。"量资币"是说量度物资和货币,"权轻重"是说用货币来权衡商品的轻重。"轻重"的直接意思是商品价格的低和高。古人分不清价值和价格,价格是商品价值的货币表现,因此"权轻重"实际上是指货币的价值尺度职能。用货币来"振救民",自然要让货币发挥流通手段和支付手段的作用。不过单旗并没有明确地把它们作为货币的职能看待。

关于货币的本质,有所谓金属主义和名目主义的理论派别。这两个派别都片面地解释货币的性质。金属主义者认为货币是商品,而忽视货币的特殊社会性质,不了解货币是与一般商品有区别的特殊商品。名目主义者则认为货币不是商品,它只不过是便利于商品流通的一种计算单位或符号。

货币有多种职能。金属主义者和名目主义者都着眼于货币的部分职能。金属主义者强调货币的价值尺度和贮藏手段职能,因此主张足值货币的流通。名目主义者强调货币的流通手段职能,因此认为货币和它的金属实体无关,只要有它的名义价值就可以了。

金属主义和名目主义货币理论在资本主义社会中发展得比较完备,但这两种理论派别在前资本主义社会中就已产生。在中国,这两种理论倾向产生得很早。

单旗认为货币的作用在于"权轻重",强调了货币的价值尺度职能,主张足值货币流通。他的理论具有金属主义的倾向,是中国金属主义货币思想的萌芽。

从"权轻重"的观点出发,单旗提出了他的子母相权论:"民患

---

① 马克思:《政治经济学批判》,《马克思恩格斯全集》第13卷,人民出版社1962年版,第113页。

轻,则为作重币以行之,于是乎有母权子而行,民皆得焉。若不堪重,则多作轻而行之,亦不废重,于是乎有子权母而行,小大利之。"这里的轻和重,是指铸币分量的轻和重。在商品流通中,如果人们感到原来的钱太轻,交易不便,则可以铸造分量重一点的钱。重钱按对轻钱的一定比价投入流通,重钱为母,轻钱为子,这叫作"母权子而行"。反之,如果人们感到原来的钱太重,交易不便,则可以铸造分量轻一点的钱。轻钱按对重钱的一定比价投入流通,重钱为母,轻钱为子,这叫作"子权母而行"。这里的轻钱和重钱都是足值铸币,所以单旗认为是正常的。

单旗的子母相权论说的是钱币的重量要适合商品流通的需要。由于商品的价值有高低,钱币的重量也应分成等级。但钱币的等级完全按照它的实际金属含量而定,而不是决定于政府的命令。它同近代的主辅币关系是两个毫不相关的概念。

先秦钱分子母的说法还见于《逸周书·大匡》。其中说周文王时,"币租轻,乃作母以行其子"。周初还没有铸币,这话显然是后人伪托。但由此可见,子钱、母钱是先秦某些地区的一个流行概念。

景王铸大钱的办法是"废轻而作重",把民间原来的轻钱作废,另铸重钱。在货币由国家垄断铸造,或虽不是垄断铸造,但铸造数量不多的情况下,钱币的流通价值可能高出它所含金属的实际价值很多。这种钱币一作废,就会丧失其超值部分,只剩下金属含量的价值,造成钱币持有者很大的经济损失。春秋末年的布币就是这种情况,所以单旗说:"今王废轻而作重,民失其资,能无匮乎?"至于另铸的分量较重的钱币,相对于其含铜量来说,也必然是超值的。所造钱币的分量越重,超值的比例越大。它是周王室手中的购买手段,用它来进行不等价交换,低价收购商品或民间藏铜(作废后的铜币也视作铜),收购来的铜则再铸成大钱投入流通。所以,"废轻而作重"是为了加强对人民财富的掠夺。

单旗反对实行使"民失其资"的货币政策,分析了由此将会造成的严重后果。他指出,人民匮乏,难以向王室纳税,国家的财政收入就会减少,"王用将有所乏"。王用不足,就要"厚取于民"。人民经受不起苛敛,只能远走高飞。所以铸大钱是"离民""召灾"的政策。他还指出,当时的周天子统治区,已经"民力雕(伤)尽,田畴荒芜,资用乏匮"。实行"绝民用以实王府"的政策,就像"塞川原而为潢污(水池)",很快就会枯竭。他告诫景王对这种"民离而财匮,灾至而备亡"的严重后果要引起足够的注意。但景王没有接受单旗的意见,最终铸了大钱①。

单旗的子母相权论中没有出现"子母相权"四字,这四字是后来出现的。子母相权概念长期流传,而其含义随着货币制度的演变以及运用这个概念的人的理论需要而经常变化。甚至有人把经商或放债取利也称为子母相权,本钱为母,利润或利息为子。

第二节　墨家的刀籴相为价论

墨家是战国时期的显学之一,为战国初期的墨子(约前468—前376)创立。《墨子》一书记述了他及弟子的言行。其中《经上》《经下》和解释《经上》《经下》的《经说上》《经说下》,有的学者认为是后期墨家所著,也有的学者认为《经上》《经下》是墨子自著,《经说上》《经说下》,是墨家后学所著②。《经下》和《经说下》中有价格理

---

① 《国语·周语下》未说铸何种钱。《汉书·食货志下》说周景王的大钱"文曰'宝货',肉好皆有周郭",此说误。
② 认为都是后期墨家所著的有孙诒让、胡适、冯友兰等,认为《经上》《经下》是墨子自著的有梁启超、栾调甫、高亨等。

论。这里只分析价格理论中同货币理论有关的部分。

《经下》说:"买无贵,说在仮(反)其贾(价)。"文字很简略,不易理解它的确切含意。《经说下》的解释是这样的:"买,刀籴相为贾。刀轻则籴不贵,刀重则籴不易(贱)。王刀无变,籴有变。岁变籴,则岁变刀。"这段话的意思是说:用刀币去购买粮食,刀币和粮食互相为对方的价格。粮食贵也就是刀币轻,即刀币的购买力低,既然是刀币的购买力低,就不能说是粮食贵。反之,粮食贱也就是刀币重,即刀币的购买力高,既然是刀币的购买力高,就不能说是粮食贱。君王铸造的刀币并没有变化,但购买到的粮食却有时多有时少。同一把刀币购买到的粮食数量年年不同,就好像刀币在年年变化一样。由此可以推知"买无贵,说在仮其贾"的意思是:买东西无所谓贵,因为反过来也可以说是货币贱。

上述论点说明了什么呢?

第一,它是一种逻辑推理。货币和商品相互交换,商品贵就是货币贱,商品贱就是货币贵,在逻辑上是一个正确的命题。但由此得出"买无贵"的结论,则又陷入了相对主义。

第二,从货币理论上看,它也有一定的意义。墨家已认识到货币、商品双方的交换能力成反比,一方的交换价值提高,就是另一方交换价值的降低,反之亦然。他们可能已模糊地认识到商品的贵贱不完全是商品方面的原因,同时也有货币方面的原因。

第三,他们的认识到此为止,没有进一步探索在商品价格发生变动时,何者是由于商品方面的原因,何者是由于货币方面的原因。他们也没有想到货币和商品交换比例的内在依据是什么。也就是说,他们只是对交换关系建立后的等式进行逻辑推理,而没有进一步探求为什么能够建立这样的等式。正如马克思所说过的:"在这里,任何价值概念都消失了。剩下的只是一个没有解释也无法解释的事实：若干量商品 A 和若干量商品 B 按照随便什么样的比例相交换。不管这个比例怎样，它总是表示等价物。"①

第四，他们把货币当作商品来看待，没有认识到货币是一种起一般等价物作用的特殊商品。他们将商品交换等同于物物交换，将货币等同于商品，混淆了简单价值形态和货币形态。

第三节　商鞅的金生粟死论

在古代社会，农业是最主要的经济部门，重农是经济思想的主流。春秋以前，没有将农业和其他经济部门对立起来的观点。战国时产生了以农为"本"，以奢侈品生产、销售和游食为"末"，主张"禁末"和抑制工商业的思想。战国末年的韩非进一步将"末"的范围扩大到整个工商业。

商鞅（约前 390—前 338）是农本理论的创始人之一。他是卫国国君的后裔，原名卫鞅或公孙鞅。年轻时到魏国，任相国公叔痤（cuó）的家臣（中庶子）。后到秦国，说服秦孝公变法，先后被任为左庶长和大良造（最高军政长官）。商鞅的变法巩固和发展了秦国的封建制度。孝公封给他於（wū）商（今陕西丹凤西）15 邑，号商君，因而称商鞅。公元前 338 年孝公死后，商鞅及其一家被贵族所杀害。

《商君书》是商鞅及其学派的著作。《去强》篇论述了金、粟的矛盾运动，这是商鞅农本理论在货币问题上的表现。文中说一两金可从国境外购买 12 石粟，可见这里的金不是指铜而是指黄金。

---

① 马克思：《剩余价值理论》第 3 册，《马克思恩格斯全集》第 26 卷（Ⅲ），人民出版社 1974 年版，第 161—162 页。

《去强》说:"金生而粟死,粟生而金死①。本物贱,事者众,买者少,农困而奸劝,其兵弱,国必削至亡。金一两生于竟(境)内,粟十二石死于竟外;粟十二石生于竟内,金一两死于竟外。国好生金于竟内,则金、粟两死,仓、府两虚,国弱;国好生粟于竟内,则金、粟两生,仓、府两实,国强。"

这段话的意思是说:货币和粮食是对立的,此长(生)彼消(死),此消彼长。农产品价格便宜,从事农业生产的人很多而购买农产品的人很少,就会使农民陷于困境,使有碍于农战的奸民得到鼓励,使国家衰弱以致败亡。黄金一两可买12石粮食。要得到一两黄金,需出口12石粮食;要得到12石粮食,则要出口一两黄金。因此,如果统治者"好生金于竟内",既不重视农业生产,又出口并不充裕的粮食去交换黄金,结果粮食不能满足消费的需要,到头来还是要用黄金去换回粮食,导致"金、粟两死,仓、府两虚"。反之,如果统治者"好生粟于竟内",致力于发展农业生产,增加粮食贮备,则不仅可以满足本国的粮食需要,还可以出口多余的粮食换回黄金,从而做到"金、粟两生,仓、府两实",国家富强。

商鞅把"金、粟两生,仓、府两实"作为国家富强的标志,可见他并不否定国家贮备货币的重要意义,只是认为从治国的指导思想来说,一定要把发展农业生产,特别是粮食生产放在首位。有粮才有钱,没有粮也就没有钱,而有钱却不一定有粮,没有粮国家就会乱。这种认识反映了自然经济占统治地位的社会的特点和要求。在中国整个封建历史时期中,粮食重于货币的思想一直占据主导地位。

---

① "粟生而金死"原作"粟死而金生",和前句重复,故改。也可以将前句改为"粟生而金死"。

第四节 《管子》(战国部分)的货币理论

《管子》是假托春秋时期齐国政治家管仲(？—前645)的著作。今本《管子》由西汉末刘向根据收集到的各种《管子》版本和与《管子》思想有关的著作,去除重复整理而成(还可能有刘向整理以后附入的著作)。其中既有作于战国时的,也有作于西汉时的。《管子》的货币理论主要见于《轻重》部分,那是西汉时的著作。战国时的著作在经济方面虽有深刻的论述,但货币理论却很少。

《管子·八观》说:"时货不遂,金玉虽多,谓之贫国也。""时货"即按时令生产的农产品,农产品不生产出来,金玉虽多也没有用,所以仍然是贫国。只有农产品多才是国富的表现。《管子·权修》还提出"金与粟争贵"的问题。这里的"争贵"是指争夺重要的地位,国家应该把农业生产放在首位,做到"野不积草",农事优先。这些同商鞅的理论是一致的。

《管子·乘马》中有一段关于黄金作用的话:"黄金者,用之量也。辨于黄金之理则知侈俭,知侈俭则百用节矣。故俭则伤事,侈则伤货。俭则金贱,金贱则事不成,故伤事。侈则金贵,金贵则货贱,故伤货。货尽而后知不足,是不知量也。事已而后知货之有余,是不知节也。不知量,不知节,不可谓之有道。"

这段话有些地方不大好懂,现根据笔者的理解阐释于下。

"黄金者,用之量也。"这是把黄金作为衡量消费适度与否的一种标准,从黄金价格的变化中来辨别消费是否恰当。《管子》认为侈和俭都不好,"俭则伤事(妨碍生产),侈则伤货(浪费物资)"。过于节俭对黄金的需求少,使它的价格降低,这叫作"俭则金贱"。黄金贱,也就是以黄金为价值尺度的商品的价格高。商品价格高不利于生产和生活,这叫作"金贱则事不成,故伤事"。反之,奢侈对黄金的需求大,使它的价格提高,这叫作"侈则金贵"。黄金贵,也就是以黄金为价值尺度的商品价格低。商品价格低会促进人们的消费,使商品的消耗量增加。这叫作"金贵则货贱,故伤货"。

因此,《管子》指出:等到商品消耗光了才知道商品的不足,"是不知量",即不懂得控制社会对商品的需求量;等到妨碍了生产才知道剩余的商品太多,"是不知节",即不懂得对人们的需求能力进行调节。统治者应该懂得黄金作为"用之量"的道理,既不过于浪费,也不过于节俭。这样,就能使"百用节",即各种需求都得到正确的调节,既避免了"伤事",又避免了"伤货",使生产和消费都能正常地进行。

"黄金者,用之量也"的理论,反映了《管子》作者的适度消费思想,即消费水平既不能太低也不能太高,太低会影响生产,太高会造成物资缺乏。但怎么知道消费是否适度呢?直接观察不容易得出明确的结论,需要有一个衡量的标准。《管子》作者选择了黄金,通过黄金的消耗量来间接检验消费的是否适度。黄金的使用直接反映消费水平,而黄金的使用情况同物价密切相关,物价的变动又反过来影响生产和消费。这样黄金就成了测量消费的尺度。这是"黄金者,用之量也"的理论意义所在。它表明《管子》作者已懂得通过货币来观察社会经济现象,已涉及了价值规律对生产的调节作用问题。当然这些认识还是粗浅的,事实上商品价格高对生产并不一定都不利,如适当提高粮价就可以促进农业生产。战国时期商品经济有了相当的发展,但整个社会还是一个以自然经济为主的社会,多数产品并不是商品,不和货币发生联系。《管子》作者赋予"黄金者,用之量也"以普遍性的形式,实际上只适用于同商品经济有关的那部分"事"和"货"。

第二章
西汉的货币理论

秦始皇统一六国后,统一了货币制度。黄金为上币,以镒(20两)为单位;铜钱为下币,统一于秦国原来的半两钱,重如其文。秦国的衡制一两重24铢,半两为12铢。汉承秦制,黄金改以斤为单位,铜钱仍用半两钱。后经多次减重,最后确定用五铢钱,重如其文。

西汉的商品经济较春秋战国时期有更大的发展,铸钱数量大增。西汉的货币理论极为丰富,诸如货币的起源、货币铸造权、货币的作用以及国家利用货币控制商品流通等方面都有精辟的论述。特别是《管子·轻重》的货币理论,在中国货币理论史上具有非常突出的地位。

第一节 贾谊、贾山的垄断铸币权论

经过秦末连年战争,社会经济遭受严重破坏,民不聊生。汉初采取休养生息的政策,以恢复和发展生产。

高帝时允许民间铸钱。民间铸造的恶钱小如榆荚,称为"荚钱"。惠帝三年(前192年)相国奏遣御史监三辅不法事,其中有"铸伪钱者"①,说明当时已禁止民间铸钱。高后二年(前186年)规定半两钱重8铢,六年又行五分钱(重2.4铢,一说重半两的五分之一)。

文帝五年(前175年)确定半两钱重4铢,并废除《盗铸钱令》,再次允许民间铸钱。对于这次放铸,贾谊和贾山都表示反对,他们提出了货币铸造权应由国家垄断的理论。

贾谊(前200—前168),洛阳(今河南洛阳东)人。文帝元年,贾谊被召为博士,一年中就超迁为太中大夫,后被贬为长沙王太傅,又任文帝爱子梁怀王太傅。十一年梁怀王坠马死,贾谊常伤感哭泣,一年后去世,年仅33岁。著作流传下来的有《新书》及保留在其他文献中的奏疏和赋等,现编有《贾谊集》。

贾谊指出自由铸钱的弊病说,法令规定铸钱只准用铜、锡,杂以铅、铁或采用其他巧法降低钱的质量的,要受黥(脸上刺字)刑。然而人们铸钱是为了获利,势必要以降低钱的质量来取利。这样就使受黥刑的人很多,"多者一县百数",怀疑对象则更多。自由铸钱是用法令来诱民犯罪,"使入陷阱"。所以过去禁私铸的时候,积下来的是死罪;现在不禁私铸,积下来的则是黥罪。

自由铸钱又造成了货币制度的不统一。贾谊说:"又民用钱,郡县不同。或用轻钱,百加若干;或用重钱,平称不受(买者不愿一钱当一钱用)。法钱不立。"所谓"法钱",是指法定的钱币,也就是符合国家规定标准的钱币。钱币不统一,官吏无能为力,如果听之任之,就会使"市肆异用,钱文大乱"。

---

① 《唐六典》卷一三《侍御史》。

自由铸钱还促使农民弃农采铜铸钱,以致"奸钱日多,五谷不为多",妨碍农业生产。

由于自由铸钱会产生以上弊病,因此铸币权应由国家垄断。但贾谊认为单是禁止铸钱不行:"令禁铸钱,则钱必重(购买力高),重则其利深,盗铸如云而起",这样又会使人犯死罪。为此他又提出禁铜的主张,认为"铜布于天下,其为祸博矣",而禁铜则使"博祸可除,而七福可致"。他列举禁铜七福说:"上收铜勿令布,则民不铸钱,黥罪不积,一矣。伪钱不蕃,民不相疑,二矣。采铜铸作者反于耕田,三矣。铜毕归于上,上挟铜积以御轻重,钱轻则以术敛之,重则以术散之,货物必平,四矣。以作兵器,以假贵臣,多少有制,用别贵贱,五矣。以临万货,以调盈虚,以收奇羡(赢余),则官富实而末民困,六矣。制吾弃财,以与匈奴逐争其民,则敌必怀(归向),七矣。"①

这七福中,前面三福是针对上述自由铸钱的三个弊病而说的。第四福是说国家可以通过敛散货币来调节物价,第六福是说国家可以用货币作为资本来经商取利并抑制商人。这两条是《管子》轻重理论的先驱。

在中国封建社会中,因为有铸造货币的需要而铜料不足,或为了防止私铸,常常实行禁铜的政策。贾谊是主张禁铜的第一人,后世的禁铜都没有像贾谊那样举出那么多的理由。不过贾谊的禁铜主张当时并没有实行。

贾山的话不多,只是说:"钱者,亡(无)用器也,而可以易富贵。富贵者,人主之操柄也,令民为之,是与人主共操柄,不可长也。"②强调垄断铸币权是统治者的利益所在。他说钱是无用之器,这问题留待下一节分析。

---

① 以上四段引文均见《汉书》卷二四下《食货志下》。
② 《汉书》卷五一《贾山传》。

文帝没有接受贾谊、贾山反对自由铸钱的意见,反而将严道(今四川荥经)铜山赐给宠臣邓通铸钱,于是吴王刘濞和大夫邓通铸的钱"布天下"①。吴王刘濞通过铸钱、煮盐等收入,经济实力大大增强,终于在景帝三年(前154年)发动了吴楚七国的叛乱。后来武帝又禁止了私铸。

文帝五年贾谊、贾山反对自由铸钱的议论,是中国历史上关于货币铸造权的第一次争论。

第二节 晁错的贱金玉论

晁错(?—前154),颍川(治今河南禹州)人。文帝时晁错历任太常掌故、太子舍人、门大夫、博士、太子家令、中大夫等官,景帝时由内史升为御史大夫(副丞相)。因他提出削藩策,景帝三年(前154年)吴楚七国以诛晁错为名发动叛乱,景帝听信袁盎等的谗言,将他处死。著作流传下来的有见于《汉书》的奏疏八篇。

晁错继承和发展了战国时期的重农抑商思想。他在文帝十二年(前168年)写的《论贵粟疏》②中指出了商人兼并农民,造成农民流亡的社会现象,主张"贵五谷而贱金玉"。他说:"夫珠玉金银,饥不可食,寒不可衣,然而众贵之者,以上用之故也。"这里的珠玉金银虽然不一定是货币,但可以包括货币在内。"贵五谷而贱金玉"也就是贵五谷而贱货币。贾山说钱是无用器。所谓无用,并不是说根本没有使用价值,因为即使作为装饰品,也是一种使用价值。无用的意思就是晁错所说的"饥不可食,寒不可衣",即不能用作生活必需品。饥不可食、寒不可衣的珠玉金银为什么有较高的价值,为众人所珍贵

---

① 《史记》卷三〇《平准书》。
② 《汉书》卷二四上《食货志上》。

呢？晁错认为只是由于"上用之",也就是说是由统治者的主观意志所决定的。用这种理论来解释货币,是一种名目主义的货币理论。

对于重珠玉金银的害处,晁错分析说:"其为物轻微易臧（藏）,在于把握,可以周海内而亡饥寒之患。此令臣轻背其主,而民易去其乡,盗贼有所劝,亡逃者得轻资也。"珠玉金银体积小,价值大,容易保存携带。有了它们,不管到哪里都不愁吃穿。臣子有了它们,会轻易背叛君主。人民有了它们,会轻易离开家乡。盗贼为了得到它们,不怕犯罪。逃亡的人可以用它们作为轻便的财产。这些情况不利于封建制度的巩固,因此晁错主张"明君贵五谷而贱金玉",认为这样才能使人民安心务农,维持社会的安定。

货币对社会的作用是双重的,它既促进社会的发展,又加深社会的矛盾。晁错只看到它的消极方面。对于封建统治者来说,为了巩固封建制度和自身的统治,的确有必要实行"贵五谷而贱金玉"的政策。不过珠玉金银或货币在商品世界中的地位,不是政策所能改变的,晁错把它们的特殊地位的形成归于"上用之"的缘故,好像只要统治者贱金玉,它们就不再成为人们的追逐对象,又是错误的了。

第三节 《管子·轻重》的货币基本理论

《轻重》是《管子》中最后一组文章的总名,原有19篇,现存16篇。它的前面一组文章称《管子解》。《管子解》应是全书的尾声,故《轻重》是不是刘向编《管子》所原有的,不能不令人怀疑。《轻重》各篇的观点并不完全一致,肯定非一人一时之作。

《轻重》的著作年代,有多种不同意见。胡寄窗、胡家聪等持战国说。巫宝三认为可能是韩非门徒所作（《管子经济思想研究》）。

罗根泽、王国维、郭沫若、赵守正、赵靖和笔者等持西汉说,其中王国维、郭沫若定为西汉文景时(《管子集校》),赵守正定为景帝吴楚七国之乱后(《管子通解》),罗根泽定为武帝、昭帝时(《管子探源》)。马非百认为成书于王莽时。笔者认为《管子》轻重理论至迟在武帝时已初步形成,这并不排斥其中的某些文字产生得更晚,甚至迟至王莽时,如《轻重丁》篇将"钱"都写作"泉",就有王莽时的痕迹。

《管子·轻重》有十分丰富的经济理论,货币理论是其中的一个重要方面。本节先论述《管子·轻重》中关于货币的基本理论,下一节再论述其货币政策理论。

《管子·轻重》也像单旗一样,认为货币起源于救荒。它说:"汤七年旱,禹五年水,民之无糭(粥)[有]卖子者。汤以庄山之金(铜)铸币,而赎民之无糭卖子者。禹以历山之金铸币,而赎民之无糭卖子者。"①单旗说货币的产生是由于古时天灾降至,《管子·轻重》具体化为汤时七年旱灾,禹时五年水灾。单旗只说用货币拯救民,《管子·轻重》具体化为禹、汤用铜铸造货币来替灾民赎回因饥荒而卖掉的子女。它好像为单旗的话作了一个注脚。禹、汤铸币只是一种传说,实际上直到商晚期,中国才产生最早的铜铸币——铜贝。但《管子·轻重》没有说"权轻重",这不是遗漏,而是反映了它的作者和单旗在货币本质观上的区别。

《管子·轻重》还说:"玉起于禹氏,金起于汝汉,珠起于赤野,东西南北距周七千八百里,水绝壤断,舟车不能通。先王为其途之远,其至之难,故托用于其重,以珠玉为上币,以黄金为中币,以刀布为下币。三币,握之则非有补于暖也,食之则非有补于饱也。先王以守财物,以御民事,而平天下也。"②这段话表明《管子·轻重》作者

---

① 《管子·山权数》。
② 《管子·国蓄》。《地数》《揆度》《轻重乙》等篇也有类似说法。

不仅认为铸币是先王创造的,就是珠玉、黄金之成为货币,也是先王的意志决定的。珠玉、黄金产地远离中原地区,来之不易,自然有较高的价值,但《管子·轻重》却说是先王"托用于其重",同它本身是否有较高价值无关。"握之则非有补于暖也,食之则非有补于饱也",相当于晁错所说的"饥不可食,寒不可衣"。两者都用名目主义观点解释货币,而对于货币的态度却有不同。晁错主张"贱金玉",《管子·轻重》作者却认识到统治者掌握货币对自身的巨大利益,把它看作国君"守财物""御民事""平天下"的武器。这同贾谊对货币的态度比较接近。

《管子·轻重》用流通手段来解释货币,它对货币所下的定义都限于这一个职能,如说:"黄金刀币,民之通施也。"①"黄金刀布者,民之通货也。"②"刀币者,沟渎也。"③"通施""通货""沟渎"是对货币作为流通手段的不同说法。中国称流通货币为"通货"始于此。"沟渎"犹如今天所说"货币流通渠道"的"渠道"。

《管子·轻重》在分析商品和货币流通时,还涉及货币的其他职能,如说:"彼币重而万物轻,币轻而万物重。"④"故粟重黄金轻,黄金重而粟轻,两者不衡立。"⑤"置之黄金一斤,直食八石。"⑥这些都涉及货币的价值尺度职能。又如说:"使万室之都必有万钟之藏,藏缗千万;使千室之都必有千钟之藏,藏缗百万。"⑦"万乘之国,不可以无万金之蓄饰。千乘之国,不可以无千金之蓄饰。百乘之国,不

---

① 《管子·国蓄》。
② 《管子·轻重乙》。
③ 《管子·揆度》。
④ 《管子·山至数》。
⑤ 《管子·轻重甲》。
⑥ 《管子·山权数》。
⑦ 《管子·国蓄》。

可以无百金之蓄饰。"①"藏缯"和"蓄饰"都是货币发挥贮藏手段职能的表现。《管子·轻重》中有赊购预购商品、货币赋税、货币借贷、货币俸禄、货币奖励和货币救济,那是属于货币的支付手段职能。书中还描述了齐国和邻国的经济斗争,国与国之间的货币流通就属于"世界货币"的性质了。不过这些职能都只是涉及,尚没有明确地作为货币的职能提出。

《管子·轻重》不谈权轻重的作用,把货币看成是流通手段。书中所举货币流通的实例表明货币并无相对稳定的购买力,它随着封建国家的"号令"而大幅度地波动。这些都说明,《管子·轻重》的货币理论具有名目主义的特点。

不少《管子》研究者认为《管子·轻重》的货币理论是货币数量论。20世纪30年代黄汉就提出:"《管子》之经济思想……尚有一最有价值之学说,即货币学说是也。货币数量之理论,于一千五百七十三年,始发明于法人巴丹(Bodin),而管子已先西人二千年发其端。"②对这问题需要做些分析。

西方的早期货币数量论产生于金属货币流通的条件下,认为金属货币数量的多少决定物价的高低。这种理论的主张者,或是认为货币本身没有价值,或是虽不否定货币本身的价值,却认为本身价值在交换中不起决定作用。他们把货币归结为流通手段,以为任何数量的货币都会进入流通界和商品交换,因此货币多,商品价格就高;货币少,商品价格就低。马克思在《政治经济学批判》的《关于流通手段和货币的学说》中对这种货币数量论(他还没有用"货币数量论"的名称)进行了批判。他在批判李嘉图的货币理论时说:"应该

---

① 《管子·山权数》。
② 黄汉:《管子经济思想》,商务印书馆1936年版,第6页。

证明的是,商品价格或金的价值决定于流通中的金量。要证明这一点必须先证明:用作货币的贵金属的任何数量,不论与其内在价值成何比例,必定成为流通手段,成为铸币,因而成为流通中商品的价值符号,而不管这些商品的价值总额如何。"①就是说:用货币数量论来解释铸币和价值符号的流通是可以的,解释金属货币流通则是完全错误的了。马克思批判货币数量论,只是批判金属货币流通条件下的货币数量论,而不是批判纸币流通条件下的货币数量论。

对于金属货币流通条件下货币和物价的关系,笔者还要作一点申述。金属货币的购买力之所以不受本身数量的影响,一是因为本身有价值,二是因为有贮藏货币起着调节器的作用。当市场上货币数量不足时,贮藏货币会进入流通,以弥补货币数量的不足;反之,当市场上货币数量过多时,多余货币会进入贮藏,以消除货币数量的过多。但要使贮藏货币充分发挥调节器的作用,必须有充足的贮藏货币。因此,如果贮藏货币不足,只能起有限的调节器的作用,则金属货币数量的多少还是会影响物价的。又如果一国的信用制度不发达,货币贮藏多采取窖藏的形式,贮藏货币也不能充分发挥调节器的作用,货币数量也将影响物价。因此,笔者认为,一种正确的理论也是会有例外的,不能说凡是承认货币数量对商品价格有影响的就是货币数量论,正如不能说凡是承认商品供求关系对商品价格有影响的就是供求价值论一样。总之,对具体问题还要具体分析。

现在再回过头来谈《管子·轻重》的货币理论。《管子·国蓄》说:"夫物多则贱,寡则贵。"这是一种数量价值论。如果将这理论应用到货币上面,就有可能得出货币数量论。不过这还只是可能,可能不等于是已经如此。确定《管子·轻重》的货币理论是不是货币

---

① 马克思:《政治经济学批判》,《马克思恩格斯全集》第13卷,第164页。

数量论,还需要从它有关货币和物价的实际论述中探求。

《管子·轻重》中有一些货币数量影响物价的例子,但都是特殊情况下的例子。如《管子·山国轨》说:"国币之九在上,一在下,币重而万物轻。敛万物应之以币,币在下,万物皆在上,万物重十倍。"一个国家的货币十分之九被政府所收贮,只有十分之一处于流通过程中,它的结果必然是"币重而万物轻"。政府再用货币购买万物,货币全部投入市场,而万物却又被政府所囤积,这时物价当然要大幅度上涨。这个例子的不真实在于政府不可能有这样大的垄断货币和商品的能力,而不在于物价是否会下跌或上涨。又如《管子·揆度》说:"贾人出其财物,国币之少分(半)廪(藏)于贾人,若此则币重三分,财物之轻三分①。"一国的货币有一小半被商人所收藏,数量相当大。联系上文,财物原来被商人所垄断,现在一下子大量出笼。在这样的条件下,货币购买力上涨,物价下跌,也是理所当然的事,不过不一定恰恰三成而已。

总之,《管子·轻重》并没有讨论正常条件下货币数量和货币购买力之间的关系,也没有把商品价格的形成和变动原因仅仅归于货币数量。书中所论述商品价格的剧烈波动,都是借助于"号令"和国家对商品或货币的垄断而产生的,并无单纯因货币数量变动而引起者。《管子·轻重》中并没有可以直接解释为货币数量论的货币理论。

第四节 《管子·轻重》的货币政策论

《管子·轻重》主要是论述封建国家经营商业、控制商品流通的

---

① "财物之轻三分"原作"财物之轻重三分"。

意义和方法。控制商品流通的目的,一是为了稳定物价,安定人民生活,限制商人和高利贷者的兼并,防止贫富的过分悬殊;二是为了获取商业利润,增加国家的财政收入。这两个目的虽然可以统一起来,但过分强调其中的某一个目的,就会使两者发生矛盾。实际上,《管子·轻重》着重论述的是后一目的,因此它的主导方面是宣扬封建国家如何通过控制商品流通,人为地制造物价的波动,以获取最大限度的商业利润。这就使《管子》轻重理论成为反映封建社会中国家商业资本和国家高利贷资本活动规律的理论。

经营商业要以货币为资本,所谓"先王以守财物,以御民事,而平天下也"[1],就是从这个意义上说的。"君有山,山有金,以立币。"[2]国家掌握了铸币权,就有了货币。但单单掌握货币还不够,还必须掌握作为"民之司命"和"万物之主"[3]的谷物。所以《管子·山至数》说:"人君操谷币金衡,而天下可定也。"

就货币用于调节物价而言,《管子·国蓄》指出:"夫物多则贱,寡则贵;散则轻,聚则重。人君知其然,故视国之羡不足,而御其财物。谷贱则以币予食,布帛贱则以币予衣,视物之轻重而御之以准,故贵贱可调而君得其利。""夫物多则贱,寡则贵"前面已提到过了。"散则轻,聚则重"是说商品分散在流通过程中的价贱,被人囤积的价贵,这也是"多则贱,寡则贵"的意思。人君懂得了这个道理,只要看市场上的商品多缺情况,就可以决定购买什么商品。谷物贱时用货币购买粮食,布帛贱时用货币购买衣服,用这种平准物价的政策,就使商品的"贵贱可调而君得其利"。"贵贱可调"是前面所说的第一个目的,"君得其利"是第二个目的。在这里《管子·轻重》认为两

---

[1] 《管子·国蓄》。
[2] 《管子·山至数》。
[3] 《管子·国蓄》。

者是一致的,但书中更多的例子则只注意了第二个目的。

粮食是最重要的商品,《管子·轻重》提出控制粮食的办法是"布币于国"。它说:"币乘马者,方六里,田之美恶若干,谷之多寡若干,谷之贵贱若干,凡方六里用币若干,谷之重用币若干。故币乘马者,布币于国,币为一国陆地之数。"①"乘马"即乘码,意为计算筹划,"币乘马"就是计算筹划全国的货币需要量和在各地区的配置。要计算方圆六里的地区,共有多少耕地,可产多少粮食,有多少粮食供应市场,按照粮价需要用多少货币来购买,再根据这个需要数,在全国各地分配货币。在另一处,《管子·轻重》也提出对州里进行调查:"田若干? 人若干? 人众,田不度食若干?""田若干? 余食若干?"②前一种情况是粮食不足,需要由国家救济的;后一种情况是粮食有余,可以由国家购买的。对后者"谨置公币","大家众,小家寡",作为购买余粮的预付款;对前者也"置公币",以补口粮的不足数③。

以上的"布币于国"和"谨置公币",是国家准备用来购买余粮和进行救济的货币。就购买余粮的货币来说,在《管子·轻重》所主张的商业活动中,乃是一种货币资本。因此《管子·轻重》所计算的货币需要量,乃是国家对货币资本的需要量。有些学者认为《管子》作者已懂得计算货币流通必要量。梁启超说:"管子知货币之为物,凡以供交易媒介之用,其数量不能太少而亦不可太多也,故先斟酌全国所需货币之多少,准其数而铸造之"④。货币流通必要量的计算要比货币资本需要量的计算复杂得多,属于更高级的理论。梁启超的这一分析并不符合《管子·轻重》的原意。

---

① 《管子·山至数》。
② 《管子·山国轨》。
③ 同上。
④ 梁启超:《管子传》,中华书局1936年版,第58页。

由于谷物地位的重要,在国家的商业经营中,《管子·轻重》主张使"谷独贵独贱"①,即要保持谷物价格变动的独立地位,不受其他商品价格的影响。国家如果囤积谷物,使谷价上涨,那么相对于其他商品就是"谷重而万物轻";国家如果抛出谷物,使谷价下跌,那么相对于其他商品就是"谷轻而万物重"②。由于《管子·轻重》将谷物和万物对立起来分析,因而有些《管子》研究者对此作出了不恰当的解释。例如梁启超把这里的谷解释成类似于近代的实币,而把金属货币说成是纸币③。这也不符合《管子·轻重》的原意。

货币有上、中、下三币,它们的比价关系如何?《管子·轻重》并不要求建立固定比价,而是主张实行"高下其中币而制上下之用"④的政策。从书中所举的实例可知,上币只是虚带一笔。这政策的实际意思是,国家可以通过"号令"来改变黄金和铜钱的比价以从中取利。《管子·揆度》中有一个例子说:齐桓公想买阴山的4 000匹马,一匹马值1万钱,一斤黄金也值1万钱,他只有黄金千斤,只能买1 000匹马。桓公问计于管子。管子提出,可命令人民用黄金折钱纳税,黄金就能涨到一斤值4万钱,能买4匹马,千斤黄金就能买尽阴山的4 000匹马了。这是利用"号令"改变金、钱比价的例子。金、钱比价变动的幅度不可能这么大,《管子·轻重》对"号令"的作用作了极度的夸大。

在对外经济关系中,《管子·轻重》重视的是商品进口,因此主张在对外贸易中保持高物价政策。为了在经济上征服邻国,《管子·轻重》设想用货币来购买邻国的特产,如向鲁、梁买绨(tí),向

---

① 《管子·乘马数》。
② 同上。
③ 梁启超:《管子传》,第61页。
④ 《管子·地数》。

莱、莒买柴,向楚国买鹿,向代国买狐白之皮,向衡山买械器,刺激这些国家全力生产被齐国大量购买的特产,诱骗这些国家荒废粮食生产。然后齐国再用贮存的粮食来吸引这些国家的人民,达到不战而胜的目的。粮食比货币更重要,这是自然经济居于社会统治地位的重要理论特点。

第五节　司马迁的货币起源论

司马迁(前145或前135—?),字子长,夏阳(治今陕西韩城南)人,太史令司马谈之子。武帝元封元年(前110年)司马谈去世,死前嘱咐司马迁完成他写史书的遗志。元封三年司马迁任太史令,太初元年(前104年)开始写《史记》。天汉二年(前99年)司马迁因替李陵的投降匈奴辩解,得罪下狱,次年受腐刑,太始元年(前96年)出狱任中书令。又经过几年的努力,司马迁终于完成了这一史学巨著,当时称《太史公书》。

司马迁在《史记·平准书》中谈到货币的起源,虽然很简单,却是一种新说。他说:"农工商交易之路通,而龟贝金钱刀布之币兴焉。"这是说货币是商品交换的产物。它比单旗和《管子·轻重》的货币起源论有了很大的进步,不过很久没有得到人们的响应。直到北宋的李觏(gòu)才对货币起源提出更深刻的见解。

关于货币产生的具体时间,司马迁说:"所从来久远,自高辛氏以前尚(上)矣,靡(无)得而记云。"高辛氏即帝喾,传说是尧的祖先。司马迁说货币产生于高辛氏以前很久,无从查考,比《管子·轻重》的说法大大提前。当然他也只是记述传说。他又说:"虞夏之币,金为三品,或黄,或白,或赤;或钱,或刀,或龟贝。"所谓黄、白、赤的金三品,就是金、银、铜。说金、银、铜、钱、刀、龟贝都是虞、夏时的货币,这是把后世的传闻附会到前代中去了。

司马迁在《史记·平准书》中也谈到货币数量和物价的关系。他说汉文帝更造四铢钱,已四十余年。"武帝建元以来,用少",政府"往往即多铜山而铸钱,民亦间盗铸钱,不可胜数。钱益多而轻,物益少而贵。"这里指出了物价上涨的两个原因:一是钱多,二是物少。贾谊曾说:"钱轻则以术敛之,重则以术散之,货物必平",敛是减少货币流通数量,散是增加货币流通数量,这已经有钱少则重、钱多则轻的意思。司马迁则直接说出了钱多则轻的话,以后类似的话经常有人说起。

笔者在讨论《管子·轻重》的货币理论是不是货币数量论时已经表明,即使是足值的金属货币流通,在一定的条件下,物价仍有可能受到货币数量的影响。现在还要进一步指出:中国铜钱的购买力更容易受到本身数量的影响。铜钱由国家垄断铸造(自由铸钱只是一时的政策),铸造数量不能根据市场需要情况而随时调节。民间的私铸钱质量又很差。铜钱的价值较低(私铸钱更低),不是好的贮藏手段。因此,铜钱在流通中很容易成为价值符号。价值符号所代表的价值量当然同本身数量有着密切的联系。所以我们不能把司马迁的上述观点(包括其他人的类似观点)说成是货币数量论。"钱益多而轻,物益少而贵"只是一种直观的叙述,它是符合客观实际的。

第六节　盐铁会议上的铸币权之争

武帝时,因为进行抗击匈奴的战争,财政支出浩繁,于是重用桑弘羊等人,实行打击大商人、由国家经营工商业和垄断铸币权等政策,以巩固中央集权和增加财政收入。

桑弘羊(前152①—前80)，洛阳人，商人家庭出身。桑弘羊13岁入宫为武帝侍从，元狩四年(前119年)参加财经工作，历任大司农中丞、治粟都尉、大司农等官，参与制订和推行盐铁官营、均输②、平准③和统一铸币权等经济政策，做到了"民不益赋而天下(指国家)用饶"④。后元二年(前87年)，桑弘羊任御史大夫，并被指定为托孤大臣之一。昭帝元凤元年(前80年)，桑弘羊因结交企图夺取帝位的燕王刘旦，以谋反罪全家被杀，这实际上是他同大司马大将军霍光争权失败的结果。

在桑弘羊被杀的前一年(始元六年)，西汉朝廷举行了一次会议，召集各地所推举的贤良、文学60多人参加，"问民间疾苦"⑤。代表朝廷出席会议的有丞相田千秋、御史大夫桑弘羊及他们的属官。这次会议被称为"盐铁会议"。

宣帝时，桓宽根据盐铁会议的记录，写成《盐铁论》一书。书中将会议的参加者概括成为贤良、文学、大夫、御史、丞相史和丞相六方。大夫即桑弘羊。

在盐铁会议上，贤良、文学对武帝时的内外政策进行了尖锐的批评，桑弘羊则进行辩驳。货币铸造权即是争论的问题之一。

就在桑弘羊参加财经工作的那一年，西汉政府实行了通货贬值政策，发行白金币和三铢钱。白金币用银锡合金制成，分三等：

---

① 生年据马非百说(《桑弘羊年谱订补》等)。桑弘羊在盐铁会议上自称13岁入宫，入宫已60多年。假定他在武帝建元元年(前140年)入宫，由此推定生年。又王利器将其生年定为景帝二年(前155年)(《盐铁论校注·前言》)。
② 均输是政府通过征收赋税或购买控制各地土特产，运往高价地区出售，朝廷所需物资则到低价地区购买。元鼎二年(前115年)试办，元封元年(前110年)向全国推广。
③ 平准是政府在京师进行商品买卖以平衡物价。元封元年实行。
④ 《史记》卷三〇《平准书》。
⑤ 《盐铁论·本议》。

① 圆形龙纹币,重 8 两,每枚值 3 000 钱;② 方形马纹币,重 6 两,每枚值 500 钱;③ 椭圆形龟纹币,重 4 两,每枚值 300 钱。三铢钱是铜币,重如其文,这是对原来的四铢半两的减重。次年因三铢钱太轻,不便于流通,改为五铢。造白金币、五铢钱后,因盗铸而被捕或处死的人很多。元鼎二年(前 115 年),京师又铸赤侧(或作"赤仄")五铢,以一当五。这仍是贬值。元鼎四年,实行了一次成功的币制改革:禁止各郡国铸钱,专由上林三官①铸造重如其文的五铢钱。从此铸币权统一于朝廷,西汉的货币流通趋于稳定。三官五铢钱是中国历史上少数备受后人赞扬的钱币之一。

因为武帝时的货币制度经过数次变化,所以在盐铁会议上,桑弘羊强调货币是随着时代的变化而变化的。他说:"故教与俗改,弊(币)与世易。夏后以玄贝,周人以紫石,后世或金钱刀布。物极而衰,终始之运也。故山泽无征则君臣同利,刀币无禁则奸贞(真)并行。"玄贝、紫石都是指贝币。他说夏、周的后世才用金、钱、刀、布,比较接近于历史实际。"山泽无征"指不实行盐铁官营政策,"刀币无禁"指不禁止私铸。如果不禁止私铸,就会使"奸贞并行",即好钱和坏钱同时在市场上流通,也就是贾谊所说"法钱不立","市肆异用,钱文大乱"②。

文学认为货币制度的变化是越变越坏,他们说:"古者市朝而无刀币,各以其所有易所无,抱布贸丝而已。后世即有龟贝金钱交施之也,币数变而民滋伪……汉初乘弊而不改易,畜利变币,欲以反本(归农),是犹以煎止燔,以火止沸也。"实际上,货币制度的变化,有变坏的,也有变好的,文学则只说变坏的。统治者通过实行通货贬值政策而加强对人民的搜括,就是文学所说的"畜利变币"。他们指

---

① 上林三官是上林苑的三个机构。机构名称传为钟官、均输和辨铜。据陈直考证,"均输"应为"技巧"(《汉书新证》,天津人民出版社 1979 年版,第 175 页)。
② 《汉书》卷二四下《食货志下》。

出这样不仅不能促使人民归农,反而像以煎来止焚、以火来止沸一样,后果会更加严重。

针对文学的批评,桑弘羊进一步论述了禁止自由铸钱的必要性。他说:"文帝之时,纵民得铸钱、冶铁,煮盐。吴王擅鄣(zhāng)海泽,邓通专西山。山东奸猾咸聚吴国,秦、雍、汉、蜀因(依)邓氏。吴、邓钱布天下,故有铸钱之禁。禁御之法立而奸伪息,奸伪息,则民不期于妄得而各务其职,不反本何为?"允许自由铸钱,加强了地方割据势力,不利于中央集权。由于铸钱可以获利,有些人就脱离农业生产而从事铸钱活动,所以只有禁止自由铸钱才能使铸钱的人民归农。桑弘羊的这些话,是对西汉货币流通历史经验的总结,但他避开了元鼎四年以前的那段通货贬值的历史。最后,他归纳说:"故统一,则民不二也;币由上,则下不疑也。""民不二"是指人民不从事铸钱这个第二种职业,"下不疑"是指人民不对货币的好坏发生怀疑。这是桑弘羊所分析的统一铸币权的两条积极意义。

文学仍抓住白金币不放,他们说:"往古币众财通而民乐。其后稍去旧币,更行白金龟龙,民多巧新币,币数易而民益疑。"对于上林三官铸的五铢钱,他们也进行了批评:"吏匠侵利,或不中式,故有薄厚轻重。农人不习,物类比之,信故疑新,不知奸贞。商贾以美贸恶,以半易倍。买则失实,卖则失理,其疑或(惑)滋益甚。夫铸伪金钱以(已)有法,而钱之善恶无增损于故。择钱则物稽滞,而用人尤被其苦。"当时已是统一铸造五铢钱的 32 年以后,说"钱之善恶无增损于故",未免夸大其辞。即使真的是这种情况,也不能得出可以自由铸钱的结论,自由铸钱不是会使这种混乱情况更加严重吗?但文学的结论却是:"故王者外不鄣海泽以便民用,内不禁刀币以通民施。"①

---

① 以上四段桑弘羊和文学的议论均见《盐铁论·错币》。

"不禁刀币"的主张显然是错误的。

盐铁会议上的铸币权之争是中国历史上关于货币铸造权的第二次争论。

第七节　贡禹的罢货币论

货币作用和地位的加强,使得有些地主阶级思想家对它怀有反感。从西汉到南北朝,陆续有人主张取消货币,贡禹是其中做出较多理论性说明的人。

贡禹(前124—前44),字少翁,琅邪(治今山东诸城)人。贡禹曾被征为博士,任凉州刺史、河南令,时间都不长。元帝即位后(前48年)征他为谏大夫,之后他又历任光禄大夫、长信少府、御史大夫等官。

在任谏大夫后的五年间,贡禹多次上书议政,罢货币即是他的议论之一。他认为货币造成了以下几方面的问题。

第一,妨碍农业生产。他说:"古者不以金钱为币,专意于农,故一夫不耕,必有受其饥者。"而现在因为要铸钱,政府投入开铜铁矿的官吏、卒徒每年在10万人以上。中等劳动生产率的农民一人可生产供七人吃的粮食,10万人不种田,就要使70万人经常受饥。

第二,开矿要"凿地数百丈,销阴气之精",使"地臧(藏)空虚,不能含气出云",而且"斩伐林木亡有时禁,水旱之灾未必不由此"。

第三,造五铢钱以来的70余年间,因为盗铸罪而被判刑的人很多。

第四,产生了追求货币的欲望。"富人积钱满室,犹亡厌足,民心动摇。"

第五,商人、农民的生活条件和收入悬殊。"商贾求利,东西南北各用智巧,好衣美食,岁有十二之利,而不出租税。农夫父子暴露中野,不避寒暑,捽(zuó,拔)草杷(通耙,挖土)土,手足胼胝(老茧),已奉谷租,又出稿(禾秆)税,乡部(乡官)私求,不可胜供。"因为"末利深而惑于钱","故民弃本逐末,耕者不能半。贫民虽赐之田,犹贱卖以贾(经商),穷则起为盗贼。"

因此,贡禹得出结论说:"是以奸邪不可禁,其原皆起于钱也。"也就是说:货币是一切罪恶的根源。

既然罪恶的根源是货币,那最彻底的办法就是取消货币了,因此贡禹提出了取消货币的主张:"疾其末者绝其本,宜罢采珠玉金银铸钱之官,亡(无)复以为币,市井勿得贩卖,除其租铢(赋税征钱)之律,租税禄赐皆以布帛及谷。使百姓一归于农。"①

贡禹罢货币的主张提出后,"议者以为交易待钱,布帛不可尺寸分裂"②,予以否定。哀帝即位(前7年)后,又有人上书说:"古者以龟贝为货,今以钱易之,民以故贫,宜可改币。"③所谓"改币",大概是废钱用龟贝。他把民贫的原因归于用钱,却又赞成用龟贝,不懂得钱和龟贝同样是货币。如果是用钱使民贫的话,用龟贝又岂能例外!大司空师丹起初支持这种改币主张,后因公卿们的反对,又改变了看法。

货币的根源在于商品,要取消货币就要取消商品生产,要取消商品生产就要取消形成商品生产的那种社会生产关系,这在很长的历史时期内都是不可能的。货币固然会扩大和加深社会矛盾,但绝不能因此而退回到没有货币或只有原始货币流通的社会中去。应该肯定货币对促进社会发展的巨大作用。

---

① 以上贡禹的议论均见《汉书》卷七二《贡禹传》。
② 《汉书》卷二四下《食货志下》。
③ 《汉书》卷八六《师丹传》。

第三章
东汉两晋的货币理论

西汉自铸造五铢钱后,币制稳定,直到王莽夺取政权,才使币制发生了根本的变化。从居摄二年(7年)至天凤元年(14年),8年间王莽竟四次改变币制。每一次改变,都使"民用破业,而大陷刑"①。始建国二年(10年)的一次尤为荒唐,规定货币有五物(铜、贝、龟、银、金)六名(泉货、贝货、布货、龟宝、银货、黄金)二十八品。

东汉光武帝建武十六年(40年)恢复铸造五铢钱。在东汉末年董卓掌权以前,币制没有明显的改变。董卓铸小钱后,货币经济衰退,物物交换或以谷帛为币现象严重。经西晋短暂统一后,中国又陷于分裂。各族统治者纷纷建立割据政权,货币经济更加衰退。南方的东晋货币经济虽有所恢复,但币制还不健全。

东汉在货币理论上处于低潮。东汉末年的荀悦和东晋的孔琳

---

① 《汉书》卷九九中《王莽传中》。

之反对废钱,肯定货币流通的积极作用。西晋鲁褒的《钱神论》尖锐地讥刺了货币权力和货币拜物教现象,是一篇难得的妙文。

第一节 班固的货币论

班固(32—92),字孟坚,安陵(治今陕西咸阳东北)人。班固曾任兰台令史,迁为郎,典校秘书。他继承其父班彪遗志,用20多年时间修成《汉书》(部分内容由其妹班昭和马续续成)。东汉和帝永元元年(89年),班固随大将军窦宪征匈奴,任中护军。后窦宪因专权被杀,班固受牵连,死于狱中。

《史记》有《平准书》,《汉书》则首创《食货志》的体例。班固在《食货志上》解释"食货"两字说:"《洪范》八政,一曰食,二曰货。食谓农殖嘉谷可食之物,货谓布帛可衣,及金刀龟贝,所以分财布利通有无者也。二者,生民之本,兴自神农之世。"

《洪范》是《尚书》中的一篇,其中提到八项政事,以"一曰食,二曰货"居首。班固就拿"食货"两字作为代表经济史志的卷名。这里的"货",按照班固的解释,包括可以做衣服的布帛和作为货币的金、刀、龟、贝。也就是说,除了粮食之外,都包括在"货"的范围以内。他认为食、货都"兴自神农之世",把生产货币的时间比司马迁所说的又更加提前了。《周易·系辞下》说神农氏之时,"日中为市,致天下之民,聚天下之货,交易而退,各得其所"。这是关于物物交换的传说。在物物交换时期,自然还没有货币出场。

班固认为货币的作用在于"分财布利通有无"。"分财布利"是指财富的分配。在商品经济的范围内,货币是财富的可靠代表,货币还可以带来更多的货币。这一切,大概是班固所说的"分财布利"的意思。"通有无"则是指货币起流通手段的作用。

"布帛可衣"的布帛是不是货币,在上述引文中并不明确。但在《食货志下》中班固又说:"凡货,金钱布帛之用,夏殷以前其详靡记云。太公为周立九府圜法:黄金方寸,而重一斤;钱圜函方,轻重以铢;布帛广二尺二寸为幅,长四丈为匹。"这里明确指出布帛也是货币。"九府圜法"之说并不可靠,但先秦确曾以布帛为货币。1975年湖北云梦睡虎地出土的秦墓竹简中有《金布律》,其中说长8尺、宽2尺5寸并符合一定质量标准的布当11个钱,布、钱都可通用,不得选择①。虽然布的长短、阔狭,班固所记和《金布律》上的不同,但布帛曾作为货币这一点是一致的。

接着,班固又说:"故货宝于金,利于刀,流于泉,布于布,束于帛。""金"是黄金;"刀"是刀币;"泉"即钱;两个"布"字,前者指分布,后者指布帛;"束"是聚的意思。但有些字又可以作别解:"刀"是刀剪的刀,"泉"是流泉,分布、布帛都是"布",束帛又是五匹布为一束的意思。班固利用了字义的双关,形象地说明了货币作为重要财富并可以用来流通的特点。

第二节　张林和刘陶的议论

汉章帝元和元年(84年),谷价上涨,国家财政困难,尚书张林提出了封钱勿出和食盐官营的主张。关于前者,他说:"今非但谷贵也,百物皆贵,此钱贱故尔。宜令天下悉以布帛为租,市买皆用之,封钱勿出,如此则钱少物皆贱矣。"②他认为商品贵是由于钱多,因此主张"封钱勿出",减少钱币流通数量,以降低物价。

---

① 睡虎地秦墓竹简整理小组:《睡虎地秦墓竹简》,文物出版社1978年版,第56页。
② 《晋书》卷二六《食货志》。年份另据《资治通鉴》卷四六。

从"百物皆贵"来证明钱贱,为了降低物价而减少钱币流通,在理论上是说得通的。但是,物价上涨可能是由于商品方面的原因,不能一概归之于钱贱。如果是由于商品方面的原因,如商品供应不足,则为降低物价水平而减少钱币流通数量,反而会造成通货紧缩,同样有害。如果物价的上涨确是因为钱多,则应扩大钱币的用途,而不能用布帛来取代货币的部分职能。这样即使封钱不出,仍会造成市场上的货币过多,以钱计算的物价还是会上涨。两种货币并行,只能增加货币和商品流通的混乱。这又是张林货币理论的不足。

在讨论张林的建议时,尚书朱晖提出了反对意见。他指出:"以布帛为租,则吏多奸。"①章帝不听谏阻,实行了张林的建议,不久又停止。

汉桓帝永寿三年(157年),有人上书说钱币轻薄,所以贫困,主张改铸大钱。史书记载不详,不知道所谓大钱是指增加钱的重量,还是指不足值大钱。分析起来,可能指前者。讨论时,刘陶提出了反对意见。

刘陶(?—185),字子奇,一名伟,颍阴(治今河南许昌)人。刘陶历任侍御史、尚书令、谏议大夫等官,后因被宦官陷害,死于狱中。他反对铸钱时是太学生。

刘陶认为当时的主要问题是人民缺食而不在货币的轻重,他说:"盖以为当今之忧,不在于货(货币),在乎民饥。夫生养之道,先食后货。是以先王观象育物,敬授民时,使男不逋(逃)亩,女不下机。故君臣之道行,王路之教通。由是言之,食者乃国之所宝,生民之至贵也。窃见比年以来,良苗尽于蝗螟之口,杼柚(轴)空于公私之求,所急朝夕之餐,所患靡盬(gǔ)②之事,岂谓钱货之厚薄,铢两

---

① 《晋书》卷二六《食货志》。
② 《诗经·唐风·鸨羽》:"王事靡盬,不能蓺(yì)稷黍。""王事靡盬,不能蓺稻粱。"

之轻重哉？就使当今沙砾化为南金（南方之铜），瓦石变为和玉（卞和之玉），使百姓渴无所饮，饥无所食，虽皇羲（伏羲氏）之纯德，唐虞之文明，犹不能以保萧墙之内也。盖民可百年无货，不可一朝有饥，故食为至急也。"

东汉末年，宦官、外戚专权，政治腐败，生产凋敝，灾荒不断，阶级矛盾日益激化。刘陶指出当务之急在于搞好农业生产，解决民饥问题，这是正确的。可是改善货币流通对经济的发展也是有利的，如果当时的铸大钱主张是从改善货币流通的角度考虑，则不应该反对。为了重视农业，就认为钱币的轻重厚薄无关紧要，根本用不着考虑，那就错了。特别是"民可百年无货，不可一朝有饥"的话，完全否定了货币和人们日常生活的密切联系。

刘陶批评主张铸大钱的人"不达农殖之本"，而且动机不纯，"欲因缘行诈，以贾（求取）国利"。他分析铸钱难以满足需要时说："盖万人铸之，一人夺之，犹不能给；况今一人铸之，则万人夺之乎？虽以阴阳为炭，万物为铜，役不食之民，使不饥之士，犹不能足无厌之求也。"铸钱即使满足不了社会上对钱币的需要，也不能得出不应铸钱的结论，更何况社会上对钱币的需要总是有一定限度的。刘陶的这个理由也不能成立。

最后，刘陶警告桓帝说："陛下圣德，愍（悯）海内之忧戚，伤天下之艰难，欲铸钱齐货以救其敝，此犹养鱼沸鼎之中，栖鸟烈火之上。水木本鱼鸟之所生也，用之不时，必致焦烂。"他担心农民起义爆发，指出到那时"八方分崩，中夏鱼溃。虽方尺之钱，何能有救！"[①]

桓帝看了刘陶的建议，没有铸钱。刘陶的货币理论虽不正确，

---

① 刘陶的议论均见《后汉书》卷五七《刘陶传》。

但他对当时封建统治的危机却相当敏感。七年以后,就发生了黄巾起义。

第三节 荀悦的行钱论

东汉少帝昭宁元年(189年),并州牧董卓领兵入洛阳,废少帝,立献帝。次年,董卓销熔五铢钱、铜人、铜马等,大量铸造质量低劣的小钱,造成货币流通极大混乱。在小钱的流通区域内,谷价每石有上涨到几百万钱的。有些地方甚至实行物物交换。曹操当政后,对于如何整理币制有不同的意见。荀悦提出了恢复行使五铢钱的主张。

荀悦(148—209),字仲豫,颍阴(治今河南许昌市魏都区)人。献帝建安元年(196年),荀悦被曹操征辟入府,历任黄门侍郎、秘书监、侍中等官。建安五年,荀悦著成《汉纪》,十年成《申鉴》五卷①。在《申鉴·时事》中,荀悦提出了他的货币主张。

荀悦认为"五铢之制宜矣"。五铢钱被董卓所废,荀悦说:"海内既平,行之而已。"当时有人认为京畿五铢钱少,如果恢复五铢钱的流通,远方的人就会"以无用之钱市吾有用之物,是匮近而丰远"。荀悦反驳说:"官之所急者谷也。牛马之禁不得出百里之外。若其他物,彼以其钱取之于左,用之于右,贸迁有无,周而通之,海内一家,何患焉?"除了粮食和牛马外,其他商品都可自由流通,让货币充分发挥流通手段的作用。荀悦批评废除五铢钱的主张,说:"钱实便于事用,民乐行之,禁之难。今开难令以绝便事,禁民所乐,不茂矣。"他肯定恢复货币流通是符合人民利益和要求的事。

---

① 《申鉴》成书年份据袁宏《后汉纪》卷二九。

荀悦虽然肯定货币流通的积极作用，但对于货币是否"无用"之物，没有表明自己的看法。在这方面，他可能仍从饥不可食、寒不可衣的角度看待货币金属的使用价值。

如何解决钱少的矛盾？荀悦指出，待民间藏钱投入流通后，如果还是"不周于用，然后官铸而补之"。有人提出先收民间藏钱入官，运至京师，再宣布行钱的命令。荀悦指出这样做将会造成混乱，"欺慢必众，奸伪必作，争讼必繁"，不利于安定社会秩序。他还反对官府积贮钱币，主张让钱币经常处于流通中。

有人主张铸四铢钱，荀悦认为难以办到，但没有说明理由。从"五铢之制宜矣"的话可以看出，他认为五铢是钱币最恰当的重量。

曹操恢复五铢钱的流通，可能是接受了荀悦的意见。

第四节　鲁褒的钱神论

鲁褒，字元道，南阳（今属河南）人。《晋书·鲁褒传》载："元康之后，纲纪大坏。褒伤时之贪鄙。乃隐姓名，而著《钱神论》以刺之。"元康（291—299）是晋惠帝的年号，可见鲁褒是西晋人。《钱神论》在《艺文类聚》和《晋书·鲁褒传》中各保留了一部分，经清人严可均合抄，编入《全上古三代秦汉三国六朝文》中的《全晋文》卷一一三。

在鲁褒《钱神论》以前，已出现过一篇同名作品，是魏晋之际的成公绥（231—273）所作的。成公绥留传下来的文字比较简单，而且内容基本上已被鲁褒《钱神论》所包括。

随着商品经济的发展，货币的权力也日益扩张。《钱神论》就是讥讽日益扩张的货币权力和存在于整个社会的货币拜物教现象的作品。

鲁褒的《钱神论》中有两个人物出场：一个是年轻而富贵的司空公子，一个是老而穷的儒生綦(qí)母(毋)先生。作者借司空公子之口，作钱能通神的大段议论来教训"既不知古，又不知今"的綦母先生，构成了《钱神论》的主要内容。

《钱神论》谈钱的部分先从货币的产生谈起："昔神农氏没，黄帝、尧、舜教民农桑，以币帛(财帛)为本。上智先觉变通之，乃掘铜山，俯视仰观，铸而为钱。故使内方象地，外员(圆)象天，大矣哉！"在这段话中，鲁褒把货币的产生放在舜以后，认为创造货币的人是"上智先觉"者。虽然他没有说货币是先王的创造，但仍认为货币是个别杰出人物的创造物。他把钱币的外圆内方解释为象征天圆地方，将它同宇宙观联系起来，充分发挥了想象力①。

《钱神论》对钱的特点做了形象的概括："钱之为体，有乾有坤；内则其方，外则其圆。其积如山，其流如川。动静有时，行藏有节。市井便易，不患耗折。难朽象寿，不匮象道。故能长久，为世神宝。亲爱如兄，字曰'孔方'。""亲爱如兄，字曰'孔方'"是"孔方兄"一词的来源，广泛流传于后世。

鲁褒把社会生活的一切方面都归结到一个"钱"字，有钱就能得到一切，无钱就会失去一切。他对钱的威力做了淋漓尽致的描述："失之则贫弱，得之则富强。无翼而飞，无足而走。解严毅之颜，开难发之口。钱多者处前，钱少者居后。处前者为君长，在后者为臣仆。君长者丰衍而有余，臣仆者穷竭而不足……钱之为言泉也，百姓日用，其源不匮。无远不往，无深不至。京邑衣冠，疲劳讲肄(习)，厌闻清淡，对之睡寐。见我家兄，莫不惊视。钱之所祐，吉无

---

① 钱币学界的流行观点认为方孔钱的外圆内方最初是象征天圆地方。首先将钱的形状和天圆地方的宇宙观联系起来的是鲁褒，此说并无根据。

不利。何必读书,然后富贵……官尊名显,皆钱所致……由是论之,可谓神物。无位而尊,无势而热。排朱门,入紫闼(门)。钱之所在,危可使安,死可使活;钱之所去,贵可使贱,生可使杀。是故忿诤辩讼,非钱不胜;孤弱幽滞,非钱不拔;怨仇嫌恨,非钱不解;令问笑谈,非钱不发……又曰:'有钱可使鬼,而况于人乎!'子夏云:'死生有命,富贵在天。'吾以死生无命,富贵在钱。何以明之?钱能转祸为福,因败为成。危者得安,死者得生。性命长短,相禄贵贱,皆在乎钱,天何与焉!天有所短,钱有所长。四时行焉,百物生焉,钱不如天;达穷开塞,振贫济乏,天不如钱。"

钱的威力是如此之大,因此司空公子劝告綦母先生说:"夫钱,穷者能使通达,富者能使温暖,贫者能使勇悍……使才如颜子,容如子张,空手掉臂,何所希望?不如早归,广修农商,舟车上下,役使孔方。凡百君子,同尘和光①,上交下接,名誉益彰。"

从以上引文可以看出,鲁褒用愤世嫉俗的语言,对货币权力和货币拜物教现象作了有力的揭露和鞭挞。但他只是描绘了钱能通神的社会现象,没有进一步分析钱何以通神的问题,好像货币的威力是天生的。由于愤世嫉俗,鲁褒的话也就难免夸大。在封建社会中,货币权力并不是唯一能左右一切的权力,建立在地主土地所有制基础上的封建经济基础和上层建筑才在更大的程度上决定着人们的命运。有钱人固然能获得相应的权力,但他们的钱又是从哪里来的呢?《钱神论》中说钱可以从"广修农商"中获得,可是事实上那些具有大大小小封建特权的人却是先有权后有钱。对这些人来说,首先是权能通神。而且那些豪门世族的权力都是世袭的,并不需要用钱去买。《钱神论》将政治权力的作用完全抹杀,甚至认为任何人

---

① "同尘和光"即"和光同尘",语出《老子》:"和其光,同其尘。"

的社会地位都取决于钱,这对当时的历史条件来说,是夸大了货币权力的作用。

第五节　孔琳之的反废钱论

曹操恢复五铢钱的流通后,物物交换和谷帛为币的情况仍然盛行。魏文帝黄初二年(221年)三月再次恢复五铢钱的流通,但十月又因谷贵,"罢五铢钱,使百姓以谷帛为市"。到明帝时,"钱废谷用既久,人间巧伪渐多,竞湿谷以要(求)利,作薄绢以为市,虽处以严刑而不能禁也"[①]。用谷帛作货币,人们将谷浸湿以增加重量,将绢织薄以增加长度,弊病严重。魏明帝太和元年(227年),司马芝等举朝大议货币问题,"以为用钱非徒丰国,亦所以省刑"[②],于是魏明帝决定重新铸造五铢钱。

以上是曹魏统治区的货币流通情况。蜀汉曾铸五铢、直百、直百五铢等钱。孙吴曾铸大泉五百、大泉当千、大泉二千、大泉五千等钱。史书没有记载两晋政府铸钱的事,交易用旧钱和私钱,或仍以谷帛为币。

东晋安帝元兴元年(402年),控制长江中游地区的桓玄举兵入建康(今南京),掌握朝政。元兴二年,桓玄提出要废钱用谷帛,孔琳之表示反对。

孔琳之(369—423),山阴(治今浙江绍兴)人。孔琳之初被征为常侍,元兴元年任西阁祭酒,因不肯附和桓玄,迁为员外散骑侍郎,后历任太尉主簿、尚书左丞、扬州治中从事史等官。入宋后,孔琳之官至御史中丞、祠部尚书。

---

① 《晋书》卷二六《食货志》。
② 同上。

孔琳之反对废钱用谷帛的理由,可以归纳为五个方面。

第一,货币是商品交换和日常生活所必需的东西。孔琳之说:"《洪范》八政,以货次食,岂不以交易之所资,为用之至要者乎?……故圣王制无用之货,以通有用之财,既无毁败之费,又省运置之苦,此钱所以嗣(继)功龟贝,历代不废者也。"他对货币的必要性比荀悦估计得更高,但也把货币看作是"无用"之物。

第二,东汉末至魏初谷帛为币的历史已经证明其弊病严重。孔琳之指出:"谷帛为宝,本充衣食,今分以为货,则致损甚多。又劳毁于商贩之手,耗弃于割截之用,此之为敝,著于自曩。故钟繇曰:'巧伪之民,竞蕴(藏)湿谷以要利,制薄绢以充资。'魏世制以严刑,弗能禁也。是以司马芝以为用钱非徒丰国,亦所以省刑。"东汉末年的废钱用谷帛是长期战乱造成的,因为"不便于民",所以魏明帝时"举朝大议。精才达治之士,莫不以为宜复用钱,民无异情,朝无异论。彼尚舍谷帛而用钱,足以明谷帛之弊,著于已试。"历史已经这样明确地作出的结论,有什么理由要加以推翻呢?

有一种观点认为魏明帝时恢复用钱,是因为当时不用钱已久,国库中积累了巨万钱币,恢复用钱可以"利公富国"。孔琳之批评了这种观点,指出:"于时名贤在列,君子盈朝,大谋天下之利害,将定经国之要术。若谷实便钱,义不昧当时之近利,而废永用之通业,断可知矣。斯实由困而思革,改而更张耳。"他肯定了恢复用钱是从国家长远利益考虑的一次改革。

第三,用钱并没有造成什么弊病。孔琳之说:"若使不以交易,百姓用力于为钱,则是妨其为生之业,禁之可也。今农自务谷,工自务器,四民各肆其业,何尝致勤于钱。"这是说百姓并未因为用钱而丢下自己的本业去铸钱,因而不必禁止用钱。私铸现象各个朝代都有,贡禹主张取消货币的理由之一就是因盗铸受刑的人很多。孔琳之的说法,不见得完全符合实际情况,但两晋流通的货币以旧钱为主,民间铸钱的人可能比前代少些,私铸没有成为严重的社会问题。所以孔琳之就说没有什么人在"致勤于钱"。他还说:"且据今用钱之处不为贫,用谷之处不为富。"认为用钱并没有造成社会的贫困。他又用晋孝武帝(372—396年在位)末年的"天下无事,时和年丰,百姓乐业,便自谷帛殷阜,几乎家给人足"来证明用钱并"不妨民"。

第四,废钱会造成不良后果。孔琳之说:"今既用而废之,则百姓顿亡其财。""百姓顿亡其财"即单旗所说的"民失其资"。但周景王只是废小钱铸大钱,并没有废除货币本身,桓玄则要根本废除货币。钱币丧失了作为货币的资格,钱变成了铜,钱的所有者就会受到严重损失,有钱无粮的人就会陷于困境。所以孔琳之又说:"今括囊天下之谷,以周天下之食,或仓庾充衍,或粮靡(无)斗储,以相资通,则贫者仰富,致之之道,实假于钱。一朝断之,便为弃物,是有钱无粮之民,皆坐而饥困,此断钱之立敝也。"

第五,孔琳之指出当时人民"饥寒未振"的原因在于"兵革屡兴,荒馑荐及",应从"弘敦本之教,明广农之科,敬授民时,各顺其业"方面下手,即要致力于发展农业生产,而不是将废钱作为"救弊之术"。①

孔琳之的反废钱论同贡禹的罢货币论形成了鲜明的对比。贡禹只看到货币的消极作用,孔琳之则只看到货币的积极作用。两者都具有片面性,但孔琳之得出的结论却是正确的。同样是主张用钱,孔琳之的理论比荀悦的要深刻得多。

---

① 孔琳之的议论均见《宋书》卷五六《孔琳之传》。

第四章
南北朝时期的货币理论

南朝的货币经济较东晋又有发展,但货币制度混乱,通货减重和私铸盛行。有些地区仍以谷帛为币,如梁初沿江各州用钱,其余州郡杂以谷帛交易,交州(治今越南河内东)、广州一带则以金银为货币。

混乱的货币流通导致了各种对立货币政策主张的形成。铸钱和反对铸钱,通货减重和反对通货减重,放铸和反对放铸,几种主张进行着激烈的争辩。还有人像西汉的贡禹一样,仍幻想能取消货币。各种主张以不同的货币理论作为基础。其中以南齐孔觊的铸钱不惜铜爱工论影响最为深远,成为表现在钱币流通上的金属主义者的一面旗帜,常为后世持同一主张的人所称道。

北朝的货币经济不及南朝发达,货币理论也比南朝简单得多。

第一节　范泰的铸钱无益论

南朝刘宋建国后第二年——武帝永初二年(421年)，有人建议收购民间藏铜铸造五铢钱，遭到范泰的反对。

范泰(355—428)，字伯伦，顺阳(治今河南淅川南)人。东晋时，官至尚书、护军将军，因公事免官。入宋后，拜金紫光禄大夫，加散骑常侍。永初二年，领国子祭酒。文帝元嘉三年(426年)，进位侍中、左光禄大夫，为江夏王刘义恭师。五年卒，谥宣侯。著有《古今善言》等。

范泰反对铸钱，有以下四点理由。

第一，范泰也像刘陶一样，强调所急在于农业。他说："臣闻治国若烹小鲜，拯敝莫若务本。百姓不足，君孰与足？未有民贫而国富，本不足而末有余者也……今之所忧，在农民尚寡，仓廪未充，转运无已，资食者众，家无私积，难以御荒耳。"这些话自然是对的，但不能说为了务本就应停止铸钱。

第二，范泰认为收铜铸钱是与民争利，违反了"王者不言有无，诸侯不言多少，食禄之家，不与百姓争利"的古训。当时建议铸钱的人的确"以钱货减少，国用不足"为由，想从铸钱中获取财政利益。范泰的批评不能说是无的放矢，不过以此来反对铸钱本身却是错误的。

第三，范泰认为货币数量的多少无关紧要："夫货存贸易，不在少多，昔日之贵，今者之贱，彼此共之，其揆(理)一也。"这里有两点错误。首先，"货存贸易"指货币具有流通手段的职能，为商品流通服务；既然如此，货币数量就要适应商品流通的需要，不能说多少都无所谓。其次，物价的贵贱变化对各种人的影响并不相同，它会引起财富的再分配，绝不是什么"昔日之贵，今者之贱，彼此共之，其揆一也"。

第四，当时建议收铜铸钱的人还主张禁铜。对此，范泰指出：

"寻铜之为器,在用也博矣……器有要用,则贵贱同资;物有适宜,则国家共急。今毁必资之器,而为无施(无用)之钱,于货则功不补劳,在用则君民俱困,校之以实,损多益少。"禁铜器确会造成民间的不便,特别是将已成的铜器销毁,更是得不偿失。范泰的这一条理由是能够成立的。

上述反对铸钱的理由,将应不应该铸钱和实行何种收铜政策混淆在一起了。因反对不正确的政策而一并反对铸钱,甚至认为钱多钱少、物贵物贱都无关紧要,则走向了另一极端。范泰还提出如果必须"使货广以收国用",则可以行用"龟贝之属"。① 这和西汉哀帝时上书人的意见一样,是一种开倒车的主张。

第二节 何尚之、沈演之关于大钱当两的争论

由于范泰的反对,刘宋朝廷暂时没有铸钱,到文帝元嘉七年(430年)才开始铸造四铢钱。《宋书·颜竣传》说四铢钱的"轮郭形制与五铢同,用费损,无利,故百姓不盗铸"。《宋书·何尚之传》却说铸四铢钱后"民间颇盗铸,多剪凿古钱以取铜"。两传记载矛盾,可能前者说的是初铸时的情况。元嘉二十四年,江夏王刘义恭建议流传的旧大钱一枚当四铢钱两枚,以防止旧大钱被剪凿。赞成的人很多,但何尚之表示反对。

何尚之(382—460),字彦德,庐江灊(qián)县(治今安徽霍山东北)人。刘宋文帝时累官至尚书令,孝武帝时任侍中、左光禄大夫、领中书令等官。大明四年卒,谥"简穆"。

---

① 范泰的议论均见《宋书》卷六〇《范泰传》。

何尚之批评大钱以一当两的主张说:"夫泉贝之兴,以估货为本,事存交易,岂假数多。数少则币重①,数多则物重,多少虽异,济用不殊。况复以一当两,徒崇虚价者邪。""估货"是指衡量商品的价值,即"权轻重",也就是货币充当价值尺度的职能。"以估货为本"是说价值尺度职能是货币的最根本的职能。这表明何尚之认为货币本身是有价值的,因此他批评大钱以一当两是"徒崇虚价"。从"徒崇虚价"的话还可以看出,旧大钱虽然比四铢钱大,却没有大到一可以当两的程度,规定以一当两是使钱币的名义价值超过它的实际价值。反对钱币的名义价值超过它的实际价值,这是一种金属主义的观点。"事存交易"则是指货币作为流通手段的职能。

"事存交易,岂假数多……多少虽异,济用不殊"可能是承袭了范泰的观点。不过范泰说物价变动对所有的人都一样,而何尚之则说"数少则币重,数多则物重,多少虽异,济用不殊",即钱币数量的多少会影响物价,但不影响货币职能的发挥。说法虽不同,但认为钱币数量的多少无关紧要的结论都是错误的。

何尚之没有重复范泰的物价变动对所有人都一样的另一错误观点,这不是偶然的,因为他考虑到了币值变动对财富分配的影响。他指出:"若今制遂行,富人资货自倍,贫者弥(更)增其困,俱非所以欲均之意。"所谓"富人资货自倍",是说凡是有大钱的人,都能通过大钱名义价值的提高而多获得相当于所藏大钱数一倍的收入。所谓"贫者弥增其困",则可能是指"徒崇虚价"会造成物价上涨,使穷人的支出增加。其实,富人可能有较多的大钱,有大钱的人却不一定都是富人,所以"富人资货自倍"的诊断在逻辑上是不够严密的。但区别富人和穷人来分析大钱当两的影响,表明何尚之已认识到币

---

① "重"原作"轻",据《宋书》中华书局点校本改。

值变动会引起不同人之间的财富的再分配。

对于应当建立怎样的货币制度,何尚之认为,"凡创制改法,宜从民情,未有违众矫物而可久也"。货币制度要顺应民情,否则就难以长久施行。大钱当两违反了当时的民情,因此必然失败。他批评了汉武帝时的赤仄五铢和白金币,以及王莽时的混乱的宝货制,强调货币制度必须"画一"和"久长",使人民易于遵行。

何尚之还指出大钱当两的难以实行。"钱之形式,大小多品",究竟哪一种是需要以一当两的大钱?"若止于四铢五铢,则文皆古篆,既非下走(供奔走役使的人)所识,加或漫灭,尤难分明,公私交乱,争讼必起"。对于民间剪凿古钱的问题,他认为主要是由于官府"纠察不清",所以很少发现;以后只要加强纠察,严格赏罚,人们"畏法希赏",剪凿古钱的行为将"不日自定"。

支持何尚之意见的有吏部尚书庾炳之、侍中太子左卫率萧思话、中护军赵伯符、御史中丞何承天、太常郗敬叔等。沈演之则从理论上支持刘义恭的主张。

沈演之(397—449),字台真,武康(治今浙江德清西)人。他官至吏部尚书,领太子右卫率,实际政治地位有如宰相。讨论货币时他任中领军。

沈演之肯定货币的积极作用:"龟贝行于上古,泉刀兴自有周,皆所以阜财通利,实国富民者也。"他分析货币不足及所造成的后果说:"晋迁江南,疆境未廓,或土习其风(风俗),钱不普用,其数本少,为患尚轻。今王略(疆界)开广,声教遐(远)暨(到),金锃所布,爰(乃)逮(及)荒服,昔所不及,悉已流行之矣。"货币流通的地区扩大,而货币数量没有相应地增加,加上民间竞相剪凿和销毁,货币更加不足。"遂使岁月增贵,贫室日虚,暨(勉力)作肆力之氓(民),徒勤不足以供赡。诚由货贵物贱,常调未革,弗思厘改,为弊转深。""常调"指户调，按户征布，有时也折钱。钱贵物贱，农民要出卖更多的农产品，才能获得交纳户调所需要的货币。这加剧了力作之民的贫困。根据这些分析，沈演之得出了需要改革货币制度的结论。

沈演之的分析正确地阐明了货币制度必须进行改革，然而他只是把货币改革归结为以大钱当两。他说："愚谓若以大钱当两，则国传难朽之宝，家赢一倍之利，不俟加宪（法），巧源自绝，施一令而众美兼，无兴造之费，莫盛于兹矣。"所谓"国传难朽之宝"，是指大钱从此不会再被剪凿；"家赢一倍之利"，是指大钱以一当两后，有大钱的人家获得了比原来加倍的购买力。事实上，并不是家家都藏有大钱，而且只有藏大钱多的人家，才能获得较大的利益，所以"家赢一倍之利"不如何尚之的"富人资货自倍"更接近于实际。沈演之肯定国家能规定货币的价值，因此是一个名目主义者。

宋文帝采纳刘义恭和沈演之的主张，实行大钱当两的政策。"行之经时，公私非便，乃罢。"[①]

第三节　沈庆之、颜竣关于货币铸造权的争论

经过元嘉二十七年（450年）的宋魏大战，刘宋的财政非常困难。孝武帝孝建元年（454年）铸造孝建四铢，这四铢只是名义上的，实际上是减重钱。三年，尚书右丞徐爰建议"以铜赎刑"，增加鼓铸，被孝武帝采纳。"铸钱形式薄小，轮郭不成。于是民间盗铸者云起，杂以铅锡，并不牢固。"剪凿古钱以取铜的人很多，虽然用严刑禁止，"而盗铸弥甚，百物踊贵，民人患苦之"。于是政府又禁止"薄小

---

① 何尚之、沈演之的议论均见《宋书》卷六六《何尚之传》。

无轮郭"的小钱流通。

大明元年(457年),沈庆之提出了有控制的放铸的主张①,又一次引起了关于货币问题的争论。这是中国历史上第三次关于货币铸造权的争论,但在铸造权问题上没有提出什么重要的见解。

沈庆之(386—465),字弘先,武康(今浙江德清西)人。他是刘宋屡立战功的大将,孝武帝孝建元年,累官至镇北大将军,封始兴郡公。前废帝景和元年(465年),沈庆之升侍中、太尉,又被赐死。同年明帝即位后,谥"襄"。

沈庆之"手不知书,眼不识字"②,但在讨论货币时也能引述一点历史。他为汉文帝的放铸政策辩护,说这政策虽然受到贾谊的批评,却使"朽贯盈府,天下殷富"。他不知道"朽贯盈府,天下殷富"是发展生产的结果,而只是把它归于自由铸钱而造成的钱币的增加。出于同一观点,他认为当时缺的也是钱。他说:"况今耕战不用,采铸废久,熔冶所资,多因成器,功艰利薄,绝吴、邓之资(钱),农民不习,无释末(弃农)之患。方今中兴开运,圣化惟新,虽复偃甲销戈,而仓库未实,公私所乏,唯钱而已。"为了增加钱币,他提出以下办法:"愚谓宜听民铸钱,郡县开置钱署,乐铸之家,皆居署内,平其准式,去其杂伪,官敛轮郭(有轮郭的好钱),藏之以为永宝。去春所禁新品③,一时施用,今铸悉依此格。万税三千,严检盗铸,并禁剪凿。"

上述办法包括以下四点。

第一,由官府设置钱署,愿意铸钱的人都必须到钱署来,在政府的监督下铸钱。这是一种有控制的放铸政策。

---

① 沈庆之提出放铸主张的时间,《资治通鉴》卷一二八作孝建三年十二月,但从沈庆之的话来看,应在孝建三年徐爰建议铸钱的后一年,故定为大明元年。
② 《宋书》卷七七《沈庆之传》。
③ "去春所禁新品"就是孝建三年新铸造而又被禁止的小钱。可见此时已是大明元年。

第二,市场上有轮郭的好钱由政府长期收藏,去年春天禁止行使的小钱恢复行使,新铸钱即以此为标准。这是为了增加钱币数量而实行通货减重。

第三,每铸成万钱,征税三千钱。

第四,禁止钱署以外的私铸,同时还要禁剪凿。

沈庆之说采取他的铸钱办法,可以得到如下的好处:"数年之间,公私丰赡,铜尽事息,奸伪自止。且禁铸则铜转成器,开铸则器化为财,剪华(浮华)利用(有利于用),于事为益。"他认为铜器不是财,财就是钱,所以说"禁铸则铜转成器,开铸则器化为财"。

孝武帝令公卿讨论沈庆之的建议。刘义恭除同意恢复小钱的流通外,其余都反对。他指出,"百姓不乐与官相关,由来甚久",不会愿意入署铸钱;入署铸钱要抽税,而"私铸无十三之税",逐利犯禁私铸的人定会源源不断。颜竣也提出了反对的意见。

颜竣(?—459),字士逊,临沂(今属山东)人。宋文帝时,颜竣任太学博士、太子舍人,孝武帝时任侍中、左卫将军、吏部尚书、右将军等官,封建城县侯。大明元年,颜竣出任东扬州刺史,因常口发怨言,被赐死狱中。

颜竣的反对意见集中到一点,就是反对通货减重。他肯定货币的积极作用,指出"泉货利用,近古所同"。关于钱币的重量问题,他说:"轻重之议,定于汉世,魏、晋以降,未之能改。诚以物货既均,改之伪生故也。""轻重之议"在《资治通鉴》中作"五铢轻重"①,意思更加清楚。他的意思是说,钱币的重量发展到汉武帝时的五铢钱就已经固定下来了,魏、晋以来都沿用五铢钱,说明这种重量的钱最符合商品流通的需要,如果要加以改变,就会发生弊病。虽然他没有明

---

① 《资治通鉴》卷一二八孝建三年十二月。

说要恢复五铢钱的铸造和流通,但从语气中可以看出,他是赞成以五铢为标准的。刘宋铸造的四铢钱,即使是十足的四铢,也已属于"改之伪生"的范围,更何况后来的四铢钱都只是名义上的四铢,实际重量还要轻得多!所以他反对恢复小钱的流通,指出:"若细物必行,而不从公铸,利已既深,情伪无极,私铸剪凿,书不可禁,五铢半两之属,不盈一年,必至于尽。财货未赡,大钱已竭,数岁之间,悉为尘土,岂可令取弊之道,基于皇代。"

对于沈庆之的放铸主张,颜竣表面上虽然也说"开署放铸,诚所欣同",实际上却进行了反驳。他说:"但虑采山事绝,器用日耗,铜既转少,器亦弥贵。设器直一千,则铸之减半,为之无利,虽令不行。"这是将铜价和钱价进行比较而立论。如果铜不增加,开署放铸,将有限的铜用来铸钱,就会使铜器的价格上涨。假定铜器本来值一千,铸钱以后只能得到五百,谁还愿意到钱署中铸钱?国家的法令不能违反经济本身的规律,颜竣的这一反对意见是很有力的。

颜竣还指出流通小钱并不能解决"府藏空匮"的问题:"今纵行细钱,官无益赋之理,百姓虽赡,无解官乏。"行使轻薄小钱,政府的货币赋税也只能收这种小钱。而小钱购买力低,政府又不能因此而增加赋税,所以颜竣认为是"百姓虽赡,无解官乏"。他强调解决财政困难的根本办法在于节约支出:"惟简费去华,设在节俭,求赡之道,莫此为贵。"

颜竣认为当时的钱币数量不足并没有成为突出的问题:"今百姓之货,虽为转少,而市井之民,未有嗟怨。"解决钱币不足的办法在于"官开取铜之署,绝器用之涂,定其品式,日月渐铸",即仍采取禁铜和官铸的办法。他说这样做,"岁久之后"就"可为世益"[①]。

当时还有人主张将钱币正式减重为二铢,颜竣也表示反对。他

[①] "可为世益",《宋书》卷七五《颜竣传》作"不为世益",义不可通。此据《册府元龟》卷五〇〇。

提出了三条反对的理由。第一,旧钱将被销毁。减重以后,"民奸巧大兴,天下之货,将靡碎至尽。空立严禁,而利深难绝,不过一二年间,其弊不可复救"。第二,国家的财政收益有限,却给奸民提供了更多犯罪的机会。铸小钱虽然可以获得一些利益,但"不见有顿得一二亿(一亿为10万)之理",即使得到,也要待一年以后。而政府"日用之费,不赡数月",靠这一点利益"于官无解于乏","徒使奸民意骋,而贻厥(遗给)愆(罪)谋"。第三,造成民心波动和加剧贫富差别:"市井之间,必生喧扰,远利未闻,切患猥(多)及,富商得志,贫民困窘。"颜竣指出,实行这"未见其利,而众弊如此"的政策,不仅"失算当时",而且还要"取诮百代"!可见颜竣反对通货减重的态度非常坚决。

宋前废帝永光元年(465年),终于铸造细小的二铢钱。"官钱每出,民间即模效之,而大小厚薄,皆不及也。"私铸钱"无轮郭,不磨鑢(lǜ)",称为"耒(lěi)子"。同年(改元为景和元年),沈庆之奏准允许私铸,"由是钱货乱败,一千钱长不盈三寸",称为"鹅眼钱"。更坏的叫作"綖环钱":"入水不沉,随手破碎,市井不复料数,十万钱不盈一掬,斗米一万,商货不行。"①事实完全证明了颜竣的预见。

第四节　孔𫖮的不惜铜爱工论

南齐高帝建元四年(482年),任奉朝请的孔𫖮②(416—466)上《铸钱均货议》③,提出了铸钱不惜铜爱(省)工的主张。

---

① 沈庆之、颜竣等的议论及议论前后钱币流通情况均见《宋书》卷七五《颜竣传》。
② 或作孔颛(yǐ)。
③ 《南齐书》卷三七《刘悛传》。将上书者写作"孔𫖮"的有中华书局点校本《南齐书》《通典·食货九》《通志·食货略·钱币》和《文献通考·钱币一》等,写作"孔颛"的有四库全书及其他多种版本《南齐书》、《册府元龟》卷五〇〇、《文献通考·钱币二》(引吕祖谦文)和《古今图书集成·食货典》卷三四五等。

孔觊说："食货相通，理势自然。李悝曰：'籴甚贵伤民，甚贱伤农，民伤则离散，农伤则国贫。故甚贵与甚贱，其伤一也。'三吴（吴郡、吴兴、会稽）国之关阃，比（近）岁被水潦而籴不贵，是天下钱少，非谷穰（丰）贱，此不可不察也。"

"食货相通"是指粮食问题可以影响货币，货币问题也可以影响粮食。从下文来看，孔觊的意思是说：粮食的贵贱既可能是由粮食方面的原因造成的，也可能是由货币方面的原因造成的。虽然这样的认识早已有之，但"食货相通"的概念却是第一次提出。李悝是战国初年魏文侯的相，孔觊所引的话是李悝平籴理论中的一段，见《汉书·食货志上》。其中的"民"是指非农业人口，粮食太贵对需要购买口粮的非农业人口不利。"民伤则离散，农伤则国贫"，粮食太贵太贱对国家都不利。孔觊引这话是为了说明当时三吴一带粮食太贱，应引起统治者的注意。而太贱的原因，则不是粮食多，而是货币少。

然后孔觊把话题转向货币。他说："铸钱之弊，在轻重屡变。重钱患难用，而难用为累轻；轻钱弊盗铸，而盗铸为祸深。民所盗铸，严法不禁者，由上铸钱惜铜爱工也。惜铜爱工者，谓钱无用之器，以通交易，务欲令轻而数多，使省工而易成，不详虑其为患也。"国家垄断铸币权，但民间要盗铸，难以禁止。孔觊指出责任在于统治者自己。因为统治者只求货币数量多而不求质量好，偷工减料。这种钱使盗铸者有利可图，自然不是政权力量所能制止得了的。

孔觊也像颜竣一样肯定五铢钱，指出："自汉铸五铢钱，至宋文帝，历五百余年，制度世有兴废，而不变五铢钱者，明其轻重可法，得货之宜。"他建议设置泉府，依汉法大铸五铢钱。待官铸钱通行后，"便严断剪凿，小轻破缺无周郭者，悉不得行"，官钱细小的也销熔改铸为符合标准的大钱，以"利贫良之民，塞奸巧之路"。根据他的"食货相通"的理论，一种好的货币制度必然会促进生产的发展，所以他又说："钱货既均,远近若一,百姓乐业,市道无争,衣食滋殖矣。"

孔觊的不惜铜爱工主张为后世金属主义货币论者所称道,影响超过了颜竣。这是因为他的理论比颜竣的概括程度更高。

齐高帝接受孔觊的建议,命令各州郡购买铜炭,准备铸钱。但因他突然死去,没有实行。

第五节　周朗、沈约的罢货币论

南朝主张罢货币的代表人物还有周朗和沈约。

周朗(425—460),字义利,汝南安成(治今河南汝南县东南)人。宋文帝时任太子舍人、司徒主簿、太尉参军、通直郎等官,孝武帝时任中军录事参军、太子中舍人、庐陵内史等官。大明四年(460年),孝武帝以他居丧无礼为由,传送宁州(治今云南曲靖或晋宁东),又在路上将他处死。

宋孝武帝即位(453年)后,普责百官直言,周朗上书提出了自己的主张,罢货币的主张也在此时提出。

周朗认为重农必须取消货币流通,他说："农桑者,实民之命,为国之本,有一不足,则礼节不兴。若重之,宜罢金钱,以谷帛为赏罚。"这是综合了贡禹和晁错的主张。晁错说"以谷为赏罚",因东汉末年以来曾以谷帛为币,所以周朗在晁错主张的基础上加进了帛。他认为淮北以帛"万匹为市",江南以谷"千斛为货",已足够流通。

但是周朗考虑到"愚民不达其权,议者好增其异",取消货币的主张很难被人们所接受,因此又提出退一步的主张:千钱以内用钱,超过千钱的才用绢布及米,使用不符合质量标准的绢布和米的人要予以治罪。这是把钱作为一种有限法偿币,实际上不是罢金钱,而只是缩小钱币的流通范围。他认为这样做,"则垦田自广,民资必繁,盗铸者罢,人死必息"。①

周朗退一步的主张,比起单纯以谷帛为币,有它的优点。小额用钱,弥补了布帛不便零割的缺点。铜钱的价值低,在金银流通不广的条件下,用绢布作为大额支付也有其方便之处。事实上这种情况在中国历史上长期存在过,但是再加上谷就没有必要了。至于以罢货币为最高理想,则是完全错误的。以谷帛为币是特定历史条件下的产物,同重农政策无必然的联系。周朗认为重农就必须以谷帛为货币,这在理论上根本不能成立。

沈约(441—513),字休文,武康(今浙江德清西)人。沈约笃志好学,博通群籍,历任宋、齐、梁三朝,为萧梁的开国功臣,官至特进光禄大夫、侍中、太子少傅。天监十二年卒,谥"隐"。著作有《晋书》《宋书》等。

沈约的罢货币论见于《宋书·孔琳之传》后的附论,主要是针对孔琳之反对废钱用谷帛的议论而发。

沈约说:"民生所贵,曰食与货。货以通币,食为民天。"他承认货币是"民生所贵",却不赞成货币流通。他认为古时人们的欲望简单,容易满足,"奉生赡己,事有易周。一夫躬稼,则余食委(积)室;匹妇务织,则兼衣被体"。这时虽有"通用济乏"的"懋迁之道",但"龟贝之益,为功盖轻",货币并不重要。随着社会的发展变化,"隆(大)敝代起",农民劳动辛苦,而商人生活安逸,因此弃农经商的人越来越多,于是"泉货所通,非复始造之意"。原来货币只是用来购买生活必需品,现在却用来流通珍贵商品,"天下荡荡,咸以弃本为事"。货币流通加剧了贫富差别,"丰衍则同多稌(稻)之资,饥凶又减田家之蓄"。在他看来,货币只有害处而没有好处。"钱虽盈尺,

---

① 周朗的议论均见《宋书》卷八二《周朗传》。

既不疗饥于尧年；贝或如轮，信无救渴于汤世，其为蠹病亦已深矣。"

因此，沈约提出了罢货币的主张："固宜一罢钱货，专用谷帛，使民知役生之路，非此莫由。"他认为谷帛为币的好处就在于它的笨重："夫千匹为货，事难于怀璧，万斛为市，未易于越乡"。这样，就"可使末伎自禁，游食知反"，恢复古朴的社会。

但是，沈约又感到货币流通由来已久，"年世推移，民与事习"，很难一下子废除。如果一下子废除，将会造成有钱无粮之人的困难："或库盈朽贯而高廪未充，或家有藏镪而良畴罕辟。若事改一朝，废而莫用，交易所寄，旦夕无待"。因此他主张分两步走。第一步是"削华止伪，还淳反古，抵(掷)璧幽峰，捐珠清壑。然后驱一世之民，反耕桑之路，使缣粟羡溢，同于水火"。第二步才是"荡涤圜法，销铸勿遗，立制垂统，永传于后"。

第六节　北朝的货币理论

北魏建国100多年后，才于孝文帝太和十九年(495年)铸造太和五铢。宣武帝永平三年(510年)又铸造五铢钱。由于数量有限，各地流通的钱币仍不统一，有些地区还以谷帛为币。

孝明帝熙平元年(516年)，尚书令、任城王元澄(467—519)提出了推广钱币流通的主张。他考虑到当时北魏还没有统一钱币的条件，因此主张除鸡眼、镮凿以外，各种古钱都可同太和五铢和新铸五铢并行。他说："愚意谓今之太和与新铸五铢，及诸古钱方俗所便用者，虽有大小之异，并得通行。贵贱之差，自依乡价。庶货环海内，公私无壅。"钱币大小不同，购买力有高低之别，这本来是货币制度混乱的表现。但这种混乱比起以谷帛为币，却是一种进步。

元澄对谷帛为币的弊病和用钱的优越性有很好的说明："布帛

不可尺寸而裂,五谷则有负担之难,钱之为用,贯缗相属,不假斗斛之器,不劳秤尺之平,济世之宜,谓为深允。"①这种观点对推动北朝商品经济的发展具有积极作用。

武泰元年(528年),朝议铸钱,铸钱都将长史高谦之(487—528)企图通过铸钱来增加财政收入,上表建议铸造三铢钱。

高谦之主张通货减重,所以他的货币理论是为通货减重辩护的理论。他说:"盖钱货之立,本以通有无便交易,故钱之轻重,世代不同。"并列举历朝钱币的变化,从太公为周置九府圜法,谈到孙权铸当五百和当千大钱,来证明"轻重大小,莫不随时而变"。他说货币"本以通有无便交易",把货币看作是流通手段。他强调铸造钱币只是为了流通,它们的轻重无关紧要,这是一种名目主义的观点。

高谦之论述聚财对封建统治者的重要意义说:"窃以食货之要,八政为首,聚财之贵,诒训典文。是以昔之帝王,乘天地之饶,御海内之富,莫不腐红粟于太仓,藏朽贯于泉府,储蓄既盈,民无困敝,可以宁谧(静)四极,如身使臂者矣。"然后他指出,汉武帝时"外事四戎,遂虚国用",于是民间有人"出财助国",朝廷又行榷酒、告缗、盐铁、铸钱等"兴利之计",使"少府(武帝内库)遂丰,上林饶积"。他拿北魏当时的情况同汉武帝时相比:"今群妖未息,四郊多垒,征税既烦,千金日费,资储渐耗,财用将竭,诚杨氏(杨可②)献说之秋,桑、兒(桑弘羊、兒宽)言利之日。"他对于聚财的迫切性溢于言表。

高谦之把通货减重作为聚财的重要手段。他说:"夫以西京(西汉)之盛,钱犹屡改,并行大小,子母相权。况今寇难未除,州郡沦

---

① 元澄的议论均见《魏书》卷一一〇《食货志》。年份据《册府元龟》卷五〇〇。
② 汉武帝元狩四年(前119年)实行算缗,对工商业、高利贷者按一定税率征收缗钱。六年发动人们对逃避算缗的违法行为进行告发,称为"告缗"。杨可是负责告缗的官员。

败,民物凋零,军国用少,别铸小钱,可以富益,何损于政,何妨于人也?且政兴不以钱大,政衰不以钱小,惟贵公私得所,政化无亏,既行之于古,亦宜效之于今矣。"铸小钱"可以富益",但富的只是国家财政。它势必造成物价上涨,加剧私铸现象,绝不能说是"何损于政,何妨于人"。货币制度的稳定是国家政权稳定的标志之一,"政兴不以钱大,政衰不以钱小"也是强词夺理之言。北魏当时已进入衰败时期,根本不能和汉武帝时相提并论。

如果铸造三铢钱,它将和以前铸造的五铢钱同时流通。高谦之把这种大小钱并用的情况称为"子母相权"。他还说"穆公(单旗)之言于斯验矣",其实这并不符合单旗子母相权论的原意。

孝明帝准备采纳高谦之的建议,但还没有下诏就被杀死了。

孝庄帝永安二年(529年),征南将军高道穆(490—531,名恭之,谦之弟)提出铸足值钱币的主张。他说:"四民之业,钱货为本,救弊改铸,王政所先。"肯定四民要以货币为本,表明了对货币的重视。针对当时流通钱币的质量低劣,他指出:"今钱徒有'五铢'之文,而无二铢之实,薄甚榆荚,上贯便破,置之水上,殆欲不沉。"私铸钱币获利很大,"既示之以深利,又随之以重刑,罹罪者虽多,奸铸者弥众"。要改变这种情况,只有铸造足值大钱。他主张一斤铜只铸76文钱,考虑到铜价每斤50余文,加上人工、食料、锡炭、铅沙等费用,二者约略相当,这样可使私铸者无利可图。再加上"严刑广设",就可以有效地防止私铸,使"钱货永通"。① 他的观点和南齐孔觊一样,但理论性稍差。

同年,又有杨侃奏铸五铢钱。于是孝庄帝下诏铸永安五铢,钱的质量较好。

---

① 高谦之和高道穆的议论均见《魏书》卷七七《高崇传》。

第五章
唐朝的货币理论

汉武帝铸造五铢钱后的700多年间,钱币的名称有时虽有变化,但大多以五铢为名,到唐代才废除了这一名称。唐高祖武德四年(621年)铸造开元通宝(或称"开通元宝")铜钱,每文重2铢4累①。因为唐代的一斤比西汉的一斤重一倍以上,所以开元通宝的实际重量反而比汉武帝时的三官五铢略重。开元通宝是唐朝的主要钱币,此外唐代还曾铸造乾封泉宝、乾元重宝等钱。但当时布帛仍具有浓厚的货币性。玄宗开元二十年(732年)因钱币数量不足,曾下诏说:"绫、罗、绢、布、杂货等交易皆合通用。如闻市肆必须见(现)钱,深非道理。自今以后,与钱货兼用,违者准法罪之。"②企图使流通手段不集中于钱币,以减少对钱币的需求。德宗建中元年(780年)实行两税法,其中户税以钱为征收标准,钱币数量不足的

---

① 《旧唐书》卷四八《食货志》。
② 《通典·食货七》。

问题更加突出。

《管子·轻重》的理论，在东汉以后几乎无人过问，到唐朝才受到一些人的注意。唐人论述货币问题时，往往引述《管子·轻重》的话作为立论的根据，但他们并没有全面认识《管子·轻重》，只是按照自己的理解，摘取其中的个别论点。

西汉以来货币数量影响物价的观点，到唐朝发展为单纯按货币数量来解释物价的理论。刘秩已有这种倾向，陆贽更为明确，提出了中国封建社会中典型的货币数量论。

建中元年（780年）实行两税法后，物价下跌，纳税人的负担增加了。因此，从陆贽开始，有许多人反对赋税①征钱。反对的理由从货币理论角度看虽然不正确，却符合当时的实际。

第一节　崔沔、刘秩的垄断铸币权论

玄宗开元二十二年（734年），宰相张九龄提出不禁私铸的建议，想以此增加钱币的供给。这年三月，他代玄宗拟了一个诏书——《敕议放私铸钱》②，其中说："布帛不可以尺寸为交易，菽（shū）粟不可以抄勺③贸有无。故古之为钱，将以通货弊。盖人所作，非天实生。"这是说人们创造钱币，是为了解决用布帛菽粟进行交换不便的问题，以促进商品的流通。他说现在耕织产品"乃稍贱而伤本（农）"，钱币"却以少而致贵"，官铸钱币费用大，数量有限，满足不了公私的需求。诏书认为变通的办法就在于"不禁私铸"，并说："往者汉文之时，已有放铸之令。虽见非于贾谊，亦无废于贤君。

---

① 这里的"赋税"指农业赋税，不包括商业税。
② 张九龄：《唐丞相曲江张先生文集》卷七。
③ 抄勺，量器名。"十撮为一抄"《孙子算经》；勺，1厘升（《辞海》）。

况古往今来,时异事变,反经之义,安有定耶?"汉文帝实行放铸政策,虽然受到了贾谊的批评,但他还是贤君,更何况现在形势又发生了变化呢?诏书以此来表明放铸政策是可行的。诏书最后提出要"公卿百僚详议可否",然后由皇帝"择善而从"。

百官讨论时,宰相裴耀卿、黄门侍郎李林甫、河南少尹萧炅、秘书监崔沔和左监门卫录事参军刘秩等表示反对。这次讨论是中国历史上第四次也是最后一次关于货币铸造权的争论。

崔沔(673—739),字善冲,京兆长安(治今陕西西安市雁塔区)人。崔沔是武后时进士,官至太子宾客。他提出反对放铸的理由说:"夫国之有钱,时所通用,若许私铸,人必竞为。各徇(从)所求,小如有利,渐忘本业,大计斯贫。是以贾生之陈七福,规于更汉令;太公之创九府,将以殷贫人。况依法则不成,违法乃有利。"允许私铸的弊病,一是会使人民追求小利而弃农铸钱,妨碍了农业发展,只能导致贫困;二是铸钱的人一定会违法铸恶钱。这两条都是贾谊指出过的。

针对汉文帝实行放铸仍不失为贤君的说法,崔沔曲为解释说,文帝虽然实行放铸,但禁止铸造奸钱,"钱不容奸则铸者无利,铸者无利则私铸自息",所以放铸和不放铸其实是一样的。然后他又把话锋一转说:现在如果允许私铸,严禁恶钱,由可靠的官史进行管理,使人人都知道禁诫,也未尝不能像汉文帝时一样,不过还是不如本朝原来的官铸政策"易而可久,简而难诬"。他主张要"谨守旧章,无越制度"。这样解释汉文帝的放铸政策,既不符合历史实际,也同他前面的反对理由相矛盾,这是对对方论点所作的一种妥协。

崔沔也像范泰、何尚之一样,认为货币数量多少没有什么关系。他说:"且夫钱之为物,贵以通货,利不在多,何待私铸然后足用也。"[①]

---

① 崔沔的议论均见马端临:《文献通考》卷八《钱币一》。

崔沔和范泰、何尚之观点相同,出发点却不同,崔沔是为了反对自由铸钱政策。

刘秩(生卒年不详),字祚卿,彭城(治今江苏徐州)人。他在玄宗、肃宗时历任左监门卫录事参军、宪部员外郎、尚书右丞、国子祭酒等官。著作有《政典》《止戈记》《至德新议》等。

刘秩反对放铸的理由具有较强的理论性。他既吸收了前人的有关论点,又加上自己的发挥,把货币铸造权的理论提升到了一个新的高度。

首先,刘秩指出货币的重要作用:"夫钱之兴,其来尚矣,将以平轻重而权本末。齐桓得其术而国以霸,周景失其道而人用弊。考诸载籍,国之兴衰,实系于是。""平轻重"指平衡物价,和权轻重的意思不完全相同。"权本末"则是指用货币调节农工商的关系。这是刘秩的创见。他说货币决定一国的兴衰,充分反映出对货币的重视,不过把货币的作用过分夸大了。齐桓公得以称霸并不是靠货币,刘秩的结论是根据《管子·轻重》得出来的。西周的衰落也不是由于货币,所谓"周景失其道而人用弊",是指周景王铸大钱遭到单旗反对的事,这件事即使是真的,在西周衰亡史上也只是一个并不重要的插曲。

刘秩反对放铸的理由共有五条。

第一,刘秩用《管子·轻重》的货币理论来说明国家必须掌握铸币权。他说:"古者以珠玉为上币,黄金为中币,刀布为下币。管仲(实为《管子·轻重·国蓄》)曰:'夫三币,握之则非有补于暖也,舍之则非有损于饱也①。先王以守财物,以御人事②,而平天下也。'是以命之曰衡。衡者,使物一高一下,不得有常。故与之在君,夺之在君,贫之在君,富之在君。是以人戴君如日月,亲君如父母,用此术

---

① "舍之则非有损于饱也",《管子·国蓄》作"食之则非有补于饱也"。
② "以御人事",《管子·国蓄》作"以御民事"。

也,是为人主之权。今之钱,即古之下币也。陛下若舍之任人,则上无以御下,下无以事上,其不可一也。"这段话大部分引自《管子·轻重》。其中的"人",《管子》原文作"民",唐人避太宗李世民的讳,改"民"为"人",刘秩也是如此。

第二,刘秩从国家要利用货币调节物价来说明国家必须掌握铸币权。他说:"夫物贱则伤农,钱轻则伤贾。故善为国者,观物之贵贱,钱之轻重。夫物重则钱轻,钱轻由乎物(应作"钱")多,多则作法收之使少;少则重,重则作法布之使轻。轻重之本,必由乎是,奈何而假于人?其不可二也。"刘秩将李悝的"籴甚贵伤民,甚贱伤农"改为"物贱则伤农,钱轻则伤贾"。李悝说的是粮食价格,他则将之扩大为一般商品的价格。但从"物贱则伤农"来看,这里所说的"物"只能是指农产品。而且"钱轻则伤贾"也不能成立,不如"籴甚贵伤民"的说法正确。"多则作法收之使少","重则作法布之使轻"来源于贾谊的"钱轻则以术敛之,重则以术散之"。刘秩还加上"钱轻由乎钱多"和钱"少则重",而且说"轻重之本,必由乎是",倾向于单纯从货币数量来看待物价的涨落,这已经具有货币数量论的特点,不过还不典型。刘秩要求国家调节物价,做到既不伤农,又不伤贾,这就是他所说的"权本末"的意思。

第三条和第四条和贾谊的观点差不多。"夫铸钱不杂以铅铁则无利,杂以铅铁则恶,恶不重禁之,不足以惩息。且方今塞其私铸之路,人犹冒死以犯之,况启其源而欲人之从令乎! 是设陷阱而诱之入,其不可三也。夫许人铸钱,无利则人不铸,有利则人去(离)南亩者众。去南亩者众,则草不垦;草不垦,又邻于寒馁,其不可四也。"崔沔说得比贾谊简单一些,但意思相同①。

---

① 贾谊的相关观点见《汉书》卷二四下《食货志下》。

第五，刘秩从允许私铸会加剧贫富矛盾来说明国家必须掌握铸币权。他又套用《管子·轻重》的话说："夫人富溢则不可以赏劝，贫馁则不可以威禁，法令不行，人之不理（治），皆由贫富之不齐也。若许其铸钱，则贫者必不能为。臣恐贫者弥贫而服役于富室，富室乘之而益恣（放纵）。昔汉文之时，吴濞，诸侯也，富埒天子；邓通，大夫也，财侔（齐）王者。此皆铸钱之所致也。必欲许其私铸，是与人利权而舍其柄，其不可五也。"对汉文帝放铸政策的评价，刘秩和崔沔完全不同，刘秩的评价比较正确。

关于钱重的原因，刘秩给出了一个解释："夫钱重者，犹人日滋于前，而炉不加于旧。"人口增加了，对钱币的需要量也相应地增加。从初唐到玄宗时，户口数有了成倍的增加。唐高宗永徽三年（652年）共380万户，玄宗开元二十年是786万余户①。对钱币的需要量增加，而钱币的流通量没有增加或增加得不多，确实会提高钱币的购买力。刘秩的这一解释是有一定道理的。将货币购买力同人口数量和货币数量联系起来考虑，在货币理论上是一个新的发展。

刘秩还指出，由于钱重，钱的购买力和铸钱所用铜的价格相等，超过了钱的面值，"故盗铸者破重钱以为轻钱"，即熔毁官炉钱来铸造分量轻的钱；这种轻钱在法令严的时候就被人丢弃，导致钱减少。为了增加铜钱数量，刘秩也重复贾谊的禁铜主张，不过两人的出发点不尽相同。贾谊主张禁铜是为了防止私铸，刘秩则认为禁铜可以使铜价降低，便于国家用来铸钱。他说："夫铜，以为兵（兵器）则不如铁，以为器则不如漆，禁之无害，陛下何不禁于人？禁于人，则铜无所用，铜益贱，则钱之用给矣。"贾谊提出禁铜"七福"，刘秩则提出禁铜"四美"：民间没有铜，就不能盗铸，人民也不会去熔毁公钱，

---

① 《唐会要》卷八四《户口数》。

"则公钱不破";不能盗铸,人民也就不会因盗铸而犯死刑;国家拿铜来铸钱,可使钱币数量日增;"末复利矣",即对工商业也有利。①

按照"钱轻则伤贾"的说法,则物价高不利于商人,但刘秩又说铜钱增多对工商业有利。根据他的货币数量论,钱多就会使物价上涨,这不是同前面的说法矛盾了吗?所以"钱轻则伤贾"的命题在这里已被刘秩自己所否定。

由于反对自由铸钱的人占优势,张九龄的建议没有被采纳,玄宗只是再一次下令禁止恶钱的流通。同年十月,又规定庄宅、马的买卖尽先用绢、布、绫、罗、丝、绵等,其余市价在1000文以上的商品也要钱物兼用,违者定罪②,以减轻市场对钱的压力。

第二节 杜佑的货币论

杜佑(735—812),字君卿,京兆万年(治今陕西西安市碑林区)人。代宗时,杜佑官至御史中丞,充容管经略使。德宗即位(779年)后,杜佑被征入朝,历任户部侍郎、节度使、刑部尚书、同平章事(宰相)等官。贞元二十一年(805年)德宗死后,他进位检校司徒、同平章事,充度支盐铁等使,主持财政。宪宗元和元年(806年),拜司徒、同平章事,封岐国公;七年卒,谥"安简"。

杜佑很好学,"虽位及将相,手不释卷"③。刘秩的《政典》共35卷,杜佑补充内容,将它扩大至200卷,名为《通典》。贞元十七年,他将《通典》献于德宗,得到优诏嘉奖,大传于时。

在《通典·食货八·钱币上》,杜佑谈了一些他对货币的总的

---

① 刘秩的议论均见《旧唐书》卷四八《食货志上》。
② 马端临:《文献通考》卷八《钱币一》。
③ 《旧唐书》卷一四七《杜佑传》。

看法。

杜佑认为过去谈货币的人中,只有贾谊和刘秩"颇详其旨"。他也引用管仲(实为《管子·轻重》)的话,基本上采自刘秩论货币铸造权的第一点,只是文字稍有变动,如把"握之则非有补于暖也,舍之则非有损于饱也"改为"握之非有补于温饱也,舍之非有切于饥寒也"。他称赞贾谊的"铜不布下,乃权归于上"的禁铜主张"诚为笃论,固有国之切务,救弊之良算也"。由此可见这两人对他的影响。

杜佑也有自己的观点。关于货币的起源,他说:"货币之兴远矣。夏商以前,币为三品。"接着又在夹注中说:"珠玉为上币,黄金为中币,白金为下币。白金为银。"《管子·轻重》说珠玉、黄金、刀布为三币,杜佑将刀布改为白金;《管子·轻重》没有肯定三币始于何时,杜佑则将它落实到"夏商以前"。

杜佑的货币理论中最具有创见性的是关于货币作用的论述。他说:"原夫立钱之意,诚深诚远。凡万物不可以无其数,既有数,乃须设一物而主之。"这里所说的"数"含义不明确,究竟是指商品的自然形态的数量,还是指商品价值的高低?如果是指前者,似乎和后一句话接不上。如果是指后者,则"设一物而主之"可以解释为以一种商品作为衡量其他商品价值的工具。不过杜佑的认识好像还没有这样深刻。我们只能这样肯定:杜佑已经认识到货币是用来衡量各种商品的不同数量的,至于这个数量是商品自然形态的量还是商品的价值量,他还没有将它们明确地区分开来。但从这里可以看出,杜佑已经触及了商品之间存在着某种共同数量关系的问题。

"设一物而主之"的物以何者为好呢?杜佑接着说:"其金银则滞于为器为饰,谷帛又苦于荷担断裂。唯钱可贸易流注,不住如泉。若谷帛为币,非独提挈断裂之弊,且难乎铢两分寸之用。"谷帛不适宜作货币,前人已说得很多了。杜佑还提出金银不适宜于作货币,是因为要作为器具或饰物。这理由是牵强的,因为铜的用度更广,而杜佑却认为铜币是最理想的通货,"可贸易流注,不住如泉"。这实际上是对历代货币所作的一种实用主义的解释。

对于历代钱币,杜佑也肯定五铢钱最为适中,开元钱比五铢稍重,亦"便于时"。他批评通货贬值的行为说:"其后言事者,或惜铜爱工,改作小钱,或重号其价,以求赢利,是皆昧经通之远旨,令盗铸滋甚,弃南亩日多,虽禁以严刑,死罪日报,不能止也。"杜佑主张足值铸币,这在货币理论上属于金属主义观点。

第三节　陆贽的反对赋税征钱和货币数量论

陆贽(754—805),字敬舆,嘉兴(今属浙江)人。代宗大历六年(771年)进士,官至监察御史。德宗即位(779年),陆贽被召为翰林学士,后历任祠部员外郎、考功郎中、谏议大夫、中书舍人、兵部侍郎等官;贞元八年(792年),任中书侍郎、门下同平章事;十年冬罢相;次年被贬为忠州(治今重庆忠县)别驾。顺宗即位(805年),准备起用陆贽,而陆贽身死,谥"宣"。著作有《陆宣公集》。

唐朝自"安史之乱"以后由盛转衰,人民的赋税负担不断加重,而国家的财政仍然困难。德宗建中元年(780年)实行杨炎提出的税制改革主张,变租庸调制为两税法。新税制以原来的户税、地税为基础,重新确定税额,租庸调也折钱并入户税,固定于每年夏秋两季交纳,所以称为"两税"。两税法简化了税制,符合税制改革的方向。

两税法实行后又产生了新的问题,主要有二:① 由于爆发了藩镇之乱,军费开支增加,财政仍然不能平衡,朝廷很快又增加了新税。②两税中的户税征钱,而钱币数量不足,使得货币购买力提高,纳税者要出卖更多的农产品才能缴清税额。这两点都使人民的赋税负担在实行两税法后大大加重。

贞元十年,时任宰相的陆贽在奏疏《均节赋税恤百姓》中对两税法进行了尖锐的批评,其中涉及一些货币理论问题。

第一,陆贽反对赋税征钱。他指出国家征收赋税必须"量人之力,任土之宜。非力之所出则不征,非土之所有则不贡"。农民生产的是布帛和百谷,所以只能用布帛和百谷定赋。货币是国家铸造的,是国家用来掌握轻重敛散之权的重要工具。"先王惧物之贵贱失平,而人之交易难准,又立货泉之法,以节轻重之宜,敛散弛张,必由于是。盖御财之大柄,为国之利权,守之在官,不以任下。"人民不铸钱,向他们征收货币,就会"使贫者破产而假资于富有之室,富者蓄货而窃行于轻重之权。下困齐人,上亏利柄"。这样于国于民都不利。他的结论是:"然则谷帛者,人之所为也;钱货者,官之所为也。人之所为者,故租税取焉;官之所为者,故赋敛舍焉。"

赋税征钱,有利于商品经济的发展。陆贽把"非力之所出则不征,非土之所有则不贡"视为"历代常行"的"通法",认为这"通法"永远不变,这反映了其保守倾向。他的理由在理论上是站不住脚的。既然不铸钱的人不应该用钱来纳税,那么不铸钱的人也不应该用钱来买物。照此推论下去,那就只有进行物物交换了。

不过,陆贽的理论反映了当时货币流通中存在的一个实际问题。实行两税法前,钱币数量本来就不能满足流通的需要,实行两税法后,政府又没有相应地增铸钱币,以致物价大幅度下跌。据陆贽说,初定两税时,百姓纳绢一匹,折钱三千二三百文;而在他写奏疏时,即实行两税的14年以后,百姓纳绢一匹只折钱一千五六百文。人民的实际赋税负担已经成倍地增长。这说明当时还不具备赋税向货币转化的条件。

陆贽以后,持类似观点反对赋税征钱的还有很多人。除后面专节分析的白居易、韩愈外,还有齐抗、柳宗元、李翱等。

河南尹齐抗(740—804)在贞元十二年指出,两税法实行后"钱重货轻",农民的负担加重了。他批评赋税征钱说:"盖以钱为税,则人力竭而有司不之觉。今两税出于农人,农人所有,唯布帛而已。用布帛处多,用钱处少,又有鼓铸以助国计,何必取于农人哉?"[①]

柳宗元(773—819)认为"币重则利"。但是币重又会害农,对此他的回答是:"赋不以钱,而制其布帛之数,则农不害;以钱,则多出布帛而贾,则害矣。"[②]

宪宗元和十四年(819年),国子博士、史馆修撰李翱(772—836[③])再次分析了实行两税法后物价下跌和农民赋税负担加重的情况:刚实行两税法时绢一匹值4 000钱,米一斗值200钱;现在绢一匹只值800钱,米一斗只值50钱。如果是1万钱的税额,当时只要2.5匹绢,现在却要12匹;即使政府提价收纳,也还要8匹。他指出:"钱者,官司所铸;粟帛者,农之所出。今乃使农人贱卖粟帛易钱入官,是岂非颠倒而取其无者耶?由是豪家大商皆多积钱以逐轻重,故农人日困,末业日增。"[④]

第二,陆贽提出了一个货币数量理论。他说:"物贱由乎钱少,少则重,重则加铸而散之使轻;物贵由乎钱多,多则轻,轻则作法而敛之使重。是乃物之贵贱,系于钱之多少;钱之多少,在于官之盈缩。"这是中国封建社会中货币数量论的典型公式,它把形成物价贵

---

① 《新唐书》卷五二《食货志二》。
② 柳宗元:《柳河东集》卷四四《非国语上·大钱》。
③ 李翱的卒年据吴廷燮:《唐方镇年表》。
④ 李翱:《李文公集》卷九《疏改税法》。

贱的原因完全归于货币的多少。这公式比刘秩的论述更为完整。自此以后，直到西方经济学传入中国，再也没有产生过其他类型的货币数量论。

有关货币数量论的问题，笔者已在分析《管子·轻重》和司马迁的货币理论时讲过。陆贽将物价贵贱的原因完全归于货币数量，这自然是片面的。但正如前面所分析的，中国铜钱的购买力很容易受铜钱本身数量的影响，因此我们既要看到陆贽货币数量论的理论错误，也要承认他的理论是有现实基础的。

为了增加货币数量，陆贽主张"广即山殖货之功（铸钱），峻用铜为器之禁"。除铸钱外，国家还可以从盐、酒专卖中取得货币收入。国家手中有了相当数量的货币，又以盐、酒专卖作为回笼货币的渠道，就能调节货币流通。所以他说："钱可收，固可以敛轻为重；钱不乏，固可以散重为轻，弛张在官，何所不为？"①实际上这只是一种理想，封建国家是不可能进行这种有效的调节的。

第四节 白居易的反对赋税征钱和平物价论

白居易（772—846），字乐天，晚年号香山居士，原籍太原，生于新郑（今属河南）。贞元十六年（800年）进士，后历任翰林学士、左拾遗、江州司马、忠州刺史、主客郎中、杭州刺史、苏州刺史、太子少傅等官。武宗会昌二年（842年），以刑部尚书致仕；六年卒，谥"文"。著作有《白氏长庆集》，现编有《白居易集》。

白居易是唐代大诗人，他的诗反映了许多民间疾苦。《赠友》诗

---

① 本节陆贽的议论均见陆贽：《陆宣公集》卷二二《均节赋税恤百姓第二条请两税以布帛为额不计钱数》。

之三批评了两税征钱:"私家无钱炉,平地无铜山。胡为秋夏税,岁岁输铜钱?钱力日已重,农力日已殚。贱粜粟与麦,贱贸丝与绵。岁暮衣食尽,焉得无饥寒!吾闻国之初,有制垂不刊(不可改变)。佣必算丁口,租必计桑田。不求土所无,不强人所难。量入以为出,上足下亦安。兵兴一变法,兵息遂不还。使我农桑人,憔悴畎亩间。谁能革此弊?待君秉利权;复彼租佣法,令如贞观年。"①

宪宗元和元年(806年),白居易为准备参加才识兼茂明于体用科考试,写成了《策林》75篇。其中有属于货币理论的内容。

白居易认为人们"舍本业,趋末作"是为了"去无利而就有利"。这里所说的"末作"是指游堕。他认为"游堕者逸而利,农桑者劳而伤"的根源在于"天下钱刀重而谷帛轻",出现这种情况的原因则又在于"赋敛失其本"。他批评"赋敛失其本"说:"租庸者,谷帛而已。今则谷帛之外,又责之以钱。钱者,桑地不生铜,私家不敢铸,业于农者何从得之……当丰岁,则贱粜半价,不足以充缗钱;遇凶年,则息利倍称,不足以偿逋(欠)债……是以商贾大族乘时射利者,日以富豪;田垄罢(疲)人望岁勤力者,日以贫困。"他认为只要恢复租庸调制,就能革除"谷帛轻而钱刀重"的弊病,使"务本者致力","趋末者回心"。② 赋税征钱加剧了社会上的舍本逐末现象,白居易把赋税征钱看作是产生这一现象的唯一原因,认为改变赋税征钱的办法,就能消除这一现象。

白居易认为调节商品流通是国家的不可忽视的职责。调节商品流通离不开货币,他认为货币就是"圣王"为了这一目的而创造出来的工具。他说:"夫天之道无常,故岁有丰必有凶;地之利有限,故物有盈必有缩。圣王知其必然,于是作钱刀布帛之货(货币),以时

---

① 白居易:《白氏长庆集》卷二《赠友》五首。
② 本段引文均见白居易:《白氏长庆集》卷六三《策林二·息游堕》。

交易之，以时敛散之。所以持丰济凶，用盈补缩。则衣食之费，谷帛之生，调而均之，不啻足矣。"①

在《策林二·平百货之价》中，白居易分析了国家调节商品流通的方法。他说："谷帛者，生于农也；器用者，化于工也；财物者，通于商也；钱刀者，操于君也。君操其一，以节其三；三者和钩（均），非钱不可也。"国家通过敛散货币、谷物和财物以调节物价："夫钱刀重则谷帛轻，谷帛轻则农桑困。故散钱以敛之，则下无弃谷遗帛矣。谷帛贵则财物贱，财物贱则工商劳。故散谷以收之，则下无废财弃物也。敛散得其节，轻重便于时，则百货之价自平，四人之利咸遂；虽有圣智，未有易此而能理者也。"②这一调节商品流通的理论来源于《管子·轻重》，但二者又不尽相同，最主要的是两者的目的不同。《管子·轻重》中的国家经营商业，实际目的在于取得商业利润，而白居易却主张做到"百货之价自平，四人之利咸遂"，根本不考虑国家的商业利润。

以上所设想的货币、谷帛、财物三者的关系，并不完全符合商品流通的实际情况。一般地说，谷帛贵则其他财物也贵，并不存在"谷帛贵则财物贱"的普遍关系。《管子·轻重》所说的"谷重而万物轻，谷轻而万物重"，是因为它把谷物作为国家的控制对象。白居易所说的"谷帛贵则财物贱"却不具备这个前提条件。而且对于财物，也不一定要散谷去收，主要的还应该是用货币。白居易产生这样的漏洞是因为套用了《管子·轻重》的个别论点。

要正确发挥货币的作用还必须解决钱被私销的问题。白居易认为钱重的另一重要原因是钱被私销，他指出："夫官家采铜铸钱，成一钱，破数钱之费也；私家销钱为器，破一钱，成数钱之利也。铸

---

① 白居易：《白氏长庆集》卷六二《策林一·辨水旱之灾，明存救之术》。
② 本段引文均见白居易：《白氏长庆集》卷六三《策林二·平百货之价》。

者有程，销者无限，虽官家之岁铸，岂能胜私家之日销乎？此所以天下之钱日减而日重矣。"①销毁铜钱铸成铜器后，可以卖更高的价钱，以致铜钱被大量销毁而使币值提高，白居易认为只有禁铸铜器，才能防止这种情况发生。

第五节　韩愈的名目主义观点

韩愈（768—824），字退之，河阳（治今河南孟州）人，因郡望②在昌黎（治今辽宁义县），常自称"昌黎韩愈"，故被人称为"韩昌黎"。德宗贞元八年（792年）进士，历任监察御史、国子博士、中书舍人、刑部侍郎、国子祭酒、兵部侍郎、吏部侍郎等官。长庆四年卒，谥"文"。著作有《韩昌黎集》。

元和七年（812年）二月，宪宗令百官讨论"钱重物轻，为弊颇甚"的问题，韩愈上《钱重物轻状》③，提出了四条对策。第四条和货币本身关系不大，以下只谈前三条。

第一，赋税改征土产。他说："夫五谷布帛，农人之所能出也，工人之所能为也。人不能铸钱，而使之卖布帛谷米，以输钱于官，是以物愈贱而钱愈贵也。"他主张出布之乡赋税全部征布，出绵、丝、百货之乡全部征绵、丝、百货，离京百里以内征草，300里以内征粟，500里以内及河渭地区纳草、粟都可。生产什么就征什么，这比陆贽的主张更加彻底。

第二，禁铜和禁钱出五岭。韩愈是反佛的。元和十四年，宪宗派人到凤翔（今属陕西）迎"佛骨"进宫奉养并在长安寺院展出，他上

---

① 白居易：《白氏长庆集》卷六三《策林二·平百货之价》。
② 魏晋至隋唐时每郡显贵的世族，称为"郡望"。
③ 韩愈：《韩昌黎集》卷三七。年份据《旧唐书》卷一五《宪宗纪下》。

书谏阻，触怒宪宗，被贬为潮州（治今广东潮安）刺史。他的禁铜主张也包含了反佛的内容，除禁止用铜做器皿外，还要禁止以铜造浮屠（塔）、佛像、钟磬等。韩愈主张"为浮屠、佛像、钟磬者，蓄铜过若干斤者，铸钱以为他物者，皆罪死不赦"。到了武宗会昌五年（845年），武宗下旨裁并全国寺院，用被毁寺院的铜像、钟磬来铸钱。韩愈的建议开了这一行动的先声。唐时五岭以南"以金银为货币"①，所以韩愈又主张岭南专以银为货币，"禁钱不得出五岭"，而岭南原来的铜钱则可以运出，以补充用钱地区的不足。私运铜钱出五岭及在岭南用铜钱作货币的人，都要处以死刑。

第三，铸造当五钱，新旧钱兼用。他说："凡铸钱千，其费亦千，今铸一而得五，是费钱千而得钱五千，可立多也。"这是要实行通货减重。从"铸一而得五"来看，似乎新旧钱的重量是一样的，那就是减重五分之四。沈演之说大钱当两使"家赢一倍之利"。唐肃宗乾元元年（758年）根据御史中丞第五琦的建议铸造以一当十的乾元重宝，当时的诏书说是"冀（希）实三官之资，用收十倍之利"②。韩愈的观点同沈演之和乾元元年铸钱诏书一脉相承。在持名目主义观点的人看来，国家有规定货币价值的权力，只要给铸币以某种名义价值，就能使它按这一名义价值流通。

肃宗乾元二年还铸造了重轮（外郭双圈）乾元重宝，一当五十。乾元钱、重轮乾元钱和开元钱同时流通，结果"谷价腾贵，米斗至七千，饿死者相枕于道"③。韩愈没有注意到这个发生在本朝的历史教训，仍提出作价不同的两种钱新旧并用。如果实行，也必然会造成货币流通的混乱。除了引起物价上涨外，旧钱还会被人收藏或销

---

① 元稹：《元氏长庆集》卷三四《钱货议状》。
② 《旧唐书》卷四八《食货志上》。
③ 同上。

熔改铸而退出流通界。私销私铸,则要陷于法网。

第六节 元稹、杨於陵的货币论

实行两税法后,钱重物轻的状况一直延续了40年。宪宗元和十五年(820年)正月,穆宗即位,于闰正月又令百官讨论"欲减税则国用不充,欲依旧则人困转甚,皆由货轻钱重,征税暗加"的问题。元稹、杨於陵提出了自己的看法。他们都从更广泛的范围来讨论这一问题。

元稹(779—831),字微之,河南(治今河南洛阳)人。他是唐朝的著名诗人,官至同中书门下平章事,讨论时任膳部员外郎。

元稹指出当时的"百姓之困,其弊数十",不单是由于赋税征钱。他举例说:全国税法是一样的,但"廉能莅之则生息,贪愚莅之则败伤",可见关键在于官吏的好坏。各地的货币材料不同,"自岭已南,以金银为货币;自巴已外,以盐帛为交易;黔巫溪峡,大抵用水银、朱砂、缯彩、巾帽以相市"。有的官去了治理得好,有的官就不行,可见百姓困苦和钱重物轻无关。元稹正确地指出了当时的积弊不限于赋税征钱一事,然而他用上述例子来否定钱重物轻是造成人民贫困的重要原因之一,则又矫枉过正了。

基于以上认识,元稹对采取何种货币政策持无所谓的态度。他认为"钱货之轻重,不在于议论之不当,患在于法令之不行",只要令出必行,则"或更大钱,或放私铸;或龟或贝,或皮或刀;或禁埋藏,或禁销毁;或禁器用,或禁滞积,皆可以救一时之弊也"。① 虽然"法令之不行"确是当时存在的弊病,但如此轻视解决货币流通本身的问

---

① 以上四段引文均见元稹:《元氏长庆集》卷三四《钱货议状》。

题,也不是一种正确的观点。他不要求改变赋税征钱的办法,是陆贽以来第一次对赋税征钱问题做出的不同回答。

杨於陵(753—830),字达夫,弘农(治今河南灵宝北)人。代宗大历时进士,官至左仆射,讨论时官户部尚书。

杨於陵首先分析了货币的职能和统治者调节货币流通的责任:"王者制钱以权百货,贸迁有无,通变不倦,使物无甚贵甚贱,其术非它,在上而已。何则?上之所重,人必从之。"然后他分析了造成钱币流通数量不足的各种原因:"古者权之于上,今索之于下;昔散之四方,今藏之公府;昔广铸以资用,今减炉以废功;昔行之于中原,今泄之于边裔。又有闾井送终之唅(含),商贾贷举之积,江湖压覆之耗,则钱焉得不重,货焉得不轻?开元中,天下铸钱七十余炉,岁盈百万,今才十数炉,岁入十五万而已。大历以前,淄青(治今山东青州)、太原、魏博(治今河北大名东北)杂铅以通时用,岭南杂以金、银、丹砂、象齿,今一用泉货,故钱不足。"

以上所说钱币数量不足的原因,可以归纳为七条。第一,赋税征钱(今索之于下)。第二,钱币贮于国库。第三,铸钱数量减少。第四,钱币外流。第五,钱币被商人囤积。第六,钱币被葬埋和沉没于江湖。第七,用钱地区扩大。第二至第六条是使钱币流通数量减少的因素,第一和第七条则是使钱币需求量增加的因素。这样来说明造成物轻钱重的原因,是比较全面的,不过还没有涉及商品方面的原因。

根据以上的分析,杨於陵提出对策:"今宜使天下两税、榷酒、盐利、上供及留州、送使钱,悉输以布帛谷粟,则人宽于所求。然后出内府之积,收市廛之滞,广山铸之数,限边裔之出,禁私家之积,则货日重而钱日轻矣。"[①]这是双管齐下,一方面政府税收改征布帛谷

---

① 杨於陵的议论均见《新唐书》卷五二《食货志二》。《资治通鉴》卷二四二误为长庆元年事。

粟,以减少社会对钱币的需求;另一方面采取各种措施增加钱币流通数量。其中赋税改征谷帛(或布帛)是陆贽以来许多人的共同主张。

朝廷采纳了杨於陵两税不再征钱的建议,改征布帛,于次年(长庆元年)实行。酒税、盐利则仍以钱为标准,但可以按时价折纳布帛。唐朝的赋税货币化尝试至此完全失败。

第六章
北宋的货币理论

北宋的商品经济较唐代发达,钱币的铸造数大为增加,各朝皇帝都铸造钱币,神宗时北宋铸钱数量达到了最高峰。

北宋产生了纸币。当时四川①用铁钱,分量重,流通不便。于是民间产生了它的价值符号——交子,后来由16家富商主持发行和兑现。真宗大中祥符年间(1008—1016),16家富商衰败,交子兑现困难。仁宗天圣元年(1023年)决定改为官办,于次年发行官交子。官交子分界发行,二年为一界②,界满换发新交子。每界的最高发行额为1 256 340贯,备本钱(准备金)36万贯。官交子在发行初期还比较稳定。神宗熙宁五年(1072年)开始两界并行。哲宗绍

---

① "四川"是益、利、夔、梓四州的合称,北宋初尚无此称。为行文方便,本章径称"四川"。

② 《宋史》卷一八一《食货志下三·会子》说交子三年一界,实误。参见拙文《〈宋史〉交子起源析误》,《中国钱币》2002年第1期。已编入拙著《中国经济史学论集》,商务印书馆2008年版。

圣(1094—1098)以后,交子的发行额大增,以致严重贬值。交子还曾行于陕西、河东(治今山西太原)、京西北路(治今河南洛阳)、淮南等地。徽宗大观元年(1107年),改交子为钱引。此外,北宋还有纸币小钞的发行。

北宋的货币理论也有新的发展。李觏的货币起源论、沈括的货币流通速度论、张方平关于货币流通渠道的分析以及周行己的纸币准备金理论是其主要代表。

第一节 李觏的货币论

李觏(1009—1059),字泰伯,建昌南城(今属江西)人。李觏从小好学,23岁即开始著书。仁宗庆历三年(1043年),南城立学,李觏为教师。皇祐二年(1050年),经范仲淹推荐,为太学助教。嘉祐二年(1057年),为太学说书;四年,代管太学,同年去世。著作有《直讲李先生文集》,现编有《李觏集》。

宝元二年(1039年),李觏作《富国策》,其中《富国策第八》[①]专谈货币。

关于货币的起源,李觏比杜佑又有了发展。他说:"昔在神农,日中为市,致民聚货,以有易无。然轻重之数无所主宰,故后世圣人造币以权之。"李觏认为物物交换缺乏衡量商品价值的统一标准,即"轻重之数无所主宰",所以后世的"圣人"制造货币来权衡商品的轻重。这就是说,货币是为了解决物物交换缺乏价值尺度的困难而被"圣人"创造出来的。也就是说,货币是起价值尺度作用的一般等价物。虽然他也认为货币是"圣人"的创造物,这一点不如司马迁;但

---

① 李觏:《直讲李先生文集》卷一六《〈富国策〉十首》。

他将货币的产生同物物交换的不便联系起来,而且把杜佑没有讲明的"数"表述为"轻重之数",无疑是一个很大的进步。当然,从物物交换的不便来说明货币的产生,还没有揭示出货币产生的内在原因。

李觏又说:"其始以珠玉为上币,黄金为中币,白金为下币。但珠玉金银,其价重大,不适小用。惟泉布之作,百王不易之道也。"上、中、下币的说法完全根据《通典》。他认为珠玉、金银价值大,不适于流通,比杜佑所举的理由更符合当时的实际情况。但宋以后白银流通渐广,最终要取代铜钱,这是李觏没有认识到的。在铜钱之中,李觏没有提五铢钱,只说"独开元之号,最得中制"。

李觏也用货币数量来说明物价:"大抵钱多则轻,轻则物重;钱少则重,重则物轻。物重则用或阙,物轻则货或滞,一重一轻,利病存乎民矣。"物价贵,对商品的购买者不利;物价贱,对商品的生产者不利,这就是"利病存乎民"的意思。他又认为从国计考虑,还是以钱多为好,因为国家的财政支出"有常数,不可裁减",钱少了会不够用。

李觏分析了当时钱少的原因。他指出朝廷和地方政府都没有多少货币积蓄,"民间又鲜藏缗之家,且旧泉既不毁,新铸复日多",但钱反而减少,根本原因就在于"奸人销之"。

当时不少人销毁铜钱来铸造恶钱或铜像、铜器。"销一法钱,或铸四五,市人易之,犹以二三,则常倍息矣……又缁黄(和尚、道士)之家,竞礼铜像,易模变巧,动必满堂,铙钲钟磬之器,所在雷震。谓取于官,则有害冶铸;其私,则以钱为之耳。"这种情况法令难以禁止,所以铜钱越来越少。

根据上述分析,李觏提出了应当采取的对策。他主张收恶钱和铜像、铜器来铸钱。"恶钱去则盗铸者无用,无用则盗铸自绝矣。"收恶钱要偿还铜价,同时规定期限,超过期限不交的判以重刑。"民既畏法,而喜于得直(值),将毕入于官。官挟其铜,因以资冶铸,则法钱益增,恶钱尽去矣。"铜像、铜器"若一取而销之,勿得复用,则铜积足以资冶铸,工巧无所措其手,销钱之弊不禁而止"。这两种办法实际上都难以完全做到。

此外,李觏还提出要注意"蛮夷之国,舟车所通,窃我泉货"的问题。宋代因为北方有西夏、辽、金等少数民族政权,还有日本、交趾(今越南)等邻国也使用中国钱,钱币外流的情况有时十分严重。李觏较早地注意到了这个问题,以后还常有人提到这一点。

最后,李觏引用贾山论货币铸造权的话,强调搞好钱法是"有国之急务",不能等闲视之。

第二节　张方平的货币论

张方平(1007—1092),字安道,号乐全居士,南京(治今河南商丘南)人。历仕仁宗、英宗、神宗、哲宗四朝,官至太子少师致仕。谥"文定"。著作有《乐全集》和《玉堂集》,后者已佚。

张方平的著作中,同货币有关的奏疏有三篇,都写于神宗时。第一篇是《论免役钱札子》,文中说"募法之行且三年",可见写于熙宁六年(1073年)。第二篇是《论率(敛)钱募役事》,文中说"募法之行且六年",则当写于熙宁九年,《续资治通鉴长编》将它列入熙宁九年九月辛巳条后,时间定为"是秋"。两文文字雷同,有些句子完全一样。第三篇是《论钱禁铜法事》①,《续资治通鉴长编》将它列入熙宁八年十月壬辰条下,不过未确定写于何时。文中提到熙宁七年削

---

① 以上三篇文章的标题均出自张方平:《乐全集》。

除钱禁事,又说"自弛禁数年之内",则此文的写作时间不会早于熙宁十年。再迟一年就是元丰元年了,因此此文很可能写于元丰初年。

北宋自仁宗以后,由于对外岁币增加,对内要负担越来越庞大的养官和养兵等费用,财政经常处于困难之中,形成了积贫的局面。神宗为了改变积弱积贫的局面,于熙宁二年任王安石为参知政事(副相),实行变法;次年又任王安石同中书门下平章事(宰相)。王安石推行的新法,其中对全国货币流通影响较大的有二,即青苗法和免役法。

青苗法的正式名称叫常平法,开始实行于熙宁二年。具体办法如下。政府将各路常平、广惠仓①的粮食或现钱贷给民户,一年贷两次:一次在正月三十日以前,随夏税归还;一次在五月三十日以前,随秋税归还。利率每次2分,贷款数额根据户等:一等户不超过15贯,二等户不超过10贯,三等户不超过6贯,四等户不超过3贯,五等户不超过1贯500文。

免役法又叫雇役法、募役法,开始实行于熙宁四年。具体办法如下。过去承担各种差役的民户不再服役,按户等高下出役钱,称为免役钱。过去不当差的民户、坊郭(市镇)户、未成丁户、单丁户、女户、寺观等也要出钱,称为助役钱。另外,纳役钱时还要交二成的免役宽剩钱。

实行青苗法和免役法,导致对货币的需求量大增。熙宁、元丰年间虽然增加了钱币的铸造,但仍有钱荒之患。农民要廉价出卖农产品获得货币来向政府交纳,于是又发生了唐代实行两税法后发生的物轻钱重问题。而且征免役钱和两税征钱还不尽相同,因为前者

---

① 广惠仓设立于仁宗嘉祐二年(1057年),将各路"户绝田"募人佃种,以所入租课救济老弱不能自给的人。

是两税以外新增的货币赋税,这就使民间的税收负担比两税征钱时更重。因此,当时反对新法的张方平、司马光、苏辙等人,也像唐人一样,提出了赋税不应征钱的理由。

张方平肯定货币的重要作用,他说:"夫钱者,人君之所操,不与民共之者也。人君以之权轻重而御人事,以平准万货。故为国者必亲操其柄,官自冶铸,民盗铸者抵罪,罪至死,示不得共其利也。夫钱者无益饥寒之实,而足以致衣食之资,是谓以无用而成有用,人君通变之神术也。"这里可以看出单旗、贾谊和《管子·轻重》的货币理论的影子,但讲得十分概括。

张方平分析了钱币的流通渠道:"凡公私钱币之发敛,其则(规律)不远。百官群吏三军之俸给,夏秋籴买谷帛,坑冶场监本价,此所以发之者也。屋庐正税,茶盐酒税之课,此所以敛之者也。"①国家铸造钱币,用来发放俸饷,购买谷帛和作为经营矿冶、茶盐等业的本钱,钱币流到民间后,通过房屋、茶、盐、酒等税收或专卖收入流回官库。他认为这样的流通渠道是正常的,如果再加上免役钱,就使原来的货币流通秩序遭到了破坏,民间必然会发生钱荒现象。

注意到货币流通渠道,是货币理论上一个新的进步。向民间征收免役钱,首先要考虑钱币通过什么渠道流向民间的问题。北宋政府在这方面没有采取什么措施,因此即使钱币铸造数量增加了,民间还是发生了钱荒,许多钱币却贮存在官库,没有充分发挥流通手段的作用。张方平从货币流通渠道的不相称来说明不应征免役钱,是很有理论深度的。这比货币是官府所铸,因此不能向人民征收的说法要正确得多。

张方平在两篇奏疏中分别举陈州(治今河南淮阳)、应天府(治

---

① 以上两段引文均见李焘:《续资治通鉴长编》卷二七七熙宁九年九月辛巳。

今河南商丘南)为例来说明造成钱荒的必然性。例如,应天府所属七县共67 000余户,每年要纳役钱75 300余贯,青苗息钱16 600余贯。"岁输实钱九万三千余贯,每年两限,家至户到,科校督迫,无有已时,天下谓之钱荒。"因此他责问说:"民间货布(钱)之丰寡,视官钱所出之少多。官钱出少,民用已乏,则是常赋之外,钱将安出?"

张方平还反驳了两种观点。一种观点认为免役钱用来募役,钱又回到民间。他反驳说:这是从农民那里征钱而散于游惰之人,有利于市井而使南亩空虚。从货币流通渠道的变化来看,他的话是对的。另一种观点认为四等以下的贫困户纳钱不多,困难不大。他反驳说:"彼穷乡荒野,下户细民,冬正节腊,荷薪刍入城市,往来数十里,得五七十钱,买葱茄盐醯(醋),老稚以为甘美,平日何尝识一钱?"形象地说明偏僻农村得钱的困难。最后,张方平指出实行免役法后,民间产生了"伐桑枣,卖田宅,鬻(卖)牛畜"的后果,一旦稍有荒歉,人民流散的就会很多。①

北宋的差役确实有很多弊病,有些人甚至会因轮值差役而破产。可是王安石变法改差役为免役,又给人民造成了新的困难。原来差役由乡村的上、中户轮流充当,而现在下户也要纳役钱。农民纳役钱就会发生张方平等人所指出的弊病。从货币流通的角度看,张方平的分析是比较深刻的。当然,认为农民不铸钱就永远不应交纳货币赋税,在理论上是错误的。这一点我们在陆贽一节中已指出过了。

造成钱荒的原因,除由于实行青苗、免役法外,还由于钱币的外流和私销。熙宁七年取消钱禁,使得上述现象更为严重。张方平在《论率钱募役事》中已指出:"而又弛边关之禁,开卖铜之法,外则泄

---

① 本段引文均见李焘:《续资治通鉴长编》卷二七七熙宁九年九月辛巳。关于应天府的数字对原文有订正。

于四夷,内则恣行销毁,鼓铸有限,坏散无节。"后来他在《论钱禁铜法事》中对此做了进一步的发挥。

张方平仍从货币的作用谈起。因为论述的角度不同,内容也有区别。他说:"臣伏以钱者国之重利,日用之所急,生民衣食之所资。有天下者以此制人事之变,立万货之本。故钱者人君之大权,御世之神物也。"这样强调货币的重要性,是为了表明决不能让它们外流或被销毁。他批评熙宁七年的新法令助长了钱币外流和销毁,加剧了钱荒。根据旧法令,带钱一贯出国界的就要处死。"而自熙宁七年颁行新敕,删去旧条,消除钱禁,以此边关重车而出,海舶饱载而回……钱本中国宝货,今乃与四夷共用。"同时由于取消了铜禁,民间销毁铜钱难以辨别,"销熔十钱得精铜一两,造作器物,获利五倍"。这两方面的共同结果是使"中国之钱日以耗散"。他尖锐地指出:"更积岁月,外则尽入四夷,内则恣为销毁,坏法乱纪,伤财害民,其极不可胜言矣。"因此,他主张恢复旧法,"立四夷内外之限,通下民衣食之原"。①

第三节 沈括的货币流通速度论

沈括(1031—1095),字存中,钱塘(治今浙江杭州)人。仁宗嘉祐八年(1063年)进士。历任馆阁校勘、提举司天监、集贤校理、太常丞等官。神宗熙宁九年(1076年),任翰林学士、权三司使;十年七月被劾,以集贤院学士知宣州(治今安徽宣城);元丰元年(1078年),升龙图阁待制、知审官院。后又被贬官,晚年居住润州(治今江苏镇江),从事著述。著作有《梦溪笔谈》《长兴集》,后者已残缺。

---

① 本段引文均见李焘:《续资治通鉴长编》卷二六九熙宁八年十月壬辰。

神宗也注意到了实行新法以后的钱荒现象。熙宁十年，神宗问沈括"公私钱币皆虚"的原因，沈括列举了八条，并指出其中"不可救"的两条，"无足患"的一条。

"不可救"是指不能靠某种政策加以解决，有以下两条。

第一，人口和用度增加。他说："今天下生齿岁蕃，公私之用日蔓。以日蔓之费，奉岁蕃之民，钱币不足，此无足怪。"人口增加，对钱币的需要量也增加，这是刘秩已经指出过的。所谓"公私之用日蔓"对钱币的影响，实际上反映了商品经济的发展。因为只有增加的用度是通过商品经济的环节时，才会增加对货币流通量的需要。

第二，水火之灾和磨损造成的钱币减少。

"可救"的即可以采取相应对策的，有以下五条。

第一，销钱为器。沈括估计的销钱为器的利益比张方平估计的还高一倍："铜禁既开，销钱以为器者，利至于十倍"。他的对策还是禁铜。

第二，钱被民间贮藏。沈括指出：在盐钞（取盐凭证）价格稳定的时候，富室愿意藏盐钞而不愿意藏钱，藏在民间的盐钞以千万计。"今钞法数易，民不坚信，不得已而售（买）钞者，朝得则夕贸之，故钞不留而钱益不出。"他主张健全盐钞法，"使民不疑于钞，则钞可以为币"，以减少人们对铜钱的收藏。

第三，货币种类单一。沈括认为古时金、银、珠、玉、龟、贝都是货币，而现在只以钱作为货币，因此对钱的需要量增加。他提出了用金的主张："今若使应输钱者输金，高其估而受之，至其出也亦如之，则为币之路益广，而钱之利稍分矣。"要将财政收支改为用金，以减少对钱币的需要。

第四，钱被官库贮藏。实行新法后，官库存钱大增。沈括说："今至小之邑，常平之蓄不减万缗，使流转于天下，何患钱之不多也。"把官库存钱投入流通,可以增加钱币的实际流通量。

第五,铜钱外流。"四夷皆仰中国之铜币,岁阑出(擅自运出)塞外者不赀(不可计量)。"这和张方平的意见相同。不过张方平只批评取消钱禁的政策,沈括则着眼于对外贸易。他指出宋人私买外国的盐、牛、羊等物,造成了铜钱的大量外流,这是政策不当所致,是"作法以驱之"。他主张禁止人民私自用铜钱购买外货。

"无足患"的一条如下。

西北边境河、湟地区每年要从京城运去铜钱几十万贯,而洮州(治今甘肃临潭)、岷州(治今甘肃岷县)每年又铸铁钱40万缗。这样既使中原地区铜钱减少,又使河(治今甘肃临夏)、洮、岷三州钱币过多,造成三州的物价上涨。他主张停止运送铜钱到河、湟地区,用钞券代替;同时用铁钱向羌人购买战马和羊等有用之物,让过多的铁钱外泄到羌族地区,国家还可从买卖中征税。

以上解决钱荒的办法,总的思路是增加货币流通数量。沈括还提出了货币流通速度和货币流通数量的关系理论。在谈及钱被官库贮藏这一条时,他说:"钱利于流借。十室之邑,有钱十万而聚于一人之家,虽百岁,故十万也。贸而迁之,使人飨十万之利,遍于十室,则利百万矣。迁而不已,钱不可胜计。"[①]"流借"一词不见别人使用,是沈括创造的词汇,当是"借助于流通"之意。这段话的意思是货币流通速度的提高等于货币流通数量的增加,由此可以引申出货币流通速度和货币流通需要量成反比的结论。沈括的货币流通速度理论是世界上最早的货币流通速度理论。

西方最早提出货币流通速度理论的是英国的约翰·洛克(John Locke,1632—1704)。他在1691年说,贸易所必需的货币,"不仅取

---

① 沈括的议论均见李焘:《续资治通鉴长编》卷二八三熙宁十年六月壬寅。

决于货币的数量,也取决于它的流通的速度。同一个先令,有时也许在二十天里起了支付二十个人的作用,有时却一连一百天存留在同一个人的手中"①。沈括比他早了600余年提出这一理论。

第四节 司马光等人的货币观点

新法的反对派领袖司马光(1019—1086),从神宗熙宁四年(1071年)起,以判西京御史台名义闲居洛阳。熙宁七年,他对新法进行了尖锐的批评。他认为"青苗、免役钱为害尤大",原因就在于农民手中没有钱。他说:"夫力者,民之所生而有也;谷帛者,民可耕桑而得也。至于钱者,县官(国家)之所铸,民不得私为也。自未行新法之时,民间之钱固已少矣。富商大贾藏镪者,或有之;彼农民之富者,不过占田稍广,积谷稍多,室屋修完,耕牛不假而已,未尝有积钱巨万于家者也;其贫者,蓝缕不蔽形,糟糠不充腹,秋指夏熟,夏望秋成,或为人耕种,资采拾以为生,亦有未尝识钱者矣。是以古之用民者,各因其所有而取之。农民之役不过出力,税不过谷帛,及唐末兵兴,始有税钱者。故白居易讥之曰:'私家无钱炉,平地无铜山。'言责民以所无也。今有司……唯钱是求。农民值丰岁,贱粜其所收之谷以输官,比常岁之价,或三分减二,于斗斛之数,或十分加二,以求售于人。若值凶年,无谷可粜,吏责其钱不已,欲卖田则家家卖田,欲卖屋则家家卖屋,欲卖牛则家家卖牛。无田可售,不免伐桑枣、撤屋材卖其薪,或杀牛卖其肉,得钱以输官。一年如此,明年将何以为生乎?故自行新法以来,农民尤被其患。"②

---

① 约翰·洛克:《论降低利息和提高货币价值的后果》,徐式谷译,商务印书馆1982年版,第21页。
② 司马光:《温国文正司马公文集》卷四五《应诏言朝政阙失事》。

司马光对自然经济占统治地位的社会向农民征收货币赋税的弊病做了详尽的描述。他所说的农民,包括了地主,而且论述的重点在地主。赋税征钱,地主要贱卖农产品换取货币,不如直接交农产品有利。因此,地主从自身利益考虑,也不赞成赋税货币化。

哲宗元祐元年(1086年),已任门下侍郎(副相)的司马光提出了罢免役钱的主张,再一次阐述不应征钱的理由。他说:"自古农民所有不过谷帛与力,凡所以供公赋役,无出三者,皆取诸其身而无穷尽。今朝廷立法曰:'我不用汝力,输我钱,我自雇人。'殊不知农民出钱难于出力。何则?钱非民间所铸,皆出于官。上农之家所多有者,不过庄田、谷帛、牛具、桑柘而已,无积钱数百贯者。自古丰岁谷贱,已自伤农,官中更以免役及诸色钱督之,则谷愈贱矣。"①在司马光的主持下,免役、青苗等法都先后罢去。北宋的赋税货币化宣告失败。

苏辙(1039—1112)的观点更接近于唐人。大约在熙宁九年,他指出:"且夫钱者官之所为,米粟布帛者民之所生也。古者上出钱以权天下之货,下出米粟布帛以补上之阙。上下交易,故无不利。今青苗、免役皆责民出钱,是以百物皆贱,而惟钱最贵,欲民之无贫不可得也。"②

元祐元年废除免役法后,苏辙又用这一点说明货币不能积于国库,应将它投入流通:"臣闻自古经制国用之术,以为谷帛民之所生也,故敛而藏之于官;钱币国之所为也,故发而散之于民。其意常以所有易其所无,有无相交而国用足焉。"实行熙宁新法以前,东南就已经"钱重物轻,有钱荒之患",而实行新法以来,"官库之钱贯朽而不可较,民间官钱搜索殆尽。市井所用多私铸小钱,有无不交"。他强调要改变这种情况,将东南诸路的常平钱用于购买廉价的谷帛,

---

① 司马光:《温国文正司马公文集》卷四九《乞罢免役钱依旧差役札子》。
② 苏辙:《栾城集》卷三五《自齐州回论时事书》附《画一状》。

既可使"泉币通行,足以鼓舞四民,流转百货",又能收"仓廪充实,足以赡养诸军,备御水旱"之效。①

苏辙之兄苏轼(1037—1101)则对当时的纸币流通提出了看法。他说:"私铸之弊,始于钱轻,使钱之直若金之直,虽赏之不为也。今秦蜀之中,又裂纸以为币,符信一加,化土芥以为金玉,奈何其使民不奔而效之也。"②这是一种金属主义的观点。苏轼是中国最早用金属主义观点来批评纸币流通的人。

第五节　周行己的货币论

周行己(1067③—?),字恭叔,永嘉(治今浙江温州)人。他是南宋主张功利之学的永嘉学派的先驱。哲宗元祐六年(1091年)进士。曾任太学博士、秘书省正字、权(代)知乐清县等官。著作有《浮沚集》,因他居住的谢池坊有浮沚书院而得名。

周行己的货币论见于徽宗大观年间(1107—1110)的《上皇帝书》④。它是针对当时货币流通的混乱情况而提出来的。

北宋大部分地区用铜钱,四川用铁钱,陕西、河东兼用铜、铁钱。陕西、河东原来也用铜钱,北宋朝廷为筹措对西夏的军费,于仁宗庆历元年(1041年)铸造小铁钱和当十铜、铁大钱,先后行于陕西和河东,使两地为铜、铁钱兼用区。铁钱和大钱的流通引起了两地的严

---

① 本段引文均见苏辙:《栾城集》卷三八《乞借常平钱买上供及诸州军粮状》。
② 苏轼:《关陇游民私铸钱与江淮漕卒为盗之由》,《苏轼文集》第一册,中华书局1986年版,第224页。交子于熙宁四年至九年首次行于陕西,文中提到秦行纸币,故此文可能写于这一时期。
③ 周行己在写于庚子年(1120年)的《上宰相书》(《浮沚集》卷五)中说自己"行年五十有四",由此可推出生年。
④ 《上皇帝书》共两篇,均见周行己:《浮沚集》卷一。这里是指第二篇,写作时间据文中所谈的货币流通情况来推定。

重盗铸和物价上涨。铜、铁大钱不断贬值，嘉祐四年(1059年)都改为当二。徽宗时，蔡京当政，于崇宁二年(1103年)起铸造铜当十钱和夹锡钱。夹锡钱又称"夹锡铁钱"，以铁、锡、铅为原料铸成，以一当铜钱二。四年改铜当十钱为当五，又改为当三。五年蔡京罢相，朝廷决定铜当十钱只在京师和陕西、河东、河北三路继续流通，其余各路用新发行的、最高面额为一贯的纸币小钞收回。大观元年蔡京再相，又恢复了铜当十钱和夹锡钱的铸造。

周行己在《上皇帝书》中讨论了当十铜钱、夹锡钱、铁钱、小钞和交子的流通问题，提出了根据他的货币理论而设想出来的改善货币流通的方案。

周行己也认为货币本是无用之物，然而他并没有到此为止，而是进一步认为货币本身是没有轻重(指价值)的。他说："夫钱本无用而物为之用，钱本无重轻而物为之重轻。此圣智之术，国之利柄也。"在他看来，货币本来是没有价值的，因为和商品交换，才使它表现出购买力的高低来。他又说："盖钱以无用为用，物以有用为用，是物为实而钱为虚也。"他把所有货币都看成是虚的，即看成是价值符号，这也是一种新的观点。

可是，周行己又认为"本无重轻"的钱币本身却存在着重轻之别。比起小钱(小平钱)来，当十大钱、铁钱、夹锡钱都是轻的，都是不足值铸币，它们的流通造成了物价上涨。"钱与物本无重轻"，物价上涨的原因是在于："始以小钱等之，物既定矣，而更以大钱，则大钱轻而物重矣。始以铜钱等之，物既定矣，而更以铁钱，则铁钱轻而物重矣。物非加重，本以小钱、铜钱为等，而大钱、铁钱轻于其所等故也。""钱与物本无重轻"，是说商品和货币的交换比例的建立，起初完全而偶然的，并不存在等价关系。但这种交换比例一经建立，形成了对等关系，如果换一种比原来的货币轻的货币来流通，就会造成物价的上涨。所以他说的"等",不是指货币和商品在价值上的相等,而是指惯性的相等。换一种货币,破坏了这种惯性,才引起物价波动。他把这种情况称为"本无轻重,而相形乃为轻重"。

周行己分析不足值铸币的弊病说:"臣窃计自行当十以来,国之铸者一,民之铸者十;钱之利一倍,物之贵两倍。是国家操一分之柄,失十分之利,以一倍之利,当两倍之物。又况夹锡未有一分之利,而物已三倍之贵。是以比岁以来,物价愈重而国用愈屈。"国家铸造不足值钱币,民间就进行私铸,这两种因素加在一起,使物价上涨得更加厉害。铸大钱从暂时看,国家固然有利可图,但物价上涨,结果反而使财政更加困难。对于"物价愈重而国用愈屈"的命题,他分析说:"天下租税常十之四,而籴常十之六",即国家所需要的粮食只有十分之四是从租税中来的,十分之六要用钱去买;还有"供奉之物,器用之具"也要用钱去买。货币购买力降低,买同样多的商品要花更多的钱,自然会加剧财政的困难。他还指出当十铜钱作价的两次变动对人民造成的危害:"自十而为五,民之所有十去其半矣。自五而为三,民之所有十去其七矣。"而发行小钞,又存在着两个弊病:"小钞之法,自一百等之,至于一贯。民之交易不能悉辨其真伪,一也。输于官而不能得钱,二也。"这些分析都是正确的。

从货币"本无轻重,而相形乃为轻重"的观点出发,周行己提出了解决问题的方案。

对于当十铜钱,他建议用官诰、度牒、盐钞等收回,然后改为当三通行全国。一枚当十铜钱的重量相当于三枚小钱,改为当三后和小钱就没有轻重的差别了。他指出这样做的好处有三:"国家无所费而坐收数百万缗之用,其利一也。公私无所损而物价可平,其利二也。盗铸不作而刑禁可息,其利三也。"

对于铁钱和夹锡钱,他主张和铜钱分路流通。根据他的理论,如果它们不和铜钱"相形",也就显不出轻重来。他建议铁钱、夹锡钱只流通于河北、陕西、河东三路,禁用铜钱,而其他各路则专用铜钱(实际上四川也用铁钱,不属于他的讨论范围)。他认为采取这一分路流通的办法,"则铁钱与物复相为等而轻重自均矣"。照他的办法,一个地区的物价体系是统一了(在河北、陕西、河东仍有铁钱和夹锡钱的两种物价体系),但使用铜钱和使用铁钱、夹锡钱地区的物价水平却不一致。大概他认为三路由于没有铜钱来"相形",物价水平会和使用铜钱地区一样。

为了便利三路和其他各路之间的商品流通,周行己又提出在各路"置交子如川法"。他指出交子、小钞流通的失败就在于不能兑现。"前日钞法[①]、交子之弊,不以钱出之,不以钱收之,所以不可行也。"现在以所收大钱来维持兑现,"则交、钞为有实而可信于人,可行于天下"。他认为这样做"则铁钱必等"。他没有解释何以铁钱必等,可能他所说的交子在三路是代表铁钱的,到其他用铜钱各路则能兑到铜钱,因此能将用铁钱和用铜钱地区的物价拉平。不管这是否符合他的原意,反正他认为按照他的办法,铁钱和铜铁的物价水平是能够一致起来的。

周行己主张纸币兑现,但已认识到兑现纸币不需要有十足准备。他认为现金准备应占纸币发行量的三分之二,国家通过发行纸币"常有三一之利",即可以获得占纸币发行量三分之一的发行利益。

为什么纸币不需要有十足现金准备呢?周行己说:"盖必有水火之失,盗贼之虑,往来之积,常居其一。是以岁出交子公据,常以二分之实,可为三分之用。""水火之失"是指纸币被沉没于水或烧毁于火。这是有事实依据的,因为交子换界时收回的数额总是低于原

---

① 宋代的"钞法"通常指盐钞法,这里是指小钞的发行。

发行额,这未收回的部分就被称为"水火不到钱"①。"盗贼之虑"是指纸币被抢被偷。不过即使这样,纸币也未被破坏,不应该作为不来兑现的理由之一。"往来之积"则是指正常的流通需要,即总有一部分纸币是经常处于流通中的,因此不会来要求兑现。这应该说是最主要的理由。

按官交子最初的发行限额 1 256 340 贯和现金准备 36 万贯计算,现金准备占发行限额的 28%。周行己认为准备金须占纸币发行量的三分之二,这数字大大高于实际经验所提供的数据,实际上还是太高了。这是中国最早关于兑现纸币不需要十足现金准备的理论。

周行己主张足值货币流通,批评统治者用大钱来掠夺人民的财富,赞成发行兑现纸币,这些都具有积极意义。但他没有提出取消铁钱和夹锡钱,只是主张将它们集中于三路,却依然不能解决三路货币流通混乱的问题。况且夹锡钱流通的弊病很多,民间用药点染,就可以冒充铜钱使用。没有提出废夹锡钱,反映了周行己思想上的妥协性。

在理论上,周行己看到了货币和商品之间存在着某种相等的关系。由于他错误地认为货币本身并无轻重,因此不能进一步得出货币和商品必须在价值上相等的结论,而只是归之于习惯。在纸币和金属货币的关系方面,周行己实际上已涉及了纸币虚金属货币实的问题,如说"交、钞如有实而可信于人","常以二分之实",这里的"实"都是指金属货币。以金属货币为实,则应以纸币为虚。可是因为他认为货币的轻重是在同商品的交换中形成,所以又说"物为实而钱为虚"。这说明他还没有从有无实际价值的角度来认识纸币和金属货币的虚实问题。

---

① 李心传:《建炎以来系年要录》卷一四一绍兴十一年七月壬寅。

第七章
南宋淳熙以前的货币理论

开始于北宋四川的纸币流通,到南宋得到了推广。封建统治者需要利用纸币流通来增加财政收入。南宋淳熙以前,纸币在东南推广不久,纸币究竟应不应发行、如何维持纸币的币值,成为人们议论货币问题的重点。有些人已经开始用金属主义或名目主义观点分析纸币流通,产生了像辛弃疾那样等同金属货币和纸币的名目主义货币理论。对钱币的讨论则出现了对整个货币流通进行理论性概括的文章,吕祖谦和叶适的论著是其代表。

第一节 对发行新交子的批评

南宋高宗绍兴元年(1131年)发行关子。关子最初具有汇票性质。因当时屯兵婺州(治今浙江金华),水路不通,运钱不便,所以婺州发行关子,召人出钱领取,然后凭关子到杭州、越州(治今浙江绍兴)权货务领钱或茶、盐、香货钞引,每1 000钱贴水10钱。后来关子又用作籴本,那就是纸币的性质了。绍兴六年,根据都督行府主管财用张澄的建议,置行在①交子务,发行交子。先印30万贯用于江淮,接着陆续印造200万贯用于东南各路。由于没有现金准备,受到多人的反对,终于作罢。

反对的人中,有些人有言论留存下来,但我们不知道他们是谁②。除佚名的外,还有谏议大夫赵霈、翰林学士胡交修、江南西路安抚制置大使李纲和礼部尚书李光等。

第一位佚名言者主要是谈纸币的问题。他从维持兑现的角度肯定四川的交子:"四川交子,行之几二百年,公私两利,不闻有异议者,岂非官有桩垛(贮备)之钱,执交子而来者欲钱得钱,无可疑者欤?"其实,四川交子也不是经常能"欲钱得钱"的,他这样美化四川交子,是为了反衬眼前无现金准备的交子的难以流通。

他又用兑现来说明关子流通的问题。前年发行关子和籴(按规定价格向民间摊买粮食)时,权货务按一定的分数(比例)来支付现钱,所以"民间行使,亦以分数论"。去年发行关子时,权货务准备了足够的现钱,所以"民间行使,亦依见缗(现钱)用"。可见人们相信的是钱而不是关子。

他强调兑现是纸币流通的必要条件:"先令库务桩垛见钱,行使之日,赍(携带)至请钱者,不以(论)多少,即时给付,则民无疑心,而行之可久矣。"反之,"其或桩钱而不足,已桩而别用;或行于民间,而不许之纳官库;或行于诸路,而不许之充上供",凡此种种,只要"一

---

① 皇帝行幸所到的地方称"行在"。南宋称临安(杭州)为"行在",以表示不忘北宋旧都。
② 绍兴六年反对发行交子的言论以《建炎以来系年要录》卷一○一所记最为详细,《皇宋中兴两朝圣政》卷一九次之。《建炎以来系年要录》有三段佚名言者的言论,不知是属于一人的,还是分属三人。从内容看,不像是一个人的,所以按三人处理。

节有碍,则商旅贸迁、井邑交易之际,必有不行者矣"。即使"重立法禁",也不能阻止物价的上涨。

封建社会的兑现纸币,事实上并不是随处可以兑现,而且兑现时往往有许多限制。因此这一言者既强调纸币要兑现,又提出要允许用纸币来"纳官库","充上供",把后者作为能使纸币正常流通的必要补充条件,是正确的。他反对"桩钱而不足",但没有说明桩钱多少才算足,好像是主张十足准备。

此外,他还指出纸币容易伪造,会造成"货财不通,狱讼繁兴"的后果。

第二位佚名言者也认为没有现金准备的纸币必不可行,他说:"欲不桩本钱而多出交子,则其不可行也必矣。"

当时有人提出发行交子"其利者二,其害者四:一则馈粮实边,减搬辇(运)之费。二则循环出入,钱少而用多。此交子之利也。一则市有二价,百物增贵。二则诈伪多有,狱讼益繁。三则人得交子,不可零细而用,或变转则又虑无人为售。四则钱与物渐重,民间必多收藏,交子尽归官中,则又虑难于支遣。此交子之害也。"佚名言者认为第二利不能成立,因为:"交子出数既多,则人必知官中之无本,商贾纵或收买,岂肯停留私家?必须即时请换见(现)钱,虽有桩垛数目,必不能给。既不能给,则交子之法大坏。"他好像也是主张十足准备的,所以对纸币流通可以起到"钱少而用多"的作用表示怀疑。

他也用四川钱引(包括交子)来作证明,指出四川钱引的准备金曾因借给陕西用作籴本,或由于"官不收引,其法几至大坏"。后来经过整理,用一新引收换4旧引[①],几乎经过了30年,才使钱引逐

---

① 大观元年(1107年)的第43界交子,一贯抵旧交子4贯。

渐恢复流通。近年因为应付军需,发行增加,"目下虽粗通行,而议者亦颇忧其法坏"。何况东南的情况和四川完全不同,交子更加行不通。从现存的文字中,看不到他对这种不同情况所作的解释。李纲也有这观点,并做了分析,留待后面再谈。

纸币并非自古有之,因此他又用古人没有发行过纸币来说明不能靠纸币来弥补财政赤字。"自古军兴之际,未有不以财用之绌为患者。苟出数寸之纸,可足一时之用,则古之人亦何惜不特出数百万以济其阙,而乃区区讲求理财之术!"纸币是在货币流通中被人们创造出来的,古人没有发行纸币不等于说今人也不可以发行。而且纸币确有弥补财政赤字的作用,不能予以全盘否定。但是纸币弥补财政赤字的作用是有限的,只能适可而止,从这个意义上说,佚名言者的批评又有合理因素。

他主张用扩大汇兑的办法来取代纸币的发行。发行关子,以几十万贯为限额,让人们在沿边交纳粮食或钱币,领关子到行在请换现钱或茶、盐引以及香药、杂物之类,以"便商贾,省漕运"。

第三位佚名言者提出行使交子五不便之说:"今钱引之出,于行商尚可,而无益于军民之用;于道路之赍(旅行人携带物件)尚可,而无资于旦暮之需。今行商与军民孰多?朝夕之需与道路之赍孰急?此不便一也。虽曰交子与钱并用,今一交子不过千钱,军民之须,日用饭食,持一交子以适市,止有数百之用。用之不尽,将弃之乎,将为数百之用乎?此不便二也。物重财(钱)轻,其日久矣,今又益之以此,乘时射利者必高其物价。此不便三也。富室丰家典卖之际,故轻其引,必欲见缗。既得见缗,深藏不出,交子空行于市井,而物不得售。此不便四也。异时(以前)盗铸销熔,皆出东南之民,今数寸之纸,能保其奸诈不为乎?此不便五也。"

赵需也指出发行交子有五弊:"法行之初,人必疑虑,盖不行使则起争端,若有减落则违法禁,铺户缘(由)此,必致停闭,一也。市井交易,必立私约,用见钱则价直必平,用交子则价直必倍,二也。今以片纸,用为千钱,细民得之,反以为累,片纸不可以分裂,千钱不可以散用,三也。积日累月,物重财轻,缗钱藏于私家,官库愈见匮乏,四也。官私既许通用,民间岂无诈伪,虽严为伪造之禁,孰能惩冒法之人,五也。"

以上各人所提到的纸币流通的弊病,比较一致的有:第一,引起物价上涨。第二,伪造难以禁止。第三,不便于零用。第四,钱币被人收藏。第三条是技术问题,可以解决,其余三条确是中国封建时期纸币流通的通病,它们在宋代就已经暴露出来并为人们所认识了。

胡交修则指出发行交子会重蹈崇宁当十大钱的覆辙,他说:"崇宁大钱,覆辙可鉴。方大臣建议,举朝无敢非者。法行未几,钱分两等,市有二价,奸民盗铸,死徒相属,终莫能胜。今之交子,较之大钱,无铜炭之费,无鼓铸之劳,一夫日造数十百纸,鬼神莫能窥焉。真伪莫辨,转手相付,旋以伪券抵罪,祸及无辜。久之,见钱尽归藏镪之家,商贾不行,细民艰食,必无束手待尽之理。比及悔悟,恐无及矣。"[①]他所说的覆辙,也就是物价上涨,纸币伪造,钱币被收藏等。最后他对决策者发出了警告,暗示这些弊病会导致农民起义的爆发。

李纲(1083—1140)于绍兴六年十月任江南西路安抚制置大使兼知洪州(治今江西南昌),接到用交子和金银、官诰、度牒等在江南西路和籴米20万石的公文,即上书右丞相,要求罢交子[②]。他认为交子只能行于四川:"纲窃谓交子之法行于四川则为利,行于他路则为害。四川山路峻险,铁钱脚重,难于赍挈,故以交子为便。当时设

---

① 以上反对发行交子的议论均见李心传:《建炎以来系年要录》卷一〇一绍兴六年五月乙酉。

② 李纲:《梁溪集》(四库全书本)卷一〇四《与右相乞罢交子札子》。

法者措置得宜,常预桩留本钱百万贯,以权三百万贯交子,公私均一,流通无阻,故蜀人便之。近年不桩钱本,其法已弊,况欲行于他路哉!今东南道路安便,铜钱脚轻,若欲便民,固已不待交子自能流布。"他把纸币看作是四川特殊条件下的产物,反对在各路推广。

李纲也认为纸币流通的关键在于有无现金准备:"目今户部财用窘迫,必无数百万桩留钱本,交子之行,止凭片纸。民间得之,交手相付,不敢停留。良民折阅(贬值),转卖不得元直(原值)十之二三,兼并之家贱价停蓄,坐享厚利。争竞既起,狱讼滋多,其为害有不可胜言者。"

另一位大臣李光也说:"有钱则交子可行。"他还指出:"若已桩办见钱,则目今所行钱关子,已是通快,何至纷纷?"[①]只要有现金准备,就可以巩固原来的关子流通,再改成交子,完全是多此一举。

以上反对发行交子的人,无一例外地肯定兑现纸币,反对不兑现纸币。他们都不知道在一定条件下,不兑现纸币也能维持币值的稳定。这一点我们不能苛求古人。在纸币产生的初期,人们还习惯于使用本身具有价值的金属货币,一下子要他们接受不兑现纸币流通自然是很困难的。更何况在封建社会中,不兑现纸币往往会因弥补财政赤字而发行过多,其结果必然导致通货膨胀。北宋四川的纸币流通已提供了这方面的证明,所以主张纸币兑现在当时完全是顺理成章的事。

第二节 吕祖谦的货币论

吕祖谦(1137—1181),字伯恭,人称东莱先生,婺州(治今浙江

---

① 《宋史》卷三六三《李光传》。

金华)人。他是金华学派的代表,和朱熹、张栻并称"东南三贤"。孝宗隆兴元年(1163年)吕祖谦考中进士,任南外(皇宫外)宗学教授;乾道五年(1169年),任太学博士,教授严州(治今浙江建德);后历任国史院编修、实录院检讨、宣教郎等官。谥"成"。著作有《吕东莱先生文集》《东莱左传博议》《历代制度详说》等。

吕祖谦论货币的文章见《历代制度详说·钱币》。《文献通考·钱币二》有辑录,文字略有差异。本节引文据《历代制度详说》,其中"泉布"有两处作"帛布",据《文献通考》订正。

关于货币的作用,吕祖谦说:"泉布之设,乃是阜通财货之物,权财货之所由生者。"这是说货币既是流通手段,又是价值尺度。他根据《管子·轻重》和单旗的货币起源论及《周礼·司徒下·司市》中国有凶荒,"则市无征而作布",认为:"夏、商之时,所以作钱币权一时之宜、移民通粟者,为救凶荒而设,本非先王财富之本虑……所谓桑农衣食财货之本,钱帛流通不过权一时之宜而已。"他解释这一观点说:"先有所谓本,泉布之权方有所施。若是无本,虽积镪至多,亦何补盈虚之数!"货币产生于商品流通,为商品流通服务,没有商品,货币就不能发挥作用。从这个意义说,吕祖谦的话有一定道理。不过他的意思不完全是这样。他不是拿商品来和货币对立,而是拿农桑衣食即生活必需品来和货币对立。这种对立主要不是反映商品经济中的商品和货币的关系,而是反映自然经济和商品经济的关系。它反映了封建社会中自然经济占统治地位的特点。

吕祖谦认为三代以前是以谷粟为本的社会,"而以三代以前论财赋者皆以谷粟为本,所谓泉布不过权轻重。取之于民,所以九贡九赋,用钱币为赋甚少。所谓奉(俸)禄亦是颁田制禄,君卿大夫不过以采地为多寡,亦未尝以钱帛为禄。所以三代之人多地著(以农为业),不为末作,盖缘钱之用少。如制禄既以田不以钱,制赋又自以谷粟布帛,其间用钱甚少,所以钱之权轻"。他认为汉初还有古意,至武帝有事四夷,国用不足,立告缗之法以括责天下。"自此古意渐失,钱币方重。"

货币地位的加强是商品经济发展的必然结果,吕祖谦则以为是统治者的主观意志造成的。他说:"大抵三代以前惟其以谷粟为本,以泉布为权,常不使权胜本。所以当时地利既尽,浮游末作之徒少。后世此制坏,以匹夫之家藏镪千万,与公上争衡,亦是古意浸(渐)失。"在他看来,三代以前的统治者懂得以谷粟为本,所以货币的用处少、权力小,从事农业的人多;汉以后因为统治者不懂得以谷粟为本,所以货币的用处多、权力大,脱离农业的人数增加。

不过吕祖谦并没有忽视货币的作用,他说:"推本论之,钱之为物,饥不可食,寒不可衣,至于百工之事皆资以为生,不可缺者。"他批评贡禹的取消货币主张是"矫枉过直之论","得其一不知其二"。魏文帝时"天下尽不用钱,贡禹之论略已施行,遂有湿谷薄绢之弊,反以天下有用之物为无用",这已证明货币是不能取消的。他主张"得中",对货币既不能"重之太过,一切尽用",也不能"废之太过,一切不用"。也就是说,要在维护自然经济主体地位的基础上适当发挥货币的通有无的作用。

对于历代的钱币,吕祖谦说只有汉五铢和唐开元通宝最为得中。他反对实行通货贬值,指出:"国家之所以设钱,以权轻重本末,未尝取利。论财计不精者,但以铸钱所入多为利,殊不知铸钱虽多,利之小者;权归公上,利之大者。"肯定货币的作用在于"权轻重本末",是强调了货币的价值尺度职能,反映了金属主义货币理论的特点。他分析南齐孔𫖮的铸钱不惜铜爱工的主张说:"若不惜铜则铸钱无利,若不得利则私铸不敢起,私铸不敢起则敛散归公上,鼓铸权不下分,此其利之大者。徒徇小利,钱便薄恶,如此奸民务之皆可以为。钱不出于公上,利孔四散,乃是以小利失大利。南齐孔颛之言乃是不可易之论。"他把铸造足值钱币以防止私铸、掌握铸币权看作是国家的最大利益所在,是有远见的。但他没有进一步论述一个稳定的货币制度对发展经济和安定人民生活的积极作用,是其理论的不足之处。他认为除了铸钱"不惜铜爱工,使奸民无利"外,想采取其他办法来整顿钱制,"或是立法以禁恶钱,或是以恶钱为国赋,条目不一,皆是不揣其本而齐其末"的错误做法。

吕祖谦还分析了纸币流通问题。他认为"寇瑊之在蜀创置交子①,此一时举偏救弊之政,亦非钱布经久可行之制"。他分析产生了交子的原因说:"蜀用铁钱,其大者以二十五斤为一千,其中者以十三斤为一千②,行旅挟持不便。故当时之券会生于铁钱不便,缘轻重之推移,不可以挟持。交子之法出于民之所自为,托之于官,所以可行。"

在上述分析中,吕祖谦把产生纸币的原因归于四川的用铁钱,这是关于中国纸币起源的理论。中国在北宋就产生了纸币,很容易被认为是由于当时商品经济的高度发展。诚然,纸币流通必须以一定的商品经济发展水平为前提条件。但是纸币为什么不在当时中国商品经济更发展的东南地区首先产生呢?可见商品经济的发展不是中国纸币产生的主要原因。其主要原因正如吕祖谦所分析的,是铁钱太重,不便于流通,所以民间自发地创造了它的代用品交子。他正确地说明了交子产生于货币的流通手段职能,但他认为纸币流通只是特殊情况下实行的"举偏救弊之政","非钱布经久可行之

---

① 官交子由寇瑊创置的说法不准确。主张将交子改为官办的是知益州薛田和转运使张若谷等。《续资治通鉴长编》卷一〇一天圣元年十一月癸卯对此有辨正。
② 景德二年(1005年),嘉(治今四川乐山)、邛(治今四川邛崃)二州铸大铁钱,每千重25斤8两,一当小铁钱十。大中祥符七年(1014年),另铸减重大铁钱,每千重12斤10两。

制",则具有片面性。

从以上观点出发,吕祖谦认为纸币不应该在铜钱流通地区发行,因为铜钱不存在像铁钱那样的流通不便问题。他说:"今则铜钱稍轻,行旅非不可挟持,欲行楮币,铜钱却便,楮券不便,昔者之便,今日之不便。"不过他又对纸币流通采取妥协的态度,指出:"议者欲以楮币公行,参之于蜀之法,自可以相依而行,要非经久之制。"就是说,在不得已的情况下,暂时实行纸币还可以,但不能作为长期性的制度。他还分析了不得已的原因:"今日之所以为楮券,又欲为铁钱,其原在于钱少,或铸为铜器,或边鄙渗漏,或藏于富室。"这分析是不全面的,它遗漏了为了财政目的而发行这一最重要的原因。

第三节 辛弃疾的纸币论

辛弃疾(1140—1207),原字坦夫,改字幼安,号稼轩居士,历城(治今山东济南)人。高宗绍兴三十年(1160年),辛弃疾参加耿京的抗金部队,次年归南宋,任江阴签判。孝宗乾道四年(1168年),任建康府通判;六年,任司农寺主簿;八年,出知滁州;淳熙元年(1174年),任江东安抚司参议官、仓部郎官。后历任湖北、湖南、福建、浙东安抚使等官。著作辑有《稼轩长短句》《辛稼轩诗文钞存》《辛弃疾全集》等。

绍兴六年发行交子失败以后,仍用关子。当时临安民间有便钱会子。绍兴三十年二月钱端礼知临安,将会子收归官办。七月钱端礼任户部侍郎,会子改由户部发行。这是南宋的主要纸币,或称"行在会子",因流通于东南地区,又称"东南会子"。此外,南宋还有四川钱引,两淮(淮东、淮西)交子和会子,湖北会子,银会子(流通于今陕、甘边境)等多种地方性纸币。

会子发行后,贬值曾达一成以上。孝宗时,采取了一些稳定币值的措施(见下节),使币值回升。淳熙二年,任仓部郎官的辛弃疾写了《论行用会子疏》①,提出了维持会子币值的建议。

辛弃疾肯定纸币流通,他说:"世俗徒见铜可贵而楮可贱,不知其寒不可衣,饥不可食,铜楮其实一也。"这是中国历史上第一次将"寒不可衣,饥不可食"的说法用到纸币上。用"寒不可衣,饥不可食"来等同金属货币和纸币,是一种相当彻底的名目主义观点。

辛弃疾认为会子的发行"本以便民",他解释便民的理由说:"今有人持见钱百千以市物货,见钱有般(搬)载之劳,物货有低昂之弊。至会子卷藏提携,不劳而运,百千之数亦无亏折,以是较之,岂不便于民哉!"现钱不便于运输,不同种类的钱有不同的购买力,所以"物货有低昂之弊"。纸币流通的确可以克服上述两种缺点,可是纸币却有贬值问题,说会子"百千之数亦无亏折",则是为会子流通辩解的不实之辞了。

对于会子的贬值,辛弃疾指出责任在于朝廷,是由于"朝廷用之自轻"。"往时应民间输纳则令见钱多而会子少,官司支散则见钱少而会子多,以故民间会子一贯换六百一二十足,军民嗷嗷,道路嗟怨。此无他,轻之故也。近年以来,民间输纳用会子、见钱中半,比之向来则会子自贵,盖换钱700有奇矣。此无他,稍重之故也。"意思是说,政府发行会子,要容许民间用它来向政府输纳。过去政府在收货币赋税时,要多收现钱,少收会子,而支出又多支会子,少支现钱,这表明朝廷自己轻视会子,所以导致会子的贬值。近来政府的税收规定会子、现钱各半,使会子的币值提高到每贯700多文。

两宋的省陌制度以770文为一贯,会子恢复到每贯700多文,

---

① 黄淮、杨士奇:《历代名臣奏议》卷二七二。

贬值的程度还不很大。辛弃疾没有提到现金准备，没有强调纸币兑现，和绍兴六年一些人的主张已有不同。绍兴六年议论了纸币能不能发行，辛弃疾则是对已发行的纸币提出补救措施，两者的出发点不同，主张自然也有区别。

除"朝廷用之自轻"外，辛弃疾还提出了使会子轻的第二个原因。他说："夫会子之所以轻者，良以印造之数多，而行使之地不广。今所谓行使会子之地，不过大军之所屯驻与畿甸之内数郡尔，至于村镇乡落、稍远城郭之处已不行使，其他僻远州郡又可知也。"纸币的流通区域扩大，对纸币的需要量增加，的确可以完全或部分地消除纸币发行过多而造成的币值跌落现象。这说明他虽然不懂得纸币所代表的价值量的形成原因，却已经约略地知道纸币发行量和流通必要量之间的关系。

辛弃疾将纸币和金属货币等同，不过他并没有由此得出纸币可以任意发行的结论。为了提高会子的币值，他建议暂停印造，而将现有会子的流通地区扩大。在福建、江南、荆湖等路推行会子，除坚持现钱、会子各半使用外，上三等户的租赋改用七分会子、三分现钱输纳（僻远州郡会子难得，所以只要上三等户多输会子）。他指出这样做的结果："会子之数有限，而求会子者无穷，其势必求买于屯驻大军去处，如此则会子之价势必踊贵，军中所得会子比之见钱反有赢余，顾会子岂不重哉！"为了防止官吏营私舞弊，破坏上述政策的贯彻，辛弃疾又提出对州郡的官吏要加强督察，对不法者从严惩处。

辛弃疾从统治者的利益出发分析稳定纸币币值的必要性。他说如果平时"重会子使之贵于见钱"，使一贯会子值钱币一贯有余，那么"缓急之际，不过多印造会子以助支散，百万财赋可一朝而办"。又说待会子币值提高，流通中的会子不足时，"然后多加印造，令诸路置务给卖，平其价值，务得见钱而已"。他把这叫作"'将固取之，必固予之'之术"。"如此则无事之时,军民无会子之弊,缓急之际,朝廷无乏兴(征发)之忧,其利甚大。"他把发行纸币作为紧急关头获得大量财政收入的有效办法。为了达到这一目的,政府平时就要慎重对待,不能使人民丧失对会子的信任。虽然辛弃疾在这里谈的是一种统治权术,但政府如果在平时真能照他的稳定纸币币值的主张来办,对人民来说还是有利的。

第四节 宋孝宗的纸币论

宋孝宗赵昚(1127—1194)是中国历史上最重视纸币币值稳定并留下了不少纸币管理言论的皇帝。他即位于发行会子的两年后,以次年为隆兴元年(1163年)。会子发行的最初几年,贬值曾达一成以上,辛弃疾所说的"往时",就是指这一时期。隆兴二年,宋金达成和议,为整顿会子提供了有利条件。

乾道二年(1166年)七月,孝宗用内库及南库银100万两收兑会子,次年又用内库银200两收兑会子①。从绍兴三十一年(1161年)至乾道二年七月,共印造会子2 800余万贯,到乾道三年正月六日以前,在外流通的会子只剩下800余万贯②。乾道四年宣布会子以1 000万贯为一界,五年正月又宣布会子两界并行。乾道五年实行了向政府支付时的"钱会中半"(铜钱、会子各半)之制。孝宗采取这些措施后,会子币值逐渐回升。辛弃疾于淳熙二年(1175年)说近年会子已换铜钱700文以上,就表示出这种回升的趋势。这一年已经出现了"商旅往来,贸易竞用会子"的情况;其所以"竞用会子",

---

① 《宋史》卷一八一《食货志下三·会子》。
② 《皇宋中兴两朝圣政》卷四六乾道三年正月。

"一为免商税,二为省脚乘(运费),三为不复折阅"①。淳熙七年,孝宗说"近来会子与见钱等",据参知政事赵雄等的分析,一是由于"不复增印,民间艰得之",二是由于"金银有税,钱费担擎",所以"民间尤以会子为便,却重于见钱"②。淳熙十三年,孝宗又说:"闻此间军民不要见钱,却要会子,朕闻之甚喜。"③这种欢迎会子的情况,有人甚至誉之为"楮币重于黄金"④。

淳熙十二年,孝宗对人说:"朕以会子之故,几乎十年睡不着。"⑤上述所取得的稳定会子币值的成果,同孝宗管理纸币的正确指导思想是分不开的。

不过,所谓会子"重于见钱","楮币重于黄金",显然包含着臣下对皇上的阿谀奉承的因素在内。民间欢迎会子,是因为在会子币值稳定的条件下,在某些场合(如需要将钱运往外地)用会子确有便利之处,以致人们宁愿拿钱去兑换会子,这就被说成是会子重于现钱或黄金。事实上,淳熙十二年会子一贯值 750 钱⑥,比省陌还低 20 钱。

本章第一节所涉及的人都主张纸币必须兑现,他们都没有谈到纸币发行数量和纸币币值的关系。建炎三年(1129 年)至绍兴六年总领四川财赋的赵开曾指出:"楮多则轻,必用钱以收之"⑦。他既讲到纸币发行数量和币值有关系,又讲到纸币的兑现,用兑现来减少纸币的数量。辛弃疾则不讲兑现,专注意纸币的数量。但他们都

---

① 《皇宋中兴两朝圣政》卷五四淳熙二年四月壬子。
② 同上书,卷五八淳熙七年九月癸亥。
③ 同上书,卷六三淳熙十三年七月。
④ 同上书,卷五四淳熙二年四月壬子留正等按语。
⑤ 洪迈:《容斋三笔》卷一四《官会折阅》。
⑥ 同上。
⑦ 戴埴:《鼠璞·楮券源流》。

还没有提出概括性的说法。

淳熙十年,孝宗提出了纸币发行数量和纸币币值之间关系的典型说法:"大凡行用会子,少则重,多则轻。"①纸币"少则重,多则轻",此后就成为中国历史上关于纸币流通的基本定理之一,常被人们提起。这定理虽然只是说明了一种现象,却是符合不兑现纸币的流通规律的。

辛弃疾说发行会子"本以便民",孝宗则直率地承认是由于养兵的财政需要。他在淳熙十二年说:"会子之数不宜多。他时若省得养兵,须尽收会子。"②他还说:"朕欲尽数收上,它时终为民害。"③这表明他认为发行会子只是一种暂时性的措施。孝宗的预言不幸言中,会子以及中国封建社会中的其他国家纸币,最终都成为严重的民害。

第五节 叶适的货币论

叶适(1150—1223),字正则,永嘉人。因晚年住在永嘉城外的水心村,人称水心先生。他是永嘉学派的集大成者,孝宗淳熙五年(1178年)进士。淳熙年间历任平江节度推官、武昌军节度判官、浙西提刑司干办公事、太常博士等官。宁宗时,任湖南转运判官,权兵部、工部、吏部侍郎等官。开禧二年(1206年),韩侂胄发动对金战争,叶适任沿江制置使,在保卫江防的战斗中取得了胜利。次年韩侂胄兵败被杀,叶适亦被夺职,后任祠职④达13年,官

---

① 《皇宋中兴两朝圣政》卷六〇淳熙十年正月辛卯。
② 同上书,卷六二淳熙十二年七月癸未。
③ 卫泾:《后乐集》卷一五《知福州日上庙堂论楮币利害札子》。
④ "祠职"指监管宫祠的官职,是虚衔,不必到任,没有实际职事。

至宝文阁学士、通议大夫。谥"文定"。著作有《水心集》《习学记言序目》等。

叶适论货币的文章主要有两篇：一篇见于《文献通考·钱币二》，《叶适集》未收；另一篇《财计中》是《进卷》中的一篇，作于淳熙十二年。

叶适对货币的起源提出了新的观点，他说："钱币之所起，起于商贾通行四方交至远近之制。物不可以自行，故以金钱行之。"将货币的产生同商人的经商活动联系在一起，比起把货币说成是圣人、先王的创造要深刻得多。这是继司马迁之后对货币起源所作的比较接近历史实际的一种说法。当然，叶适也还没有找到货币产生的真正原因。至于说"物不可以自行，故以金钱行之"，则颠倒了货币流通和商品流通的真实关系。

叶适把货币流通分成两个大的历史时期：一是"古者"，即三代以前；一是"后世"，指秦汉以后。他说："古者因物权之以钱，后世因钱权之以物。"所谓"因钱权之以物"，反映了货币作用和地位的加强，但"因钱权之以物"的说法是不妥当的。他分析两个时期货币作用的区别说："三代以前所以钱极少者，当时民有常业，一家之用，自谷米、布帛、蔬菜、鱼肉，皆因其力以自致，计其待钱而具者无几。止是商贾之贸迁，与朝廷所以权天下之物，然后赖钱币之用……后世不然，百物皆由钱起，故因钱制物……铢两多少，贵贱轻重，皆由钱而制。上自朝廷之运用，下自民间输贡，州县委藏，商贾贸易，皆主于钱。故后世用钱百倍于前。"虽然不能说后世"百物皆由钱起"，但他对于商品货币关系的发展的分析，却正确地反映了历史的客观进程。

为什么后世用钱会越来越多，钱的地位会越来越重要呢？叶适主要从三代时各国分立和秦汉后国家统一来解释："三代各断其国以自治,一国之物自足以供一国之用,非是天下通行不可阙之物,亦不至费心力以营之。"加上统治者的禁戒"穷力远须"(到远方取得所需商品),商品交换少,对货币的需要也少。"后世天下既为一国……天下之民安得不交通于四方?则商贾往来,南北互致,又多于前世,金钱安得不多?"他还说古时以金银为币,东汉以后"金银不复为币","故币始专用钱",这也使后世的钱变多。国家的统一的确有利于商品经济的发展,但不能把上层建筑作为经济发展的根本原因,例如战国时期国家并没有统一,商品经济仍获得了较大的发展。叶适的解释还只是停留于表面现象。

对于历代的钱币轻重,叶适指出:"用钱既多,制度不一,轻重大小厚薄皆随时变易,至唐以开元钱为准,始得轻重之中。"他没有提五铢钱的轻重适中,而是认为现存的五铢、半两钱都很轻薄,不适于使用。他说宋初的太平和天禧通宝超过了开元钱,而以太平钱的质量最好,当时铸钱"惟要钱好,不计工费",但"后世惟欲其富,往往减工缩费"。① 所以熙宁以后的钱质量下降,乾道、绍兴钱更差。

叶适和吕祖谦一样,主张铸造足值钱币,他说钱的规格要统一,不能老是变换花样,使民间难以辨认。"钱文宜一,轻重大小宜均,则民听不疑,行用不惑。"② 为了保证钱的质量,他强调"利权当归于上",不能"与民共之",即铸币权要掌握在国家手中。他赞成贾谊、刘秩的货币铸造权理论,指出汉文帝由于不垄断铸币权,"使吴、邓钱得布天下,吴王用之,卒乱东南"③。

叶适批评了纸币流通。淳熙十二年还是南宋君臣对会子流通

---

① 以上四段引文均见马端临:《文献通考》卷九《钱币二》。
② 叶适:《水心文集》卷二《状表·淮西论铁钱五事状》。
③ 马端临:《文献通考》卷九《钱币二》。

比较满意的时候,叶适却大唱反调。他说:"天下以钱为患,二十年矣……钱有轻重、大小,又自以相制而资其所不及。盖三钱(小平、当二、当三)并行,则相制之术尽矣,而犹不足,至于造楮以权之。凡今之所谓钱者反听命于楮,楮行而钱益少,此今之同患而不能救者也……大都市肆,四方所集,不复有金钱之用,尽以楮相贸易。担囊而趋,胜一夫之力,辄为钱数百万。行旅之至于都者,皆轻出他货以售楮,天下阴相折阅,不可胜计。故凡今之弊,岂惟使钱益少,而他货亦并乏矣。设法以消天下之利,孰甚于此!"这里提到纸币流通的弊病有三:① 大城市只见纸币流通,金属货币退出了流通界;② 纸币贬值,使获得纸币的人都受到贬值的损失;③ 造成了市场上商品的缺乏。

这三种弊病中,叶适特别注意第一条。关于钱币的去路,最常见的说法是外流和毁钱为器。他并不否认这两条去路,但指出主要是由于"造楮之弊,驱天下之钱,内积于府库,外藏于富室"。他认为这种情况具有必然性:"壅天下之钱,非上下之所欲也,用楮之势至于此也。赍行者有千倍之轻,兑鬻者有什一之获,则楮在而钱亡,楮尊而钱贱者,固其势也。"也就是说,纸币驱逐钱币是不以人们的意志为转移的客观规律。在金属货币和纸币并行的条件下,贮藏手段职能由金属货币担当,在纸币币值下跌时会表现得更加突出。叶适对这一客观规律的认识是正确的。他说"楮尊而钱贱"也是纸币流通势所必然,则不自觉地反映出淳熙年间会子在流通中受到人们欢迎。

叶适对钱币被贮藏感到忧虑,因此特别强调货币的流通手段职能。他说:"且钱之所以上下尊之,其权尽重于百物者,为其能通百物之用也。积而不发,则无异于一物……夫徒知钱之不可以不积,而不知其障固而不流;徒知积之不可以不多,而不知其已聚者之不散,役楮于外以代其劳,而天下有坐镇莫移之钱,此岂智者所为哉?"①

他又说:"然钱货至神之物,无留藏积蓄之道,惟通融流转方见其功用。今世富人既务藏钱,而朝廷亦尽征天下钱入于王府,已入者不使之出,乃立楮于外以待之。不知钱以通行天下为利,钱虽积之甚多,与他物何异?"②

上述批评只有联系纸币贬值来考虑才有意义。如果纸币的购买力是稳定的,那么市场上只有纸币流通就不是什么坏事。在货币理论上,上述批评存在用货币的流通手段职能来否定贮藏手段的错误。说货币"积而不发,则无异于一物",是不懂得贮藏货币起着社会财富的一般代表的作用。说货币的功用就在于"通融流转"、"通百物之用",是把流通手段当作了货币的唯一职能。沈括也重视货币的流通,但他认为不流通的钱也是钱,叶适则认为不流通的钱"无异于一物"。而且,叶适没有谈到货币流通速度的问题。同样是主张货币应在流通中发挥作用,叶适的认识不及沈括正确和深刻。

把货币只看作是流通手段,往往会成为名目主义者,但叶适却是金属主义者。这是因为他针对钱币被贮藏来强调钱币应起流通手段的作用,与一般的名目主义者不同。

在用钱的历史条件下,叶适的金属主义表现在主张以足值铜钱为货币上。他认为铜钱是最适当的货币,重于或轻于铜钱的都不行:"贵莫如珠金,贱莫如泥沙,至钱而平矣。先王之用币也,钱居其一;而后世之用钱也,它敝(币)至于皆废,诚以为轻重之适也。故夫天下之货,未有可轻于钱者也。"用纸币"一朝而轻千倍",所以弊病严重。单纯从分量轻重来说明应该使用何种货币,没有从币材价值的不同立论,在货币理论上还没有击中要害。

---

① 以上三段引文均见叶适:《水心别集》卷二《进卷·财计中》。
② 马端临:《文献通考》卷九《钱币二》。

叶适所说的纸币驱逐钱币的现象发生在"大都",即大城市。他又说,现在上下用钱的地方不少,"故虽设虚券以阴纳天下之钱,而犹未至于尽藏而不用"。而且宋代的钱多于前代,之所以存在钱少之患,是由于生产遭到破坏,"物不能多出于地"。"钱多而物少,钱贱而物贵",钱的购买力低,流通的需要量就大。叶适认为这是钱多而又患钱少的根本原因所在。由此他得出结论说:"夫持空钱以制物犹不可,而况于持空券以制钱乎!""空钱"是指没有交换对象的钱,"空券"则是指不兑现纸币。他预计纸币流通的发展趋势说:"十年之后,四方之钱亦藏而不用矣,将交执空券,皇皇焉而无所从得,此岂非天下之大忧乎!"[①]他担忧的始终是纸币驱逐钱币的问题。这就降低了批评的意义,表明他反对纸币流通主要是因为纸币在流通中取代了金属货币的地位。

因此,叶适主张通过废除纸币来恢复钱币的流通。他说:"废交子然后可使所藏之钱复出。若夫富强之道在于物多,物多则贱,贱则钱贵,钱贵然后轻重可权,交易可通。今世钱至贱,钱贱由乎物少,其变通之道,非圣人不能也。"[②]刘秩、陆贽把形成物价贵贱的原因完全归于货币数量,叶适则将之归于商品本身的数量。他是一名数量价值论者。

真正应该批评的是纸币贬值使"天下阴相折阅,不可胜计"的问题。叶适已经提到了这一点,但由于当时还处在纸币流通的早期阶段,会子的币值还处于相对稳定的时期,封建统治者通过纸币实行通货膨胀政策来掠夺人民财富的必然性还没有充分暴露,因此他没有将纸币贬值作为一个主要问题来考虑。

叶适提出"空钱""空券""虚券"等概念,不过他还没有用虚实来

[①] 以上两段引文均见叶适:《水心别集》卷二《进卷·财计中》。
[②] 马端临:《文献通考》卷九《钱币二》(《文献通考》上册,第103页)。

表现纸币和金属货币的本质区别。

叶适的纸币驱逐钱币理论属于劣币驱逐良币的范畴。西方称劣币驱逐良币现象为格雷欣规律。格雷欣(Thomas Gresham,1519—1579)是英国女王伊丽莎白一世(1558—1606年在位)时的官员,他发现当时英国成色减低的新币充斥于市,而旧币则被熔毁或输出国外,因此向女王奏明这是亨利八世(1509—1547年在位)以来铸造劣币的结果,应进行币制改革。1857年,英国经济学家麦克劳德(H. D. Macleod,1821—1902)在所著《政治经济学原理》中把劣币驱逐良币现象称为"格雷欣规律",此后这个名称流传开来。实际上无论是西方还是中国,认识到这种现象的人都要比格雷欣早。

本书第四章曾提到南朝宋文帝时铸四铢钱后,"民间颇盗铸,多剪凿古钱以取铜"。齐武帝永明四年(486年),竟陵郡王萧子良指出:"泉铸岁远,类多剪凿,江东大钱,十不一在。"[①]这些都不自觉地涉及劣币驱逐良币现象。绍兴六年讨论交子时,已有多人指出用纸币会使钱币被收藏。叶适则更深刻地分析了纸币驱逐钱币现象。虽然他还没有使用"劣币驱逐良币"的概念,但已经将纸币驱逐钱币作为一种规律来认识,在货币理论上具有先进性。

---

① 《南齐书》卷四〇《竟陵文宣王子良传》。

第八章
南宋绍熙以后和金朝的货币理论

南宋绍熙以后和金朝,讨论货币问题的重点仍是纸币。由于纸币贬值,许多议论都针对纸币贬值而发,提出了一些改善纸币流通的主张,其中包含关于纸币流通规律的理论。先秦的子母相权论,在南宋已发展为纸币和金属货币关系的理论,由杨万里开其端。南宋末年出现了根本否定纸币流通的许衡的金属主义货币理论。金朝的货币理论远不如南宋发达,没有什么突出的成就。

第一节 杨万里的母子相权论

杨万里(1124—1206),字廷秀,号诚斋,吉水(今属江西)人。高宗绍兴二十四年(1154年)进士,曾任知奉新县、将作少监、提举广东常平茶盐、秘书监、江东转运副使等官。谥"文节"。著作有《诚斋集》等。

孝宗乾道二年(1166年)规定两淮只行用铁钱,铜钱不得过江。发行两淮交子200万贯,以铁钱为单位。八年用会子收回。光宗绍熙三年(1192年)发行两淮铁钱会子300万贯,流通地区除两淮外,还包括江南的沿江八州(实际上是四州、两府、两军,简称八州或八州军)。当时杨万里任江东转运副使,权总领淮西、江东军马钱粮。他反对将铁钱会子行于沿江八州,提出了子母相权论。

子母相权相传是春秋末年单旗的理论,子母都是指铜铸币,大者为母,小者为子。南宋时,人们把子母相权理论应用于纸币和钱币的关系,杨万里是最早的一个。

杨万里说:"盖见钱之与会子,古者母子相权之遗意也。今之钱币,其母有二,江南之铜钱,淮上之铁钱,母也。其子有二,行在会子,铜钱之子也;今之新会子,铁钱之子也。母子不相离,然后钱、会相为用。"行在会子代表铜钱,铜钱为母,会子为子。新会子即两淮会子,代表铁钱,铁钱为母,铁钱会子为子。"母子不相离",即纸币同它所代表的钱币同时流通,能互相兑换。这里的兑换是指市场上的兑换,不一定指人们拿纸币去向政府兑钱。纸币和钱币同时流通时,即使政府不负责兑现,人们仍能从市场上换到钱(所换的钱数在市场上自发形成)。这就是杨万里所说的母子相权的意思。

杨万里不反对在两淮流通铁钱会子,因为两淮本来就流通铁钱,发行会子符合母子相权的原则。他说:"且会子所以流通者,与钱相为兑换也。今新会子每贯准铁钱七百七十足,则明然为铁钱之会子,而非铜钱之会子矣。淮上用铁钱,用新会子,则有会子斯有见钱可兑矣,是母子不相离也。"而沿江八州因为不行使铁钱,铁钱会子就成为无母之子:"江南禁铁钱而行新会子,不知军民持此会子而兑于市,欲兑铜钱乎,则非行在之会子,人必不与也。欲兑铁钱乎,则无一铁钱之可兑也。有会子而无钱可兑,是无母之子也,是交子

(会子)独行而无见钱以并行也。"他反对这种无钱可兑的纸币流通。由于铁钱会子的面值有二百文、五百文和一贯三种,他又指出零星交易无法进行,"一钱两钱之物,十钱五钱之器,交易何自而行,商旅何自而通乎"?

不兑现纸币流通的前提条件之一是能用来向政府输纳,杨万里也注意到了这个问题。他说:"江南官司以新会子发纳左帑(库)、内帑,左帑、内帑肯受乎?左帑、内帑万一不受,则百姓之输官物,州县亦不受矣。州县不受,则是新会子公私无用,上下不受……不知将何用也。若止欲用之于军人之支遣,百姓之交易其肯受乎?万一有受有不受之间,此喧争之所从起,而纷纭之所从生也。"据此,他断定在江南八州力行铁钱会子将会使江南之民"不胜其扰"。①

杨万里坚持自己的主张,不肯奉诏,因而被罢官,以秘阁修撰名义奉祠,从此不再担任实职。这件事充分反映出他正直的品格。

杨万里的母子相权论是介于兑现纸币流通和不兑现纸币流通之间的一种理论。这种母子相权论就其性质来说,应当是指兑现纸币的流通。所以纯粹的不兑现纸币流通是杨万里所绝对不能接受的。不过他又没有强调政府要对纸币负兑现责任,认为只要能兑到钱,这种纸币流通就是正常的。不强调政府对纸币兑现负责,实际上是对现实的不兑现纸币流通所作的一种妥协,这就降低了母子相权论的意义。在他主张的纸币兑现中,每贯纸币所能兑到的钱数决定于这种纸币的发行数量以及对政府的法偿能力等条件,它受不兑现纸币流通规律所支配。这是杨万里没有认识到的。

---

① 以上杨万里的议论均见杨万里:《诚斋集》卷七〇《乞罢江南州军铁钱会子奏议》。

第八章 南宋绍熙以后和金朝的货币理论

第二节 袁燮的货币流通论

袁燮(1144—1224),字和叔,号絜斋,鄞县(治今浙江宁波市鄞州区)人。孝宗淳熙八年(1181年)进士。宁宗即位(1194年),召为太学正,后罢官;嘉定初再召,二年(1209年)知江州(治今江西九江)。不久,袁燮任提举江西常平兼权知隆兴府(治今江西南昌),后历任都官郎官、国子祭酒、秘书监、礼部侍郎等官。谥"正献"。著作有《絜斋集》等。

袁燮的货币主张反映在两篇《便民疏》中,均见《历代名臣奏议》卷二七三。其中一篇又见《续文献通考·钱币一》,文字有删节①。

自宁宗庆元后,会子进入了恶性通货膨胀时期。庆元元年(1195年)将会子每界的发行额提高到3 000万贯。开禧年间(1205—1207)因对金战争,军费开支增加,会子不仅三界同时流通,而且每界的实际发行额都超过了限额:第11界共发行3 632万余贯,第12界共发行4 758万余贯,第13界共发行5 548万贯,三界合计将近14 000万贯②。嘉定二年或四年,用第14界新会子按1∶2的兑换率收兑第11、12界旧会子③,正式宣布这两界旧会子贬值50%。袁燮的货币流通理论即产生于这一时期。

嘉定二年八月,政府规定将两淮铁钱行使于沿江八州,江州是

---

① 《历代名臣奏议》中袁燮的两篇《便民疏》,前一篇署职衔为"江西提举",后一篇署职衔为"知江州"。知江州的时间在前,所以这两篇的次序排颠倒了。《续文献通考》收录的是知江州时作的一篇,但将职衔误为"江西提举"。本节引文均据《历代名臣奏议》。
② 戴埴:《鼠璞·楮券源流》。
③ 《文献通考》卷九《钱币二》和《宋史》卷一八一《食货志下三·会子》作嘉定二年,《真文忠公文集》卷二《辛未十二月上殿奏札》、吴泳《鹤林集》卷二一《缴薛极赠官词头》和张端义《贵耳集》卷上作嘉定四年。收兑的界别据《建炎以来朝野杂记》乙集卷一六《东南收兑会子》。

八州之一。知江州的袁燮即上《便民疏》提出反对。他分析了使用铁钱的弊病,指出这样会使铜钱更加减少,物价更加上涨,还会使"盗铸如云而起,楮之轻也滋甚"等。后来沿江八州铁钱流通果然失败。

在同一奏疏中,袁燮还批评了称提政策屡变的现象。关于"称提",南宋人戴埴《鼠璞·楮券源流》说:"准平、称提,皆以权衡取义。"

"称提"一词在北宋已有使用。哲宗元符二年(1099年),因陕西铁钱贬值,尚书省提出须"令诸路经略安抚司,限半月密切具利害,合如何措置,可以称提铁钱稍重,物价稍轻"①。这里称提的对象是铁钱,称提的目标是提高铁钱的购买力。南宋光宗绍熙时,江淮私铸铁钱泛滥,叶适上奏提出改进铁钱管理的五点意见,其中之一是"审朝廷称提之政"②。称提对象也是铁钱,称提的目标是使民间能贵重铁钱。宁宗时,董煟在《救荒活民书·和籴》中说"和籴本谷贱伤农,增价以称提之耳"。这里的称提对象是粮食,称提的目标是提高粮价。宁宗时又有青田主簿陈耆卿提到:"故臣以为今日之务,不专在于称提楮币,又在于称提铜钱也。"③称提对象包括纸币和铜钱,称提的目标是提高纸币的币值和加强对铜钱的管理。所有这些文字实例,都说明"称提"有提高的含义,还说明称提对象原不限于纸币。

称提对象虽然不限于纸币,但南宋"称提"一词多数用于提高纸币的币值。高宗绍兴年间官至左仆射(宰相)的沈该在论四川交子时说:"但得官中有钱百万缗,遇(交子)减价则用钱自买,方

---

① 李焘:《续资治通鉴长编》卷五一二元符二年七月癸卯。
② 叶适:《水心文集》卷二《状表·淮西论铁钱五事状》。
③ 黄淮、杨士奇:《历代名臣奏议》卷二七三。

得无弊。"①史称"昔高宗因论四川交子,最善沈该称提之说"②,即指此。这里的"称提"就是指提高纸币币值。"沈该称提之说"则指沈该提出的用兑现来提高纸币币值的主张。

现在再回到袁燮的批评。他说:"臣闻楮币之用,至今而穷。立法而称提之,所以济其穷也。然今日之所谓称提者,果能有济乎?"庆元元年曾规定纸币必须按省陌使用③,"兑不以省陌者,必罚无赦"。不久,又改为"从民之便",即国家对会子兑钱数不作硬性规定。后来再规定三分用钱,七分用会子。"展转屡变,而卒归于铜钱、楮币之相半",也就是恢复各半使用的老办法。他是赞成这一办法的,因此说:"然则守铜楮相半之法,悠久不变,而异时谋利挠法之蠹,荡涤无遗,尚何忧铜钱之寡而楮币之轻乎!"其实,纸币贬值的首要原因在于发行过多。在发行过多时,即使"守铜楮相半之法"也无济于事。袁燮这样说并未抓住要害,后来在第二篇《便民疏》中有了新的提法。

铜钱少的原因,袁燮提出了四条。

第一,铜钱外流。南宋提到铜钱外流的人很多,外流问题可能比北宋还要严重。庆元五年七月曾"禁高丽、日本商人博易铜钱"④,可见南宋贩运铜钱出口活动之猖獗。袁燮指出在不法官吏的纵容包庇下,"奸民相结,贮钱小舟,潜往海洋,纳诸巨舶,稇载(满载)而归"。他要求重申禁钱出口的禁令。

第二,铜钱被销毁为器。这是历代王朝带有普遍性的问题,袁

---

① 李心传:《建炎以来系年要录》卷一七一绍兴二十六年二月乙亥注引何俌《龟鉴》。
② 《宋史》卷一八一《食货志下三·会子》。
③ 年份据洪迈:《容斋三笔》卷一四《官会折阅》。
④ 《宋史》卷三七《宁宗纪一》。

燮只是再一次发出呼吁,指出销钱为器"获利十倍,人竞取之,所在公行,若当然者",要求"痛惩其奸"。

第三,铜钱被采铜户销成原铜,当作新开采的铜矿输官以抵消定额,经办官吏"幸其精练,无复致诘"。这一条不见有别人指出,是袁燮的一个发现,他指出应"坚明其约束"。

第四,铜钱被纸币所驱逐。袁燮说:"臣窃观当今州郡,大抵兼行楮币,所在填委,而钱常不足;间有纯用铜钱不杂他币者,而钱每有余。以是知楮惟能害铜,非能济铜之所不及也。"这同叶适的看法一致,不过不及叶适那样观点鲜明。他说:"且今日楮币之轻,得非以铜钱之寡欤?"又把纸币贬值的原因归之于铜钱少。究竟是纸币贬值使铜钱少,还是铜钱少使纸币贬值,袁燮似乎没有明确的见解。

任江西提举后,袁燮又在《便民疏》中讨论了稳定会子币值的办法。他主要是总结孝宗的经验,希望当政者照此办理。他说:"我孝宗皇帝颁楮币于天下,常通而不壅,常重而不轻,无他道焉,有以收之而已。自开禧用兵,造币甚广,知散而不知收,故其价甚贱。今日更定其法①,固将流通而不穷,其可不法孝宗所以收之者乎?"在这里,他把孝宗维持会子币值稳定的基本经验归结为一个"收"字,即通过回笼纸币来减少纸币的发行数量。其实,孝宗的纸币政策不单是一个"收"字,袁燮这样说主要是从现实需要出发。

袁燮论述"收"的作用说:"盖楮之为物也,多则贱,少则贵,收之则少矣;贱则壅,贵则通,收之则通矣。""多则贱,少则贵"就是孝宗所说的"少则重,多则轻"。"贱则壅,贵则通"则是一种新观点。后者好像与纸币膨胀会加快纸币流通速度的规律相抵触,实际上他说的是另一个问题。这里的"通"是指正常流通,"通"的反面是"壅",

---

① 所谓"更定其法",大概就是指按 1∶2 的收兑率以第 14 界会子收兑第 11、12 界会子的政策。

也就是流通时阻力较大。纸币贬值,人们不愿意接受纸币,使纸币流通发生壅塞现象。纸币币值提高,人们对它的信任程度增加,纸币就比较容易通行。所以袁燮的观点也是对不兑现纸币流通规律的一种正确概括。

袁燮还分析了回收纸币的过程。他说在采取一些政策使铜钱增加、国家财政充裕以后,再看纸币币值的变化,"其贱耶,亟从而收之,何忧其不贵?既贵矣,日月浸久,价将复贱,则又收之。非常收也,贱而后收也。此孝宗之规模也。"他把纸币币值的变化看成是一个波浪式的运动:贬值和升值交替进行。显然,这还不是一种理想的纸币流通制度。理想的纸币流通制度应该是随时注意纸币的投放和回笼,而不能等到"贱而后收"。袁燮以此分析回收纸币的政策,是纸币流通规律还没有被人们充分认识的一种反映。

袁燮认为,回收纸币政策能否贯彻,关键在于地方长吏是否贤能。他说:"长吏而贤,何事不集?今公清者少,贪浊者众,肆为蟊贼,无所忌惮,尚何望其财用之积而楮币之收乎!"他为地方官吏"朝夕纷纷,与民争利"的行为而"太息"和"寒心",建议宁宗"痛惩贪浊,崇奖公清",迅速改变这种令人叹息和寒心的局面。可是,通货膨胀是财政收支不能平衡而造成的,当时又不存在财政状况好转的条件,靠一个皇帝或几个大臣又怎么能扭转这个局面呢?

第三节 吴潜的纸币国之命脉论

吴潜(1195—1262),字毅夫,号履斋,宁国(今属安徽)人。宁宗嘉定十年(1217年)状元,官至左丞相,封许国公。晚年被贬官,循州(治今广东龙川)安置,死于循州。恭帝德祐元年(1275年)追复原官。著作有《许国公奏议》。

会子在理宗时继续膨胀,绍定六年(1233年),第14至第16三界会子共发行了3.2亿余贯①。次年(端平元年),任太府卿、总领淮西财赋的吴潜上疏条陈九事②,其中第八事是"楮弊当权新制,以解后忧"。

纸币发行过多,需要回收一部分。回收旧纸币可以用金银、官诰、度牒或新纸币,吴潜认为这些办法都已经不能根本解决问题。他说:"朝廷以楮价减落,收换十四、十五两界,诚为知务。但金银之出不能多,多则伤国;度牒、官诰之出不可多,多则伤大家(富户);新会之出不容多,多则人仍贱之。"他分析第16界新会子的贬值情况说:浙西民间以旧会子1贯300换新会子一贯。旧会每贯值33文,折合新会子,则新会子每贯只值429文。"是以物价翔踊愈甚于前,闾阎之民尤为狼顾,如病而服药,药不对而病愈增,岂不殆哉!"

吴潜深感纸币恶性膨胀的后果严重,提出了纸币是国家命脉的观点。他说:"臣观今日国用殚屈,和籴以楮,饷师以楮,一切用度皆以楮,万一有水旱盗贼师旅征行之费,又未免以楮,则楮者诚国家之命脉也……今不亟为区处,新楮甫出,其弊已尔,年岁之后,将甚于昔。官司之所仰者在楮,而民不重。官之所倚者在法禁,而民不服。楮非吾楮,则国非吾国矣。"这一年正值金朝亡国,金朝纸币的膨胀比南宋还要严重(见本章第六节),所以吴潜又以金朝的败亡来证明他的观点:"金人之毙,虽由于鞑,亦以楮轻物贵,增创皮币③,或一楮而为三缗,或一楮而为五缗,至于为十为百,然人终不以为重。其末也,百缗之楮止可以易一面,而国毙矣。"金朝的灭亡,恶性通货膨胀确是原因之一。吴潜提出这一教训,希望理宗皇帝记取。但南宋

---

① 戴埴:《鼠璞·楮券源流》。
② 吴潜:《许国公奏议》卷一《应诏上封事条陈国家大体治道要务凡九事》。
③ 金朝发行过多种纸币,但其他古籍中没有提到曾发行皮币。

朝廷已无力克服这一危机，还是只能重蹈金朝的覆辙。

吴潜提出的解决办法是：令商人在用盐钞买盐时品搭旧会子。这办法当时虽也在采用，但推行不力，未规定期限。吴潜认为必须限期进行，驱商贾急于品搭，如一袋盐搭收旧会子30贯，300万袋就可收回旧会子9 000万贯。另外一二千万，则以度牒、官诰、金银和新会子来回收。他认为这样不出数月，旧楮尽而新楮见行，将自流通，物价将自减落。这是想通过加强对商人的搜括来减少纸币的发行量。

端平二年，右丞相（同年升左丞相）郑清之提出用计亩纳会子的办法来回收纸币：凡有田一亩的就要纳会子一贯。这办法遭到袁甫的反对，后来改为只向官户和寺观征收。已任权江西转运副使兼知隆兴府的吴潜又两次上疏要求收回成命。他指出这政策虽有可使会价提高的一利，但其害有九。所谓九害，归纳起来，是说会造成官户和寺观的经济损失和对朝廷的不满，导致国家的混乱。他批评实行这一政策是"剜心肉以救眼创，拨根本以扶枝叶"①。

在纸币恶性膨胀而国家财政又极度困难的情况下，减少纸币的发行量，势必要靠侵犯某一阶级或阶层的利益来实现。吴潜提出要买盐商人品搭会子，就是一种侵犯商人利益的政策；可是他却反对向官户和寺观征会子，对待两者的不同态度表现得十分明显。实际上，商人以高价买盐后，则会提高盐价，把损失转嫁到消费者的头上。

吴潜还指出实行计亩征会子的政策无济于事："纵使目前会价渐穷，物价渐减，而朝廷之印造不已，奸民之伪造不已，铜钱则海道之漏泄不已，器用之鈛销不已，朝满夕除，势所必至。不过年岁，弊

---

① 吴潜：《许国公奏议》卷三《再论计亩纳钱》。

将如初,而心肉之已剜者则不可复补,根本之已拨(除)者不可复培矣。"①财政不平衡,纸币流通绝不可能得到根本的改善。吴潜说的就是这种情况。不过如果实行他在一年前提出的建议,情况也同样如此。在那时,他把解决纸币膨胀的问题看得太容易了。

第四节　袁甫论会子流通四戒

袁甫,字广微,号蒙斋,袁燮之子。宁宗嘉定七年(1214年)状元,历任提点江东刑狱兼提举江东常平、知建宁府(治今福建建瓯)兼福建转运判官、兵部侍郎、国子祭酒、权兵部尚书兼吏部尚书等官。谥"正肃"。著作有《蒙斋集》《蒙斋中庸讲义》等。

理宗端平二年(1235年),袁甫任中书舍人兼崇政殿说书,曾面奏皇帝:"惟履亩(即计亩征会子)事,人心最不悦。"②他三次写奏札讨论此事,认为:"盖履亩本非仁者所当为,乃大不得已而用之耳。于大不得已之中而行之有方,足以救楮币之穷,则公私俱便,亦未可全谓之不仁也。"③他提出"行之有方"的办法有两条。

第一,计亩征会子的命令中规定各州军征到会子后,截去一角,解发朝廷。袁甫指出由官府来截角,人民不会相信;若将收回的会子不截角仍旧投入流通,则失信于民。因此,他建议由交纳者自行截角,以争取人民的支持。他说:"人情不甚相远,如许其自凿以纳官,则心不疑。目前虽有输财之苦,亦知会少而价增。异日可以获利,庶几其不怨。"

第二,命令中规定有田的民户都要按亩纳会子,分为六限,每限

---

① 吴潜:《许国公奏议》卷三《再论计亩纳钱》。
② 《宋史》卷四〇五《袁甫传》。
③ 袁甫:《蒙斋集》卷六《奏疏·再论履亩札子(二)》。

半月,三个月完成。袁甫提出应先征形势有力之家(官户及豪强户),"待大家纳足后催中户","末后视所收多寡如何,斟酌事体,催贫小之户。或已纳数多,则朝廷施行宽恩,可使贫小者沾被。"①就是说,到那时贫小户可以免纳会子。后来朝廷只向官户和寺观计亩征会子,可能是袁甫的建议起了作用。

吴潜为官户和寺观辩护,袁甫则主张征上户。他指出:"输财助国,自古有之。况自故相(史弥远)当轴,士大夫不义而取之者多矣。今以前日之所渔取者还以为公家之助,非父祖生产作业传诸子孙者也,何至遽生变耶?"②在对待形势户的态度上,袁甫表现得比较开明。

计亩征会子的政策不知执行情况如何,但纸币却在继续膨胀。到嘉熙四年(1240年),第16、17两界会子已发行至5亿余贯,朝廷原拟用第18界会子按1∶5的兑换率收兑这两界。已任兵部侍郎的袁甫又写《论会子札子》③,对收兑办法提出了10条需要考虑的意见,表达了以下几个基本观点。

第一,原拟办法是新会子边印边支,随时用新会子收回旧会子。袁甫指出在国家财政困难的时候,不会有太多余力来收兑旧会子,结果势必是三界并行,使纸币"愈多愈贱",新会子也会被旧会子牵连而贬值。

第二,为了多收回旧会子和保证新会子的流通,原拟办法取消了纳税钱会中半的制度,全部改收纸币,旧会子按市价,新会子按官价(每贯值770钱)。袁甫反对这办法。他指出人民的"轻楮重钱之心"不可能通过严刑重罚而改变。"吾意其舍钱,而民于钱终不肯

---

① 以上两段引文均见袁甫:《蒙斋集》卷六《奏疏·论履亩札子》。
② 同上书卷六《奏疏·再论履亩札子(一)》。
③ 同上书卷七《奏疏》。

舍；吾意其蓄会，而民于会终不肯蓄。终不肯舍则钱不得不重，终不肯蓄则会不得不轻。"政府的收入只有纸币，如果新会子贬值，军民又只愿意得到现钱，政府需要支付给军民的现钱将无从措办。

第三，反对用金银或钱币来收回纸币。袁甫说："端平初年，因换会子，遂出累朝所积金银，弃之轻于泥沙，至今帑藏栲(空)虚，言之可为哀痛。仅有昇(治今江苏南京)、润(治今江苏镇江)所积见镪六七百万及行都所积见镪三四百万，视为根本。若又扫而空之，犯端平之大失，岂不重可惜哉！"财政不平衡，纸币发行数量大，而政府所贮存的现钱有限，不足以维持兑现。袁甫索性反对任何兑现，把用兑现的方法收回纸币看作是政策的大失误。

第四，原拟办法规定第18界会子不再分界。袁甫认为分界有利于辨验伪造的会子，决定新会子不立界限是"未知立法防奸之深意"。

以上四方面，袁甫归纳成四戒。他说："臣区区管见，愿陛下力持四戒：一曰戒新旧三界并用，二曰戒轻变钱会中半，三曰戒空竭昇、润桩积，四曰戒新会子不立界限。此四戒者决不可犯。"

袁甫提出的解决办法则是在短期内加速印造第18界会子1亿贯，"然后一朝尽行换易，举五六十千万之旧会，悉易以十千万之新会"。照此办法，"自来夏以后，更无旧会一券行于世间，独有一色新会，则民间自然贵重，安得不尽从官陌乎"？由此可见，袁甫并不反对以一易五，他同原拟办法的分歧，只在于新会子边印边换旧会子，他的办法还是加速印造，尽行收兑旧会子。可是在政治腐败、财政极度困难的条件下，他的办法很难实行。即使一时间旧会子尽行收兑，新会子很快也会膨胀。

朝廷既没有完全按照原拟办法实行，也没有完全采纳袁甫的建议。新旧会子的比价是1∶5，但第17界会子仍继续流通。袁甫反对不分界,而第 17、18 界会子界满并未收回。到淳祐七年(1247年),诏令"十七、十八两界会子更不立限,永远行用"①。

袁甫的《论会子札子》中还提到"见钱会子,子母相权"。可是他并不主张兑现。这里的"子母相权",同杨万里所说的"母子相权"意思是一样的。在批评原拟办法中"令于诸郡且以桩管见钱兑与军人,却以所兑之会依旧桩管,初无折阅"的话时,袁甫说:"殊不思诸郡之有见钱者能几,纵有见钱,使之以实钱而博虚会,会价不及官陌,安得不谓之折阅?"这里拿"实钱"来和"虚会"相对,似已有以金属货币为实、以纸币为虚的意思。不过这里的"虚会",是指全部会子(即纸币)都是虚的,还是指会子已贬值的部分是虚的,并不明确。我们还不能肯定说袁甫已从有无价值的角度来认识金属货币和纸币的虚实问题了。

第五节　许衡的纸币论

许衡(1209—1281),字仲平,号鲁斋,怀州河内(治今河南沁阳)人,生于新郑。蒙古宪宗四年(1254 年),当时受封于京兆(治今陕西西安)的忽必烈(元世祖)召他为京兆提学,在关中大兴学校,不久辞归。中统元年(1260 年),世祖即位,召其至京师,任国子祭酒。至元二年(1265 年),许衡入中书省议事,参预朝政;后又任中书左丞、集贤大学士兼国子祭酒。成宗大德元年(1297 年),谥"文正"。著作有《许文正公遗书》等。

许衡的纸币论见于一篇代人拟的《楮币札子》②中。这奏札是

---

①　王圻:《续文献通考》卷七《钱币一》。
②　许衡:《许文正公遗书》卷七。

代南宋的官员拟的,写于理宗淳祐年间①。许衡原是金朝治下的人,此时金已亡,故有可能代宋人拟稿。他被忽必烈征召则是几年后的事。

许衡根本否定纸币流通,他说:"楮币之折阅,断无可称提之理,直一切罢而不行已耳。"他认为纸币之所以没有在古时产生,并不是因为"古先圣王智虑不及后人而不能用",而是因为"制法无义","知其为天下害,必不可行",不肯用"虚券以易百姓之实货"。他批评汉武帝造白鹿皮币是出于"虚耗无聊之末计",所以"历千三百年②,无敢染指于其后"。他以此说明纸币流通的不正当性。

许衡把"虚券"能够和"实货"相交换的现象比作神仙的点金术。"夫以数钱纸墨之资,得以易天下百姓之货,印造既易,生生无穷,源源不竭,世人所谓神仙指瓦砾为黄金之术,亦何以过此。"点金术自然是反话,所以接着许衡就指出了纸币流通的两个弊病:"然后世不期于奢侈,而自不能不奢侈,虽有贤明之资,恐不能免也。奸民不期于伪造,而自不能不伪造,虽制以死刑,不能绝也。此岂良法哉!"

上述第二个弊病早已有人谈过,第一个弊病实际上包含的内容是:因为发行纸币比征税容易,所以在纸币流通的条件下,封建统治者在财政收支不能平衡时,总要将纸币作为弥补财政赤字的工具。由于存在这一弥补财政赤字的简便方法,封建统治者就有恃无恐,不去注意节约财政开支。许衡认为纸币流通必然导致通货膨胀,这是不以统治者主观意志为转移的客观规律。

---

① 《续文献通考》卷七《钱币一》把许衡的奏札摘要放在嘉熙二年下。嘉熙四年,后就是淳祐元年,所以此奏札只能写于淳祐年间,而且不会在淳祐初年,因为初年离嘉熙四年很近,不大可能发生将"嘉熙"误为"端平"的错误。
② 汉武帝造白鹿皮币的时间是公元前119年,1300年后已是南宋淳熙年间。而纸币产生于北宋,许衡的说法有误。

纸币流通的弊病和纸币能不能流通是两个不同性质的问题,许衡则将它们混淆在一起了。他根本反对用"虚券"来交换"实货",说明他不懂得货币作为流通手段的特点。许衡是一个金属主义者。

许衡对南宋统治者利用通货膨胀掠夺人民财富的行径作了有力的批判。他指出:"是故讲称提之术者,今三四十年矣,卒无能为朝廷毫发之助。但见称提之令每下,而百姓每受其害,而贯陌益落矣。嘉定以一易二,是负民一半之货也。端平(应为'嘉熙')以一易五,是负民四倍之货也①。无义为甚。""以一易二",是政府从人民手中无偿取走了相当于折价收兑的纸币发行额一半的财富。"以一易五",是政府从人民手中无偿取走了相当于折价收兑的纸币发行额五分之四的财富。这是一种"聚敛",所以"无义为甚"。

许衡主张将纸币全数收回,他说:"今不若以实货而收虚券,犹足以救目前之过,而无愧百姓也。"他提出的实货是盐。这样不是会造成财政的困难吗?许衡回答说:"谷粟布帛、铜铁金银,皆足以充国用,历黄帝以来四千余年之所通行,何独不可行于今日?"他还以渡江之初为例,指出当时"外有强敌,内有群盗,干戈相寻,江左萧条,内立百司庶府,外供岁币馈饷",然而"不鬻官诰、度牒,不造官会,国家亦渐致富强"。由此他得出结论说:"其所以致国家之财用者,亦人耳。"这样的分析自然不可能解决南宋朝廷的实际问题,即使上奏,也不会引起统治者的兴趣和重视。景定五年(1264年),贾似道又发行金银现钱关子,一贯当第 18 界会子 3 贯。

许衡将"实货"和"虚券"相对,他没有提到钱币的虚实问题。

---

① "端平以一易五,是负民四倍之货也",《续文献通考》卷七《钱币一》作"端平以五易一,是负民四倍之货也。"

第六节 金朝关于纸币流通的主要观点

金朝的通货有白银、纸币、铜钱等。白银以50两为一铤。章宗承安二年十二月(1198年初)还曾铸造承安宝货银铤,自一两到十两,分为五等,五年罢去。金朝的主要纸币是交钞,于海陵王贞元二年(1154年)开始发行。原来每期以七年为限,章宗即位(1189年)后取消了七年厘革制度。从此交钞发行渐多,进入了通货膨胀时期。

流传下来的金朝的货币思想资料,都只是些片断的议论,理论性不强。这里择要介绍若干观点,以见其一斑。

章宗泰和八年(1208年)十月,参知政事孙铎(?—1215)说:"民间钞多,正宜收敛,院务税(商税)诸名钱,可尽收钞,秋夏税纳本色外,亦令收钞,不拘贯例。农民知之则渐重钞,可以流通。"泰和七年十一月曾规定院务税和诸科名钱三分收钞,其余收现钱。孙铎要使国家多收钞以提高币信。这一办法对保证交钞的流通确有作用,但在发行过多时,作用是有限的。

原来交钞的最高面值为十贯,宣宗贞祐二年(1214年)增造至千贯。同年,金朝为避蒙古的进攻,迁都南京(治今河南开封)。"南迁之后,国蹙民困,军旅不息,供亿(供给)无度",币值更加下跌。贞祐三年,交钞一贯只值一文钱,于是采纳河东宣抚使胥鼎的建议,禁止现钱流通。同年废止了交钞,改纸币为贞祐宝券。

贞祐四年正月,监察御史田迥秀说:"国家调度皆资宝券,行才数月,又复壅滞,非约束不严、奉行不谨也。夫钱币欲流通,必轻重相权、散敛有术而后可。今之患在出太多、入太少尔。若随时裁损所支,而增其所收,庶乎或可也。"这就是宋孝宗所说的"少则重,多则轻"的意思。

第八章 南宋绍熙以后和金朝的货币理论

八月,平章政事术虎高琪(?—1220)建议发行新纸币。他说:"军兴以来,用度不赀,惟赖宝券,然所入不敷所出,是以浸轻。今千钱之券仅直数钱,随造随尽,工物日增,不有以救之,弊将滋甚。宜更造新券,与旧券权为子母而兼行之,庶工物俱省,而用不乏。"虽然他正确地指出了纸币贬值的原因,但更造新券并不能解决这一问题。单纯从变换纸币名目下手,只不过是对人民进行新的欺骗。

濮王完颜守纯等人不同意更换新纸币,他们指出:"自古军旅之费皆取于民,向朝廷以小钞①殊轻,权更宝券,而复禁用钱。小民浅虑,谓楮币易坏,不若钱可久,于是得钱则珍藏,而券则亟用之,惟恐破裂而至于废也。今朝廷知支而不知收,所以钱日贵而券日轻。然则券之轻非民轻之,国家致之然也。不若量其所支复敛于民,出入循环,则彼知为必用之物,而知爱重矣。今徒患轻而即欲更造,不惟信令不行,且恐新券之轻复同旧券也。"所谓"券之轻非民轻之,国家致之然也",同辛弃疾的"朝廷用之自轻"的意思一样。完颜守纯等人正确地指出更造无益,想用增加赋税的办法减少纸币的流通量,以改变人们对纸币不信任的态度。

陕西行省令史惠吉赞同高琪的主张,他提出印造新纸币贞祐通宝,与旧券参用。百官集议,众说纷纭,月余不决。后来宣宗采纳惠吉的建议,于兴定元年(1217年)行贞祐通宝,一贯当贞祐宝券千贯。

兴定四年,镇南军节度使温迪罕思敬上书,建议"弛限钱之禁,许民自采铜铸钱",以官铸样钱为标准,不符合标准的禁止流通。他认为实行此项政策,"则钱必日多,钞可少出,少出则贵而易行矣"。他一方面肯定"军旅调度悉仰于钞,日之所出动以万计"是纸币贬值

---

① 交钞原来以一贯以上为大钞,一百至七百文五等为小钞。这里实际上是指所有交钞。

的原因;另一方面又说"有司欲重之而不得其法,至乃计官吏之俸、验百姓之物力以敛之,而卒不能增重,曾不知钱少之弊也"。① 民间铸钱,并不能增加国家的财政收入,因而也不能使纸币少出。用自由铸钱作为解决纸币贬值问题的对策是错误的。他还主张铸造兴定元宝银钱。

兴定五年印造兴定宝泉,于次年发行,一贯当贞祐通宝400贯。元光二年(1223年)印造元光重宝和绫制的元光珍货。元光重宝一贯当通宝(可能是兴定宝泉)50贯。元光珍货则是银的价值符号。

哀宗正大元年(1224年)至五年间,金朝已接近灭亡。礼部尚书杨云翼(1170—1228)提出了"纳官从便"的主张。他说:"如使凡入官之数,银、钱、钞三者一听民便,或全以银、钞入者亦听之。如此则三者之价常平而不偏,钞法以通流矣。"②如果人民交纳的货币赋税可在银、钱、钞三者中自由选择,在纸币贬值的条件下,人们必然都会选择纸币。这实际上就是孙铎的主张。在纸币流通还比较正常时,纳官从便的确是使银、钱、钞"三者之价常平而不偏"的有效措施,然而在纸币恶性膨胀时就不可能有这样的作用了。

正大年间,民间多以银为交换媒介。直到天兴二年(1234年)十月,还在蔡州(治今河南汝南)印造新纸币天兴宝会(代表银)。几个月后,金朝就灭亡了。

金朝末年讨论货币问题的人大多知道纸币流通失败的原因在于发行太滥,多发而少收。但发行太滥是国土日蹙、军费开支无度、财政危机无法克服所造成的。只要这个根本原因不解决,正确的理论和主张就不可能被朝廷采纳,而只能不断换发新钞,饮鸩止渴。

---

① 以上金人的议论均见《金史》卷四八《食货志三》。
② 王恽:《秋涧先生大全文集》卷九三《玉堂嘉话一》。

第九章
元朝的货币理论

公元1206年,成吉思汗建立蒙古汗国,世祖至元八年(1271年)十一月定国号为元。元朝绝大部分时间都实行单一的纸币流通制度,禁止用银和用钱。只有在武宗时和惠宗(顺帝)至正十年(1350年)以后,才实行钱、钞兼行的政策。因此,元朝的货币理论仍围绕纸币展开,但有了新的发展。元初用金银作纸币的准备金,有效地维持了纸币的币值。许多论者都肯定了准备金制度,把它定为使纸币正常流通的首要经验。马亨、刘基则用法来解释纸币的流通。"虚实相权"概念产生于此时,不过还不是后来通行的含义。对纸币流通的批评,则增加了新的内容。

第一节 至元年间的纸币理论

世祖中统元年(1260年)发行中统元宝交钞(以下简称"中统

钞"),以钱为单位。在各路设平准行用库,用金银(主要是银)作准备金来维持纸币的币值。在发行中统钞初期的十几年间,币值比较稳定。

至元三年(1266年),有外国商人想包办纸币的平准工作,说是能增加税课。世祖征求户部尚书马亨(1207—1277)的意见,马亨说:"交钞可以权万货者,法使然也。法者,主上之柄,今使一贾擅之,废法从私,将何以令天下?"①国家纸币的流通离不开法的保证,马亨直观地说明了这一点。纸币流通固然离不开法,但其所以能够流通,首先是由于金属货币在流通中可以被价值符号代替。国家只是利用了这种可能性,而不能用法律规定纸币代表多少价值以"权万货"。从这一点说,它并不是"法使然"。马亨还不可能认识到这一点。他反对外国商人控制纸币发行的企图,这种态度是正确的。

至元十三年统一江南后,中统钞发行额大增,平准库金银被移作他用,因而逐渐贬值。王恽、张之翰、刘宣等都分析了中统钞贬值的原因。

至元十九年,山东东西道提刑按察副使王恽(1227—1304)在《便民三十五事·论钞法》②中讨论了中统钞问题。他说:"窃见元宝交钞,民间流转,不为涩滞。但物重钞轻,谓如今用一贯,才当往日一百,其虚至此,可谓极矣!"他似乎认为纸币是不虚的,贬值的部分才叫作虚,因此又把纸币贬值称为"致虚"。在元代,不止他一个人有这种说法,张之翰、刘宣、陈天祥③都有这样的观点。

王恽认为中统钞贬值的原因有四。

第一,至元十三年以后,各地平准行用库的金银钞本先后被尽

---

① 《元史》卷一六三《马亨传》。
② 王恽:《秋涧先生大全文集》卷九〇。
③ 陈天祥在《论卢世荣奸邪状》(《元文类》卷一四)中说:"始言能令钞法如旧,钞今愈虚。"

行运走,"自废相权大法"。

第二,初立钞法时,新印纸币只作为换易烂钞之用,国家的财政支出都从赋税收入中开支,"故印造有数,俭(少)而不溢,得权其轻重。令内外相制,以通流钱法为本,致钞常艰得,物必待钞而后行"。这样就使钞重。"今则不然,印造无算,一切支度虽千万定(锭,50贯),一于新印料钞内支发,可谓有出而无入"。"其无本钞数,民间既多而易得,物因踊贵而难买"。

第三,"物未收成,预先定买",增加了纸币的支出,"物重币轻,多此之由"。

第四,外路行用库的官吏舞弊,私自向百姓调换昏钞,"多取工墨①以图利息"。而百姓拿昏钞到库来调换,则"不得画(限)时回换,民间必须行用。故昏者转昏,烂者愈烂,流转既难,遂分作等级"。

以上四条中重要的是两条:一是纸币不能兑现,二是用纸币来弥补财政赤字,以致发行数量过多。王恽主张"用银收钞",认为这样对国家并没有什么损失。"民间钞俭,必须将银赴库倒钞货,是钞自加重,银复归于官矣。"或者另造银钞,以一百当中统钞二百,逐步收回旧钞。至元十九年曾整治钞法,拟定《整治钞法条画》,由国家买卖金银来维持钞价,可能与他的建议有关。

曾任翰林学士的张之翰(?—1296)②在至元年间写过一篇《楮币议》③,全文仅约 200 字。张之翰说:"天下之患,莫患于财用之不足;财用之患,莫患于楮币之不实。"这里的"不实",也是指纸币的贬

---

① "工墨"即工墨费,也就是印钞成本。百姓用昏钞向政府调换新钞时,要付一定数量的工墨费。工墨费多少各朝和各时期不同。
② 张之翰的官职和卒年据陶宗仪:《南村辍耕录》卷二七《桃符谶》。
③ 张之翰:《西岩集》卷一三。文中提到"奸臣柄国",权臣阿合马的罪行是至元十九年被揭露的。又说"自中统至今,二十余年中间",这应从中统三年阿合马专领财富时算起,可见此文写于至元二十九年。但文中建议"造钞以更新",说明当时还没有发行新钞,所以下限不会迟于二十四年。

值,和王恽说的"致虚"是一个意思。他认为纸币贬值具有必然性。"夫楮币,裁方寸为飞钱,致百千之实利。制之以权,权非不重也。行之以法,法非不巧也。然未有久而不涩滞者,惟在救之何如尔。"他指出当时的纸币贬值,是奸臣(指阿合马)的聚敛造成的:"自中统至今,二十余年中间,奸臣柄国,惟聚敛贸易是务,其数十倍于初。楮日多而日贱,金帛珠玉等日少而日贵,盖不知称提有致也。"

另一方面,张之翰认为纸币是能够流通的。他说:"今南北混一,此楮必用,不过自上贵信之尔。"把纸币能否流通的责任明确归于统治者自己。他提出称提纸币的三策:"如出金以兑换,使之通行,一策也。铸钱以表里,使之折当,二策也。造钞以更新,使之收买,三策也。"这三策中,第一策是恢复原来兑现的办法,最有效。其他两策如果不从减少纸币发行量下手,并不能从根本上解决问题。

至元二十三年十二月,中书省传旨讨论更改钞法问题,吏部尚书刘宣(1233—1288)提出了意见。他也指出中统钞发行初期的稳定在于以金银作准备。他说:"稍有壅滞,出银收钞。恐民疑惑,随路桩积元本金银,分文不动。当时支出无本宝钞未多,易为权治。诸老讲究扶持,日夜战兢,如捧破釜,惟恐失坠。行之十七八年,钞法无少低昂。后阿合马专政,不究公私利病,出纳多寡,每一支贴(支出)至有十余万定(锭)者。又将随路平准库金银尽数起(运)来大都,以要功能。是以大失民信,钞法日虚。每岁支遣,又逾向来。民所行皆无本之钞,以至物价腾踊,奚止十倍。"这里说中统钞贬值的原因有二:一是发行过多;二是取消了准备金制度。因此,他提出的对策主要也是两条:一是恢复准备金制度,将"元起钞本金银发去,以安民心";二是减少财政支出。如果一年税收"可得一百万锭,其岁支只可五七十万,多余旧钞立便烧毁"。他认为若采取上述办法,不出10年,物价就可降低一半。否则,即使改发新钞,"三数年后亦如元宝(中统钞)矣"。①

至元二十四年,根据尚书左丞叶李的建议,发行至元通行宝钞(以下简称"至元钞"),一贯当中统钞5贯。恢复准备金制度,"依中统之初,随路设立官库,买卖金银,平准钞法"②。至元钞和中统钞同时流通,计价仍以中统钞为标准。

同年在讨论以至元钞计赃的量刑标准时,从南方征召来尚未授官的宋宗室赵孟頫(1254—1322)说:"始造钞时,以银为本,虚实相权。今二十余年间,轻重相去至数十倍,故改中统(钞)为至元(钞)。又二十年后,至元必复如中统"。"轻重相去至数十倍"是夸大之辞,不足为据,当时物价上涨约10倍。他首次提出了"虚实相权"的概念。从上文看,"虚实相权"的"虚实"好像是分别指纸币和白银,即以纸币为虚,金属货币为实。可是他又说:"古者,以米、绢民生所须,谓之二实;银、钱与二物相权,谓之二虚。四者为直,虽升降有时,终不大相远也。"根据这一解释,则金属货币也是虚的。这和周行己的"物为实而钱为虚"倒是一致的。由此我们可以得出结论:赵孟頫所说的"虚实相权"不是指纸币和金属货币相权,而是泛指货币(虚)和商品(实)相权。在赵孟頫之后很久,人们在谈到金属货币和纸币相权时,仍是用"子母相权"的概念。

赵孟頫还说:"今中统钞虚,故改至元钞,谓至元钞终无虚时,岂有是理!"③这又与王恽等人的观点一样,把纸币贬值的部分看作是虚的了。

---

① 刘宣的议论均见吴澄:《吴文正集》(四库全书本)卷八八《大元故御史中丞赠资善大夫上护军彭城郡刘忠宪公行状》。
② 《元典章》卷二〇《钞法·行用至元钞法》。
③ 赵孟頫的议论均见《元史》卷一七二《赵孟頫传》。传中说此事发生于至元二十三年,但至元钞行于至元二十四年三月,此事应发生在至元钞发行以后,故将它定为至元二十四年。

第二节 郑介夫的子母相权论

第二次建立的准备金制度,很快就遭到了破坏。至元三十一年(1294年)成宗即位后,"诏诸路平准交钞库所贮银九十三万六千九百五十两,除留十九万二千四百五十两为钞母,余悉运至京师"①。这一年纸币的累计发行额以中统钞计算约达21.5亿贯②,假定其中只有10亿贯仍在流通,其余都已损坏,按中统钞10贯折银一两(至元钞法定比价是2贯折银一两)计算,则值银1亿两,留下的钞母19万两,还不到纸币流通量的2‰。这一点准备金自然无济于事,所以纸币仍然不断贬值。

成宗大德七年(1303年),郑介夫"以所见列为一纲二十目"上奏③,"钞法"是其中的一目。

郑介夫(生卒年不详),字以居,开化(今属浙江)人。他曾在湖南道任小官,后在京城任学官多年④,死前任江西金溪县丞⑤。

郑介夫主张用铜钱,认为"国家输运则钞为轻费,百姓贸易则钱为利便";"钞为一时之权宜,钱为万世之长计"。为了强调用钱的必要性,他发挥了一套子母相权的理论。

郑介夫赞扬宋朝的货币流通说:"前宋铜钱与交、会并行,以母权子,而母益贵。是时民间贫无置锥者,亦有铜钱、官会之储。无他,子母相权而行也。"这样美化前朝,其目的在于反衬本朝不用铜

---

① 《元史》卷一八《成宗纪一》。
② 据《元史》卷九三《食货志一·钞法》所记每年纸币发行额累计。
③ 黄淮、杨士奇:《历代名臣奏议》卷六七。
④ 郑介夫说:"介夫幼勤于学,长习于吏,备员儒泮,偃蹇无成,侍直禁垣,有年于此。""介夫前任湖湘司征,猥役下僚,区区忠爱,无由自达。"(《历代名臣奏议》卷六七)"介夫久随禁直,愧乏才资,厕名学官。"(《历代名臣奏议》卷六八)
⑤ 柯劭忞:《新元史》卷一九三《郑介夫传》。

钱的失策。他说:"今国家造钞虽广,而散在民间者甚少,小民得之者亦甚难。无他,轻重失相权之宜也。"

郑介夫分析了各种类型的子母相权:"天下之物,重者为母,轻者为子;前出者为母,后出者为子。若前后倒置,轻重失常,则法不可行矣。汉以铜钱而权皮币之重,皮币为母,铜钱为子。宋以铜钱而权交、会之重,交、会为母,铜钱为子。国初以中统钞五十两为一锭者,盖则乎银锭也,以银为母,中统为子。既而银已不行,所用者惟钞而已,遂至大钞为母,小钞为子。今以至元一贯准中统五贯,是以子胜母,以轻加重,以后逾前,非止于大坏极弊,亦非吉兆美谶也。"对子母相权作这样广泛的解释是空前的,不过并没有什么特别的理论意义,只是为了说明不能实行单一的纸币流通制度,要钱、钞兼行,以钱为子,以钞为母。

关于元朝纸币流通的弊病,郑介夫指出了以下四点。

第一,引起了物价上涨。"今物价日贵,钞价日贱,往年物直(值)中统一钱(100文)者,今直中统一贯……久而不革,则至元一贯仅直中统一钱。物直钱而钞不直钱,将见日贱一日,而钞法愈见涩滞。"

第二,纸币易于伪造。郑介夫既说"今天下真伪之钞,几若相半";又说"今民间之钞,十分中九皆伪钞耳"。说法不同,但都是说明伪钞之多。

第三,纸币易于损坏。"纸之为物,安能长久?五年之间,昏烂无余。"倒换昏钞要付3分(30钱)工墨费,使民间每贯纸币损失3分。而且只有城市居民有可能倒换,"若各县百姓散居村落僻远之地,去城数百里,得倒换者绝少"。郑介夫还认为国家将收回的昏钞烧毁,"则钞本尽成虚舍"。这里的"钞本"不是指造钞工本,而是指纸币面值。例如,他假定每年造钞100万锭,五年为500万锭,"逐年倒换,尽皆烧毁,则五百万锭举为乌有,所存者仅工墨钞十五万锭而已"。其实,国家通过发行纸币,已经取得了财政利益,倒换昏钞由民间负担工墨费,烧毁的昏钞已经由新钞取代了它在流通中的地位,国家并没有什么损失可言。"钞本尽成虚舍"的说法是错误的。

第四,用纸币使民贫。"古者怀十文铜而出,可以醉饱而归,民安得而不富？今之怀十文钞而出,虽买冰救渴,亦不能敷,民安得而不贫？"用纸币使民贫的原因是:"农家终岁勤动,仅食其力,所出者谷粟、丝绵、布帛、油漆、麻苎、鸡豚、畜产等物,所直几何？若得铜钱通行,则所出物产可以畸零交易,不致物价消折。得钱在手,随意所用,入多而出少,民安得而不富？今穷山僻壤,钞既难得,或得十贯一张,扯拽不开,若计①物还钞,则零不肯贴,欲尽钞买物,则多无所用,展转较量,生受百端。或丧婚之家,急切使用,只得以家藏货物贱价求售。货不直钱,而利尽归于商贾之辈,民安得而不贫？"他用纸币面值大而不便零析作为民贫的原因,显然没有抓住要害。农民急用时贱卖商品,用铜钱和用纸币并无区别。用纸币使民贫的关键在于纸币贬值,纸币贬值则由于不能兑现而又发行过多。郑介夫对纸币流通的弊病说了很多,但是没有提到纸币不能兑现和发行过多的问题。

因为认为用铜钱使民富,用纸币使民贫,所以郑介夫说:"所谓富民之术,无他道也,当思古者民何为而富,今者民何为而贫,贫富相悬,系乎铜钱之兴废耳。"

他认为:"用钱之便有三:一则历代旧钱散在民间,如江浙一省官库山积,取资国用,可抵天下周年之税,非为小补;二则市廛交易,不烦贴换,虽三尺孤童亦可入市,免有挑伪昏烂疑认之忧;三则国之

---

① "计"字原作"肯",据朱健《古今治平略》卷九校改。

所出者钞也,民之所出者货也,钞以巨万计,国不可以得民货,货以畸零计,民不可以得国钞,若使畸零之货可易铜钱,则巨万之钞自然流通,此国与民之两便也。"

禁钱的不便也有三条:一是现有的钱被销毁,"灭弃有用之宝,沦为无用之铜";二是由于纸币难以零析,店铺多用盐包、纸摽(标),酒库则以油漆木牌作为零钱的代用品,"阻滞钞法,莫此为甚";三是"商贾往来,途旅宿食,无得小钞,或留质当,或以准折;村落细民出市买物,或背负谷粟,或袖携土货,十钱之货,不得五钱之物,或应买一钱之物,只得尽货对换",不利于商品流通。

郑介夫批评了反对用钱的主张。他说:"言者谓铸一钱费一钱,无利于国。殊不知费一钱可得一钱,利在天下,即国家无穷之利也。"他指责"内外官吏以利国为重,利民为轻",所以对用钱持异议,"以至于误天下国家"。

郑介夫如此强调用钞的弊病,但他并没有提出取消纸币流通的主张,而只是要求大数用钞,小数用钱,"子母相权"。当时有人主张发行大德钞,一贯当至元钞十贯,这是变相增大纸币面值。郑介夫则主张以大德钞五贯或二贯当至元钞一贯,取代中统钞。他说以一当十的主张就是叶李行至元钞的政策,指出这样做将使"他日至元之弊,尤甚于中统",告诫统治者不要重蹈亡宋的覆辙。

对于昏钞,郑介夫认为不需要进行倒换,"昏烂则已"。考虑到"以纸为钞,决难长久",他主张钞用绢制,而且分别就东、南、西、北、中取五种颜色制成,使之难以伪造。采取这一办法,"一则可以数十年不坏,二则伪造者不得为之,三则免倒换烧毁之烦。行之数年,成多损少,其钞自不可胜用矣"。他似乎不知道价值符号的发行数量应有所限制,所以把"钞自不可胜用"也视为一种优点。

实际上,早在至元二十二年(1285年),中书右丞卢世荣就曾建议"括铜铸至元钱,及制绫券,与钞参行"①,并且织成了绫券的样子呈世祖。卢世英的建议因他不久即被杀而未实现。郑介夫的用钱用绢钞主张是卢世荣建议的继续和发展。卢世荣没有提出什么货币理论,郑介夫则做了理论分析,不过这理论存在着很多漏洞。

第三节 马端临的货币论

马端临(约1254—1323),字贵与,乐平(今属江西)人,宋末右丞相马廷鸾之子。宋亡后,马端临隐居不仕,"用心二十余年"②,著《文献通考》。元仁宗延祐六年(1319年),此书被真人王寿衍发现而进呈皇帝,奉旨刊行。英宗至治二年(1322年),马端临亲任了此书的校勘。他曾任慈湖、柯山二书院山长(院长),台州路学教授。

关于货币的起源,马端临说:"生民所资,曰衣与食。物之无关于衣食而实适于用者,曰珠玉五金。先王以为衣食之具未足以周民用也,于是以适用之物作为货币以权之。"他认为货币是先王创造的,这点未能免俗。过去许多思想家常说作为货币的币材是无用之物,马端临则认为是"适用之物",肯定了它的使用价值。

马端临根据《管子·轻重》的三币说,认为"珠玉、黄金为世难得之货,至若权轻重、通贫富而可以通行者,惟铜而已"。他分析历史上钱值变化的趋势说:"然古者俗朴而用简,故钱有余。后世俗侈而用糜,故钱不足。于是钱之直日轻,钱之数日多,数多而直轻,则其致远也难。"后世用钱多是事实,但根本原因不在于俗侈,而在于商品经济的发展。他既说后世"钱不足",又说"钱之直日轻,钱之数日多",这里显然存在着矛盾。

---

① 《元史》卷二〇五《卢世荣传》。
② 马端临:《文献通考·抄白》。

由"致远也难",马端临推出了汇票和纸币等的产生。"自唐以来,始制为飞券、钞引之属,以通商贾之厚赍贸易者。其法盖执券、引以取钱,而非以券、引为钱也。"这里的"飞券"即唐代的汇票飞钱,"钞引"则是宋朝政府卖给商人用来换取盐、茶等产品的凭证,马端临也将它归入取钱凭证的一类。宋代产生交子、会子,"自交、会既行,而始直以楮为钱矣"。

马端临强调了三币和纸币的本质区别:"夫珠玉黄金,可贵之物也。铜虽无足贵,而适用之物也。以其可贵且适用者制币而通行,古人之意也。至于以楮为币,则始以无用为用矣。"明确指出只有纸币才是无用之物,这是货币思想上的一个新的发展。他描述纸币的威力说:"举方尺腐败之券而足以奔走一世,寒借以衣,饥借以食,贫借以富,盖未之有。"他肯定用纸币比用铜钱有优越之处:"然铜重而楮轻,鼓铸繁难而印造简易。今舍其重且难者,而用其轻且易者,而又下免犯铜之禁,上无搜铜之苛,亦一便也。"①

然而纸币的便利要以纸币的币值稳定为前提条件。马端临针对宋宁宗以后的纸币贬值情况指出:"自是岁月扶持,民不以信,特以畏耳。然籴本以楮,盐本以楮,百官之俸给以楮,军士支犒以楮,州县支吾无一而非楮。铜钱以罕见为宝,前日桩积之本,皆绝口而不言矣。是宜物价翔腾,楮价损折,民生憔悴,战士常有不饱之忧,州县小吏无以养廉为叹,皆楮之弊也。楮弊而钱亦弊。"这段文字深刻地揭露了由于滥发纸币而引起的种种恶果。在这种情况下,纸币就没有什么优越性可言了。"昔也以钱重而制楮,楮实为便;今也钱乏而制楮,楮实为病。况伪造日滋,欲楮之不弊,不可得也。""钱乏"的含义不是很明确,可以解释为市场缺乏钱币,也可以解释为政府

---

① 以上四段引文均见马端临:《文献通考·自序》。

缺乏钱用。如果是后者,则所谓"钱乏而制楮"是指用纸币来弥补财政赤字,其意义就更深了。从他对滥发纸币之害的分析来看,应是指后者。

马端临还批评了南宋纸币流通的不统一现象。他指出:"钱币之权当出于上,则造钱币之司当归于一。"铜铁铅锡搬运不便,在坑冶附近置监铸钱犹有可说。纸币"以尺楮而代数斤之铜,赍轻用重,千里之远,数万之缗,一夫之力,克日可到,则何必川自川,淮自淮,湖自湖,而使后来或废或用,号令反复,民听疑惑乎?"他认为这是"立法之初讲之不详"的缘故。对这些地方性的纸币,"朝廷初意欲暂用而即废,而不知流落民间,便同见镪"。① 这已经是从贮藏手段的角度来考虑纸币贬值造成的后果了。

第四节 王祎的货币论

顺帝至正十年(1350年),在农民起义的冲击下,元朝的统治已摇摇欲坠,但元朝还发行了新纸币至正元宝交钞(以下简称"至正钞")。至正钞是在原来的中统钞背面加印"至正印造元宝交钞"字样而成,因此当时的诏书仍称它为"中统交钞"。至正钞一贯当至元钞2贯,当中统钞10贯。按至正钞计算物价可将数字缩小为十分之一。除发行新纸币外,当时还允许铜钱流通,铸造了多种至正钱。

新币制受到集贤大学士兼国子祭酒吕思诚(1293—1357)的反对。他说:"钱钞用法,见为一致,以虚换实也。今历代钱、至正钱、中统钞、至元钞、交钞分为五项,虑下民知之,藏其实而弃其虚,恐不

---

① 以上两段引文均见马端临:《文献通考》卷九《钱币二》。

利于国家也。"①这里的"虚"和"实"应是分指纸币和金属货币,不过说得还不很明确。当时的诏书说:"钞法偏虚,物价腾踊,奸伪日萌,民用匮乏……其以中统交钞(指至正钞)壹贯文省权铜钱一千文,准至元宝钞二贯。仍铸至正通宝钱,与历代铜钱并用,以实钞法。"②所谓"钞法偏虚",既有承认纸币是"虚"的意思,又不敢彻底地承认,在"虚"前面还要加上一个"偏"字。这反映了当时掌权者的心理。

王祎(1321—1373),字子充,义乌(今属浙江)人。至正七八年间王祎游京师③,上书当道言事,未受重视,于是归隐青岩山著书,"名日盛"④。至正二十年朱元璋取婺州后,召王祎为中书省掾史。后王祎官至翰林待制兼国史院编修。明太祖洪武五年(1372年),王祎奉旨往云南招谕元军,被杀害。建文帝时谥"文节",成祖时被革。英宗正统六年(1441年)改谥"忠文"。著作有《王忠文公集》等。

王祎南归后,曾著有《泉货议》⑤,讨论当时的货币问题。

对于货币的作用,王祎写了以下一段话:"天下之物,以至无用而权至有用者,泉货是也。谓之泉者言其形,谓之货者言其用。其制,先有铜钱,后有楮币。铜钱之制,自五帝三王,下更历代,莫之有改,其为法最古。而楮币之制,所谓关、会、交钞者,又所以权钱而行,金、宋之末造也。之二物者,握之非有补于暖也,食之非有补于饱也,而先王以守财物,以御人事,而平天下,命之曰衡。有国家者,恒赖以为生民之大命,而不能以一日废。一日或废,则国家之命几

---

① 《元史》卷一八五《吕思诚传》。
② 《元史》卷九七《食货志五·钞法》。
③ 王祎在《上苏大参书》(《王忠文公集》卷一三)中说:"顷者执事参政江浙,祎方从黄公留京师,及执政被命召还,而祎又就试南归"。"苏大参"即苏天爵,至正七年拜江浙行省参知政事,九年召为大都路都总管。由此可知至正七八年王祎在京。
④ 《明史》卷二八九《王祎传》。
⑤ 王祎:《王忠文公集》卷一二。

乎息矣。故曰：以至无用而权至有用者，泉货是也。"这段话有以下几层意思。

第一，王祎也认为货币是"无用之物"，而且在"无用之物"的前面还加了一个"至"字，以加强语气。

第二，王祎对"泉货"两字作了解释。"谓之泉者言其形"的"形"，不是指钱币的形状，而是指它的流动性，也就是班固所说的"流于泉"的意思。"谓之货者言其用"则是一种新的提法，大概是从"货"可以作购买解引申出来。这样来解释"泉货"，虽然新鲜，却缺乏理论意义。

第三，王祎把铜钱产生的时间推得很早，这是承袭司马迁、班固而来的，不足为奇。他的目的在于强调铜钱不能废除。

第四，王祎把《管子·轻重》所说的三币改为铜钱和用来权钱的纸币两物，然后套用《管子·轻重》中的几句话来充分肯定货币（铜钱和纸币）的作用，指出货币是"不能以一日废"的。

王祎批评至正十年实行的新币制说："夫中统本轻，至元本重，二钞并行，则民必取重而弃轻。钞乃虚文，钱乃实器，钱钞兼用，则民必舍虚而取实。故自变法以来，民间或争用中统，或纯用至元，好恶不常。以及近时，又皆绝不用二钞，而惟钱之是用。"

中统钞原来5贯才当至元钞一贯，所以说"中统本轻，至元本重"。现在把中统钞改为至正钞，一贯反而当至元钞两贯。这样，人民必然要怀疑新钞，这是"民必取重而弃轻"的意思。下文说"民间或争用中统，或纯用至元"，表明"民必取重而弃轻"的话说得并不完全对。

"钞乃虚文，钱乃实器"，则是自产生纸币以来对纸币和金属货币的虚实所作的最明确的表述。以前的以货币为虚，以商品为实，那是从使用价值的角度说的。而现在的以纸币为虚，以金属货币为实,则是从价值的角度说的了。金属货币饥不可食,寒不可衣,它不能直接满足人们的生活需要,说它实,就实在具有实际价值这一点上。纸币是价值符号,没有实际价值,所以是虚的。虽然王祎还不知道价值的真正含义,但这一明确表述,标志着他把货币理论发展到了一个新的高度。

写《泉货议》时,王祎还没有否定元朝的统治,因此提出了救弊的建议。他主张纸币"宜姑置勿问,而钱法当在所速讲"。钱法要罢铸当十大钱,大量铸造质量好的小钱。他比较铸造小钱和大钱的利弊说:"盖大钱质轻而利重,利重故盗铸者多,质轻故宝爱者少;小钱费厚而利均,费厚故盗铸者少,利均故贸易者平,此亦势之必然。"他追溯了铸大钱的历史,以此来证明"历代大钱,皆旋踵而废",希望统治者引以为戒。

相传元世祖曾问太保刘秉忠关于货币政策的问题,他回答说:"钱用于阳,楮用于阴。华夏阳明之区,沙漠幽阴之域。今陛下龙兴朔漠,君临中夏,宜用楮币,俾(使)子孙世守之。若用钱,四海且将不靖。"[①]据说世祖听了他的话,因此不用钱。封建统治者发行纸币的根本目的在于财政利益,刘秉忠说这种谶纬迷信的话,无非是借此为纸币流通制造舆论。王祎考虑到了这种说法对人们的影响,因此设问说:"或者顾谓,废钱而用钞,实祖宗之成宪,而于术数之说为有符。今唯用钱,乃无稽之典章,驱之图谶,有相乖违者乎?"王祎没有正面否定刘秉忠的话,只用日久弊生,需要"变而通之",不能"泥于拘挛之见,偏于寻常之论"来进行辩驳。

广铸小钱就要增加铜源,王祎除主张禁铜外,还提出了一个收铜的办法:"又民间所有铜皆得入官,官为鼓铸,除工本之费,更取其

---

① 陶宗仪:《南村辍耕录》卷二《钱币》。

三而以七归于民。"这办法有点像沈庆之建议的有控制的自由铸钱的办法。但在沈庆之的办法中铜的所有者铸钱与否是自愿的,王祎的办法却是强制性的;前者是由铜的所有者自己入官署铸钱,后者却是由官府铸造而计算工本费。两者的相同点在于钱铸成后要征收30%的税。王祎认为实行他的办法就能使钱"流于地上,而异代之钱将不销而自废"。

此外,王祎还提出了铸金银钱的主张,他说:"古者三币,珠玉为上,黄金为中,白金为下(这是《通典》的说法)。后世或为二币,秦制黄金以镒为名及铜钱是也。今诚使官民公私并得铸黄金、白金为钱,随其质之高下轻重,而定价之贵贱多寡,使与铜钱母子相权而行,当亦无不可者。且今公私贸易,若于铜钱,重不可致远,率皆挟用二金……是则用黄金、白金为钱,与铜钱并行,亦所谓因其(民)所利而利之者也。"金朝曾用银铸造承安宝货,金末温迪罕思敬曾主张铸造银钱,王祎则提出铸金银钱。以金银为货币主张的产生和提出,反映了金银,特别是白银的货币性的发展和加强。

和王祎同时,还有孔齐主张以金银为货币。他在《至正直记》卷一《楮币之患》中提出,金银铸成锭形,"每金一两重准银十两,银一两准钱几百文"。"凡物价高者用金,次用银,下用钱。"并提到知府赵子威主张用金银,"颇详其法"。

第五节 刘基的纸币流通法定论

刘基(1311—1375),字伯温,青田(今属浙江)人。文宗至顺元年(1330年)进士[①],任江西高安县丞,后历任江浙儒学副提举、浙东

---

① 徐一夔《郁离子序》说刘基"年二十,已登进士第"。刘基20岁时为至顺元年。

元帅府都事、江浙行省都事、行枢密院经历、行省郎中等官。曾三次弃官。顺帝至正二十年(1360年),受朱元璋聘至应天(治今江苏南京),深受重视,被誉为汉之张良。朱元璋即位(1368年)后,任御史中丞兼太史令;洪武三年(1370年),进封诚意伯;次年告老还乡;后因权臣胡惟庸的构陷而留京待罪,忧愤成疾;八年,病没于家,传说是被胡惟庸在药中下毒致死。武宗正德九年(1514年),谥"文成"。著作有《诚意伯刘文成公文集》(包括同本节有关的《郁离子》在内)。

刘基最后一次弃官后,隐居于青田山中,"著《郁离子》以见志"[1]。《郁离子》主要是通过书中的主人公郁离子来表达作者的思想,有的采取了寓言的形式,也有直接的议论。其中有一条半是议论货币问题的。

刘基以有人向郁离子提问的形式,提出了"币之不行而欲通之,有道乎"的问题。元朝长期实行单一的纸币流通制度,因此这里的"币"是专指纸币,不包括钱币。例如刘基在一首诗中说:"八政首食货,钱币通有无。国朝币用楮,流行比金珠。至今垂百年,转布弥寰区。此物岂足贵,实由威令敷……至宝惟艰得,韫椟(藏在柜中)斯藏诸。假令多若土,贱弃复谁沽?钱币相比较,好丑天然殊。"[2]"钱币相比较"就是指铜钱和纸币相比较,"币"专指纸币显而易见。在这首诗中,刘基指出纸币是靠"威令"才能流通的。

郁离子回答"币之不行而欲通之,有道乎"的问题说:"在治本。"又回答"何谓治本"说:"币非有用之物也,而能使之流行者,法也。行法有道,本之以德政,辅之以威刑,使天下信畏,然后无用之物可使之有用。今盗起而不讨,民不知畏信。法不行矣,有用之物且无

---

[1] 《明史》卷一二八《刘基传》。
[2] 刘基:《诚意伯刘文成公文集》卷一三《感时述事》。

用矣,而况于币乎?如之何其通之也?"①纸币是无用之物,它的流通靠"法",这同马亨的观点一样。他还进一步指出行法要靠德政和威刑,"使天下信畏"。所谓"治本",就是要从巩固政权下手。政权不巩固,人民对统治者既不怕,又不信,纸币就不能正常流通。

纸币得以流通离不开法,但又不完全由于法,这一点本书在分析马亨的纸币理论时已指出过了。刘基将行法归结为政府的德政和威刑,既不谈纸币应否兑现,也不谈纸币的发行数量,这在货币理论上是一种后退。不过,他由此引出了人民对政府的信任已发生动摇,因此纸币已不可能正常流通的结论是正确的。就这一点而言,他的认识超过了前人。和刘基同时的王祎还把改善货币流通的希望寄于元朝的统治者,而刘基却对元朝的统治者根本不抱幻想。

在讨论国家的禁榷政策时,刘基提出了以是否"借主权以行世"作为判断的标准。需要"借主权以行世"的,国家可以禁止民间经营;反之,则应任民间自由经营。他说:"天下之重禁,惟不在衣食之数者可也。故铸钱造币虽民用之所切,而饥不可食,寒不可衣,必借主权以行世。故其禁虽至死而人弗怨,知其罪之在己也。"②煮盐"则不必假主权以行世","故禁愈切,而犯者愈盛,曲不在民矣"。这是说造币权(包括铸铜钱和造纸币)应该由国家垄断,而煮海水为盐则应该解禁。这里刘基虽然主要不是讨论货币问题,但"借主权以行世"仍表明他持货币流通由法决定的观点。这里的货币流通不仅是前面所说的纸币,而且还包括了铜钱。

---

① 刘基:《郁离子·行币有道》,上海古籍出版社1981年版,第99—100页。
② 刘基:《郁离子·重禁》,第100页。

第十章
明朝的货币理论

明初仍推行纸币。洪武八年（1375年）发行大明通行宝钞，最高面值为一贯。在发行宝钞时即禁用金银，洪武二十七年又禁用铜钱，实行单一的纸币流通制度。宝钞很快贬值，流通范围越来越小。英宗正统元年（1436年）开放用银，后又开放用钱，逐渐形成了大数用银、小数用钱的货币流通格局。

在货币理论方面，叶子奇生动地论述了兑现纸币的流通，刘定之分析了钱币和纸币的不同流通规律，丘濬对货币问题作出了较全面的理论阐述。对于纸币流通，丘濬是继许衡之后用金属主义观点进行彻底否定的人。明中叶以后，有些主张重钱轻银的人提出了用银有害的理论，这种倾向一直延续到鸦片战争时期。明末因财政困难，朝野又对纸币流通表现出了相当的关心。

第一节　叶子奇的纸币兑现论

叶子奇(生卒年不详),字世杰,号静斋,又号草木子,浙江龙泉人。曾任巴陵主簿。太祖洪武十一年(1378年),叶子奇因受株连下狱,在狱中用瓦磨墨著书,出狱后续成,名《草木子》。

《草木子·杂制篇》讨论了钞法。叶子奇针对元朝的纸币流通,指出它的失败"非其法之不善",而是由于"后世变通不得其术"。

关于纸币的起源,明初以宋濂、王袆为总裁编成的《元史》中说:"钞始于唐之飞钱,宋之交、会,金之交钞。其法以物为母,钞为子,子母相权而行,即《周官》质剂之意也。"[①]从杨万里开始,都没有人说子母相权(或母子相权)是以物为母,《元史》作者的"以物为母",只能解释为纸币是商品的代表。这在理论上是不正确的。《周礼·冢宰上》小宰之职有"听买卖以质剂"。东汉郑玄说"质剂"就是券书。把纸币比作质剂早已有之,如北宋僧人文莹《湘山野录》卷上就说发行交子是"设质剂之法"。但《元史》中说纸币"即《周官》质剂之意",则明确地将纸币的起源同《周礼》挂起钩来了。

叶子奇也有类似的观点。他说:"元之钞法,即周、汉之质剂,唐之钱引(飞钱),宋之交、会,金之交钞。"他认为这些纸币(质剂、飞钱不是纸币,这里只是按叶子奇的观点说)原本都是权钱的兑现纸币,后来的失败也在于发行过多,不能维持兑现:"当其盛时,皆用钞以权钱。及当衰叔(末世),财货不足,止广造楮币以为费。楮币不足以权变,百货遂涩而不行,职此之由也。"

因此,叶子奇主张实行兑现纸币的流通制度:"必也欲立钞法,

[①] 《元史》卷九三《食货志一·钞法》。

须使钱货为之本,如盐之有引,茶之有引,引至则茶盐立得。使钞法如此,乌有不行之患哉?"其实,纸币的兑现和凭盐引领盐、茶引领茶的情况不完全相同,因为盐引、茶引的发行数不能超过国家掌握的实有盐、茶数,而纸币却可以超过现金准备数。叶子奇只看到它们的共同之处,而没有注意它们的区别。

为了维持纸币兑现,叶子奇主张在府县各立钱库,贮钱作为准备,像初期的四川交子一样,"使富室主之"。由于宋、金、元的国家纸币都失败了,他想恢复民办纸币。

叶子奇还提出用兑现纸币来调节物价的办法:"引至钱出,引出钱入,以钱为母,以引为子,子母相权以制天下百货。出之于货轻之时,收之于货重之日,权衡轻重,与时宜之,未有不可行之理也。"货轻即物价低,这时要投放货币,叫作"出之于货轻之时"。货重即物价高,这时要回笼纸币,叫作"收之于货重之日"。这一理论是从以敛散钱币来调节物价的观点发展而来的。

然而,纸币兑现和用纸币来调节物价是两个性质不同的问题。"引至钱出,引出钱入"只能保证纸币和钱币在购买力上保持一致,而不起调节物价的作用。要调节物价,就不能单靠纸币的投放和回笼,因为兑现纸币的投放量并不是随心所欲的。纸币投放量增多,要求兑现的量也必定增加,结果是一部分纸币回笼,而代之以钱币流出。因此,如果要调节物价的话,只能将钱币、纸币作为一个整体,而不能单单通过纸币来进行。这一点,叶子奇还没有认识到。

叶子奇对纸币流通作了一个生动的比喻:"譬之池水,所入之沟与所出之沟相等,则一池之水动荡流通而血脉常活也。借使所入之沟虽通,所出之沟既塞,则水死而不动,惟有涨满浸淫(渐至)而有滥觞①

---

① "滥觞"原作"滥觞",义不可通。据《古今图书集成·食货典》卷三五六校改。

之患矣。此其理也。"市场上所能容纳的纸币数量有一定的限度,就像池塘的容积一样,超过了这个容积,池水就会泛滥。要想不使池水泛滥,就必须给多余的水以出路。纸币的投放好比入水沟进水,纸币的回笼好比出水沟泄水,两者缺一不可。这一比喻比袁燮的"贱而后收"的观点有了很大的进步。

叶子奇显然认为纸币流通有它本身的规律,统治者只能认识和利用这个规律,而不能用政权的强制力量来改变这个规律。他批评元朝的统治者不懂得这一点,"徒知严刑驱穷民以必行,所以刑愈严而钞愈不行","卒于无术而亡"。

第二节 刘定之的货币论

大明宝钞在洪武年间即已贬值。永乐、宣德年间用户口食盐、增税等办法大力收钞,但由于宝钞的发行还在增加,仍不能根本解决宝钞的贬值问题。发行宝钞之初规定宝钞一贯值银一两,而宣德七年(1432年)湖广、广西、浙江商税、鱼课收钞,每银一两折钞100贯[①],即50多年间宝钞已贬值为原来的1%。刘定之的货币理论就产生于这样的历史条件下。

刘定之(1409—1469),字主静,号保斋、呆(bǎo,通保)斋,江西永新人。宣宗宣德十年(1435年)举人,英宗正统元年(1436年)探花,授行在(北京)翰林院编修,官至礼部左侍郎兼翰林院学士。成化五年卒,谥"文安"。著作有《刘文安公全集》。

刘定之年轻时即有文名。宣德九年,刘定之为准备应举,撰写了《十科策略》(刊本又名《刘文安公呆斋先生策略》),单独刊行或编

---

① 《明宣宗实录》卷八八宣德七年三月庚申。

入全集)。"十科"是指经、书、子、史、吏、户、礼、兵、刑、工10科,依次分为10卷。《策略》虽是应付考试之作,但其中有作者自己的观点,而且后来在士子间流传,有一定的社会影响。其中同货币理论有关的是《户科·历朝钱法楮法得失》和《工科·钱钞法制异同》。

刘定之分别论述了金属货币和纸币的起源。对金属货币,他只是依据《周礼》《管子》《汉书》等书的记载,没有提出什么新的见解。对纸币,他也像《元史》《草木子》一样联系了《周礼》,但不是联系质剂而是联系傅别。《周礼·冢宰上》小宰之职中又有"听称责(债)以傅别"的话,郑玄注说:"傅别、质剂,皆今之券书也。事异,异其名耳。"刘定之认为"后世之楮币因之(傅别)"。他说:"又尝考傅别之说,盖掌于小宰,以为傅著约束,书之于册,别而为两,各持其一,民有称贷则为符验,斯固楮之比类也。"①虽然傅别说和质剂说都属于牵强附会,但因质剂说的影响在先,后人凡是将纸币联系《周礼》的大多采质剂说。

刘定之对钱币和纸币持同样肯定的态度。他说:"珠玉金宝可以为用矣,而不能多得。谷粟布帛可以为用矣,而不能致远。腰万贯之缗,手方寸之楮,寒可以衣,饥可以食,不珠玉而自富,不金宝而自足,盖亦古人抚世便民之良规也。"②他还赞成以纸币代替钱币流通:"民之所赖以生者谷帛,而一环之钱诚若何所用者,然而钱可以致谷帛,则用钱可也。民之所赖以用者钱货,而一尺之楮又若何所用者,然而楮可以代钱货,则用楮可也。"③他所说的"楮"都是指不兑现纸币,他甚至根本没有考虑到纸币应否兑现的问题。

如何保持钱币流通的稳定?刘定之指出:"自周以来率用钱,而

---

① 刘定之:《刘文安公呆斋先生策略》卷六《户科·历朝钱法楮法得失》。
② 同上书卷一〇《工科·钱钞法制异同》。
③ 同上书卷六《户科·历朝钱法楮法得失》。

钱之弊在于轻重不中……夫钱轻则物必重,而有壅遏不行之患;钱重则物必轻,而有盗铸不已之忧。必若汉之五铢,唐之开元,则庶乎轻重得中矣。"①以汉五铢、唐开元通宝作为钱币重量的标准,前人已说过多次,所不同的是他在前面加上"钱轻则物必重""钱重则物必轻"的公式。从字面上看,这公式也是前人已重复过多次的。但是,前人在说这一类公式时,钱轻、钱重都是指钱币购买力的高低,而刘定之所说的却是钱币分量的轻重。他的逻辑是:钱的分量轻,购买力就低,所以物价高;钱的分量重,购买力就高,所以物价低。不同重量的钱会造成不同的物价,从这个意义上说,刘定之的公式是对的。然而同样的钱也可以有不同的物价,因为引起物价变动的不只有钱币的重量,例如唐代在实行两税法前后物价不同,而钱的重量却没有什么变化。因此,刘定之的公式只适用于一定的范围,不如以轻重来说明钱币相对价值高低的公式那样普遍适用。过去在说到这一公式时,多从货币数量上考虑:钱多所以钱轻,钱少所以钱重。刘定之则根本没有考虑数量问题,单单从分量轻重立论,用来说明铸造适当重量钱币的必要性。

刘定之不仅不考虑钱币的数量,而且还不考虑大小钱的区别。他列举的分量失之太重的钱币,有西汉半两和八铢钱,但更多的则是不足值大钱,如蜀汉的直百五铢、孙吴的大泉当千、唐朝的乾元重宝(当十)和重轮乾元重宝(当五十)等。这些钱就单个重量来说固然超过了五铢或开元钱,但由于每个钱的作价高,折合成小平钱时分量却是轻的。这样的"钱重"就不会是"物必轻"了。而小平钱的"钱重",则不会造成"盗铸不已"的后果。离开了钱的作价来讨论钱币分量的轻重,反映出他的理论不够周密。

---

① 刘定之:《刘文安公呆斋先生策略》卷六《户科·历朝钱法楮法得失》。

如何保持纸币流通的稳定？刘定之指出："自宋以来率用楮，而楮之弊在于贵贱不中……夫少造之则钞贵，而过少则不足于用；多造之则钞贱，而过多则不可以行。必也如宋之天圣，元之中统，则庶乎贵贱得中矣。"①仁宗天圣时，交子刚由官府接办；元世祖中统时，中统钞刚发行不久。这两个时期的纸币确是比较稳定，所以刘定之以这两个时期为代表。这里的着眼点只是币值稳定，而不是说要以这两个时期的发行数量为准。交子是地方性的纸币，中统时蒙古还没有统一中国，发行数量都不足为据。纸币的购买力决定于它的数量，并不是一种新的观点。刘定之的贡献在于毫不含糊地分别提出维护钱币和纸币流通稳定的不同办法，实际上就是说钱币和不兑现纸币具有不同的流通规律。

对于现实纸币的流通，刘定之进行了尖锐的批评。为了突出本朝纸币流通的问题，他美化前代的纸币流通说："夫前代许民以昏钞赴官倒换，而纳其工墨之钱，故钞无滥恶；前代许民以交、会赴官收纳，而充其赋役之类，故钞有流通。"然后他指出："今也不然，钞之造于上也，有出而无纳；钞之行于下也，有敝而无换。及其征钞于民也，豪商大贾积钞于家而无征，奸胥猾吏假钞为名而渔猎，闾左贫民鬻田产质妻子，而后得钞以送之官，大臣谋国扰郡县暴闾里，而后收钞以贮之库。呜呼，不意古人利民之事，而为今日病民之本也。"②

对于改善纸币流通的办法，刘定之提出或者改换新钞，或收回旧钞。如果是改换新钞，他认为只要做到"上之所以赏赐俸给者以渐而出之，下之所以输纳赋役者时或而取之"，纸币就可以流通。在这里，他并没有要求纸币兑现，联系上文，可知他是主张以控制纸币流通数量来维持币值稳定的。如果是收回旧钞，他指出有以下一些

---

① 刘定之：《刘文安公呆斋先生策略》卷六《户科·历朝钱法楮法得失》。
② 同上书卷一〇《工科·钱钞法制异同》。

途径："或取之商贾而因以厚本抑末,或取之徒役而因以赎罪示恩,或出帑藏以收之如孝宗,或出公钱以收之如赵开,皆未为不可。"他反对用加强搜括广大人民的办法来收回旧钞,指出:"若一概取之于民,而为头会箕敛之下策,则古人利民之货,反为今日病民之本矣。"刘定之将改换新钞和收回旧钞当作两件毫不相干的事,他说"如不欲收旧钞乎,则直造新钞而用之",好像要造新钞,就将旧钞作废。①但旧钞作废,势必造成人民的严重损失。实际上,改换新钞也必须收回旧钞。这又是他的理论上不周密的地方。

第三节　丘濬的金属主义货币论

丘濬(1421—1495),字仲深,号琼台,广东琼山(今海南省海口市琼山区)人。英宗正统九年(1444年)举人,代宗景泰五年(1454年)进士,选庶吉士,散馆授翰林院编修,后历任侍讲学士、翰林学士、国子祭酒、礼部右侍郎等官。成化二十三年(1487年)孝宗即位后,丘濬进呈他"竭毕生精力,始克成编"②的《大学衍义补》,奉旨刊行,并因而升任礼部尚书。弘治四年(1491年),兼文渊阁大学士,参预机务;七年,改户部尚书兼武英殿大学士;次年卒,谥"文庄"。著作还有《丘文庄公集》等。

《大学衍义补》是补南宋真德秀的《大学衍义》之作,主要是补"治国平天下"的内容,其中关于货币的有两卷。在按语中,丘濬对金属主义货币理论作出了重要的发展。

关于货币的起源,丘濬说:"日中为市,使民交易以通有无。以

---

① 本段引文均见刘定之:《刘文安公呆斋先生策略》卷六《户科·历朝钱法楮法得失》。

② 丘濬:《大学衍义补·进〈大学衍义补〉表》。

物易物,物不皆有,故有钱币之造焉。"这是认为货币是为了解决物物交换的困难而被创造出来的,和李觏的观点相似。但李觏说的是衡量价值的困难,丘濬则说的是缺乏交换媒介的困难,后者在文字上更加简练。

丘濬对货币的价值尺度和流通手段职能都有所论述。他指出"钱以权百物",又指出"所以通百物以流行于四方者,币也"。对于后者,他还分析说:"盖天下百货皆资于钱以流通。重者不可举,非钱不能以致远。滞者不能通,非钱不得以兼济。大者不可分,非钱不得以小用。货则重而钱轻,物则滞而钱无不通故也。"这些话从理论上看并不是很精确,有这样几层意思:"重者不可举,非钱不能以致远",是说如果带商品到远方,商品体质大,带起来很笨重,换成钱后就比较轻便了。也就是说,有了货币,就能够直接将价值带往远方,去购买自己所需要的商品,而不必用笨重的商品去交换其他商品。"滞者不能通,非钱不得以兼济",是说物物交换不容易成交,用货币作为交换媒介,就能使商品得以流通。"大者不可分,非钱不得以小用",则是说大件的商品只有转化成货币后,才能将它的价值分割成细小的单位,用作零星购买。最后的"货则重而钱轻,物则滞而钱无不通"是对上述几层意思的归纳。所谓"物则滞而钱无不通",实际上反映了商品第一形态变化的困难和第二形态变化的顺利。

丘濬认为国家垄断货币权是完全必要的。他说:"夫天生物以养人,如茶、盐之类,弛其禁可也。钱币乃利权所在,除其禁,则民得以专其利矣,利者争之端也。"他针对西汉吴王刘濞即山铸钱而终于叛乱的历史事件指出:"钱之为利,贱可使贵,贫可使富。蚩蚩之民,孰不厌贫贱而贪富贵者哉,顾无由致之耳。所以致之者,钱也。操钱之权在上,而下无由得之,是以甘守其分耳。苟放其权,而使下人得以操之,则凡厌贱而欲贵,厌贫而欲富者,皆趋之矣。非独起劫夺之端,而实致祸乱之渊丛也。"①这一段议论,说明人心趋利,允许自由铸钱必然私铸成风,以致造成祸乱。但他认为禁止自由铸钱则钱"下无由得之",这就否定了人们的其他得钱途径,显然是以偏概全。他又认为人民无钱就"甘守其分",也不恰当。不过仅就铸钱政策而言,他的话还是能成立的。

丘濬还认为垄断铸币权是统治者"以利天下为心"的表现:"上之人苟以利天下为心,必操切之,使不至于旁落,上焉者不至为刘濞以灭家,下焉者不至为邓通以亡身,则利权常在上。"统治者掌握这个"利权","得其赢余,以减田租,省力役,又由是以赈贫穷,惠鳏寡,使天下之人养生丧死皆无憾。是则人君操利之权,资以行义,使天下之人不罹其害而获其利也。"②这里所说的"赢余",是指铸利和国家调节货币流通所获得的利益。他并不反对国家从掌握铸币权中获取经济利益,但要求将这种利仍用之于民。

对于商品买卖,丘濬强调了等价交换原则:"必物与币两相当值,而无轻重悬绝之偏,然后可以久行而无弊。"大钱是不足值铸币,不符合等价交换原则。丘濬指出铸大钱是"时君世臣徒以用度不足之故,设为罔利之计,以欺天下之人,以收天下之财,而专其利于己"。他说这是违反"上天立君之意"的,所以"卒不可行"。

南齐孔颢的铸钱主张得到了丘濬的充分肯定,他说:"自古论钱法者多矣,惟南齐孔颢所谓不惜铜,不爱工,此二语者,万世铸钱不易之良法也。"并发挥说:"造一钱,费一钱,本多而工费,虽驱之(民)使铸,彼亦不为矣,况冒禁犯法而盗为之哉?"然而他没有考虑到,如果"造一钱,费一钱",那么国家的铸利就没有了。这同他的"利权"

---

① 以上三段引文均见丘濬:《大学衍义补》卷二六《制国用·铜楮之币上》。
② 同上书卷二七《制国用·铜楮之币下》。

归于上的理论是有矛盾的。在历代钱币中,丘濬也认为西汉五铢和唐开元通宝"为得其中"。

明代盗铸严重,私钱盛行,政府屡下禁令,但没有什么效果。针对这一情况,丘濬提出对策说:"为今之计,莫若拘盗铸之徒以为工,收新造之钱(指伪钱)以为铜,本孔颛此说,别为一种新钱,以新天下之耳目,通天下之物货,革天下之宿弊,利天下之人民。"铸钱就在原来私铸的场所进行,铸造成新钱后,再用新钱去换民间伪钱,"每伪钱十斤量偿以新钱六七斤"。① 他认为这样做的话,不出十年,伪钱可尽。另外,他还主张用新钱去换民间真正的唐宋旧钱,在旧钱上加刻新标志后仍投入流通。

丘濬对纸币流通进行了尖锐的批评,在理论上较许衡又有所发展。他说:"天生物以养人,付利权于人君,俾权其轻重,以便利天下之人,非用之以为一人之私奉也。人君不能权其轻重,致物货之偏废,固已失上天付畀(给)之意矣。况设为阴谋潜夺之术,以无用之物而致有用之财,以为私利哉!甚非天意矣。"②这就是说,纸币流通是人君为了私利,"设为阴谋潜夺之术"而造成的。丘濬曾说"谷帛有用者也,钱币无用者也"③,这里又说纸币是"无用之物",好像将两者等同看待。但钱币的"无用"是相对于谷帛而言的,即饥不可食、寒不可衣的意思。他认为钱币和商品交换可以做到"两相当值",纸币则不能(见下文),可见他所说的钱币的"无用"和纸币的"无用"含义并不相同。

为什么说纸币流通是"设为阴谋潜夺之术"呢?这是因为它不符合商品买卖"必物与币两相当值"的等价交换原则。丘濬分析说:

---

① 以上三段引文均见丘濬:《大学衍义补》卷二六《制国用·铜楮之币上》。
② 同上书卷二七《制国用·铜楮之币下》。
③ 同上书卷二六《制国用·铜楮之币上》。

"所谓钞者,所费之直不过三五钱,而以售人千钱之物。呜呼,世间之物虽生于天地,然皆必资以人力,而后能成其用。其体有大小精粗,其功力有浅深,其价有多少,直而至于千钱,其体非大则精,必非一日之功所成也。乃以方尺之楮,直三五钱者而售之,可不可乎?"在这里,丘濬用朴素的劳动价值观点来否定纸币流通。"功"是劳动的意思。过去人们谈到"功"时,一般指创造使用价值的具体劳动,丘濬所说的"功"却是指创造价值的抽象劳动。当然,他还不懂得抽象劳动和具体劳动的区别,也不懂得价值和价格的区别,只是认为劳动耗费的多少决定商品价格的高低。而印造纸币的成本很低,所以丘濬认为不合理。这样联系劳动耗费来说明商品的价格,是非常难得的。但是用纸币本身无价值来说明纸币流通不合理,在货币理论上并不正确,因为纸币可以代表一定的价值同商品进行等价交换。

丘濬还分析了纸币流通的后果:"民初受其欺,继而畏其威,不得已而黾勉(勉力)从之。行之既久,天定人胜,终莫之行。非徒不得千钱之息,并与其所费三五钱之本而失之,且因之以失人心,亏国用,而致乱亡之祸如元人者,可鉴也已。"从宋以来,历代纸币都以失败而告终,所以丘濬这样说是有根据的。但是他没有将纸币和通货膨胀分开,不是把失败的原因归于通货膨胀,而是归于纸币流通本身。这是其理论上的不足之处。

丘濬虽然在理论上否定了纸币流通,但是不敢否定本朝纸币流通的现实。他提出的币制建议中仍包含有纸币。他的建议是:"臣请稽古三币之法,以银为上币,钞为中币,钱为下币。以中下二币为公私通用之具,而一准上币以权之焉。""以银与钱、钞相权而行,每银一分易钱十文,新制之钞每贯易钱十文,四角完全未中折者每贯易钱五文,中折者三文,昏烂而有'一贯'字者一文。"这一比价规定以后,"虽物生有丰歉,货直有贵贱,而银与钱、钞交易之数,一定而永不易,行之百世,通之万方……钱多则出钞以收钱,钞多则出钱以收钞。银之用,非十两以上,禁不许以交易"。①

上述建议中,白银具有突出的地位。中下二币"一准上币以权之",实际上是把白银作为价值尺度。元末王祎、孔齐等主张用金银,但没有提出以何者为主的问题,丘濬比他们前进了一步。而且只用银比兼用金银更符合货币流通的实际。在丘濬以后,还有不少思想家对用银持怀疑或否定态度,这就更显出丘濬提出这一主张的难能可贵。

不过丘濬的用银主张也有不足之处。他主张"以中下二币为公私通用之具",而将白银的使用限于10两以上,这是对白银的流通手段职能所加的不小限制。他的固定银钱比价主张又使"一准上币以权之"成了一句空话。实际上,在他的币制方案中,银和钱都将起价值尺度的作用。在共同作为价值尺度的条件下,银、钱的固定比价就不可能维持,丘濬对此还没有什么认识。至于作为中币的纸币,则不占重要地位。当时大明宝钞的市价一贯只值一二文钱。丘濬将新钞定为一贯换钱10文,未经中折的换钱5文,中折的换钱3文,昏钞但有"一贯"字样的换钱1文,已经大大提高了宝钞的作价。这是对现状的一种妥协。

第四节　谭纶的用银致贫论

明朝的田赋本来以征米、麦为主,还附征丝、麻、棉等,有些地区或有些时候折征其他土产或银、钱、钞等。英宗正统元年(1436年)

---

① 以上三段引文均见丘濬:《大学衍义补》卷二七《铜楮之币下》。

以后,田赋征银日益发展。明朝的徭役有里甲①、均徭和杂役(又称杂泛)。均徭原来也是杂役,正统时将一些经常性的杂役编为均徭(均徭以外仍有杂役)。均徭一部分折银,称为银差;一部分仍须亲自服役,称为力差。明中叶开始,各地陆续对赋役进行改革,逐渐演变成一条鞭法。一条鞭法的具体内容因时因地而有不同,主要是总括一州县的徭役,量地计丁,统一均派,不分银差、力差,一律用银折纳。神宗万历九年(1581年),内阁首辅张居正将一条鞭法推行全国。

武宗正德以前钱币铸造数量不多,只铸有洪武、永乐、洪熙、宣德、弘治五种年号钱。世宗嘉靖时开始大量铸钱。这时私钱也越来越多。嘉靖十五年(1536年),巡视五城御史阎邻等说:"迩者,京师之钱轻制薄小,触手可碎,字文虽存,而点画莫辨。甚则不用铜而用铅铁,不以铸而以剪裁,粗具肉(钱身)好(钱孔),即名曰'钱',每三百文才直银一钱耳。"②私铸猖獗,政府税收时专收嘉靖钱,以致旧制钱也难以流通。

白银流行,钱法阻滞,因此嘉靖以后常有整顿钱法的呼声。其中有的人则批评用银,如穆宗隆庆年间的谭纶、靳学颜就是代表。

谭纶(1520—1577),字子理,江西宜黄人。嘉靖二十三年进士,授南京礼部主事,后升台州知府。四十二年,巡抚福建,平定境内倭寇;四十四年,巡抚四川;次年总督两广;隆庆元年(1567年),总督蓟辽、保定;四年,召入协理戎政,以功进兵部尚书。谭纶主持兵事长达30年,和戚继光齐名,人称"谭戚"。谥"襄敏"。著作有《谭襄

---

① 里甲是指由里长、甲首充当的徭役。明初规定110户为一里,从中推丁多田多的10户为里长,其余100户分为10甲;每年按顺序由里长一户率领一甲十户应役,每户出一人。

② 《明世宗实录》卷一九一嘉靖十五年九月甲子。

敏公奏议》。

隆庆三年七月,谭纶在《恳乞圣明讲求大经大法以足国用以图安攘以建久安长治疏》[①]中提出了"通钱法"的建议。

谭纶认为当时国家的财政困难是由于百姓不足,而百姓不足则由于货物贱而银贵,银贵则由于银少。他分析用银致贫的原因说:"夫天地间惟布帛菽粟为能年年生之,乃以其银之少而贵也,至使天下之农夫织女终岁勤动,弗获少休。每当催科峻急之时,以数石之粟、数匹之帛不能易一金(一两白银)。彼一农之耕,一岁能得粟几石?一女之织,一岁能得帛几匹?而其贱若此,求其无贫不可得也。民既贫矣,则逋负必多,逋负多矣,则府库必竭,乃必至之理也。"隆庆三年,赋役征银已比较普遍。谭纶所说的"每当催科峻急之时,以数石之粟、数匹之帛不能易一金"的情况是存在的,就像唐朝两税征钱时物轻钱重一样。可是从长期来看,明代银价不是上涨而是下跌[②],"银之少而贵"并不是普遍规律。

谭纶主张整顿钱法以贱银。他说:"故欲求国用之足必先务富其民,欲富其民必重布帛菽粟而贱银,欲贱其银必制为钱法,以多其数,以济夫银之不及而后可。"他认为钱的数量增加以后,"则可使银与钱不至于甚贵,而布帛菽粟不至于甚贱",从而使"农织不伤","家给人足","国用自裕"。以为一铸钱就能解决商品货币关系中的矛盾,而且能使社会富裕,这只能是一种幻想。

针对铸钱无利的观点,谭纶指出:"有曰朝廷用银一万两,止铸得一万两银之钱,而无甚利。是则然矣。而不知帝王以天下为家,

[①] 谭纶:《谭襄敏公奏议》卷七。此疏在陈子龙等编《明经世文编》卷三二二中题为《论理财疏》,文字有删节。

[②] 据彭信威的研究,明代白银的购买力有轻微的下降,15 世纪后半叶和 17 世纪前半叶下跌得比较多(《中国货币史》,上海人民出版社 1965 年版,第 707 页)。

务藏富于民,每一岁铸钱一万金,则国家获一万金之钱,而天地间复多银一万两。每岁铸钱百万金,则国家获百万金之钱,而天地间复多银百万两,顾不甚利乎?"①在客观上需要铸钱的条件下,谭纶的话是对的。铸钱虽然不能使国家获得铸利,却满足了社会上对钱币的需要,而且铸钱所耗的银本仍在社会上流通。然而,在用银的条件下,钱币只用于零星支付,社会上对它的需要量有限。如果钱币已经饱和,还要盲目地铸造,就是一种浪费了。不能认为随便增加多少钱都是国家的利益所在。

对于铜钱的推行,谭纶分析说:"夫钱者泉也,谓其流行而不息也。今之钱法所以难行者,盖惟欲布之于下,而不欲输之于上,所以权恒在于市井,而不在朝廷。且又以年号志钱,亦不免有壅而不通之患。"这里提到两个原因:一是统治者自己不欢喜铜钱。实际上这是用银的历史趋势的反映,统治者也不例外。二是钱上铸有年号。年号钱从唐以来已经通行了八九百年,为什么到此时却成为货币流通的障碍呢?前已指出,这是嘉靖时税收一度专收嘉靖钱所造成的。

根据以上两个原因,谭纶提出了两个对策:一是增加收钱。赋役原来征银的,解往中央的部分改为银六钱四,留存的部分改为银钱各半。官军俸饷折银的部分也改为银钱各半。罪犯赎罪除罚谷外,一律改为收钱。谭纶认为"如此则百姓皆以行钱为便,虽欲强其用银,不可得矣"。二是将钱文改为"大明通宝"。当时提出这一建议的还有直隶巡按杨家相,"部议格不行"②。

在银钱比价上,谭纶主张按银的实际铸钱数来决定。如银一分

---

① 持类似观点的还有杨成(《与谭二华大司马书》,《明经世文编》卷三六一)和郭子章(《钱法》,《明经世文编》卷四二〇)。
② 《明史》卷八一《食货志五·钱钞》。

可铸钱 10 文,则钱一文合银 1 厘;可铸钱 5 文,则钱一文合银 2 厘。但由于银、铜的市场比价会有变动,同一数量白银的可铸钱数也会有变动,银、钱比价也就会有变动。这样,国家是否经常改变银、钱的法定比价呢?作为法定的银、钱比价是很难经常变动的(和市场比价不同),因此他的主张缺乏可行性。

第五节　靳学颜的重钱轻银论

靳学颜,字子愚,号两城,山东济宁人。世宗嘉靖十三年(1534年)举人,十四年进士,历任吉安知府、左布政使、太仆寺卿、右副都御史等官。穆宗隆庆二年(1568 年),巡抚山西;四年,迁工部右侍郎,官至吏部左侍郎。著作有《靳两城先生集》等。

隆庆四年二月,任山西巡抚的靳学颜应召陈理财[①],其中有关于货币问题的意见。

靳学颜认为人们"以一岁之功而供一年之用",除非是"有水旱之灾、兵革之夺、疠疫之妨",否则是足够的。"今天下之民愁居慼处,不胜其束湿(政令苛急)之惨,司计者日夜忧烦,遑遑以匮乏为虑",这并不是由于"布帛五谷不足",而是"银两不足"。由此可见,靳学颜也是用银致贫论者。

以何者为货币,是历史选择的结果。白银取得主要货币地位,适应了商品经济发展的需要。靳学颜却仍向往用钱的时代,他说:"臣闻钱者泉也,如水之行地中,不得一日废者。一日废,则有枯槁之虞。"他认为货币的作用就在于流通,因此银和钱同样都能发挥作

---

① 靳学颜的理财疏在《明经世文编》卷二九九中题作《讲求财用疏》(选自《靳少宰奏疏》),《古今图书集成·食货典》卷三五八节录其中论货币的部分,题作《钱谷论》。现以《明经世文编》为据。上疏时间据《续文献通考·钱币五》。

用:"夫银者,寒之不可衣,饥之不可食,又非衣食之所自出也,不过贸迁以通衣食之用尔。而铜钱亦贸迁以通用,与银异质而通①神者,犹云南不用钱而用海巴(贝)。三者不同,而致用则一焉,今独奈何用银而废钱?"其实,即使从流通手段考虑,银和钱的作用也有区别,大宗贸易用银比用钱要方便得多,更何况货币不只是流通手段。银、铜和贝"致用则一"的说法不符合货币流通的实际。

靳学颜指出用银有利于豪右:"银独行则豪右之藏益深而银益贵。银贵则货益贱而折色(赋税折银)之办益难,而豪右者又乘其(粮食)贱而收之,时其贵而粜之。银之积在豪右者愈厚,而银之行于天下者愈少。再逾数年,臣不知其又何如也"。用钱则不便于"奸豪":"一曰盗不便,一曰官为奸弊不便,一曰商贾持挟不便,一曰豪家盖藏不便。"这四条反过来说就是:用银便于盗,便于官为奸弊,便于商贾持挟,便于豪家盖藏。

货币会加剧社会矛盾,所以西汉贡禹说"奸邪不可禁,其原皆起于钱也"。现在用银了,谭纶、靳学颜(以后还有多人)等又认为许多社会矛盾是用银造成的,用钱就万事大吉。时代的变化反映出理论上的变化,其实质却有共同之处。用银比用钱更便于富豪、权贵聚敛财富,更加剧贫富对立,这就是用银有利于豪右的客观依据,但因此而对用银持消极态度就不足取了。关于银少和银贵的问题,在谭纶一节中已经指出,它不是普遍规律。

货币是一种权力,靳学颜对这一点认识得很清楚。他认为只有钱才能使人主掌握货币权力:"夫用钱则民生日裕,铸钱则国用益饶,此裁成(筹谋而成)辅相之业,惟人主得为之……故又曰钱者权也。人主操富贵之权,以役使奔走乎天下。故一代之兴则制之,一

---

① "通"字《古今图书集成·食货典》作"同"。

主之立则制之,改元则制之,军国不足则制之。此经国足用之一大政也,奈何废而不举?"银的权力更大,可是人主所能控制的银不多,他说:"臣窃闻江南富室有积银至数十万两者,今皇上天府之积亦不过百万两以上。若使银独行而钱遂废焉,是不过数十里富室之积足相拟矣。"因此,用银废钱是"有其权而不用,与无权等尔"。他要"皇上试一举其权而振之",大力推广用钱,掌握货币这个"驭富之权"。

上述关于"钱者权也"的议论,实际上反映了地主和商人的矛盾。虽然地主中也有藏银很多的富室,但白银作为货币资本,总是大量地掌握在商人的手中。钱由国家垄断铸造,首先为统治者所掌握,这就使靳学颜得出用钱才能使皇上掌握"驭富之权"的结论。然而这结论却是夸大了的。国家决不可能随心所欲地铸造钱币,它要受财政条件的限制,即使用钱,所能增加的货币权力也有限。

靳学颜也分析了行钱的困难,他提到了两点。

第一点是铸钱"利不酬本,所费多而所得鲜"。他同谭纶的看法不同。他认为铸钱可以不用银作本钱,如铜、炭等可采取赎罪的办法得到,有些必须支付费用的则可以用钱。

第二点是"民不愿行,强之恐物情之沸腾"。他认为用钱"于小民无不利",过去钱法的失败是由于行钱时只注意督责"卖菜之庸""荷担之役"等小民,以致他们"愚而相扇","闭匿观望";"而奸豪右族依托城社者又从旁簧鼓之,以济其不便之私"。因此,"一日而下令,二日而闭匿,不三四日而中沮矣"。针对这一情况,他提出行钱要"自贵近始",特别是要"自朝廷始"。这就是说,朝廷和近臣要率先用钱。他主张正赋(田赋)仍用银,国家的其他收入则以钱为主,支出也扩大用钱范围。正赋用银反映了靳学颜用钱主张的不彻底。

靳学颜的用钱理论和他所拟订的用钱实际办法之间,有相当大的距离,其根本原因就在于他的理论不适合时代的要求。即使他的不彻底的用钱主张,也不可能完全付诸实施。

第六节 崇祯年间的货币理论

思宗崇祯年间有一些货币理论,内容重要,但都比较简短。

崇祯三年(1630年),礼部左侍郎徐光启(1562—1633)在《钦奉明旨条画屯田疏》中提到了对"财"的看法。他说:"唐宋之所谓财者,缗钱耳;今世之所谓财者,银耳。是皆财之权也,非财也。古圣王所谓财者,食人之粟,衣人之帛……若以银钱为财,则银钱多将遂富乎?是在一家则可,通天下而论,甚未然也。银钱愈多,粟帛将愈贵,困乏将愈甚矣。故前代数世之后,每患财乏者,非乏银钱也;承平久,生聚多,人多而又不能多生谷也。"[①]徐光启认为货币是"财之权",它本身不是财。货币多对一家来说是富的表现,对全国来说则不是。货币多将使谷帛价格上涨,反而会造成贫乏。粟帛才是财富。所谓财乏,乏的是粟帛,而不是货币。

中国历史上确有只把货币看成是财的,如南朝沈庆之说"禁铸则铜转成器,开铸则器化为财",就是一个例子。但是这并不普遍。较普遍的倒是把货币看成是饥不可食、寒不可衣的无用之物。东晋孔琳之还说"圣王制无用之货,以通有用之财",不认为货币是财富。中国传统的重农思想历来把粟帛看成是最重要的财富。《管子·八观》就有"时货(农产品)不遂(生长),金玉虽多,谓之贫国也"的话。这是自然经济占统治地位的社会在思想领域的反映。徐光启生活在这样的社会中,历史条件和传统思想的影响对形成其独特的财富观起了一定的作用。

---

① 徐光启:《徐光启集》上册,上海古籍出版社1984年版,第237页。又见《农政全书》卷九。

第十章 明朝的货币理论

徐光启否定货币是财富,还有着深刻的现实原因。当时正是明末农民起义兴起的时期,而农民起义的导火线则是由于饥荒。"自熹宗立,饥馑兼臻(至),不数载而流寇起,卒亡天下"①。徐光启的财富观正是形成于这样严峻的形势下。明末白银从国外流入,呈现出贬值的趋势,徐光启说"银钱愈多,粟帛将愈贵",确有事实根据。但明末的粟贵更主要地是由饥荒造成,并非全因银贱。因强调粟帛的重要性而否定货币是财富,则走向了另一极端。

崇祯九年,江西分宜教谕宋应星(1587—?)在所著《野议·民财议》中也对"财"作了解释。他说:"夫财者,天生地宜而人功运旋而出者也……财之为言,乃通指百货,非专言阿堵(指银)也。今天下何尝少白金哉!所少者,田之五谷、山林之木、墙下之桑、洿池之鱼耳。有饶数物者于此,白镪、黄金可以疾呼而至,腰缠箧盛而来贸者,必相踵也。"

徐光启认为货币不是财,宋应星则说"非专言阿堵",并没有说货币不是财。徐光启说财就是粟帛,宋应星则说财"乃通指百货"。宋应星的财富观要比徐光启正确得多。他认为当时缺的是消费资料而不是货币,货币可以从对外贸易中取得。这观点同当时中国白银进口的情况是相适应的。

明末因为进行对后金(清)的战争和镇压农民起义,财政极度困难,于是又有人想到了久已不行的纸币。天启时,给事中惠世扬曾建议行钞。崇祯初,年轻的陈子龙(1608—1647)曾写有一篇《钞币论》②,提出了行钞主张。

---

① 计六奇:《明季北略》卷一《顾慥论辽事》。
② 查阅各种陈子龙文集,都未发现《钞币论》。此据王鎏(liú):《钱币刍言·先正名言》。陈子龙于崇祯二年冬"撰时政策三十余篇",四年四月"作书数万言,极论时政,拟上之"(《陈忠裕全集年谱》卷上),《钞币论》当作于崇祯二年或四年。

陈子龙回顾纸币流通的历史说:"楮非钱也,而可执为券以取钱,无远致之劳,有厚赍之用。是以飞钱、钞引,唐创行之。宋之交子、会子,乃自西蜀一隅通于天下。始于暂以权钱,久之以代见钱,迨元而钞遂孤行矣。终元之世,无一人知有钱之用,而衣于钞,食于钞,贫且富于钞,岂尽禁令使然哉?夫亦因民所便,而特以收换称提,时疏其滞也。"这是说元以前纸币流通的历史是从兑现纸币向不兑现纸币转化的历史。从总体上看,可以这样说,当然历史的实际情况还要复杂得多。说元代"无一人知有钱之用",未免夸大,但由此表明他对不兑现纸币也是肯定的。事实上,陈子龙主张发行的正是不兑现纸币,虽然他也提到"以钞易钱者听"(见下文),但只是说纸币可以换钱,并不是把兑现作为维持纸币币值的政策。

为了说明纸币能够流通,陈子龙举当时民间存在的券、会为证:"今民间子钱家多用券,商贾轻赍往来则用会,此即前人用钞之初意也。岂有可以私行,反不可以公行者?"这里所说的"券",即钱铺、银铺、当铺等金融机构发行的银票、钱票。"会"则指会票,也就是汇票,明末陆世仪在《论钱币》①中说:"今人家多有移重资至京师者,以道路不便,委钱于京师富商之家,取票至京师取值,谓之'会票'。此即飞钱之遗意。"券、会如在市场上流通,就有纸币的性质。但那是凭兑现能力来流通的,同不兑现纸币性质有别。陈子龙用"私行"来证明"公行",在逻辑上是难以成立的。

国家发行纸币,如何保证它的币值稳定呢?陈子龙既不讲兑现,也不讲发行数量,而只讲纸币可以用来向政府输纳。他认为纸币流通"患在官出以予民,则命曰钞贯,民持以还官,即弃如败楮",所以纸币的不行是"上自格之"。这同辛弃疾的"朝廷用之自轻"的

---

① 贺长龄等编《皇朝经世文编》卷五二。

意思差不多。他提出恢复纸币流通的办法：先令民用金钱向钞库兑换内库所贮纸币，然后用纸币来纳税，税收部门收到纸币后，再向钞库兑换金钱。他认为这样"使循环如流水，则内库腐败之纸悉化为金，而百年阻隔之政颁布之一朝矣"。纸币流通恢复以后，另印新钞来收回不堪用的旧钞销毁，"以彰大信"。

陈子龙对纸币流通充满了乐观。他说："民以钞易钱者听，以钞纳赎者听，则人晓然知钞之即可当钱。凡若军士之颁赐，工役之稍食(给食)，谁不可以钞给者？明示人以津关必借钞而通，输纳必借钞而给，人亦何苦持极重不便携持之白镪金钱，以听低昂于吏胥之手哉？"他把发行纸币看成是主要的理财手段，还讥讽不懂得维持纸币的正常流通以获取财政利益的人说："此与富人之子不知其祖父所积窖金一发百万，而从昔所使令之人丐贷为生者何异？"

单靠纸币可以向政府输纳来稳定纸币币值是不够的，如发行过多，纸币仍会贬值。陈子龙看不到这一点，夸大了纸币用来弥补财政赤字的作用，把纸币比作窖金，在理论上具有名目主义倾向。

崇祯八年，给事中何楷曾建议行钞。十六年六月，距李自成攻入北京只有几个月了，桐城(今属安徽)秀才蒋臣又建议行钞，被户部尚书倪元璐荐为户部司务，并受到思宗的召见。蒋臣说实行钞法，可以在五年之内，使"天下之金钱尽归内帑"[①]。当时省中条议，提出了"钞有十便十妙之说"：一是"造之之费省"，二是"行之之途广"，三是"赍之也轻"，四是"藏之也简"，五是"无成色之好丑"，六是"无称兑之轻重"，七是"革银匠之奸偷"，八是"杜盗贼之窥伺"，九是"钱不用而用钞，其铜可铸军器"，十是"银不用而用钞，其银可入内帑"[②]。发行纸币的优点多至 10 条，是空前的。第十条公然承认发

---

① 《明怀宗实录》卷一六崇祯十六年六月戊辰。
② 计六奇：《明季北略》卷一九《捣钱造钞》。

行纸币以搜括民间藏银为目标。在明王朝大势已去的情况下,即使发行少量的纸币也不可能正常流通,更何况要用来尽易民间的藏银。思宗病急乱投医,特设内宝钞局,日夜督造。准备将新造的纸币卖给商人,纳银9钱7分给钞一贯,商人无人肯应。阁臣蒋德璟说:"百姓虽愚,谁肯以一金买一纸?"①在李自成的胜利进军下,行钞的闹剧演了几个月,终于被迫收场。

在思宗准备行钞时,另一桐城秀才钱秉镫(后改名澄之,1612—1693)作《钱钞议》②,讨论钱法和钞法。

在钱法方面,钱秉镫发挥南齐孔颛的不惜铜爱工论,强调要铸造足值钱币。他认为"钱法惟在禁铜",提出要"以私铸之罪罪藏铜,以首(告发)私铸之赏赏首藏铜",使"铜尽归于上"。

钱秉镫在钱币流通方面持金属主义观点,但又不反对不兑现纸币的流通。他指出:"夫钞止方寸(尺?)腐败之楮,加以工墨,命百则百,命千则千,而欲愚民以为之宝,衣食皆取资焉,惟其能上行者也。盖必官司中喜于收受,民心不疑,自可转易通流,增长价例。"他也只以官司收受作为纸币流通的唯一条件,同陈子龙的观点一样。虽然他并没有说纸币可以无限制发行,但"命百则百,命千则千"颇有国家可以任意规定纸币价值的意味。

钱秉镫认为明代纸币的彻底失败是由于用银。他说:"然吾观宋、元以及国初,钞虽屡滞,犹能设法以行。至于今,虽严刑峻法,万万不能行者,亡他,则以往代不用白金,而今专以为币也。"他认为用银以后,纸币轻便的优点已为银所取代,所以难以继续流通;纸币和银势不两立,"不禁银则不能行钞","钞法惟在禁银"。他又说:"纵

---

① 《明史》卷二五一《蒋德璟传》。
② 钱澄之:《田间文集》卷七。文中有"闻庙议方讲求行钞之法,四方惶惑",故可确定此文写于崇祯十六年。

不可禁,当立法定制,每钱一千直银一两,钞一贯直钱一千,而银以五十两为锭。三者相权而行,零用则钱,整用则钞,满五十两始用银。钱多折钞,钞多折银,而碎银以代钱钞之用者罪之。"钱秉镫企图以限制用银来行钞,这是一种违反历史潮流的主张。

第十一章
清朝初期的货币理论

清朝在鸦片战争前除在顺治八年(1651年)至十七年一度发行纸币钞贯外,未再发行国家纸币。货币流通仍是大数用银,小数用钱。清初的货币理论重点在于总结货币流通的历史经验,明清之际三大思想家黄宗羲、顾炎武、王夫之都进行了这方面的工作。清初在货币理论方面的主要倾向是批评用银,三大思想家和唐甄、高珩等都是用银有害论者。此外,有些人讨论了银钱关系问题,还出现了用贝和用铜钞等主张。

第一节 黄宗羲的废金银论

黄宗羲(1610—1695),字太冲,号南雷,学者称梨洲先生,浙江余姚人。其父黄尊素任御史,因劾魏忠贤而死于诏狱。南明福王弘光元年(1645年),鲁王监国于绍兴,黄宗羲建立世忠营相从,授兵部职方司主事,改监察御史仍兼职方。不久兵败,隐居嵊县。清顺治六年(1649年)黄宗羲到海上投鲁王,任左副都御史。后潜回大陆,仍和鲁王有联系。南明势力被肃清后,他在家乡从事著述和教育,拒绝清廷征召。著作有《明儒学案》《宋元学案》(部分)、《明夷待访录》《南雷文案》等。

《明夷待访录》是政论,作于康熙二年(1663年)。"明夷"是《周易》的卦名,黄宗羲以"明夷待访"作为书名,是自比箕子之待访于周武王。书中有关于货币的理论和主张。

黄宗羲认为以银为货币"为天下之大害"。因为"百务并于一途",导致了"银力竭",即银供不应求。他说明代两百多年,将天下金银运至京城,"承平之时,犹有商贾、官吏返其十分之二三";后来京城的银"既尽泄之边外",而北方的富商、大贾、达官、猾吏"又能以其资力尽敛天下之金银而去",这样就使留在民间的银更少。银少的后果是物价下跌,人民贫困。他说:"夫银力已竭,而赋税如故也,市易如故也。皇皇求银,将于何所!故田土之价,不当异时之什一,岂其壤瘠与?曰:否,不能为赋税也。百货之价,亦不当异时之什一,岂其物阜与?曰:否,市易无资也。当今之世,宛转汤火之民,即时和年丰无益也,即劝农沛泽无益也。"①

用银会扩大社会矛盾,前面已经指出过了。但黄宗羲对"银力竭"的分析却并不符合实际。明末田价确在下跌,那是特殊社会条件所造成的,不是由于用银。清人钱泳曾指出:"前明中叶,田价甚昂,每亩值五十余两至百两,然亦视其田之肥瘠。崇祯末年,盗贼四起,年谷屡荒,咸以无田为幸,每亩只值一二两,或田之稍下,送人亦无有受诺者。至本朝顺治初,良田不过二三两。康熙年间,长至四

---

① 本段引文均见黄宗羲:《明夷待访录·财计一》。

五两不等……至乾隆初年,田价渐长。"①同样是用银,田价只在崇祯末年降到最低点,可见主要不是由于货币的原因。

从用银"为天下之大害"的观点出发,黄宗羲提出了废金银的主张。他说:"后之圣王而欲天下安富,其必废金银乎!""废金银其利有七:粟帛之属,小民力能自致,则家易足,一也。铸钱以通有无,铸者不息,货(货币)无匮竭,二也。不藏金银,无甚贫甚富之家,三也。轻赍不便,民难去其乡,四也。官吏赃私难覆(掩盖),五也。盗贼肰(撬开)箧,负重易迹,六也。钱钞路通,七也。"②

以上废金银的七利中,从第三至第六利相当于靳学颜所说的用钱对奸豪的四不便。但在反对用银的问题上,黄宗羲比谭纶、靳学颜走得更远。

废金银以后,"使货物之衡尽归于钱",也就是以钱为价值尺度。钱要"制作精工,样式画一"。考虑到明朝年号钱的流通问题,因此黄宗羲主张"不必冠以年号"。他说:"除田土赋粟帛外,凡盐酒征榷,一切以钱为税。如此而患不行,吾不信也。"

钱币"不便行远",因此又要行钞。黄宗羲总结"宋之称提钞法"说:"每造一界,备本钱三十六万缗,而又佐之以盐、酒等项。盖民间欲得钞,则以钱入库;欲得钱,则以钞入库;欲得盐、酒,则以钞入诸务。故钞之在手,与见钱无异。其必限之以界者,一则官之本钱当使与所造之钞相准,非界(不分界)则增造无艺(极);一则每界造钞若干,下界收钞若干,诈伪易辨,非界则收造无数。"

宋朝称提纸币主要是指对已经贬值的纸币所采取的补救措施,黄宗羲则只把它当作一种成功的经验。以36万缗为本钱是发行官

---

① 钱泳:《履园丛话》卷一《田价》。
② 黄宗羲:《明夷待访录·财计一》。

交子初期的情况,并不适用于宋朝的各个时期。纸币向政府兑钱或兑物,也只在一定时期内实行。纸币的分界发行并没有限制住通货膨胀,而且南宋后来已取消了分界发行的办法。因此,黄宗羲的总结并不能代表整个宋代的情况,实际上是用来表达自己的观点:纸币必须兑现。所以对元朝的纸币政策,他也只是归结为"随路设立官库,贸易金银,平准钞法",仍是突出纸币的兑现。

从兑现的要求出发,黄宗羲批评了明朝的纸币流通。他指出,明朝的宝钞库除收回旧钞外,"凡称提之法俱置不讲",所以纸币终于不行。崇祯时的言利之臣"徒见尺楮张纸居然可当金银,但讲造之之法,不讲行之之法。官无本钱,民何以信!"他提出自己的行钞主张说:"然诚使停积钱缗,五年为界,敛旧钞而焚之;官民使用,在关即以之抵商税,在场即以之易盐引,亦何患其不行。"①这里虽然没有直接提到兑现,但从"停积钱缗"以及他对纸币的整个论述来看,他是主张发行兑现纸币的。不过他只主张兑钱,纸币只是钱币的价值符号。

第二节 顾炎武的货币论

顾炎武(1613—1682),原名绛、继坤,字忠清,顺治二年(1645年)清兵破南京后改名炎武,字宁人,又字石户,号亭林,曾化名蒋山佣,南直隶昆山(今属江苏)人。清兵南下后,顾炎武随昆山知县杨永言抗清,南明政权授他为兵部司务。兵败后,他离家出游,并从事著述。顺治十六年(1659年),顾炎武定居陕西华阴,曾两次拒绝清廷征召。他"负用世之略,不得一遂,而所至每小试之,垦田度地,累

---

① 以上四段引文均见黄宗羲:《明夷待访录·财计二》。

致千金"①。著作有《日知录》《顾亭林诗文集》等，另辑有《天下郡国利病书》《肇域志》。

在《日知录》中，顾炎武较详细地记述了中国货币流通的历史，但理论观点不多。另有《钱法论》《钱粮论》等文，和货币理论有关。

关于纸币的兴衰，顾炎武说："钞法之兴，因于前代未以银为币，而患钱之重，乃立此法……今日上下皆银，轻装易致，而楮币自无所用。故洪武初欲行钞法，至禁民间行使金银以奸恶论，而卒不能行。及乎后代，银日盛而钞日微，势不两行，灼然易见。"他批评明朝用"奸恶之条，充赏之格"来推行宝钞，甚至"以钞之不利而并钱禁之，废坚刚可久之货，而行软熟易败之物，宜其弗顺于人情，而卒至于滞阁（搁）"。他认为钞法是"罔民"之政，它的失败证明了"天子不能与万物争权"。②

上述议论中，顾炎武正确地指出了"天子不能与万物争权"，即政治权势不能左右客观的经济规律。就大明宝钞而论，和用银的确存在着"势不两行"的问题，因为：第一，宝钞是铜钱的价值符号，盛行用银后铜钱尚且不能和银相敌，更何况是它的虚假的代表，被排斥是必然的。第二，由于用银的发展，政府的财政收支也转向了以用银为主，政府收钞的范围不断缩小，就使得保证纸币流通的必要条件逐步丧失。但另一方面，顾炎武将用纸币和用银绝对对立起来，则具有片面性。如果纸币是代表银的，而且可以兑现，就不一定会失败。在对纸币流通规律本身的认识上，他不如黄宗羲。

对待用银问题，顾炎武看到的都是用银的弊病，这首先是表现

---

① 全祖望：《鲒(jié)埼亭集》卷一二《亭林先生神道表》。
② 本段引文均见顾炎武：《日知录》卷一一《钞》。

在田赋征银上。他指出:"夫田野之氓,不为商贾,不为官,不为盗贼,银奚自而来哉?此唐宋诸臣每致叹于钱荒之害,而今又甚焉。"①他以在关中的实际所见来说明田赋征银的祸害:"今来关中,自鄠(今陕西西安市鄠邑区)以西至于岐下,则岁甚登,谷甚多,而民且相率卖其妻子。至征粮之日,则村民毕出,谓之'人市'。问其长吏,则曰:'一县之鬻于军营而请印者,岁近千人,其逃亡或自尽者,又不知凡几也。'何以故?则有谷而无银也,所获非所输也,所求非所出也。"他认为由于停止开银矿和海外贸易,"中国之银在民间者已日消日耗",更何况是商贾绝迹的"山僻之邦",因此"谷日贱而民日穷,民日穷而赋日诎。逋欠则年多一年,人丁则岁减一岁"。他形象地比喻田赋征银政策的不当,说:"夫树谷而征银,是畜羊而求马也;倚银而富国,是恃酒而充饥也。"②

至于田赋究竟应该征什么,顾炎武曾表示两种不同的观点。一种是最彻底的,主张"天下税粮,当一切尽征本色"③。一种是"凡州县之不通商者,令尽纳本色,不得已,以其什之三征钱","通都大邑行商麇集之地"④仍可征银。

顾炎武认为用银的另一弊病是增加了贪吏和盗贼。他说:"又闻之长老言,近代之贪吏倍甚于唐、宋之时,所以然者,钱重而难运,银轻而易赍。难运,则少取之而以为多;易赍,则多取之而犹以为少。非唐、宋之吏多廉,今之吏贪也,势使之然也。"他又说如果有两辆车在路上,一车装钱,一车装银,大盗一定要以抢银为目标。因此用银以后,"河朔之间所名为响马者,亦当倍甚于唐、

---

① 顾炎武:《日知录》卷一一《以钱为赋》。
② 本段引文未注明出处的均见顾炎武:《顾亭林诗文集·钱粮论上》。
③ 顾炎武:《日知录》卷一一《以钱为赋》。
④ 顾炎武:《顾亭林诗文集·钱粮论上》。

宋之时矣"。①

用银增加了社会矛盾,因此顾炎武也倾向于用钱。他评论明朝的钱法说:"莫善于国朝之钱法,莫不善于国朝之行钱。"所谓钱法之善,是指万历以前的制钱都"轮郭周正,字文明洁,盖仿古不爱铜惜工之意"。所谓行钱不善,则是指钱币不能上下流转,只"下而不上",以致"物日重,钱日轻,盗铸云起,而上所操以衡万物之权至于不得用"。他主张:"凡州县之存留支放,一切以钱代之。使天下非制钱不敢入于官而钱重,钱重而上之权重。"②他认为只要国家的财政收支一律用钱,就能加强制钱的货币地位。

第三节　王夫之的货币论

王夫之(1619—1692),字而农,号薑斋,中年曾号一瓠道人,改名壶,衡阳(今属湖南)人。崇祯十五年(1642年)举人。南明桂王永历二年(1648年),他在衡阳起兵抗清。战败后至广东肇庆,曾任行人司行人。五年,回湖南。晚年隐居于衡阳石船山,学者称他为船山先生。在隐居的40年中,他著书不辍。后人先后编有《船山遗书》和《船山全书》,保留下来的有300余卷。

王夫之的货币理论散见于《读通鉴论》和《宋论》。两书是相衔接的系统地评论宋以前的历史事件的著作,其中包括一些货币史事件。

王夫之分析了国家垄断铸币权的意义。他批评汉文帝的自由铸钱政策说:"文帝除《盗铸钱令》,使民得自铸,固自以为利民也。

---

① 本段引文均见顾炎武:《顾亭林诗文集·钱粮论下》。
② 本段引文均见顾炎武:《顾亭林诗文集·钱法论》。"制钱"是明、清的一种钱币名称,明以本朝的官铸钱为制钱,清以本朝的官铸小平钱为制钱。

夫能铸者之非贫民,贫民之不能铸,明矣。"这只能导致"奸富者益以富,朴贫者益以贫"。富人可以用自己铸造的钱购买各种生活用品,"居赢以持贫民之缓急",使贫者日以贫。贫民从事生产劳动,所获无几,而"富者虽多其隶佣,而什取其六七焉",比起铸钱的利益来还是相差很远。富人铸钱"即或贷力于贫民",而雇费有限,贫民只有受雇于豪右,才能分得一点收益。因此,实行自由铸钱政策是国家在"驱人听豪右之役"。王夫之指出:"利者,公之在下而制之在上,非制之于豪强而可云公也。"自由铸钱政策违反了将利"公之在下而制之在上"的原则,不是正确的政策。①

国家垄断了铸币权,则应该铸造符合标准的钱币。王夫之指出铸钱"不可以利言也,而利莫有外焉矣"。意思是说,铸钱不能讲利,但利自然在其中。如果讲利,以铸造榆荚、线缲钱或搀杂铅锡为上,"然而行未久而日贱,速敝坏而不可以藏",这种利根本不是长久之利。他还从钱是贱金属的角度来分析铸造足值钱币的必要性。五谷、丝苎、材木、鱼盐、蔬果等,人们"以利于人之生而贵之"。金玉珠宝因"仅见而受美于天","可以致厚生之利而通之","故先王取之以权万物之聚散"。它们被作为宝物不是人为的,而是"因天地自然之质"。铜却不同,"铜者,天地之产繁有,而人习贱之者也。自人制之范以为钱,遂与金玉珠宝争贵,而制粟帛材蔬之生死"。铜钱的特殊地位既然是人为的,就一定要注意精和重:"然且不精不重,则何弗速敝坏而为天下之所轻。其唯重以精乎,则天物不替而人功不偷,犹可以久其利于天下。"他告诫统治者要懂得这一"天人轻重之故,而勿务一时诡得之获"。他认为铸钱成本相当于钱值的十分之八九,利就已经很大。"即使一钱之费如一钱焉,而无用之铜化为有

---

① 本段引文均见王夫之:《读通鉴论》卷二《(汉)文帝八》。

用,通计初终,而多其货于人间,以饶益生民而利国,国之利亦溥(广大)矣。"铸钱成本大,可以防止盗铸。"钱一出于上,而财听命于上之发敛,与万物互相通以出入,而有国者终享其利。"①这就是他所说的不言利"而利莫有外"的意思。

吕祖谦已提出铸钱"使奸民无利,乃是国家之大利"的观点,王夫之也是这个意思。他的新观点在于指出铜是贱金属,更有必要讲究钱的质量。这一观点是同明代铜钱已处于银货币的附属地位的历史条件相适应的。不过这样来说明铸造足值钱币的必要性,虽有一定道理,却缺乏理论上的普遍意义。

国家垄断铸币权的根本利益在于建立一个稳定的货币制度,而不在于获得铸利。因此,王夫之赞扬唐玄宗时宋璟发10万石粟收民间恶钱的措施,指出这样做国家虽然受到损失,但因"人不丧其利而乐出"恶钱,使恶钱可以消灭。"恶钱不行则国钱重,国钱重则鼓铸日兴,奸民不足逞而利权归一,行之十年,其利百倍十万粟之资",所以是"富国之永图"②。

王夫之也是用银有害论者。他说:"自银之用流行于天下,役粟帛而操钱之重轻也,天下之害不可讫矣。""银之为物也,固不若铜、铁为械器之必需,而上类黄金,下同铅、锡,亡足贵者。尊之以为钱、布、粟、帛之母,而持其轻重之权,盖出于一时之制,上下竞奔走以趋之,殆于愚天下之人而蛊之也。"③这就是说,银子没有什么实用价值,它本身并无足贵,银之成为货币是"出于一时之制",而且是由欺骗天下的人进行蛊惑的结果。所谓"一时之制",也就是"流俗尚之,

---

① 本段引文出处均见王夫之:《读通鉴论》卷二《(汉)文帝九》。
② 同上书卷二二《(唐)玄宗七》。
③ 同上书卷二〇《(唐)太宗一三》。

王者因之,成一时之利用"①的意思,即白银成为货币是人们只看到一时的利益而造成的。

王夫之提到的用银之害,归纳起来有四点。

第一,用银使天下贫。"其物愈多,而天下愈贫"。理由是统治者垄断了白银的开采,用它来"笼致耕夫红女之丝粟",使财"聚于上,民日贫馁而不自知"。从这理由中可以看出,王夫之把白银和商品的交换看成是不等价交换。否则,用银来交换民间的劳动产品,怎么会使"民日贫馁"呢?这同农民为了交纳货币赋税而贱卖农产品不是一回事,不能以彼类此。

第二,用银要开银矿。若"严禁民采,则刑杀日繁,而终不可戢(止)。若其不禁而任民之自采乎?则贪惰之民皆舍其穑事,以侥幸于诡获",而使田地荒芜。而且游民聚集在山谷,"则争杀兴而乱必起"。即使不乱,"耕者桑者戮力所获,养游民以博无用之物,银日益而丝粟日销",也只能造成国危民死的后果。

第三,用银有利于官吏的贪污。"钱较粟帛而赍之轻矣,藏之约(简单)矣,银较钱而更轻更约矣。吏之贪墨者,暮夜之投,归装之载,珠宝非易致之物,则银其最便也。"如果不用银,装运贪污来的财物很显眼,舟车"衔尾载道",即使品行不端的人也不敢。

第四,用银有利于盗贼。"民之为盗也,不能负石粟、持百缣,即以钱而力尽于十缗矣,穴而入、箧而朒者,其利薄,其刑重,非至亡赖者不为。银则十余人而可挟万金以去。"

对于后两点,王夫之又指出:"是银之流行,污吏箕敛、大盗昼攫之尤利也,为毒于天下,岂不烈哉!"他的结论是:"奸者逞,愿(老实)者削,召攘夺而弃本务,饥不可食,寒不可衣,而走死天下者,唯银也。"

---

① 同上书卷二七《(唐)昭宗二》。

因此,王夫之主张禁开银矿,"广冶铸(钱)以渐夺其权,而租税之入以本色为主,远不能致而后参之以钱",认为行之百年,可"使银日匮而贱均铅、锡"。① 这一主张不仅违背了历史发展的要求,而且理论上也有问题。既然开银矿有害,开铜矿也同样有害。银比铅、锡价贵是因为它所包含的价值量比铅、锡大,而不是因为它是货币。所以即使取消了银的货币地位,它也不会和铅、锡一样贱,更何况是在"银日匮"的条件下。

从王夫之的用银有害论中,我们可以看到贡禹罢货币论的影子。贡禹认为开铜矿有害,王夫之则认为开银矿有害。贡禹说"奸邪不可禁,其原皆起于钱",王夫之则说"走死天下者,唯银"。前者把货币看成是罪恶的根源,后者把以银为货币看成是罪恶的根源。至于一个主张罢货币,一个不反对用钱而独反对用银,则是时代的变化表现在理论上的差别。他们的共同之处,在于对货币经济的发展怀有深切的忧虑之情。

当谈到纸币时,王夫之就让白银和铜钱站在一条战线上了。他指出,古时民用有限,"故粟米、布帛、械器相通有无,而授受亦易。至于后世,民用日繁,商贾奔利于数千里之外,而四海一王",长途运输困难。而且用粟米、布帛交易有许多弊病。"故民之所趋,国之所制,以金以钱为百物之母而权其子。事虽异古,而圣王复起,不能易矣。"

金钱为什么可以作为百物之母?王夫之指出是由于"有实"。他解释说:"金、银、铜、铅者,产于山,而山不尽有;成于炼,而炼无固获;造于铸,而铸非独力之所能成,薄资之所能作者也。"显然,他所说的"实",就是指劳动产品,本身具有价值。它们还有以下的特点:"其得之也难,而用之也不弊;输之也轻,而藏之也不腐。"所以虽不

---

① 以上六段引文均见王夫之:《读通鉴论》卷二〇《(唐)太宗一三》。

是宝,却"有可宝之道","故天下利用之,王者弗能违也"。

纸币则不同,"有楮有墨,皆可造矣,造之皆可成矣;用之数,则速裂矣;藏之久,则改制矣。以方尺之纸,被以钱布之名,轻重唯其所命而无等,则官以之愚商,商以之愚民,交相愚于无实之虚名,而导天下以作伪"。因此,王夫之批评宋仁宗置交子务,发行官交子是实行"病民者二百年,其余波之害延于今而未已"的"大弊政"。他说"交子变而为会子,会子变而为钞,其实皆敝纸而已"。而宋、元、明的统治者用这种敝纸"笼百物以府利于上,或废或兴,或兑或改,千金之资,一旦而均于粪土,以颠倒愚民于术中"。这是"君天下者""不仁之甚"的表现。他认为明代纸币流通的失败是人民觉醒的结果:"夫民不可以久欺也,故宣德以来,不复能行于天下。"①

中国封建社会中纸币流通的屡次失败,使王夫之对它作出了全盘否定的结论。他对封建统治者利用纸币来欺骗人民作了较深刻的揭露。在否定纸币流通的问题上,他坚持的是金属主义货币理论,看不到纸币有代替金属货币流通的可能性和历史必然性。

第四节 唐甄的废银用钱论

唐甄(1630—1704),原名大陶,字铸万,号圃亭,四川达州(治今达州市达川区)人。8岁时唐甄随父赴任(吴江知县),离开四川。顺治十四年(1657年)中举人,次年会试未中,参加吏部考试,被分往山西。康熙十年(1671年)任长子知县,10个月后被革职。后来定居苏州。康熙二十五年因逃避驱蜀人归蜀的政策,改名为甄。唐甄在苏州原有田40亩,因赋重,卖田经商,曾开丝牙行,因丝客失

---

① 以上三段引文均见王夫之:《宋论》卷四《仁宗三》。

金,牙行被控而倒闭。晚年生活贫困。唐甄所写政论初名《衡书》,于康熙十八年刊行,只有13篇。后积至97篇,改名为《潜书》,在他死后才刊行。

《潜书》中的《更币》[①],是论论货币问题之作。

唐甄也认为用银造成了民贫。他说:"自明以来,乃专以银(为币)。至于今,银日益少,不充世用。有千金之产者尝旬月不见铢两。谷贱不得饭,肉贱不得食,布帛贱不得衣,鬻谷肉布帛者亦卒不得衣食,银少故也。当今之世,无人不穷,非穷于财,穷于银也。"所谓"无人不穷",是为了突出用银之害而作出的极其夸大的描述。

除了认为银不足于用造成民贫以外,唐甄还指出用银更容易造成财富的集中。他说:"夫财之害在聚。银者,易聚之物也。"银便于贮藏和运输,一库的银子换成钱有百库,"虽尽四海而不见溢";一头骡子驮的银子换成钱要百头骡子驮,"虽累百万而人不觉"。因此,他认为决不能用银作为货币,并感慨地说:"盖银之易聚,如水归壑。哀今之人,尚可恃此以为命乎!"

根据上述观点,唐甄把"废银而用钱"作为救民的措施。他主张"以谷为本,以钱辅之",赋税、官俸、军饷等都用谷和钱。他认为一实行废银用钱的政策,"不出三年,白银与铜、锡等矣",即白银会很快贬值。他说用钱以后,"昔者一库之藏,今则百库;天府虽广,其势不可多藏也。昔者一骡之负,今则百骡,家室虽富,其势不可多藏也。有出纳皆钱之便,无聚而不散之忧"。实际上,用银或用钱对于聚敛财富只有相对的难易差别,而不是可能或不可能的问题。唐甄以为用钱就"无聚而不散之忧",同以为凭借政权的力量就能很快使"白银与铜、锡等"一样,都是一种幻想。

---

① 唐甄:《潜书·更币》。

唐甄还举出三条对用钱的责难进行反驳。一是认为"钱重难行，民商必病"。他举漕粮、皮絮、铜铁的不怕长途运输来论证用钱也不可怕。二是认为"铜不可采，又不易市（买），炉冶多废"。他说"昔之计钱以万数，以巨万数，以亿数，以亿万万数"，铜不会"生于古而死于今"。三是认为"民欲难拂，俗尚难移，民之爱银也，杀身不顾矣"，不可能被废除。他则说只要处处用钱，"岁纳岁出，如发原放海，不少止息"，即使驱民用银也不可能。这些反驳根本没有考虑到用银和用钱何者对商品经济发展有利的问题，而且也不懂得由商品经济的发展自发形成的白银的货币地位的不可动摇性。

反对用银是地主阶级思想的表现（当然不是说地主阶级思想家中就没有人赞成用银）。就充作商人的货币资本来说，毫无疑问，白银远胜于铜钱。也就是说，商人从本身的利益出发，必定会赞成白银作为货币。有人认为黄宗羲、顾炎武、王夫之、唐甄等人是"市民阶级"的代表。然而他们对待用银的态度说明，他们仍是地主阶级的思想家。他们之所以反对用银，原因不外乎以下三点：第一，用银不利于巩固君权。这一点靳学颜说得很清楚，顾炎武也说"钱重而上之权重"。第二，用银加深了社会矛盾，不利于封建秩序的稳定。他们说用银有利于豪右、贪官和盗贼，用银使天下贫，都是这种观点的反映。第三，用银加速了商品经济的发展，促使更多的人弃农经商，不利于封建制度的巩固。这三点都是从维护封建制度的要求出发的，这种立场只能是地主阶级的立场。

在反对用银的人们中，有一些人是有感于用银所造成的民间疾苦。但是，同情民间疾苦是一方面，这种主张是否符合社会发展要求是又一方面。用银对商品经济的发展有促进作用，反对以银为货币的主张违反了时代的要求，因而不管提出者的动机如何，就其主张本身来说，它总是保守的。

第五节 姚文然的钱多则滞论

姚文然(1620—1678),字若侯,号龙怀,桐城(今属安徽)人。明崇祯十六年(1643年)进士。入清后,任给事中多年。康熙十年(1671年),升左副都御史。后历任刑部侍郎、左都御史、刑部尚书等官。谥"端恪"。著作有《虚直斋文集》,又编为《姚端恪公文集》。

康熙九年,任户科给事中的姚文然在《敬陈鼓铸末议疏》①中提出了暂停铸钱的主张。在当时讨论钱法的奏疏中,这是较有理论性的一篇。

顺治元年(1644年)规定制钱每7文准银一分,四年改为每10文准银一分②。以后政府一直希望维持银一两准制钱1000文的比价,为此在康熙以前曾多次改变制钱的重量,钱重先后有一钱、一钱二分、一钱二分五厘、一钱四分等。官定比价对市场并无约束力,银钱比价经常处于波动中。

姚文然上疏时,"京城钱值,约略每千文不过值银八钱",钱价很低。此前各省督抚已纷纷提出停铸制钱的要求。姚文然则对停铸的理由作出了理论分析。

首先,姚文然分析了应如何计算铸息(铸利)的问题。他说:"凡物先计其本,后计其息。铜者,本也。其铸出新钱所值之银者,息也。既云生息,则必核铜之实价以定铸本,而部颁一定之铜价不可据矣。又必核钱之实值以定铸息,而部算一定之钱值不可执矣。"这是说,计算铸息不能按官定价格,而应按市场价格,只有按市场价格

---

① 姚文然:《虚直斋文集》卷三。又见《姚端恪公文集》。贺长龄等编《皇朝经世文编》卷五三也收有此文,题为《请停鼓铸事宜疏》。
② 《清世祖实录》卷三四顺治四年十月丁丑。

计算出来的铸息才是真正的铸息,否则就名实不符。

根据上述原则,姚文然对所谓铸息进行了具体的计算:"臣查近日钱之所以有息者,以所收之铜定为每斤六分五厘之价,而所放之钱定为每千文作银一两之值,故算之有息耳。今各省开铸太多,则与昔大不同矣……各省采铜,铜之价每斤乃有贵至一钱至一钱三四分者矣……如广东省铸出新钱七十二万一千文,值银七百二十一两。遵照部例销算,止应开销铸本银五百九十三两,尚获息银一百二十八两。若照地方时值工本计算,实用过铸本银一千四十三两,除照部例销算外,局官实包赔铸本银四百五十两。此等暂时犹属官吏包赔,久之不强派于商,必强派于民矣。是核其实,乃加派也,而名之曰生息,岂可乎?"照实际成本计算,当时铸钱是亏本的;铸钱愈多,亏本愈大,长此以往,势必加重对人民的搜括。铸钱无利,是姚文然主张停铸的一个理由。

其次,姚文然讨论了钱价问题。他不赞成固定银钱比价的办法,指出:"钱之时值,如米、盐之时值,因地之宜,从民之便,不可以法令强定也。"这是把铜钱也看作一种有价值的商品,因此只能凭市价流通。京城钱价每钱1 000只约值银8钱,而政府支出时却按一两计算,"是核其实,乃裁减也,而名之曰生息,岂可乎?"将不值一两银子的钱按一两支付,这也是一种搜括,姚文然反对按这种办法"生息"。

姚文把钱价低的原因归于铸钱太多。他说:"钱之为物,少则流通,多则壅滞。何也?曰:贮之者少也。官库富室,朝收夕放,银藏累代,钱散目前,此其一也。曰:运之者少也。质重值微,运艰脚费,银行万里,钱行百里,又其一也。曰:用之者少也。置产经商,多处不用,斤盐斗米,用处不多,又其一也。有此三少之故,则其物不可以过多,多则必滞,乃自然之势。天也,非人之所能强,非法之所能通也。"

具有反对用银倾向的人,大多认为凭借国家政权的力量可以扭转重银轻钱的趋势。姚文然则明确指出铜钱不是好的贮藏手段,不便于长途运输,只能用于零星交易,因此"多则必滞"是一种"自然之势",也就是客观规律。它"非人之所能强,非法之所能通",国家政权根本无力加以改变。这一论述是很正确的。

既然"钱多则滞"的客观规律无法改变,因此,国家只能顺应这个规律,在钱价偏低的时候暂停鼓铸。这是姚文然主张停铸的另一理由。这一年,朝廷的确停止了大部分省局的铸钱。

第六节　清朝初期的其他货币理论

清初还有一些零星的货币理论需要谈到。

官至刑部左侍郎的高珩(1612—1697),曾写有《行钱议》[①],主张废银。此文一开始说:"兵饷不足,奈何?"可见是写于康熙十二年(1673年)至二十年的"三藩之乱"时期。高珩把"舍银行钱"作为保证军饷充足的措施,因为"今国家无银,天下亦无银",而钱则可由各地铸造。这只是他的主观想象。钱不便行远,因此他又提出铸当十、当百钱,认为这样"则可以轻赍而行远,与银同矣"。将不足值大钱和白银等同看待,反映了他的名目主义思想。

高珩认为"舍银行钱"是帝王很容易办到的事,他说:"人主之权,变化万物者也,可以顷刻变化人之贵贱,独不可以顷刻变化物之贵贱乎?但当行之以勇,守之以信耳。"这同姚文然的观点是一个鲜明的对比。这样极度迷信皇权的话,以前反对用银的人都没有说

---

① 高珩:《栖云阁集》卷八。贺长龄等编《皇朝经世文编》卷五三也收有此文,但既有遗漏,又混进了高珩《时务五款》中的一段文字。

过。他把银看作破坏封建社会秩序的"妖孽",宣称:"败官方,坏风俗,病国家,窘民生,皆此妖孽为之也。苟能流金放银,杀珠殪玉,不患太平不立见矣。但家藏巨万之人,痛恶而百计挠之耳。"高珩对用银表示了这样的愤激心情,也超过了前人。

在康熙九年大多数省局停铸后的几年,少数余存的省也停铸,只有户部宝泉、工部宝源两局仍在铸钱。因"三藩之乱",财政困难,夏骃作《鼓铸议》①,反对为了增加财政收入而"重议鼓铸"。他的观点接近于姚文然。

夏骃指出钱是"济银之穷"的。"银不便厘用而铢使,故用钱。钱不便负重而致远,故多则壅,壅则贱。"肯定钱只是一种辅助性的货币,所以不能多,多了就会壅滞不行。他还说:"凡物少则贵,多则贱;精则贵,滥则贱;流则贵,不流则贱;可久则贵,不可久则贱,其理甚明也。"这里所举的决定商品(实指货币)贵贱的原因,都有一定道理,不过还只是从现象上进行分析,没有看到商品所具有的内在价值。他分析银贵钱贱的原因说:"银、钱同为民用,然银之所以贵者,以其久暂如一,无或废也。"钱则随时可能作废:"今同为本朝铸钱,乃于顺治年间所铸者,概目之为废钱,统计十六七年之内,散布民间者,不啻亿亿万数②。一旦竟废而不用,百姓遂以为钱之不足重如此也,安得不贱?"钱比银贱,而钱本身又有精粗之分,因此也有贵贱之别。

钱不能多,所以夏骃反对各省重新开铸。他说:"设使各省铸局仍复鼓铸,一岁骤增钱八九倍,两岁则增十数倍。以一倍之钱尚患其贱,而欲以八九倍十数倍之钱,求其贵必不能也。"

关于铜和钱的关系,夏骃说:"夫铜即未铸之钱,钱即已铸之铜,

---

① 贺长龄等编《皇朝经世文编》卷五三。
② 据《清世祖实录》各年铸钱数累计,顺治年间(1644—1661)共铸钱 245 亿余文。

贵则俱贵，贱则俱贱，必无有此贵而彼贱者。"这是指铜和钱的正常关系。可是收铜铸钱，"铜必踊贵"，而向民间收铜还会产生种种弊端。"铜既不能使贱，钱又不能使贵，然则鼓铸之议不既穷哉？"他提出如果要铸钱的话，可在少数"量度必兵附近之省"设局铸钱，"听民以铜换钱，每铜十三斤换钱十斤"。这样可保持铜价和钱价的相当，"钱贵则铜亦贵，钱贱则铜亦贱"。夏骃主张使铜价和钱价保持正常的关系，是符合货币流通的客观要求的。

清初，有人主张以贝为货币。惠士奇（1671—1741）、顾栋高（1679—1759）都是用贝的主张者[①]。《皇朝经世文编》卷五二收有阙名的《古者货贝论》，也主张用贝。不过作者把贝解释成玳瑁，不知道另有货贝存在。

《古者货贝论》的作者认为，货币的演变是越变越难。他说："自古迄今，泉货交易，因时递变，而日趋于难，至今日之用银而极矣。是非其耗之者多，而出之者先隘，今日之所为货者，非古之所为货故也。"他主张以贝来取代白银的货币地位，认为贝比银更适用于作货币。"夫银取之沙泥之中，熔之炉冶之内，况其矿在遥远之地，非如贝取之水族，物既多而工亦不费也。富人扃钥（锁闭）之，可以累世居奇射利，非如粟久则腐，帛久则朽，民不烦戒饬，自能流通而不滞也。"他不懂得，如果真的"物既多而工亦不费"，就不会有较高的价值，又怎么能和白银相敌？这种用贝主张，完全是一种脱离实际的幻想。

有些人鉴于纸币的易坏，又想出了铜钞的名目。康熙年间曾任归善知县的丘嘉穗作《铜钞议》[②]，提出了铸铜钞的主张。

丘嘉穗肯定交子、会子、宝钞等纸币的优点："究其为制，不过取

[①] 王鎏：《钱币刍言·钱钞议八》。
[②] 贺长龄等编《皇朝经世文编》卷五三。

方尺之纸,印文其上,而即可以易数十百钱之物,其费省于钱十倍,而利用无疆,又不啻过之。"他认为纸币的缺点只在于易损坏:"顾楮之为币也,用劳而易毁;纸之为物也,质薄而难全。而其上刊有定式,专视区区之印文以为照验,即使制造者极其工致,而传染未几,已归于断烂而不可以复辨。上之人始不得已,屡取而更造之,而新陈出入之间,动多诈伪抑勒,不可禁止……盖以累朝数百年之永利,而终莫能守者,蔑不由此之故。"因此,他提出用铜来制钞:"莫若取白铜之精好者,销铸为钞,如今之钱式,而稍加重大,镂以文字,面曰'康熙宝钞',背曰'准五''准十'之类,以至'准百'而止。"这样,"有钞为母以统钱之繁,有钱为子以分钞之简,使其虚实相生,奇偶相制,而轻重错综,可分可合,而卒不可乱。既不至若前明宝钞易烂之制,而又可收宋元交子、会子之用"。

实际上,铜钞就是大钱。不称大钱而称铜钞,只不过是变换名目,并无其他意义。铜钞由于是铜制,人们更容易拿它来和铜钱相比,反不如纸币的易于稳定币值。纸币易于伪造,铸造得最精美的铜钞也同样易于伪造,因为它们的实际价值都低于名义价值,使伪造者有利可图。历代纸币流通失败的最根本原因在于不能兑现而发行又无限制,丘嘉穗完全没有认识到这一点,因此认为只要解决了易损坏的问题,纸币流通就不会有障碍。这表明他对纸币流通的认识是非常肤浅的。

第十二章
鸦片战争前白银外流时期的货币理论

清朝的对外通商口岸,乾隆二十二年(1757年)以后集中在广州一处。中英贸易中,英国常处于入超地位,每年要运来大量白银来抵付货款。嘉庆、道光年间,英国非法输入中国的鸦片不断增加。道光初年,每年输入7 000多箱。鸦片战争前几年,每年输入达35 000多箱。鸦片大量输入使中国的对英贸易由出超变为入超,入超部分用白银抵付,导致白银外流。鸦片战争前几年,中国每年的白银流出量达1 000万两以上。① 白银外流,形成了以银荒和银贵钱贱(银贵钱贱还因制钱质量下降和私钱充斥而加剧)为特点的货币危机。银贵钱贱的趋势在嘉庆末年已经明显,道光时日益严重,至鸦片战争前纹银一两已值制钱一千六七百文。银贵钱贱使以银计算的物价下跌,以钱计算的物价上涨。后者直接打击了零售贸

---

① 严中平等编《中国近代经济史统计资料选辑》,科学出版社1955年版,第22、28—29页。

易,也降低了劳动人民的支付能力。"凡布帛菽粟庸(佣)工技艺,以钱市易者,无不受其亏损。"①银贵钱贱也加重了政府的财政困难,加剧了社会矛盾。

在上述历史背景下,朝野都很关心货币问题,许多人投入了货币问题的讨论。这次讨论到鸦片战争以后达到高潮。鸦片战争前,出现了鼓吹无限制发行不兑现纸币的王鎏的名目主义货币理论和主张。批评王鎏货币理论和主张的,在鸦片战争前主要是包世臣。除这两人的货币理论外,还有一些零星观点。

第一节 王鎏的名目主义货币论

王鎏(1786—1843),原名仲鎣,字子兼、亮生,晚年号荷盘山人,江苏吴县(今苏州市吴中区、相城区)人。王鎏中过秀才,以教书或幕僚为职业。王鎏的父亲名阅伯,曾为太学生,后为童子师三十余年。他积极主张行钞,曾对王鎏说:"古者养民之权在上,井田废,其道失矣。诚欲收揽利权,富国富民,唯有行钞一术。要当究宋、金、元、明利弊而精之,然后百世可行。"②王鎏承父命,搜罗历代行钞史料和有关议论,并考究其得失,自称"思之十年而后立说,考之十年而后成书,又讨论十年而益以自信无疑"③。道光八年(1828年),王鎏写成《钞币刍言》一书,于十一年刊行。他父亲看过后,"犹嫌体例未精,必致人驳诘,遂毁其板"④。十七年改定,更名《钱币刍言》,经其父同意后刊行。后来又有《钱币刍言续刻》《钱币刍言再续》刊行。

---

① 吴嘉宾:《求自得之室文钞》卷四《钱法议》(道光二十六年)。
② 王鎏:《壑舟园次稿·先府君圹记》。
③ 王鎏:《钱币刍言续刻·与陈扶雅孝廉论钞币第一书》。
④ 王鎏:《钱币刍言·目录》。

在《壑舟园初稿》中,也有不少篇幅涉及钞法。此外还有《壑舟园次稿》《乡党正义》《四书地理考》等著作。

《钱币刍言》分为《钱钞议》《私拟钱钞条目》《先正名言》《友朋赠答》四大部分。《钱钞议》共 10 篇。《先正名言》是选录自宋至清的有关议论,议论后附有王鎏的按语。《友朋赠答》是和包世臣、顾莼等人来往的信件。《钱币刍言续刻》的主要内容是同包世臣辩论钞法,共 32 条,较有理论性。

王鎏详细提出了行钞的具体办法[1],其要点如下。

第一,钞分七等,从一贯到千贯。"造钞必特选佳纸",并禁民间买卖此纸。钞上写格言。最大钞高一尺,阔二三丈,装成手卷形式。最小钞一尺见方。余依此类推。多加印信,严禁伪造,分省流通,随处立辨钞之人,他省钞验明后可换本省钞。钱粮、关税一律收钞,一贯以下征钱。"藏钞皆用函",根据经济条件,用黄金或木、石等材料制成。

第二,钱分三等:当百、当十、当一。当百钱约费工本 90 余文,当十钱约费工本 9 文。

第三,用钞倍价收民间铜器铸钱。禁止铜器买卖。禁设铜器铺,设官铜铺,"但造乐器、锁、钮,以便民用"。

第四,将钞和大钱发给钱庄,禁止它们私出会票、钱票。令钱庄凭票收银,以一分之利给钱庄。另外,百姓交银易钞,"在下令一年之内,准加一分之利与之;二年之内,加五厘之利与之;二年之外,照时价不加"。百姓用钞完粮纳税时,每钞一贯作 1 100 文用。5 年或 10 年后,钞法盛行,则禁银为币,但银可以当作商品买卖。10 年或 20 年后,许商人用钞向政府半价买银,打造器皿;民间遗留藏银亦

---

[1] 王鎏:《钱币刍议·私拟钱钞条目》。

第十二章 鸦片战争前白银外流时期的货币理论

只准做成器皿,或按半价换钞。

第五,行钞之初官俸加一倍:本俸用银,加俸用钞。待钞法通行后,官俸加数倍,一律用钞发给。

第六,对外贸易只许以货易货,或令外人以银先易钞,再买货。

王鎏的货币理论是名目主义的货币理论。他将中国封建时期的名目主义货币理论发展到了最高点。王鎏等同纸币和金属货币,不承认钞虚银实,宣称:"至谓钞虚而银实,则甚不然。言乎银有形质,则钞亦有形质;言乎其饥不可食,寒不可衣,则银钞皆同。"[①]钞虚银实,虚实的区别在于有无内在价值。王鎏从银、钞都有一定的自然形态,都不能直接满足生活需要立论,将两者等同,否认其本质区别。这是辛弃疾的"铜楮其实一也"的进一步发挥。

既然纸币和白银一样,而纸币却有取之不尽的优点,因此是更理想的货币。王鎏说:"凡以他物为币皆有尽,惟钞无尽,造百万即百万,造千万即千万,则操不涸之财源。"[②]"造百万即百万,造千万即千万"比钱秉镫的"命百则百,命千则千",数字扩大了万倍。纸币不受数量的限制,确实是优点,但如果只强调它的取之不尽,导致无限制发行,那就成为纸币的致命伤了。

关于纸币的发行数量,王鎏说:"造钞约已足天下之用,则当停止。"[③]又说:"造钞之数,当使足以尽易天下百姓家之银而止,未可悬拟。若论国用,则当如《王制》'以三十年之通制国用',使国家常有三十年之蓄可也。"[④]这里提出了"足天下之用"的两个标准。一个标准是尽易百姓之银,这是抄袭蒋臣的。另一个标准是套用《礼

---

① 王鎏:《钱币刍言续刻·与包慎伯明府论钞币书》。
② 王鎏:《钱币刍言·钱钞议一》。
③ 同上书《私拟钱钞条目》。
④ 王鎏:《钱币刍言续刻·与包慎伯明府论钞币书》。

记·王制》,但《王制》中的意思是通计30年应有9年之蓄,不知是王鎏没有读懂,还是有意夸大,竟解释为要有30年之蓄。《王制》指的是粮食,他却应用于纸币。无论照哪一个标准,都不是指足流通之用。不是根据流通需要,而只是根据国家财政需要无限制地发行纸币,是王鎏行钞主张的实质。

取之不尽的钞,用什么来保证它能按规定价值流通呢? 从王鎏的议论中,可以找到两点。

第一,国家的权力。他说:"且国家之行钞,与富家之出钱票亦异。国家有权势以行之,而富家无权势,故钱票有亏空而行钞无亏空也。百姓信国家之行钞,必万倍于信富家之钱票矣。若谓民乐用钱票,反不乐行钞,则是王者之尊崇,反不敌一富家之权势,岂有此不通之情理哉!"①

钱票之所以能够流通,是因为凭它可以向原发行的钱庄兑钱。这和钱庄的权势无关。王鎏所主张发行的纸币,虽然名义上可以"以钞易钱,以钱易钞"②,但纸币面值最高的达千贯,一张就要换钱100万文,哪有那么多钱来维持兑现? 所以即使要换钱,至多也只能换大钱,也就是一种价值符号换另一种价值符号(王鎏主张铸大钱的成本要高,成本高并不能增加大钱的价值),兑现比不兑现好不了多少。这种纸币绝大多数不能兑现,正如他自己所说的,"若行钞,则竟以之代银代钱矣"③。既然如此,他却又将它同凭兑现能力流通的钱票相提并论,抹杀两者的质的区别。不兑现的国家纸币确是要靠国家的"权势以行之",但是它的币值能否稳定,国家的权势是无能为力的。王鎏只从表面现象出发,夸大了国家权势的作用。

---

① 王鎏:《钱币刍言续刻·与包慎伯明府论钞币书》。
② 王鎏:《钱币刍言·私拟钱钞条目》。
③ 王鎏:《钱币刍言续刻·与包慎伯明府论钞币书》。

因此,王鎏认为,"钞文书明定数,虽欲上下其手而不能,则绝胥吏之侵渔……钞直有一定,商贾不得低昂之,则去民心之诈伪"①。"行钞则价有一定,虽书生、农夫、黄童、白叟、妇人、女子皆可按文而辨,无所用其欺矣。"②

说国家权力能规定纸币价值,而且"钞直有一定,商贾不得低昂之",在中国历史上还是王鎏第一个提出来的。历代纸币流通的实践早已充分证明了这一说法的荒谬。过去主张行钞的人,没有一个人敢于说靠政府命令能使纸币按规定价值流通而不贬值。只有王鎏才敢于下这样可笑的结论。

第二,纸币对国家的支付能力。王鎏说:"宋孝宗谓会子'少则重,多则轻',此名言也。然亦不患其出之多,而第(但)患其入之少。苟收敛有术,流转于上下而无穷,奚至于多而轻哉?"③所谓"收敛有术"是什么意思呢?王鎏说:"国赋皆令纳钞,此即收之之妙用,胜于孝宗之以金银买钞矣。"④由此可见,他认为只要纸币可以用来纳税,就可保持纸币币值的稳定。

历史早已证明,单靠纸币对国家的支付能力是不能保证纸币币值的稳定的。在纸币发行数量超过流通需要时,用于赋税等对政府支付的纸币只占纸币发行量的极少部分。想依靠这一少部分的支付能力来维持已经超过流通需要的绝大部分纸币的购买力,是根本不可能的。要维持纸币币值稳定,保证纸币对国家的支付能力只是起码条件,此外还必须做到兑现或控制发行数量,然而这两条却都是王鎏所反对的。

---

① 王鎏:《钱币刍言·钱钞议一》。
② 王鎏:《钱币刍言续刻·拟富国富民第一策》。
③ 王鎏:《钱币刍言·钱钞议五》。
④ 同上书《先正名言》袁燮《上便民疏》按。

对于历史上纸币流通的失败,王鎏只是把它归于钞法屡更、纸币制造不精、易于霉烂伪造、昏钞倒换要收费等几个方面。因此他只从这些方面设法弥补,如强调要永不变法、特选佳纸、精工制造、多加印信、严防伪造、阴用倒换之法①等。但他所说的原因绝大部分是技术性的,而其中的钞法屡更,则是纸币流通失败以后的一种结果。历代纸币流通失败的根本原因在于发行过多,王鎏回避了这个要害问题。因此他又说:"从来钞法难行易败者……并不关取之不尽也。"②根本否定钞法失败同纸币发行数量过多的内在联系。

物价上涨,可能是由于商品方面的原因,也可能是由于货币方面的原因,不能一概而论,但王鎏却宣称物价上涨在任何情况下都同纸币流通无关。"若夫物价之腾踊,原不关于行钞。不观之《晋书》乎?《食货志》云:'董卓之乱,五十万钱易米一石。'又《石季龙传》云:'金一斤易米二斗。'此皆因米极少耳。夫岂以用钱与金而致物价之腾踊乎?今一贯以下仍自用钱,以钱易货,货不加少,则断断乎其不至腾踊者也。"③

用《晋书》中的材料来证明"物价之腾踊,原不关于行钞",完全是牛头不对马嘴。物价上涨,不一定是由于纸币流通,这是事实。但决不能因此得出结论:凡是物价上涨,都同纸币流通无关。王鎏用的正是这个不能成立的逻辑。至于说一贯以下用钱,以钱易货,货不减少,所以物价不会上涨,则又有意漏去了纸币的流通;何况他说的钱,还包括不足值大钱在内。他又说:"自古大兵大荒之际,百姓但资米粮,虽有银无所用之。银苟可行,则钞亦可行,况又有钱在

---

① 王鎏认为昏钞倒换要收工墨费也是纸币流通失败的原因之一,所以主张通过征收钱粮、关税,发现昏钞即解部焚毁,这叫"阴用倒换之法"。
② 王鎏:《钱币刍言续刻·与包慎伯明府论钞币书》。
③ 王鎏:《钱币刍言·钱钞议四》。

乎!"①这也是一个不能成立的逻辑。

王鎏还认为纸币有贮藏手段职能。他说:"富家因银为币而藏银,今银不为币,富家不藏钱则藏钞矣。此自然之理也,藏钞以待用耳。"②在金属货币流通的条件下,作为贮藏手段的只能是金属货币。王鎏却从纸币的流通手段职能(待用)出发,得出纸币可以贮藏的结论。由此,他主张把大钞制得像文物一样,认为这样就会使人把它当作文物宝藏,以至流传千古。他还主张官库及富户用黄金做匣子藏钞,以免钞毁于火。简直天真到了极点!

对于世界货币,王鎏也曾论及。他认为行钞是抵制鸦片贸易的有效措施:"海船载鸦片烟土,每岁私易中国银累千万以去,若用钞,则彼无所利而自止,则除鸦片之贻祸。"③不仅如此,他还认为行钞以后白银反而会从国外流入。"且外洋所以欲得中国之银者,将铸为洋钱,仍入中国取利耳。中国既用钞,不用洋钱,外洋亦何取欲得中国之银乎?且中国所以惧银入于外洋者,虑银少而不足用耳。银既不为币,纵使尽入外洋,亦与中国无损……而况银之必不入于外洋乎!盖诸公……皆视银太重,而不知行钞之后,银非复今日之银矣。即如珠玉,世非不宝贵也,假使天地间竟无此物,于国计民生何害乎?洋人欲得中国之货,必先以银买钞。彼之银有尽,我之钞无穷,则外洋之银将尽入中国,何为银反入于洋乎?"④

上述见解的谬误在于以下四个方面。第一,王鎏对于金银是世界货币一无所知,以为白银只有在中国作为货币才受人珍贵,而外流的白银除了铸成洋钱流回中国外,对外国就别无用处。他连这样

---

① 王鎏:《钱币刍言续刻·与包慎伯明府论钞币书》。
② 王鎏:《钱币刍言续刻·与包慎伯明府论钞币书》。
③ 王鎏:《钱币刍言·钱钞议一》。
④ 王鎏:《钱币刍言续刻·与包慎伯明府论钞币书》。

一个简单的问题都没有想通：如果出口的白银都铸成洋钱流回，即使洋钱的作价过高，何至于发生银荒的问题？第二，他说行钞后白银外流对中国无损，根本没有考虑到白银是因为购买毒品鸦片而外流的。第三，他不了解，在当时的历史条件下，即使世界上没有白银这种东西，也必然会有一种商品成为货币，它的作用和地位，不是纸币所能完全代替得了的。第四，他也不了解，无论用钞或是用银，因鸦片输入而引起的贸易差额都必须以银来支付，即使外人先以银买钞，以钞买货，也是一样。对于这一点，他还做这样的估计："行钞则民间之银皆以易钞，外洋虽载烟来，易我钞去，而不为彼国所用，则彼将不禁而自止。"①原来他认为行钞以后，民间就没有藏银了。这不仅违反常识，就是同他自己的主张也有矛盾。他不是说20年后民间的藏银仍可按半价买卖吗？基于这种错误的估计，他竟自我陶醉于"彼之银有尽，我之钞无穷"的主观幻想中。

王鎏的行钞办法包含这样四个内容：行钞、铸大钱、禁铜器、禁银为币（王鎏自己只归纳为前三点，禁银为币是钞法盛行以后的事）。所有这些在历史上都曾实行过。王鎏自己将他的主张同前人成说进行比较说："行钞法、禁铜器、铸大钱，三者皆前人成说也……然前人之论，尚未能尽去其弊，予乃更为推而衍之。且前人多分言一事，而予则合言三事。"②从"分言一事"到"合言三事"，说明他的体系较前人完整；"推而衍之"，说明他对前人的货币主张和理论作了发展。

"推而衍之"的结果，是王鎏的名目主义货币理论非常彻底。这种彻底性主要表现在他对货币的本质和职能作了完全名目主义的解释。他等同纸币和金属货币，认为国家可以任意赋予纸币以名义价值，国家的权力可以保证纸币按名义价值流通，纸币的发行数量

---

① 王鎏：《钱币刍言·除鸦片烟议寄张亨甫》。
② 同上书《钱钞议二》。

可以不受限制,否认纸币流通有引起物价上涨的可能性。他只着眼于纸币的流通手段和支付手段职能,并以此来解释货币的各种运动形态:纸币对国家的支付能力是为了保证纸币的流通,纸币可以贮藏是因为货币只是为了流通和支付才贮藏,甚至世界货币职能也只和货币的流通手段职能相联系。这些论点表明,王鎏的货币理论是彻底的名目主义货币理论。

第二节 王鎏货币理论的主观性

王鎏提出行钞主张,其着眼点主要不在于白银外流,而在于有感于当时存在着的深刻的社会矛盾。他说:"又思近年来每遇水旱,小民转于沟壑,散于四方。其流离颠沛之状,哀号痛哭之声,目不忍见,耳不忍闻,将何以赈恤之乎?州县办公之竭蹶,胥吏舞文之情伪,不加其俸厚其禄,何以舒其困止其奸乎?河工海塘之经费,何以无绌于度支乎……又试思舍钞而别求理财之策,田赋可以加乎?关税可以增乎?开矿可以兴乎?捐例以可恃乎?行西北之水利,可以不费工本乎?用东南之海运,可以不为后虑乎?"[①]所有这一切,王鎏认为都可以通过发行纸币来解决。

封建社会的主要问题是土地问题。王鎏不敢触及土地问题,却从父亲那里接受了将钞法比作井田的观点,提出:"夫钞法与井田实同。一则尽收天下之田而散之于民,一则独制天下之币而散之于民,其为上操利权一也。然井田可行于田多人少之时,而不能行于田少人多之日,惟钞法则取之无尽,可以通井田之穷。"[②]他企图用发行纸币来消除土地占有关系上的尖锐矛盾。

---

① 王鎏:《塈舟园初稿·与陈扶雅论钞书》。
② 王鎏:《钱币刍言续刻·与陈扶雅孝廉论钞币第一书》。

王鎏把行钞说成是"理财之上策"①,认为行钞之利"取之天地"②,"且行钞则天地间顿增此一种大利,不行钞则此利遂亡,不在于官,亦不在于民"③。以纸币代替金属货币流通,可以游离出大量原来湮没在流通中的金属货币,可以从流通手段不足的束缚下得到解放,国家还可以通过发行纸币取得一笔财政收入。从这个角度看,确是"天地间顿增此一种大利",但王鎏将它夸大到不受任何条件限制,无论多少纸币都可"化为百千万亿之金钱"④,使得真理变成了谬误。

从这个谬误出发,王鎏又进一步发挥了他的主观想象,提出行钞的所谓二十二大利⑤,并认为这是他的一个重大发现。他说:"盖钞法之可行,在鎏以为如饥之于食,渴之于饮,其理至平常易晓。无如出以语人,人都茫然不解,鎏于是始自信为独传之秘宝。非天下之豪杰,识见高于流俗者,不足以知我。"⑥王鎏宣扬他的"独传之秘宝"具有如此妙用,只要一用它,什么财源枯竭、利权旁失、洋钱耗蚀(作价高于实值)、鸦片贻祸、钱庄亏空、用银重滞、钱法滥恶、火耗⑦加派、胥吏侵渔、商贾诈伪、邪教逆谋、边疆起衅、币制混乱、货物壅滞、官吏勒捐、仕途拥挤、盐漕积弊、苛敛之政等,所有这一切,都可一扫而空,并且"上以裕天府万年之蓄,下以盈小民百室之储。风俗可使化,礼让可使兴"⑧。甚至还能使"天下自无一丁不识

---

① 王鎏:《钱币刍言·钱钞议一》。
② 同上书《钱钞议九》。
③ 同上书《先正名言》李纲《应诏条陈七事奏状》按。
④ 王鎏:《钱币刍言续刻·上何尚书仙槎先生书》。
⑤ 王鎏:《钱币刍言·钱钞议一》。王鎏还说行钞有三十大利(《钱币刍言续刻·与陈扶雅孝廉论钞币第一书》),大概是二十二大利加上明末户部条陈行钞十便的前八便(他不同意后二便)。
⑥ 王鎏:《钱币刍言续刻·上何尚书仙槎先生书》。
⑦ 赋税征银,以弥补熔银耗折为名,在原赋额外加征若干,称为"火耗"。
⑧ 王鎏:《钱币刍言·自序》。

之人"①。在他看来,纸币成了能医治封建社会百病的万灵药。

譬如,行钞怎么和澄清吏治有关呢？王鎏认为一方面可以增加官吏俸禄以养廉,另一方面由于"官吏侵渔,亦必有所借以为名,用银则有火耗,有解费,行钞则无火耗、解费之可言矣。如此而勒索,直是明加无名之陋规耳……侵渔即未能尽除,然较之用银币之时,必远胜矣"②。封建官僚的贪赃枉法是封建制度的必然产物。欲强行勒索,何患无辞？历史上不乏借钞法害民的记载,王鎏对此却视而不见,认为用纸币就可以制止官吏的侵渔。又如,行钞怎么能消除边疆起衅呢？王鎏说："边疆起衅,每因抢夺银币而然,今易以钞,彼此无所觊觎,则弭边界之生衅。"③边疆起衅,岂独为了抢夺银币！即使边疆没有银币,掠夺战争也仍然会发生。至于行钞能使"天下自无一丁不识之人",据王鎏说,则是因为钞上印有格言,可以使民识字。

诸如此类的议论,将行钞的利益说得天花乱坠。这充分显示出他的货币理论的荒谬性。王鎏为什么能形成这样荒谬的货币理论呢？这只能从他的主观动机寻求答案。

王鎏科举考试失败,却又热衷于功名。他的平生三恨之一,便是"不得为谏官尽言天下事"④。他以明末的蒋臣为榜样,企图把建议行钞作为敲门砖。为此,他曾将《钱币刍言》分送给一些高级官员,要求他们将他的行钞主张"奏请行之,以一言建万世之功,使亿兆苍生胥(都)被其赐"⑤,而他自己"亦得附青云以不朽"⑥。想借此

---

① 王鎏:《钱币刍言·拟钱钞条目》。
② 王鎏:《钱币刍言续刻·与包慎伯明府论钞币书》。
③ 王鎏:《钱币刍言·钱钞议一》。
④ 张履:《积石文稿》卷一七《王君亮生传》。
⑤ 王鎏:《钱币刍言续刻·上冢宰汤敦甫先生书》。
⑥ 同上书《上何尚书仙槎先生书》。

敲开仕途大门的迫切心情溢于言表。

王鎏的确对历代的纸币流通经验作了较深入的钻研。从宋到明的纸币流通的社会实践，创造了丰富的纸币流通经验，这本来为正确总结纸币流通规律提供了相当有利的条件。但是王鎏的主观目的使他不能实事求是地对待历史上的纸币流通经验。为了使统治者能接受他的主张，他必须消除他们害怕行钞的心理。因此王鎏以主观的幻想代替客观的研究，构想出了一套为他行钞主张的合理性进行辩护的货币理论。

王鎏强调他的行钞办法和历史上所有的行钞办法都不同，不会重蹈前人行钞失败的覆辙。他说："吾之所谓行钞者，宋、金、元、明之法也；而所以行钞者，固非宋、金、元、明之法也……至于今日，统观前代四五百年之故事，遍考钞法之源流得失，又有以见夫自明嘉靖以来用银之弊，参验之于民间用钱票、会票之风俗，而后为之酌古斟今，以期于尽善而可行，岂复蹈前人故辙哉？"①

王鎏的"酌古斟今"充满了主观任意性。他用以下一些手法对历史上的纸币流通经验和前人的货币思想进行解释和评价。

一是否定历史上关于纸币流通的某些正确的或基本上正确的经验总结。宋孝宗所说的会子"少则重，多则轻"，人们普遍承认是正确的，但王鎏表示反对，已如前述。

设置准备金维持纸币兑现，也是稳定纸币币值的一法。王鎏却说："宋皮公弼言交子之法，必积钱为本②，此名言也。然今之时势，又与宋异。百姓家有亿万之银，国家造钞以易之，民间所有之银，即

---

① 王鎏：《钱币刍言·钱钞议八》。
② 《续资治通鉴长编》卷二五九熙宁八年正月丁巳："权永兴军等路转运使皮公弼言：'交子之法，以方寸之纸飞钱致远，然不积钱为本，亦不能以空文行。今商、虢、鄜、耀、红崖、清远铁冶所收极广，苟即冶更铸折二钱，岁除工费外，可得百万缗为交子本。'"

第十二章 鸦片战争前白银外流时期的货币理论

国家用钞之本,又岂必先务积银也哉?"①"民间所有之银,即国家用钞之本",根本否定了有准备金的必要。既不限制纸币发行数量,又否定纸币有兑现的必要,两条最基本的保证纸币流通的办法,都被王鎏推翻掉了。

二是对于历史上有些不利于行钞的言论,王鎏不是避而不谈,便是进行曲解,使其符合自己的主张。

许衡是反对行钞的,王鎏在《钱币刍言·先正名言》中也选录了他的奏札。但是,王鎏在奏札的"世人所谓神仙指瓦砾为黄金之术,亦何以过此"句下加按语道:"此则先生亦深知钞法之善矣。"一句讥讽纸币流通为点金之术的话,在王鎏的笔下竟成了赞成纸币流通的话。他又在奏札的"无义为甚"下加按语:"此诚弊政,若能……如数易旧,自无此患。"而对于造成新会子以一易二、以一易五的原因,则避而不谈。最后,他还给奏札一个总的评语:"而先生言亦过激矣!"这样就把许衡的不同观点丢在一旁了。

顾炎武也是反对行钞的,王鎏针对他的观点指出:"顾亭林先生文集中,极言用银之害,而于《日知录》中又极言用钞之不可,其意欲使天下专用钱……夫亭林所以言钞之不可行者,有故焉。一则因壅滞废阁之弊,一则因昏烂倒换之弊。然此皆明人之不善行钞,而非钞之不可行也。"②他不提顾炎武批评纸币是"罔民"之政,不提顾炎武的"天子不能与万物争权"思想,宣称"今既洞见用银之害,转思行钞之利,而又能去此二弊",如果顾炎武生于当时,也会赞成他的行钞主张。

三是片面地叙述或伪造一些历史经验,为自己的行钞主张作

---

① 王鎏:《钱币刍言·钱钞议五》。
② 同上书《钱钞议十》。

论据。

发行纸币会使统治者获得利益,但这利益是有限度的。无限制发行也会是导致封建王朝崩溃的原因之一。王鎏只抓住有利的一面,并且片面地加以夸大。《钱币刍言·钱钞议三》是论述历史上的行钞之利的。现举其中的一个例子来说明。王鎏说:"《至正河防记》贾鲁治河,用中统钞百八十四万五千六百三十六锭有奇,此行钞之利于治何者也。"贾鲁治河,也给元统治者带来了不堪设想的后果,它成为元末农民大起义的导火线。对于这最主要之点,王鎏却避而不谈。

有些本来同纸币流通风马牛不相及的历史事例,也被王鎏硬拉来为自己的观点服务。元顺帝至正十七年(1357年)张士诚降元,被封为太尉,顺帝遣使向张士诚征粮,"赐之龙衣御酒"①。这件事本来和货币无关,而且龙衣御酒并不是用来交换粮食的,它是顺帝对张士诚的"赏赐"。如果说这一"赏赐"带有交换性质,那正好说明纸币作用的有限性。而王鎏却说:"以御酒龙衣乞粮张氏,亦可见当时所乏者粮耳,而钞固未尝不足也。"②既然纸币不能换得粮食,不缺少的纸币又有什么用呢?

歪曲不够,王鎏还进行伪造。王鎏伪造明亡的一条历史教训说:"于此见明之亡,未必不由于废钞。因废钞而矿税之祸兴,及一切苛敛于民之政起,所以速其亡也。昔人谓李自成之乱由于裁驿卒,然驿卒之裁,亦由废钞而用不足故耳……迨崇祯十六年方拟议用钞,尚奚及哉!"③说来说去,还是企图证明纸币是挽救封建王朝的万应灵药。"尚奚及哉"的感叹实际上是对清王朝发出的一个警

---

① 《明史》卷一二三《张士诚传》。
② 王鎏:《钱币刍言·钱钞议四》。
③ 同上书《先正名言》陈子龙《钞币论》按。

告：再不行钞,到要行而不可得时就悔之晚矣。

从以上分析的几种手法中,我们可以看出王鎏是怎样对待历史的。这样一个从主观需要出发,任意解释中国货币流通历史经验的理论,不可能是客观规律的反映。

王鎏还为他的行钞主张建立了一个理论前提。他在《钱币刍言》中一开始就提出:"三代以上君民相通,但有足民之事,更无足君之事。必民足而后君足,犹子孙富而父母未有贫焉。此有子(有若)所言,而天下可共知也。三代以下,君民相隔,既有足君之事,又有足民之事,且必君足而后民足,犹父母富而子孙亦免于贫焉。此昔人所未及言,而天下或未知也。"①

孔子弟子有若的"百姓足,君孰与不足？百姓不足,君孰与足？"为历代儒家所信奉,而王鎏却对此唱反调,鼓吹三代以后"必君足而后民足"的"足君尤先"的谬论。"欲足君莫如操钱币之权",欲操钱币之权只有行钞。既然"君足而后民足",那么发行不兑现纸币来搜括民间财富就完全是理所当然的事了。给行钞加上这样冠冕堂皇而露骨无遗的前提,是中国历史上所仅见的。

当然,根据王鎏的理论,足君以后还要足民,宣称实行他的行钞主张"将使国家独操钱币之权,而一切实利皆予之百姓"②。他的行钞办法规定：百姓交银易钞,给以一分之利；百姓用钞完粮纳税,每钞一贯作1 100文用,这又是一分之利。这就叫作"人人顿获二分之利"。他还非常慷慨地说："姑以二分言之,其实即使民获倍利亦可。"③可是,他袒露的内心思想却是："禁银使不为币,最是权宜妙术,所以恐吓富翁,使急以银易钞耳。既以二分之利歆动之,又以数

---

① 王鎏:《钱币刍言・钱钞议一》。
② 同上书《钱钞议九》。
③ 同上书《钱钞议八》。

年后银止半价恐吓之,则天下之银必悉入内库矣。然后徐商散之民间之法,使为器皿亦有限止,非一时尽散也。"①利诱加上威胁,其目的在于使民间藏银及早进入国库。至于白银是否仍"散之民间",则将来再说,不是还要"徐商"吗?

不管王瑬主观上对利民的真实态度究竟如何,实行他的理论和主张只能以害民而告终。列宁指出:"滥发纸币是一种最坏的强制性借款。"②王瑬所鼓吹的这套理论,无非是为清王朝出谋划策,用这种"最坏的强制性借款"来"使国家尽有天下百姓之财"③,以摆脱财政上的困境。

《钱币刍言》刊行后,得到了统治集团中一些人的重视,"学士大夫往往宝藏其书"④。但道光以前清政府一直对发行纸币存有戒心,嘉庆十九年(1814年)侍讲学士蔡之定奏请行钞,被"交部议处,以为妄言乱政者戒"⑤。因此当时王瑬的行钞建议并未被上奏朝廷。王瑬的官运比蒋臣还不济,蒋臣做了几个月的官,而王瑬却始终没有敲开仕途的大门。

第三节 包世臣的货币论

包世臣(1775—1855),字慎伯,号倦翁、小倦游阁外史,安徽泾县人。嘉庆十三年(1808年)举人。道光十五年(1835年),以大挑⑥分

---

① 王瑬:《钱币刍言续刻·与包慎伯明府论钞币书》。
② 列宁:《大难临头,出路何在?》,《列宁全集》第32卷,人民出版社2017年版,第213页。
③ 王瑬:《钱币刍言·钱钞议八》。
④ 许楳:《钞币论·叙》。
⑤ 《清仁宗实录》卷二八六嘉庆十九年二月辛未。
⑥ 乾隆以后定制,会试三科以上不中的举人,经考试一等的以知县用,二等的以教职用,称为"大挑"。

江西；十九年，任江西新喻（今新余）知县，一年后被劾罢官。著作有《中衢一勺》《艺舟双楫》《管情三义》《齐民四术》，合编为《安吴四种》。安吴是东汉县名，包世臣的老家在此境内，故取以为书名。另有《说储》和《小倦游阁集》。

包世臣是对实际社会问题有较深刻了解的学者。他一生中许多时间是幕僚。"东南大吏每遇兵、荒、河、漕、盐诸巨政，无不屈尊咨询，世臣亦慷慨言之。"①他提出的一些改革主张较能切中时弊。

早在嘉庆二十五年，包世臣就发现"鸦片耗银于外夷"是"近来银价日高，市银日少"的原因所在。他估计仅苏州一城吸鸦片的就有十几万人，"牵算每人每日至少需银一钱，则苏城每日即费银万余两，每岁即费银三四百万两。统各省名城大镇，每年所费，不下万万"。他分析银价高涨的弊病说："今法为币者惟银与钱，小民计工受值皆以钱，而商贾转输百货则以银。其卖于市也，又科银价以定钱数，是故银少则价高，银价高则物值昂。又民户完赋亦以钱折，银价高则折钱多，小民重困。"因此他强调白银问题的重要，指出："是故银币虽末富，而其权乃与五谷相轻重。本末皆富，则家给人足，猝遇水旱，不能为灾。此千古治法之宗，而子孙万世之计也。"②

包世臣一方面认为"近世以钱为国宝，而银以便总统之用"的情况是"非人力所能轻重"的。但在白银外流、银价上涨的形势下，他又想用人力来改变这一情况。他说："欲救此弊，惟有专以钱为币，一切公事，皆以钱起数，而以钞为总统之用，辅钱之不及。"③也就是说，他提出的对策有二：一是专以钱为币，二是发行纸币。

---

① 《清史稿》卷二八六《包世臣传》。
② 本段引文均见包世臣：《齐民四术》卷二《庚辰杂著二》。
③ 同上书卷二《再答王亮生书》（道光十七年）。

所谓"专以钱为币",是"一切公事,皆以钱起数"的意思,即政府的一切财政收支都以钱作为计算标准。这并不要求完全取消白银的货币地位,所以包世臣又说:"亦不废银,而不以银为币,长落听之市人。"①白银仍可照常流通,但要"使银从钱"②,国家不用它来作为法定货币。

包世臣所说的"币"是指起价值尺度作用的货币,还可以从以下的话中得到证明:"十数年内银贵,而公私交病者,以仅以银为币,不惟珠玉黄金不为币,而钱亦不为币故也。"当时钱明明是两种货币中的一种,为什么说"钱亦不为币"呢?只是因为"国家地丁(田赋)、课程(商税)、俸饷、捐赎,无不以银起数。民间买卖书券,十八九亦以银起数,钱则视银为高下,故银之用广"。③ 这里说的都是"起数",不是指实际流通。可见他所说的"不以银为币"和一般所说的禁银为币是两个不同的概念。王鎏对这一点是很清楚的,所以他说:"予持行钞之说,惟慎伯(包世臣)先生深以为是。然意见亦稍有异同。大约先生尚欲银钞兼行,而鄙见则既有钱、钞二者为币,银自可废耳。"④

一般来说,"专以钱为币"的主张是违反历史发展要求的,但在当时货币危机严重的条件下,却不失为一个救弊的办法。如果不折不扣地实行这一主张,可以预计到有这样的几个结果:① 由于流通中对白银的需要减少,银价会下跌。② 钱的地位会有所提高。③ 由于田赋改以钱为征收标准,纳税者可以避免以钱折银的损失,实际负担将减轻。④ 由于银价降低,钱价提高,零售物价会相应地

---

① 包世臣:《齐民四术》卷二《与张渊甫书》(道光十二年)。
② 同上书卷二《银荒小补说》(道光十九年)。
③ 本段以上引文出处均同上书,卷二《再答王亮生书》。
④ 王鎏:《钱币刍言续刻·与包慎伯明府论钞币书》。

下降,有利于商品经济的发展。

但是,包世臣的这一主张所依据的理论和企图达到的目标,仍然存在着根本性的错误。他认为通过国家政权的力量,就能在整个商品流通范围内实现"使银从钱"。这怎么可能! 他过高地估计了国家干预货币流通的实际能力。实际上,清政府连"一切公事皆以钱起数"的第一步都难以做到。

发行纸币是包世臣的一贯主张,他从嘉庆十八年开始就力持此论。因此曾引王鎏为同志。但实际上两人存在着深刻的分歧。《钞币刍言》和《钱币刍言》刊行后,包世臣都写信给王鎏进行商榷。

包世臣虽然主张行钞,但并没有夸大纸币的作用。他认为纸币只是"救弊之良策",而不是什么"理财之大经"。纸币的作用是"辅钱之不及"。他主张纸币面值从一贯至五十贯,发行量以相当于岁入钱粮的一倍为限(合银不到 7 000 万两)。发行方法是按市价卖钞收银。

关于纸币兑现,包世臣没有提出具体办法,但提到了虚实相权原则。他说:"轻重相权不相废,为古今之至言。行钞则以虚实相权者也,银钱实而钞虚。""银钱实而钞虚"明确说明了虚实之所指。他批评王鎏说:"且行钞而废银,是为造虚而废实,其可行乎哉?"他不相信有单一纸币流通制度的可能,这在当时的历史条件下是很自然的。

王鎏鼓吹纸币取之不尽,包世臣一针见血地指出:"尊议云:'造百万即百万,造千万即千万,是操不涸之[财]源'云云,从来钞法难行而易败,正坐此耳。"这确是抓住了王鎏理论的要害。他还批评了纸币可用来贮藏的观点:"如尊说至千贯以便藏者,原行钞之意,以代钱利转移耳,非以教藏富也。"他又指出禁银以后,银"正可用以买土(鸦片)",势必"驱银尽入外夷"。王鎏说钞上印格言,可以使民识字,包世臣批评说:"至于钞纸上写格言,选书手之说,以为'富而寓教'，则尤为隔膜。教亦多术矣,古书具在,何必此？若谓珍藏佳书,试问藏钞者,为藏钱耶？为藏书耶？唐之开通、宋之大观,皆精书,世固有一二人宝玩之者,岂可通之齐民乎？"

同王鎏的"足君尤先"观点相反,包世臣指出行钞"大要总在损上以益下"。所谓"损上",是指国家用纸币向民间买银时"必照市价",而"州县以九四折解司（布政司）,司以九七折解部"。他估计"初行之年,上之所损当以千余万为率,以半益民,以半益官吏"。损上的结果是纸币得以流通,银价下跌,最终仍会益上。"损上愈多,则下行愈速。下行既速,次年上即可不损,以后则上之益也,遂至不可究诘。"但上受益以后仍不能只考虑本身的财政利益,所以他又强调"益上之指总在利民,乃可久而无弊"。否则,"民若受损,亦未见其必能益上也"。①

鸦片战争前道光年间的行钞主张,以王鎏和包世臣为代表。由上可见,同样是主张行钞,两人在很多观点上截然相反。包世臣把纸币流通看作对钱币流通的一个补充,而王鎏则要以纸币取代金属货币,铜钱成为纸币的附属品。在当时的历史条件下,纸币取代金属货币只能是脱离实际的空想。在货币理论上,王鎏是名目主义者,包世臣则不是。包世臣的行钞方案比较符合实际,但仍不能付诸实施。一方面清王朝还不打算打破发行纸币的禁区,另一方面包世臣的损上益下的观点也不可能被统治者所接受。还要指出的是,当时的根本问题在于鸦片输入和白银外流,不解决白银外流问题,仅靠货币上的一点救弊措施是不可能完全扭转银贵钱贱局面的,而包世臣则认为用他的重钱轻银和发行纸币的办法可以恢复银一两准制钱一千的比价。

---

① 以上三段引文均见包世臣：《齐民四术》卷二《再答王亮生书》。

第十二章　鸦片战争前白银外流时期的货币理论

第四节　鸦片战争前的其他货币理论

明中叶以后,洋钱(外国银元)开始流入中国。清乾隆以后,洋钱已在中国广泛流通。洋钱固然有不同种类之间的重量、成色的区别,但同一种洋钱则具有相同的规格,易于识别,便于使用。因此,洋钱深受群众欢迎,各种洋钱作价都高于实际含银量,有时每元高出一钱以上,甚至有当作一两流通的。道光时,"内地商民多以洋钱便于使用,更可多换钱文,甚至元宝银两亦须换作洋钱,再换制钱,方为得利。其荒僻之区,则便知有洋钱而不知有银两"①。

乾隆以后,清廷曾在西藏铸造银币,这只是地方性的政策。道光年间,广东、福建、浙江、江苏、江西等省都有民间仿铸洋钱的银元流通,因用手工制造,都不成功。

曾任山东肥城知县的丁履恒(1770—1832)著有《钱币议》②,提出了铸金银币的主张。他分析了完粮时以钱折银所造成的弊病:如果由纳税者直接交银,不仅有"出入折耗"之弊,而且"农家力田,以谷售钱,又无从得银。与其持钱买银,受制于市侩,无宁将钱折银,受成于官府"。但官府收钱后,"必需易银批解。在通都大邑,出银本多,或可照市价收买。至于僻小州县,境内所存之银止有此数,则市侩故昂其值以乘其急。往往有今日批解钱粮,而明日银价骤下者"。地方官吏考虑到这一情况,在征钱时"不得不多加其数以备折阅"。不肖官吏则更加"倍称浮折"。丁履恒认为这种"市侩得操盈绌之极弊"根源在于币制的不健全,因此主张铸金银币。

铸金银币的具体办法是,金币分一两和五钱两种,一两的值制

---

① 《清宣宗实录》卷二八三道光十六年五月庚子。
② 盛康编《皇朝经世文续编》卷五八。

钱2万,五钱的值制钱1万。银币分八钱和四钱两种,八钱的值制钱1000,四钱的值制钱500。政府用金银币收买民间金银,待通行后,禁止以生金银交易,违者定罪。他认为采取这种政策,则"将见数年之后,天下金银尽归于上。利权既一,国用日臻饶裕,而市侩不得操奇赢以困士农"。

在丁履恒的主张中,银钱比价已比法定比价高,看来是根据市价确定的。但由于银价在上涨,其结果必然是银的作价过低。这样,即使政府铸造这种银币,也会被人收藏或在流通中改变对钱的比价。丁履恒没有说用金银币收买金银时按照什么价格,如果是等价收买,又怎么能使"天下金银尽归于上"而"国用日臻饶裕"呢?他主张铸金币,大概是企图以此补充白银的不足,可是用三种金属作为货币,只会使货币制度更加紊乱。虽然丁履恒的铸金银币主张存在上述一些缺点,但它反映了白银需要从秤量货币进入铸币的客观要求。

丁履恒死于道光十二年,可见他提出这一主张的时间在道光十二年以前。到道光十三年,两江总督陶澍(1779—1839)和江苏巡抚林则徐(1785—1850)联合提出铸银钱的建议,他们说:"欲抑洋钱,莫如官局先铸银钱,每一枚以纹银五钱为准,轮廓肉好悉照制钱之式,一面用清文铸其局名,一面用汉文铸'道光通宝'四字。"[①]他们特地声明这是"推广制钱之式以为银钱,期于便民利用,并非仿洋钱而为之"。但仍受到道光皇帝的批驳:"至官局议请改铸银钱,太变成法,不成事体。且银洋钱方禁之不暇,岂有内地亦铸银钱之理?"[②]这种批驳充分反映了当时最高统治者的愚昧无知。

---

① 林则徐:《林文忠公政书》甲集《江苏奏稿卷一·查议银昂钱贱除弊便民事宜折》。
② 《清宣宗实录》卷二三五道光十三年四月丙午。

第十二章 鸦片战争前白银外流时期的货币理论

道光十八年，四川总督宝兴奏禁用钱庄、银号、典当等金融机构发行的钱票。他认为银价日昂是由于奸商出钱票辗转流通，而实际上并无现钱造成的。在讨论中，大部分督抚反对宝兴的意见，主张听从民便，钱票不必禁。贵州巡抚贺长龄（1785—1848）和湖广总督林则徐的观点可以作为代表。

贺长龄说："钱之有票，犹银之有票。盖以运实于虚，方能流转无滞；而虚不废实，仍有现钱可资，非如楮币之即以纸为钱，不能课实也。"正确地指出了民间钱票、银票和国家发行的不兑现纸币的本质区别。他反驳因钱票流通而导致银贵的观点说："且今日之银票，其每岁所会兑，盖数倍于钱票矣，而银乃日贵，更何得以钱贱之故，归咎钱票乎？"并指出"钱票盖亦便国，不仅便民也"。他分析的便民之处有："钱质繁重难以致远，有票而运载之费可省，并得交易远方，其便一也。钱有良恶之异，为数又易混淆，今但以票为凭，并可不必拣钱，不必过数，省去许多烦扰，其便二也。且也一票随身，既无宵小盗窃之虞，又免船水沉溺之失，其利殆不可胜计。"①

林则徐也反驳了银贵由于钱票流通的观点，指出："盖钱票之通行业已多年，并非始于今日，即从前纹银每两兑钱一串之时，各铺亦未尝无票，何以银不如是之贵？即谓近日奸商更为诡狯，专以高价骗人，亦只能每两多许制钱数文及十数文为止，岂能因用票之故，而将银之仅可兑钱一串者忽抬至一串六七百文之多？恐必无是理也。"他肯定钱票的积极作用说："查近来纹银之绌，凡钱粮、盐课、关税一切支解，皆已极费经营，犹借民间钱票通行，稍可济民用之不

---

① 本段引文均见中国人民银行总行参事室编《中国近代货币史资料》第一辑《清政府统治时期》上册，中华书局1964年版，第133页。

足。若不许其用票,恐捉襟见肘之状更有立至者矣。"①

道光十八年,广西巡抚梁章钜建议铸造当十至当千大钱,"以补银之不足"。他认为帝王的权力可以任意改变物之贵贱:"上之权可以顷刻变人之贵贱,独不可以顷刻变物之贵贱乎?"他甚至等同不足值大钱和洋钱,宣称:"今若铸为大钱,其利用即与洋钱无异,与其用外国之大钱,何如用中国之大钱……此法一行,将民间旧积之私钱并外国所来之洋钱,皆当自废。"②这些论点说明,梁章钜根本不懂得货币是有价值的商品,不懂得帝王的权力不能决定或改变商品的价值。他是一个名目主义者。铸大钱的建议被户部否定。

鸦片战争前,有周腾虎作"银贵不足害说"。因为他还有后来的货币理论,故此处从略,在第十四章一起论述。

---

① 本段引文均见林则徐:《林文忠公政书》乙集《湖广奏稿卷二·钱票无甚关碍宜重禁吃烟以杜弊源片》。

② 本段引文均见梁章钜:《浪迹丛谈》卷五《请铸大钱》。

下编
中国近代货币理论

第十三章
鸦片战争后十年间的货币理论

鸦片战争的失败和《南京条约》的签订标志着中国半殖民地半封建化的开始。

鸦片战争失败后,中国的白银继续外流,银贵钱贱的情况进一步加剧。道光二十四年(1844年)以后,白银一两已值制钱2 000文以上。鸦片战争前开始的关于货币问题的讨论,在鸦片战争后达到了高潮。

道光二十四年,江西巡抚吴文镕上《设法贵钱贱银折》;二十五年,御史刘良驹上《请饬定银钱画一章程折》;二十六年,内阁侍读学士朱嶟上《运钱法以握利权疏》,他们都主张重钱轻银。"此三疏者,皆奉旨交军机大臣会同户部议奏,户部又交各省议复。"①讨论极为热烈,但议而未决,没有任何结果。

---

① 曾国藩:《曾文正公奏稿》卷一《平银价疏》。

除重钱轻银作为这次讨论的主要倾向外,这一时期正式上奏的建议以铸大钱为最多,计有道光二十一年江苏巡抚梁章钜、二十二年御史雷以諴、二十三年御史张修育、二十六年安徽巡抚王植、二十八年给事中江鸿升等。朝廷还有发行纸币的打算①。道光二十三年,御史李恩庆"条陈商民交钱易钞"②。道光二十六年,福建巡抚郑祖琛建议金银并用。这些打算和建议都未实行。

朝野还有许多议论并未正式上奏。道光二十二年和二十六年,魏源和许楣分别著文用金属主义货币理论批评了王瑬的名目主义货币理论和主张,这是在民间进行的。另外还有各种观点,其具体主张仍不外是重钱轻银、铸大钱和行钞。

第一节 徐鼒的用银致贫论

徐鼒(zī)(1810—1862),字彝舟,号亦才,江苏六合(今南京市六合区)人。道光十五年(1835年)举人,二十五年进士,选庶吉士;二十七年授翰林院检讨;后任实录馆兼国史馆协修官。咸丰二年(1852年),在原籍办团练;六年,因镇压太平军有功以知府用;八年,授福建福宁府(治今霞浦)知府。同治元年(1862年),死于任所。著作有《未灰斋文集》《小腆纪年附考》《小腆纪传》等。

道光二十一年,徐鼒针对当时的开银矿主张,作《拟上开矿封事》③,反对开银矿。此封事并未上奏,故在文集中冠以"拟"字。在此文中,徐鼒继续了明以来批评用银的观点。到咸丰九年,他又作

---

① 《李星沅日记》道光二十二年二月初七日:"闻内府将行钞,亦是权宜之法,而流弊不可不防。"同书二十三年十月十三日:"闻钞乃在必行,奈何?"
② 《清宣宗实录》卷三九六,道光二十三年八月甲子。
③ 徐鼒:《未灰斋文集》卷一。

《务本论》①,进一步阐述在《拟上开矿封事》中所提出的观点。

在《拟上开矿封事》中,徐鼒提出:"盖自古国家未有恃银以为用而国不贫者,银愈多则贫愈甚。""银愈多则贫愈甚"这句话是有语病的,银多怎么会贫呢?原来他所说的"银愈多"不是指社会上银很多,而是指国库里银多。以下的话就说明了这一点:"洪武二十四年,坑冶课银才二万四千七百四十两,其时天下阜安,不以银少为患也。后以仓储有余,折银入官,民间交易之禁亦弛,库银累千百万而国贫困。"因此,"银愈多"即国家恃银为用愈多的意思,"银愈多则贫愈甚"是对恃银为用而国贫的观点进一步作数量分析。

为什么恃银为用而国贫呢?徐鼒分析说:"银者,非耕之能生、织之能成者也。农人贱卖其粟帛而易银入官,有数石之粟、数捆之布不足完数两之银者,银愈贵而农愈困矣。"这是前人的老话,也反映了赋税征银的矛盾依然存在,在银贵时更为严重。

徐鼒认为以银为货币必然造成白银数量的不足。他不是用当时的白银外流来解释,而是认为白银必然被商人所贮藏:"富商大贾藏镪数千万,逐倍称之利,朝廷不能计锱铢而税之也。百物皆利害兼权,藏银则有利而无害,于是商贾之人多而耕织之人少矣。耕织之人少,则谷帛亦为难得之物,而乘时射利者又得逐谷帛之短而囤积以居奇。谷帛愈短,银价亦愈高。银价愈高,而藏银者愈深闭而不肯轻出。"白银作为货币,自然有贮藏手段职能。但是它的贮藏量总有一定限制,不能以此来作为白银不足的唯一理由,更何况清朝在白银外流前并未发生白银严重不足的问题。徐鼒却认为无论多少白银都会被贮藏,即使开矿也无济于事:"而一人采之,十户藏之,

---

① 徐鼒:《未灰斋文集》卷三。

一州冶之,天下藏之。银之出也有穷,而人之藏也无数,银乌得而不日少哉?"这样夸大贮藏手段的作用是完全错误的。尽管在封建社会中人们有死藏货币的倾向,贮藏手段的调节器作用没有资本主义社会那样灵活,但也不可能出现无限制贮藏货币的情况。

徐鼒对银价提高的分析还犯了一个理论上的错误,即上面所说的"谷帛愈短,银价亦愈高"。谷帛愈少,谷帛的价格愈高,则相对来说就是银价愈低,怎么"银价亦愈高"呢?这是他信笔所至,根本没有对银价和物价的关系作认真的思考。

徐鼒认为开银矿不仅无益,而且会造成"病益深"及"病且发之益速"的后果。他列举了六条理由:① 妨碍军务,管理矿务要分散兵力。② 耗费国帑,开矿要有巨额投资。③ "广盗贼之薮",开矿要招募矿工,聚众难散,以致成为盗贼。④ "扰闾阎之业",吏胥和地方不肖生监会借端勒索。⑤ "肥贪滑之橐",监督开矿的官员会贪污自肥。⑥ "泄山川之灵",破坏天地元气。徐鼒所说的开矿是指官府开矿,故所举六条理由中,除第六条带有迷信色彩外,其他五条的确都有可能发生。但因有这些弊病而反对开矿,则是一种因噎废食的对策。至于鼓励民间开矿,是他连想都不敢想的问题。

既然开矿不解决问题,那么如何解决当时的银荒现象呢?徐鼒强调:"夫治病者贵知病源,治国者贵知国本。然则今之筹国用者,在于重农桑而已矣。"这是一张非常古老的药方。他分析重农桑的连锁反应说:"重农桑必先贵谷帛,贵谷帛必先禁淫侈,淫侈禁而后商贾之利微,商贾之利微而后耕织之人众,耕织之人众而后谷帛之所出多,谷帛之所出多而后金银之价贱,金银之价贱而后私家之藏滞出,私家之藏滞出而后泉货之源通。"

上述连锁反应中,在"耕织之人众而后谷帛之所出多"以前的话完全是按自然经济模式立论。而"谷帛所出多而后金银之价贱"则正如前面所指出的,是一种错误的理论,根本不能成立。整个连锁反应就像一条链条,到此被截成两段。也就是说,这样的连锁反应是虚假的,出发点和终结点之间构不成因果关系。

徐鼒把重农桑看作人人都要从事的农业劳动。他说:"第(但)令人人耕而天下无饥者矣,人人织而天下无寒者矣。不饥不寒,而金银复何用哉?"在《务本论》中他还说:"夫求衣于银,不如求衣于衣之为得矣;求食于银,不如求食于食之为得矣。"按照这样的逻辑推论下去,那就是以没有货币的社会为最理想的社会了。

实际上徐鼒也只是这样说说而已,他知道货币是取消不了的,所以设想的连锁反应还是以"泉货之源通"为最后结果。在《务本论》中他解释说:"今以谷帛代银之用,即以谷帛分银之权。银之权既轻,则银之价自贱……以谷帛为主,以银为辅,银不至于腾踊,而谷帛借以流通,吾见银之便民而不见其病民矣。"

徐鼒企图用扩大自然经济成分的办法来减少对白银的需求,这种主张比当时流行的重钱轻银论走得更远。重钱轻银论者只是在两种货币中进行选择,并没有反对货币经济本身;而徐鼒却用自然经济的观点来批评用银,把矛头指向了货币经济。这种主张和历史发展的要求完全背道而驰。

第二节　魏源的金属主义货币论

道光二十二年(1842年),魏源完成了记述清代历朝武功和军事制度的著作《圣武记》。其中有《军储篇》四篇,讨论了紧迫的经济问题,而以货币为重点。他比较粮食和货币的重要性说:"语金生粟死之训,重本抑末之谊(义),则食先于货;语今日缓本急标之法,则货又先于食。"①他认为在当时的历史条件下,货币作为一种治标措施,其重要性超过了粮食。由此可见他对解决货币问题的重视。

魏源(1794—1857),字汉士、默深,湖南邵阳人。道光二年,中举人;九年,参加会试未中,捐官内阁中书;二十五年,中进士,以知州代理江苏东台知县;二十六年,因丁母忧去官;二十九年,代理江苏兴化知县;三十年,任高邮州知州。咸丰三年(1853年),因延误驿报被劾罢职;四年,入钦差大臣周天爵幕府,参与镇压太平军的活动,同年辞官;七年,病故于杭州。著作有《海国图志》《圣武记》《古微堂内集》《古微堂外集》《元史新编》等,其中短篇论著和诗篇编有《魏源集》。

魏源在学术上属于今文学派,和龚自珍齐名,而他对实际社会问题的了解又有如包世臣。他曾协助江苏巡抚陶澍和布政使贺长龄试行海运漕粮。陶澍升任两江总督后,魏源又协助其改革盐法,实行淮北票盐制度。鸦片战争失败,他积愤在胸,作《海国图志》,勇敢地提出了"师夷长技以制夷"的口号,主张学习西方。

在《军储篇》中,魏源批评了反对开银矿的议论和王瑬《钞币刍言》中的行钞主张(魏源不知道王瑬还刊行《钱币刍言》,而且误王瑬为王鎏)。他提出解决货币危机的基本对策是"开矿以浚银之源,更币以佐银之穷"。更币包括两方面的内容:一是"官铸银钱以利民用,仿番制以抑番饼(洋钱)";二是兼行贝币和玉币,"以贝、玉佐银币之穷"。②后者是一种不符合货币形制发展方向因而并无实践意义的主张。

徐鼒反对开银矿,魏源则为开银矿辩护。他指出中国在明初以前"重铜轻银",银矿开采量不大,近数百年间流通的白银,十之六七

---

① 魏源:《古微堂外集》卷八《军储篇一》。
② 本段引文出处均同上书,卷八《军储篇三》。

来自外国,只有十之三四出于开采。他认为"中国银矿已经开采者十之三四,其未开采者十之六七"①。现在外来的白银重新被外人收回,已经到了大开本国银矿的时候了。

魏源用开矿的实例来驳斥反对开矿者所说的"聚众则难散,边夷则易衅,税课将滋弊"等论点,并指出即使开矿出现一些弊病,也不能采取"惩色荒而禁昏(婚)姻,恶禽荒而废搜狩"的因噎废食态度。他还主张听任民间自由开采,指出:"但官不禁民之采,则荷锸云趋,裹粮弩赴。官特置局,税其什之一二,而不立定额,将见银之出不可思议,税之入不可胜用,沛乎若泉源,浩乎如江河,何必官为开采,致防得不偿失,财不足用乎?"②

魏源还主张民营,这是他比徐鼒高明的地方。魏源在提出仿造西方船、炮、器械时,也强调官办厂只设一处,"沿海商民,有自愿仿设厂局以造船械,或自用、或出售者听之"③。可见他的民办主张是一贯的。

魏源主张兼用玉币、贝币,玉、贝不是金属,但就魏源的货币理论来说,仍应称之为金属主义货币理论。

魏源很重视货币的价值尺度职能。他在谈到货币的起源时说:"《管子》言禹、汤铸历山、庄山之金为币,以救水旱。珠、玉为上币,黄金为中币,刀、布为下币,以权衡万物,以高下而御人事,此制货币之始。"④这种货币起源论来自《管子·轻重》,但《管子·轻重》对三币的作用只是说"先王以守财物,以御民事,而平天下也",根本没有"以权衡万物之高下"的文字。魏源加上这几个字,恰恰表明他同

---

① 魏源:《古微堂外集》卷八《军储篇一》。
② 本段引文出处均同上书,卷八《军储篇二》。
③ 魏源:《海国图志》卷三《筹海篇三》。
④ 魏源:《古微堂外集》卷八《军储篇二》。

《管子·轻重》关于货币作用的不同观点。《管子·轻重》重视的是货币的流通手段职能,魏源则重视货币的价值尺度职能。魏源还说:"货币者,圣人所以权衡万物之轻重,而时为之制。"①仍然突出"权衡万物之轻重"的作用。这表明货币的价值尺度职能是魏源所反复强调的,在此基础上建立了他的金属主义货币理论。

魏源以数量的多少解释商品和货币的价值。他说:"万物以轻重相权,使黄金满天下而多于土,则金土易价矣。"②作为货币的商品必须是数量有限的难得之物。币材可以变化,但这一特性却不能改变:"古币以金,以贝,以刀布,宋、金及明始用白金,各视其时王之制。然必皆五行百产之精华,山川阴阳所炉韛(bèi),决非易朽易伪之物,所能刑驱而势迫。"③他用货币材料的自然属性来解释这些材料为何成为货币,而不了解这些材料成为货币的社会原因。

所谓"易朽易伪之物"就是指纸币。魏源根本否定纸币流通的任何合理性。王鎏引明末省臣议行钞十便,魏源则针锋相对地提出十不便说:"如欲复行,窃恐造之劳,用之滞,敝之速,伪之多,盗之易,禁之难,犯之众,勒之苦,抑钱而钱壅于货,抑银而银尽归夷,有十不便而无一便矣。"他还用一些中国货币史的事例来论证纸币的六不可行,说行钞比"行冥镪于阳世,陈明器于宾筵","施画饼于赒(救)荒,易告身(官告)以一醉"还不如。

魏源对兑现纸币持肯定态度。他说:"唐之飞钱,宋之交、会,皆以官钱为本,使商民得操券以取货,特以轻易重,以母权子。其意一主于便民,而不在罔利,犹是《周官》质剂之遗。譬如以票券钱,非即以票为钱;以窝引(盐引)中盐,非即以窝为盐,皆有所附丽而行之。"

---

① 魏源:《古微堂外集》卷八《军储篇三》。
② 魏源:《元史新编》卷八七《食货志上·钞法》。
③ 魏源:《古微堂外集》卷八《军储篇三》。

飞钱是汇票,我们可以不论。就兑现纸币而言,确实是"有所附丽而行之",但魏源将它等同于盐引,则反映出对兑现纸币的不正确看法。他说发行可以兑现的交子、会子,"其意一主于便民,而不在罔利",则是把兑现交子、会子的发行理想化了。①

魏源肯定兑现纸币是为了和不兑现纸币形成强烈的对比。魏源接着指出:"至蔡京改行钞法②,则无复官钱,而直用空楮,以百十钱之楮,而易人千万钱之物。是犹无田无宅之契,无主之券,无盐之引,无钱之票,不堪覆瓿(酱缸),而以居奇。宜乎奸伪竞起,影射朋生,不旋踵而皆废。"他认为不兑现纸币流通必然失败是因为它是没有现金储备的空楮,就像"无田无宅之契,无主之券,无盐之引,无钱之票"毫无用处的道理一样。其实,不兑现纸币流通失败并不仅仅因为它不能兑现,这和"无田无宅之契,无主之券,无盐之引,无钱之票"本身就是废纸的性质并不相同。"空楮"在一定的条件下是能够流通的,并不一定非失败不可。即使是兑现纸币,也不需要有十足的准备金,其中总有相当数量是"空楮"。这是魏源所没有认识到的。

虽然有上述理论错误,但宋至明的纸币的确都归于失败,魏源对纸币的否定是有历史事实为依据的。他在批评蔡京"直用空楮"以后指出:"金、元、明代,竟不鼓铸而专用钞,重以帝王之力,终不能强人情之不愿。""竟不鼓铸而专用钞"是金、元、明某些时期的情况,魏源的说法过于简单化。"重以帝王之力,终不能强人情之不愿"正确地说明了政治权力作用的有限。

魏源还继承马端临的"流落民间,便同见镪"的说法,从贮藏手

---

① 以上两段引文均见魏源:《古微堂外集》卷八《军储篇三》。
② 蔡京改的钞法是盐钞法,不是变兑现纸币为不兑现纸币,魏源这里的理解有误。北宋交子的不能兑现,并不自蔡京始。

段的角度来批评纸币流通。针对交子、会子的贬值,他说:"以尺楮而代数斤之铜,以一夫而运万缗于千里之远,赍轻用重,流落民间,即同见镪,其究必有最后受累之人。其罪究归最初作俑之人,仁者其忍出此?"①

魏源认为实行王鎏的行钞禁银主张会导致尽驱纹银于西洋的后果,而开展正常的对外贸易则可以使白银进口,银价降低。他在分析了中国的进出口贸易后充满信心地说:"使无鸦片之毒,则外洋之银有入无出,中国银且日贱,利可胜述哉!"②

第三节 许楣兄弟的金属主义货币论

对王鎏《钱币刍言》作系统批评的是许楣刊行于道光二十六年(1846年)的《钞币论》。《钞币论》中有许楣之兄许梿写的《叙》和按语。

许楣(1797—1870),字金门,号辛木,浙江海宁人。嘉庆二十三年(1818年)举人,道光十三年进士,授户部贵州司主事;十六年,因病告归;晚年移居江苏东台。著作还有《删订外科正宗》《真意斋诗存》等。

许梿(1787—1862),初名映涟,字叔夏,号珊林。嘉庆二十四年举人。和许楣同科进士。许梿历任山东平度州知州,江苏徐州、镇江知府,江苏粮道等官。著作有《洗冤录详议》《刑部比照加减成案》《古均(韵)阁遗著》等。

《钞币论》分《通论》8篇、《钞利条论》18条、《造钞条论》7条、《行钞条论》18条、《禁铜条论》2条、《铸大钱条论》1条、《杂论》5条

---

① 以上四段引文均见魏源:《古微堂外集》卷八《军储篇三》。
② 魏源:《海国图志》卷二《筹海篇四》。

第十三章 鸦片战争后十年间的货币理论

等几个部分。《通论》是正面立论。《条论》和《杂论》每条都先引《钱币刍言》中的论点,再进行反驳。许楣大概没有看过《钱币刍言续刻》和《钱币刍言再续》,《钞币论》没有涉及这两书中的论点。

许楣用金属主义的观点对《钱币刍言》进行批评,将中国封建社会时期的货币理论发展到了最高点。

许楣完全站在维护以银为货币的立场上,其态度之坚定在中国历史上是空前的。他说:"以余考之,银之为币久矣,特未若今日之盛耳;上之用银亦久矣,特未以当赋耳。"强调"银之为币久矣",目的在于说明以白银为货币是天经地义的事。它的货币地位是国家权力废除不了的,"如欲尽废天下之银,是惟无银。有则虽废于上,必不能废于下也"①。

许楣继承《管子·轻重》的价值论,认为"凡物多则贱,少则贵"②。金银的产量少,所以价值高:"天下之物,惟有尽故贵,无尽故贱。淘沙以取金,金有尽而沙无尽也。凿石以出银,银有尽而石无尽也。"③许楗则认为金银具有稳定的价值,即使数量增加也不会变化。他说:"凡以他物为币,皆有轻重变易,惟金银独否……时代有变迁,而此二物之重亘古不变。锱铢则以为少,百千万不以为多。"④"多出数百千万之钞于天下,则天下轻之,多散数百千万之金银于天下,天下必不轻也。亦可见物之贵贱,皆其所自定,而非人之所能颠倒矣。"⑤许楗认识到商品价值具有客观性,"非人之所能颠倒",这是正确的。但他认为商品价值皆其所自定,把商品价值看成是商品的自然属性,则又是错误的了。许楣兄弟的上述理论反映了

---

① 许楣:《钞币论·通论六》。
② 同上书《行钞条论十》。
③ 同上书《钞利条论一》。
④ 同上书《钞利条论一》。
⑤ 同上书《造钞条论七》。

货币拜物教思想,许楣表现得更为突出。

金属主义者不能正确认识货币的流通手段职能,许楣兄弟同样如此。许楣说:"银,银也;钞,纸也。"①"夫天生五金,各有定品,银且不可以代金,而谓纸可以代钱乎？弗思耳矣。"②诚然,不同的商品有不同的价值和使用价值,不能互相代替。可是就货币流通而言,纸确实"可以代钱",许楣却完全予以否定。他认为国家发行的不兑现纸币只可以用来向国家交纳赋税,此外都是废纸:"假令行交、会之始,即多出虚纸以易民钱,而第令分其什之三四以输税,则民皆知输税之外尽为虚纸,谁复肯以现钱易虚纸哉？"③实际上纸币可以向国家输纳是保证纸币流通的必要条件,用来输纳的部分占纸币发行量的比例越大,对纸币流通的保证作用也越大。在纸币还没有严重贬值的情况下,人民是会拿"现钱易虚纸"的。这种现象只能从货币的流通手段职能得到解释,许楣对此并不了解。

许楣反对"以纸代钱",但肯定"以纸取钱",即兑现纸币,认为前者是"弊法",后者是"良法"。《钞币论》从《通论一》到《通论五》讨论了纸币流通的历史。许楣指出纸币产生时原是"以纸取钱"的,"交子无钱而法一弊,变为会子。会子无钱而法再弊,变为孤钞"。元代的纸币就是"孤钞"。他认为"元之孤钞,积欺与愚使然"。因为元代直接继承了宋、金的纸币,"其欺民也久,民之受其愚也亦久,因恬然为罔民之政,而民亦安之"。所以等到"一决其藩,即不可复"。明代"复欲续之,则民皆知其为欺人之物。故虽多为厉禁,其极至于断脰(dòu,颈)、戍边而终不可愚"。明代的纸币已是"废票",现在再来

---

① 许楣:《钞币论·通论八》。
② 同上书《造钞条论一》。
③ 同上书《通论二》。

仿效,则是"贫子之票"。①

这样的分析,除正确地说明中国的不兑现纸币是从兑现纸币发展过来的以外,就没有更多的科学性了。前代的钞法失败,后代可从头开始,并不存在如许楣所说的发展规律。用"积欺与愚使然"解释不兑现纸币的流通,没有揭示不兑现纸币流通的内在原因。

许楣兄弟也以货币贮藏来反对纸币流通。许槤在《叙》中发挥许衡的论点,借吕洞宾因"三千年后还复为石","可惜误三千年后得金人",而不取成金之石的故事,以讽喻纸币流通最后总有受害者。许楣则说,"今有富室积银巨万,而计产完粮不过百两",如果将银全部换成纸币,"徒令巨万之银悉化为纸"②。这实际上说明纸币没有储藏手段的职能。

许楣反对纸币流通,但没有提出克服货币危机的办法。他认为"银之流布于天下者,已足天下之用……向使无漏卮之耗,虽长此不废可也"③。当时的银贵钱贱主要是由于银贵而不是钱贱,所以不能用"疏通钱法"的办法来解决。对于鸦片战争后"其势方未有所止"的白银继续外流,他感到"事又有非变法所能尽"④,表现出找不到出路的苦闷。

第四节　许楣对王鎏虚夸之论和鼓吹君权的批评

用金属主义观点批评名目主义是存在着局限性的,但由于王鎏

---

① 本段引文均见许楣:《钞币论·通论三》和《钞币论·通论四》。
② 同上书《行钞条论四》。
③ 同上书《通论七》。
④ 同上书《通论八》。

的理论是为封建统治者利用纸币搜括人民财富和实行通货膨胀政策服务的,这就使得许楣本身理论上的错误退居非常次要的地位,而被它的积极作用所淡化。

王鎏的《钱币刍言》充满了虚夸不实之论,并宣扬封建统治者和人民利益的一致性,鼓吹"君足而后民足"。许楣对《钱币刍言》的批评有不少可以归纳为两方面的内容。

第一,对王鎏虚夸之论的批评。

宋至明的纸币最后都归于失败,王鎏为了表示他的行钞主张和历代行钞不同,强调他提出的方案是经过"酌古勘今,以期于尽善而可行",决不会"复蹈前人故辙"。许楣指出王鎏的方案不仅把宋、金、元的弊法奉为良法,而且其弊更甚。他说:"夫以纸取钱,而至于负民之钱,此宋、金、元弊法之所有也。以纸代钱,而至欲尽易天下百姓之财,此宋、金、元弊法之所无有也。"[1]"至欲尽易天下百姓之财",确实是王鎏主张的要害所在。许楣还将王鎏主张的办法和明代的纸币流通制度作了比较,证明这些办法在明代基本上都已经实行过了。它和明代的主要不同,只是"徒见明之钞止于一贯者增至千贯,明之大钱止于当十者增至当百而已"[2],揭露了王鎏的"以期于尽善而可行"是没有根据的谎言。

王鎏说"宋孝宗以金帛易楮币,藏于内库,一时楮币重于黄金",这是有史书为依据的。"楮币重于黄金"是宋臣用来吹捧宋孝宗管理会子取得成功的夸大之辞。许楣对此提出批评说:"楮币不行,以金帛易之而重,吾见黄金之重于楮币矣,未见楮币之重于黄金也……孝宗何不以楮币易金帛,而以金帛易楮币?楮币重于黄金,

---

[1] 许楣:《钞币论·通论一》。
[2] 同上书《通论五》。

民间何不宝藏楮币,而甘易金帛也?"①虽然他是站在纸币根本不能流通的立场说这番话的,但就批评本身而言却是正确的。

王鎏的所谓行钞的二十二大利,许楣在《钞利条论》中逐一予以否定。否定的理由上一节和本节都有提到,这里只举五条为例。

行钞大利第八条是"国赋一皆收钞,则无火耗之加派"。许楣反驳说:"钞可当钱,则岂但无火耗之加派而已。造百万即百万,造千万即千万,虽尽蠲天下之赋可矣,如不能何!"②

行钞大利第九条是"钞文书明定数,虽欲上下其手而不能,则绝胥吏之侵渔"。许楣反驳说:"苟有所欲,虽钞文判曰侵渔者斩,犹有所不顾也。夫舞文之吏,上下无方,彼固有明目张胆以取之者矣,岂一点一画之所能缚其手乎?"③

行钞大利第十条是"钞直有一定,商贾不得低昂之,则去民心之诈伪"。许楣反驳说:"前代之钞直未尝不一定也,商贾犹今之商贾也,然物重钞轻,史不绝书,非低昂而何?"④

行钞大利第十二条是"边疆起衅,每因抢夺银币而然,今易以钞,彼此无所觊觎,则弭边界之生衅"。许楣举出一些历史事例说明边疆争夺的可以是牲畜、妇女、土地,而不是银币,并说:"凡可觊觎抢夺者,举银币也,何必银币!"⑤

行钞大利第十六条是"大小钞皆书印格言,俾民识字,则寓教民之微意"。许楣用自己的亲身经历反驳:"吾游京师,见钱票多有取《陋室铭》《朱柏庐家训》作细楷刻印其上者。尝试举以问车夫,则皆

---

① 许楣:《钞币论·杂论二》。
② 同上书《钞利条论八》。
③ 同上书《钞利条论九》。
④ 同上书《钞利条论十》。
⑤ 同上书《钞利条论十二》。

瞠目不知何语,至有并钱铺之名号不识者,乌在其识字也?"①

对王鎏行钞办法中的虚夸之论,许楣也进行了批评。如王鎏主张官库及富家用黄金作成匣子藏钞,许楣指出:"千贯大钞,长尺而阔二三丈,卷之盈握。函加大焉,长过其卷,厚以分计,一函之费约黄金三四十两。以近时金价计之,可值千贯。以千贯之函,藏千贯之钞,钞而可用,是函与钞同价也。钞而不可用,则以黄金藏废楮矣。"②这样的批评是非常精彩的。又如王鎏主张纸币分省流通,从一省到另一省要换钞使用。许楣指出:"是困天下之行旅也……以钞易钞,必于通衢大邑,则迂道他出不能矣,由径取捷不可矣。其或阻风水雨雪,昏暮迫欲易钞行用,而官局尚远,当复如何?"③

许楣在批评中也指出了实行王鎏行钞废银主张的一些后果,归纳起来主要有:驱银出洋;造成钱庄亏空;民间藏银悉化为纸;引起商品流通混乱和物价波动;官兵胥吏以钞强买,引起罢市;为不肖官吏、蠹役借机掠夺搜括开方便之门;纸币分省发行,困天下行旅等。

第二,对王鎏鼓吹君权的批评。

凡是王鎏鼓吹封建国家和帝王权力的文字,许楣都针锋相对地提出相反的观点。

王鎏说:"万物之利权,收之于上,布之于下,则尊国家之体统。"许楣反驳说:"既尽收其银,又悉禁其票,绝天下之利源,而垄断于上,何体统之有?"④

王鎏说:"国家行一小钞可得九倍之利,行一大钞可得十九倍之利。"许楣反驳说:"取民九倍十九倍之银,而偿以丈尺之纸,国家利

---

① 许楣:《钞币论·钞利条论十六》。
② 同上书《钞利条论十二》。
③ 同上书《钞利条论八》。
④ 同上书《行钞条论二》。

矣，其如民之不利何？民既不利，钞必不行，九倍十九倍之利必不可得。"①

王瑬说："行钞之利取之天地"，"故利无穷而君操其权"。许楣反驳说："君操其权而民受其害。"②

许楣还指出封建国家发行纸币有实行通货膨胀的必然性。他说："自古开国之君，量天下土地山泽之所入以制用，其始常宽然有余。至其后嗣非甚不肖也，然水旱耗之，兵革耗之，宗禄庆典及诸意外冗费耗之，用度稍不足矣，势不得不于常赋之外诛求于民。而行钞之世，则诛求之外惟以增钞为事。然不增则国用不足，增之则天下之钞固已足用，而多出则钞轻而国用仍不足。宋、金、元之末，流弊皆坐此。"③封建国家必然会发生财政困难，在发行纸币时必然要用纸币来弥补财政赤字，弥补财政赤字必然导致纸币贬值。在这里，许楣把对中国封建国家的纸币流通和通货膨胀政策的批判推进到了一个新的高度。

许楣对君权的蔑视，既出于论辩的需要，又反映出鸦片战争后有识之士的思想产生了新的变化。鸦片战争的失败，使清王朝"的声威……扫地以尽，天朝帝国万世长存的迷信破了产"④。正是在这一历史条件下，长期生活在民间的许楣才能在较大程度上跳出封建思想的束缚，敢于毫不讳言君民在利益上的对立。

反对通货膨胀反映了广大人民的要求。从反对国家收银的角度说，许楣的理论又代表着货币贮藏者的利益。他在指出王瑬的行

---

① 许楣：《钞币论·行钞条论六》。
② 同上书《行钞条论十八》。
③ 同上书《造钞条论七》。
④ 马克思：《中国革命和欧洲革命》，《马克思恩格斯选集》第1卷，人民出版社2012年版，第779页。

钞主张使"民受其害"时,常常使用"富民""富室""富户""富商""豪商大贾"等词为这些人的利益辩护。这种明确维护豪商大贾利益的主张,在鸦片战争前后是很突出的。

许楣也维护钱庄等金融机构的利益。王鎏说钱庄倒闭时,发行的钱票、会票"全归无用,行钞则绝钱庄之亏空",把这一点列为行钞的第五条大利。许楣反驳说:"钱庄取富户什百千万之银,而其终悉化为纸,则为亏空。国家取百姓百千万亿之银,而其始即化为纸,独非亏空耶?且今天下钱庄固不皆亏空也,行钞然后亏空者众矣……然则迫钱庄之亏空者钞也。"①钱庄有信用好的,也有信用差的,钱庄倒闭造成了存户的严重损失。但许楣批评行钞迫使钱庄倒闭,认为即使钱庄有可能倒闭,仍比国家行钞收银要好得多。

第五节 马敬之、吴嘉宾等的重钱轻银论

这一时期主张重钱轻银的人很多,以下只从货币理论的角度作一概述。

马敬之,字芸五、悔初,湖南湘潭人。他以岁贡生终,著作有《四待轩稿》,其中《银币论》两篇②提出了重钱轻银的主张。

马敬之认为商品流通要靠钱币,"权之以钱币,交易始畅"。而银币又是"权钱币"的,清朝银币盛行后颠倒了这种关系,"天下之币乃壹出于银,乃以钱权银"。"权之以钱币"从字面上看,好像是说用钱币来衡量商品的价值。但从他以银换钱或以钱权银的说法来看,说的是一种主从关系,被权者是主,权者是从。以银权钱,是钱为

---

① 许楣:《钞币论·钞利条论五》。
② 《四待轩稿》未见。《银币论》收于《湖南文征·国朝文》卷三〇,盛康编《皇朝经世文续编》等书亦有收录。

主,银为从;以钱权银则反之。他主张以银权钱,也就是包世臣所说的"使银从钱"。不过包世臣只是针对银贵钱贱的货币危机而提出了一种对策,马敬之则把以银权钱看作必须做到的一条根本准则,这自然是和货币的发展完全背道而驰的。

马敬之也像明中叶以来的反对用银者那样批评了用银之害。他说"以钱权银"后,银成了人们的追逐对象,"奔走天下惟银币"。"银币生,钱币病,菽粟布帛死",用银只"便官吏,便商贾,便盗贼",而不便于"吾农吾氓"。因此用银将会导致"官吏则贪冒横城府,盗贼则攘夺横江湖",人们纷纷弃农经商。

为了说明不能"以钱权银",马敬之作了以下比喻:"譬诸身,菽粟布帛,心膂也;钱,血脉也;银,指爪毛发也。譬诸家,菽粟布帛,父母也;钱,子弟也;银,佣隶婢妾也。先指爪毛发、佣隶婢妾,而后血脉、子弟,吾见心膂之堙郁,父母之轩嚣而已矣。"①这种比喻只是形象地说明银应该居于次要的地位,并没有什么理论意义可言。他还提出母子关系论说:"钱,子也;菽粟布帛,母也。母[不]可权子,子可权母。例钱于银,银子而钱母,钱币不可权银币。钱币权银币,钱币愈轻,菽粟布帛愈轻。管、商把牢盆(煮盐器),萧留(萧何)典会计,不能使裕矣。"②子由母出,不能以母从子,只能以子从母。银是子,钱是母,所以钱不能从银。需要论证的是,钱为什么是母,银为什么是子? 这个前提违反了货币流通的客观实际,由此引出的结论自然就不能成立了。

另一篇有理论性的重钱轻银论文章是吴嘉宾的《钱法议》③。

吴嘉宾(1803—1864),字子序,江西南丰人。道光十八年(1838

---

① 以上均见马敬之:《银币论一》。
② 马敬之:《银币论二》。
③ 吴嘉宾:《求自得之室文钞》卷四。

年)进士,选庶吉士,散馆授编修;二十七年,因事谪戍军台,四年后放回;因同太平军作战有功,升内阁中书,加侍读衔。同治三年(1864年),战死。著作有《礼说》《求自得之室文钞》等。《钱法议》作于道光二十五年,是讨论刘良驹《请饬定银钱画一章程疏》时,受章京汪本铨之托而作,未上奏。

吴嘉宾认为银贵的主要原因不是白银外流,而是白银本身供不应求。他说:"市中银价日昂,言者以为由纹银出洋中国银少所致,此犹饮水者忧天旱水涸,不知特釜中涸耳……朝廷以府库积藏,天下之人,小者积以箱箧,大者积以瓮窖。人情之所私,安得不贵?"这同徐鼒的观点相似,不过徐鼒认为白银被商人贮藏,吴嘉宾则认为从国家到个人都在藏银。他也重复用银有害论,先引清初学者任源祥《制钱论》①中的话:"钱者,君实制之,以操天下之利权。今不纳钱而纳银。银之为物,民不能生之,君不能制之,徒使豪猾得以擅其利,贪墨得以营其私,非国家之便。"然后指出:"使轻重之权操之商贾,取携之利同之奸盗,天下自此易富易贫矣。"吴嘉宾认为改变这种局面在于重钱轻银,而重钱轻银与否只在于统治者政策的变化:"欲银不贵,吾不贵银而可矣。欲钱不贱,吾不贱钱而可矣。是在上者一转移间。"把重钱轻银看得如此轻而易举,是不切实际的幻想。

吴嘉宾主张钱币的名义价值和实际价值保持一致,指出:"窃谓用钱当以斤两权之,铸钱轻重亦当以铜价准之,钱贱于铜,则有私毁之患;钱贵于铜,则有私铸之患。小民图利,非严法所能杜,惟使之无利则自息……凡用钱者,只以斤两为准,不问官铸私铸,盖直以铜交易耳。"

清初夏骃说"夫铜即未铸之钱,钱即已铸之铜",吴嘉宾的理论

---

① 贺长龄等编《皇朝经世文编》卷五三。吴嘉宾所引不全是原文,但意思相同。

与此相似，但对量的分析更为具体。认为用钱交易就是以铜交易，是一种金属主义的观点。在防止私销私铸方面，这确是一种最简便的方法。不过他没有考虑到铸造费问题，照他的主张就需由国家贴铸造费用。他没有认识到铸币实际上并不一定按它的实际价值流通，这在国家垄断铸造的情况下是常事。他还没有注意到铜钱并非全部由铜铸成，清代铜钱的含铜量只占一半或一半多一点，其余为锌、铅等。这些都说明他的理论还是比较粗疏的。

一般的铸大钱主张是指铸不足值大钱。如道光二十二年（1842年），御史雷以諴（xián）（1806—1864）建议铸重 1 两的当百大钱。当时制钱的法定重量为 1 钱 2 分。以 1 两重为当百是严重的贬值行为。雷以諴引单旗的子母相权理论，把它用于大钱加以发挥说："夫以重钱视银，则银为母，而重钱为子以权之，而母可以省其力；以重钱视制钱，则制钱为子，而重钱为母以权之，而子可以畅其流。"① 他的意思是说以当百大钱介于银和制钱之间，既作为银之子，又作为制钱之母。用子母相权来解释不足值大钱的流通，显然是违反了单旗子母相权的原意。雷以諴甚至幻想用大钱"行之闽、粤、三江地方，并可以敌洋银"。

类似吴嘉宾的主张铸足值大钱的人还有江鸿升和王庆云。

道光二十八年（1848 年），江鸿升建议铸当五十和当十大钱。他批评铸不足值大钱的主张说："抑知工本轻而钱值重，则私铸必多，奸伪滋起。利之所在，虽绳以峻法，而岂可禁遏。"他指出铸大钱的目的在于改变铸钱成本超过钱值的反常现象，以节省铸造费用。"况今日制钱一文所费工本已将至二文，若铸当五十、当十大钱，工本只如其五十、十文之数，省费几及一半。"他强调铸钱工本要和钱

---

① 中国人民银行总行参事室编《中国近代货币史资料》第一辑《清政府统治时期》上册，第 146 页。

值保持一致,"当五十者工本必值五十,当十者工本必值十文",此乃"清私铸之源"的"最要关键"。①

同年,侍读学士王庆云(1798—1862)继之而作《铸大钱说帖》②,主张铸当五、当十足值大钱,铸大钱的理由和江鸿升相同。他说:"自银价昂贵,今之制钱盖工本二而铸钱一。局中铸一串之钱,即糜一串之帑,岁常以数十万金置之无用之地,此何为者？诚使以制钱五文工本铸当五大钱,以十文工本铸当十大钱,是一而铸一也。"他批评了铸不足值大钱的主张,指出:"其请铸大钱者,又欲以数两之币,当百当千,名实乖违,公私欺罔,利未一而弊已百。"

实际上,吴嘉宾、江鸿升、王庆云的铸足值大钱主张也是要进行通货贬值。不过这种贬值是针对铸钱成本过高而采取的对策,具有使铜钱的名义价值和实际价值相一致的指导思想。问题在于,铜钱不是唯一的货币,当时的钱价下跌主要是银价上涨所引起的,因此即使采取这一对策也不能解决问题。如果银价继续高涨,原定重量的大钱仍不能保持名义价值和实际价值一致。由于铸大钱是大变成法,而且易引起人们的心理震荡,即使是铸足值大钱的主张,也不会被当时的决策者所采纳。

有些人强调用钱可以由国家调节物价,用银则不能。岳州府(治今湖南岳阳)教授成毅说:"夫银之多寡有无,既专操之商贾豪猾,于国于民,已属大病,而况并操之域外之黠侩也……钱者,人君所以持物之平,而御轻重者也。以钱御物,则其权在钱,以银御物,则钱亦一物耳。所谓利权倒置者也。假如一切以钱为估,则百物皆出于民,钱币独操于官。"③内阁学士朱嶟(1791—1862)也说:"物贱

---

① 本段引文均见《中国近代货币史资料》第一辑《清政府统治时期》上册,第157页。
② 王庆云:《石渠余纪》(《熙朝纪政》)卷五。
③ 成毅:《专重制钱论上》,见盛康编《皇朝经世文续编》卷五八。

由乎钱少,少则重。重则加铸而散之使轻;物贵由乎钱多,多则轻,轻则作法而敛之使重。一轻一重,张弛在官,而权操于上。今也出纳以银,而钱几若置于无用……于是富商市侩得以乘人之乏,相时之急,操奇赢而窃行其轻重之权。"①

成毅、朱嶟引唐人的话来证明自己的观点。成毅引刘秩关于钱币"多则作法收之使少""重则作法布之使轻"一段话,朱嶟上述引文中的开头部分则引自陆贽。但唐代以钱为货币,清代已发展到以银为主要货币。既然国家可以用钱来调节物价,为什么就不能用银来调节呢?钱币由国家铸造,银币也同样可以由国家铸造。问题在于,在银已成为主要货币的情况下,国家还是按照传统的方法管理钱币,而没有相应地制定管理银币的政策。所谓用银使国家不能掌握轻重之权,正反映了清王朝货币管理的政策落后于形势。实际上,即使是用钱,国家掌握调节物价的权力也不过是说说而已。

第六节 陆㭴恩、陈池养、缪梓等的行钞论

道光二十三年(1843年),淮南监掣同知谢元淮在看了王鎏的《钱币刍言》后,"喜其精详,议论宏远",认为是"有用当世之书",但又觉得"其言近于夸,且欲废银、禁铜,兼铸当百、当十大钱,未免经生之见",因此"去其芜冗,取其菁华,度今日之可见于行事者,都为一篇,后列行钞章程",题为《钞贯说》②。

谢元淮将王鎏的行钞二十二大利改为十利:"凡天下货物之为币者皆有尽,惟钞无尽,造百万即百万,造千万即千万,秉造化之炉

---

① 朱嶟:《运钱法以握利权疏》,见盛康编《皇朝经世文续编》卷五八。
② 收录于王鎏:《钱币刍言再续》。

锤,其利一。利权收之于上,布之于下,尊国家之体统,其利二。百姓便于行钞,洋钱不禁而自废,免外夷之耗蚀,其利三。民间行用钱票、会票,每苦钱店闭歇落空,行钞则绝市侩之脱骗,其利四。钞有一定之贯数,商贾不得随意低昂,去民心之诈伪,其利五。奸民倡立邪教,皆以财利要结人心,行钞则财用不绌,缓急有备,其利六。货物壅滞之处,以钞收之,平物价而广流通,其利七。财用既足,则兴水利务开垦,广斯民谋生之路,其利八。每遇水旱偏灾,河工军需不假富户之捐输,可杜官吏之逼勒,其利九。度支大裕,举凡河、漕、盐务积弊之当厘剔,而以经费不足不敢轻议者,行钞则可次第举行,除万事之颓靡,其利十。"

二十二大利改为十利,的确去掉了不少浮夸语言。如王瑬以钞上"书印格言,俾民识字,则寓教民之微意"为第十六大利,自然属于剔除之列。即使是被谢元淮保留的第一大利,也做了修改。王瑬在"造百万即百万,造千万即千万"后还有"则操不涸之财源"的话,谢元淮改为"秉造化之炉锤",表明他不认为发行纸币是"操不涸之财源"。虽然如此,十利中还是有一些说得过头的话。

在行钞的具体办法上,谢元淮对王瑬的方案颇多修正。如纸币的最高面值为五十贯、发行额以倍于岁入为止、不分省流通、不禁银、不铸大钱等,都和包世臣的主张相同。

鸦片战争后,陆黻恩提出了"以钱济银之穷,以钞币济钱之穷,以当十、当百钱济钞币之穷"①的主张。

陆黻恩(1803—1874),字亚章,号紫峰、息庵,江苏阳湖(治今常州市武进区)人。道光十九年(1839年)举人。以授徒为业。著作有《读秋水斋诗》《读秋水斋文》。

---

① 陆黻恩:《读秋水斋文》卷一《钱币议一》。

陆㼍恩主张钱(包括当十、当百大钱)钞兼用,纸币通行后,"凡输于官者悉用钞,奇零小户则以钱足之"。银则"听民之自为交易,其价之长落亦听之,特不得以输国课"。做好新旧钞的调换工作,凡使用满10年的旧钞一律调换新钞。他认为这样实行10年,就会"国用大裕,贮于不涸之府,藏于不竭之源……如是而国不足、民不富、官不裕者,未之有也"①。他对纸币流通盲目乐观的估计,很像是受了王鎏立论的感染。

纸币容易伪造,陆㼍恩指出这不应成为不能行钞的理由。他说:"且钱有私铸、私销之弊,不闻因是以废钱;银有夹铜、灌铅之弊,不闻因是以废银;即番饼有苏板、锡板之弊,亦不闻因是以废番饼。而子独疑于钞,是因噎而废食也,而可乎?"②因害怕伪造而反对行钞,确是因噎废食。但用铜钱、白银和洋钱都可能伪造为理由来反驳,却是一种名目主义观点。铜钱、白银、洋钱虽然可能有伪造,可是非伪造部分却是具有价值的,怎么能和没有价值的纸币相比?

陆㼍恩还用"上敛之"来解释银币和纸币的流通:"夫银之为物,寒不可衣,饥不可食,然而民贵之者,以上敛之故耳。其于钞也亦若是焉耳。"西汉晁错说珠玉金银之所以众贵之,是因为"上用之",陆㼍恩改为"上敛之"。晁错说的是珠玉金银,陆㼍恩却将其引申到纸币。他认为纸币"行之既久,则民自耳目改观,思虑变易,将转其爱纹银、番饼之心,易而爱钱钞。如是者又有年,民将唯钞之行,其视纹银、番饼,不过如金玉珠玑,充耳目玩好之具,其以为货者几希矣"③。虽然这一说法从长远看是符合发展规律的,但在当时的中国却完全是幻想。

---

① 陆㼍恩:《读秋水斋文》卷一《钱币议二》。
② 同上书卷一《钱币议三》。
③ 同上书卷一《钱币议四》。

陆㪸恩强调纸币流通的关键在于一个"信"字,即朝廷要保持对纸币的信用。他以大明宝钞流通的失败为教训,批评"言利之臣徒知新钞之不行,而痛抑旧钞以增重新钞",结果"新钞亦不可得而重"。他指出只要"行之以信,厉之以诚,断之以果",即使还不能完全杜绝伪造,也能保证真纸币的"流行无滞"①。其实,保持纸币信用的基础除在于"上敛之"外,还在于控制发行数量。陆㪸恩始终没有注意纸币的发行数量问题。因此他对王鎏的批评还没击中要害,只是说:"至其数必以一贯为断,通行一品,庶不以多而易淆。若如王亮生《钱币刍言》,则自一贯至千贯,品式多端,愈难照验,则断乎不可行也。"②

道光二十六年(1846年),陈池养作《钞法末议》,分《钱法论》《银价论》《钞法论》《行钞论》《行钞储银论》《行钞积谷论》《严禁民间打造铜器仍用钱数收买铜斤论》七则,论述了行钞主张,"俟名公卿择以闻焉"③。

陈池养(1788—1859),字子龙、春溟,福建莆田人。嘉庆十四年(1809年)进士,曾在直隶任知县、知州,于嘉庆二十年回乡。著有《莆田水利志》《慎余书屋文集》《慎余书屋诗集》等。

陈池养和林则徐有交往。道光二十九年,林则徐告病归,三十年春回到福州,两人曾相会。林出示其所作的《出纳官券议》,征求陈池养的意见(《慎余书屋文集》卷一附有林则徐的《钞法考证》)。别后陈池养在《上林少穆尚书论行钞书》中申述了自己的观点。此信和《钞法末议》反映了陈池养的货币思想。

陈池养指出,由于银贵钱贱,以致"关税亏短,盐商倒塌,输将艰

---

① 陆㪸恩:《读秋水斋文》卷一《钱币议三》。
② 同上书卷一《钱币议四》。
③ 陈池养:《慎余书屋文集》卷一。

第十三章　鸦片战争后十年间的货币理论

难,军国之费更十分支绌",而"每岁漏卮不下二三千万。鸦片之来源源不绝,金银之去滔滔不归,其势不尽竭中国之银不止。"①他认为用重钱轻银的办法来解决白银外流危机是行不通的,因为民间"好钱短绌亦与银同"②。而且外国也在收买制钱,"刻下银尽,金尽,番镪(洋钱)将尽,即乾隆以上之好钱亦必至于尽"③。所以唯一的解决办法只有行钞。

陈池养提出的行钞办法是收银、钱发钞,将所收银、钱贮于官库,银、钱实在短绌之处则以谷入仓作价。他认为银、钱进入官库,"使民间买卖无一不出于钞,则鸦片不禁自除,以之制夷人有余矣"④。在另一处他则说:"计惟行钞以收未尽之银,使不全入于海,鸦片之祸或可稍息,库贮之藏或可稍支。偶有潢池之警(战争),钞可用则用钞,如必须用银,亦有备无患也。"⑤

陈池养又说:"钞,虚也。虚也而实用之可乎?必得子母相权之意,而后缓急可恃,远迩可通,非专恃钞而行也……故欲用钞,必有物以为之母,虚可得而实,钞乃可得而用也。"⑥为母之物包括银、钱和谷,谷用于没有银与钱的地方。民间的银、钱流通并不禁止,但不许钱铺出票,他认为这样就能使商贾乐于用钞。钞初造不宜过多,待广布后再陆续加造。陈池养强调钞必须有母,但他实际上并不主张兑现。他的行钞办法是政府用纸币换民间的银、钱和谷,民间再用所换得的纸币去"完纳钱粮课税"。这仍是一种不兑现纸币的主张。它反映了陈池养纸币理论和实际主张的矛盾。另外他认为行

---

① 陈池养:《慎余书屋文集》卷一《银价论》。
② 同上书卷一《钞法论》。
③ 同上书卷一《上林少穆尚书论行钞书》。
④ 同上。
⑤ 同上书卷一《行钞储银论》。
⑥ 同上书卷一《行钞论》。

钞能抵制鸦片输入,这是一种天真的想法。

道光二十九年,缪梓指出"可以胜银之弊者惟钱,而钱苦其重滞而难行,可以疏通钱法者惟钞",也主张发行纸币。

缪梓(1807—1860),江苏溧阳人。道光八年,中举人,历署仙居、石门、奉化知县;二十六年,在奉化任内因失察书吏勒索,降四级调用;二十九年,复官,捐同知;先后任宁波、杭州知府,官至署盐运使兼浙江按察使,管营务处。咸丰十年(1860年),在防守太平军进攻杭州时被击毙,谥"武烈"。著作有《缪武烈公遗集》。

对于白银之成为主要货币,缪梓有比较正确的认识。他说:"汉唐以来,海禁益开,番舶麇(群)至,银渐充于中国。而其为物也,藏之无腐烂之虞,携之省转运之费,故日用而日广。上之人不能夺,因而利道(导)之,势使然也。"这是说用银不是统治者的主观意志决定的,而是顺应了历史发展的潮流,适应了经济发展的需要,比包世臣所说的"非人力所能轻重"更为明确。但从救弊出发,他提出了上述主张。

缪梓认为前代"钞法之坏有三:曰滥,曰琐,曰数变"。"滥"指发行过多。他说:"以楮为缗,出之甚易。出之易,故日多,多则轻,轻则阻。"这表明他反对滥发纸币。"琐"指纸币面值等级过多,以致完全驱逐钱币。他主张纸币面值从一贯到一百贯,"一贯而下皆用钱,一贯而上许用钞"。"数变"指纸币贬值后,"又以新钞抑旧钞,号令反复,民听疑惑",违反了"钞法必信乃可久行"的原则,以致新旧钞都难以流通。他主张纸币可以兑钱,"钞轻则放钱而纳钞,钞重则给钞而贮钱",做到"轻重相资,虚实相用"。

以上说明缪梓的行钞理论和主张都和王鎏的不同。不过他吸收了王鎏的个别观点。如他说:"且吾所谓钞,金、元之钞也;吾之所以行钞,非金、元之所以行钞也。"很像王鎏的口气。他还提出了"钱钞互行,盖有六便",所说的六便中也有王鎏理论的某些影响。这六便是:"地丁课税得以骤减,商民欢忭,一便也。催科弗扰,官民相安,于地方公事大有裨益,二便也。踊跃输将,野无逋负,度支恒充,三便也。酌造若干贯以当课税,复酌造若干贯以资贸易,可为国家赢一二岁之储,四便也。银色有高下,平有赢拙,蠹吏丛生,今易以钞,一切可绝,火耗之名,从此遂杜,五便也。中土既自为币,岛夷无所居奇,而亦以破其狡狯之私,六便也。"①缪梓对行钞的作用也做了过于乐观的估计。

---

① 缪梓的议论均见缪梓:《缪武烈公遗集》卷一《银币论上》。

第十四章
咸丰年间的货币理论

咸丰年间(1851—1861)为太平军起义时期。清政府为了筹措镇压太平军的军费,乃将铸大钱和行钞提上了议事日程。

咸丰初年建议铸大钱的有四川学政何绍基(咸丰二年)、御史蔡绍洛、刑部尚书周祖培、大理寺卿恒春、巡防王大臣绵愉(咸丰三年)等。大钱的最高面值至当百或当千。他们都以营利为目的主张铸不足值大钱。清政府于咸丰三年三月开始铸造当十、当五十大钱,十一月又开始铸造当百、当五百、当千大钱。先后所铸等级多达十余种,还有铁钱和铅钱,大小错出,轻重倒置,非常复杂。

建议行钞的有陕西道御史王茂荫(咸丰元年)、翰林院检讨沈大漠、福建巡抚王懿德、江苏巡抚杨文定、署镶红旗蒙古都统花沙纳(咸丰二年)等。起初清廷都予以驳议。但由于财政困难,咸丰三年初派花沙纳(已任左都御史)、王茂荫"会同户部堂官妥议钞法,奏明办理"①。二月,花沙纳等进呈户部官票式样,经批准后于五月开始发行。官票以银两为单位,先在京师行使,七月推行于各省。十二月又开始发行大清宝钞,以钱为单位。官票和宝钞合称"钞票",后来"钞票"成为纸币的通称。大钱和钞票的发行引起了物价上涨,市场混乱。

除铸大钱和行钞外,还有人提出其他主张。咸丰元年,少詹事朱兰建议刻玉为币。四年和五年,前后任陕西巡抚的王庆云和载龄相继建议金银并用。五年福建巡抚吕俭孙建议仿铸洋钱。

鸦片战争前开始的银贵钱贱,咸丰五年是一个转折点,之后呈相反的趋势。咸丰末年,冯桂芬指出,咸丰五六年后,外国运银抵偿对华贸易差额,"银价骤贱,以迄于今,是为中外通市一大转关"②。

咸丰年间货币流通极度混乱,讨论货币问题的人很多,但大多是讨论具体政策,在货币理论上少有创见。更何况经过鸦片战争前后的发展,中国传统的货币理论已很难有大的突破了。王茂荫因为被马克思在《资本论》中提到,所以长期以来受到中国一些学者的注目。孙鼎臣是明清时期反对用银的最后一个代表。周腾虎则是光绪年间自铸银钱主张的先驱者之一。

第一节　王茂荫的货币论

王茂荫(1798—1865),字椿年、子怀,安徽歙县人。道光十二年(1832年)进士,授户部主事,后为员外郎。咸丰元年(1851年),升陕西道监察御史;三年,先后任太常寺少卿、户部右侍郎兼管钱法堂

---

① 《清文宗实录》卷八六咸丰三年二月壬寅。
② 冯桂芬:《校邠庐抗议·用钱不废银议》附言。

事务；四年,调兵部侍郎；后历任署理左副都御史、工部侍郎、吏部侍郎等官。著作有《王侍郎奏议》。

咸丰元年,王茂荫上《条议钞法折》①,在太平军起事后首先提出行钞主张。他根据货币流通的历史,认为铸大钱和行钞都难以持久,但钞的寿命要比大钱长得多,是"不能久中之尚可久者"。"钞之利不啻十倍于大钱,而其弊则亦不过造伪不行而止"。他总结历代的行钞十弊说:"一则禁用银而多设科条,未便民而先扰民。二则谋擅利而屡更法令,未信民而先疑民。三则有司喜出而恶入,适以示轻。四则百姓以旧而换新,不免多费。五则纸质太轻而易坏。六则真伪易淆而难识。七造钞太多,则壅滞而物力必贵。八造钞太细,则琐屑而诈伪滋繁。九则官吏出纳,民人疑畏而难亲。十则制作草率,工料偷减而不一。"根据这行钞十弊,他提出了行钞方案:主要有钞值分库平十两、五十两二种,发行数额以1 000万两为限,钞用丝织②,可以兑现。

王茂荫设想的钞币发行和兑现方法是史无前例的。钞币先发给京城和各地银号(无银号的州县发给官盐店或典铺),银号按所领钞币的票面价值于次月缴银给政府,"准与微利",重量按较库平为轻的市平计算。银号领钞后在钞上加字号图记即可使用。收入钞币的人可向银号兑银,但负责最后兑现的则是加字号图记的原领钞银号。按这种办法发行,钞币对政府来说只是一种向银号取银的凭证,取得的银永远归政府所有,不必归还。设想得实在巧妙,完全从国家的利益考虑。领钞银号为钞票流通付出了双重代价,既要缴银

---

① 王茂荫:《王侍郎奏议》卷一。
② 咸丰二年九月花沙纳建议行钞,也主张钞用绫制,但发行额以1亿两为限。花沙纳吸收了王鎏的一些论点,如提出行钞之利14条,其中第一、二两条即为:"天下货利皆有尽,一金抵一金之用,惟钞之利无尽,造十万即十万,造百万即百万,秉造化之锤炉,利一。权收之于上,布之于下,尊朝廷之体统,利二。"(《清史列传》卷四一《花沙纳》)

给政府,又要付银给要求兑现的持钞者。

咸丰三年正月,王茂荫在奏折中批评了户部发行银票(一种向商人提款的票据)的决定,指出"银票亏商"①,要求重议自己在咸丰元年的行钞建议。他因此被指定参与拟订行钞章程,同年被任命为户部右侍郎兼管钱法堂事务,但王茂荫在户部并不受到尊重。咸丰四年三月,他在所上的《再议钞法折》②中声明户部的实际权力掌握在军机大臣祁寯藻和户部尚书文庆手中,他的建议多未被采纳,现行官票、宝钞都非他"原拟之法"。因为官票、宝钞难以流通,而他是行钞的首倡者,故要求将他"交部议处"。在奏折中,王茂荫提出了补救办法,要求让官票、宝钞都可以兑现。

咸丰皇帝看了王茂荫的奏折后大为恼怒,在朱批中指责他说:"王茂荫身任贰卿,顾专为商人指使,且有不便于国而利于商者,亦周虑而附于条款内,何漠不关心于国事至如是乎？并自请严议以谢天下,明系与祁寯藻等负气相争,读圣贤书,度量顾如是乎？……看伊奏折,似欲钞之通行;细审伊心,实欲钞之不行。"③三天后又发上谕:"(王茂荫)乃于钞法初行之时,先不能和衷共济,只知以专利商贾之词率行渎奏,竟置国事于不问,殊属不知大体。复自请严议以谢天下,尤属胆大……王茂荫着传旨严行申饬。"④马克思在《资本论》第一卷的一个注中说:"清朝户部右侍郎王茂荫向天子[咸丰]上了一个奏折,主张暗将官票宝钞改为可兑现的钞票。在1854年4月的大臣审议报告中,他受到严厉申斥。"⑤所指的就是这件事。

---

① 王茂荫:《王侍郎奏议》卷三《条奏部议银票银号难行折》。
② 同上书卷六。
③ 中国人民银行总行参事室编《中国近代货币史资料》第一辑《清政府统治时期》上册,第393页。
④ 《清文宗实录》卷一二三咸丰四年三月丁未。
⑤ 马克思:《资本论》第一卷,人民出版社2004年版,第149页注(83)。

王茂荫在货币理论上是金属主义者。他认为纸币只能不得已而行之,决不能在整个流通领域中取代金属货币。他在《条议钞法折》中强调纸币的发行量应加以严格的限制:"钞无定数,则出之不穷,似为大利。不知出愈多,值愈贱。"他提的钞币发行最高限额为1 000万两,只占数千万两岁入的几分之一,这叫作"以数实辅一虚"。道光年间主张行钞的都是针对白银外流而言,故纸币都以钱为单位;而王茂荫的行钞主张是针对财政困难而言,故钞币以银两为单位。限制钞币发行数量实际上是防止不兑现纸币贬值的重要办法,王茂荫虽然主张钞币兑现,因兑现之责不在政府,故他实际上是将它当作不兑现钞币看待的。

在《再议钞法折》中,王茂荫进一步阐述了他的纸币理论。他指出,他在咸丰元年提出的行钞办法是"以实运虚之法";元代废银钱而专用钞之所以一度取得成功,是"能以虚运";"至明专以虚责民,而以实归上,则遂不行"。"以实运虚"和"虚实相权"的概念是有区别的。后者只是指明纸币和金属货币之间可以兑换的关系,并未说明流通以何者为主;而前者则把流通的重点放在金属货币上,纸币只处于陪衬的地位。"以实运虚"概念的提出,表明王茂荫对纸币流通所加的限制要更严一些。

王茂荫提出的补救办法意在提高商人对使用大清宝钞和户部官票的积极性,认为它们"非有商人运于其间皆不行,非与商人以可运之方,能运之利,亦仍不行"。提高商人用纸币的积极性,关键在于纸币兑现。

这一次王茂荫所主张的兑现已和咸丰元年的不同,兑现的责任是由政府负担。兑现大清宝钞要增加钱币准备,王茂荫在分析了用作兑现准备的钱币来源后,又指出纸币兑现并不需要有十足的现金准备。他说:"一则有钱可取,人即不争取……一则有钱许取,人亦安心候取……经过一次发钱，人知钞不终虚，自不急取。此法每年虽似多费数十万之钱，而实可多行百余万之钞。"这是符合兑现纸币流通的规律的。不过他仅从人们的心理上寻找不来兑现的原因，还缺乏理论上的深度。

对于户部官票，王茂荫指出"行远要以银票为宜"，成功与否关系更大，关键也在于兑现："欲求行远，必赖通商。欲求通商，必使有银可取。"各地都有为州县征解钱粮倾熔银锭的银号，王茂荫主张就用这些银号准备解省的银来维持兑现，解省则以兑得的户部官票抵补。这样，"则钞（指官票）益贵重，处处可取银，即处处能行用，而不必取银"。

以上两条王茂荫称为"以实运法"，他还提出两条"以虚运法"：一是各店铺可以按成用大清宝钞向钱店买银，二是典铺的收付都可以搭钞。因为这两种办法不要由政府出银钱为纸币兑现，所以叫作"以虚运法"。

为什么要使宝钞可以买银呢？这涉及货币流通渠道问题。王茂荫说："查银钱周转，如环无端，而其人厥分三种。凡以银易钱者，官民也；以钱易银者，各项店铺也；而以银易钱，又以钱易银，则钱店实为之枢纽焉。"只有打通宝钞在各店铺和钱店间的流通渠道，店铺才不怕收进宝钞，宝钞才能畅通。

王茂荫认为大钱流通必然失败，所以在咸丰三年十一月朝廷决定铸造当百、当五百、当千大钱后，他先后写了《论行大钱折》和《再论加铸大钱折》，提出反对意见，并附有《历代大钱兴废节录大略》供咸丰皇帝参考。他认为"钞法以实运虚，虽虚可实；大钱以虚作实，似实而虚"。纸币本身没有价值，但可以兑银或钱，所以"虽虚可实"；大钱由金属铸成，比纸币实际价值要高，但实际上仍是不足值的，所以"似实而虚"。他批评主张铸大钱的论点说："论者又谓国家定制,当百则百,当千则千,谁敢有违,是诚然矣。然官能定钱之值,而不能限物之值。钱当千,民不敢以为百;物值百,民不难以为千。"这是对货币价值国定论和封建国家实行通货贬值政策的有力驳斥。他还批评了当时大钱轻重错出的混乱情况:"今大钱分两式样甫经奏定,颁行各省,大张晓谕,刊刻成书,未及数月,全行变更。当五十者,较向所见而忽大轻,当一百者,较向之五十而犹见轻,且当五百、当千,纷见错出,民情必深惶惑,市肆必形纷扰,而一切皆不敢信行。"他强调"信为国之宝",要求朝廷守信于民。[1] 他指出只要官票、宝钞有一样能正常流通,利益就已很大,根本用不着再去铸造大钱。

王茂荫身居户部职官,敢于犯颜直谏,对朝廷的现行政策提出尖锐的批评,体现了他的正直品格。他主张用兑现来保证纸币的流通,在当时的历史条件下是正确的。他对货币价值国定论的批判也很有力。但在货币理论上,由于中国传统的货币理论已有了充分的发展,他已经很难提出创新的观点了。他的"以实运虚"是从"虚实相权"中引申出来的,而"以数实辅一虚"则不如"虚实相权"更具有普遍意义。他对货币价值国定论的批判用语很精辟,但其中所包含的思想早已有之。

王茂荫强调发挥商人用钞的积极性,被只图眼前利益的咸丰皇帝加上只知"专利商贾""漠不关心于国事""实欲钞之不行"等一大堆罪名,这些罪名实际上都是莫须有的。王茂荫对清王朝忠心耿耿,这从他为镇压太平军出谋献策的一系列奏折中可以看出来。咸丰五年,他向咸丰皇帝提出暂缓临幸圆明园的建议,又一次受到了"交部议处"[2]的处分。

---

[1] 本段引文均见王茂荫:《王侍郎奏议》卷六《论行大钱折》。
[2] 同上书卷八《请暂缓临幸御园折》附上谕。

第二节　杨象济、周悦让的反行钞论

杨象济(1825—1878)，字利叔，号汲庵，浙江秀水(治在今嘉兴市城区)人。咸丰九年(1859年)举人。杨象济曾参加对太平军作战，后游幕安徽、湖北、湖南等省，"卒无所遇而归"①。同治八年(1869年)，为江苏巡抚丁日昌译《六大洲地图说》100卷。后在江苏书局工作10年。著作有《汲庵文存》等。

咸丰初年，杨象济作《行钞刍议》②，提出了"钞有十不可行"之说。十不可行的前三条是："畏水，一也。畏火，二也。行于海内，不能行于海外，三也。"这三条根本不能成为反对行钞的正当理由。第四条说民间不会"以有用之财，易此无用之纸"。第五条说禁民用银会造成"富室不安，而人心不足恃"。第六条说纸币不能易钱，人民必不愿得。第七条说纸币容易伪造，"一旦受欺，无异被劫"。第八条说"鸦片漏银，入海不返"，再用钞收银，"必使民间无银而后已"；"而狡诈之夷虏，反将狭银以诱我人，此不测之害，非可以一端计者"。第九条说用严法括银，"则人心必大恐，而私相交易，银益贵而不复通行，利未见而害已乘"。第十条说用纸币发官俸和兵饷，"得之而不能易钱，穷乏必甚"，会更加剧"官府之贪赃，胥吏之弄法"。后面七条的前提都是纸币绝不能代替金属货币流通，因此如果行钞就会造成种种弊端。他认为银是"有用之财"，钞是"无用之纸"，根本否定纸币有代替金属货币的可能性。这是一种金属主义的货币思想。

但是杨象济又主张铸不足值大钱。他说："古人用大钱有当五

---

① 李道悠：《杨君利叔行述》，见《汲庵文存》。
② 杨象济：《汲庵文存》卷三。《行钞刍议》中有"前广西巡抚郑祖琛"字样，查郑祖琛于道光三十年十月二十四日被革职，故知此文作于咸丰初年。

十、当百者,诚太重。若稍变其法,更铸当十、当五者,与今钱并行,钱贵而奸人不得牟利,私销自绝。道光初(?)年,抚臣梁章钜请铸大钱,时未能行。然此行之利实大,当五之钱不过三钱之费,当十之钱不过五钱之费,是得当十钱五万贯,可作十万贯用。国家常有一倍之利,钱不过重,人必乐从。且可减运铜之数以苏滇省之民,许民开采以广鼓铸之用,此一举而数美立见,正不必筹难行之钞也。"从这段话中可以看出,杨象济认为大钱可按国家规定的名义价值流通,而纸币则不能。这表明他的金属主义思想是不彻底的。之所以有这种不彻底性,是因为他论证纸币的不可行,偏重于就事论事,缺乏明确的价值观念。也就是说,他并没有从货币和商品的交换是等价交换这一金属主义观点出发来反对纸币流通,因此不知道将这一观点贯彻到大钱流通上。

在咸丰初年撰文反对行钞的还有周悦让。他不指名地批评了咸丰元年王茂荫的行钞建议。

周悦让,字孟伯,山东莱阳人。道光二十七年(1847年)进士,选庶吉士,散馆授礼部主事。晚年告归,主讲蓬莱瀛洲书院。著作有《倦游庵文集》。

周悦让反对行钞的文章题为《驳钞法议》[①],所驳的共有五点。他的基本观点是"银实而钞虚,民皆重银而轻钞",纸币必不能正常流通。他还指出以钞代银"是益岁驱千万之银入洋而不返"。这些论点并非他所独有,不必多费笔墨。这里只举出他与众不同的第三点驳议来谈谈。

第三点是说王茂荫的行钞办法对国家并没有什么利益。王茂荫主张行钞以1 000万两为限,银号缴银领钞时按市平计算,"准与微

---

① 盛康编《皇朝经世文续编》卷六〇。

利"。周悦让假定1 000万两钞币中,十两和五十两的各占一半,则需十两钞币50万定(张),五十两钞币10万定,合计共60万定。分十年发行,则一年为6万定。他计算钞币的织造成本说,一年实际劳动日以300天计,一天需制成200定。每部织机一天能制5定,要有40部织机才能完成定额。每部织机攀花踏蹑的工人2名,每名工人一天的工钱至少银1钱,一年按360天计算,共工钱2 880两。"十年计之,加以四闰,度用银二万九千九百四十两而后足。"造钞原料每定1钱,60万定共需银6万两。"而设立管钞之局,官吏必多,添出织造之科,器具宜备,工食物价,则十年之间,奚翅费十万两而不偿也。"此外以市平抵库平,也要损失20万两。到此为止,周悦让的计算大体还是正确的。就是说,按照王茂荫的办法,行钞成本达30万两,即3%。

但周悦让误会了王茂荫的意思,以为每一次钞币出入都要以市平抵库平,因此他接着说:"一年之中,钞十出入,即亏二百万两。不过五年,千万之钞,尽以补银之亏而不偿矣。使复改为出入一律,即商必不乐而撤业罢市矣。"王茂荫当然没有这样傻,这种批评成了无的放矢。更何况王茂荫是要银号出银,国家只花一点造钞成本,却坐收1 000万市平银两之利。

周悦让对王茂荫的批评虽然曲解了对方的原意,不能令人信服,但他说的行钞以后"数年之间,政烦刑滥,可以逆睹",却是有预见性的。

第三节 孙鼎臣的反用银论

孙鼎臣(1819—1859)[①],字子馀、芝房,湖南善化(治在今长沙

---

① 生卒年据吴敏树:《翰林院侍读孙君墓表》(《续碑传集》卷一八)。但曾国藩《孙芝房侍讲刍论序》(《曾文正公文集》卷三)说孙鼎臣死于咸丰十年,可能是记忆有误。

市区)人。道光十五年(1835年),中举人;二十一年,考选内阁中书舍人;二十五年,中进士,选庶吉士,散馆授翰林院编修;咸丰二年(1852年),升翰林院侍读。先后上疏反对复用获罪大臣琦善、赛尚阿、徐广缙。三年,请假回家;七年,补原官;次年因母丧返家,一年后病逝。著作有《苍筤初集》《畚塘刍论》《河防纪略》《史臆》等。前三种合编为《苍筤(或作"筤")集》。

孙鼎臣论货币的文章有《论治五》《论币一》《论币二》《通论唐以来银币》四篇,均见《畚塘刍论》①。"畚塘"是孙鼎臣家所在地的地名,以"畚塘"名书,表明此书是他在咸丰三年请假回家以后所著②。

孙鼎臣说:"乱由于民穷,民穷由于不务本。"这里的"乱"不是泛指,而是针对太平军起义而言。他认为先王懂得以农桑为本,实行了一系列导民恤民的政策,"故其民莫不务本"。"后世逐末者众,而务本者少",统治者又只知征税而不关心农业生产,所以安心于农业的"皆柔而至愚之人"。他把产生这种情况的原因归于用银,说:"银重而谷帛贱,谷帛贱而农桑轻,自然之势也。"

货币是人们普遍追逐的对象。以银为主要货币,人们自然要追逐银。孙鼎臣对这种情况充满了愤激之情,他说:"总天下之万货而制之于银,自天子以至皂隶非银莫为用。于是银为天下之大利,而天下之大奸集焉,迄为天下之大害。"这里所说的"大利"不是指社会和国家的利,而是指人们所要追求的最大利益,从社会和国家的立

---

① 本节《畚塘刍论》引文据盛康编《皇朝经世文续编》,除《论币二》见卷五九外,其余见卷五八。

② 《畚塘刍论》论货币的文章中没有提到咸丰年间发行的纸币,故容易被认为作于道光年间。但从书中另外一些文章中可以看出此书写于咸丰三年以后,如《论盐三》说"自咸丰五年至七年七月",《论兵三》说"四五年来,贼纵横如故"等。还有其他证据,不一一列举。

第十四章 咸丰年间的货币理论

场来看也就是害。所以孙鼎臣所说的"大利"和"大害"原是一回事。也就是说,孙鼎臣认为用银只有害没有利。

孙鼎臣一共提了11条用银之害,超过了以前所有谈用银有害的人。它们是:"仓庾之敝,出谷纳银,中饱于官,而州县无储偫(zhì),一也。富人争蓄黄白,田野之人,今日收而明日粜,而闾阎无盖藏,二也。以银输赋,一石之赋,数石而不足,征敛重困,三也。军食积谷为先,以银给饷,银匮军饥士哗,四也。苞苴(贿赂)潜行,可任(担)可辇(载运),增墨吏之溪壑,五也。色有高下,价有赢缩,奸商豪贾窥时操纵,锢齐民之利,而阴操国家之泉币之权,六也。桀黠之民舞其巧智,家无一亩,比于封君,长游惰之风,开奸利之涂,七也。不耕而饱,不织而温,民忘其勤,纵欲僭礼,习俗淫侈,八也。富连阡陌,居子为母,膏腴并兼于豪强,九也。椎埋(杀人埋尸)攻剽(抢劫),逃轻匿便,散财结党,千里可通,十也。又有甚害者,岛夷番酋艳中国之藏,作为奇技淫巧至毒之物,蛊我民而窃我财,而洋为银之尾闾,塞之不能止,天下之银日益贵,民之为生之计日益穷,而乱由斯起也。"最后一条没有列为第十一条,是因为他认为白银外流是近期的一种特殊情况,而前面十条则是用银之害的普遍表现。实际上这十条中,除了"色有高下"是白银作为秤量货币所特有的弊病外,其余害处即使不以银为货币也同样存在,用银只不过是使原有的社会矛盾加剧而已。他把商品经济和自然经济的矛盾仅仅看作用银的结果,把一切的罪过都归于用银。

为什么用银会成为"天下之大害"呢?孙鼎臣认为:"古之民衣食于农桑,皆取于地而成于人,故用之不穷。今之民衣食于银,银非地之所岁出也,非人之所能为也,用之久而穷,固其理矣。"他还作了一个形象的比喻:"饥食而渴饮,人之情也。必玉山之禾然后食焉,中泠之泉然后饮焉。玉山之禾、中泠之泉非世之所必无也,然饥渴之急至切,而限此二物救之,则其所取者狭,而其所恃者仅矣。"①"今之民衣食于银"的命题根本不能成立。对于农民来说,他们只是在交纳田赋时需要用银,并没有衣食于银。对于非农业人口来说,他们固然需要用银作为取得生活资料的购买手段,但他们各有自己的谋生手段,也不能说是衣食于银。虽然当时的银贵是事实,但这不是所谓"衣食于银"的结果,"用之久而穷"并不是一个必然的规律。

孙鼎臣把用银看成是统治者个人好恶的结果。他说:"银之见用于世,由好货之君与夫笼利之臣为之也。"②具体地说,他认为始作俑者是"专务封殖""好恶失其本心"的明英宗。实际上明英宗时的田赋折银只是顺应了历史发展的潮流,民间用银早在金、元时就比较盛行了。

从银"为天下之大害"的观点出发,孙鼎臣主张废银。他说:"天下之生众矣,富之莫如重农,重农必先贵谷,贵谷非废银不可。"③但是废银并不是取消货币,他认为钱币流通却又是完全必要的。他的理想社会模式是:"圣人之治天下也,不贵难得之货,使其民衣帛食粟而尽力于农桑,粟与帛之所不通,于是乎以钱为币。"④因此他主张废银以后,"农用粟帛,商用货财,以钱为货,而通谷帛之穷",认为这样便农而不便商,符合"古征商之意"⑤。废银而不废钱,即保留一种货币而取消另一种货币,反映了孙鼎臣理论上的不彻底处。

为什么废银而不必废钱呢?孙鼎臣一方面认为必要的商品流通离不开货币,另一方面认为用钱可以由天子掌握货币权。他说:

---

① 以上四段引文均见孙鼎臣:《畚塘刍论·论治五》。
② 同上书《通论唐以来银币》。
③ 同上书《论治五》。
④ 同上书《论币一》。
⑤ 同上书《论治五》。

"粟与帛生于地,而成于人力之所为,可恃者也。铸金以为钱,出于天子之所自为,亦可恃者也,故圣人重之。金银珠玉出于山海之藏,不可恃,故虽至贵而圣人弗宝焉……至用银,而天子之权半操于贾人之手矣。"①掌握货币权的问题已有多人提出过,但孙鼎臣强调"金银珠玉出于山海之藏",难道铸钱的铜就不是"出于山海之藏"?既然国家可以开矿取铜,为什么不可以开矿取银呢?国家可以铸钱,同样可以铸银币。

关于铸大钱的问题,孙鼎臣说:"夫轻重多寡,物之自然之分,而实者名之所由出也。十之为十,百之为百,铢之为铢,两之为两,市之三尺童子皆知之。"钱币的名义价值应由它的实际价值来决定。"以寡为多,以轻为重"是不信;"徒出而不入,上贱而独欲下贵之"是不恕。"不恕,故民不从;不信,故民不服。"这样,即使由尧、舜来推行也不会成功。他主张铸当五、当十大钱,"择精铜选良工铸之,使其费如所当之数",做到名实相符。认为这样的大钱必然使天下信从,顺利流通。他反驳铸这种大钱"费重无利"的论点,指出"大钱之利不利,在乎用之通塞,不在乎直之多少"。孙鼎臣反对以铸不足值大钱作为筹措军费的手段,坚持了金属主义观点。他夸大了铸足值大钱的作用,认为"欲杀银之势,而复古食货之制,必假道于大钱矣"。②

中国自明隆庆三年(1569 年)谭纶首次提出用银致贫论后,直到孙鼎臣的反用银论,批评用银的议论延续了将近 300 年。孙鼎臣是持这类观点的最后一个主要代表。由于中国的门户被打开,中外经济联系日益密切,西方的货币制度和货币理论逐步被中国人所了解,反对用银论终于被历史彻底否定。以后虽然还有姚文枏批评了

---

① 孙鼎臣:《畚塘刍论·论币一》。
② 同上书《论币二》。

用银之害①,那只是一个微弱的余波罢了。

第四节　冯桂芬的货币论

　　冯桂芬(1809—1874),字林一、景庭,江苏吴县(治今苏州)人。道光十二年(1832年)举人。中举后协助江苏巡抚林则徐校书,并先后参加江苏巡抚陶澍和裕谦的幕府。道光二十年榜眼,授翰林院编修。曾在籍办团练,抵抗太平军。咸丰六年(1856年),升右春坊右中允;七年,告病回家;十年,因太平军占领苏州而逃亡上海,和一些江浙官绅共同鼓吹联合英法侵略势力镇压太平军。他又起草致驻军安庆的曾国藩的乞援书,引起曾的重视,于是派李鸿章来上海。同治元年(1862年),参加李鸿章的幕府;九年,经李鸿章荐举得三品衔。著作有《显志堂稿》《校邠庐抗议》《说文解字段注考证》等。

　　冯桂芬到上海后,树立了学习西方的思想。他提出的学习西方的原则是"以中国伦常名教为原本,辅以诸国富强之术"②,为洋务派的学习西方活动奠定了理论基础。

　　冯桂芬讨论货币的文章主要有咸丰二年的《用钱不废银议》、五年的《以工巧为币议》及十年或十一年在上海所写的《筹国用议》。三文均见《校邠庐抗议》卷下。

---

①　姚文枏(1857—1933),字农庵,号子让,上海人。光绪十一年(1885年)举人,曾任知县,充出使日本、俄、德随员。辛亥革命后主编《上海县续志》和《上海县志》,后者由他人续成。葛士濬编《皇朝经世文续编》卷四九收有他写的《用银利病论》。估计此文是他早年的作品,写作时间在光绪初年。他在文中说:"银之为用,行之一方则可,以之通行天下则不可;行之一时则可,行之以为久远之计则不可;听民之自为交易则犹可,征收支给上下通行则大不可。"他说用银之利显,用银之害隐;"显者其利浅,隐者其害深。庸人见其显,不见其隐,见其浅,不见其深,是以数百年来官民受困数倍于前,而不知其由于用银也。即有一二见及者,又畏难苟安,一误再误,可胜叹乎!"

②　冯桂芬:《校邠庐抗议·采西学议》。

《用钱不废银议》也是属于重钱轻银的一类。冯桂芬认为"二三十年来水旱兵革岁不绝闻,伤人无算。恐户口之籍,未必较乾嘉盛时遂相悬绝也"。当时的人口和乾隆、嘉庆盛时相差不会太大,这估计是正确的。乾隆年间人口统计数字最高的一年是嘉庆十六年(1811年),共358 610 039人,道光二十八年曾达426 737 016人,咸丰二年则降至379 180 257人[①],少于咸丰元年而高于咸丰其他各年。因此他认为"天地之所出,自足给生人之食用"。既然如此,为什么"患贫之势日甚一日"呢?他的回答是由于白银"偷漏出洋",因而银少而贵。至于银贵和民贫的关系,冯桂芬所持的理由和前人的一般说法并无两样,即赋税征银使"粟愈益贱,银愈益贵"。他说:"是国家之出银也,常以三两而供一两之用;而国家之入银也,直以一两而竭吾民三两之力。如是而民安得不贫!"民贫又导致国贫。

冯桂芬提出的对策是用钱而不废银。用钱是指财政收支以及商品买卖、债权债务等一律改"以钱起数",银每两折钱1 800文。包世臣的"以钱起数"只限于"一切公事",冯桂芬则主张一切货币收付都照此办理,"不准以银起数,犯者其银入官"。市场银价国家不予干涉,但白银不得为货币。这样,他所说的不废银就仅指"解京解省轻赍兼用银"了,即"钱重难运,准其以钱易银运解。其水路可通之地,照旧运钱"。政府事先规定一年内的银钱比价,"征收起解,以钱易解,解到发放,以银易钱,皆于朔望相易,以使之一定"。由于银钱法定比价和市场比价的不一致,兑换时会有盈余或亏损,则另立一款报销。这种不废银的主张比包世臣的不废银主张范围要小得多,实际上已经接近于废银,所以冯桂芬说:"今用钱而以银为置邮之具,贵也,贱也,出洋也,不出洋也,总与大局无关也。"

---

① 梁方仲:《中国历代户口、田地、田赋统计》,上海人民出版社1980年版,第253—254、256页。

冯桂芬认为实行他的办法有以下一些好处：① 民间贸易批发用银，零卖用钱，银贵使"论银者不加而暗加，论钱者明加而实减，以是商贾利薄，裹足不前"。用钱后可避免这一弊病，有利于商品流通，商人利润增加，商税也因而增加。② 田赋征银时，纳税者以钱折银，因银贵而年年增加折钱数。改为征钱后，"正数已减十分之一（指银每两征1800文，较2000文减十分之一），火耗倾熔之费加之无名，亦当顿减。昔为不加赋而加赋，今为不减赋而减赋，在国家无丝毫之损，在闾阎沾浩荡之恩。"③ 农民负担减轻，有利于稳定社会秩序。这些好处实际上反映的是一种货币较两种货币并行所具有的优越性。问题在于一律用钱是违反历史潮流的，不可能付诸实施。

冯桂芬主张"以银为置邮之具"，表明了他不主张用行钞来补钱之不足。他对行钞、大钱以及黄金为币等都提出了反对意见，认为："夫黄金便顿不便零，宝玉、珠、贝一碎不可复，力皆不足以敌银。大钱当十、当百，强轻为重，与行钞同。而防伪之法难于钞，制造之费多于钞，而其不可行亦同。"但他对于民间金融机构发行的兑换券持肯定态度，认为如有必要发行兑现纸币，可直接由西商（指票号）负责转换，"则轻赍更捷而无官为置务之繁"。

在《以工巧为币议》中，冯桂芬尖锐地批评了推行大钱的政策，指出："如朝廷之力能强轻为重，何不行钞？又何不径指瓦砾为黄金，轻重更巨……以今日而行大钱，扰民之道也。"他想以增加铸钱成本的办法来改变"强轻为重"的状况："当十钱重不必逾四五钱，而令工价必在十钱以上。当百钱背宜工绘双龙，署文以篆，倍加精美，重不必逾三两，而令工价必在百文以上。"想用提高工价的办法来保持大钱的名义价值和实际价值的一致。他说："且铜出于地而有限，工出于人而无穷。工虽十数文，铜止四五文，究以四五文而化为十文。天下之贫由于银少,铜亦少,此法行则铜不多而多,以人工佐天地生物之憾,是谓以工巧为币也。"

"天下之贫由于银少,铜亦少",这是把货币等同于社会财富。冯桂芬的确这样认为,从以下的话也可以看出来:"夫他物之工巧,必易钱而始可用,是仍将借径于钱,不可数之以为富。若工巧在钱,则不待借径即可数之以为富。将来愈推愈广,日积日多,利不可胜用也。"在他看来,能交换到货币的才是财富,否则就不是,这很像西方重商主义者的财富观,只是历史背景完全不同而已。

问题在于,人为地增加铸钱的工价,能不能全部转化为钱币的价值?他不了解工巧的商品之所以价高,是由于商品因工巧而增加了使用价值,故能增加它的价值。为了把钱币铸得工巧而人为地多费工价,却不能增加它作为铸币的使用价值,因此也不能增加它的价值。增加钱币的精巧程度,有利于防止私铸,在少量铸造的条件下因受人们的珍视而有可能增加它的身价,但这并不和所花工费成正比。例如光绪年间用机器铸造当十铜元,它的名义价值远高于它的实际价值,初期被人看好。这是由于人们对新式样的喜爱,而不是因为它用工多。恰恰相反,用机器铸造反而节省了用工。冯桂芬的以工巧为币道理也一样,在大量铸造以后,多花的人工就会成为无效劳动,大钱就会贬值,以至得不偿失,根本不能产生"利不可胜用"的结果。

关于《以工巧为币议》,冯桂芬事后记述说:"时方锐意行大钱,故于大钱中设变通之法。盖有为言之,非以大钱为可行也……然西人以模范为之,则此法败矣,实亦不可用。"这说明他的主张是针对当时的铸大钱而提出来的变通办法,并不是他改变了反对大钱的初衷;而且他已认识到由于中国铸钱技术的落后于西方,所谓"以工巧为币"也是根本行不通的。

冯桂芬到上海后,开阔了眼界,懂得从世界范围来考虑货币流通问题。他指出:"余往时见银价日贵,农田出谷而国库征银,准折消耗,民不聊生,未尝不以顾氏(顾炎武)之论为善。乃自五口通商,而天下之局大变,从此以银为币之势已定,虽五帝、三王复起不能改也已。盖今以合地球九万里为一大天下,中国仅十有五分之一耳,其十有四用银而其一不用银,犹之十有七省用银而一省不用银,行乎不行乎?[①]"这是中国人开始立足于世界范围来思考货币问题的标志。

第五节　周腾虎的铸银钱说

周腾虎(1816—1862),字韬甫,江苏阳湖(治今常州市武进区)人。他科举不利,仅考中秀才。周腾虎曾多次向地方当局献策,包括盐法、赋税、货币及"平贼策"等,并曾参加两江总督曾国藩等人的幕府。他的才能曾得到一些大臣的赏识,御史宗稷辰和曾国藩先后将他荐于朝廷,均未见用。著作有《餐芍华馆遗文》《餐芍华馆随笔》等。

鸦片战争前,周腾虎作《银贵不足害说》[②]。文中提出了两个论点,一个是一国的贫富同货币无关,另一个是银少而贵不足虑。

关于第一个论点,他说:"天下之贫富在衣食,而不在货币。货币,权物者出,物足则货币足矣。"物足怎么会货币足呢?他解释说:"今者户口繁盛,加以水旱不时,物力大绌,故凡百货价莫不十倍于昔。故往者用银十万,今非百万不足矣。夫天地物力止有此数,就令泰山之石变而为金银,沧海之波溢而为钱币,犹不能权甚绌之衣食也,而乃欲斤斤于纹银哉……假令天下丰熟,百物饶裕,如国初康

---

① 冯桂芬:《校邠庐抗议·筹国用议》。
② 周腾虎:《餐芍华馆遗文》卷一。

熙、雍正、乾隆之时，白米一石准银三四钱，则三四钱之银已当如今三四两之用，则百万便可抵千万之用。此理推之百物无不皆然，则银币将不胜其用。就令年年出洋，中国仍饶裕也，何足为病哉？"

"天下之贫富在衣食"，反映了农业社会只求基本生活资料充足的狭隘的财富观。在商品经济社会中，必须有能使商品得以流通的一定的货币量。白银外流，造成通货紧缩，绝不是什么无足轻重的问题。商品愈增加，货币的需要量也要相应地增加。而周腾虎却认为商品增加可使物价降低，物价降低减少了对白银的需要量，即使白银年年出洋也没有关系。这逻辑根本不能成立。周腾虎认为物价下跌是好事，这又牵涉到他的第二个论点。

关于第二个论点，他说："我国家数十年之前，银多而贱，数年以来，银少而贵。人皆咎于纹银出洋，以为大虑，不知不足虑也……夫银多则折价以平钱，银少则昂价以适用，其用一也，银质虽去，银用仍留，何损于中国哉！"

南朝的范泰曾认为钱币多少、物价高低无关紧要，周腾虎的观点也相同，只是他说的是银。对于正常的社会生产和商品流通以及人民的生活来说，需要的是稳定的物价，上涨和下跌都不好。如果真的达到像周腾虎所说的那种通货紧缩程度，那么在远未达到以前，就早已导致整个商品经济的瘫痪和社会的剧烈动荡了。当时白银外流、银贵钱贱所造成的危害是有目共睹的，周腾虎写出这样的翻案文章，给人以哗众取宠之感。但直到同治年间他仍肯定这篇文章的观点是正确的，还说："其实银与钱皆权物平货之约剂，其轻其重均不足为害。但能重农务本，使百货丰足，则一金即抵十金之用矣。"① 这反映了他对货币经济的无知。

---

① 周腾虎：《餐芍华馆随笔》卷二。

咸丰三年(1853年)以后,周腾虎"屡游上海,于夷务熟悉,夷人识面者益多"①。这样使他对国际贸易和货币流通情况增加了了解。《铸银钱说》大概作于他屡游上海以后。

对于洋钱在江浙一带的流通情况,周腾虎指出:"江浙行用佛头洋银,制自大西洋之西班牙国……乾嘉之时,其国在广东贸易颇盛,故其洋银流入中国最广,中国因习用之。后其国衰微,且所铸洋银已换新式,佛头银已于道光初年停铸,所来中国洋银愈用愈少……江浙乡民,乐其便易,市井贸易,惟此信行。"西班牙银元是西班牙占领墨西哥时铸造,上有国王头像,故在中国有"佛头"及其他俗称,又称"本洋"。墨西哥于1821年独立,西班牙银元停铸,墨西哥另铸银元,币面有一衔蛇老鹰,流入中国,称之为"鹰洋"。这就是周腾虎所说的"后其国衰微,且所铸洋银已换新式,佛头银已于道光初年停铸"的历史情况。

原来流通的本洋来源断绝,而鹰洋尚未取得普遍信任,钱店借机进行盘剥。周腾虎针对这种情况指出:"各钱店认定式样,少有更变,则群起而叱为伪铸,巧立各种名目,以抑勒民伍,至每圆洋银竟贵纹银一两之多。出则呼为净光,入则苛为烂板,转移之间,银已八折,商贾愁叹,民客咨怨,莫究其由,而坐受其困。即或夷人重铸新者,各钱店又呼为新版,而坐以七折。""净光"又称"光洋",指无凿痕的银元。洋钱在中国流通,钱商往往在经手的银元上加凿硬印,以表示保证质量。银元上未加凿印的称"光洋",稍有凿痕的称"花洋",凿痕过多以致银元完全变形的称"烂板"。光洋作价高于花洋,花洋作价高于烂板,故钱店对银元"出则呼为净光,入则苛为烂板",以增加银元收付作价的差额。为了消除这一弊端,周腾虎认为有必

---

① 周腾虎:《餐芍华馆随笔》卷二。

第十四章 咸丰年间的货币理论

要由国家统一铸造银钱,使商贾不得擅其利权。他强调"国家最大之政,莫过于此",如果听任人民竞相使用洋钱,"病国病民,莫此为甚"。

周腾虎建议自铸银钱"准洋银分两","仿洋银之式",但变更文字,"以为中国宝货",即币面有"咸丰宝货"等文字,背面以龙凤为花纹。当时他还没有想到输入外国造币机器,仅主张"以板石椎而成之"。

周腾虎反驳了三种对自铸银元持怀疑态度的论调。第一种怀疑论调是自铸银元会有伪造。周腾虎指出洋钱也同样有伪品,"有夹铜,有苏板,有钻铅,巧式新思,无奇不有",但并不妨碍真品的流通。中国银钱也一样,"其夹铜,轻板又可辨而知之,何为贱中国而重外夷耶?"第二种怀疑论调是"民习故疑新",自造银钱不易受到信任。周腾虎指出江浙之所以通行洋钱,是因为钱粮要征收洋钱,只要中国银钱也可以用来缴纳赋税,就不会不被信任。第三种怀疑论调是大钱、纸币都归于失败,铸银钱也是"纸上空谈"。周腾虎从两方面进行反驳。首先,大钱、纸币的失败是执行中的问题,"法不信,民不从,施不一,人不信,已屏绝而强人用之,已嫌弃而勉人好之",这样做,即使是"愚人"也不易上当。其次,大钱、纸币和银钱有虚实之别,"况交钞、大钱皆以虚权实,非若银钱之以实相权,便民而无所巧售"。银钱是靠本身实际价值流通的,所以不会失败。

在反驳了上述三点以后,周腾虎还指出自铸银钱的三利:"一释争,一平物,一通货。"由于洋钱在流通中的名义价值高于实际价值,周腾虎肯定自铸银钱也一定有利可图。所以他说:"银钱铸成之后,准今之洋钱之价出入,取其盈余,给工值火耗外,尚可以通有无,足国用,赡军实。"在标准的银本位制条件下,铸银元是为了流通的需要,不以求利为目的。但中国近代的自铸银元,并没有和实行银本位制同步进行,故铸造银元确实包含一部分铸利,这是后来各省纷纷仿铸银元的动机之一。

周腾虎的银贵不足害说是错误的,但他自铸银钱的主张却较早地反映了中国历史的要求,代表了中国货币流通发展的方向。他自铸银钱的理由主要是为解决外国银元流通中的弊端,尚没有提到收回货币流通的利权问题。

同治元年(1862年),周腾虎上书江苏巡抚李鸿章,建议发行地方性纸币[①]。他说:"今日用银之广极矣。用之既广,收之有额,何能取给?故凡货币之道,实实虚虚,补不足损有余,子母相权,大小相扶,而国用常足……夫钞与银一也,上信用之,民甚便也。""钞与银一也"是说钞与银有一样的功用,不是等同银、钞的意思。当时上海的关税、厘金年收入为500万两,周腾虎提出以这笔收入为钞本,先发钞500万两,待钞通行后,再发钞500万两,不能再增加,"再益之则滞矣",也就是准备率为50%。他认为:"通此意以权之,一实一虚,则骤益五百万金也,何求而不得乎?"他没有明确说纸币要兑现,从他论述的精神来看,应是指兑现纸币。这建议未被李鸿章采纳。

---

① 周腾虎:《餐芍华馆遗文》卷二《上江苏巡抚李少荃中丞书》。

第十五章
洋务运动时期的货币理论

同治至光绪年间推行了学习西方先进技术的政策,试图"师夷长技以制夷",旧称"同光新政"。现在一般以咸丰末年至光绪二十年(1894年)甲午战争爆发为洋务运动时期。中国的近代工业和近代货币制度萌芽于这一时期。

同治元年(1862年)十一月停止了户部官票和大清宝钞在外省的行使,直隶则使用到同治五年七月。咸丰年间铸造的大钱,只有铜当十钱流通的时间较长,一枚当制钱三四文。同治、光绪年间仍铸造当十大钱,由于减重,一枚一般只能作2文行使。清政府企图恢复制钱的正常流通,各省局因铸造无利,多不愿铸造。光绪时制钱铸造数量有所增加,开始用机器铸钱。

同治、光绪年间仍有人主张发行纸币。同治元年就有贵州廪贡生黎庶昌、御史孟传金、御史周恒祺等建议行钞。黎庶昌通过都察院两次上书皇帝,其中有"复钞币之法"①,受到朝廷的嘉奖,"加恩以知县用,发交曾国藩军营差遣委用,以资造就"②。周恒祺强调纸币必须兑现,指出"钞非不行,特不能取钱之钞则不能行"③。他们的行钞主张仍属于传统式的。后来随着对西方了解的增加,人们懂得了发行纸币是银行的职能,故行钞亦伴随创设银行的主张而提出。当时外国商人在中国设立的银行已经在中国境内发行银行券。

道光以来,中国民间陆续有铸造银元,只能在小范围内流通。光绪十年(1884年),吉林曾用机器铸造重厂平(吉林衡法)一钱、三钱、五钱、七钱和一两的银元。光绪十五年,两广总督张之洞在广东用机器试铸仿鹰洋重量的银元。同年他调任湖广总督,广东由李瀚章继续铸造。湖北则在光绪二十年开铸。以后各省纷纷仿效。此类银元正面有"光绪元宝"字样,背面有蟠龙纹,俗称"龙洋"。

这一时期,外国的货币理论已开始传入。有四种关于西方经济学的译著出版,其中三种涉及货币理论,本章第一节介绍主要的两种。但当时讨论货币问题的中国人并没有以这些理论为依据,而主要是就中国的实际货币问题发表自己的意见。同治年间,重点在讨论规复制钱问题,理论上没有什么新的突破。光绪年间,自铸银钱(银元)逐步成了重要议题,货币理论亦环绕这一议题而展开,有些人还提出了铸造金钱的主张。本章除黄遵宪外,都在讨论铸造金银钱问题。黄遵宪的纸币理论,吸收了外国纸币流通的经验,比中国原有的纸币理论有所发展。陈炽在甲午战争前已有货币理论,但因在甲午战争后有重要发展,故留待下一章讨论。

---

① 黎庶昌:《拙尊园丛稿》卷一《上穆宗毅皇帝书》。
② 《清穆宗实录》卷四五同治元年十月丁亥。
③ 中国人民银行总行参事室编《中国近代货币史资料》第一辑《清政府统治时期》下册,中华书局1964年版,第630页。

第十五章 洋务运动时期的货币理论

第一节 《富国策》和《富国养民策》中的货币理论

洋务运动时期开始传入西方的经济理论。这一时期的主要传播者为传教士。除在报刊上发表的短文外,还有四种译著出版。第一种是英国经济学家福西特(Henry Farcett,当时译为法斯德)的《政治经济学提要》(Manual of Political Economy,1863年初版)。此书作为北京同文馆"富国策"(经济学)课的教材,由同文馆副教习汪凤藻翻译,书名即为《富国策》,于光绪六年(1880年)正式出版。第二种是英国边际效用学派的创始人杰文斯(William Stanley Jevons,当时译为哲分斯)的《政治经济学入门》(Primer of Political Economy)。此书由英国传教士艾约瑟(Joseph Edkins)翻译,书名定为《富国养民策》,于光绪十二年出版。第三种《佐治刍言》,英国传教士傅兰雅(John Fryer)口译,永康应祖锡笔述,原作者及出版年份不详①,全书共31章,从第十四章开始是经济理论。第四种是英国传教士李提摩太(Timothy Richard)著、蔡尔康译的小册子《生利分利之别》,于光绪二十年出版。

上述四种译著,前三种都包含货币理论。主要是前两种:《富国策》第三卷《论交易》中的第五章为《论钱币》,第六章为《论钱币贵贱之理》;《富国养民策》第十二章为《金银钱钞交易》。

两书都用物物交换的困难解释货币的起源和必要。《富国策》说:"天下之大,万国之众,苟其稍有文教,必有物焉以为交易之币。否则民间贸迁有无,必以物易物而后可,不便孰甚焉!假如有人欲

---

① 梁启超于光绪二十二年编的《西学书目表》中列有《佐治刍言》,故此书可能出版于甲午战争前。

以粟易布，必得一愿以布易粟者交易之，斯何如之难?"《富国养民策》也分析了"以货易货"的困难，然后指出："自贸易用金、银、铜等钱以来，以货易货之各种难处，俱泯没不见矣。"

在中国古代，北宋的李觏和明朝的丘濬已用物物交换的困难来解释货币的起源。西方资产阶级经济学家同样以物物交换的困难来说明货币的产生。马克思指出："经济学家惯于从扩展了的物物交换所遇到的外部困难中去寻求货币的起源，却忘记了这些困难是从交换价值的发展、因而是从作为一般劳动的社会劳动的发展产生出来的。"[①]这种从外部困难去寻求货币起源的观点在近代的货币学著作中十分普遍，以后就不再一一指出了。

两书都指出作为货币的商品不限于金属。《富国策》说："钱币之质自以金银为佳，而取资于他物者亦复不少……无论何物，但为众所共宝，即其钱币也。"它举了蒙古人以茶砖为钱币，非洲人以文贝为钱币的例子。《富国养民策》指出"世间无论何货，几皆可充钱用矣"，其所列举曾作为货币的商品有酒、鸡蛋、橄榄、油、稻米、皮、黄烟、贝、玉、刀、布、铁钉等。

关于货币的职能，两书都定为两条。《富国策》说："盖钱币之用，大端有二：凡物之值由此核计，一也。交易之法以此为介，二也。"《富国养民策》说："钱之为物，可作二大用观矣：一、钱可为交易货物之济助。一、钱为互较货值通用之准的。"这两个职能就是价值尺度和流通手段，两书只是在叙述次序上相反而已。

《富国策》分析了金银最适宜作为货币的理由。它提出了三条标准。

第一，"凡钱币，宜择物之出入至微者为之"。所谓"出入至微"是

---

① 马克思：《政治经济学批判》，《马克思恩格斯全集》第13卷，第40页。

指价值变动很小。它指出自从发现加利福尼亚及澳大利亚金矿后，近25年来黄金的年产量相当于过去的3倍，金价可能会大跌，但这是特殊情况。在发现上述金矿以前，金银价值的变动是很小的。

第二，"凡钱币，宜择质自可贵者为之"。它指出金银"其光灿烂，能历久而不变，铁则易锈坏也，铜则易剥蚀也。独黄白二物，历数千百年而炫耀如故"。此外还有"其质坚韧，可以锤之使极薄"及"罕而见珍"等优点。

第三，"凡钱币，宜择体小而值多者为之"。金银比他物"其贵恒什伯而倍蓰"，"巨细轻重，不难分析"。

《富国养民策》也分析了金银用作货币的优点，归纳起来有携带方便、质小值大、不易朽败、价值稳定、成色不变、可分可合、不易伪造等。

但铜钱作为小额支付的手段，也有其必要性。两书都谈到了西方的币制，以《富国策》更为详细。它指出英国金、银、铜兼用，但只以金"为百物价值之准"，银、铜"只以副贰于金币"。银、铜币是不足值的，"盖假使其值果足(与金钱)相抵，则遇银价一贵，人将私熔银钱出售碎银以射利，而银钱于是以销毁而缺乏矣"。银、铜钱有最高支付数量的限制：以银钱(先令)支付，不得超过40先令；以铜钱(便士)支付，不得超过5先分，即60便士。它还指出金银同为价值尺度的弊病："假使金贵如故，而银价贱百分之五，则以金易银，每百两可多得五两。人之酬值偿负者，皆得取巧于其间，而与者之计得，即受者之计失矣。"法国金、银钱按固定比价流通，所以银价稍上涨，银钱就几乎全被熔毁。这里实际上已谈到了单本位、复本位、主币、辅币、有限法偿币、无限法偿币等概念，只是中译本还没有使用这些名称。

关于货币的价值，《富国策》指出，"钱币之所值，即金银本质之所值"。也就是说,货币的价值决定于货币商品本身的价值。它又说:"金银,矿产也。故钱币之贵贱,与矿产同理。"意思也一样。但它又用货币数量来解释物价:"大抵一国之中,钱币愈多,物价必愈贵。物贵则金贱,金贱则采矿之利薄,而业此者渐少。业此者减而少,则所给之金亦减而少矣。"采金减少后,金价提高,则物价降低,物价降低又会刺激采金的增加。因此《富国策》认为金的供给和需求是会通过这样的自发调节而取得平衡的。它归纳说:"矿产不加富饶,而需金加多,则将增益工本,加功开采以取给,而金之值必长。凡金值见长,物价必见落。反之,若矿产加而富,采金之工费减而轻,则出金必多,金之价必落。然金贱而物贵,则凡货殖贸易之间,用金必多。夫是故金之为需为给,每相维相系而归于平也。"实际上这种平衡关系并不符合历史的实际。美洲、大洋洲金矿的发现,引起物价上涨,却并没有因此而减少金矿的开采。

对于一国所需要的货币数量,《富国策》举出两个决定因素:"一因农工户口之盛衰,一因货物转售之次数也。"货物转售次数的因素中自然还包括物价的高低,所以它又说:"是以一国需用金币之多寡,必以物价之贵贱为衡焉。"它根本没有提到货币流通速度的问题。

第二节　黄遵宪的纸币论

黄遵宪(1848—1905),字公度,广东嘉应(治今梅州)人。光绪二年(1876年),中举人;三年任出使日本大臣何如璋参赞赴日;八年任驻美国旧金山总领事;居美三年,辞职返国;十六年任出使英、法、意、比四国大臣薛福成参赞赴英;二十年任满回国;二十一年主持江宁洋务局,参加强学会。次年参加创办《时务报》;二十三年任湖南长宝盐法道,署湖南按察使,参加创办南学会;戊戌政变后被革职。著作有《日本国志》《日本杂事诗》《人境庐诗草》等。

《日本国志》初稿写于黄遵宪任驻日参赞时，光绪十一年他自美回国以后又作修改，十三年完稿，十六年付刊，二十一年正式出版①。《日本国志》每卷都附有作者的议论，题为"外史氏曰"。《食货志》共六卷，其中《食货志五》（卷一九）是《货币》，黄遵宪的纸币理论见于此卷。

黄遵宪的纸币论围绕纸币兑现与否而展开，它同中国传统纸币理论的区别在于：黄遵宪看到了国外的情况，立足于世界范围来讨论纸币问题。

黄遵宪强调"楮币可以便民，不可以罔利"。他指出纸币本身并不具有被人接受的条件："苟使持数寸脆薄之物，使天下之人饥藉以食，寒藉以衣，露处藉以安居，则造之易而赍之轻，天下之至便无过于此矣。无如其不可，何也？……若以楮为币，则直以无用为有用。虽以帝王之力，设为金、银、铜交易之禁，严刑峻法，驱迫使行，而势有所不能。"纸币之所以受到人们的珍视，关键在于它代表金属货币。

金、银、铜是人们追求的目标。黄遵宪说："金也，银也，铜也，是亦寒不可以为襦（rú，短衣），饥不可以为粟，穴处不可以为屋，而天下之人奔走而求之。且萃五大部洲嗜欲不通、言语不达之辈，不约而同，以此为利，则以布帛菽粟之不可交易，乃择一物之贵而有用者为币以适用，而金、银、铜实为适宜。"这说明，黄遵宪认为人们之所以追求金、银、铜，是因为商品交换客观上需要有某种商品担任交换的职能，这种商品必须是"贵而有用"的，金、银、铜适当其选。这是说，定为货币的商品本身必须有使用价值，同时还需有较高的价值。

人们追求的是金属货币，纸币是金属货币的代表。因此黄遵宪

---

① 《日本国志》的出版年份据盛邦和：《黄遵宪史学研究》，江苏古籍出版社1987年版，第109页。

指出:"以楮币代金银则可行,指楮币为金银则不可行也。有金银铜,使楮币相辅而行则便于民;无金银铜,凭虚而造,漫无限制,吾立见其败矣。"他对于兑现纸币予以充分的肯定,并用中外的例子来说明:"且夫在唐有飞券,在宋有钞引,今银行、钱店罗列于市廛,人亦争出其宝货以易空楮……而欧洲各大国又有国家公立之银行,富商巨室举其家所有之金银,大者牛车,小者褓负,实输于其中,予一张之纸,则珍宝而藏之。日本初用楮币也,值相等者价或重于真金。"他还指出兑现纸币比金属货币具有更大的优越性:"挽近以来,物侈用糜,钱之直日轻,钱之数日多,直轻而数多,则其致远也难。成色有好丑,铸造有美恶,权量有轻重。民有交易,奸诡者得上下其手以肆其诈伪,而金银铜之便以用者,又憎其繁重矣。代以楮币,则以轻易重,以简易繁,而人争便之。虽以中人之资,设市易银,纸币尚足以行,况以国家之力,有不趋之若鹜者乎?"他所说的"国家之力"是以纸币兑现为前提的,故和王鎏鼓吹权力的作用性质完全不同。

根据中外纸币流通的经验,黄遵宪提出纸币发行办法说:"诚使国家造金银铜约亿万,则亦造楮币亿万,示之于民,明示大信,永不滥造,防其赝则为精美之式,救其朽则为倒钞之法,设为银行以周转之,上下俱便,此经久之利也。""国家造金银铜约亿万,则亦造楮币亿万"是对纸币发行数量的限制。这提法还不很准确,因为:第一,如果金银铜是用作发行准备的话,则不一定要全部铸成金银铜币。金银条块也可作为一部分准备金。第二,如果金银铜币全作为准备金,则百分之百的发行准备比率显得太高;如果金银铜币也投入流通,则即使纸币数量不超过金银铜币的数量,银行也没有金银铜币可供兑现之用。黄遵宪的办法中,以银行为纸币的发行和调节机构,虽然他还没有划分国家和发行银行的界限,但比起中国原有的行钞主张来,已经跨出了新的一步。

第三节　钟天纬的铸银钱论

光绪年间,主张自铸银元的人很多。光绪六年(1880年),郑观应在香港出版的《易言》中有《论铸银》一篇,提出自铸银钱的主张。他关于货币的论著以后续有发表,留待后面一并讨论,本节先谈钟天纬的铸银钱理论。

钟天纬(1840—1900),字鹤笙,江苏华亭(治今上海市松江区)亭林(今属上海市金山区)人。同治十一年(1872年),入上海广方言馆肄业。光绪元年(1875年)起,任职于山东机器局;五年,随出使德国大臣李凤苞赴德,曾"游历欧洲各国,考其政治学术及所以富强之故"①;两年后因病回国;八年,进江南制造局翻译馆翻译西书;十三年起,先后在盛宣怀、张之洞、李鸿章等的洋务派企业和教育机构任职。十三年,格致书院的夏季课题由登莱青兵备道盛宣怀出题和评阅,钟天纬获第一名。十五年,格致书院秋季课题仍是盛宣怀出题和评阅,钟天纬再获第一名(共12名)②。二十一年,仍回翻译馆;二十二年起,从事办学活动,用新法施教;二十四年,曾被张之洞和两江总督刘坤一等推荐应经济特科,因戊戌政变而未成行。钟天纬一生翻译西书12种,编有小学教科书12册。著作现存有《刖足集》《时事刍议》等。

光绪九年,钟天纬去了广州三个月,向两广总督张树声条陈十事,题为《扩充商务十条》③。其中第四条是"铸银币",提出了自铸

---

① 《刖足集》附录《钟鹤笙征君年谱》。
② 均见《申报》。
③ 《刖足集·外篇·扩充商务十条》未署著作年份。《钟鹤笙征君年谱》说钟天纬于光绪十二年秋游广州,向两广总督张树声条陈十事,"无所遇而返"。但张树声于光绪十年四月即病免,可见游广州的时间最晚在光绪十年,《年谱》所记有误。《扩充商务十条》中有"去岁沪市倾倒银号多家,十室九空,均受其累,至今视为厉阶"句,说的是光绪八年底上海发生的金融风潮,故钟天纬游广州的时间可以确定为光绪九年。

银钱的主张。

钟天纬指出当时中国人"相率而喜用外国银钱"的情况:"初用西班牙老板,继用墨西哥新板,近且英、法、美、德均铸银钱流入中国,而日本起而效尤,岁铸小银钱羼入市肆,每年不下数十万计,价亦日昂。"这些银钱"论其银质,不值所准之钱","乃中国不自鼓铸,坐使外人得操圜法之轻重,而利遂为其所独擅"。

洋钱是一种新的铸币形式,受到中国人的欢迎自有其客观原因,钟天纬对此作了分析。他指出外国银钱的行使有六便:"一曰成色定,二曰分两准,三曰交易便,四曰取携轻,五曰价值不易低昂,六曰花纹不易假造。"而中国的银两是秤量货币,铸成元宝有"倾销之耗蚀",使用时有"兑换之侵欺"和分量的克扣,还可能被搀以伪银,两者的优劣"不可同年而语"。这说明中国只有铸造有同样质量标准的银元,才能受到人们的欢迎而战胜洋钱。

因此,钟天纬建议"奏明设局购用机器,自行鼓铸三品之钱"。"三品之钱"指金、银、铜钱。铸金钱是受了西方币制的影响,在中国还不可能实行。用机器铸银钱确实已迫在眉睫,钟天纬指出当时吉林已买了铸钱机器,便宜的铸钱机器每台只要 5 万元。铸金、银钱不会亏本,因为铸造时要搀一些杂质,"方能坚结而击之有声",搀杂就有赢余。用这些赢余来补炉火、人工、鼓铸之费已足够。然而铸钱的主要目的不在于取得赢余,所以钟天纬又说:"即使无余,而商务已大受其益矣。"

关于金、银、铜钱的关系,钟天纬主张模仿英制。他说:"但须国家颁定律法,定各等之价并相准之数,每数至若干即须用何种之钱。如英制,铜钱满十二即须用小银钱一元,银钱满二十即须用金钱一元。"即 12 便士为一先令,20 先令为一金镑。但这里钟天纬说得不够准确。12 便士为一先令,但不等于说满 12 便士就必须用先令;

先令和金镑的关系也一样。前述《富国策》中就已指出便士最高支付限额为 5 先令,先令的最高支付限额为 40 先令。钟天纬对此似乎还不清楚。

铸造金、银、铜钱并规定比价后,所有国家赋税、国家收支都以此为标准。钟天纬指出这样就可以做到"无平色之高低,无兑换之扣勒,自无浮收侵蚀之弊矣。市肆之价不能因时为轩轾捉掷(捉弄)刁难,则卖买空盘之弊不禁而自绝矣"。① 他把统一币制设想得很容易,后来的事实证明并不这样简单。

在其他文章中,钟天纬还提出开设国家银行和由商人集资在各省开设银行的主张。银行发行钞票必须十足准备。他说:"西国以钞票为便民者,则以有一万之银始发一万之票,无丝毫折扣也。钞票之行不行,其关键全在乎此。如民情不信,则虽临以君上之威而无济。"②他不了解纸币不需要十足准备。针对私人钱店发行钱帖(钱票)常因倒闭而成为废纸的情况,他提出"由国家保险,所出钱帖均由国家盖印,抽取百分之五以为税"③的主张。钱帖由国家用机器统一制造,由钱店领用,一年一换。如钱店倒闭,由国家认赔,实际上则由连环具保的五家摊赔。这一主张是中国近代实行领券制度的先声。

又有秀才于鬯(chàng)(1854—1910)作有《行使金银铜钱议》④。其中的一些关键性论点和钟天纬的论述相同,当是抄自后者⑤。但于鬯的《行使金银铜钱议》流传更广。

---

① 以上六段引文均见钟天纬:《刖足集·外篇·扩充商务十条》四。
② 同上书《中国铁路如何取道为便论》。
③ 钟天纬:《时事刍议》。
④ 陈忠倚编《皇朝经世文三编》卷三三。
⑤ 于鬯是南汇人,和钟天纬家相距不远,两人可能认识。于鬯年纪比钟天纬小 14 岁,专治经学,对西学不如钟天纬熟悉,故可推断是于鬯抄钟天纬的。

第四节　张之洞等的铸银钱论

光绪九年(1883年),御史陈启泰建议朝廷铸一钱、二钱、三钱、五钱和一两银钱。他的铸银钱理由有二:① 铸制钱困难,用银钱取代制钱的部分流通,使"民间行使,不必专恃铜钱"。② 抵制洋钱,堵塞漏卮。他说:"外夷货易中国之银,挽和夹杂熔铸洋钱,使用几遍天下,而又能操纵其洋价之低昂,以为出入,盘剥商民,漏卮无算。……若我国仿铸相敌,以后各关征税,无论洋商华商,概令输纳中国银钱,则价值势必一时腾踊,番饼不得畅行,或可惩艾于万一。"①

同年,翰林院侍讲龙湛霖也指出:"独洋钱一项,银色不过九成,徒以制造精良,行之东南数省,遂与中国足银等……但令一岁中有千万流通,洋人即坐获百万之利。日朘月削,耗于无形,民生困穷,曾不觉悟。"但他只提出仿铸藏式银钱。西藏乾隆宝藏的重量有1钱5分、1钱和5分三种,都是小面额银钱。龙湛霖确是主张铸小面额银钱,所以他所说的自铸银钱三利都从这一点立论。他说:"显以利民间之用,隐以济钱法之穷,且与洋钱之一角、二角者足以相敌,其利一也。铸钱十万,即增银万两,以中国人力之有余,补财用之不足,其利二也。与制钱相辅而行,钱虽少而无患,且可杜奸商关闭钱票之患,其利三也。"②从第二利中可以看出,每枚银钱的面额为一钱,所以10万钱相当于银万两。这种铸银钱的主张并不符合中国历史发展的要求。

光绪十三年,两广总督张之洞和给事中方汝绍提出了用机器铸

---

① 中国人民银行总行参事室编《中国近代货币史资料》第一辑《清政府统治时期》下册,第632—633页。
② 同上书,第633页。

第十五章　洋务运动时期的货币理论

造银元的建议。张之洞还将建议付诸实践。

张之洞(1837—1909)，字孝达、香涛，号香严、壶公、无竞居士等，直隶南皮(今属河北)人。咸丰二年(1852年)解元，同治二年(1863年)探花。历任翰林院编修，湖北、四川学政，内阁学士兼礼部侍郎，山西巡抚等。光绪十年，升两广总督；十五年起，任湖广总督18年，还曾两度署理两江总督；三十三年，升大学士、军机大臣，兼管学部。谥"文襄"。著作有《张文襄公全集》。

张之洞原属标榜不避权贵、议论时政的所谓清流派，任两广总督后一变而为洋务派，着手发展新式工业。此后他关于货币的议论很多，本节只涉及他的自铸银元的主张，其他货币主张将在有关各节中讨论。

光绪十三年正月，张之洞上《购办机器试铸制钱折》，并附有《试铸银元片》[①]。他指出外洋银钱通行中国各地，"以致利归外洋，漏卮无底"。他强调"铸币便民，乃国家自有之权利，铜钱银钱，理无二致，皆应我行我法，方为得体"。他还分析了矿务、钱法、银元三者的关系，指出："矿务、钱法、银元三事相为表里，交互补益，如环无端。矿产盛，而后铸铜铸银有取资；鼓铸多，而后西南各省铜铅有销路；以铸银之息补铸铜之耗，而后钱法可以专用内地铜铅而无虞亏折。"当时铜贵，铸钱成本高，张之洞认为铸银元有利可图，所以说"以铸银之息补铸铜之耗"。他还对铸银元的前景作了理想化的描述："迨至开采日多，铜价日贱，商趋其利，民便其用，边军资其饷，实西南徼外之边备，塞东南沿海沿江九省之漏卮，未必非自强之一端也。"

关于银元的重量，张之洞不懂得恶币驱逐良币的道理，以为分量重的容易通行，因此主张铸得比外国银元重。他指出外国银元重

---

① 张之洞：《张文襄公全集》卷一九。

漕平七钱三分,现拟铸重库平七钱三分的银元,每枚计重一分五厘多。"铸成之后,支放各种饷需官项,与征收厘捐、盐课、杂税及粤省洋关税项向收洋银者,均与洋银一同行用,不拘成数银色,务与外国上等洋银相等。银质较重,而作价补水均与相同,商民趋利,自易风行。若日久通行,民间自行加价,亦听其便。"他还建议在广东试铸一年取得经验后,户部亦购机器在天津设局铸造银元,并希望中国的自铸银元能流通国外。

户部讨论了张之洞的建议,提出铸银元要防止四弊:银价上涨,银源涸竭;炉匠搀假和民间私销私剪;亏损官帑;减低成色取利,流通不畅。要求张之洞"预筹杜绝之方,慎选贤员,切实经理,始终如一,以期推行尽利"①,不要仓促上马,有始无终。据此,上谕指出:"至所称兼铸银圆一节。事关创始,尚须详慎筹画,未便率尔兴办,着听候谕旨遵行。"②

光绪十四年,康有为代御史屠仁守作《钱币疏》③,也提出用机器铸钱的建议。他指出中国的"钱法败坏极矣,一失名,一失实,一失用"。"失名"是指洋钱在中国流行,"皆用敌人年号,不见君国正朔"。"失实"指洋钱杂有铜铅二成,而"中国元宝及锭,皆用纯银,成色最高"。"失用"指中国"所铸纹银,率沿前朝元宝、马蹄等样,体既方长,不便掌握,形复重厚,不便运数,无轻重一定之法,必待衡而后知,无大小相权之宜,必待碎而后用,其于民用不便甚矣",不及洋钱使用方便。他主张"尽销旧锭,改铸新钱",银钱分一两、五钱、二钱、一钱、五分几种,面铸"大清宝藏"等字。

---

① 中国人民银行总行参事室编《中国近代货币史资料》第一辑《清政府统治时期》下册,第674页。
② 《清德宗实录》卷二四〇光绪十三年三月癸巳。
③ 汤志钧编《康有为政论集》上册,中华书局1981年版,第37、39页。

光绪十五年，张之洞铸成了重库平七钱三分、三钱六分五厘、一钱四分六厘、七分三厘、三分六厘五毫五等银元。他将五等银元样品"恭呈御览"，并再次提出铸造银元的请求。他回答了户部提出的四弊：① 汇丰银行答应供应银条委托代铸，如不够还可向别家洋行购买。② 炉匠搀假只要经理得人、章程周密就可解决；而民间销毁无利，私铸困难，私剪则容易发现。③ 大小银元兼铸，小银元成色低，不会亏损官帑。④ 成色虽减低，"总期较之外洋所铸成色相符，或且稍胜，民间自无异说，断不肯任意减成，以致自相窒碍"①。但对于正式铸造银元的重量，张之洞接受了汇丰银行的建议，"与向有洋银一律，便于交易"，一元银元改为重库平七钱二分，小银元依次类推。这次请求得到了朝廷批准。中国从此进入了用机器自铸银元的时期。

第五节　陈虬对币制混乱的批评

陈虬（1851—1903），原名国珍，字志三，晚号蛰庐，浙江瑞安人。光绪十五年（1889年），中举人；十九年，辑录历年著述为《治平通议》，内分《经世博议》《救时要议》《东游条议》《治平三议》《蛰庐文略》五种；二十二年，在温州办《利济学堂报》，宣传变法，并为次年创办于杭州的《经世报》撰稿；二十四年，列名保国会。戊戌变法失败后受到通缉。

陈虬论货币的文章主要有两篇：一是光绪十六年向山东巡抚张曜所上条陈中的《变通交钞以齐风俗》，二是光绪十八年作的《经世博议》中的《变法九》。

---

① 张之洞：《张文襄公全集》卷二六《洋商附铸银元请旨开办折》。

陈虬主张建立统一的货币制度。他所说的"变通交钞",不是指变通纸币,"交钞"在这里是整个货币制度的代名词。在《经世博议·变法九》中,他设想的货币流通包括金、银、铜币和兑现纸币。金、银、铜币要有统一的质量标准,"如成色不符,厥罪烹"。"禁元宝、银锭、小钱、洋钱不用,有盗铸者杀无赦。"纸币由宝钞局(即官银号)发行,"省、道、县各设宝钞局,使民可纳钱换钞,入钞取钱,勿欲者听,出入之间官为量收微息"。他批评王瑬《钞币刍言》(陈虬也像魏源一样,不知道有《钱币刍言》)的行钞主张说:"钞币之设,本以便民,而非以罔利。今欲以空钞易实银,是以奸侩赚钱之术,施之于国计支绌之时,示人以欺,强人以从,虽卫鞅复生,无能为也。"他反对魏源的复玉币、贝币主张,批评这一主张违反了"圜法随时代为转移,首以顺人情为本"的原则。

陈虬对当时"错出而无统"的货币流通混乱现象极为不满,他对这种现象的批评,涉及面之广超过了前人。

首先,陈虬批评了用钱的混乱(括号内的文字是陈虬的原注)。他说:"用铜其正也,而晋、闽间或有经用铁钱者。当一其正也,而直、东两省则有当二、当十之目(名虽当二,实止当一。京钱虽称当十①,其实亦止当二)。至搀和私铸(私铸则有白板、砂壳、剪边、新砂、鹅眼等名目,甚有用粗劣厚楮染以砂油搀夹行使者,此事颇骇听闻),留底短陌(自古有之,今则千文有扣去六文者,有或扣十文者,甚有二十文、三十文不止者),折扣大钱(南省钱凡三等:有净钱,即制钱也;有通净;有通钱。制钱则有九折,或有八五折者),则又郡异而县不同。"

其次,陈虬批评了用银的混乱。他说:"至于银一也,而有纹银

---

① 这里的"京钱"指在北京流通的当十大钱。实际上"京钱"还有另一种含义,是京津地区的一种计价单位,京钱2文当制钱一文。

(一曰高银)、松江银、规银①、对冲银。纹银为最,松江次之,规银则但据以入算,对冲则市铺所作售伪,介乎钱、银之间。又有所谓番钱者,来自外洋(故又曰洋钱),流入内地,岁耗不赀。唯浙东间用坤洋,系台人赵坤呈准开铸,然仅行之邻近数郡,出省则废。此外名目则有鹰洋(面作鸟形,亦曰鸟洋,本出美国,故称英洋,或云出墨西哥国,未知孰是)、苏净(即花边洋)、本洋(即鬼脸番)、日本洋(正书年号)、开洋(即小洋钱,有对开、四开以至十六开者)、糙洋(即各洋打戳者)、刮洋(挖刮太甚,有重仅四钱者)等项(又有夹铜、哑板诸杂洋,悉数不能终)。江南则向行苏净,安徽则独用本洋,糙、刮仅可施诸瓯、闽,杂洋但可行于沪渎,此为异也。"鹰洋出自墨西哥,又称"英洋"②,陈虬误为美国铸造。花边洋是加花边的洋钱,早期洋钱是无花边的。本洋上有人像,故又称"鬼脸番"。开洋意为一元洋钱的几开,对开即半元,四开是四分之一元,即二角五分。糙洋即花洋和烂板。刮洋、夹铜、哑板等都是伪劣银元。外国银元名目繁多,陈虬还只是举了大概,所以说"悉数不能终"。

再次,陈虬批评了衡法的混乱。他说:"铜钱、银洋之所借以权轻重者,等子也。乃京师所用之市平,视库平每两弱四分。山东所用之济平,视库平每两弱一分六厘,是济平又强于市平二分四厘也。至于漕平、规平、兰平、川平、湘平、广平诸目,纷歧杂出(闽中则有福建等),又无能一一数矣。"由于衡法不统一,使用时要经过折算,弄得不好就会受损失。陈虬指出了这一点:"客行赍千金,驰万里,稍

---

① "规银"即规元银两,是鸦片战争后上海实行的银两计算标准,不是银的实际重量,故称为"虚银两"。银的实际重量按漕平计算,先按成色折成纹银重量,再除以0.98,即成规元银两。
② 鹰洋称"英洋",一说是"鹰"讹为"英",郑观应则说因"英人贩运居多"而名(《盛世危言·铸银》)。

不留神核计,南北往返数月后,囊中物无事而坐耗其半矣。此亦今日病民之一大端也。"①

对于银钱比价,陈虬主张国家不作规定,"悉随时值",以免国家因银钱比价的变动而受到损失,"倒授人以太阿"②。但各地每隔五日要将钱价上报道、省,由道进行适当的调节。

陈虬强调货币权应归君主所有,要求改变"以中国君主自有之利权,坐令私铸充斥于下,洋钱渗漏于外"③的不正常局面。他认为中国富强的关键就在于掌握利权,指出:"富强之道,利权二者而已。太西实能搜其利于权之所不及,权在而利愈兴。中国不能行其权于利之所在,利散而权将替。富强权利之间,天下之大局系焉。"④这虽是针对中国不能控制货币的利权而发,其意义却不限于货币。

第六节　郑观应的铸银钱及行钞论

郑观应(1842—1921),原名官应,字正翔,号陶斋,别号杞忧生、慕雍山人、罗浮待鹤山人等,广东香山(治今中山)人。咸丰八年(1858年),到上海学商,初在宝顺洋行当买办,后来经营或开办一些航运和贸易企业,捐官至候补道员。光绪四年(1878年)起,在洋务派企业任职,历任上海机器织布局、上海电报局、轮船招商局会办、总办等职;十一年去香港,香港当局以他在太古洋行的亏空为理由,将他关押达一年之久;后担任多种企业总办、总董等。他将自己从买办到民族资本家的经历概括为"初则学商战于外人,继则与外

---

① 以上四段引文均见陈虬:《东游条议·变通交钞以齐风俗》。
② 陈虬:《经世博议》卷二《变法九》。
③ 同上。
④ 陈虬:《东游条议·变通交钞以齐风俗》。

人商战"①。著作有《救时揭要》《易言》《盛世危言》《盛世危言后编》等。现编有《郑观应集》。

郑观应的货币著作见《易言》和《盛世危言》。《易言》有两个版本。先是由王韬于光绪六年为其在香港出版《易言》36篇本，后删并成20篇本在上海出版。36篇本中有《论铸银》，20篇本中有《铸银》，文字大同小异。《盛世危言》最早出版于光绪二十年，后陆续有多种版本。《盛世危言》中也有《铸银》，是在《易言·铸银》的基础上作了扩充。另有《银行》上下、《圜法》及附录《药水浸洋钱之害论》等文，也同货币有关。《圜法》见于光绪二十六年出版的《盛世危言》八卷本，其中提到光绪二十五年的海关册，可见作于光绪二十六年。

《易言·论铸银》的写作时间早于钟天纬的《扩充商务十条》，有些类似的观点比钟天纬早些提出。郑观应指出西方国家每年运至中国的洋钱在百万元以上，获利很大，如"鹰洋每圆计重七钱二分，运入中国，其极贵时可抵纹银八钱，即平常市价亦总在七钱四五分之间"。为了收回这一厚利，郑观应提出自铸银钱的主张说："夫钱有金、银、铜三品，其行于世也，统谓之国宝。自应一国有一国之宝，不应悉用他国之宝也。中国何不自行鼓铸，列年号于其上，名正言顺，独擅利权。"对于铸银钱的经费，郑观应指出银钱的作价已高于所含之银，而且外洋铸造银钱要搀和铜、铅，"以搀和所余之数，移作铸造之费，已绰然有余裕。是所昂之价，即所溢之利也"。但他没有明确表示银钱用手工还是用机器铸造，而钟天纬则提出了买机器铸银钱的主张。

铸银钱有利可图，但不能任意降低银钱的质量。郑观应说："西人好利而守信，故成色均归一律；华人嗜利而寡信，故流弊遂至百

---

① 郑观应：《盛世危言后编》卷八《覆考察商务大臣张弼士侍郎》。

端。"他还引林则徐铸重七钱三分银饼的失败为教训说:"初亦甚便于用,未几而伪者低者日出,遂使美意良法废而不行,惜哉!"林则徐铸银饼的实际情况究竟如何,史无明文①,郑观应这样说可能是出于传闻,也可能出于自己的想象,借以表示注意铸造质量的极端重要。为了防止铸银钱后产生流弊,他主张铸银钱的权力要高度集中,"严定章程,仅准户部设一专局,功罪攸归,非但不许民间铸银,并不许各省官员开铸"。铸成后,"令其可缴钱粮,可作捐款,则流通必畅,而洋银反不能通行矣"。郑观应认为这是"裕国便民之大计",实行以后可以不使"利权为西国所独擅"。

在《盛世危言·铸银》中,郑观应主要补充了以下一些内容。

第一,对用洋钱的方便和用银两的不便作了对比:"盖洋钱大者重七钱二分,小者递减,以至一角五分。市肆可以平行,无折扣之损;囊橐便于携带,无笨重之虞。较之纹银,实属简便。纹银大者为元宝,小者为锭,或重百两,或重五十两,以至二三两。用之于市肆,则耗损颇多。有加耗,有贴费,有减水,有折色,有库平、湘平之异,漕平、规平之殊,畸重畸轻,但凭市侩把持垄断,隐受其亏。若洋钱则一圆有一圆之数,百圆有百圆之数,即穷乡僻壤亦不能勒价居奇,此民间所以称便也。"周腾虎说钱店对使用洋钱的人进行盘剥,郑观应则说洋钱作价一律,两人说法有很大不同。这既可能反映出时代不同所起的变化,也可能是出于议论的需要,二人从不同的角度作了强调。

第二,洋钱在中国流通有四害:① 九成或不足九成的银元当足银用,造成无形的耗蚀。② 洋钱进口无税,用来购买我国货物。③ 卖货则取宝银而归,又铸洋钱运入我国。④ 使用时每元还要抬

---

① 周腾虎在《铸银钱说》中也提到林则徐铸银饼,但说法不同。他说:"前林文忠铸造银饼,其制渺小,全无法度,后又无法以行之,宜其不用也。"

价一二分至六七分,暗中剥削。

第三,自造银元有四利。① "铸之既多,则洋钱来源自稀,足夺西人利权。"② "用之既广,保财源亦崇国体。"③ 铸银元有赢余,不会造成耗蚀。④ 分量一律,贵贱相同,"便商民而维市面"。

第四,介绍美国、香港、日本铸银钱的情况,以证明获利之厚。

第五,对铸银钱要加强监督、检验,检验合格的监铸官从优褒奖。"总期分两轻重不亏,成色划一不二,易于鉴别,便于兑换。"使用时,"凡上之取于下者不加平、不补色,悉照本质分两,不得私加洋厘(银元折银两数)名目"。要做到"官法严于上,民信孚于下,则市肆流通可翘足待"。同时还要遵照"万国之公例",禁止洋钱流通。

在《易言·论铸银》中,郑观应主张只由户部铸造银钱。在《盛世危言·铸银》中做了修正,提出"由户部设一总局,惟核收而不铸造,分饬各省督抚拣派廉洁精于会计之大员,专司鼓铸银钱之事",由督抚亲自检验。因为当时广东已在铸造银元,郑观应也不得不相应地修改自己的意见。关于银钱的重量,郑观应主张"必须限定七钱二分,与洋钱丝毫无异,其余半元、二角、一角、五分亦须与彼从同,方可通行抵制"。他在稍后写的《药水浸洋钱之害论》中则又提出"中国不必定与洋钱大小轻重相同,宜由户部铸银元五式:或一两,或五钱,或二钱五分,或一钱,或五分"。这是因为他认为广东、湖北的新铸龙洋比鹰洋稍轻,"所以未能通行",故索性改变重量,以示区别。其实广东、湖北龙洋一时未能通行的原因不在于此,郑观应的这一主张是行不通的。

在《易言·论铸银》中,郑观应称金、银、铜钱为"国宝",但尚未提出铸金钱的主张。在《盛世危言·铸银》中他补充说"或更搭铸金钱,均无不可"。而晚作的《圜法》则以论述改用金币的必要性为基本内容。用金在甲午战争后是一种较普遍的主张,《圜法》的内容没有超过写作年代在前的陈炽的《铸银条陈》,并且有抄自《铸银条陈》之处,有关内容将在陈炽一节中点明,这里不予涉及。

郑观应还主张开设银行,发行银行纸币。他强调纸币要取信于民:"且同一钞票,中国用之而多弊,泰西用之而无弊者,无他,信不信之分耳。民情不信,虽君上之威无济于事;民情信之,虽商贾之票亦可通行。"取信的方法,一是纸币由银行发行,可随时随地向银行兑现,绝不留难;二是官府要加强对银行的管理,设商部为管理银行的机构。所以他说:"故欲用钞票,须先设银行;欲设银行,须先立商部。"他主张由官府每年对银行进行一次查核:"钞票行市者若干,本银存行者若干,必使钞本相均,否则再行纠本,查清之后刊登日报,俾众周知。"①他批评外商银行在中国任意发行纸币,指出:"若今之洋商所用银票,并不由中、外官吏验看虚实,不论多少,惟所欲为。闻英商汇丰银行在粤通用之票百余万,该行已获利二百余万之谱。"②他要求改变这种"倒持太阿,授人以柄"的局面,创设中国自己的银行并发行中国自己的银行纸币。

第七节　唐才常的铸银钱及行钞论

唐才常(1867—1900),字伯平,号佛尘,别号洴澼子,湖南浏阳人。光绪十二年(1886年),获县、府、道三试冠军;曾在岳麓书院肄业;二十年春,考入两湖书院,"应课文字,切中时弊"③;二十二年,返湖南,常住长沙,积极从事变法活动,为《湘学新报》《湘报》撰稿,主讲时务学堂;戊戌变法失败后,他到香港、新加坡以及日本等地联

---

① 本段以上引文均见郑观应:《盛世危言·银行下》。
② 同上书《银行上》。
③ 唐才质:《唐才常烈士年谱》,见《唐才常集》,中华书局1980年版,第269页。

络同胞,并同康有为、孙中山会晤;二十六年,在上海发起组织正气会,后改为自立会,在张园召开"国会",任总干事;又在汉口英租界组成自立军机关,准备起义。起义机关被破获,唐才常亦被杀。著作有《唐才常集》。

唐才常论货币的文章有两篇,都是在两湖书院的应课所作。一是《钱币兴革议》,二是《中国钞币必如何定制综论》。两文的观点可互相补充,但也有不尽一致处。以下综合讨论两文中的理论和主张,有相异处只取其中较好的观点,而不另指出其相异之处。

顾炎武批评用银和反对行钞,唐才常指出这一观点在当时有它的道理,但"今日有外洋以银圆潜耗中国之积银",再"为亭林之说则迂远不切事情"①。他也像冯桂芬一样,从世界范围的货币流通来看用银的不可逆转:"今自五口通商,而天下大局一变,环地九万里,中国不过什五之一耳,而用银者十有四,不用银者一,虽尧、舜、禹、汤复起,恐不能不予以变通之法也。"②

对于轻视货币问题的观点,唐才常批评说:"异物内流,财币外泄,钱法窳坏,奸伪潜滋,至今日极矣!后之儒者,守金生粟死之至论,以为贵粟而贱银,粟为本,银为末,于财货交易之中,隐寓重农抑商之道,其说似矣。不知以中国行中国,而本末见;以地大物博之中国,而受困于五洲通商之各国,而本末又见。"③这种本末观,不仅表现在国内,而且表现在中国的对外通商上,以致中国在经济上受制于外国,非予以改变不可。

唐才常所说的"变通之法",就是"改用银钱,自行铸造"。自铸银钱要有足够的白银,唐才常提出可用新铸银钱按国定的兑换率向

---

① 唐才常:《钱币兴革议》,《唐才常集》,第7页。
② 唐才常:《中国钞币必如何定制综论》,同上书,第10页。
③ 同上书,第11页。

民间收银。兑换率不能太高也不能太低,太高对政府不利,太低人民又不愿意来兑换。假定自铸银钱每元重七钱三分,含银九成,为六钱五分七厘。加上铸造费用,可规定每元换银六钱八分,这样"民必乐于以银换银圆而去"。每元银元付二分三厘的铸造费,占含银量的3.5%,按正常情况来看是太高了,但当时外国银元在中国的作价要比含银量高出很多。唐才常认为按这样的兑换率收兑白银,官银局"以每日能铸五六万枚之机器,约略计之,尚赢银三四百两不等,尽足供铸造工力资用"。为了鼓励人民踊跃兑换,"须于设官银局处,大张换钱六钱八分告示,限以二三年"。超过期限以后,"收银愈多,铸钱愈广,乃定每圆换银七钱之准"。也就是说,在期限以外兑换,同样的银两兑换到的银元要减少,以促使民间及早兑换。

唐才常主张以银钱为唯一合法的银货币。国家的一切收付都以新银钱为标准,"严行限制,令民无得以银购物,只许其抵换银钱"。银钱元以下分角,更小的数额则用铜钱,铜钱也改用机器铸造。对于入境的洋钱,则只准按九成计算,认为"杜塞漏卮,收回利柄,计无逾于此"。[①]

唐才常提出了三条自铸银钱之利。

第一,可以消除用银两的种种弊端。他说:"中国用银,各省成色不同,而折色、减水、加耗、贴费以及济平、湘平、漕平、库平之类,轻重轩轾,随市侩为高下。如铸成银币,颁行天下,则贵贱轻重一律,不特杜市侩之垄断,而饷项至京,库吏浸蚀之弊,可一洗而空。"

第二,可以弥补用铜钱的缺陷。铜钱"质轻则盗铸,质重则销毁",难以禁止。用机器铸银钱,"花纹细致,名色朗然,可杜绝奸伪之萌"。银钱分等级,代替一部分铜钱的使用,"又可补钱币所

---

① 以上两段引文均见唐才常:《钱币兴革议》,《唐才常集》,第7—8页。

不足"。

第三,可以抵制洋钱的流通。洋钱含银量只有九成,"银色既低,又免进口税,以无税劣银购我金银货物,捆载而归"。又将收去的白银铸成银钱流入中国,"利中取利,无形消耗,伊于胡底"? 用自铸银钱来抵制,"则出口货银百万之数,中国可收回实银十万余两,杜塞漏卮,莫善于此"。

唐才常认为纸币流通"本虚实相因之法"。"虚实相因"即"虚实相权"。发行纸币应以便民为目的,而不以富国为动机:"然必知钞法者,所以便民,非所以富国也。以之便民,则钞盛行而国亦裕;以之富国,则钞立废而民不堪。古来钞票之行废,类不出此。宋、元、明钞法之弊,皆以小利遗大举,头会箕敛,民气愁苦,致使后世之民诅钞法为虐政,一裂不可复振,可不痛哉!"①

如何防止重蹈历代行钞的覆辙?唐才常认为必须仿照西法而行。他说:"西人银行,有官有商,其发行钞票,要皆政府主其权。每岁行中存本之多寡,与钞票出入之数实足相抵,随至随兑,绝无折阅倒闭之虞。民之视钞票与现银无异,安得而不信从?"他主张由各省藩司拨款设立官银行。"巨绅富贾"愿意集股的,经督抚呈户部批准,也可以开设银行。各银行所用的钞票"由户部花押盖印,以颁各藩司,由藩司颁各银行"。每年由藩司检查银行所存资本数和发出钞票数,"两足相抵。乃刊查核之数,贴示通衢,以昭信于民"。钞票虽分省发行,但随处通用。用机器精工印刷,"式样既精,信义大著,如此而钞不行者,未之前闻也"。② 他主张发行纸币要以十足的现

---

① 以上两段引文均见唐才常:《中国钞币必如何定制综论》,《唐才常集》,第11—13页。
② 本段以上引文均见唐才常:《钱币兴革议》,同上书,第8—9页。

金准备，认为西人纸币之法是"有一万之银，始发八千之票"①。这是对西方货币制度不够了解的表现。

推行上述主张，关键在于认真执行。唐才常深知当时中国政治的极端腐败，任何好事都会办坏，因此提出严肃法纪的主张。他说："中国臣民积弊之深，无论公私，一经着手，即思染指以自封殖，则铸钱而或过搀杂质，立钞而或自行伪造，百弊丛生，防局外之人易，防局中之人难，将奈何？曰：是当严立科条，以商君之法，行循名核实之政。"②政治不改革，一切正确的主张都只能是纸上谈兵。

---

① 唐才常：《中国钞币必如何定制综论》，《唐才常集》，第12页。
② 唐才常：《钱币兴革议》，同上书，第9页。

第十六章
甲午战争至辛亥革命时期的货币理论(上)

甲午战争失败以后,帝国主义国家加紧了对中国的侵略和控制,中国的半殖民地半封建化程度进一步加深。甲午战争的失败,也促进了中国人民的民族觉醒,要求维新和革命的声潮日益高涨。

甲午战争至辛亥革命时期的货币流通在原有的基础上又产生了新的混乱。银两和银元继续并用。各省铸造的龙洋重量、成色不一,以致流通受地区限制,"此省所铸往往不能行于彼省,仍不如墨西哥银元之南北通行"①。各省还铸造各种银角,而银角名为辅币,在实际流通中却不能同银元保持十进位制。光绪二十六年(1900年)广东开始用机器铸造铜元,各省见有利可图,纷纷仿效,使铜元很快成为广泛流通的一个新的币种。铜元种类有一文、当五、当十、

---

① 中国人民银行总行参事室编《中国近代货币史资料》第一辑《清政府统治时期》下册,第805页。

当二十等,以当十最为通行。初发行时,当十铜元八九十枚即可换银元一元,后因各省滥铸而贬值,到宣统二年(1910年)需一百七八十枚换银元一元,几年间贬值一半。纸币发行机构众多,许多纸币因兑现困难而贬值。

清末产生了由中国人创办的银行,主要有光绪二十三年设立的中国通商银行、三十一年设立的户部银行(三十四年改名为大清银行)、三十三年设立的浙江兴业银行、三十四年设立的交通银行和四明商业储蓄银行等。

甲午战争后,自铸银元已成为朝野的普遍主张,主张铸金币的人也大为增加。清末开始了建立货币本位制度的讨论。多数主张先实行银本位制,主张实行金本位制的以实行虚金本位制的呼声最高。在主张银本位制的人们中,又发生了货币单位的两元之争:一种主张以现行银元为基础,即以元(圆)为单位,银本位币重库平七钱二分;另一种主张按中国的传统,以两为单位,银本位币重库平一两。

宣统二年四月颁布了《币制则例》。《币制则例》规定"大清国币单位定名曰圆",主币重库平七钱二分,含纯银90%,计六钱四分八厘。辅币有银币五角、二角五分、一角,镍币五分,铜币二分、一分、五厘、一厘。银辅币每次使用不得超过5元,镍、铜辅币不得超过半元。《币制则例》的颁布是中国第一次正式宣布实行银本位制。根据《币制则例》铸造的银元称"大清银币",仍属龙洋的一种。次年清政府即被推翻,《币制则例》并未实行。

这一时期西方经济学加速传入。甲午战争前出版的有关经济学的著作只有4种,而甲午战争后到辛亥革命时(1895—1911年)的17年间至少达80种,其中经济学原理书至少48种(中国人编著的24种),财政金融方面的至少25种(中国人编著的12种),经济学说史4种(中国人编著的1种)①。翻译和编著这些著作的以留学生为主,大多为留日学生。货币理论是经济理论的重要组成部分,西方经济学进一步传播也就是西方货币理论的进一步传播。

甲午战争至辛亥革命时期的货币理论内容较多,故分为上下两章,有重点地介绍几部译书中的货币理论,以显示西方货币理论在中国的直接传播情况。中国人所谈的货币理论,有些主要是介绍西方的,如严复、钱恂和章宗元;更多的则是结合自己对西方货币理论和货币制度的了解,提出自己的货币理论和主张,主要有马相伯、陈炽、江标、刘世珩、宋育仁、梁启超、康有为、章炳麟等。章炳麟的货币理论在北洋政府时期有重要发展,留待第十八章一并论述。

第一节　胡燏棻等的铸金钱论和马相伯的币制论

甲午战争前,钟天纬、于邠、陈虬等都提出了铸金钱的主张,还有宋育仁主张"用金银以制币"②,陈炽也主张"统饬各省设局购机,将三品之金一律铸钱行用"③。甲午战争后,主张铸金钱的人更多,其中较早以正式奏请铸金钱闻名的有胡燏(yù)棻(fēn)、王鹏运、杨宜治三人。他们的货币理论很简单,有些观点和陈炽相近,对陈炽货币理论的评论也适用于他们。

光绪二十一年(1895年)闰五月,广西按察使胡燏棻(?—1906)上《变法自强疏》④。其中关于货币方面,他建议"于各省通商

---

① 数据由戴金珊博士提供。
② 宋育仁:《时务论》,见于宝轩编《皇朝蓄艾文编》卷二。
③ 陈炽:《庸书外篇·圜法》。
④ 麦仲华编《皇朝经世文新编》卷一上《通论》。

口岸一律设局，自铸金银铜三品之钱，颁定相准之价，垂为令甲。一面于京城设立官家银行，归户部督理，省会分行归藩司经理，通商码头则归关道总核。购极精之器，造极细之纸，印行钞票，而存其现银于银行"。他认为西方的钞票是"有一万之银，始发一万之钞"，所以能保证币值的稳定。中国发行钞票也要加强管理，对各银行的出入授受"随时查核，不至钞溢于银，并绝无毫厘短折，方能取信于人，持之久远"。他还强调"用人必须按照西法，用商务之章程，杜官场之习气，慎选精明廉洁之人，综计出入"。他认为如果办理得好，"其收回利权，孳生息款，计每岁盈余之数，至少当在千万以上"。

同年十二月，御史王鹏运(1849—1904)上《请通饬开办矿务鼓铸银圆折》①，提出"购买极大机器，鼓铸金银铜三品之钱"，并以"先铸银钱"为"救急之法"的建议。关于鼓铸金钱的必要性，他说："况比年来，中国黄金出口由三百万增至二千余万两，如不自铸金钱，则国室全空，终受外人挟制。"他不了解在国际收支逆差的情况下，即使铸成金币也难保黄金不外流。他主张"金钱轻重略仿英镑大小，银钱用鄂、粤铸成之式。铸成后颁发各省，谕天下一体通行，各省亦一律鼓铸以资利用"。

光绪二十三年八月，通政使司参议杨宜治上《奏请仿造金银钱折》②。他分析镑价上涨的情况说："同治年间，每镑合中国规银三两三钱三分。光绪十三年春，每镑合规银四两一钱六分五厘，规银一两合四先令。今则一金镑合规银八两有奇。"镑价上涨，中国损失很大，"借款一项吃亏尤巨而久"，以致"耗物力于无形之中，日加一日"。他不懂得主辅币的关系，所以认为"二先令四本士（便士）合规银一两，是英银三钱五分合中国银一两"。他主张"先按先令分两、

---

① 麦仲华编《皇朝经世文新编》卷八《矿政》。
② 同上书卷一一《币制》。

成色、式样铸造银钱",同时迅速开采金矿,"将来再仿英镑样式铸造金钱",然后"仿英式制造钞票"。

"按先令分两、成色、式样铸造银钱",是想能在国外通用,用银三钱五分抵银一两。总理衙门就杨宜治的奏折答复户部①,指出原奏"并无一语提及抵用,而抵用已在言外",并认为"计无不可抵用之理"。他们担心"华先令既抵用于外洋,而英先令亦当行于中国,于是广运英先令购我华银,银必骤涨,购我华镑,金必外溢"。他们提出的"防之之法"就是像英国一样,过20先令要使用英镑②。总理衙门既然懂得先令是有限法偿的,却又认为华先令可以在外洋抵用,自相矛盾已至于此!

杨宜治还主张将"金银钱存储国库",以钞票流通,这样可使"无用之金钱将同土壤矣"。如果只以钞票流通,就是不兑现的纸币流通制度了。既然如此,又何必铸造金银钱?在当时的条件下,钞票必须靠兑现来维持它的币值。金银是世界货币,即使某个国家真的实行了不兑现纸币流通制度,视金钱如土壤也是根本不可能的事。

杨宜治另写有《中国宜铸金钱论》③一文。他分析了铸金钱的四益:① 开拓矿务。铸金钱可刺激开金矿的积极性,并能推动铜、铅、煤、锡各矿的开采。② 收回利权。外国银行的纸币在中国流通,人们"取其利便","我以银行,彼以纸来贸易"。"设金钱一行,民称利便",可以抵制外国纸币流通。③ 补国家银法之穷。铸金钱可以和银元相辅而行。④ 通市廛贸易之利。"有金钱以通行,则商贾中转换较便。"他认为只有仿西法才能防窒碍,仿铸的金钱可以行于外国,还可以吸收外国的黄金进口。他说:"况华人旅居外洋者奚止

---

① 麦仲华编《皇朝经世文新编》卷一一《币制·总署覆户部片》。
② 先令一次可支付40枚,当时有些中国人误为20枚。
③ 麦仲华编《皇朝经世文四编》卷二一《杂纂》。

亿兆,皆有食毛践土之思,行见数十年间捆载归来,而矿苗将不止取之于内地矣。"仿铸的理由和陈炽的相同,留待下节一并讨论。

杨宜治的仿先令样式铸造银钱可以在外国通用及总理衙门的答复受到了马相伯的批评。

马相伯(1840—1939),原名建常,改名良,字相伯,号求在我者、华封老人,江苏丹徒(今镇江市丹徒区)人。11岁到上海教会学校徐汇公学读书。同治元年(1862年)起,先后在徐家汇天主教耶稣会小修院和大修院学习;九年,获神学博士学位,任神甫;十一年,任徐汇公学校长。光绪二年,调南京任编译,不久即脱离耶稣会;七年,任驻日使馆参赞、驻神户领事;同年回国,入直隶总督李鸿章幕府,曾被派往朝鲜协助新政及赴美接洽借款,并曾任驻日本长崎领事;二十五年,离开李鸿章幕府,在沪从事学术活动,协助其弟马建忠著《马氏文通》;二十九年,创办震旦学院;三十一年,创办复旦公学,任校长;三十三年,参加梁启超组织的政闻社。辛亥革命后,马相伯一度代理北京大学校长,又任总统府高等顾问,因袁世凯企图称帝而离京。1937年,马相伯任国民政府委员;1939年,在去昆明途中病死于越南谅山。

光绪二十二年,梁启超在上海办《时务报》,并向马相伯兄弟学习拉丁文,交往密切。梁启超作《变法通议》,在《时务报》发表。其中有一篇《论金银涨落》①,采用他和"求在我者"问答的形式提出对当时货币问题的看法。文中的主要论点出自"求在我者",故应作为马相伯的货币理论。

马相伯针对杨宜治的仿铸银钱可用于外国的错误认识,指出"欧美各国,皆有自定圜法,通行本国"。同治五年,法、比、意、瑞四

---

① 梁启超:《饮冰室文集》第1卷,中华书局1936年版,第83—89页。

国因币制相同,曾协议金、银钱可以互相抵用,但银钱收付以100法郎为限。而中国同外国并无协议,照外国分两、成色、式样仿造银钱也就不能抵用;即使可以抵用,数量有限制,也难以补救金贵银贱之弊。他还提出英法"以金为正币",银、铜、镍等币"亦必以金抵之",可以兑换金钱,"故民虽手持不足价之银钱,而信其可以换等价之金也,故用之而不疑"。所以总理衙门覆片中"国币者非论分两也,乃凭据也,信票也"等说法也是错误的。中国如要铸银钱,也要提存"相当银价之金以备"兑换,否则人民绝不会信任。他强调:"用钞者,非用钞也,用其所代之银也。用银者,非用银也,用其所权之金也。今若铸银先令而不提存金也,吾见其不数月而弊滋起也,是宋、元交子、钞引之虐政也。"既然铸银钱仍要准备金,则为了少还金而多铸银钱是"失算甚矣"!马相伯以为辅币和纸币流通需要十足的现金准备,"若欲以银五千圆,而行一万圆之钞,则必大乱"。这是他对准备金理解的不足之处。

不能为抵用而铸银钱,并不是说不需要铸银钱。马相伯又指出铸银钱是健全货币制度的需要:"凡天下之币,必经铸造有成色、分两者,乃可谓之币。""无圜法,非国也……故铸银,今之急务也。"这里所说的"铸银"是指铸造银元。

马相伯认为"天下公理"是"由质而进于文,由贱而进于贵",所以货币的发展规律是由用粟帛到用铁,到用铜,到用银,再到用金。"今夫币也者,饥不可食,寒不可衣,要之持之可以得衣食,实为衣食之代数而已。人人共用之代数,斯为真数焉。夫代数者,必务极其简易轻便,则于人之性也愈益顺(钞币者,又代数之代数也)。故地球币制不一则已,苟其一之,必一于金。此事理之无可如何者也。"这是从使用的便利考虑,没有从对货币的价值要求上立论。他说中国实际上还以铜为"正位"(本位),"故即靡论他事,即以国体论之,亦必宜由铜而进于银,由银而进于金,乃足以列于文明诸大国之数"。他估计中国如要以金为正币,至少贮存5 000万金镑,"故不开金矿,不能言行金币"。

马相伯还分析了金贵银贱对中国的影响。他指出银贱可以使中国出口货畅销、外国出口货滞销。他说:"白圭之言理财也,曰'趋时若鸷鸟猛兽之发'。吾以为中国而不欲富强斯已耳,中国而犹欲富强也,此亦千载一时矣。"他的结论是:"今日之中国,能开金矿,则用金莫大之利也;能兴工艺,则用银亦莫大之利也。苟不兴工艺,则用银可以贫中国;苟不开金矿,则用金亦可以贫中国。"这样分析虽不够全面,但指出中国的出路不仅仅决定于用金还是用银,则是有深意的。

第二节　陈炽的通用金镑说

陈炽(1855—1900),原名家瑶,改名炽,字克昌,号次亮,又号用絜,江西瑞金人。他十九岁参加省试,即以优异成绩被保送入京。次年朝考,钦点七品京官。二十八岁中举,仍职户部。光绪十五年(1889年)为户部主事;十七年,升为户部员外郎;二十二年,为户部郎中。① 为寻求中国富强之道,陈炽钻研西学,阅读西书译本,到香港、澳门等沿海城市游历考察,向从国外回来的人士咨询西方国家的情况。光绪二十一年(1895年),他协助康有为组织强学会,被推为提调。戊戌变法失败后忧愤成疾而死②。

陈炽于甲午战争前不久作《庸书》,光绪二十一年至二十二年又著《续富国策》。《续富国策》是陈炽自称"为救中国之贫弱

---

① 以上介绍引自赵树贵、曾丽雅编《陈炽集·前言》,中华书局1997年版。
② 赵炳麟:《赵柏岩集·文存》卷三《陈农部传》:"后以世变日巨,郁郁不得志,酒前灯下,往往高歌痛哭,若痴若狂,归江西数年卒。"但陈三立诗说他卒于京师。

而作"①的经济专著,分《农书》《矿书》《工书》《商书》四卷。书名有"续"字,主观上意在续亚当·斯密的《国民财富的原因和性质的研究》(简称《国富论》)。当时《国富论》尚未译成中文,但已以《富国策》的书名在中国传播。陈炽并不知道书的内容,只知道它对英国的富强起了重要的作用,故以"续富国策"来表示他对中国富强的强烈愿望。他以"通正斋生"②为笔名在《时务报》上连载《重译富国策》(未完),并且误以为他"重译"的就是亚当·斯密的《富国策》③。

《庸书》和《续富国策》中都有讨论货币的文章。另外,光绪二十二年,陈炽还请人代奏所拟的《铸银条陈》④,发表于同年十月的《时务报》上。

陈炽分析了金贵银贱的原因。他指出世界各国普遍用金,而中国用银,外国向中国输入银,而运金出口。他说:"今日中国之银何为而贱也?曰:以银多故。中国之银何为而多也?曰:欧亚各国岁以银二千万两运入中国也。今日中国之金何为而贵也?曰:以金少故。中国之金何为而少也,曰:欧亚各国以银易金运归其本国铸钱也。"⑤他只是用金银数量来解释金银的贵贱,还不懂得金银价值变化的最根本的原因。他反复强调黄金的外流问题,如说:"自通商以来,彼专以金镑炫我,出其余货,易我黄金,致中国黄金贵至三倍而金荒矣。"⑥"各国通用之钱一切以金为准,中国自有黄金不以

---

① 陈炽:《续富国策·自叙》。
② 《重译富国策》的署名"通正斋生"即陈炽,见《汪康年师友书札》第2册陈炽的信(上海古籍出版社1986年版,第2076页)。
③ 陈炽所译的实际上是福西特的《政治经济学提要》,此书最初由汪凤藻翻译,题名为《富国策》。见本书第十五章第一节。
④ 《铸银条陈》在《时务报》发表时只署"京城来稿",麦仲华编《皇朝经世文新编》卷一一所收此文署名"陈炽"。本节《铸银条陈》引文据陈忠倚编《皇朝经世文三编》卷三三。
⑤ 陈炽:《续富国策·就银铸钱说》。
⑥ 同上书《开矿禁铜说》。

铸币,每年出口金砖、金叶,值银三千万两之多。国宝外流,真元内斫,奇赢贵贱,惟人所操,深患隐忧,未知何底矣!"①

在《铸银条陈》中,陈炽分析了中国不用金的四弊。第一,中国所借洋债,在临近归还期时,"镑价必抬。以十成计之,辄亏至二三成以上。今岁拨三千万,岁亏二成,即多出银数百万两。至于购炮购船,一切海防之费,无一物不买镑,既无一事不受亏"。第二,向外国买卖货物,以镑计算银,"我轻而彼重,即彼富而我贫……六十年来中国商务所以永无起色,驯(渐)至今日,海疆各埠无一富商,即偶有之,亦必倚洋商通缓急者,职此故也"。第三,中国创办银行以后,与洋行通往来,"必须金可通,银可通,票亦可通,方无窒碍。否则买镑卖镑,必致受亏,亦与国债相等"。第四,中国黄金外流,外国收金以后,"低昂其价值以盘算中国之银,则中国银根立时短绌,市面立见动摇,生人养命之源悬于人手"。

陈炽还从理论上对不用金之弊进行了分析。他说:"彼之钱皆贵,我之钱皆贱,非彼富而我贫乎?彼之物皆贱,我之物皆贵,非彼通而我塞乎?"②"盖贵能御贱,重能御轻,而轻断不能御重,贱断不能御贵,此一定之理。""盖人贵我贱,人重我轻,必为人制;我贵人贱,我重人轻,必能制人;人贵我亦贵,人重我亦重,则虽不能制人,而亦可以自立。此必然之理也。"③

陈炽把中国经济受外人控制归咎于外国用金,中国用银,金贵而银贱。他的论点有点像《管子·轻重》中的理论。《管子·轻重》主张在对外贸易中实行高物价政策,《管子·轻重乙》说:"故善为国者,天下下我高,天下轻我重,天下多我寡,然后可以朝天下。"《管

---

① 陈炽:《续富国策·披沙炼金说》。
② 同上书《通用金镑说》。
③ 陈炽:《铸银条陈》。

子·轻重》说的是物价,陈炽将它引申到了货币价值方面。实际上,中国遭受镑亏损失,是由于白银在不断贬值。这并非由于"人贵我贱,人重我轻",而是由于金银比价上的不稳定。"人贵我贱,人重我轻"本身也不是"受制于人"的原因。国家不独立,即使改用金币,做到"人贵我亦贵,人重我亦重",也不可能改变受制于人的局面。因此,陈炽的理论分析虽表现了他的机智,却还不是"必然之理"。

陈炽很重视货币制度的改革。他认为圜法"国之强弱关焉,政之兴衰系焉,民之贫富,治乱由之"。并且指出,中国之所以"上下困穷","寻源探本,则圜法之弊一言蔽之矣。对症用药,则整顿圜法之弊一方括之矣"。① 在讨论一般经济问题时,陈炽指出中国工业不发达,出口的是生货(原料),进口的是熟货(制成品)。"以贱敌贵,以粗敌精,以拙敌巧"②,所以受制于人。在讨论货币问题时,他又把币制落后看作中国贫穷的根本原因,夸大了货币在决定国家贫富中的作用。

从"人贵我亦贵,人重我亦重"的要求出发,陈炽主张仿效英国,开矿自铸金镑。他在《续富国策·通用金镑说》中说:"欲收利权,欲兴商务,非自铸金钱不可。金钱之轻重,非仿用英镑不可。"他认为这样做可除四弊而兴四利。所除四弊是:① 金叶、金砖铸成钱后,"则贫苦食力之民亦思人皮(藏)一二枚以防意外,则国宝不流"。② "今我自有金镑,又能广辟利源,中西之货贵贱相等,则民用可足"。③ 官吏"裁额而加俸,则贪吏皆成廉吏"。④ 中国自铸金、银、铜钱,"以贵权贱,以大权小,以少权多,即使旧钱尽销,而已敷周转,则无钱忽变有钱"。所兴四利是:① 海关和对外贸易英镑、金钱通用,可避免"以镑折银,暗受亏损"。② 国家购船购炮和偿还外

---

① 陈炽:《续富国策·开矿禁铜说》。
② 同上书《器用之工说》。

债,可以金钱抵英镑,不必买卖英镑,遭受损失。③ 中国金钱、银钱和英美金镑、美墨银元重量相同,"则彼之金镑、银圆均可通行于中国,中国大开地利,以货易之,则彼钱皆我钱也"。④ 中国自开金矿自铸金钱,"权操于我,利溥于人,则边隙渐消,戎心渐息,民生日富,国势日强"。在《铸银条陈》中,陈炽还指出了自铸金钱的铸造利益。他说各国金币的成色大多为八四,中国运金出口则"以彼八四之金钱,抵我十成之金价",每 100 万两金就亏损 16 万两。"今我取以铸钱,则每金百万两即可净赢十六万两,合纹银五百万两,其利之大如此"。

按英镑标准铸造金钱,是想做到互相通用,以吸引金镑流入。这一主张是受了外国银元在中国流通的影响。中国本来用银两,外国银元流通后,中国自铸龙洋即仿鹰洋的重量和成色。其实这是两个性质不同的问题。外国货币在中国流通是中国半殖民地化的表现,自铸银元仿造鹰洋是对既成事实的承认,而英镑并没有在中国流通,又何必以它为标准？一个独立的国家,决不应让外国货币在本国自由流通。金银作为世界货币,同各国所规定的价格标准无关,价格标准不同并不妨碍它们在各国之间的流动。但金银货币流入外国,也要脱却"国家制服",还原为金银块。至于是否能吸收外国的黄金,则要视国际收支情况而定。如果存在国际收支逆差,即使采用和外国同样的货币,也不能使"彼钱皆我钱"。从中国的物价水平来看,以英镑为标准铸造金币,不可能适应中国商品流通的需要。

陈炽设计了金钱、银钱和铜钱的大小、形式、重量和成色。他建议"定圜法为三品：金钱为上品,成色轻重同英镑,而龙文款式如银钱。每金钱一枚权纹银七两,银钱十枚,铜钱十千……银钱为中品,成色、分两、款式均照粤、鄂奏定之章。每银钱一枚权纹银七钱,铜钱一千……铜钱为下品,各省照旧鼓铸,轻重以七分为率,适敷其成

第十六章　甲午战争至辛亥革命时期的货币理论(上)

本而止"①。认为这样"轻重相制，上下通行，廓然大公，整齐划一，不逐洋盘(外商银行汇价)为长落，不随市价为转移，三品兼权，我行我法，则邦本固矣"②。为了保证币材来源，他还主张禁金和禁铜，即将黄金和铜收归国有。对于三品的作用，陈炽认为"铸金钱所以御外，铸银钱所以安内"③，铜钱供零星使用。三种货币各有用途，缺一不可。

陈炽主张"三品兼权"，固定比价，以方便商品和货币流通。但他还不懂得本位制度中主币和辅币的关系，他所主张的"三品兼权"，三种铸币都是独立的货币。这样国家规定的比价就不可能长期维持。当法定比价和市场比价相背离时，如要强制贯彻法定比价，恶币驱逐良币的法则就会起作用，市场价格高的铸币就会被收藏、销熔或输出国外。

《庸书外篇·交钞》反映了陈炽关于纸币的主张。他说："钞法者，所以济金银铜三品之穷也。"纸币能否流通，关键在于"信"和"钞本"："信则行，不信则不行；有钞本则可行，无钞本则决不可行也。"但他对钞本的解释并不准确。他说："以国计言之，岁入一千万之款，而造千万之钞。行之民间，钞本相均，无流弊也。而银钞两行，岁得二千万金之用。"真正的钞本应指发行准备金而言，如果岁入的1 000万两全部投入流通，兑现准备金就没有了，如果有一部分用作准备金，则不可能"岁得二千万金之用"。他还指出纸币比金属货币更便于流通："以民生言之，交易往来，现钱已多不便。至携行远道，则水火盗贼，在在堪虞，何若一纸轻赍，取之如寄乎？"陈炽这里所说的钞还是指传统的政府纸币。在《续富国策·创开银行说》中，发行

---

① 陈炽：《铸银条陈》。
② 陈炽：《续富国策·开矿禁铜说》。
③ 陈炽：《铸银条陈》。

钞票已成了银行的一项重要业务了,但他仍说"一千万金得二千万金之用"。在《铸银条陈》中,陈炽把他的货币主张概括为"以自铸金钱立其本,以参用钞票畅其流,以广铸银钱铜钱宏其用"。

第三节　江标的金属主义货币论

江标(1860—1899),字建霞,号萱圃等,江苏元和(治今苏州)人。光绪十五年(1889年)进士,选庶吉士,次年任翰林院编修。"君于学无所不窥,自历代典章、文物、金石、目录及新译泰西物理、图算诸书,皆能究极源委。"[①]光绪二十年,任湖南学政,帮助湖南巡抚陈宝箴规划新政;二十三年,创办《湘学新报》。戊戌变法期间,被特命以四品京堂候补,在总署章京上行走。未就职而变法失败,被革职,禁锢家中。次年死于肺病。著作有《经济实学考》《灵鹣阁丛书》等。

《经济实学考》是江标于光绪二十三年编辑门下诸生的言论而成的书。这里的"经济"仍是中国原来的含义,不是近代经济学的"经济"。卷二是《商学》,货币理论见其中的《商学第二》。因为本书是江标主编,可以看作反映了江标的思想。

江标很重视货币的实际价值,他对货币的主张都从这一基本观点出发。他认为货币是为了解决物物交换时衡量商品价值的不便而产生的。他说:"昔先王之为市也,以货易货而已……及生民之嗜欲既开,而百货之工商以盛。举其废者,稽其滞者,以货易货,无相平准。故为三品之金以定之,所以权轻重之名,而衡贵贱之品也。故圣王握之以为御物之柄。""以货易货,无相平准"就是难以衡量商

---

① 唐才常:《前四品京堂湖南学政江君传》,《唐才常集》,第196页。

品的价值。用"三品之金"来"权轻重""衡贵贱",则是指用金、银、铜币来衡量商品的价值。以物物交换缺乏价值尺度的困难来解释货币的产生,最早是北宋的李觏,江标再一次重复了这一观点。只是李觏论述的重点在铜钱,江标则对金三品都同样重视,反映了两者的时代差别。

江标认为货币就是商品,货币和商品交换等于是物物交换。他说:"夫钱者何?货也。"这里的"货"是指货物。他以为中国古时铸钱只注意铸钱工费,而"未计铜料之所直"(实际情况并非如此),因此批评说:"主其议者盖忘钱为货料所铸,而以为恃国家'通宝'字样以行。不知钱行于货物之间,亦有实料轻重多寡挪移转换,与以货易货之理相同。"金属主义的观点非常鲜明。

基于对外贸易的考虑,江标主张中国铸造金币。他说:"中国之宜用金币者,挽回通商之利权;而不用金币者,中国自有之利便。"所以用金币是为了挽回利权。他分析镑亏现象说:"近来东方主银之国每为金制。其借英美国债者,到还债之时,则将金镑提高……其与中国还税,则独与银。初通商时每镑合华银三两,中国有三千万两之税,约合金镑为一千万。近日虽收数加增,若以每金镑合华银七两计之,实绌四倍,为六百万。而此六百万金镑仍纳自华民,洋商仅同代垫……是洋商不持一文之费,而坐削中国之脂膏。若再过数年,金镑再高,收数一绌,中国必有不支之势。"

江标虽然称金币为"主币",但不懂得主币和辅币的区别,因此主张铜钱也按实际价值铸造。他认为铜钱的铸造"必须计铜料以为钱",即按铜料的实际价值来决定它的重量。按当时的铜价,铜钱每文重5分,"与铜价约为相平之数"。如需要铸大钱,"则须准子以为母,每大钱一枚重五钱,以十子合之,恰如一母之数"。这样才能做到"十数不虚而一数为实,母可权子,而不至子大于母,则其法可行而轻重有准矣"。中国还没有本位制度，铜钱不是辅币，所以江标主张大钱必须足值自有他的道理。但如以本位制度的要求衡量，则他的理论是错误的。这种对大钱的观点也反映了他的金属主义思想。

江标认为纸币流通有其必然性。他说："然流通既极，则泉币亦为寄迹，而终须付诸他人，故为钞票以济之。"这里所说的，好像是指货币在执行流通手段职能时，对每个人来说是转瞬即逝的东西，因此有被纸币代替的可能。既然如此，则不兑现纸币流通也就有其合理性了。但他并没有由此推断出不兑现纸币流通的可能性，而是坚持纸币必须兑现。这样，他所说的"泉币亦为寄迹，而终须付诸他人"的针对性就不强了。

江标强调纸币是金属货币的代表，必须有金属货币作为它的实质，即必须保持对金属货币的兑换能力。他指出："然而钞票之代钱，代其名耳，代其数耳。若夫钞票之实质，则固有钱在。取而验之，其料不失，称而平之，其重不差。若废去三品，则钞票无实质矣。"他认为不兑现纸币是不可能流通的："既无实质，则为方寸之纸，随书千万，可代银用，其谁信之……以为见钱可废，是何异焚刍灵（草扎人马）于庭，而谓自有不衣食之仆役以代人劳也。噫，愚矣。"这也反映了江标的金属主义思想。

关于兑现纸币流通的好处，江标首先指出它可以防止物价上涨："若多铸实币，其利似属在国，然钱利四溢，其价必贱而货价又昂。"为去此弊，"故为钞法以维之"。这是不正确的。如果多铸实币会使货币价值下跌，物价上涨，则发行兑现纸币也同样会如此。其次，他还指出："若必用实银，不独迁徙挪移、秤验装裹常不敌其运用之速，其所费时日合大地计之，为时甚久，必因此而工商俱废，银行亦为推倒。且此搬运之脚价三次已失其利钱，其余因敲验磨擦损其质料而轻平者，又不在其数。""故为钞票以济之，所以省钱币转徙之劳而速其周转也。故钞票行而钱币益显灵动。"这是说纸币流通能加速货币周转,节省流通费用,并能避免金属货币的磨损。这些确是纸币流通的方便之处。

江标反对不兑现纸币流通,认为中国历史上的不兑现纸币流通是统治者的错误认识而造成的。他说钞法"始于质剂",《周礼》中质剂由质人掌管,泉币由泉府掌管,就像现在西方的分银行和银票部为二。"自后世专欲愚民",铸造质量差的钱币,"于是民亦铸奸恶之钱以乱之"。而有些"英明之主下令更铸",铸造的铜钱过重,"而销毁之害又起"。由于禁私销私铸政策无效,而"主其议者"又"不识钱之所以流通,而以为仰凭国家威令,故谓取纸而代,其用相同,而可免盗铸销毁之害"。这就是说,江标认为统治者发行纸币是由于对铸币流通存在着误解而造成的。诚然,封建统治者中的确有人认为货币流通是靠"国家威令",纸币也是如此,但不能以此来概括中国历史上所有的纸币发行。实际上有些封建统治者并没有这种误解,而是自觉或不自觉地利用了铸币流通有可能被纸币取代的规律。

外国也有不兑现纸币,又该如何解释呢?江标仍将它同兑现联系起来。他说:"夫无限银票(不兑现纸币)者即有限银票(兑现纸币)之陪宾,而所以抬高有限者也。其票虽不能取钱,而有一有限者确居主位,以一化两,终须化原。""终须化原"是说最终仍须兑现。"若换为有限,虚影立见实形,无中仍可生有,并非绝无主名之物。"他认为发行不兑现纸币的"银行终不欺人,过若干年后,仍须收钞",这样"陪宾"就可以变为"主位"了。如果始终不能兑现,"则为不合理之法"。他批评汇丰、有利银行在中国境内发行不兑现纸币,"而华商反增价购取",认为其根本原因则在于"华商肯彼此兑银"。由此他又得出了纸币流通不能取消金属货币的结论。

第四节 《保富述要》和《原富》译文中的货币理论

《保富述要》是中国出版的第一部西方货币银行学译著。作者是英人布来德（英文名不详），由傅兰雅口译，无锡徐家宝笔述，光绪二十三年（1897年）出版①。此书共两卷17章，第四章《论通用之钱》中谈到"中国上海等处从前所用之洋钱有五种"，并提到"本洋""鹰洋"，可见其中掺有译者另加的文字。

《保富述要》对西方国家，主要是英国的货币银行制度做了理论上的分析。因为主要是论，所以对货币银行制度本身的介绍很不完整。如谈到货币有用金为主或用金银二种钱为主，却没有提到货币的本位制度；讲到英国银、铜钱是不足值的，在支付时有数量上的限制，却没有解释这样做的原因。因此中国读者难以从中获得关于西方金融制度的完整知识。

布来德认为"钱亦为货之一种"，有它自身的"本价"，名义价值和实际价值应该相等。他批评了统治者的铸币减重行为，指出："国家造作金银铜各钱，而所用质料之价，不到其钱所值之价，则为大谬。"他认为"百姓有自主之权"的国家，"造钱必值其实价"；而"非民主之国，则君上之权愈大，愈欲欺骗其民，将不到价之钱与票，当为足价之钱，民人无可奈何，必顺国家之命，甘让国家抢夺其利"。②

---

① 《保富述要》中提到的最后年份为1890年（第六章），可见作于1891年以后。查梁启超编于光绪二十二年的《西学书目表》，其中没有《保富述要》而有《保富兴国》，译者为傅兰雅、徐家宝，制造局本，未印。显然，《保富兴国》是《保富述要》的原定名，当时尚未刊行。又梁启超于次年编辑出版《西政丛书》，其中有《保富述要》。这可能是《保富述要》的最初版本。

② 本段引文均见布来德：《保富述要·论钱财总理》。

这样，就将货币制度和政治制度联系在一起了。要防止统治者实行货币贬值，就必须建立民主制度。

布来德强调纸币必须能够兑现。他说："钱票用于本国，大为便当，又大能省俭，但众人必知钱票并非实钱，不能用以还债，不能用以交换产业，只为应许付钱之凭单。"他指出英国纸币流通非常普遍，大大节省了金钱的流通："英国伦敦大银行核算收进之钱，每一百分内只有一分金钱，其余为常人自开之银票。可见百分内有九十九分为贸易所开之银票，则所需金钱之数为最小。"他肯定这一做法的必要："假如伦敦各项交易务必用现钱，不用各种银票，则交易之事必于一月内停息。"①

布来德虽然持金属主义观点，但并不如重商主义者那样以货币进口为有利。他说："又有一事为平人所误会。因本国出口之货比进口之货更多，则能收若干金钱，必为本国得利。反之，本国卖去之货不及进货之价值，则必筹若干金钱补其缺。其实不然……本国能多用别国之货，不但无弊，反能有益本国。所要得者别国之货，并非别国之钱。"②这批评对当时的中国则并不完全恰当。中国当时普遍认为金银出口造成了中国的贫穷，这一认识固然有片面性，但这种金银出口反映了中国和资本主义国家经济上不平等的事实。金银出口愈多，表明中国的经济损失愈严重。中国人如果接受"本国能多用别国之货，不但无弊，反能有益本国"的观点，只能给中国造成更大的灾难。

光绪二十六年，严复译成亚当·斯密的《国富论》，定书名为《原富》，在光绪二十七年至二十八年陆续出版。这是第一部西方古典经济学名著的中译本，也是清代唯一的一种。《原富》较原书有大量

---

① 本段引文均见布来德：《保富述要·论银行票与钞票汇票》。
② 同上书《论汇银之事》。

删节，而且以意译为主，故不能拿原书来逐句对照。例如《国富论》第二篇第二章的标题为"论作为社会总资财的一部门或作为维持国民资本的费用的货币"（郭大力、王亚南译本），在《原富》中仅译作"论泉币"，由此可见译文之简。严复还在所附按语中引用了不少亚当·斯密以后其他经济学家的理论，所以《原富》的出版不仅仅限于传播亚当·斯密的经济学说。

《原富》译文（不包括严复附加的己见）中包含有货币起源、货币职能、货币价值、货币本位、金属货币和纸币流通等货币理论。

亚当·斯密以物物交换的困难来说明货币的起源，这里不予赘述。

亚当·斯密并没有集中讨论货币的职能，但从书中可以看出，他认为货币职能有二，即价值尺度和流通手段。关于价值尺度，《原富》比《国富论》说得更为明确："泉币者，百货之权度也，必泉币审而后百货之贵贱可论，犹尺寸定而后万物之长短可差。"①这里有严复自己的发挥在内，不过确是符合亚当·斯密的原意。亚当·斯密较多地论述货币的流通手段职能，《原富》中也可看出，如说："泉者国家之圜法，懋迁之易中。"②书中多次提到货币是"通财之轮毂"③。"易中"意为交换媒介，"轮毂"就是车轮，象征货币的流通。

亚当·斯密是劳动价值论者。他指出货币也是商品，它的价值同商品的价值相同。"黄金之价，有低有昂，与百货无以异也。其所以低昂之理，亦与百货无以异也。"④

关于货币本位，《原富》指出，在多品泉币并行时，"民常颛（专）

---

① 亚当·斯密：《原富》上册，严复译，商务印书馆1981年版，第39页。
② 同上书，第235页。
③ 同上书，第241、245、264页。
④ 同上书，第38—39页。

立其一,以为余品之程(标准),名曰本位法钱。本位法钱立,余品之币之贵贱重轻,皆权本位而用之"①。《原富》中关于本位的论述不少,但一般读者还不能从中了解本位制度的全部含义。

《原富》指出,纸币是金属货币代表,"所代之数,如其所欲名",纸币流通不需要十足准备:"常法,出钞万者,储二千以应不时之需,已足周事。如是,则自国中行钞,其见(现)财常以二千收一万之用。"②当时中国主张发行纸币的人往往强调有多少银,始发多少钞,从这里可以受到启示。亚当·斯密充分肯定银行纸币的积极作用,把纸币的功用比为"弃寻常之道路,而驾空为复道,御风为飞车"③,可见其不同寻常。纸币流通除大大便利商品流通外,还可以节省用于国内流通的金、银、铜币,用它们来购买所需的外国商品。他也指出纸币的发行数量不能"溢于国中所资为通转之见钱之数"④,即不能超过国内流通所需要的金属货币量。如果"钞制善,则惠工之政莫大焉"⑤,否则其后果不堪设想。

严复在《原富》按语中还引罗杰斯(James Edwin Thorold Rogers)对滥发纸币的批评。其中说:"此缘世俗之意,以一国政府具无限权力,可自无生有,制为楮币,使民间永永流行,不问何时可以转为真币也。古及今如一丘之貉,不知误者几何国家!"⑥他说现在欧洲的政治家已稍懂计学(经济学),不致重蹈覆辙。

亚当·斯密批判了重商主义者的财富观。书中说:"言计(经济)者言人人殊,要皆以金银寡少,国中物产价贱,为化浅国贫之明

---

① 亚当·斯密:《原富》上册,第30页。
② 同上书,第243页。
③ 同上书,第264页。
④ 同上书,第253页。
⑤ 同上书,第245页。
⑥ 亚当·斯密:《原富》下册,严复译,商务印书馆1981年版,第681页。

证。自不佞观之,化之浅深,国之贫富,与国中金银之多寡判然两事,绝不相因也。"[①]这观点对严复有极深的影响。

第五节　严复的名目主义货币论

严复(1854—1921),初名传初、体乾,投考福州船政学堂时改名宗光,字又陵,后又改名复,字几道,号瘉野老人等,福建侯官(治今福州)人。同治六年(1867年),考入福州船政学堂学习;十年毕业。光绪三年(1877年),到英国海军学校留学;五年,回国,任福州船政学堂教习;次年调任北洋水师学堂总教习(教务长);十五年任会办(副校长);十六年,任总办(校长);二十一年,著文鼓吹变法;二十三年,参与创办天津《国闻报》;戊戌变法期间,曾在《国闻报》发表《拟上皇帝书》,受到光绪皇帝召见;二十七年,任开平矿务局总办;三十三年,任复旦公学校长;三十四年,被聘为审定名词馆总纂。宣统二年(1910年),任资政院议员。辛亥革命后,先后被任为署理北京大学校长、总统府顾问、约法会议议员、参政院参政等。1915年,列名于支持袁世凯称帝的筹安会,成为六个发起人之一。

严复是西方资产阶级学术思想的积极传播者。经他翻译出版的西方学术名著有《天演论》《原富》《群学肄言》《群己权界论》《社会通诠》《法意》《穆勒名学》《名学浅说》等。他的著译编有《侯官严氏丛刻》《严几道诗文钞》《严译名著丛刊》《严复集》等。

《原富》中有严复附加的《译事例言》和6万多字的按语。按语除补充了一些其他西方经济学家的理论外,主要是严复抒发己见。它涉及了许多政治经济学的范畴。严复很佩服亚当·斯密的才能,

---

[①] 亚当·斯密:《原富》上册,第213页。

称之为"命世之才"①,十分赞赏亚当·斯密对重商主义的批判。但他根本否定劳动价值论,主张以供求价值论取而代之。

严复从亚当·斯密的货币论中归纳出货币的两个职能。他说:"合观斯密氏之论,则泉币之为用可知已。泉币之为用二,一曰懋迁易中,二曰物值通量。"②将货币职能归纳为流通手段和价值尺度,但他对价值尺度的理解和亚当·斯密不同。后者认为劳动是衡量商品价值的真正尺度,而严复则认为商品和货币的价值都决定于供求关系。关于货币的价值,严复说:"金银本值贵贱之理,与百货之所以贵贱本同,视供求之相剂,不以多少论也。"③数量的多少只决定供给,另外还要看需求。他举例说,白金数量少,而价廉于黄金,这是因为对白金的需求少。所以商品和货币的价值都不是取决于自身的数量而是取决于它们的供求情况。

从供求价值论出发,严复认为货币不过是一种符号,它代表的价值可多可少。他把货币比为赌博的筹码:"盖易中为物,犹博进之筹,筹少者代多,筹多者代少,在乎所名,而非筹之实贵实贱也。"④金属货币是劳动产品,本身具有价值,它用自己的价值来衡量商品的价值。因此它绝不是筹码,不是抽象的计算单位。严复完全用名目主义的观点来解释货币。

货币既然是筹码,自然就不是真实的财富了,所以严复又说:"夫泉币所以名财而非真财也,使其所名与所与易者亡,则彼三品者,无异土苴(粪草)而已。"⑤他认为如果没有所代表的财富和可供

---

① 亚当·斯密:《原富》下册,第512页。
② 亚当·斯密:《原富》上册,第21—22页。
③ 同上书,第179页。
④ 同上书,第168页。
⑤ 同上书,第22页。

交换的新产品,金、银、铜等货币就毫无用处。实际上,金属货币如果失掉了货币的地位,作为货币的神圣光彩自然会消失,但作为一种商品,它们仍然具有价值和使用价值,决不会成为"土苴"。严复完全将货币和货币商品等同,不仅用名目主义观点解释货币,而且用名目主义观点看待货币商品,以致有此矫枉过正之论。

亚当·斯密认为金银多少不决定国家贫富,严复则从自己的名目主义理论出发而表示赞同。他说:"国虽多金,不必为富,此理至明。常人囿于所习,自不察耳……不悟筹之既多,其所当者必以少矣。夫博者之贫富,非筹之所能为,犹国之贫富,非金银之所能为也。"①重商主义者过分夸大货币对决定国家贫富的作用,亚当·斯密对此做了批判。完全否定货币对富国的作用也是错误的。货币在商品世界是通行无阻的。如果真的多金,就可以向国外购买所需要的商品。富国不一定靠金银,金银却有助于富国。实际上严复对此也有所认识,所以他又指出斯密的论金银"自今观之,亦少过矣",并说:"顾金银为用,其于生财又曷可忽乎?使懋迁既广,而易中之用不得其宜,则在在将形其抵滞。故其物一时之甚少过多,均足为民生之大患……比者中国银值之微,较之三十年之前,几于三而失一矣。凡吾民所前奋三倍之力而为之积累者,乃今仅有二焉……合吾国二十余行省而筹之,则坐银跌而国财受削者,岂其微哉!岂其微哉!"②这既是对亚当·斯密的批评,也是对自己理论的一点修正。

严复还用亚当·斯密批评重商主义的理论来批评中国近代反对漏卮的言论。他说:"由于以金为财,故论通商则必争进出差之正负……而不悟国之贫富不关在此。此亦亚东言富强者所人人皆坠

---

① 亚当·斯密:《原富》上册,第168页。
② 同上书,第213页。

之云雾"①。"漏卮之说,自道咸以来至今未艾。其所谓漏卮者,无他,即进出差负而金银出国之说也。此自林文忠、魏默深至于近世诸贤,皆所力持而笃信之者。"②他说西方"自斯密氏说行,而长夜始旦",而中国对此却还一无所知,所以他"独有取于是书"③而予以翻译。在这里,严复没有考虑到中国和西方重商主义者所处的时代差别,把中国近代的漏卮只限于金银外流固然有片面性,但不能因此说林则徐、魏源以来的中国进步思想家主张实行保护贸易以挽回利权、堵塞漏卮的观点都完全错了。

严复介绍了英国于1816年实行金本位制的情况,把它视为最理想的货币制度。他指出实行何种本位制度有其必然性:"考各国法偿,其用金用银皆出于必然之势,自其国先者之著令,有以致之。"④英国首先实行金本位,"终受其益";而法、德、奥、意等国"至于近世,始易银为金",有其历史原因。因此得出结论说:"故一国财赋之事,惟其理有固然,斯其势有必至,决非在上者所得强物从我,倒行逆施也。"⑤严复认为经济发展具有内在的规律性,统治者要顺其自然,实行自由放任政策,不要强加干涉。在他的本位论中也贯彻了这种思想。

严复还分析了复本位制的弊病。实行复本位制,金、银都是法偿币,有法定的交换比率。但实际比率经常变化,用其中的一种货币就会发生有时有利有时不利的情况。在实际比率和交换比率相差极大时,"则纳赋偿负之家,必用其过实之币,而不及实者则或聚

---

① 严复:《译事例言》,载亚当·斯密《原富》上册。
② 亚当·斯密:《原富》下册,第395页。
③ 同上书,第395—396页。
④ 亚当·斯密:《原富》上册,第34页。
⑤ 同上书,第35页。

而熔之,或攟(取)而输之外国"①,难以禁止。所谓"过实之币"是指名义价值高于实际价值的货币,"不及实者"则反之。严复在这里所描述的就是一种劣币驱逐良币现象。正如马克思所指出的:"这方面的全部历史经验总结起来不过是这样:凡有两种商品依法充当价值尺度的地方,事实上总是只有一种商品保持着这种地位。"②

金贵银贱,对中国极为不利。严复指出:"此事所关极巨,上自朝廷之制禄,下至商贾之交通,皆蒙其害";"而一时欲弃而从金,力又不逮"③。他为找不到有效的解决办法而深感忧虑:"今各国皆用金准,而中国用银。银之至中国者,若水之趋壑,恐数十年以往,银之降贱又不若今。而易中本位,历久则其变愈难,此中国最可虑之一事也。"④

严复充分肯定纸币的作用。他指出行钞的好处不单单如斯密所说的"便民利用",认为这还"不足以尽钞之美"。他说:"治化之天演(进化)日深,商群之懋迁日广,易中为物,欲专用三品之泉币而不能。多则滞重,难以转输,一也;秤量计数,繁琐启奸,二也;藏弃不周,动辄海盗,三也。凡此皆三品泉币之所短矣。"纸币可以避免金银铜币的短处,"是以东西二洲不谋而合"。纸币还有随时调节流通数量的优点:"楮币制发多寡可以应时而立具。通商盛大之区,贸易进退如潮汐,然其有待于易中也,时急时缓,三品之币铸造需时,使市业(市场)必待此而后通,则常不及之势也。"严复介绍了李嘉图的银行券兑现主张,认为"如此则钞常足用,而亦无溢额时矣"。⑤ 实

---

① 亚当·斯密:《原富》上册,第35页。
② 马克思:《政治经济学批判》,《马克思恩格斯全集》第13卷,第66页。
③ 亚当·斯密:《原富》上册,第172页。
④ 亚当·斯密:《原富》下册,第455页。
⑤ 本段引文均见亚当·斯密:《原富》上册,第270—271页。

际上兑现可以保证纸币和金属货币币值的一致,却不能保证纸币数量符合流通的需要。严复对此还没有认识。

中国历代纸币贬值严重,严复担心再次出现这种情况。他说:"中国自南宋来,每遇国用乏绝,皆思行钞,然往往败……近五六年来,中国大衅数起,军兴赔款诸费势将不堪,吾恐搜括不足,必有浅夫不学之徒,更动国家蹈此覆辙者,则民生焦然不终日矣。"①后来的历史证明了他的担心并不是多余的。

第六节 钱恂的货币理论

钱恂(1853—1927),又名学嘉,字念劬,号颕步生,浙江归安(治在今湖州市城区)人。钱恂曾入宁绍台道薛福成幕府,奉命编成《天一阁见存书目》。光绪十六年(1890年),以直隶候补县丞随出使英、法、意、比四国大臣薛福成出国;二十四年,任湖北留日学生监督;三十一年,任赴东西洋考察宪政大臣参赞官;三十三年,任出使荷兰大臣;三十四年,任出使意大利大臣。宣统元年(1909年),召回。辛亥革命后曾任参政院参政、北京大学名誉纂辑员。著作有《财政四纲》《光绪通商综核表》《二二五五疏》等。

《财政四纲》是钱恂于光绪二十七年在日本所作,同年在国内出版。他在《自序》中说:"恂不通东邦文字,不能识其精且深者,仅就学生所述录其四纲。""四纲"是指租税、货币、银行、国债,依次分为四卷。从内容的详细而系统来看,本书不可能仅根据学生的口述写成,一定是抄录其笔记或讲义,性质相当于编译。但此书以钱恂的名义出版,因此仍可把书中的理论归于他的名下。

---

① 亚当·斯密:《原富》下册,第681页。

钱恂在《自序》中还指出："国家欲为人民谋治安，其所用以致此治安者，非财不为功。财所由来，不取于民而谁取耶？然苟不穷致其事理，有以曲顺乎人情，则苟敛固非，薄敛亦未必是也，宜学者于此三致意焉……国家理财要策，大约不出此四纲，殆亦谈财政者所急欲闻者也。"他希望当政者能了解西方的财政金融理论以提高理财水平。

《财政四纲》卷二《货币》及卷三《银行》的一部分涉及了货币学原理的各主要方面，它是中国人所写的第一部内容比较完整的货币学著作。

钱恂将货币的产生和演进过程分为几个不同的时代。一是畋猎时代。这是人群最幼稚的时代，以打猎为营生，就以猎获物相交换。这种交换是"直接交换"，即物物交换。因兽肉易腐败，于是有改为用兽皮交换的。二是牧畜时代。常以牛羊为货币，后来逐渐发展到以贝壳及宝石、文彩等为货币。三是耕作时代。以收获的谷物为货币，"自此而稍进，则用铁、铅、锡等诸种不甚贵重之金属"为货币。但上述各种货物"或携带不便，或毁损太易，或时价易于高低，不足为兑换标准"，因此又发展到以金银为货币。① 金银货币还不是货币发展的终结，钱恂又指出："迨乎交易日繁，专感信用，尤取轻便。有此感念，虽以硬货货币之简，而尚嫌其物质重滞，于是而用纯乎价格交换之良法，有手形（支票）焉，有纸币焉，凡以日趋于简且便而已。"②从上述分析中可以看出，钱恂认为货币是伴随商品交换的发展而逐步改变其形式的。但他把货币的产生归于"理财家"的创造："理财家窥甲与乙直接交换断不适用，乃造一第三丙物，以为甲

---

① 本段以上引文均见钱恂：《财政四纲》卷二《世界古代货币》。
② 同上书卷二《纸币使用及流通之原理》。

乙二者之媒介，而货币出焉。"①这和中国古代将货币归于"圣人"的创造是同样的错误。

钱恂称货币职能为货币的作用，共有四种：交换之媒介；价值之尺度；贷借之标位；价值之贮藏。

关于交换之媒介，钱恂说："大凡人所以欲得货币者，必非以黄白颜色可爱，而以一切耳目口鼻所需要物品，非先持有一种证券，则不能取为我用。故人莫不劳心力以冀取此证券。黄白物即证券也，而黄白物即以人取之劳而贵矣。"也就是说，货币是可以用来换取商品的证券，为了取得商品，必先要获得货币。他又说："然非谓贵之权即操于黄白物之货币，而实以劳心劳力价格之贵贱，取准于黄白物货币，而使之代表也。"②认为货币之所以贵重，不在于金银本身，而在于人用它来代表所耗费的脑力和体力劳动的多少。金银成为货币，成为人们的普遍追求对象，的确是因为它代表了人类的劳动。钱恂的这一认识是很深刻的。当然他还不可能认识金银为什么能成为货币，成为人类抽象劳动的代表。这只有马克思主义的货币理论才能予以正确的说明。

在解释价值尺度职能时，钱恂说："倘物品而未有尺度，尚无从为正当之交易……欲定价格之实位，不可不先设尺度之比例，如一元当一尺或两元当一尺之类。而尺寸与价格之位数，遂为一种自然配当之通则，而长短焉，而多少焉，而贵贱焉。"③这是说，货币要执行价值尺度职能，必须有一个货币单位——价格标准，以便计算。但他并没有分清价值尺度和价格标准的区别，以为两者是一回事。

"贷借之标位"把货币的支付手段职能限于借贷，未免过狭。至

---

① 钱恂：《财政四纲》卷二《货币之作用》。
② 同上。
③ 同上。

于贮藏手段职能,钱恂认为,金银货币价值大,容量小,又便于世间通用,故最宜于贮藏。

对货币材料的要求,钱恂指出要具备"七大性质":"第一,从众人之公好。第二,计运搬之便利。第三,无毁损磨灭之虞。第四,取同质合样之宜。第五,割算分配之便。第六,价值变更之少。第七,质样认识之易。"金银最具备这"七大性质":"惟彼金银,独归至当,即今日各种本位论之嚣于世界,而究不能夺此种金属之一座也。"①

钱恂对货币价值的认识比较混乱。前面提到他认为金银货币是人类劳动耗费的代表,但没有指出金银货币的价值如何决定。他肯定金银是有价值的,但又认为金银货币的价值来源于交换。他说:"货币价值与品物价值相关,骤观似物品价因货币价而定,以货币价值有购买物品之力也,于交换上有势力也。抑知物品价值亦转有购得货币之力,是货币遇物品而始得为有价值,否则货币亦仅具价值之空名矣。"②"彼金银亦由于人民之惯习信用,喜好利便,而用以为货币耳。设一旦世风转移,移其向之信用喜好于金银者而属于他物,则金银亦自消灭其价值。"③金银不作为货币就没有价值,这样就否定了金银本身的价值,同他所说的货币"七大性质"中的第六条发生了矛盾。

在《货币流通之法则》中,钱恂简要地介绍了格雷欣法则。他说:"世所传格累显姆法理者,原本于希腊二千年前一哲学家。至千五百余年间,英国富商托马司·格累显姆(Sir Thomas Gresham)者大加发明,谓凡良货与恶货通行时,良货必为恶货所逐云。"格雷欣法则又称"劣币驱逐良币法则"。格雷欣是16世纪英国女王伊丽

---

① 钱恂:《财政四纲》卷二《货币之物质》。
② 同上书卷二《货币本位》。
③ 同上书卷二《不交换纸币》。

莎白二世的官员。他发现当时英国成色减低的新币充斥于市,因此向女王奏明劣币驱逐良币的道理,指出这是由于亨利八世(1509—1547年在位)以来铸造劣币的结果,应进行币制改革。英国经济学家麦克劳德(Henry Dunning Macleod)在其《政治经济学原理》一书中予以命名。钱恂所说的希腊哲学家是阿里斯托芬(Aristophanes),他已经在剧作中对劣币驱逐良币现象有所揭示。

钱恂将本位制度分为单本位制、复本位制和合本位制。单本位制有金、银、铜、铁四种。复本位制有金银、银铜、金银铜复本位制。关于金银复本位,他主要介绍了"依法律定金银之比价"的两本位制,而对金银无法定比价的并行本位制则只是偶尔提及。

关于合本位制,钱恂说:"合本位制者,以法定货币为正用,而更以他类之货币为补助货。法定货者如金银,其他补助货者如铜及白铜,是复本位制而兼合本位制者也。又或法定货币只以一种,而以他一种为补助货者,是单本位制而兼合本位制者也。"①从这定义中不难看出,所谓合本位制就是复本位制或单本位制,因为任何一种复本位制或单本位制都必须有其他金属为辅币,故也都是合本位制。钱恂既说英国在1816年以后实行金本位制,又说它实行的是合本位制。实际上金本位制国家流通的银币是金币的价值符号,不能称之为"合本位制"。

前已提到,钱恂认为使用纸币是货币发展的必然结果。他指出纸币代替金属货币的原因有四。第一,轻便。第二,可以节省利息和增值资本。"市上往还交易概用纸币,其金货实质可以别为资本。是腾出实质货币,仍可生一边利子。"第三,比硬币安全而少危险。"当未有纸币时,世人拥有硬货者,必藏以坚屋,守以忠仆。英国银

---

① 钱恂:《财政四纲》卷二《货币之制度》。

行之起原……亦为保藏安全而起。"①第四,使硬币免于摩擦损毁。

钱恂又指出交换纸币(兑现纸币)的流通有三利:轻便、可以增加通货、有伸缩力。对于有伸缩力问题,钱恂认为有利亦有弊。他着重介绍了银行主义和通货主义②。他赞成通货主义的观点,下结论说:"通货论如此,银行论如彼,似通货论较合情理。彼银行主义主张纸币补济之利益,然而起投机,乱财界,衰贸易,纸币增发策不能辞其咎。"③不过他还不可能对两派理论有深刻的了解。

对于不换纸币,钱恂指出:"苟巧为伸缩,维持其名目价值,于国用亦不少利便"。但是利起弊随,他归纳为五条,主要是三条:
① 不能如金银货币那样受到天然限制,"二倍三倍,一由人意"。
② 一遇有意外开支,就会增发。"盖增赋租税,行之甚难,而以纸币捵官印发之则甚易。倘执政者贪此便利策,则必陷国民于涂炭矣。"
③ 一有增发,以后遂不能停止。纸币不能出国境,增发的都"沉滞于国中,物价日以腾贵。政府欲减杀其财力,而复为增发,于是而靡所底止矣"。

钱恂特别强调了增发不换纸币对劳动人民的祸害:"其被害最大者,实在于职人、工夫之类,所谓劳动社会是也。劳动社会,其受货币之利甚多,其受纸币之害亦甚酷。此辈以力役为价值而度其生计,一旦纸币价值之激变,朝暮异状,则劳银之割合(比例),必致耗蚀不可胜计。此时惟投机之奸商网一切之利,而劳动自营辈不能渔利于他人,适足为众人之饵食。由是穷迫困难,激而思变,政治上亦

---
① 钱恂:《财政四纲》卷二《纸币使用及流通之原理》。
② 银行主义和通货主义是1840—1844年英国议会发行委员会在讨论银行券发行制度时形成的对立的两派。银行主义者认为银行券是适应工商业的需要而发行的,不需要时会流回银行,不用保持和准备金之间的固定比例。通货主义者主张银行券的发行数量应随准备金的多少而定。
③ 钱恂:《财政四纲》卷二《交换纸币》。

及影响。所以哲学家比纸币为苛税虐政之害也。"他警告当局要认真对待,"未可专运财政巧策,而不察社会之影响也"。①

在《财政四纲》卷三,钱恂又列有《银行纸币及发行法》一节。其中介绍了英国经济学家杰文斯(书中译为齐朋司)关于纸币发行的分类,计有14种发行法:总额准备法(十足现金准备)、分类(额)准备法(一定数量的纸币不需要现金准备,超过部分则要现金准备)、最少额准备法(规定现金准备的最低额)、比例准备法、发行最高额制限法、伸缩发行法(可超过最高发行额,超过部分要纳税)、证券准备法、不动产准备法、外国兑换法(发行数量随外汇顺逆情况而定)、自由发行法、金纸同价法(纸币和金属货币保持同价)、税金还纳法(不兑现纸币可以纳税)、交换延迟法(预约几年后兑现)、不交换法(不兑现纸币)。对于这14种发行法,钱恂指出:"自第一至第十之各法中,莫不利害迭见,不能断定何为至善。据近日财政家意见,以分额准备法与伸缩制限法(即伸缩发行法)互用为宜。"

第七节　三种译著中的货币理论

光绪二十八年(1902年)和光绪二十九年,经济学著作大量出版。除《原富》外,还有以下一些:光绪二十八年出版的有陈乾生(即陈独秀)的《富国学问答》、日本天野为之的《理财学纲要》(稽镜译)、杨廷栋的《理财学教科书》、日本和田垣谦三的《经济教科书》、作新社的《商工理财学》等;光绪二十九年出版的有作新社的《最新经济学》、王宰善的《普通经济学教科书》、日本天野为之的《理财学讲义》(吴启孙译)、日本持地六三郎的《经济通论》(顾学成译)、作新

---

① 以上两段引文均见钱恂:《财政四纲》卷二《不交换纸币》。

社的《政法类典》(其中的《经济之部》汇集《最新经济学》《财政学》《租税论》《货币论》《银行论》《外国贸易论》六书)、日本和田垣谦三的《理财教科书》等。上述各书中都有货币理论。现介绍其中的三种，以见这两年间西方货币理论进一步传入中国的情况。

天野为之的《理财学讲义》("讲义"二字仅见于封面)译本由文明译书局于光绪二十九年四月出版。天野为之是明治维新后最先向日本介绍西方经济学的"三杰"之一。书中除《总论》外，分为《生产论》《析分(分配)论》和《交易论》三部分。《交易论》的第二章为《论通货》，主要是讨论货币的基本理论，未涉及货币本位制度。

天野为之认为通货"裨补社会之功……最巨者有二，一曰贸易之媒介，一曰价值之尺度，以此二者维持于交易之间"[①]。这就是说，流通手段和价值尺度是货币的最重要的职能。他又提到货币的适宜于贮藏："唯能堪于久藏，买之之时与卖之之时其性质同而价值亦同焉者，乃可以为通货。"[②]这实际上是说货币还具有贮藏手段职能。在谈到纸币时，天野为之指出它们"一得为交易之媒介，二得为价值之尺度，三得为负债偿还之本位"[③]。所谓"负债偿还之本位"，包含了货币充当支付手段职能的意思。金属货币同样具有这些作用，如他说："故借之之始其价若干，其返之也亦然，则贷者与贷人者两无所失，而劳苦与报酬之间得维持其平也。"[④]其所以要在纸币中强调支付手段，则是考虑到纸币可能贬值的情况。不过他没有将支付手段作为货币的职能来分析。

天野为之指出作为货币的商品应具有便于分割、便于携带运

---

① 天野为之：《理财学讲义》，文明译书局光绪二十九年版，第154页。
② 同上书，第160页。
③ 同上书，第193页。
④ 同上书，第162页。

送、便于贮藏三个条件,这三个条件都以金银最为具备,因此金银是最适当的货币。金银货币的价值同其他商品一样,"有永远之价,有一时之价"①。"永远之价"又叫"常价","一时之价"又叫"时价"。

天野为之认为商品的时价决定于供求关系,金银货币也一样。对金银货币的求也就是商品出卖者对商品的供,因此他说"金银货之价与其供给适相背而驰","与卖品之供给适相并而行","由金银之供给与物品之供给相互之关系而生时价之高下焉"②。实际上货币和商品受供求影响的情况并不相同。因为货币有贮藏手段职能,贮藏中的货币对货币流通量有一定的调节作用,在起调节作用的限度内货币可以不受其供求关系的影响而改变其时价。自然,调节作用也不是任何时候都有效的,这一点已在讨论《管子·轻重》的货币理论中指出过了。

至于金银货币的常价,天野为之认为它像其他商品一样,"源于资本家之劳苦"。他说:"假使金银货之价甚大,与其出产之劳苦不相均平",那么,资本和劳力必竟相投入金银的生产而增加其供给,使金银价格降低。反之,"若其价甚低,不足酬产之之劳苦,从事此业者不能博相当之利润,因之而注入资本次第减少",使产量降低,供给减少,金银价格腾贵。"如此低者高,高者低,得其平准而资本之出入始已。"③这就是说,通过金银价格的上下波动而使对金银矿的投资趋向稳定,从而使金银价格维持在正常的水平上。可见,所谓"常价",是反映金银价值的价格。天野为之说商品的价值"源于资本家之劳苦",是完全站在资本家的立场解释商品价值的产生。

---

① 天野为之:《理财学讲义》,第163页。
② 同上书,第168—169页。
③ 本段引文出处均同上书,第169—171页。

天野为之反对将"物价之高低,悉归之金银货之多少",认为这是"误谬之异论"①,因为影响物价的还有各种通货,包括借贷账簿、汇兑、支付约束券(支票)等。他说:"要之,专用一种通货之时,与杂用数种通货之时,通货分量比较物品多者则其价减,少则其价增也。"②其价减,也就是物价上涨;其价增,则物价下跌。货币数量论的发展是从金属货币数量论发展为包括所有通货的数量论,天野为之的货币数量论属于后者。金属货币和不兑现纸币有不同的流通规律,他完全将它们等同了。从下面可以看出,天野为之是懂得两者的区别的,但在总体上谈物价时却根本不考虑这一区别。

天野为之肯定交换纸币而批评不换纸币,认为前者是"最良通货","足当负债偿还之本位"③。他分析了不兑现纸币过度发行的各种弊病:"通货之供给愈增不减,通货之价愈下不上,不换纸币不与金银货价共其升降,其变动无极,不能为借贷本位之标准";"金钱之契约冥漠混乱,一切生产家皆为动摇";"事业家常妨(防)意外之损失而无活泼之运动,从而财产家亦……不轻授以资本,劳力者亦不能得其职,相率无为,以消时日,而善良百姓弃其勤俭贮蓄之行以为惰民。如此人皆汲汲其家业而止,一国之生计亦无复进步之可望"。"故不换纸币流行之国,无论古今,其人民皆抱不安之心注目于物价之变动。"④他还驳斥了认为物价上涨有益的观点,主张不换纸币如不得已而发行,应以适当方法使其消灭。这说明他不仅反对不兑现纸币的过度发行,而且根本反对不兑现纸币的流通。

持地六三郎的《经济通论》译本由商务印书馆于光绪二十九年

---

① 天野为之:《理财学讲义》,第192页。
② 同上书,第194—195页。
③ 同上书,第197页。
④ 同上书,第198、200、202页。

第十六章　甲午战争至辛亥革命时期的货币理论(上)

五月出版,未署译者名,但《南洋七月报》于光绪二十七年连载《经济通论》,署"顾学成译"。全书分《总论》《财之生产》《财之交易》《财之分配》和《财之消费》五卷。卷三第四章为《论货币》,第五章为《论纸币》。

持地六三郎认为货币有四种职能:交换之媒介、价格之尺度、价格之本位、价格之贮藏。关于价格之尺度,他说:"夫测重之尺度不可不有多少之重,测长之尺度不可不有多少之长,则测价格之尺度更不可不有多少之价格。通常货币,所以选择有价格之金银也。"①他肯定货币本身是有价值的,可用来衡量商品的价值,只是他混淆了价值和价格。所谓价格之本位,是指用来作为借贷的标准。由于商品价格变动无常,如果借时和还时的价格大相径庭,借贷就非常不便。"今若以价格变动最少之物品,定价格之本位标准,用为贷借,则较前必稍便利。"②这实际上是指货币的支付手段职能。但支付手段的含义更广,不能将两者等同。价格之贮藏即货币贮藏手段职能。

持地六三郎对本位货币下定义说:"本位货币,其价格乃代表含有金属分量之价格,而为货币中之标准,法律上于负债之支付,使用无制限者也。"③书中介绍的货币本位制度有三种:单本位制,复本位制和复杂本位制。复杂本位制相当于钱恂的合本位制,持地六三郎说:"复杂本位制,虽惟以金若银之一而定本位货币,然加之以补助货币。于小额之支付,使用补助货币恰为本位货币使用之制度也。"④实际上辅币并不决定货币本位的性质,如果以其他金属作辅

---

① 持地六三郎:《经济通论》,商务印书馆光绪二十九年版,第12页。
② 同上书,第12—13页。
③ 同上书,第17页。
④ 同上书,第18页。

币的本位制度就叫作"复杂本位制",那还有什么单本位制呢?

复本位制是持地六三郎认为的理想币制。他说:"窃考二十余年前,欧洲诸国概行复本位制,未见经济社会之扰乱。尔来各国相继而废银币,改用金币,反使物价下落,商工业不振,贸易阻滞,劳动者困难,经济社会危险万状,不得不归咎于币制改革之原因也。"① 他主张恢复复本位制,并列举西方主张复本位制的著名经济学家来证明这一主张的正确。实行复本位制,金银都起着价值尺度的作用,而金银的市场比价却在不断变动,不利于资本主义经济的稳定发展。企图恢复复本位制是违反历史发展的要求的。

持地六三郎分析了金贵银贱的原因及其后果。他认为金贵银贱对金本位国不利,对用银国有利。银贱使"物价腾贵,则输出增加,农工商业因之奋起,经济社会栩栩有生气。债权者虽有损失,而自金币国输入之物品日益腾贵。国费虽会增加,而债务者及定额纳税者之负任轻减,租税等之收入亦益增,其所得足以偿其所失也。"② 他指出物价上涨对消费者不利,而且会"酿成奢侈之俗",但总的来说是利大于弊。持地六三郎的分析按通常情况来说是有道理的。但是,对处于殖民地半殖民地境地的用银国来说却并不完全是如此。就中国来说,金贵银贱使中国用银折合金镑还债时所发生的"镑亏"严重,使本已窘困的清末财政更陷入绝境;银贱虽然会刺激出口,但出口货物限于农副产品,这样反而为西方资本主义列强提供了大量廉价原料,而中国必须进口的商品却提高了价格。

关于纸币,持地六三郎指出:"纸币原为正币之代表,其流通与金银一也,故谓之代表货币。"③ 他介绍的纸币发行法有全额准备

---

① 持地六三郎:《经济通论》,第27—28页。
② 同上书,第29页。
③ 同上书,第31页。

法、比例准备法、自由发行法、制限发行法(相当于钱恂所说的分类发行法)、制限屈伸法(相当于钱恂所说的伸缩发行法)五种。制限屈伸法为德、日的制度,发行数量视市场情况而定,如市场有需要,即使无准备金,只要纳税给政府,也可以发行。他认为其他几种发行法都有利亦有弊,只有制限屈伸法既能"防遏纸币滥发之害",又能"应市场银根之缓急",所以是"最为安全之纸币发行法"①。

持地六三郎认为纸币发行必须遵循两个原则:一是防止滥发;二是"纸币之发行数不可逾于国内之纸币流通需要数"。他很强调流通需要数的意义,指出:"故发行纸币,虽以正币准备为原则,然吾谓国内之纸币流通需要数,以保证准备而发行之,最为善策。"②他没有说明如何测定一国的纸币流通需要数,仅指出"大抵依其政府之岁入而定",违背了视市场需要而定的前提。

持地六三郎称不换纸币为"强迫货币""强迫公债""劣恶之货币"。其所以劣恶,有两个原因。第一,最易滥发。"一旦银根缓展,货币之需要减少,而不换纸币不至缩减,于是泛滥于国中,反使正币流于外国。一切事业必至由勃兴而衰微,其弊害将不胜枚举。"第二,缺乏弹性,不能自动调节流通数量。发行过多时难以收回,于是"物价腾贵,消费者至不能维持其生计矣。然或以物价腾贵为货币缺乏之显象,益增发不换纸币,其流毒于社会更不可胜言已"。不过他并没有对不兑现纸币抱绝对否定的态度,指出:"苟发行方法得其宜,而矫正其弊害,则不换纸币亦未可排斥者也。"③他认为,比较好的不换纸币发行法有两种:一是外国汇兑法,二是金纸平均法(即钱恂所说的金纸同价法)。

---

① 持地六三郎:《经济通论》,第32页。
② 同上书,第34页。
③ 本段引文出处均同上书,第35—36页。

《政法类典》又名《东西政法类典》,由作新社出版于光绪二十九年五月。全书分甲、乙、丙、丁四部,丁部为《经济之部》。光绪三十二年的再版本中署有"房州得业士戢翼翚、乌程法律得业士章宗祥、日本法学士马岛渡、日本农学士宫地贯道编译"字样。"编译"表明该丛书各部不是根据一种原著译成的,而是参考了多种原著。以下只介绍《货币论》中的理论。

《货币论》约 8 万字,分为《概论》《硬通货》《纸币论》《信用论》四编,各编再分若干章节。此书关于货币的内容大为增加,如有《货币之历史》《论赋课铸造货币费用之可否》《论贵金属自然之分布》《地质学上论金银之过去现在及未来》《金银生产之沿革及其统计》《最近五十年间各国货币制度之变迁》《叙各国发行不兑换纸币之颠末》等章节,都是他书未详谈或根本未涉及的内容。书中在分析货币理论时,往往直接引西方学者的议论,介绍其成说。

《货币论》中提出的货币职能同样有四种:交换之媒介,价值之尺度,借贷之标准,价值之贮藏。这四种职能文字表述和钱恂的《财政四纲》基本相同。书中提到货币应具备的"七大性质",和钱恂的说法也差不多。说明它们是同一来源。

关于格雷欣(书中译为克列沙母)法则,以《货币论》中所述最为详细,不仅指出了法则的产生,恶币驱逐良币的原因,而且指出了法则的三方面适用范围:磨损货币和新铸货币同时流通,纸币和金银币同时流通,不同等的硬通货同时流通。

《货币论》认为商品的价值决定于供求关系:"凡直接定物品之价值者,即在于需用供给之比例。"它批评了亚当·斯密的价值决定于生产费的观点,并引杰文斯(书中译为赛蒙斯)否定金银的价值决定于生产费的话说:"古来数千年间,所蓄积之金银员数,不知其几多,每年之产出额,其数不过万分之一。则其生产费与最后之生产费,断不能牵动物品之价格。然则生产费之关系极微,不容疑也。"①对于货币价值,《货币论》还强调人的心理因素:"即彼金银之类,亦古来人情惯习之所使然。因世人尊重爱好,且为利便,始有价值,因得为货币之用。倘一旦世风一转,人不爱重金银,则金银之价值自然消灭,或不能保其为货币之用也。"②这又同钱恂的说法极为相似。

书中虽然主张供求决定价值,但又批评了货币数量论。它说:"其后有里卡脱(李嘉图)氏之货币数量说,以为'一国之物价只依其国现存货币之额而定,是货币增减之影响能及于物价之上'。斯说独以货币为交换之媒介,其误甚矣。"③作者认为货币流入能影响银行的贮藏额,从而能缓和信用或货币流通速度,并不影响物价。这种批评没有从货币本身具有价值立论,因此只有一部分道理。

在货币本位制度方面,《货币论》也认为实行金单本位制造成了金价的上涨,不是好的制度,不可能长期维持下去。书中指出实行金银两本位制虽然金银有价值的波动,但反映在物价上波动的幅度并不大。如果能"使万国协同,或英、美、德、法诸强国相协同",规定同一金银比价,这比价就能维持。因此,"天下之学士及实际家"都认为"必用两本位制度"④。认为各国能共同维持金银的比价,是天真的想法。书中还讨论了建立万国通行货币的问题。

《货币论》也列举杰文斯的兑换券发行法分类。因为说的是兑换券,所以比钱恂所列的少最后一种。所举13种的译名为:全额金银预备法、分额金银预备法、预备最小额限制法、比例预备法、发

---

① 《货币论》,作新社光绪二十九年版,第110页。
② 同上书,第164页。
③ 同上书,第77页。
④ 同上书,第112页。

行最多额限制法、伸缩限制法、预备证券法、不动产预备法、外国汇票法、自由发行法、金纸平均法、租税上纳法、后年兑换订约法。作者只肯定分额金银预备法和伸缩限制法。德国在需要增加发行时，帝国银行只要交5%的税给政府，就可增加发行。作者认为实行以来，"运用颇得其宜，较之英国之制度，可谓之百尺竿头进一步也"①，但又认为5%的税还太轻。这里所说的"英国制度"，是指英国1844年实行的《皮尔条例》，规定英格兰银行可发行1 400万（《财政四纲》和《货币论》都作1 500万）英镑无黄金准备的纸币，其余的发行则要十足准备。这种发行法属于杰文斯所举的第二种，即分类准备法或分额金银预备法。

对于不兑现纸币流通，《货币论》指出：其利有三条；其弊有五条，都和无法控制发行数量有关。它不认为不兑现纸币是代表金属货币的价值而流通的，而是作出了如下解释："纸币虽仅为片纸，然已为货币，以流通于世上，则为实有价值。而其价值，原由各人之信用及需用而且利便而来者也……若纸币者，即因其为纸币，而有纸币之价值，非因其为一片纸而有价值者也。"②

---

① 《货币论》，第149页。
② 同上书，第163—164页。

第十七章
甲午战争至辛亥革命时期的货币理论(下)

改革币制不仅为中国人所关切的问题,也是西方资本主义列强扩大对华贸易的需要。在光绪二十八年(1902年)订立的《中英续议通商行船条约》中,即有关于统一币制的规定。该条约第二款规定:"中国允愿设法立定国家一律之国币,即以此定为合例之国币。将来中英两国人民应在中国境内遵用,以完纳各项税课及付一切用款。"次年订立的《中美续议通商行船条约》和《中日通商行船续约》也有类似的条文,后者还强调要"从速改定"。从此中国进入了建立货币本位制度的讨论时期。

第一节 对精琦方案的驳议

光绪二十九年(1903年),海关总税务司赫德(Robert Hart)向清政府提出改革币制的建议。他建议设立一国家银行,下设一铸银局,重新铸造统一银币,确定金银比价,外国即按此比价同中国贸易。清政府亦会同主要产银国墨西哥与美国商谈,请美国协助维持银价。1903年4月21日,美国国会通过设立国际汇兑委员会(Commission on International Exchange),以海那(Hugh Henry Hanna)、柯南(Charles Arthur Conant)和精琦(Jeremiah Whipple Jenks,或译精琪)为委员,进行活动。精琦一行先到英、法、德、俄等国,同各国政府商谈金银比价和中国币制问题,然后经日本、菲律宾,于光绪三十年初到达中国。

光绪二十九年,出使俄国大臣胡惟德(1863—1933)在同到达俄国的精琦一行接触以后,于九月向朝廷提出了关于币制的意见。对于各国的货币制度,他指出:"一国之中必有一定之国币,兼用金银铜三品必有一定之比例,凡成色形式价值必须全国一律,随处通行,方能利用于民间,取信于外国,而驱驾乎用金之邦,汇兑不致受亏,交涉亦易措注。"[①]他的意思是要实行金本位制,但没有提出本位制的概念,也没有说明主辅币的关系,而只是强调币名要和重量名分开,可以"圜"为名,金币有十圜、五圜等,银币有一圜、二分之一圜、五分之一圜、十分之一圜等。这说明胡惟德对本位制度只是懂得一些皮毛。

精琦到中国后,提出他们在欧洲商谈时即已写好的《中国新圜法觉书》(包括1903年旧的备忘录)、《中国新圜法条议》[②]和《中国新圜法案诠解》[③],并同政府官员会谈,宣传其主张。同年七月回国。

《中国新圜法条议》共17条。其中提出以一定纯金量为货币单

---

① 中国人民银行总行参事室编《中国近代货币史资料》第一辑《清政府统治时期》下册,第1222页。
② 同上书,第1126—1130页。
③ 同上书,第1130—1159页。

第十七章 甲午战争至辛亥革命时期的货币理论(下)

位,政府自己或代民间铸造相当于 5 倍、10 倍、20 倍的金币。国内流通以银币为主,金银币的比价为 1∶32。另外还铸造小银币及红、白铜币为补助货币。为了维持金银币比价,"中国政府应在伦敦及别处通商巨埠,置备一信用借贷款(Credit Accounts),以便出售金汇票",金汇票的起售点为银 1 万两。这种货币制度通称"金汇兑本位制",亦称"虚金本位制"。国内流通的银币是金币的代表,有法定的比价。为了防止市场比价变动对法定比价的影响,故在确定法定比价时适当提高银币的价值(当时金银市场比价约为 1∶40)。银币既是黄金的价值符号,就不能自由铸造,由国家垄断铸造以控制其数量。这样,国家还可获得一笔数量相当可观的铸利。在国际上,金银币的法定比价要靠买卖金汇票来维持。当时金汇兑本位制只在殖民地和附属国实行,如印度、暹罗、菲律宾等。

《中国新圜法条议》的侵略性质是赤裸裸的。如其中公然提出新货币制度的"实施以能得赔款国之多数满意为归";"应派一洋员为司泉官,总理圜法事务";各国有关代表可以查看钱币情形"报告书","且有条陈献替之权";买卖外汇"归司泉官专理";"司泉官及各国代表人,有权为中国提议整顿财政"。这样明目张胆地无视中国主权,理所当然地要受到中国朝野的强烈抵制和批评。对此进行驳斥的主要代表人物有刘世珩、张之洞、梁启超三人。刘世珩、梁启超的货币理论另有专节论述,这里仅限于他们的批评意见。

光绪三十年二月,江南商务局总办、江苏补用道刘世珩写成了《银价驳议》,对《条议》和《诠解》作了逐条批驳。文章很长,由南洋官报总局排印刊行[①]。

[①] 《银价驳议》连载于《南洋官报》光绪三十年(1904 年)至光绪三十一年,收录于中国人民银行总行参事室编《中国近代货币史资料》第一辑《清政府统治时期》下册,第 1160—1188 页。

刘世珩反复强调币制是一国的主权,决不能由外人来控制。他指出精琦的方案完全是从外国人的利益考虑,根本无视中国的主权。他说:"将中国设立圜法之一切措置,先注重于有赔款之各国满意,立义既偏,全势皆侧,则于中国后来满意与否,必不暇计矣。……圜法未立,已须惟意是视;圜法既立,自尤必惟命是从。一举一动,各国皆得以己意之所在而指麾之、干预之。于各国之意得矣,如中国之主权何?主权既失,而财政复何有乎?措置之何为耶?设立圜法复何为耶?""盖圜法为中国之圜法,则总理为政府应有之义务。用外人为援助可也,以洋员为总理不可也;仅以洋员为总理,虽不可,而犹或可也;以洋员为总理,而纵其权限,张其羽翼,并一切制钱之局、要津之地,一任司泉之指派,供帮办于徒党,斯则断断乎不可也。"①"惟铸造货币之权,查东西各国凡有自主权者,无不属之本国政府。即考之美之属国,如墨西哥、飞猎滨(菲律宾)两邦,亦皆自铸货币,未有倩他国代造之事,况中国为各国公认为自主独立之国也耶?"②"国家与圜法,不能刻离,圜法与主权,尤不能刻离。人失其元气则死,国弃其主权则亡,此断断乎无可讳者。正司泉何人,而何劳其越俎代庖之不惮烦也"③。

除了从维护国家主权来批驳精琦方案外,刘世珩还反对实行金汇兑本位制。他既没有使用金汇兑本位的名称,也没有弄清楚这是一种什么样的货币制度,而着重反对的是把金银比价定为1∶32。这本来是指黄金和法定银币的比价,他却理解为金银的一般比价,称之为"抬银价而就金价"④。以下三点就是从这一理解出发而提出的批评。

---

① 刘世珩:《银价驳议》,见中国人民银行总行参事室编《中国近代货币史资料》第一辑《清政府统治时期》下册,第1160页。
② 同上。
③ 同上书,第1167页。
④ 同上书,第1164页。

第十七章 甲午战争至辛亥革命时期的货币理论(下)

第一,金银比价由供求关系决定,不能人为地强制规定。刘世珩说:"'此银币于所定单数本位之金价计三十二换比例设法维持'一语,最为危险。盖金银价值之涨落,以供求异势而定。中国欲维持保存永守三十二换之例,则必徇人供求之势以相剂而后可,尤必自为供求以徇人之供求而后可。"①实行金汇兑本位,要准备足够的黄金或金汇票,以维持法定汇价的稳定,这确实有一定的困难。但刘世珩将它理解为维持金银的一般比价,就更加认为是危险之极了。

第二,抬高银价使商民受亏。刘世珩说:"中国自先币制未立,商民资本财产,非以生银计,即以钱缗计。一旦以政府之力改而为一律之新币,计十分已折蚀其二。新币又准以三十二换之金价,则此八分又折蚀其二三。而且以政府之力,内地消流之新币,永无兑金之时。新币消流之额数,复严铸造之限,是已折蚀者永不复,而将折蚀者且无穷。"②银币在国内不能兑金,其性质就像不兑现纸币一样,只要管理得好,不会发生亏蚀。应该讨论的是中国当时能否实行这种制度,而不在于应否抬高银币作价和兑现。刘世珩把法定银币作价的提高看作是白银作价的提高,所以认为会普遍造成亏损。

第三,对外国商人更有利。刘世珩分析其利益说:"其始,以中国银币,易中国货物以出也,则获银贵货贱之益;其继,以中国货物,易欧美金磅以归也,则获本微利巨之益;其终,复以欧美金磅,易中国之银币,则又获汇水增价之益。"③稳定货币的对外汇价,有利于对外贸易,外国商人的确可以从中得利。但其得利并不在于抬高中国法定银币对黄金的比价上。刘世珩所说的"银贵货贱之益"、"汇

---

① 刘世珩:《银价驳议》,见中国人民银行总行参事室编《中国近代货币史资料》第一辑《清政府统治时期》下册,第1163页。
② 同上书,第1179页。
③ 同上书,第1169—1170页。

水增价之益",都把"银"看成是普通的白银。在新货币制度下,外国商人在中国出卖商品后获得价值高估的银币,看起来好像是"银贵货贱"。但外国商人用中国银币换成金镑时,银币的价值仍然是高估的,并没有从"银贵货贱"中获得额外的收入。同样道理,所谓"汇水增价之益"也是不能成立的。

总之,刘世珩的批驳强调国家的主权问题是对的,而对于货币制度本身的批评并没有抓住要害。

同年八月,湖广总督张之洞上《虚定金价改用金币不合情势折》①。他曾经会见精琦,当面批评了精琦的观点。看到《条议》和《诠解》后,他再上奏折表示反对。他也强调国家的主权,指出:"伏念财政一事为全国命脉所关,环球各国,无论强弱,但为独立自主之国,其财政断未有令他国人主持者,更未有令各国人皆能干预者。"他也对 1∶32 提出批评:"夫使所定三十二换之金价中外可以通行,中国即可以此价折算兑付各国赔款,诚属两得其平之计……是其法不过使中国商民以值市价四十换之金一两纳诸政府,勒令抵银三十二两,而外国持银三十二两,一入中国便可得金一两之用,及以中国之银抵付外国之金,仍以银四十两准金一两。"认为这是"求利太贪,立法太横",是"括中国政府之利益,以倾泻于外洋而已"。这仍是把抬高法定银币的作价当作在国内抬高银价,根本不懂得银币作为价值符号的道理。抬高银币作价使国家获得一笔铸利,张之洞亦不以为然,认为这完全是对中国的"愚弄"。他批评精琦的方案"啖我以虚无铸头之利,而夺我实在财政之权,其计之毒,其害至显"。

张之洞进而反对实行金本位制,认为中国购买力低,用金尚无条件。他分析了各地的用银钱情况后说:"合计中国全国仍是银铜

---

① 张之洞:《张文襄公全集》卷六三。本文收录于中国人民银行总行参事室编《中国近代货币史资料》第一辑《清政府统治时期》下册,第 1188—1195 页。

第十七章 甲午战争至辛亥革命时期的货币理论(下)

并用,而用铜之地十倍于用银之地。大率中国国用皆以银计,民用仍多以铜计,是中国虽外人名之为用银之国,实则尚是用铜之国,非若外国物贵财多,利于用金之比也。"他主张先统一银、铜二币,到将来条件成熟时再用金,"庶几利不外倾而权可自主"。此外,张之洞还指出金贵银贱有利于中国土货的出口,"若欲为自强之国,讲实业,畅土货,兴内地机器制造,则镑价虽贵,害少利多,不足患也"。

梁启超讨论精琦方案的文章题为《中国货币问题》,陆续发表在光绪三十年出版的《新民丛报》上。在最后一篇发表前,他从报上看到了张之洞对精琦方案的驳议,因此在文末加了一段识语。他对张之洞的"论权限问题"表示了同情,但对张的"论原案之缺点"则深表不满,批评它"全未达生计学(经济学)学理,一派门外汉语"①。他肯定"精氏原案关于新货币本体之办法,原本学理,适切时势"②,并对它作了细致的理论分析。认为"中国不改革币制则已,若改革,则其大体势必采用精氏原案"③。

虽然如此,梁启超也批评了精琦的侵略企图。他指出:"独其关于管理此币制之主权,有为吾国民所当兢兢注意者。"④《条议》规定司泉官有五种权力:管理全国铸造事务;委托各省地方官及商号推广新币;专理海外代理机关的汇兑;辟用紧要属员;监督中央银行,发行钞票。"综观五端,则其职权之重大何如?是不啻举户部及各省藩司之权而握其半也。以户部及各省藩司之权之半而界诸一外国人之手,其危险为何如?是又一赫德也……若精琪氏所谓司泉官者,则在在与内政有切密之关系,一举一动而皆足以制吾死命者也。"⑤"谓

---

① 梁启超:《中国货币问题》,《饮冰室文集》第16卷,中华书局1936年版,第124页。
② 同上书,第120页。
③ 同上书,第123页。
④ 同上书,第120页。
⑤ 同上书,第121页。

司泉官及各国代表人有权为我提议整顿财政。噫嘻！是埃及我也，是朝鲜我也！夫财政之范围则广矣，岂其限于货币？司泉官于所司货币一方面以外，而更提议及于财政之全部，则何说也……就此点观之，谓精琦之造此案，与各国之赞成此案，非有野心存乎其间焉，吾所不能信也。"①

不过，梁启超又认为当时中国如要改革币制，由于缺乏本国的人才，非用客卿不可；只要限制其职权，仍然可以聘用外国人为司泉官。他提出五种职权中可以给外国司泉官两种，即上述第一种和第三种。同时在年限上要有所规定，三四年或五七年后，由新培养的中国人接任。

在张之洞的反对下，财政处和度支部"亦以造端宏大，且关系财权，暂行停议"②，精琦的方案被束之高阁。但对虚金本位制的讨论仍在继续。

第二节　章宗元的货币数量论

章宗元(1877—?)，字伯初，浙江乌程(治在今湖州市城区)人。光绪二十九年(1903年)前后赴美留学，毕业于加利福尼亚大学商科；三十三年，回国任外务部主事；三十四年，中进士，授翰林院编修；后任北京财政学堂监督、清理财政处总办、资政院议员等。1912年，任财政部次长兼币制委员会委员长；1913年，任审计处总办；1914年，先后任司法部总长和币制局副总裁；1915年，再任币制委

---

① 梁启超：《中国货币问题》，《饮冰室文集》第16卷，中华书局1936年版，第122—123页。
② 中国人民银行总行参事室编《中国近代货币史资料》第一辑《清政府统治时期》下册，第1235页。

员会委员长;1917—1920年,任唐山工业专门学校校长。

光绪三十一年,留美学生创办《美洲学报》,其中之一为《实业界》,正月二十日出版。章宗元在上面发表《释泉币》三篇、《生财论》两篇和《交易论》一篇。这些文章不过是留学生的学习心得,还谈不上有什么创见,但从中可以看出当时留美学生学习西方经济学的情况。1915年他还著有《中国泉币沿革》,流传较广。

关于货币的职能,章宗元说"泉币之职有四:一曰交易之中,乃泉币初行时最简之职。二曰为物值之表,所以表交易时物物之关系。抑不惟物值,若庸,若俸,若租,若一切公私偿值,皆得以泉币表之。三曰为后期偿值之准。凡租地付息,动以岁月计,甚或五年十载为期。后期偿值,大都以泉币为准。四曰为一切债负合例之偿。以国家之力行之,无论其为金,为银,为铜,为镍,为纸,一经政府许可,即为本国一切债负合例之偿。"[1]他把流通手段作为货币的首要职能。"物值之表"则为货币的价值尺度职能。"后期偿值之准"和"一切债负合例之偿"都属于货币的支付手段职能。他没有提到货币的贮藏手段职能,这一点比钱恂还不如。

章宗元是典型的货币数量论者。他说:"物价之增减,常与用财者所出以易货之钱之数为正比例,而常与生财者所出以易钱之货之数为反比例。"这就是说,物价决定于用来购买商品的货币数量和商品供应量。他分析了四种情况:第一,一国中商品数量不变而货币数量变化,"钱骤增,则其民乐多购货,而价遂增";"钱日缺,则其民必少购货,而价遂减"。这是正比例关系。第二,一国中货币数量不变而商品数量变化,"物产盛增,则产物者争欲出货而价遂卑;反是则价必高"。这是反比例关系。第三,"假令货增而钱之增适如之,

---

[1] 章宗元:《释泉币上·金类泉币之值》。"岁月计"原作"岁计月"。

或货减而钱之减亦适如之,则两剂其平,而物价不移"。第四,如果"钱增而货之增不如钱,甚或减焉;或货增而钱之增不如货,甚或减焉,则物价仍不能逃高下之变"。①

货币数量论者将商品和货币机械地相等,否定了金属货币本身的价值,也看不到贮藏货币的调节作用。马克思在批判休谟(David Hume)的货币数量论时指出:"这样一来,金银就是没有价值的东西,不过它们在流通过程中作为商品的代表获得一个虚拟的价值量……它们的这种价值是由它们自己的数量和商品数量之间的比例决定的,因为这两个数量是必定相抵的……但是商品世界是由无数不同的使用价值组成的,它们的相对价值无论如何不是由它们的相对数量来决定的。"②这也适用于对章宗元货币数量论的批评。

关于一国的货币流通需要量,章宗元指出:"一国中需钱之多寡,一视出售之货之数为准,二视自生财者至用财者之间每货交易之次之中数为准"。这就是说,流通中的货币需要量,决定于流通商品的价值总量和每种商品从生产者到消费者之间的平均交换次数。但每一枚货币不止流通一次,因此他又说:"顾以国中之钱数比货数,往往远不能逮(到)一比三,而交易仍可无窒碍者,则以其周流之速也。由此知一国中有钱之多寡,一视钱之实数为准;二视钱之周流速率之中数为准。"这就是说,一国中的货币的实际流通量决定于货币的实数和货币的平均流通速度,货币流通速度起增加货币流通数量的作用。上述第一方面的分析,指出一国的货币需要量决定于商品交换的需要,基本上是正确的。而第二部分的分析将"一国中需钱之多寡"变成了"一国中有钱之多寡",意在说明货币流通速度和货币流通总量的关系,则为货币数量论留下了余地。这可以解释

---

① 本段引文出处均见章宗元:《释泉币上·金类泉币之值》。
② 马克思:《政治经济学批判》,《马克思恩格斯全集》第13卷,第154—155页。

为货币数量决定物价,这货币数量不是指货币的实际数,而是指货币的实际流通总量而已。

至于货币流通速度的高低,章宗元认为决定于人民的富裕程度:"钱之周流速率,则又视其民之贫富为准。民富则用财宽,钱常出以购物。民富则百业兴,钱常用以生财。民贫则皆反是,故钱恒留滞。是以国富则钱多而周行速,愈益见多;国贫则钱少而周行迟,愈益见少也。"① 这只是极一般的说法,缺乏理论深度。

章宗元还讨论了金属货币和"凭约之具"(信用凭证)并用情况下货币数量和物价的关系。他引用约翰·穆勒(John Stuart Mill)的多出凭约之具购物会影响物价的观点后说:"是故一国中百物之求数,一与所贮金银钱之数为比例差,二与所行凭约之具之数为比例差。然则国中凭约之用之增减,亦足以致物价之贵贱也明矣。"② 在商人们容易取得信用时,增加了对商品的需求,的确会刺激物价上涨。但这是商品供求规律的作用,不属于货币数量的范畴。至于说凭约之具的数量和物价成"比例差",则仍然是错误的。

章宗元还将货币数量论用于金银在国际间的流通。他说:"泉币增则物价腾,物价腾则外国货有厚利,故进口货必增(案此指不行保护税则之国而言)。且物价既高,生产之费必增。国中之产或以本重之故,不能与外国争利,而出口遂减。迨至进口货之数远逾于出口货,于是两国交易不能汇划,不得不输出金银以偿之。输出既多,国中金银渐减,而物价亦渐卑。物价卑则出口货日增,进口货日减(案此指国中生产制造之盛与外国相埒者而言),卒至进出口相抵而后已。而金银之输运,亦不期而自止。由是知物价之增,其势常足以致金银之输出;物价之减,其势常足以止金银之输出。若物价

---

① 以上两段引文均见章宗元:《释泉币上·金类泉币之值》。
② 章宗元:《释泉币中·结论》。

过下,进口货大减,出口货大增,则外国之金银必输入国中。由是知金银之流转乃自然之理,物价高则金银贱,贱则去之;物价卑则金银贵,贵则就之。此所谓不期然而然,莫之致而致者也。"又说:"一国之钱,以应交易之需而不足,则物价贱,贱则他国之金银输进。一国之钱,以应交易之需而有余,则物价贵,贵则本国之金银输出。由是知世界之金银,其势常欲流散于各国,各以其国中交易之需为比例差,以趋于全球物价之平。"①这是承袭李嘉图的理论。

马克思在批评李嘉图的货币数量论时指出:"好像金的输入和输出始终只是由于流通手段量膨胀到它的正常水平之上或紧缩到这个水平之下而发生的金属的升值或贬值……换句话说,货币在不同各国流通,只是因为它在每一个国家作为铸币流通。货币只是铸币,所以一国中存在的金量必然进入流通,因而它可以当作它自身的价值符号升到它的价值之上或跌到它的价值之下。于是我们绕了复杂的国际圈子,又幸运地回到成为出发点的那个简单的教条。"②

章宗元对货币本位制度的态度很明确。他指出复本位制之所以不可行,原因在于:"二金终不能并行而不悖。其初国家颁定二金之比率,原与市值相符。既而二者之一,日贵日贱,非甲逐乙,即乙逐甲。其卒也,一金不见于市,一金独留。""金贵则金匿,而银独留;银贵则银匿,而金独留。"只有实行金本位制才是大势所趋:"统观十九世纪中各国币制之变迁,其势皆若不归于金本位不止。此诚钱币史中之大改革,非人力所能强止者也。"由于银价不断下跌,"用银之国之受亏"无有底止,所以银本位制也不是理想的制度。③

---

① 章宗元:《释泉币中·凭约之制之利弊》。
② 马克思:《政治经济学批判》,《马克思恩格斯全集》第13卷,第166—167页。
③ 本段引文均见章宗元:《释泉币下·复本位之制》。

第十七章 甲午战争至辛亥革命时期的货币理论(下)

第三节 刘世珩的划一币制论

刘世珩(1874—1926),字葱石,号聚卿、楚园等,安徽贵池人。他曾游历日本大阪、东京,考察国立王子抄纸局及东京印刷局,了解币制问题。曾任江南商务局总办、江苏补用道。光绪三十年十二月(1905年初),因集资"设立公司,筹办垦务"①,受到朝廷奖励;三十一年冬,调财政处提调;三十三年,任度支部右参议。宣统元年(1909年),任直隶正监理官;二年,任农工商部头等顾问官。

光绪三十年,刘世珩曾作《银价驳议》批驳精琦的币制方案。三十二年三月,他到财政处任职后,又向财政处大臣上《财政条议》,提出了改革币制的意见。本节以讨论《财政条议》中的货币理论和主张为主,兼及《银价驳议》中的币制主张。

刘世珩也像严复一样,将货币视为筹码。他说:"盖货币者,百物之易中。譬而喻之,亦如博场之筹码。"②他认为货币只是流通手段,用来代表商品的价值:"按金银皆为货物之筹码"③,"货物者,泉币之真值"④。金银用自己的价值反映商品的价值,刘世珩却以为金银只是商品价值的符号,直接代表商品的价值。这是名目主义的观点。

刘世珩主张划一币制。他指出中国用银以重量计算,是"称量之制",而"各国以金为本位,银铜相乘,大小相系,乃计数之制"⑤。他认为中国币制的病根就在于"称量之制",将"称量之制"改为"计

---

① 《清德宗实录》卷五三九光绪三十年十二月丙辰。
② 刘世珩:《财政条议》,商务印书馆光绪三十四年(1908年)版,第14页。
③ 同上书,第2页。
④ 同上书,第20页。
⑤ 同上书,第2页。

数之制"就能克服币制的混乱状况。

在《银价驳议》中,刘世珩曾提出仿效日本,实行金本位制。他说:"中国与日本,共洲而同文,以前圜法情形又复相若,则今日欲立币制,无如效法于此为最善。"①他拟定的币制如下:金圆分本位币(一圆)、五圆、十圆、二十圆四种,但本位币不予铸造,而以银币代表,并以钞票补金之不足。银币分五钱、二钱、一钱三种。五枚五钱银币合一金本位币。此外还有铜币五分、二分、一分、五厘四种。金银比价亦定为1∶32,如市价有变动,可改变金本位币的重量。

刘世珩对上述币制未作详细说明,以致有许多不明确之处。例如金本位币的法定重量可以随金银比价的变动而变动,那么五圆、十圆、二十圆金币的法定重量是否也要变动?如果要变动,已经铸造的金币怎么办?又如当时金银的实际比价为1∶40,而刘世珩的方案是1∶32,如果不限制银币的铸造,又如何能维持这比价?如果限制银币的铸造,则金银市价有变动时又何必改变金本位币的法定重量?

在《财政条议》中,刘世珩则提出了实行双本位制的主张。金币以"两"为单位,分五十两、二十两、十两、五两、一两五种。银币分一两、五钱、二钱、一钱四种,一两的可不铸。铜币分五分、二分、一分、五厘、二厘、一厘六种。金币的"两"不是指金币的实际重量,而是指相当于银币的价值,五钱银币两枚即相当于金币一两。此外还发行代表金币的纸币。金币和五钱银币为无限法偿,二钱、一钱银币和铜币为有限法偿,每次偿付有数量上的限制。

何谓本位制度?刘世珩解释说:"盖一国货币,其本位所在,即计数起级之币。而此币之为金,为银,或金银而并有之,乃足以定其

---

① 刘世珩:《银价驳议》,见中国人民银行总行参事室编《中国近代货币史资料》第一辑《清政府统治时期》下册,第1177页。

国币本位之为金,为银,或金银相合者也。"①这解释是正确的。他所说的"双本位",也就是复本位:金、银(五钱银币)都是主币,有固定比价。刘世珩指出实行这种币制是出于不得已:"中国今日金矿未兴,积蓄未富,若从金单本位,则中国现在国力既尚未及此纯金程度;若从银单位,则中国一国独异之势,又不足以御各国之汹流。"②

但是,刘世珩对西方的本位制度还有误解。他认为当时世界上只有英国是真正的金本位,其余如美国、德国、日本、法国,"虽名为金本位,而实兼有银本位之性质"③,譬如美国用"打拉"④,而打拉是银币的名称,5打拉以上才用金元。实际上美国的银元是限制铸造的有限法偿币,和银本位无关。

实行复本位制,金银市场比价发生变动时,法定比价就难以维持。刘世珩注意到了这一点。他说:"惟是此制既定……两位相维为全局之根蒂,必移动之毫无,乃秩然而有序。万一两位之价格因他国之风潮一有其伸缩,则原定割合之值高下相差,后患斯起。此时低价金位之币必驱高价金位之币以外趋,而高价金位之币又必溢低价金位之币以内泛,倾倒既形,操纵难御。"⑤这就是所谓恶币驱逐良币现象。他认为解决这个矛盾"非致力精心于进出口之商务不可"。要健全币制,必须致力于国际收支的改善,这是正确的。不过复本位制本身有不可克服的缺陷,即使国际收支顺差,也不可能使金银比价固定不变,也就不可能解决恶币驱逐良币的问题。

---

① 刘世珩:《财政条议》,第16页。
② 同上书,第14页。
③ 同上书,第16页。
④ 即dollar,美元。
⑤ 刘世珩:《财政条议》,第14页。

第四节　宋育仁的货币论

宋育仁(1857—1931),字芸子,四川富顺人。光绪十二年(1886年),中进士,选庶吉士;后任翰林院检讨;二十年,任出使英、法、意、比四国公使参赞;二十二年,回四川办理商务、矿务,兴办各种实业公司,在四川创办《渝报》、蜀学会和《蜀学报》等;二十四年,奉调回京。辛亥革命后任国史馆修纂;1916年,任成都国学院院长兼四川通志局总纂。著作有《时务论》《采风记》《经世财政学》等。

《时务论》作于甲午战争前[①]。《采风记》作于宋育仁任参赞期间,光绪二十年刊行,其中附有《时务论》。两书都有货币的内容。光绪二十二年五月,宋育仁上奏建议"开金矿,铸金磅(同镑),设银行,行银票"[②],被发交户都议奏;三十一年,他又作《经世财政学》,这里的"财政"相当于广义的理财,故实为经济学著作。他还有若干论经济短文,列入《经世财政学》作为附篇。不同版本的《经世财政学》,附篇有多少之别。

在《时务论》和《经世财政学》中,宋育仁都将西方的制度同中国的传统思想结合起来,强调两者的相合之处。《时务论》主要是结合《周礼》,他说:"以余观圣人之论治,先富而后教,由兵而反礼,其始务在富强,其术具在六经,而《周官》尤备。"他列举《周礼》中13条可以取得富强之效的内容,其中有一条属于货币方面。《经世财政学》有五卷本和六卷本两种,其中卷五是《制泉币》,集中讨论货币问题,

---

[①] 《时务论》中提到"广东用机器铸银钱",可见写作时间不早于光绪十五年。又翁同龢《翁文恭公日记》光绪二十年正月二十日:"宋芸子编修……以所作《时务论》见示。"可见此时《时务论》已写成或刊行。本节《时务论》引文据《采风记》所附。

[②] 宋育仁:《经世财政学》(五卷本)附篇《翰林院代奏呈请理财折》。

六卷本的《制泉币》有修改补充。其他各卷对货币也有涉及。

从《时务论》到《经世财政学》,时间相隔十余年,中间还有关于货币的奏折。所有这些文章,论述有详略、深浅之别,具体主张前后也有不一致处,但基本理论观点则是相同的。概括起来说,就是认为货币是流通手段,本身没有价值,物价的高低决定于商品和货币的数量对比;货币制度是决定国家贫富的关键,只要用金币(后来则提出实行金本位),增加货币数量,提高商品价格,就能使中国免受外国的经济侵略。

在《时务论》中,宋育仁指出:"泉币者,所以剂百物之盈虚。物产丰则钱值昂,物产歉则钱值减,故有轻重之名。""夫钱币用以交易有无,而无实用。"这里表明了他主张货币只是流通手段,货币价值的高低决定于商品和货币的数量对比。他用这一观点解释外国的高物价现象,得出了外国商品不足货币过多的错误结论:"外域之地产不饶,钱价常轻,物价常重;其地举财若易,而日用亦不资,此泉币浮于物力较然也。"他又用这一理论来解释《周礼》中未提到铸钱的原因,说平时不需要多铸钱,只是在遇到灾荒时才需要作布(布币),用来购买远方的货物以增加物资贮备。他认为这虽然和现在西方的情况相反,"而因时度地以操轻重之权,其意乃冥(原作'幎')合"。

货币在不同的国家有不同的购买力,宋育仁针对这种情况指出,外国佣工每月收入4枚金钱,"多无力娶妻",而4枚金钱当时在中国相当于白银20多两,"能资中人八口之家"。"可知贫富之数在财者虚也,而在物者实也。"虽然他的分析是正确的,但称货币为"财",将物产排除在财之外,存在着概念上的混乱。

在《时务论》中,宋育仁认为从一国的内部来考虑,货币并不重要,货币主要是用作对外的经济斗争。他说:"惟列国争衡相胜以富,始利多财(货币)以远交而近役。故管子行轻重之法,广采铸之路。今中外并立交驰,外国物产不饶,则广铸金钱,倍值以奔走中国之民,收其地产。"在光绪二十二年的奏折中,他总结外国致富之术说:"彼用钱币以易我之货物,以我之货物为材料,加制造鬻还中国,以易我之金银,复将我之金银以铸钱币。故彼日积日富,而我日耗日消。"①

从上述分析可以看出,宋育仁认为在国际贸易中,货币只是起着购买手段的作用,外国人购买中国的货物以后,还必须经过加工制造才能以更高的价钱卖给中国人,获取巨额利润。可是他又认为关键并不在于制造而是在于货币和物价,因此又说:"多之征贱,少之征贵,物理然也。谓宜大开矿禁,听民得自采,而官收铸。驱游民以归工,用金银以制币。币愈多,地产(农产品)愈昂,则彼之人民为我役,而不致我之人民奔走于洋商;彼之利器为我收,而不致日输我之地产以为彼奉。一转移而强弱贫富之形立相反。"②

这种夸大货币作用的观点后来还有了进一步加强。在光绪二十七年的奏折中,宋育仁说:"钱币者所以权百物之低昂,资四民之通易。钱币多则远方之货物来集,人为我用,而国因以富强;钱币少则本地之货滞不售,我为人役,而国因以贫弱。故钱币者天下之大命,而圜法者国家专有之利权也。"③把货币看作决定国家贫富的根本原因。在《经世财政学》中他又指出:"求理财之重心,则制币执其枢。"④"立财政之要,在乎正圜法而已。"⑤

在《经世财政学》中,宋育仁继续发挥货币是流通手段的观点说:"今日计学发达,咸知钱币只为易中,实无真价。所立乎交易之

---

① 宋育仁:《经世财政学》(五卷本)附篇《翰林院代奏呈请理财折》。
② 宋育仁:《时务论》。
③ 宋育仁:《经世财政学·制泉币》(六卷本)附篇《请理财以疏国困折》。
④ 同上书《制泉币》。
⑤ 同上书《正权量》。

正负者,本属以货易货,而非以货易银也。其以易银者,权为过渡,又将以银易货也。"①这完全是从简单商品流通来理解货币的作用。实际上货币不仅是交换的手段,而且还是交换的目的。

宋育仁主张增加货币数量。他批评货币数量不足的弊病说:"钱币不敷周转,其影响先及于人工之值贱,递及于途道之不流通……譬如物之积力千万吨,而起重之机仅百万吨,其不能将所积之重起而转徙,自如明矣。此不明乎圜法轻重之术,不得为知平准之义,又可知矣。"②那么货币数量多少才算合理呢?宋育仁提出了两个互相矛盾的主张。

一是按余粮来计算货币数量。宋育仁说先王计算民食每人每年2~3釜,如按2.5釜计算,相当于3.6石,按4亿人计算,一年的粮食消费量是14.4亿石。根据食三余一计算,则有余粮4.8亿石。每石以价5元计,共需24亿元。他认为"会计通国之中食力所余之价值,即民力所生之价值,准此以制为钱币之数",即发行24亿元货币以供全国流通之用,而且还能以粮食的价格为基础决定各种商品的价格。他说:"举凡食与货皆食力之所积,即约分泉布之数,支配为食力之代数,而以食力之代数准为百物之经价,即百物之真价与其物所积之力适得其平。"③这主张的错误有二:① 根据余粮数确定的货币量不可能等于全国的货币流通需要量。② 用粮食价格来计算各种商品价格的主张是建立在一种错误的理论基础之上的。他认为生产靠人力,而"人力之所生,生于日食之消费,则日食又为人力之资本"④。作为劳动力的价值来说,这种认识还有一定的合

---

① 宋育仁:《经世财政学·本农食》。
② 同上书《立平准》。
③ 同上。
④ 同上书《本农食》。

理性(只是劳动力的价值不仅仅由所消费的粮食组成)。然而劳动力的价值和劳动所创造的价值并不是同一个量。宋育仁不懂得两者的区别,以为每一个生产者所创造的价值就是他们所消费的粮食的价值,从而认为按生产者所消费的粮食价格来计算所产商品的价格就是合理的价格了,以为这样就能做到"四民皆得通工易事之利,而无病人利己之害,此无所谓谷贱伤农,亦无虑械器之厉农夫也"①。按照这种理论,价值只能产生于农业部门,而且只能产生于粮食生产部门,比重农主义者对价值形成的理解还要狭隘。基于这种错误的理论,他提出了错误的货币发行主张。

二是适应商品流通的需要。宋育仁仍按货币数量论的观点解释物价:"钱币之与食货如权衡,一仰则一俯,一低则一昂。重钱币之价格者,乃以抑食货之价格也;轻钱币之价格者,适以昂食货之价格也。钱币之价格则何由而轻重之乎?则系乎多寡之数矣。"他认为中国的物价太低,要增加货币数量以提高物价,做到"财币之数与食货相均而适得平准"。以为这样"则外交虽百计日括吾财,而吾民力所出之财币与食货相等,彼索取我羡余之财币,仅损毫末,不足以操纵我之食货"②。要使物价提高到外国人购买中国原材料无利可图而止,这样,究竟应该有多少货币数量才算是"适得平准"就无确定的标准了。事实上,在足值货币流通的条件下,货币流通量是被动的因素,国家并不能随心所欲地增加货币流通量,更不能通过增加货币流通量而提高物价。

所谓"正圜法",是要建立金本位制。在《时务论》和《采风记》及光绪二十二年的奏折中,宋育仁还没有提出本位的概念,也不懂得主辅币的关系。当时他以为资本主义国家货币制度中的金、银、铜

---

① 宋育仁:《经世财政学·立平准》。
② 本段引文均见宋育仁:《经世财政学·制泉币》(六卷本)。

第十七章 甲午战争至辛亥革命时期的货币理论(下)

钱是按实际价值兑换的,所以认为金镑在资本主义国家对银、铜的兑换比例低,在中国兑换比例高。如在《采风记·政术》中说:"英金镑一枚,重中权二钱二分,换银钱名一先令者二十枚。一先令重一钱五分,以金易银,较重不足十五换,一先令换铜钱名一本士者十二枚,一本士重二钱六分,以银易铜钱,重不足二十一换……今与中国交易,一磅一(应作'二')钱二分金换银七两,至三十余换。彼国以金自易本国铜钱,一(应作'二')钱二分金才得二百四十铜钱,计铜五十七两有奇。以易中国铜钱则得万钱,计铜则千两,有赢无绌,相去悬绝。就通商口岸交易为衡,则彼以三两银易七两之货,就内地土货交易融算,则彼以二百四十钱易万钱之货,中国不贫困而焉往?"这一计算是不正确的,因为先令、便士是辅币,是不足值的,它们同金镑的兑换比例并不表明金、银、铜的实际比价关系。他认为"中国不铸金币,又无银行,通用铜钱,三者皆授人以柄",并说:"有金币之国,则日富而制人;无金币之国,则日贫而受制,铸金钱为制外第一要义。"

在光绪二十二年的奏折中,宋育仁除重复这一算法外,还提出:"今欲自保固有之富,争回已失之权,不惟当增铸钱币,必须更改圜法。"他主张"比照英磅轻重成分"仿铸金钱以堵塞漏卮。"漏卮既塞,金价自平,以磅偿磅,彼无从取赢,以磅易银,彼不能扼价。办海防则暗耗可省,经工商则绰有余资。"因金镑成色只有七成多,所以仿铸"有赢无绌"。要"禁足金不鬻于市","凡有金者悉入官铸"。除仿铸金镑外,还要铸造银钱和新式铜钱,并在通商口岸铸相当于便士的洋式铜钱行用。他归纳三种钱的不同作用说:"故非仿铸金磅无以操平准,非增铸银钱无以便流通,非改铸铜钱无以持物价。"①

---

① 宋育仁:《经世财政学》(五卷本)附篇《翰林院代奏呈请理财折》。

在这一币制设想中,三种币各按重量成色流通,无固定比价,无主辅币关系,还不属于建立本位制度的主张。此外他还分析了设官银行和发行纸币的益处。

在《经世财政学》中,宋育仁讨论了本位问题。他认为:"金为本位则物价昂,银为本位则物价低,铜为本位则物价至贱。"① 只有实行金本位才能提高中国物价,并同用金国家保持稳定的汇价。他提出的金本位方案,金圜每元重二钱二分;以银圜为代表金币,每元含银八钱,当一两用,换铜圜 120 枚。8 元相当于英镑一镑。在这一币制中,银圜是不足值的,但宋育仁认为通过交涉可以用于外国。这样,"计兑金一镑,暗收回银币二元,以偿款一万万镑计,合收回二万万元"②。这还是对本位制度了解得不够彻底的表现。

第五节 梁启超的虚金本位论

梁启超(1873—1929),字卓如,号任公,又号饮冰室主人、新民子、沧江,广东新会(今江门市新会区)人。光绪十五年(1889 年),中举人;次年会试落第,回广东途经上海时,开始接触西学;同年秋到广州,经陈千秋介绍,拜康有为为师;二十一年在京会试时,同康有为一起发动举人联名上书光绪皇帝("公车上书"),并组织强学会;二十二年,任上海《时务报》主笔,宣传变法;二十三年,任湖南长沙时务学堂教习,和谭嗣同、唐才常等人进行维新活动;二十四年,到京协助康有为组织保国会。戊戌变法期间,光绪皇帝召见了他,赐六品衔,命他办理大学堂和译书局事务。变法失败后,他逃往日本,继续进行维新宣传,先后创办《清议报》《新民丛报》等多种刊物,

---

① 宋育仁:《经世财政学·制泉币》(六卷本)附篇《议圜法轻重纲目》。
② 同上书《制泉币》附篇《议整顿财政画一圜法章程》。

第十七章 甲午战争至辛亥革命时期的货币理论(下)

曾同以孙中山为代表的资产阶级革命派发生论战。辛亥革命后回国；1913年，任司法总长、币制局总裁，反对袁世凯复辟帝制；1917年，一度任财政总长；1918年，赴欧洲游历；1920年回国，在清华学校(1928年改为清华大学)任教。梁启超一生著述很多，编有《饮冰室文集》和《饮冰室专集》(合称《饮冰室合集》)等多种集子。

梁启超是维新派杰出的宣传鼓动家、西方资产阶级学说的积极传播者。他的文章观点新颖，文笔流畅、通俗，有深刻的社会影响。他所介绍的西学范围极为广泛，包括了哲学、经济、政治、法律、历史、地理、伦理等学科，这在同时代人中是很少见的。

梁启超很重视货币问题，在逃亡日本期间，就认为"中国救亡图强之第一义，莫先于整理货币，流通金融"①。他撰写了许多关于货币的论文，都是针对中国的实际货币问题而发，用西方的货币理论来加以说明。他最早论货币的文章《论金银涨落》写于光绪二十三年，是介绍马相伯的观点。他的货币论文以建立一种健全的货币本位制度为中心。在清末，他主张实行虚金本位制，其代表作为光绪三十年的《中国货币问题》和宣统二年(1910年)的《币制条议》。他在担任袁世凯政府司法总长期间，参与了《国币条例》和《国币条例施行细则》的制订。《国币条例》颁布后，梁启超出任币制局总裁，为推行银本位制而努力。因阻力重重，不久即辞职。1915年1月作《余之币制金融政策》，以表明自己的观点。此外，他有关货币的文章还有多篇，以宣统二年最为集中，除《币制条议》外，还有《格里森货币原则说略》《论币制颁定之迟速系国家之存亡》《各省滥铸铜元小史》《论〈币制则例〉及度支部筹办诸折书后》等。本节所谈梁启超的货币理论大多在清末提出，他在民国初年所写的论货币的文章以

---

① 梁启超：《余之币制金融政策》，《饮冰室文集》第32卷，中华书局1936年版，第38页。

讨论具体办法为主,对货币理论的发展不多。

光绪三十四年,梁启超指出"货币之职务有四:一曰交易之媒介,二曰价值之尺度,三曰支应之标准,四曰价格之储藏"①。这自然不是他的创见,不过"支应之标准"比"贷借之标准"一类提法更准确地说明了货币的支付手段职能。可是在后来的《余之币制金融政策》中,他把支付手段职能称为"借贷用具"②,仍回到了流行的说法。他对"价值"和"价格"是混用的,认为商品的价值或价格决定于供求关系:"夫百物价值,恒视其供求相剂之率以为高下,此生计学之公例也。"③

关于对货币材料的要求,钱恂以及一些日人著作都说是七条,梁启超则提出八条,称为"八德":"一曰为社会人人所贵,而授受无拒者;二曰携运便易者;三曰品质巩固,无损伤毁灭之忧者;四曰有适当之价格者;五曰容易割裂,且不缘割裂而损其价值者;六曰其各分子以同一之品质而成;七曰其表面得施以模印标识者;八曰价格确实而变迁不剧者。"他认为只有金属完全具备八德,但贱金属不如贵金属,"故铜铁不如金银,银又不如金"。近数十年来,银的出产太盛,银价下跌,实际上已不具备第八德了。因此,各国多弃银用金,这是大势所趋。中国实行币制改革也必须如此,才不至"逆时以取败亡"。④

梁启超认为在货币的各种职能中,最主要的是价值尺度职能。他说:"夫货币最大之功用,则在其能为物价之标准耳。质而言之,

---

① 梁启超:《中国古代币材考》,《饮冰室文集》第20卷,中华书局1936年版,第58页。
② 梁启超:《余之币制金融政策》,《饮冰室文集》第32卷,第64页。
③ 梁启超:《公债政策之先决问题》,《饮冰室文集》第21卷,中华书局1936年版,第53页。
④ 本段引文均见梁启超:《中国古代币材考》,《饮冰室文集》第20卷,第71页。

第十七章 甲午战争至辛亥革命时期的货币理论(下)

则量度一切价值之尺也。"①"货币最要之职务,在于为价格尺度,凡一切物价,皆比于货币以为标准焉。"他以此作为反对统治者进行通货贬值的理论依据,因此又说:"夫必先自有其一定之价格,然后能为一切价格之尺度,此不易之理也。故既名曰货币,则其价格必当从法律所规定,无丝毫之变迁差忒(差错),然后可以全其用。"②法律并不能规定货币的价格,这里所说的法律规定货币的价格乃是指货币的价格标准而言。梁启超的意思是说,只有有固定不变的价格标准,货币才能正常执行货币的价值尺度职能。但价格标准确定后,货币仍可能因货币本身价值的变化而不能很好地执行价值尺度职能。梁启超是懂得这个道理的,他所说的银不如金就是从这个角度说的,只是在这里强调价格标准的重要,就把另一方面的道理略而不说了。

从强调货币的价值尺度出发,梁启超对货币下了一个与众不同的定义:"货币者何?立一单位以为价格标准,全国画一通行之,而此单位之上有倍数焉,此单位下有分数焉,成一系统,秩然不紊,斯可谓之货币矣。我国中大部分用生金生银,然生金生银乃货物之一种,不能指为货币也。其他或用龙圆、小银元、铜元及外国银元、外国纸币,然皆各各互为比价,随时涨落……此等亦皆货物之一种,不能指为货币也。"③在他看来,只有标准的本位币系统才是货币,因此宣称中国是没有货币的国家。将货币作这样的界定,意在说明建立本位制度的重要性,可谓用心良苦。但这在理论上是错误的,没有本位制度的货币同样是货币。

梁启超尖锐地批评了统治者的通货贬值行为。《各省滥铸铜元

---

① 梁启超:《币制条议》,《饮冰室文集》第22卷,中华书局1936年版,第18页。
② 梁启超:《各省滥铸铜元小史》,《饮冰室文集》第21卷,第14页。
③ 梁启超:《吾党对于不换纸币的意见》,《饮冰室文集》第28卷,第4页。

小史》是主要的一篇。他在文中指出:"是故国家之铸币也,万不能视之为筹款之具。无论财政若何支绌,只能向他处设法筹款,而断不容求诸铸币局。"①降低铸币质量,其购买力就必然降低,"实价低劣之货币,必不能保其所浮之名价,此一定之理,非国家威力所能强也"②。他记述了铜元不断贬值的过程,指出这样滥铸,"其流毒视增征恶税剥夺民财且将十倍"③。

宣统二年,梁启超强调币制颁发之迟速系国家之存亡。在《币制条议》中,他指出了币制必须从速颁定的18条理由,并分析币制和国家存亡的关系说:"以币制紊乱之故,而致外国之干涉财政,则国亡。即不尔,而税制缘此不能整理,国库所入岁岁告不足,则政府破产而国亡。货币购买力日落,百物腾踊,民穷财尽,救死不赡,铤而走险,盗贼蜂起,乱党乘之,则国亡。即不尔,而全国食力之小民皆转死于沟壑,则国亡。即不尔,而全国人皆匍伏于外国资本家金融家之下以求一饱,则国亦终亡。恶币愈益充塞之后,不图补救,则坐视其亡。然愈迟则补救愈难,至不可补救时而补救之,或更以速其亡。此皆其直接者也。若夫以币制紊乱故,吏治更趋颓坏,国民不能举监督财政之实,立宪政体徒有空名,则亦间接致亡。若是乎亡征万千,而无一不与币制相缘。"④在清王朝垂亡之际,梁启超还企图通过改革币制而挽救其统治,这一方面表明他的保清立场,另一方面也说明他对币制改革的重视。实际上币制的作用没有这样大,这些分析未免言过其实。

在讨论精琦方案的《中国货币问题》中,梁启超提出了对于币制

---

① 梁启超:《饮冰室文集》第21卷,第14页。
② 同上书,第16页。辅币的名义价值应高于实际价值,但铜元并不是辅币。
③ 同上书,第14页。
④ 梁启超:《饮冰室文集》第22卷,第3—4页。

的主张。他认为金本位制是各国币制的共同归宿,指出:"历览数千年来货币史之变迁,大率由铁本位进为铜本位,复进为银铜复本位,复进为银本位,复进为金银复本位,而归宿于金本位。此其大较也。"①这进程有想象的成分。他主张中国也实行金本位制,在黄金不足的情况下可以先实行虚金本位制。但当时他还没有使用虚金本位制的名称,并且说:"精琪氏此案,则亦金本位,亦银本位,亦复本位,非金本位,非银本位,非复本位,一奇形怪状不可思议之币制也。"②实际上,梁启超是懂得这种本位的性质的。如他对"本位"下定义说:"政府所定币制,于五金之中择其一为正货,而他种币皆以此正货为标准,以推算其价值,所谓本位也。"③在谈到纸币时他又说:"精氏之新案,则以银币为金币之代表也,欧、美、日本诸国,则纯以纸币为金币之代表也。"④既然银币是金币的代表,自然属于金本位性质无疑。后来他才明确称之为"虚金本位制"。

一般认为,银贵钱贱对用银国的出口有利,梁启超自己也这样认为过。他说自己"畴昔固颇言银本位之为利者也","由今思之,此不过百年前重商主义派之谬见耳"。因为输出不可能长期超过输入,用银虽然能"直接奖励输出而并以间接奖励输入",但"以金银比价涨落无定之故,致从事国际贸易者皆有所惮而裹足不前,以直接损坏商业,而并以间接损坏农工业","用银之利不足以偿其害也明矣。"⑤更何况还有赔款问题。

从对外经济关系考虑,中国应该采用金本位。梁启超指出,由于金贵银贱,中国的国际贸易差额要用更多白银补偿,中国对外赔

---

① 梁启超:《饮冰室文集》第16卷,第105页。
② 同上书,第108页。
③ 同上书,第105页。
④ 同上书,第119页。
⑤ 本段引文出处均同上书,第107页。

款的实际数额不断增加,银价涨落无常又影响了对外贸易。"以此三因,故中国今日改革币制,必以求得与金本位国有同一之法定平价为第一义。"①金本位国间的法定平价由双方货币的含金量相比较而确定,而用银国和用金国之间则没有法定平价,因此汇价涨落无常。用银国如没有条件实行金本位制,则只有采取虚金本位制,政府采取平衡国际收支和买卖汇票的方法稳定同金本位国的汇价。汇价稳定,上述三个问题都能迎刃而解。这是梁启超主张实行虚金本位制最根本的理由。

实行虚金本位制,国内的银币是金币的价值符号,政府需要规定金、银币的比价。梁启超对此解释说:"故新案主眼,将铸币大权全收揽于中央政府,凡各省之银元局皆罢之。中央政府则调查全国中当有银币若干即可敷用,准此数以为铸造之总额,务使所铸之银无一圆焉失其所,而不得自效用于社会者。夫制既定矣,前此之银锭、银条皆不许为易中之用,其性质与寻常货物无异。"②在这种制度下,银币铸造数量有限制,自然可以维持对金币的法定比价,而同一般的金银比价无关。

宣统二年,清政府已准备实行银本位制,梁启超又作《币制条议》,进一步论述实行虚金本位制的有关问题,并对张之洞的论点提出批评。他引西方经济学家的话,说虚金本位制是"贫弱国之续命汤"③。

梁启超强调,货币本位必须单一:"夫本位币者,币之主也。本位而有二,则是天有二日,国有二王。"④中国也决不能采取复本位制。

主张用银的人的"最强之论据"是中国人民的生活程度低,不适

---

① 梁启超:《饮冰室文集》第16卷,第111页。
② 同上书,第113页。
③ 梁启超:《饮冰室文集》第22卷,第14页。
④ 同上书,第10页。

第十七章　甲午战争至辛亥革命时期的货币理论(下)

宜于行金本位。梁启超反驳说:"盖与人民生活程度关系最密者,实为最低级之补助货币,而本位币则非其最密者也。"①只要最低一级辅币定得适当,人民的小额交易就不会发生困难,这同用何种金属为本位无关。

对于国家规定金银币比价问题,梁启超更明确地指出:"虚金本位者,本以一定重量所铸之金币为尺,而因金币无多,暂以一定重量之银币代之者也……国家虽不能以法律定金块银块之比价,而能以法律定金币银币之比价。既定金币银币之比价,则金块与银块之比价,听其时高时下,而总不能摇币制之基础。"②张之洞批评精琦方案"求利太贪,立法太横",梁启超讥笑他是"孩稚之言"③,根本不懂得其中的道理。

梁启超考虑到中国银币尚未统一,不能一下子实行虚金本位制,因此又提出先实行银本位制,一二年后再进而改为虚金本位制的主张。"将来遇有特别机会,或在本国开得金矿,或战胜他国而得偿金,乃进而为完全之金本位制。"④为了过渡方便,他主张银币的含银量为六钱六分六厘。这是从定金币的含金量为二分零八毫,按1:32的法定比价而计算出来的。而金币的含金量则从便于同金本位国的货币进行折算考虑,"除法国小有参差外,其余则或以十当其十,或以十当其一,或以十当其五,或以十当其二十,计数皆甚便易"⑤。

梁启超对虚金本位制完全持肯定态度,认为"此法实为银本位国自卫之妙策,我国采行之,有百利而无一害"⑥。他没有考虑到实

---

① 梁启超:《饮冰室合集·文集》第22卷,第12页。
② 同上书,第18—19页。
③ 同上书,第23页。
④ 同上书,第29页。
⑤ 同上书,第9页。
⑥ 同上书,第22页。

行这种制度也包含许多不利因素和危险性。如果国家是独立的,又有充足的外汇准备,虚金本位制未尝不可以实行。但是,当时的中国早已成为半殖民地半封建国家,财政经济为外人所操纵,政治腐败,经济落后,外汇资金缺乏。在这种条件下,如果没有资本主义列强的支持,根本就不可能实行虚金本位制,而支持的结果,则必然加强对中国的控制,加深中国半殖民地化的程度,仍不能达到稳定金融、促进民族工商业发展的目的。

货币本位制度必然包含银行的兑换券流通,梁启超对此完全持肯定态度。银行兑换券能自动调节,"当市面通币缺乏时,可多发以补其不给,及其过多,则市人自能持钞兑现,而溢出之钞复返于银行矣"①。

对于不兑现纸币,梁启超则肯定其在一定条件下的积极作用。他说:"夫不换纸币,为道诚险,然苟善利用之,往往足以济国家之急。征诸各国,不乏前例。不换纸币之弊,惟于滥发过度时始见耳。使供给不逾需要之额,则固可以常保名价,而健全以代实币之用。"②又说:"不换纸币之本质,非有弊也,其弊惟在滥发过度。使当局者能有术焉以严自约束,使永无滥发,则虽谓之有百利而无一害焉,可也。"③但他认为"不换纸币恒与滥发为缘,而在债务国为尤甚,虽有极公忠谨慎纯洁历练之财政家,一当其冲,往往为旋涡所卷而不能自拔"④。因此,他主张不兑现纸币只能在不得已时偶一用之,在发行时就要做他日恢复兑现的准备。

---

① 梁启超:《吾党对于不换纸币的意见》,《饮冰室文集》第28卷,中华书局1936年版,第6页。
② 梁启超:《外债平议》,《饮冰室文集》第22卷,第90页。
③ 梁启超:《吾党对于不换纸币的意见》,《饮冰室文集》第28卷,第5页。
④ 同上。

第十七章　甲午战争至辛亥革命时期的货币理论(下)

第六节　两元之争和汪大燮等的金本位论

清末真正提上议事日程的还是实行银本位制。为实行银本位制,产生了以"两"还是以"元"为单位的争论。

对银元重量首先表示不同意见的是盛宣怀(1844—1916)。光绪二十二年(1896年),四品京堂盛宣怀上《条陈自强大计折》,其中说:"近来中外臣工多议自铸银元,广东、湖北、北洋、南洋先后铸造,分两轻重悉准墨银。臣愚以为国家圜法,自古及今,皆自为制度。随人趋步,各国所无……今宜在京师特设银元总局,以广东、湖北、天津、上海为分局,开铸银币,每元重京平九成银一两,再酌铸金钱及小银钱,使子母相权而行。"①当时军机处同意他在开办银行后附铸一两重银元10万元,在南方试行。次年,盛宣怀创办中国通商银行,但一两重银元并未铸造。

光绪二十五年冬,军机处电询各省督抚,银元应否改铸一两、五钱、二钱、一钱四种,多数主张不必改铸。光绪二十七年,两江总督刘坤一(1830—1902)和湖广总督张之洞会奏:"或谓中国用银皆以两计,各国洋银皆系七钱二分,宜每元改为一两,方为整齐适用。此论未尝无见。特是钱币之制,权量之法,必先有雄厚之力,乃能操转移之权。中国财窘商弱,不能自为风气,以后尤甚。若银元轻重,恰与洋元相同,尚可依傍洋银而行。设改为一两,与洋银数目参差,恐沿江沿海洋行不肯行用。商埠不行,内地必阻。故仍须铸七钱二分者,方有畅行之益。"②

光绪二十八年签订《中英续议通商行船条约》后,清政府一方面

---

① 盛宣怀:《愚斋存稿》卷一。
② 张之洞:《张文襄公全集》卷五四《遵旨筹议变法谨拟采用西法十一条折》。

请美国协助维持银价,导致精琦等来华;另一方面则考虑根据条约要求铸造统一的国币(银币),因此首先要决定国币的重量。三十年二月,协助办理商约大臣吕海寰、盛宣怀工作的税务司贺璧理(Alfred Edward Hippisley)、戴乐尔(Fancis Edward Taylor)主张中国的国币应重一两。吕、盛将这意见转告外务部。湖广总督张之洞表示赞成,提出为与原来的银元相区别,一两重银币可改铸"大清银币"字样。

光绪三十年八月,张之洞在驳议精琦方案的奏折后附有《试铸一两银币片》①,进一步阐述银币应重1两的理由。他说以前"所铸龙元专为行用各口岸抵制外国银货进口起见,并未为厘定通用国币起见,本属一时权宜之计"。现在要定为国币,则应"别筹全国通行经久无弊之策"。他提出的理由有二:①"中国一切赋税皆以两钱分厘计算,地丁、漕项为数尤为至纤至繁,每县串票不下数十万张,每人丁漕多者几两几钱,少者几钱几分几厘几毫几丝几忽,畸零繁重,若改两为元,实难折算"。②"若现定者既名为国币,然仍仿墨西哥银元成式,以库平七钱二分为率,则历年墨元已操积重之势,中国权力事势断难阻使不行……我之铸数有限,而彼之来路无穷,是不啻转为墨西哥银元畅其销路"。他要求先在湖北试铸重库平一两、五钱、二钱、一钱的"大清银币"。

光绪三十一年十月,财政大臣奕劻(1836—1918)等会同户部奏准以重库平一两的银币为本位币,五钱、二钱、一钱的银币为补助币。采取一两重的理由基本上就是张之洞所提出的,但是七钱二分银元已经流行,另铸重一两银元推行困难。三十三年三月,度支部(原户部)尚书载泽(1868—1930)等在奏折中指出一两重银币"奏定

---

① 张之洞:《张文襄公全集》卷六三。

第十七章 甲午战争至辛亥革命时期的货币理论(下)

以来,外间多以为行用不便",认为"因民所利则下令如流水之原",建议"改从七钱二分之制,以便推行"①。这一奏折也得到了批准。

光绪三十三年七月,直隶总督袁世凯(1859—1916)和张之洞联合上奏,仍坚持铸1两重银币。他们说用七钱二分银元有四害:① 违反了"各国货币自有制度"的原则,"沿用外人之程式,坐昧经国之远图"。② 银两势必难以废止,两元并用,达不到划一币制的目的。③ 各库收放按两计算,使用七钱二分银元要进行折合,"畸轻畸重,弊混丛生,断难一律",造成病民或病国的后果。④ 不仅不能抵制墨银,反而助其推广。"有此四害,则七钱二分之币,是迁就之法,而绝非久远之谋,是沿袭之为,而并非规定之制。上损国体,下失民信,内便中饱,外长漏卮,全局统筹,未见其可。"②他们强调大小银币都要十足成色,才能"取信商民",反对辅币分两、成色可以降低的惯例。

光绪三十三年十一月和十二月,政务处先后两次就银元重量、成色问题征询各省督抚意见。各督抚复奏,主张用两的有12人,用元的有9人(其中一人主张重七钱),两元并用的有3人。主张相同重量的还有足色和不足色的区别。按省计算,则主张用两的有11省,用元的有8省。

光绪三十四年三月,度支部载泽等对各种意见进行了综合分析,仍认为"欲顺商民之习惯,求货币之流通,用一两者似不如七钱二分之为便"③。同时,上海总商会上书度支部④,要求定七钱二分

---

① 中国人民银行总行参事室编《中国近代货币史资料》第一辑《清政府统治时期》下册,第736—737页。
② 同上书,第740—741页。
③ 同上书,第753页。
④ 上海总商会《上度支部论铸银币书》由孟森执笔,据魏建猷:《中国近代货币史》,群联出版社1955年版。引文据中国人民银行总行参事室编《中国近代货币史资料》第一辑《清政府统治时期》下册,第754页。

为银本位币重量。他们对用两说的论点进行了反驳,并提出了建立十进位制的主辅币关系的意见。他们指出,"计两乃衡法,货币则自有圜法,混衡法于圜法……而民生日用实受其弊"。对于用7钱2分银元会助长墨银的论点,他们指出,外国(包括墨西哥在内)都不用墨银,"洋商捆载回国之物,从无墨银一片","岂有改铸划一之国币,转虑外人把持之理……故谓外国必用墨银者,乃其不利国之有币,欲恫吓以保其常用块银之私利耳"。

光绪三十四年八月,专使美国大臣唐绍仪(1860—1938)要求早日宣布银本位币以一两为单位。九月,政务大臣奕劻等会同资政院复奏,并经上谕修正:以重库平1两和5钱的银币为无限法货,成色98%;以1钱、5分小银元为补助币,成色88%。

两元之争中,出使英国大臣汪大燮(1859—1929)于光绪三十二年十二月条陈"行用金币",即实行金本位制。他说金贵银贱是由于银贱,因此各国都改以金为本位。"本位者一成不变,而其他银铜诸副币,可以取此相准也。然必有可准不可变之金位,而后副币之值不与非币之块银块铜为转移。若无金位以定之,则银币之位不能处于安固不摇之地,而本实先拨,此各国相率用金之故也。"①中国要避免银贱的损失,也只有实行金本位制。

汪大燮错误地以为金本位制下的提高银币作价也能通用于外国。他说如果照日本的办法,金银币的比价为1∶28,银币高于银块市价十分之二,则中国赔还洋款、赎回铁路及武备等费都可节省二成,一年就可省银一千七八百万两。此外,如果按4亿人口计,每人铸两枚银币,则需铸8亿枚银币。一年若铸1亿枚,则可得铸利1400多万两。又如果按8亿枚银币发钞五分之一计,又可得钞利

---

① 中国人民银行总行参事室编《中国近代货币史资料》第一辑《清政府统治时期》下册,第1229—1230页。

1400多万两。上述三笔数字中,第一笔是根本不存在的。

实行金本位会不会影响商品出口?汪大燮认为未必如此。他说日本是用金国,但中国丝的出口竞争不过日本,这是因为日本的工业得到了发展。中国虽然产棉,但仍要进口布匹,也是因为中国的工业不如人家。所以关键在于用机器振兴工业,企图靠金贵银贱来保障商务是错误的。

光绪三十三年三月,以载泽为首的度支部讨论汪大燮的奏折。他们批评汪大燮以为抬高银价可用于外国,"于是乎可以救财政之急,还历年之债,于各项工商之业,不数年而坐致富强",是"言之太易,于国际通商货币原理,均未加体验"。他们正确地指出:"大抵法定补助之货,西人称之为记号货币,如筹码然,国家信用久孚,维持有法,始足以保其价格,然亦不过通行国内而已……国内流通,且不可必,更以为可用诸国际贸易,此必无之理也。"①他们指出铸币数量不能单凭人口计算,发行纸币有确实保证,也不一定就能获得汪大燮所说的巨款。

度支部提出了实行虚金本位制的甲、乙、丙、丁四种方案,甲方案从统一银币下手,约需10年,其余三方案各为7年,供朝廷选择。七月,内阁各部院会议亦同意实行虚金本位制。结果仍是纸上空谈。

宣统元年(1909年)正月,载泽提出铸1两银币仍有窒碍,要求重议币制。闰二月,邮传部右侍郎盛宣怀在访问中受到影响,提出了实行金汇兑本位的方案。金币预定式样,但不铸造。银主币有一元和一元半两种,一元半当库平银一两。

宣统元年十二月,山东巡抚孙宝琦(1867—1931)条陈币制问

---

① 度支部:《奏议覆出使英国大臣汪奏条陈行用金币折》,见陈度编《中国近代币制问题汇编·币制》,上海瑞华印务局1932年版,第130—131页。

题。他除了对当时关于币制的一些疑问作出解释外,还提出了一个虚定金单数本位的方案。他提出:"中国不用金本位,终无价值相抵之一日。故整理币制,虽暂主用银而必预为用金之地,此非岁月之间,所能几及者也。"①在统一银币时,要预先作好将来实行金本位制的准备。他主张仿美国、日本虚设金本位币的办法:"如美之他拉②、日本之一圆,皆名为金币而实无币,其金币皆单数之倍数,其银币皆单数之分数是也。"③他的方案是金币不铸造,分为一百分。银币分五十分、二十五分、二十分、十分四种,五十分即五钱。

两元之争以宣统二年四月由度支部制定的《币制则例》颁布而宣告结束。对于这一争论,有些学者进行了评论。宣统元年,吴兴让发表《币制之误观》④,对用两说提出了批评。他指出持这一主张的人"大多皆存银两本位之思想,牢不可破","不知度量权衡与币制绝不相关"。他强调币制必须"离权衡而独立",并指出:"今欲以币制矫正其误想,则莫如使大小货币与两钱分厘之数相去甚远,尤要者币文上不宜复铸合银若干重之字样。庶几习之既久,银两本位之心理可以渐忘。而国家新币乃能收画一之效矣。"梁启超则认为用两和用元不涉及货币学理问题。他在宣统二年说:"主一两者与主七钱二分者,皆非有学理以为根据也……要之,皆不明货币之性质者也。今世货币之性质,以计枚不计重为原则……惟本位币则以严格定其重量。虽然,所谓重量者,指纯重量,非指总重量也……试以银九铜一计之,则所谓一两者,其纯银不过九钱;所谓七钱二分者,

---

① 孙宝琦:《奏详解币制三疑二误并酌拟单数本位及平色法价等差折》,见陈度编《中国近代币制问题汇编·币制》,第162页。
② 即dollar,美元。
③ 同上书,第166页。
④ 《北洋法政学报》第117册(宣统元年九月下旬)。本文后编入北洋官报局宣统二年出版的《货币学》。

其纯银不过六钱四分八厘耳。以因习言之,则一两与七钱二分,诚若有优劣之可言,若九钱与六钱四分八厘,则有何优劣之可言?而论者乃视为一大事而攘臂争之,真乃大惑不解也。"①从货币理论上看,梁启超的话是对的。但"以因习言之",七钱二分说确有更强的理由,它符合经济发展地区的使用习惯和要求,符合新兴资产阶级的利益。

《币制则例》公布后,宣统三年三月出使美墨秘古大臣张荫棠仍建议实行金本位制。他说:"盖外顾列邦商战之局,则万不宜迟,而内察国民生计之途,则又不能速。斟酌两者之间,惟有目前即宣布币制以趋向于金单本位为鹄,改铸法币,策励国民准备一切,二三年后,相察时机,实行金单本位,事易易耳。"②他主张实行完全的金本位制。他拟的币制方案,金币以镑为单位;银币有一圜(音"环",和"元"相区别,重量、成色和《币制则例》的银元相同,但一圜,相当于旧银二元)、五铢(半圜,相当于旧银一元)、四开(四分之一圜,相当于旧银五角)、一铢(十分之一圜,相当于旧银二角)四种;此外还有镍币、铜币、纸币等。这样标新立异,更无实行的可能。

第七节 康有为的金主币救国论

康有为(1858—1927),原名祖诒,字广厦,号长素、更生,广东南海(今佛山市南海区)人。少博通经史。光绪五年(1879年),游香港;八年,开始大讲西学;十四年,到北京参加乡试,首次上书光绪帝,要求变法;十六年,在广东收陈千秋、梁启超等为弟子;十九年,

---

① 梁启超:《币制条议》,《饮冰室文集》第22卷,第5页。
② 中国人民银行总行参事室编《中国近代货币史资料》第一辑《清政府统治时期》下册,第1244页。

中举人；二十一年，在京会试，听闻《马关条约》签订的消息，他联合在京会试举人千余人联名上书光绪皇帝，被都察院拒收；这一科考中进士，授工部主事，又五次上书光绪皇帝，并组织强学会和保国会；二十四年变法期间，受光绪皇帝召见，在总理衙门章京上行走，特许专折奏事；变法失败后逃亡海外；二十五年，在日本组织保皇会；二十八年起，公开和资产阶级革命派对立。1913年回国，主编《不忍杂志》；1917年7月，参加张勋复辟。著作有《新学伪经考》《孔子改制考》《戊戌奏稿》《大同书》《金主币救国议》等多种。

光绪十四年，康有为曾代御史屠仁守作《钱币疏》。二十一年的"公车上书"提出的"富国之法"六条中，有两条是"钞法"和"铸银"。钞法指发行国家纸币，铸银指铸造银元。发钞的办法是命令全国各银号报明资本，将现银存入户部和各省藩库，户部用纸币偿还，偿还额比存银额多一半，认为这样可得款万万。这显然是从财政考虑，发行的是不兑现纸币。

宣统二年（1910年），康有为出版《金主币救国议》（封面作《金主币救国论》）。他在识语中称，此书成于五年前，宣统元年冬他的学生王觉任"力请补掇，序而付之沪上"。查书中内容，提到宣统元年的铸铜元数和银元兑铜元数①，还多处提到光绪三十四年，可见此书在出版前有很多补充修改。书分上下两卷，共30篇。书中列举许多中外货币历史和现状的资料，有时还进行中外货币的比较分析。不过这种比较分析缺乏严格的科学性，如将单旗的子母相权论比作西方的货币本位制度就是一例。他说："夫母权子而行，即日本译之单本位，独以金为主币，而以银铜锡为助币也。子权母而行，即日本所译之复本位，金银并为主币也。"②

---

① 康有为：《金主币救国议》卷下，广智书局宣统二年版，第52页。
② 同上书卷上，第17页。

所谓"金主币救国",就是实行金本位制以救国。康有为指出不实行金本位制有14条大害。其中对国人的大害有六:"银价日落,物价日腾,则国人日贫落,害一。银铜为金所持,不能自主,致物价无定,供求不相应,涨落无常,而市易乱,商道险,害二。银价既听人,涨落无主,铜价更随之涨落,小民愈困,害三。既无主币,称平色折,各省互殊,各市又异,则市乱商苦生计艰,害四。银行不能遍开,开亦难办,则民资本难为挹注而生计艰,害五。良金尽逐出国外,国中空虚,元气顿尽,害六。"对国计的大害有四:"税则不能定,官吏得上下其手,理财无从下手,害一。物价日腾,银价日落,税入之额行用日亏,而国用愈不足,害二。税入折成色,则吏易作弊中饱,民更苦之,害三。国用不足,库日困绝,国致破产,害四。"对对外关系的大害有四:"金日涨,银日落,偿外债息,被磅大亏,害一。入口货多于出口货,大亏,害二。银价物价受人无穷涨落,商业难兴,害三。金融权常在外人,制我全国死命,害四。"①

实际上,这14条大害有些确是金涨银落所造成,有些则并不完全是。如各地货币流通不统一、银行不能遍开、黄金外流、税则不能定、官吏贪污中饱、外人控制金融权等,都和银贵钱贱无直接关系。金本位制如真能实行,中国的国际收支和对外贸易可能会有所改善,但这并不是决定中国存亡的根本原因。康有为却将能否克服因金涨银落造成的弊病作为中国存亡的关键,因此说:"夫以五千年文明之古国,万里之广土,四万万之众民,而所以致亡之由,不过为银落金涨之故,岂不大可骇笑哉!"②这样来分析"致亡之由",倒确是"大可骇笑"的。

实行金本位制需要足够的黄金,康有为提出在纽约、旧金山、悉

---

① 康有为:《金主币救国议》卷上,第62—63页。
② 同上书,第67页。

尼、檀香山四地设大清交通银行,向华侨吸收黄金。同时,收兑国内民间的藏金。他主张将金银币比价定为1∶20,而开始收兑时按1∶40换,三个月后改为1∶35,再三个月后改为1∶30,依次递降,降到1∶20为止。他认为这样就能促使人民及早将金器首饰易银于官,政府还可用纸币来收兑黄金。

考虑到黄金数量不足,康有为主张可先实行"法定虚金主币",即虚金本位制。他称虚金本位制为"神方大药,服之可救中国死亡者"①。他认为中国没有实行精琦方案是大失策,批评张之洞反对精琦方案害了中国。他说:"中国生计之命,决于此两年间,能改金币而善图之则存,不改金币而守旧法则亡。无真金而有虚金之神方,乃不肯服,则诚坐毙不可救也。"②

实行虚金本位制,以银币作为金币的价值符号流通。康有为主张金银币的比价为1∶20,则银币的名义价值和实际价值的差距比精琦方案要大得多。梁启超说国家不能规定金银块的比价,但能规定金银币的比价。而康有为却认为政府规定了金银币的比价,也就规定了金银的比价,使"银价立高大半";这比价也适用于外国,"则岁运偿款数千万已少其半,使馆学生之费亦减其少半,国民购洋货机器于外者亦减其少半,所获多矣"③。这样理解虚金本位制的金银比价,犯了和汪大燮同样的错误。

梁启超主张完全取消秤量货币的痕迹,康有为则认为初定币制要考虑人民的使用习惯,要按秤量标准定货币重量。他比较了各国铸币的重量,认为日常流通的货币大多同中国的开元通宝重量相近。因此主张中国新造的金、银、铜钱,各以重2钱、1钱、5分为宜。

---

① 康有为:《金主币救国议》卷下,第42页。
② 同上书,第45页。
③ 同上书,第45—46页。

按 1∶20 计算,5 分的小金钱合银钱 1 两。

纸币有许多优点,康有为认为纸币的通行是"事势所必趋,物理所必至。他日万国既合,大同之世,竟可全世界舍弃金银,全用纸币,殆必至之理势耶"。他又指出"苟非其时,尚当酌而行之,慎而成之,损益折衷,与时消息以通之",不能草率从事①。

康有为说西方学者将纸币分为"易中契据"(兑现纸币)和"不易法定钞"(不兑现纸币)两种。他认为易中契据的办法还太死板,主张以"易中法定钞"取而代之。所谓"易中法定钞","几与不易之法定钞等,所异者可易与不易耳","盖兼易中之性,而实为法定钞也"。可见它和易中契据的区别在于是否具有法定的性质,也就是说,易中法定钞是国家法令规定全国通用而又能向银行兑现的纸币,这比单纯由银行发行的兑现纸币有更强的流通能力。这种易中法定钞"虽以实金为本,体同契据,而其为用之妙,则兼有自行之意。如影可因形而拓大,至于无穷,故可行之数倍,亦可发之甚多。"他还指出:"苟贪便宜而妄多发之,其究也,害于商民而累于国。苟善用之,与时消息,实为平准之妙术,而富民阜国之起基也。"②至于不易法宝钞,只可作为救急之用,平时决不应该发行。

兑现纸币的发行数量如何控制? 康有为认为以德、意、日实行的制限屈伸法最好;不过仍有可能发行过多。他指出滥发纸币有六害:"小之则纸币减价,商务紊乱,害一。其大减价,人无预蓄,物价腾踊,金银亦变,人民皆困,资本骤减,害二。甚至不行,则佣工不能得食,小民愁怨,甚至生乱,害三。宋、元、明前事迭见,英、美亦经试之,且政府所收仍是纸币,而价格既降,物乃上腾,官用不足,或别加税,而民受其困,害四。外国必索所备实金,则备金尽输于外,而前

---

① 本段引文均见康有为:《金主币救国议》卷下,第 61 页。
② 本段引文出处均同上书,第 63—64 页。

存之纸币尽废,害五。脱有战事,对外无用,而存金尽矣,则国势甚危,害六。"①这种滥发之害,只能产生于不兑现纸币流通的情况下。兑现纸币如果发行过多,难以兑现,就变成不兑现纸币了。康有为说的就是这种情况。

康有为认为宋朝发行交子、会子的办法已很好,缺点是由官府发行而不是由银行发行。官府发行纸币有三害:"权太尊大,与民畏隔,一也。能左右法律以便其行政,必至顾国家不顾人民,二也。不通市情,不能得高下涨落多少之宜而因应之,三也。"②而由银行行钞则有五大好处:"无官权之尊以压制人,一也。不能左右法律以自私,二也。通达市情,能因应适常变多寡之宜,三也。官监督之,稽其备金,限其钞数,急则助之,滥则禁之,四也。官核算而保证之,助其得利,五也。"③这确是中外历史经验的总结。他希望按西方的办法建立银行制度,使纸币的发行能适应市场的需要,不受政府的财政需要影响。

---

① 康有为:《金主币救国议》卷下,第67页。
② 同上书,第68页。
③ 同上书,第69页。

第十八章
北洋政府时期的货币理论

北洋政府统治时期货币流通更加混乱,各省滥发纸币、银角和铜元,通货贬值严重。银角的成色更低,广东大量铸造劣质双毫,流通最广。铜元面值有当五十、当百和当二百的,四川铜元贬值为各省之最。袁世凯政府财政困难,每年由中国、交通两行垫款支持。1916年年初,人们对中、交两行纸币的信用产生动摇,3、4月间进而出现挤兑风潮。5月12日段祺瑞内阁宣布中、交两行停止兑现,但执行停兑令的主要是北京、天津、济南等地的中国银行、交通银行,故称为"京钞风潮"。京钞的停兑直到1921年才基本解决。

1914年2月8日,北洋政府颁布《国币条例》和《国币条例施行细则》。《条例》规定以库平纯银六钱四分八厘为"价格之单位,定名曰圆",成色为90％。辅币有银币半圆(五角)、二角、一角,镍币五分,铜币二分、一分、五厘、二厘、一厘。五角银币每次使用在20圆以内,二角、一角银币在5圆以内,镍币、铜币在1圆以内。《国币条例》的颁布是中国第二次正式宣布实行银本位制。根据《国币条例》铸造的银元（成色改为89%）有袁世凯头像，俗称"袁头币"或"大头"。北洋政府时期共造袁头币11亿余枚，但除此之外，《国币条例》并未实行。要求实行银本位制的主张称为"废两用元"或"废两改元"。

1918年8月，财政总长曹汝霖在同日本密使西原龟三的密谋策划下，提出"发行金券，以为实行金本位制之预备"①的计划，得到总统段祺瑞的批准。8月10日公布《金券条例》，主要内容有：金圆含纯金0.752 318克，先发行金券一至一百元共六种。持有外国金币或生金的，可向指定银行兑换金券。在金圆铸成后，金券可兑换金圆。金券和国币不定比价，可按各地指定银行牌价以金券兑换或以国币及生银兑换金券。

从条例的规定可以看出，金券发行以后，金券持有者如果向指定银行要求兑现，只能兑到银币，而且兑换率不确定。当时正在"京钞风潮"之后，人民根本不相信政府能维持兑现。当时盛传朝鲜银行贷款8 000万元作为发行金券的资金，以金券兑换外币的只能换得朝鲜银行的纸币。所谓金圆的含金量实即日本金币的含金量。这种亲日的卖国行为引起了全国人民的强烈反对，各省议会及总商会、商会都加入了反对的行列。英、法、日、美四国银行团和四国公使则以违反1911年币制借款协定为理由向中国政府提出抗议，美国政府也参加了抗议活动。《金券条例》终于停止执行。

北洋政府时期，受过西方经济学正规教育的中国人越来越多，中国经济学者对西方资产阶级经济学再也不是陌生的了。各种新产生的经济理论很快传入中国，货币学原理论著的水平大为提高。

---

① 曹汝霖：《财政总长曹汝霖呈大总统文》，见中国人民银行总行参事室编《中华民国货币史资料》第一辑(1912—1927)，上海人民出版社1986年版，第468页。

第十八章 北洋政府时期的货币理论

在清末,中国就已初步接触了马克思主义。光绪二十五年(1899年),《万国公报》第121册和第123册刊载李提摩太节译、蔡尔康纂述的英国企德(基德)的《大同学》,其中提到马克思。光绪二十九年,梁启超在《二十世纪之巨灵托辣斯》中说"麦喀士"(马克思)是"社会主义之鼻祖,德国人,著书甚多"①。光绪三十二年,朱执信在《民报》上介绍了马克思的《资本论》。1917年俄国十月革命后,马克思主义在中国迅速传播。但是,1927年以前还没有介绍马克思主义货币学的著作。

这一时期在货币方面仍以讨论币制为中心。关于金属本位制的各种主张,集中在第一、二两节介绍,其中刘冕执、马寅初的货币理论以后还列有专节,诸青来、陶德琨以后也还有新的币制主张。孙中山、康有为、朱执信、廖仲恺都提出了不兑现纸币流通制度的理论。纸币制度符合货币演变的方向,但当时信者寥寥,而且理论本身还不成熟,康有为的纸币理论缺陷更多。章炳麟则坚持金属主义货币理论。

这一时期出版的货币学原理以王怡柯编译的《货币学》水平最高,影响最大。

第一节 本位制度的讨论(上)

宣统三年(1911年)四月,清政府向英、美、法、德四国银行团举办币制实业借款,商定聘用一中立的外国人为顾问,后来选定了荷兰人、前爪哇银行总裁卫斯林(Gerhard Vissering)。因武昌起义爆发,卫斯林未能来华就职。他于1912年7月写了《中国币制改革刍

---

① 梁启超:《饮冰室文集》第14卷,中华书局1936年版,第54页。

议》(On Chinese Currency, Preliminary Remarks about the Monetary Reforms in China)一书。1912年11月,中国政府聘卫斯林为名誉顾问。卫斯林来北京和币制委员会讨论了币制改革问题。

卫斯林建议中国实行金汇兑本位制,目前暂时并用金汇兑本位及银本位两制。方法是先定一新金单位,含纯金0.364 488 3克。中央银行首先设立簿记,往来款项用金计算。发行一种代表新金单位的兑换券,在本国不能兑现,但可在外国存储金准备之处兑取外国金币,以5万单位起兑。东方的汇兑事务在上海办理;西方的汇兑总机关设在荷兰的阿姆斯达丹,由一两位荷兰人任经理,若干中国人任襄理。从前各省所铸银币、外国银元以及生银仍照习惯行用,铜币亦仍照市价使用。等到数年后中国国势巩固,有了禁止伪造货币的能力,再定金银比价为1∶21,铸造代表金单位的银币,实行纯粹的金汇兑本位制。银币含纯银7.654 254 3克。新银币通行后,再铸造10倍或20倍金单位的金币。卫斯林建议的最后目标虽为金汇兑本位制,但首先实行的是金银并用制。所以后面谈到的刘冕执和诸青来的金银并行本位制,论者亦多将它们归入与卫斯林同一类型的主张。

1912年11月,财政总长周学熙(1865—1947)提出了《财政方针说明书》,其中关于统一币制的设想,也主张实行金汇兑本位制。他认为:"币制之定本位为先用银之说,既非天演界中之所宜;舍银而金,又非我国实力之所能。无已,择其最适宜我国情形者,其唯金汇兑本位制度乎。"[①]他还拟订了分两期实行金汇兑本位制的计划大纲。

---

① 周叔媜:《周止庵先生别传》,台湾文海出版社1966年版,第61页。

当时,币制委员会以财政部次长章宗元为委员长,王璟芳为副委员长。委员会经过20多次讨论,最后一致同意实行金汇兑本位制。1912年年底币制委员会解散,解散前提出了一个《币制报告书》。《报告书》在分析各种本位制利弊的基础上,着重讨论了实行金汇兑本位制的有关问题。它指出实行金汇兑本位制有八利:① 国际汇兑巩固;② 国际贸易发达;③ 可以消灭以多货易少货的损失;④ 外资输入踊跃;⑤ 随时可改为金本位制;⑥ 国内仍用银币;⑦ 国内银价不致骤跌;⑧ 不必多储金款造成利息损失。困难有二:① 维持金银比价困难;② 开始推行困难。比起金、银本位制来,金汇兑本位制利多弊少,故"我国改良币制,似以金汇兑本位为最合宜"①。

1913年春,新的币制委员会成立,委员分法定委员、专任委员、兼任委员三种,由财政总长周学熙主持。在专任委员中,陶德琨主张金汇兑本位制,徐荣光主张银本位制,刘冕执主张金银并行本位制,相持不下。

刘冕执1927年以后以主张能力本位制而闻名,这里仅介绍他在民国初年的主张。光绪三十二年(1906年)他在日本时曾于《新民丛报》发表《币制改革略谈》,主张实行跛行本位制或并行本位制。1913年,刘冕执继而提出实行金银并行(后又称"合行")本位制,这一主张后来编入他的《中国币制及生计问题》一书(1914年出版)。他认为:"吾国币制,不能不用金,却不能用金单本位制;不能不用银,却不能用银单本位制;金银并用,又不能用金汇兑本位制。"②关

---

① 中国人民银行总行参事室编《中华民国货币史资料》第一辑(1912—1927),第69页。

② 刘冕执:《币制三大问题备议草案》,《中国币制及生计问题》,生计研究社1914年版,第4页。

于金汇兑本位制,他分析了实行的八大困难:① 金银法定比价难定。"盖银法价低于市价时,则有流出及熔解之弊;银法价高于市价时,则有伪造之弊。"①② 无母国保障,准备基金常陷于恐慌境地。"必欲仰鼻息于他国之维持,始能完满活动,似不足为独立国家之币制也……如中国今尚称为独立国者,乃断不宜适用,以自趋于附属国之地位也。"②③ 准备金款及改革费用至少需借款5 000万镑。④ 准备金款放置外国有极大危险。"我之准备基金既已放置于各国,是明受各国之要挟矣。"③⑤ 管理汇兑机关难得其人。"况我国内之财政,外人尚欲加监督,倘准备金存置外国,则外人于实际上必非代为掌管不可,自投罗网,何必如是。"④⑥ 现金准备较他种本位制为多。⑦ 妨害中央银行制度(因正币存于国外)。⑧ 有损国体。

金银并行本位制的主要内容为:金圜含纯金0.5克,暂缓铸造,或铸造百圜的金圜。银圜含纯银18克,另有五十分、二十分银币和镍、铜辅币,旧制钱为一文铜币。金圜、银圜同为无限法偿,兑换时用缴纳或返还换币费来进行调节,换币费随时由国币监督酌定。等到金银市价为1∶36(金银币含金银量之比)时,收回银圜,改行金本位制。

刘冕执认为实行这一币制有10条利益,主要有:外资输入便利;金货逐渐增加,银货逐渐减少,改行金本位制时可避免经济急剧变动;金、银币都无熔化、流出及提倡伪造之弊;可免镑亏损失和国内金货成为商品输出;可逐渐培养人民用金习惯;推行便利;等等。缺点则是金银无法定比价,商人的盈亏不确实,但比其他本位制利

---

① 刘冕执:《币制委员会第一次大会演说》,《中国币制及生计问题》,第30页。
② 同上书,第31页。
③ 同上书,第32页。
④ 同上书,第33页。

大弊小。

1913年9月,新任国务总理兼财政总长熊希龄解散了第二个币制委员会,另在国务院组织币制会议,会员有司法总长梁启超、造币厂监督吴鼎昌等。币制会议决定实行银本位制,于1914年2月8日颁布了《国币条例》。

1914年3月,黑龙江省商务总会董事、山西祁县人袁兰(1862—?)将他所拟的币制建议书送交全国商会联合会上海总事务所成立大会,次年又将之编为《币制刍言汇志续录》出版。他认为中国币制的关键在于实行金本位制。但他所谓的金本位制,价值竟从制钱算起:"应将现在通用之一制钱,当得有几何之金质,即以几何之金量铸值万枚之金钱币,名之为十贯钱。再以当得几何之银质,为符一个制钱之量,即以是量之银综起千分之量铸值千枚银钱币,名之为一贯钱。下此以次递推,则人民之生计程度自能吻合。"[①]金、银、铜三币,只有金币是无限法偿币。金币的单位有五贯、十贯、二十贯三种;银币有一贯、五百枚、二百枚、一百枚、五十枚五种;铜币有一枚、二枚、三枚、五枚、十枚五种;还有钞币自一贯至五百贯八种。照他的办法,金、银币的含金、银量都依对制钱的作价而定,则银币和金币的比价就不可能同市场比价相符。由于银币是有限法偿,银币作价偏低倒没有什么,如果偏高,就会成为良币而被驱逐。而且,在铜价上涨时,铜币也会被驱逐。他还主张由民间集资创立民办的币制银行,认为这样就用不着进行币制借款了。

1915年1月,财政部再设币制委员会,以章宗元为委员长。币制委员会归纳当时人们对币制的各种意见,写成《中国币制改革商

---

① 袁兰:《币制刍言汇志续录》,第43页。袁兰先著有《币制刍言》,未见。

权书》①。其中关于银本位制的有三派主张：第一派主张照现行《国币条例》办理。第二派主张加铸金币，从内容看即刘冕执的金银合行本位制。第三派主张缩小银币单位，理由是同中国人民的生活水平相适应，具体重量又有三分之一两，五钱、五钱五分或五钱三分六厘(20克)，三钱六分三种说法。三钱六分之说是将原来的半元改为一元，定名为"正圆"，实行起来有方便之处，故《商榷书》倾向于实行这一说。

《国币条例》颁布后，刘冕执"愤而著一《银本位制亡国论》，列举银本位制在国际间所必受之损失"②。1915年他著《金银合行本位制办法大纲》③，其中的具体方案题为《拟修订国币条例草案》，对自己原来的主张稍作修改，作为对《国币条例》提出的修正。《草案》的主要内容为：金币一元含纯金库平一分六厘零二丝即0.597 562 02克，只铸十元、二十元两种。银币有一元、五十分(或作"中元")、二十分(或作二角)、十分(或作一角)四种。一元银币含纯银库平六钱四分八毫，成色89%，总重七钱二分。以后逐步用纸币收回。将来选择金银市价近1∶40时，宣布改用金本位制。

1915年8月，币制委员会拟订了《修正国币条例草案》，基本上采纳了刘冕执的《草案》，有些文字亦照录后者。银元成色按既成事实改为89%。1917年2月，财政部又拟订《国币法草案》，内容与《修正国币条例草案》大同小异。

---

① 原件存中国第二历史档案馆。孔祥贤曾为文介绍(《从〈中国币制改革商榷书〉看民国初期对货币本位制的争论》，《中国钱币》1986年第2期)。孔文说《商榷书》由财政部所设"研究币制机关"写于1914年年底至1915年年初，看来应是1915年年初设立的币制委员会所写。

② 刘冕执：《记余与中国经济之关系》，《钱币革命实行方案汇览》，中华钱币革命协进会湖南分会1933年版，第276页。

③ 有些书将写作时间误为1913年，以致同他提出金银并行本位制方案的时间相混，脉络不清。

第二节 本位制度的讨论(下)

清末至民国初年,坚持直接实行金本位制的有黄遵楷。黄遵楷在清末是驻日本使馆商务委员。宣统元年(1909年)度支部设币制调查局调查币制,要求各驻外公使研究所驻国的币制,写出说帖,以备采择。黄遵楷作《调查币制意见书》,提出了实行金本位(完全的金本位)的主张。他拿《意见书》征求梁启超的意见,梁认为必须以银本位为过渡。他虽然不服,但未敢发表其《意见书》,直到1916年才出版。此外,他还著有《币制原论》《金币制考》等小册子。

为了表明金本位之可行,黄遵楷提出了如下论点:"盖所谓改革币制者,经验的,非学理的;财政的,非经济的;法制的,非资本的;根本上之解决的,非过渡时之手续的。"[①]意思是说,不要从学理上考虑能不能行,只要政府下决心,规定相应的法制,就一定能成功。"故所谓币制者,即货币法制之省称。"[②]他强调法制的决定作用。他还以日本为例,说日本在明治四年(1871年)曾改用金币,当时日本有金,由于货币法制不善,结果失败;明治三十年再次改革,当时日本无金,用赔款收入的银向英国抵押,结果金本位制取得了成功。"然则货币法制如能善良,则无金可以生有;货币法制如不善良,则有金亦归于无。是又明明为法制之关系,非金货有无之关系也。"[③]

黄遵楷把经济发展的根本原因归于货币制度。他说"世界各国,增长国力,如一日千里者,实于四十年内为最神速"[④],就是由于

---

① 黄遵楷:《调查币制意见书·自叙》,商务印书馆1916年版。
② 同上书,第4页。
③ 同上书,第11页。
④ 同上书,第14页。

实行了金本位制。而中国"大银行、大商业、大航权、大矿产、大铁路、大实业皆为外人所掌握,而所以拱手而让外人者,实恶货币为之厉阶"。在他看来,只要中国改行金本位制,就可摆脱半殖民地的地位,而和世界强国并驾齐驱。至于中国币制的不能改革,黄遵楷则认为是由于有关人士认识上的"误入迷途,以改革之道,认为资本的,非法制的;为国家之经济的,非国民之生活的;为过渡时代之权宜的,非保全信用之根本的"①。这是一种唯心的观点。

在《币制原论》中,黄遵楷还提出了币制的具体设想②。他主张货币单位定名为"圜",以"纯金二分当银币一圜每十圜当一金币",每枚金币重二钱。一圜银币重 6.666 钱,成色为 93.537 4%,每一圜五角相当于原来的规元一两,便于换算。每圜含纯银 6.237 钱,金银比价为 1∶31.625。以后人们对银币的轻重成色观念淡薄后,降至 1∶20 亦非难事。其实,白银既然作为辅币,则金银比价就无关紧要了。这说明黄遵楷虽然反对实行虚金本位制,但头脑中仍留有虚金本位制的影子。

1917 年,诸青来发表《币制本位问题之商榷》③。诸青来(1881—?),原名翔,浙江绍兴人。清末留学日本。曾创办上海神州大学。他先后在交通、光华、大夏等大学任教,并主编《时事新报》《银行周报》。抗战时投日,任汪伪中央政治委员会委员、交通部长、水利委员会委员长、立法院副院长等职。著作有《潜庐政论集》《求是斋经济论集》等。

诸青来赞成刘冕执的金银并行本位制,但对金圜、银圜的金属含量提出了不同意见。他的理由之一是世界大战期间金价下跌,金

---

① 本段引文均见黄遵楷:《调查币制意见书》,第 104 页。
② 黄遵楷:《币制原论》,中国书林 1911 年版,第 119—125 页。
③ 《银行周报》第 1 卷第 19、21—23 号(1917 年 10 月 2 日—31 日)。

银比价最低时为1∶17强,同刘的比价已相距很远。他主张"以纯金一点四九八格兰姆为金币之单位,定名为金圆;以纯银二三点九七七五〇四八格兰姆(合库平六钱四分八厘即现行一圆银币所含之纯银量)为银币之单位,定名为银圆"。① 两者之比为1∶16,也用兑换费办法调节。金圆可暂时不铸,先发行金券,等到生金吸收较多,逐渐铸发10倍以上单位的金币。金币足用后,宣布实行金本位制。

主张改小银元单位的理由之一是避免助长人民的消费水平,诸青来反驳说:"在都会或交通便利之处,铜元充斥,制钱流通甚少。而在稍僻之区,仍多行使制钱,虽有铜元,大抵折价行使。故该处洋价仅值制钱千文有零。今若实行十进,逐渐收回旧铜币,铸发五厘以下铜币流通市面,则在内地物价并无抬高之虑。而在商埠省会等处,昔之以铜元抬高物价者,今则以新铸制钱救之,虽于市面未必绝无牵动,不至有意外之影响,此可断言者也。"②

1918年12月,李芳的《中国币制统一论》由北京大学出版。李芳(1890—?),字亦卿,江苏南通(今南通市通州区)人。1917年毕业于北京大学法科经济门。《中国币制统一论》完成于他毕业前,出版时他任北京大学法科讲师。

李芳在书中分析了币制不统一对国民经济、国家预算、国家税收、公私簿记等方面的害处,他尖锐地指出:"是故货币之不统一,直接为害于国民之经济与国家之财政,其间接之影响则及于一国之治

---

① 格兰姆即gram,是"克"的音译。现行银元应指袁头币。诸青来的意思是每枚金币含金1.498克,每枚银币含银23.977 504 8克。这里的计算有误。据《国币条例》,一枚袁头币含纯银六钱四分零八毫。每两当37.301克,一两十钱,则一枚袁头币含纯银23.902 48(=0.640 8×37.301)克。即按诸青来所说"现行一圆银币"含纯银六钱四分八厘,克数也不对,应为24.171 048(=0.648×37.301)克。银元含银量不正确,依此推算的含金量也不正确。含金量应为1.493 905(=23.902 48÷16)克。

② 诸青来:《币制本位问题之商榷》,《银行周报》第1卷第23号(1917年10月31日),第8页。

安与人文道德之消长。其极也,不仅关一国之命运,并系乎民族之存亡。"①他对各种可能实行的本位制度一一作了评论,主张暂时实行银本位制。关于银本位单位问题,他对一两、七钱二分、五钱及五钱五分、三分之一两、18克、六钱六分六厘、六钱四分八厘等主张进行了评论,然后作出自己的结论。他的结论是:"用十八格兰或三分之一两,则可免生活上之影响,而不能期收速效。用六钱六分六厘或六钱四分八厘,则虽便于旧日之习惯,而不免有助长消费之弊。其他诸说,更无足采。以吾观之,欲免增高铜元之法价,而维持生活之原状,则当定单位为纯银五钱四分。掺以净铜一成,则单位币之总量为六钱。考各国银币之分量,此尚不为过重。"②不过他又认为这是从纯学理上考虑,如果从"急求币制统一"考虑,则不得不以六钱四分八厘为单位,这样银元总量为七钱二分,和旧铸银元重量相仿,可使旧银元在一定期间内继续通用,便于新币制的推行。

1919年,陶德琨发表《币制问题之治标策》。陶德琨(1883—1970),字钟汉,号仲涌,湖北襄阳(今襄阳市襄州区)人。光绪二十八年(1902年),留学美国;三十三年,毕业于俄亥俄州立大学;又入康奈尔大学研究院攻读硕士学位,精琦、甘末尔都是他的老师。宣统二年,回国任汉口财政商业学堂教务长。他曾上书度支部,主张实行金汇兑本位制。民国时任财政部参事、佥事、币制委员会委员等职。1954年,被聘为江苏文史馆馆员。

在《币制问题之治标策》中,陶德琨指出,以七钱二分为银元单位仅是沿袭仿铸洋元的习惯,"其实习用七钱二分银元者,只通商巨镇一部分市民,在大多数国人则皆久习制钱单位,而于银元新习,每须折合制钱一串三四百文,然后计价行使。若径用银元单位百分

---

① 李芳:《中国币制统一论》,北京大学、商务印书馆1918年版,第69页。
② 同上书,第132页。

之,至今尚多望尘莫及者焉"①。又说:"单位过大,于人民日用多不相宜。世界各国中除美金外,单位之大莫过于银元者。英国虽以镑称,市场计价仍皆合成先令,仅值我国银元之半强。"②他提出的治标办法,就是将原来的半圆改为主币,定名为"中元",说"元"有"始"义;原来的壹圆当中元二元。这样可以将银币单位降低一半。

1920年,王文海发表《改革币制意见书》。他主张以中元为一元,理由和陶德琨相同。他还主张铸十元和二十元的金币,金银比价为1∶21。他认为当时金贱银贵,是实行金本位制的最好时机。王文海在理论上并无创见,而且还有许多糊涂观点。如为了吸收黄金,他主张日、英、美的金币在中国"均可作为法币,一律无限通用",认为"欲得大宗金币,非此种金币莫属"③。又如中元含纯银三钱二分四厘,按21∶1,金币应含纯金一分五厘多,他却定为含纯金一分四厘九毫多。关于如何维持金银币比价及向金本位制过渡,也无一语提及。

同年,俞寰澄则提出《利用时机整理币制计画书》。俞寰澄(1881—1967),原名凤韶,浙江德清人。清末举人。曾参加同盟会,辛亥革命后当选为国会众议员。曾任币制局副总裁、广州中国银行副总裁、上海市证券商业同业公会理事长等职。1945年,参与发起民主建国会。新中国成立后,任中央财政经济委员会委员、浙江省人民政府委员、民建中央常委、全国工商联执委等职。著作有《管子之统制经济》等。

俞寰澄认为当时金贱银贵,入超减少,是实行金本位制"千载一

---

① 陶德琨:《币制问题之治标策》,见徐沧水编《中国今日之货币问题》,1921年版,第19页。
② 同上书,第20页。
③ 同上书,第30页。

时之机会"①。他主张采行跛行本位制(银币不能自由铸造),先发行金券,每元含纯金0.8克,金券和银币不定比价,兑换时用换币费进行调节。他对一些怀疑金本位制的论点进行了解释。如有人担心实行金本位制会增高物价,他则认为改用金本位后商务必盛,物价必平,和人们的担心适得其反。

1925年,厉鼎模发表《中国币制问题之研究》,建议实行"既非各国之成法,又为前哲所未言"的"金银分行制"②。所谓金银分行制,仍以银为本位,"国内交易,及对于用银国,均用银授受。惟对于用金国,则设法吸收金货,以应其收付之准备。有余则存置,有缺则以所缺之额而售银以偿,并不铸造金币,亦不强定金银之法价"③。他认为这样可以避免纯用银本位对金折算的损失,并为将来改行金本位制作准备。

实际上,实行金银分行制就是由国家进行外汇管理,在对外经济关系中以金对金,以银对银。厉鼎模建议"先由国家银行内设国际贸易汇兑部,管理对外按金计算、国内按银计算之全权"④。具体政策有:输出商品一律按金计价,收受金币;国内产金禁止自由输出;借用外债存放国外,用作偿付货价和还债的准备;吸收华侨资金存入国家银行;禁止生银自由输入等。采取这些办法可能对中国的对外收支有改善作用,但不能根本解决问题。金银的折合总是客观存在,两者不可能完全分行。

针对辅币贬值问题,厉鼎模提出了打破辅币铸造中的名价主义

---

① 俞寰澄:《十年来金银问题》,见陈度编《中国近代币制问题汇编·币制》,第977页。
② 厉鼎模:《中国币制问题之研究》,同上书,第835页。厉鼎模后在汪伪政权"中央储备银行"任职,被国民党军统除奸。
③ 同上书,第861页。
④ 同上书,第862页。

的主张。他说:"铸造辅币,应采名价主义,此东西各国之学说与法令所从同,亦稍治货币学者所习知也。惟仆创打破辅币铸造之名价主义,以为救济劣毫之根本方法者。"①辅币的名义价值高于实际价值,铸造者有利可图,所以滥铸成风。厉鼎模想纠正此弊,故主张按实价铸造。他说:"政府将银辅币之成色提高,譬如银辅币十枚可兑主币银元一元,其每枚银辅币所含之成色应等于银元一枚之十分一。俾铸造者无利可图,则私铸与滥铸之弊端,可以不禁而自绝。"②他还主张取消铜辅币,以分、厘辅币券代替,认为这样就能永久保持十进位制。

滥铸辅币的根本原因在于法制不健全,而当时法制不健全的根本原因在于帝国主义操纵下的军阀割据统治。不消灭这一根本原因,而想通过使银辅币的名义价值和实际价值相一致的立法来消灭滥铸现象,是找错了方向。辅币的实际价值必须低于其名义价值,否则就不成其为辅币了。名实相符的辅币实际上也是主币,各币各以其实际价值流通,根本不可能保持十进位制。

第三节　孙中山的钱币革命论

孙中山(1866—1925),名文,字德明,号日新、逸仙,广东香山(治今中山)人。1897年在日本进行革命活动时,曾化名中山樵,后来就以中山为名。光绪四年(1878年),随母去檀香山兄长处,就读于教会学校;九年回国后,又到香港读书,并入基督教;十八年,在西医书院毕业后,在澳门行医并开设中西医局,次年,回广州行医,开

---

① 厉鼎模:《中国币制问题之研究》,陈度编《中国近代币制问题汇编·币制》,第869页。
② 同上书,第869—870页。

设东西医局；二十年，上书李鸿章，希望清政府进行改革。甲午战争后，孙中山到檀香山宣传革命，创立兴中会。1895年，在香港成立兴中会总部。他先后组织发动了广州起义和惠州起义。1905年，在日本联合兴中会、华兴会和光复会等成立中国革命同盟会。此后，他进行了广泛的革命宣传，并组织举行了多次武装起义。辛亥革命胜利后被选为临时大总统，次年辞职。1913年，他发动了讨伐袁世凯的二次革命，失败后避居日本。1914年，将国民党改组为中华革命党。1917年，在广东成立军政府，任海陆军大元帅。1918年5月，因桂系军阀操纵了广州国会，辞职到上海。1919年10月，将中华革命党改组为中国国民党。1920年冬，回广州重组军政府，任非常大总统。1922年，因陈炯明叛变，又退回上海。1923年，在中国共产党和苏联的帮助下，回广州重任海陆军大元帅。1924年1月，在广州召开有中国共产党人参加的国民党第一次全国代表大会，确定了"联俄、联共、扶助农工"三大政策。同年11月，孙中山应冯玉祥之邀北上共商国是，因肝癌发作，于1925年3月在北京逝世。著作编有《孙中山选集》《孙中山全集》等。

  孙中山是中国伟大的民主革命先行者。他既是伟大的革命家，又是伟大的思想家。他主张实行三民主义，又将旧三民主义发展为新三民主义。他的货币理论首先见于《倡议钱币革命对抗沙俄侵略通电》（简称《钱币革命》）[1]，又曾题为《救亡策》[2]。他所说的"钱币"即现在所说的货币，故"钱币革命"即"货币革命"。

  辛亥革命后，袁世凯政府财政十分困难，向六国（英、法、俄、德、日、美）银行团借债无成，外国银行多方掣肘，而北方强邻沙俄又炮制蒙古假独立，企图"攫我蒙古"。孙中山认为"遇非常之变，当出非

---

[1] 孙中山：《孙中山全集》第二卷，中华书局1981年版，第544—549页。
[2] 见廖仲恺：《钱币革命与建设》，《廖仲恺集》，中华书局2011年版，第39页。

常之方以应之"。中国要对付沙俄侵略,前提条件是解决财政困难,而要解决财政困难,则只有实行钱币革命。1912年12月,他发表了《倡议钱币革命对抗沙俄侵略通电》,提出实行纸币流通制度的主张。

孙中山所设想的纸币制度,其主要内容是:"以国家法令所制定纸票为钱币,而悉贬金银为货物。国家收支,市廛交易,悉用纸币,严禁金银,其现作钱币之兑金银,只准向纸币发行局兑换纸币,不准在市面流行。"纸币分一元、十元、百元、千元四种,另有五毫、一毫的银币和五仙、一仙的铜币为辅币。纸币的发行可分为两个途径:一是在国家预算制定后,税务处根据预算中的赋税收入额,发行数额相同的债券交纸币发行局,发行局如数发给纸币以供国家开支。税务处通过税收收回纸币后,将纸币缴还纸币销毁局以赎回债券,纸币则由销毁局销毁。如果赋税的实际收入超过预算收入,超过部分的纸币可继续在市场流通。二是由纸币发行局通过收兑民间财物发行纸币。国家"设立公仓工厂,以便人民以货换币,或以工换币"。公仓将兑到的货物就地或运往外地发售,收回纸币,收回的纸币也交纸币销毁局销毁。"如国家遇有非常之需,只由国民代表议决预算表,如数责成国民担任,或增加税额,或论口输捐。"也先由纸币发行局如数发出纸币,按期由税务处收回纸币。

孙中山认为,实行这样的钱币革命,可以收到如下效果:①"国家财政之困难可立纾"。②"市面永无金融恐慌之患"。如果用金银,金银数量有限,"一遇减少,必成恐慌,中国人或更埋之地中,外国人必然输之海外",使中国"穷上加穷"。用纸币"则金银出口毫无影响于经济界……纵全国无金银,我之经济事业亦能如常活动"。③"社会之工商事业,亦必一跃千丈"。"既行纸币,则财货必流通,工商必发达,出口货必多于入口货,而外货不能相敌,必有输其金银珠宝以为抵者。金银一物我既不以为钱币,只有作为器皿,或贮之外国,以供各国之借贷,而我为债主,以享其利子而已。"

孙中山解释了称实行纸币制度为"钱币革命"的理由。他说货币是"交换之中准"和"货财之代表"。在工商业不发达的国家多以金银作为货币,在工商发达的国家则多以纸票来代替金银。从布帛刀贝到金银,再从金银到纸票是"天然之进化,势所必至,理有固然"。现在要人为地加速这种进化,所以叫作"革命"。

中国从宋以后习惯于以发行纸币为解决财政困难的手段,孙中山也一样。但孙中山的钱币革命论除了吸收中国封建社会的纸币流通经验外,更主要的是参考了资本主义国家货币流通情况。伴随现代大工业的发展,信用货币已广泛使用。马克思就曾指出:"全部现代产业史都表明,如果国内的生产已经组织起来,事实上只有当国际贸易平衡暂时遭到破坏时,才要求用金属来结算国际贸易。国内现在已经不需要使用金属货币了,这已由所谓国家银行停止用现金支付的办法所证明。"①孙中山正是看到了资本主义国家的这一实际情况,才预见到不兑现纸币终将取代金属货币流通,进而创立了钱币革命论。

孙中山知道不兑现纸币流通有其危险性。他说:"故纸币之代表百货也,其代表之性质一失,则成为空头票,若仍流行于市面,则弊生矣。而金银之代表百货也,其代表之性质虽失,而本质尚有价值,尚可流行市面而无弊。此两物代表百货之功用同,而性质不同,故流行之结果有别。"纸币是代表金银成为货币的,这里的"代表百货"只是不准确的笼统说法。这段话正确地说明了纸币和金银的区别在于自身有无价值。孙中山的纸币发行途径就是从防止纸币的

---

① 马克思:《资本论》第三卷,人民出版社2004年版,第585页。

过度发行考虑。他不是以纸币弥补财政赤字,而是以发行纸币作为财政垫支,发行额和税收额相等,税收完成纸币也即回笼。以购买商品而发行的纸币,国家掌握商品,"纸币之流于市面,悉有代表他物之功用,货物愈多,则钱币因之而多"。这种纸币有商品保证,如果运用得恰当,也不会发行过多。这种发行制度同康有为在《理财救国论》中提出的发行制度(见后)有原则的区别。

不过,作为一种救急措施,难免有考虑不周之处。孙中山的纸币发行办法存在以下一些问题。第一,纸币不像一般债券,没有必要收回后即予销毁。第二,国家预算的赋税收入不一定能同人民的负担能力相适应,如果赋税收入的预算或追加预算订得过高,出现财政收入短缺或虚假的情况,就会使一部分纸币无法回笼,可能导致通货膨胀。第三,人民"以货换币"或"以工换币",要看这货或工是否属于社会所需要。如果来者不拒,收购的商品无法按高于收购价的价格售出,所换的工不能创造相应的价值,则纸币回笼就无法保证,也会导致通货膨胀。第四,纸币的发行应根据社会对纸币的需要量,而不应从国家财政和国家所掌握的商品量出发。

此外,从理论上说,孙中山对纸币流通的效果估计仍有夸大之处,带有浪漫主义色彩。还有,既禁止金银流通,又说纸币的"本位可仿日本,以金为定制",也有逻辑上的矛盾。

总之,孙中山的钱币革命主张虽不够完善,但其出发点则是积极的、进步的。在金本位制的鼎盛时期,孙中山已明确指出它必将被纸币流通制度所取代,也是理论上有预见性的表现。但钱币革命论同当时的现实毕竟距离太远,所以提出以后,"闻者哗然,以为必不可能之事"[①]。

---

① 孙中山:《建国方略》,《孙中山全集》第六卷,中华书局1985年版,第175页。

1919年初，孙中山作《孙文学说》卷一《知易行难》。此书后来编为《建国方略之一：心理建设》。孙中山认为，有些革命党人丧失革命信念是由于受了"知之非艰，行之惟艰"的传统思想的毒害，因而提出"知难行易"学说来"破此心理之大敌"。他举出10个例证来证明知难行易，"以用钱为证"就是其中的第二个例证。此外，1922年1月孙中山《在桂林学界欢迎会的演说》中也谈到货币问题。以下讨论表现在其中的货币理论。

孙中山也认为货币是解决物物交换的困难的产物。他指出商品价值决定于所费的人工："货物有大小、长短、轻重的不同，所费的人工便有多少的不同；……因之货物的价值，便应该有多少的分别。"彼此交换时，价值不可能恰恰相等，"必然生出许多争论，许多麻烦"。"后来有个聪明人，发明钱的这个东西出来"，作为交换媒介，于是"种种困难，都可一扫而除之"。①

货币产生以后，能和一切商品相交换，成为人们的追逐对象。孙中山分析了金钱力量的来源，他说："金钱本无能力，金钱之能力乃由货物之买卖而生也。倘无货物，则金钱等于泥沙矣。倘有货物，而无买卖之事，则金钱亦无力量矣。"②这里分析的是金钱的能力和力量，不是讨论它有无价值，是可以成立的，只是比为泥沙未免言过其辞，同他在《钱币革命》中的说法也不符。1922年孙中山又说："钱可以说是一种筹码，用来记货物价值之数的，譬如赌钱人，不必用钱去赌，用瓜子作筹码，可以代表钱；用火柴作筹码，也可以代表钱。简单的说，钱不过是货物的代表，所以钱不是万能的。"③这

---

① 本段引文均见孙中山：《在桂林学界欢迎会的演说》，《孙中山全集》第六卷，第77页。
② 孙中山：《建国方略》，同上书，第171页。
③ 孙中山：《在桂林学界欢迎会的演说》，同上书，第76页。

样就成了名目主义的观点了。这种认识的产生是混淆纸币和金属货币的结果,同他的钱币革命论也不无关系。

关于货币的职能,孙中山引西方经济学家的话,说货币的重要功用有二,即"百货交易之中介"和"百货价格之标准",也就是流通手段和价值尺度。他将"中介"和"标准"并成一个词,对货币下了一个"简明之定义"说:"钱币者,百货之中准也。"他指出历史上曾有多种商品成为中准之物,最主要的是金银铜。"古今中外,皆采用金银铜为钱币者,以其物适于为百货之'中准'也。"①

西方有学者将人类的生活程度分为需要程度、安适程度、繁华程度三级。孙中山用它来代表人类进化的三个时代,并将它同货币的发展联系起来。

"钱币未发生之前,可称为需要时代,盖当时之人,最大之欲望无过饱暖而已,此外无所求,亦不能求也。"②这时社会已有分工,因而需要进行交换,但物物交换不一定能交换到各人需要的货物。"神农氏有见于此",于是创"日中为市之制",解决物物交换的困难,因此这时代是"以日中为市,为百货之中介"③。

"钱币既发生之后,可称为安适时代,盖此时人类之欲望始生,亦此时而人类始得有致安适之具也。"④这时交易进一步扩大,使"文饰玩好之物,如龟、贝、珠、玉者,转成为百货之'中准'"⑤,产生了货币,后来又以金银为货币。孙中山充分肯定了货币产生后所发挥的积极作用,指出:"人类自得钱币之利用,则进步加速,文明发达,物质繁昌,骎骎乎有一日千里之势矣。""钱币者,文明之一重要

---

① 孙中山:《建国方略》,《孙中山全集》第六卷,第170—171页。
② 同上书,第177页。
③ 同上书,第173页。
④ 同上书,第177页。
⑤ 同上书,第173页。

利器也。世界人类自有钱币之后,乃能由野蛮一跃而进文明也。"①

"自机器发明之后,可称为繁华时代,盖此时始有生产过剩,……而文明社会亦有以奢侈为利世之谬见矣。"②这时社会进步和生产发展超越前代,大宗交易用金钱已很不方便,而且金银产量远不能满足流通需要,因此契券(信用工具)就取金钱地位而代之。特别是经过第一次世界大战,各国都实行不兑现纸币制度,更证明"行之得其法,则纸币与金钱等耳"③。

按三个时代的划分,中国还处于安适时代。但事实上,中国早在宋代就已经产生了纸币,所以孙中山又补充说,这三个时代的货币存在着"相并而行"的交叉现象,"但在今日,则非用契券,工商事业必不能活动也。而同时兼用金钱亦无不可也,不过不如用契券之便而利大耳"④。中国既然还处于安适时代,则金银货币一时不能废除也是符合规律的。在这里孙中山只是将纸币流通制度作为货币进化的必然结果,而不再强调中国立即进行钱币革命了。这种后退使他的货币思想更加符合中国当时的实际,是理论上进一步成熟的表现。

附:赵祖荫的币制改革救国论

1913年4月,赵祖荫出版《币制改革救国刍言》,发挥孙中山的钱币革命思想。从《自序》中可知,赵祖荫已74岁,原籍浙江慈溪,当时寓居营口。《币制改革救国刍言》没有多少理论,主要是具体设想。

---

① 孙中山:《建国方略》,《孙中山全集》第六卷,第174页。
② 同上书,第177页。
③ 同上书,第175页。
④ 同上书,第177页。

赵祖荫在《自序》中说:"慨自民国肇造,百端待举,年余以来,财政困难达于极点……舍不兑换纸币别无良策。去秋孙中山先生曾著《币制改革论》,质诸全国,迄未见采择施行,而浅见者反目之为病国,不亦慎(颠倒)乎!"他说根据孙中山的"擘画,参以管见,稍事变通",提出具体办法,希望"择其可行者行之,其不可行者目笑置之"。

赵祖荫的办法是发行统一的不兑现纸币50亿元,禁止金银币流通,一角以上用纸币,辅以铜元、制钱以便找零。50亿元纸币的用途为:10亿元收兑全国金银,10亿元在全国开设币行和典当,10亿元造紧要铁路,5亿元兴办各项实业,5亿元充作军费,10亿元存财政部备用。

收兑金银的办法,每人兑换银元2元,还有各店铺行号各按资本的一定比率规定兑换数。收兑来的金银用来归还一切内外债。以后对外贸易也以纸币为交换媒介。赵祖荫认为:"如洋商买我丝茶等土产各货,非交我纸币不卖,若外币以及金银亦不收受,如此则我国纸币之价值不贵而自贵,可以视为至宝矣。""外国人唯利是图,一闻有大笔余利,虽纸币亦能将就,宁得纸币,不要银元。"①

纸币发行数量高达50亿元是否过多?赵祖荫说中国幅员辽阔,数目少了可能不够用。这是从财政和投资需要,而不是从货币流通需要考虑。对于人民是否信任纸币的问题,他回答说:"现在去帝制而改民国,凡我同胞皆国民一分子,今发行统一不兑换之国币,我四万万同胞应各全体赞成。果能全国通行无阻,不但救国,亦且强国富国。若然,民间断无不信用之理也。"②用爱国心来要求人民都来信任纸币,完全是不切实际的幻想。

孙中山的钱币革命论虽有空想成分,但对纸币的发行数量有严

---

① 赵祖荫:《币制改革救国刍言》,1913年版,第7页。
② 同上书,第24页。

格的限制,而赵祖荫恰恰在这一点上违背了孙中山的主张。所以他不过是随心所欲地发挥孙中山的钱币革命思想,根本没有掌握钱币革命论的真谛。

第四节 康有为的理财救国论

康有为在宣统二年(1910年)出版《金主币救国议》,提出了实行金本位制和发行兑现纸币的理论和主张,已见上述。进入民国以后,他像孙中山一样主张发行不兑现纸币,但在纸币理论上则大异其趣。

1913年2月,康有为在《不忍杂志》上发表《理论救国论》,同年由广智书局出版单行本(只有上篇)。在正文前,他自记说"数年前撰《理财救国论》,久未公布",而且《金主币救国议·序》中也有"先生昔著《理财救国论》"文字,说明写于清末。但《理财救国论》后记中又说"此稿成于(1912年)夏初",前后矛盾。书中有"前清""民国"等字样,完全是辛亥革命后的口气。

所谓"理财救国",就是通过建立银行体系,发行公债、纸币以救国。康有为介绍他的理财之道说:"理财之道无他,善用银行而已。善用银行者,无而能为有,虚而能为盈,约而能为泰……苟得其道而善用之,一年而规模立,三年而成效著,五年而国计民生裕,十年而富力无敌于天下矣。"①

关于银行体系,康有为参考资本主义国家的银行制度,提出要成立国家银行、国民银行、组合银行、正金银行、宅地抵当银行、特权银行等,此外还设立股票交易所。国家银行即中央银行。国民银行

---

① 康有为:《理财救国论》,第3—4页。

是商业银行,由中央银行参加股份。组合银行是地方性联合银行,分省、县、乡三级。正金银行是国际汇兑银行。宅地抵当银行即不动产抵押银行,每省设一劝业银行,每县设一兴业银行。特权银行为边疆垦业银行。

康有为将他的理财之道归结为:"夫所谓理财之道者,妙用银行以为枢,通流至虚之纸币、公债以为用,搜藏至实之金银以为备,铸行划一之金币以为符而已。"①从这一理财之道中可见,流通的只是纸币,但又要铸造金币作为符号;虽然铸造了金币,却并不供纸币兑现用。"必有实金而不以实金行,而能以虚纸运。"②这种纸币实际上是不兑现纸币,但要用金币作为准备金,康有为用他特有的语言分析其中的关系说:"夫古者理财用实金则有限,今之理财者善用虚金(纸?)则无穷。然而以虚为虚,无所丽(附)则不能行,行必依于实;以实为实,无所拓则不能滋,故必运于虚。故无实不立,无虚不行……金银块其形,而纸币为其影也,影可大于形。公债其拓影也,而银行为之神。"③这一段话完全适用于对兑现纸币的分析,不过他说的则是不兑换纸币。

发行纸币需要通过发行公债,这是康有为的新观点。发行纸币的具体办法为:中央银行用纸币购买公债,再将公债卖给各银行、银号、钱庄、当押、金银店等。它们各按自身资本额的一定比例购买,可按购买数发行纸币。中央银行则按搜集到的金银(由各金融机构缴纳的股金,出卖公债款,用纸币收兑等),以三分之一或四成的现金准备,其余为保证准备(公债)发行更多的纸币。纸币又可以向国家购买公债。他建议发行5亿两公债,并分析其神奇妙用说:

---

① 康有为:《理财救国论》,第4页。
② 同上书,第3页。
③ 同上书,第4—5页。

"就其实而核之,则国家与银行皆以纸易纸而已。但以纸易纸,而委曲重叠其法,国家即凭空得五万万之用,银行即凭空得五万万之保证准备,民间凭空多得五万万之母财以供运转流通,于国与民,皆得无量大利,岂不异哉! 则公债之妙用为之,以一举而三善备焉。"①

康有为把他的理财办法视作奇妙无比的点金术,称赞说:"夫纸者至贱而出之无穷,行之有道,则国以富强,民以饶足。"②"苟能善是,则术同点金,无而为有,虚而为盈,约而为泰,裕国富民,文明安乐矣。"③

国家发行纸币,不通过公债也完全可以。康有为要加上公债作为中间环节,是想学习西方的金融制度,使中国的纸币发行能具有现代的色彩。但他为政府解决财政困难的动机和好为大言的文风,把学习西方金融制度引向了歧途。我们只要稍加分析,就能发现其中的问题。

第一,发行纸币的确是"术同点金",但纸币的需要量是有限度的,并不能随心所欲地增加。康有为却将这种在一定限度内有效的理财办法提到"救国"的高度,甚至说"使前清得而用之,国可不亡"④,成了无稽之谈。

第二,如果康有为主张发行的是兑现纸币,发行纸币需要现金准备和保证准备,公债可作为保证准备。但在现金准备数不足时,公债发行得再多也没有用,因为现金准备需占纸币发行额的三分之一或四成,没有相应的现金,仍然不能增加纸币的发行。即使现金准备充足,加上公债可以多发纸币,但在纸币超过流通需要时仍会通过

---

① 康有为:《理财救国论》,第22页。
② 同上书,第3页。
③ 同上书,第5页。
④ 同上书,第3页。

兑现流回银行。在这种情况下,多发的公债仍不能转换成纸币。

第三,如上所述,康有为实际上是主张发行不兑现纸币的。他还明确地说:"其于实金,则国家搜购之,而禁民间之通用……但以纸币通行。"①这样,多发公债就可以多发纸币,而其结果必然导致通货膨胀。公债是实行通货膨胀的手段。康有为主张公债只卖给银行等金融机构,不向民间推销,那公债和纸币更加是二而一、一而二的东西了。这样的公债发行和政府直接发行纸币是一回事,通过发行公债来发行纸币,不过是变换手法而已。

第四,资本主义国家的金融制度,中央银行虽然代表国家,但同国家财政是分开的,政府不能命令中央银行发行纸币来弥补财政赤字。康有为的理财之道却以直接解决政府财政困难为首要目标,中国传统的狭义理财思想在学习西方的形式中仍得到了保留。

第五节 章炳麟的金属主义货币论

章炳麟(1869—1936),初名学乘,字枚叔,后改名绛,号太炎,浙江余杭(治今杭州市余杭区)人。光绪二十一年(1895年)参加强学会。戊戌变法失败后逃往日本,经梁启超介绍结识了孙中山;二十九年,发表《驳康有为论革命书》,批评康有为攻击革命的谬论,又为邹容《革命军》写序,曾在上海租界被捕入狱;三十年,和蔡元培等成立光复会。三十二年出狱后,到日本参加了同盟会,主编同盟会机关报《民报》。宣统二年(1910年),任光复会会长。1912年,任孙中山总统府枢密顾问,又任中华民国联合会会长,参加统一党;同年被袁世凯任命为东三省筹边使;1913年,被袁世凯幽禁;1916年,获

---

① 康有为:《理财救国论》,第24页。

释;1917年,任孙中山护法军政府秘书长。以后逐渐脱离民主革命运动,讲学传经,成为著名的国学大师。著作编有《章氏丛书》《章太炎全集》等。

章炳麟关于货币的文章先有《訄(qiú)书》中的《制币》[①]。《訄书》有初刻本和重订本,前者初版于光绪二十六年,后者初版于光绪三十年。两版内容有修改,但《制币》改动很少。后来又改《訄书》为《检论》,于1915年初版。《检论》中已无《制币》而有《惩假币》[②],内容变动很大,字数也大为增加。研究章炳麟的货币理论以这一篇为最重要。章炳麟的货币理论前后有不尽一致之处,但总的来说他是金属主义者,越到后来观点越鲜明。

在《制币》中,章炳麟指出:"从革而下,皆可以为币;从革而上,皆不可以为币。""革"意为改变。这句话是说,能改变形状的东西可以作为币材,否则不能。这是从货币的自然属性来谈,没有什么特别的理论意义。实际上他自己也说珠、贝"不从革",但在古时曾作为货币,可见革上、革下并不是绝对的标准。他以革为标准,批评了魏源以玉为币的主张。因为玉是"不从革"的,一不能随意改变其形状,二不能在破碎后仍保有其价值,三琢玉"旷日持久,成币勿能多",所以不适宜于做货币。

章炳麟认为可作为货币的"必至无用者","故其始以金、银、赤铜相转,而其极至于用纸币"。纸币"自从革而下,其裁制莫易此;行旅之赍,又便其轻也",故得以流通。他主张纸币兑现,反对官府发行"无见钱"的纸币。为了纠正这一弊病,他又提出"今之制币"要"先取夫有用无用之间"。

[①] 章炳麟:《訄书》初刻本,《章太炎全集》(三),上海人民出版社1984年版,第95—97页。
[②] 章炳麟:《检论》卷七,同上书,第570—575页。

什么是"有用无用之间"？章炳麟指的是金、银。他说金、银制刀锋利不如铁，制钟发声不如铜，虽不能说完全无用，但有用性不强，所以属于"有用无用之间"。中国已铸造龙圆，铸金币则"方以为大命"。铸金不但便于关税、国债，而且可以防止"生金日泄"。他对西方的金银比价有误解，以为在西方金"一两当银十五两"，而到中国"则当三十两，所得倍称"，以致中国损耗很大，铸金币则可起抵制的作用。在铸金银币的基础上再发行纸币，做到"所铸于九府者一，而给民之求者二"，即纸币发行数量只能同所铸金银币数量相等，变一为二。他把这种币制叫作"必先取于有用无用之从革，而至无用者从之如形景（影）"。

以上是《制币》中的货币理论。从中可以看出，所谓革上、革下，有用、无用，都没有涉及货币的本质问题。对于纸币，虽然没有明说，看来他是主张兑现的，而且在发行数量上作了限制。

光绪三十三年，章炳麟作《五无论》，对金属货币和纸币的态度都有了变化，是向金属主义的方向变化。他说："夫钱刀金币，实使民扰攘之阶。然黄金、白金、赤金三品，视之有光，击之有声，取之甚艰，藏之不朽，其质性诚有可宝者。因其可宝而以为币，犹民之公心也。"这同"有用无用之间"的说法已大不相同了。对于纸币，他加强了批判的语气。他说："及夫径寸赫蹄（薄纸），与故纸初非有异，而足以当百金，则政府所以愚弄其民者至矣。"[①]他对资本主义国家的商人开设银行发行纸币持否定的态度，认为它反不及"专制之国"由国家垄断发行。

次年，章炳麟又作《代议然否论》。其中有他关于货币的主张："政府造币，惟得用金、银、铜，不得用纸，所以绝虚伪也。凡造币，不

---

① 章炳麟：《太炎文录初编·别录卷三》，《章太炎全集》（四），上海人民出版社1985年版，第431页。

得以倍现有之钱者等于一钱,不使钱轻而物益重,中人以下皆破产也。"①后一句话指铸不足值大钱。纸币、大钱都属于他反对之列。

1913年章炳麟任东三省筹边使时,针对吉林永衡官银钱号和黑龙江广信公司的纸币贬值,提出了设立东三省银行以统一纸币的主张。他主张纸币兑现,"与实银循环周转"。但他考虑到银价不稳定,又提出实行金本位制的主张,认为:"诚欲统一币制,非先铸金币,无以为银币权衡。"因为如果银币成色低,会失去民间对它的信任;而银币成色高,则"外人买以毁销"是"必然之势"。"今先铸金币以为本位,无论银圆成色足与不足,其兑换金币并无差异,于是银圆成色可以一律减低,而信用依然如常,毁销不禁自绝,此则金币之铸,诚当今所不可缓者。"②这实际上是将银币降为金币的辅币,代表银币的纸币自然也只是一种辅币。

以下是《惩假币》中的货币理论。这里的所谓"假币",不是指伪造货币,而是指超过准备金额而发行的纸币。章炳麟视这种纸币为假币。

在《五无论》中,章炳麟已肯定了金、银、铜的特殊自然属性。在《惩假币》中,他把货币的自然属性称为"素",即本身的素质。先有符合作为货币的"素",才能制造成为货币。他说:"金、银、铜(货币)虽由上制之,民宝之固已久矣!上者久蘸(污)不生衣,百炼不轻;次亦光泽积坚。其以为器,华藻锓(敷)鳞之可观,撞之有声,非人主钱府能贵之,性自贵也。"这三品本身又有多少、难易、坚脆的区别,"故铜不得重于银,银不得重于金,亦其性自然也"。这些素质使它们受到人们的宝贵,因而统治者将它们制为货币。

---

① 章炳麟:《太炎文录初编·别录卷一》,《章太炎全集》(四),第307页。
② 本段引文均见章炳麟:《东三省实业计划书》,《章太炎政论选集》下册,中华书局1977年版,第627页。

章炳麟还用劳动价值观点来说明货币和商品的相交换。他认为,货币是劳动产品:"金、银、铜者,天产自然,万人流血汗穿地臧(藏),然后得之"。一切商品的价值都决定于所花的功(劳动)的多少:"诸有直者,皆拟其役作……悉以手足腾踔搏取得也。腾踔之、搏取之之谓'功'。功有少多,故直有贵贱。而金、银、铜者,亦以手足腾踔搏取得之。功以拟功,直以拟直,故以三品之币易物者,犹以布贸丝也。""手足腾踔搏取"就是进行劳动,使商品具有价值,投入劳动有多少,所以价值有高低。金属货币同商品相交换是等价交换,"功以拟功,直以拟直",这种交换的性质就同"以布贸丝"一样。由此可见,章炳麟把货币看成一般商品,把货币和商品的交换看成物物交换,这为他的金属主义理论奠定了基础。

纸币没有金属货币的性质,只是为了取便行旅而代金属货币的流通的符券。它用功有限,"造一金之币,与造十金之币,其功则相若"。它同商品交换,"而纸之体与其直不相应,造纸之役与成物之功不相应",不符合"功以拟功,直以拟直"的交换原则。所以它只能"征(取)币",而不能"代币"。章炳麟说:"征币者,固当以轻重相易,以一券一币相流转而已,多增其数,则是以偷功窳器代坚良之金也。"他同魏源一样,把纸币看作普通的契券,所以认为纸币流通必须有十足准备,就像"商人之为期(票)、会(票),未有能以一币为二券者矣"。超过了准备金的发行,"其虚实不可以相庚偿"。"故夫以一币为数券者,是特政府欲笼天下之利,以奸道诬民也。"实际上,维持纸币兑现不需要十足准备,章炳麟站在金属主义者的立场上,作了过分的强调。

章炳麟强调一币不能为二券,理论上虽有错误,但动机则在反对统治者滥发纸币,这在民国初年有很强的针对性。他用极为尖锐的语气对滥发纸币的行为进行了鞭挞。如说:"今以顷刻旋轮动肘之劳,雕镂札书以相假摄,出之无穷,名而当形,画而当实,未有诈欺若彼其甚者也……今多作空券以为实币,则是巫师鬼道之用也。"他还指出滥发纸币会"驱实币以予外人"。

最后,章炳麟仍提出"铸黄金为大币"的主张。他认为中国很多地方产金,民间还有金饰,都可以铸为金币。

第六节　徐永祚、马寅初等的废两改元论

1914年的《国币条例》未能实行,货币流通的混乱有增无减。银两、银元并用,银元的价格时有变动,有如一种商品,这使市场增加了一层干扰。从1917年起,不断有人主张废两改元。

1917年8月,上海总商会董事苏筠尚和张知笙分别提出了上海地区废两改元的意见书。苏筠尚在《意见说》①中指出:"民国成立以来,凡国家预算及完粮纳税皆改用银元,是银元一项不啻为金融界之主人翁。……上海为风气先开之通商巨埠,不思改变,其亦上海商界之羞欤!"由于两元并用,贪得之徒以两元比价的变动为赌博之品,一旦亏负,家破人亡。由于赌博,银元价格骤升骤降,使正当商人数十年来深受其害。"华人与外人交易,定价以金计,买金以银计,卖货以元计,金与银价有起落,而元价又时有上下,商界经此两层之不定价格,无形受损,何可胜言。"他强调"改用银元,殊为当务之急",建议上海于1918年1月1日起一律改用银元。张知笙则考虑到银元数量不足,主张固定银元和银两的比价,银两仍许继续流通。于是上海总商会致函长江各埠商会,征求关于废两改元的意见。

---

① 《银行周报》第1卷第14号(1917年8月28日)。

1917年11月，诸青来发表《贸易改用银元平议》，指出两元并用有四弊：① 银两各省平色不一，不利于币制统一。② 银元市价时有高下，大启投机之风。③ 对外贸易要增加一层折算上的亏损。④ 银锭供给减少，不免有银荒之患。他认为废两用元"有百利而无一害"①，希望商界领袖促其实现。

1918—1921年，徐永祚发表多篇文章讨论废两改元问题。徐永祚（1875—1961），字玉书，浙江海宁人。曾任《银行周报》总编辑、银行公会书记长和上海证券物品交易所会计科长等职。1923年起长期从事会计师业务。新中国成立后，任华东军政委员会监察委员。著作有《改良中式簿记》等。

徐永祚举出七条两元并用之害："一、商家多负担一重危险。二、商家须多一重准备。三、两元互换时，常须亏耗贴水。四、平色复杂，计算为难。五、金融时有紧急。六、奖励投机事业。七、助长欺骗行为。"②他主张废两改元应从上海开始，因上海已经落后于某些城市，"若杭州、宁波、江西等处，改用银元早在四五年前，前年厦门、汕头、奉天亦已改用银元为本位。上海介于其间，适犯孤立本位之忌"③。针对有人担心银元量不足，徐永祚分析中国历年的银元铸造和销毁数，指出当时中国各类银元总量已在4.8亿元以上，按人口平均，每人可得1.2元余。"且吾国今日虽名为两元并用，但实察上所谓银两者，不过虚有其名，而授受仍折合银元。故所谓废两者，不过废银两之名而已。银元在两元并用时代，果能敷用，则以后专用银元，亦未始不可敷用。"④

---

① 诸青来：《求是斋经济论集》，中国图书服务社1929年版，第150页。
② 徐永祚：《废两改元议》，徐沧水编《中国今日之货币问题》，第218—219页。
③ 徐永祚：《废两改元当自上海始》，同上书，第225页。
④ 徐永祚：《废两用元问题释疑》，陈度编《中国近代币制问题汇编·银两》，第94页。

1921年全国银行公会联合会、全国商会联合会、天津银行公会等向财政部建议废两改元。

马寅初在1927年以前的币制主张主要反映在四集《马寅初演讲集》中。他的主张集中到一点，就是实行自由铸造和废两改元。1924年，他指出："我国欲改行金本位，先须巩固银本位，巩固银本位，当先统一银本位，统一银本位当先推翻银两；银两推翻矣，尚未谓银本位已巩固也；必先统一各色之银元，使尽为国币，而后银本位可谓统一。"①统一银元要实行自由铸造政策，使"现洋足用，成色良好"，"故自由铸造，乃改革币制之第一步"②。

北洋政府时期，许多人考虑到上海的地位，主张在上海设造币厂。马寅初也这样认为。他指出：1914年的《国币条例》中虽有自由铸造一条，但是南京、杭州造币厂的铸币用银完全由中国、交通两行供给，铸利和造币厂按四六或三七分成，这仍然是垄断铸造。他希望早日建成上海造币厂，以便真正实行自由铸造政策。

1927年2月，马寅初分析了中国"万不能行"虚金本位制的理由，共四条③：① 中国"法律不严，警察不力，私铸之机关不易破获"。② 大部分准备金要存放国外。如按精琦办法，要存放在六国，只要有一国不肯继续维持法价，虚金本位制就立刻遭到破坏。"若一旦中外失和，试问能否将金准备悉数调回中国乎？"③ 要在外国设立汇兑机关，而"吾国官僚腐败，人所共知"，"无论所委之人为官僚，抑为金融机关，均不足取信于人。若聘外人代为掌管，无异自贻伊戚"。④ 中国劳动人民"素无本位币观念"，"万不能骤令其改

---

① 马寅初：《改革吾国币制之第一步》，《马寅初演讲集》第二集，商务印书馆1925年版，第49页。
② 同上书，第55页。
③ 马寅初：《银价低落救济问题》，《马寅初演讲集》第四集，商务印书馆1928年版，第85—90页。

用虚金本位制度下之轻质银币",他们决不会按法定比价纳银于政府换取轻质银币。他还退一步说,即使要实行虚金本位,也必须以废两用元为先决条件。

关于银元的重量和成色,马寅初赞成按袁头币,免得增加一层阻碍,但造币厂可铸中元,成色提高到89%,必要时可改以中元为单位,"所有收付出入,只须加倍计算,无丝毫之纷扰"①。开铸中元时还以比市价略高的比例规定金银的法定比价:如金银市价为1∶22,法定比价可规定为1∶16,中元含银量为11.951 240 4克,则金元含金量为0.746 952 5克。金币暂不铸造,也不发行金兑换券,而发行一种金币支票或金币期票汇票,以吸收金货。待黄金收集到一定程度时,再按刘冕执的主张铸100倍、50倍的金币及兑换券,在市场流通。以后逐渐添铸20倍、10倍的金币。金银币都为无限法偿币,用兑换费进行调节。到实行金本位制后,则停止银币的自由铸造,银币作为金币的代表继续流通。

第七节　朱执信的纸币理论

1919—1920年间著文宣传孙中山钱币革命论的有朱执信和廖仲恺。他们的文章都发表在《建设》杂志上。本节先谈朱执信的纸币理论。

朱执信(shēn,通伸)(1885—1920),名大符,以字行,广东番禺(今广州市番禺区)人。光绪二十八年(1902年),从私塾进入教忠学堂学习,开始接触西方学术著作;三十年,留学日本,学习经济学;三十一年加入同盟会;三十二年回国,先后在广东高等学堂、广东法

---

① 马寅初:《银价低落救济问题》,《马寅初演讲集》第四集,商务印书馆1928年版,第112页。

政学堂和方言学堂教书,并从事革命活动。武昌起义后,朱执信任广东军政府总参议、广阳军务处督办和广东核计院长。讨袁战争失败后到日本,加入中华革命党。1914—1915年,在广东进行反对军阀龙济光的斗争;1917年,任孙中山大元帅府军事联络,掌管机要文书;1919年,受孙中山之托在上海办《建设》月刊;1920年,去广东策动桂系军队反正,在虎门遇害。著作有《朱执信集》。

朱执信是资产阶级革命派的杰出理论家。在日本期间,他参加了对资产阶级改良派的论战,还在《民报》上发表《德意志社会革命家列传》,介绍马克思、恩格斯、拉萨尔的生平,文中摘译了《共产党宣言》,还对马克思的《资本论》作了简单的评论。

1919年,朱执信作长文《中国古代的纸币》,论述宋至明的纸币流通史,并从中作出自己的结论。他把飞钱、交子、会子、盐钞、茶引都作为纸币的起源,将它们分成两类,一类是代表货币而产生的(前三种),一类是代表货物而产生的(后两种)。两类后来汇合在一起,北宋的钱引是交子和盐钞合流而成,金朝的交钞则是取交子和盐钞各一字而成。他还认为代表货物是中国古代纸币的最后归宿。中国古代的纸币,开始时大多是兑换券,后来又大多变成了不换纸币,常常用货物收兑(朱执信认为用赋税收回也相当于用货物收回)。因此,他说:"中国兑换纸币之历史,失败之历史也。中国之纸币制度,依于兑换以外之手段以生成、以发达、以巩固者也。"[1]"可知一切纸币,无论所代表者为钱币,抑为货物,其收回之际,必为以易货物,而非易钱币。故实际代表钱币之纸币,仍为代表货物。"[2]他认为:"但在中国论钞者,仍有一特长,即对于兑换制尚无迷信是也。

---

[1] 朱执信:《朱执信集》上册,中华书局1979年版,第447页。
[2] 同上书,第449页。

此实中国宋、元、明行交、会、钞五百年之归纳的结果,至可宝贵者也。"①

没有价值的纸币何以能保持其购买力?朱执信一方面用新传入的美国经济学家费雪(Irving Fisher)的货币数量论来说明:"从近代学者之所研究,凡货币之价值,当以货币流通额、流通速率,及其流通区域内之交易额参定:以流通额与速率相乘得数,除交易额,则得货币之价。"②另一方面又用西方的效用价值论来解释。他说金属货币的"之价"决定于充当货币的金属的"最后效用",即货币如作为普通商品所具有的使用价值。"而不换纸币,则以其回收时与交易之一种物品之推定价值,为其最后效用。"③金可能跌价(欧战期间,美、日维持纸币对黄金兑现,物价仍上涨),致金币或银币的实际最后效用可能低于预期的最后效用。而不纸币因代表多种货物,其最后效用反而比金币或银币多。只是不纸币的回收时期和回收货物不确实,这又不如金银币。所以只要换纸币有能换取一定货物的确实保证,就能保有它的价值。因此执信指出:"故救今日纸币之穷,惟有置纸币之基础于所代表之货,而于其兑现一层,可以置之不问。国家有若干之货物,以回收纸币。则当其纸币流通量过于当时所需之际,纸币自然来归,而物价决无腾贵之虞。"④

日本《太阳杂志》1919年12月号刊有千贺鹤太郎主张废止金本位、实行米本位制的文章。朱执信在《千贺博士之金本位废止论》中作了介绍,并加以评论:"他看到这和粗米同一程度始终腾贵的东

---

① 朱执信:《朱执信集》上册,中华书局1979年版,第454页。
② 同上书,第445页。费雪的货币数量论发表于1911年。
③ 同上书,第451页。
④ 同上书,第457—458页。

西,都可以拿来做本位货,真是一个大进步。但是他这思想完全是断片的,他所设想的攻击和卫护,都太浅薄。"① 接着,他又写了《米本位说之批评》,进一步提出自己的主张。

朱执信认为中国古代货币的起源有两种:"一种是由装饰的奢侈品发达来的,就是贝壳……另一种是由直接满足生存欲望的东西发达来的,就是布帛。"金属货币还是"偏在奢侈品一路"。因金属的生产"是受天然制限的,所以到不得已,才用交钞。而交钞的本质,就是代表国家专利的几种必要品和奢侈品"。他认为:"如果把这交钞的制度,变做可以兑米,就是千贺博士的案。如果把米扩充一下子,就是我们现在的提案。"②

朱执信的提案就是扩大纸币兑换商品的范围,以防止只代表米所可能出现的币值波动等弊病。他假定以米、布、丝、茶、盐、油、煤、糖八种生活必需品来做兑换品,以后如果别有商品成为重要的生活必需品,也可以加入兑换品的行列。国家"量着社会上的纸币流通需要总额,来贮准备的物件,一面按月收进,一面按月兑出,不一定要把全部的纸币同时发出流通。就没有流通货币总额忽多忽少的毛病"。③

纸币兑换商品的标准按物价指数计算。某种商品的物价指数提高,则单位纸币兑换这种商品的数量就按比例减少;降低,则按比例增加。为了保持总的物价水平的稳定,用合理的方法制成物价指数,即加权制成物价总指数。物价总指数稳定,就表示纸币购买力稳定。

---

① 朱执信:《朱执信集》下册,中华书局1979年版,第717页。
② 本段引文出处均同上书,第778—779页。这里所说的"交钞"不专指金朝的纸币,是中国早期纸币的通称。
③ 同上书,第773—774页。

第十八章 北洋政府时期的货币理论

朱执信认为纸币流通可以摆脱金属货币,这是正确的。但他的理论和主张都还有不成熟之处,以下对其作一简要的分析。

纸币起源于金属货币,中国古代也不例外。朱执信所说的五种纸币,只有交子和会子是真正的纸币,前者起源于铁钱,后者起源于铜钱。北宋的盐钞确有流通的事实,但这只是一个特例,当它作为纸币流通时,它实际上已是钱的代表。交子、会子有用货物收回的情况,但这并不表明它们是代表货物的,因为纸币代表什么是就其所执行的货币的职能而言,并不决定于用什么货物进行回收。

朱执信想摆脱金银对纸币的束缚,因此主张让纸币代表多种货物。但是他还没有完全消除纸币兑现制度对自己的影响,不用金银兑现,却又提出以八种商品兑现。这样,他设想的纸币和原来的兑现纸币就没有什么本质的区别了。原来金属货币及其兑换券流通的缺点在这种制度下也仍然存在。原来纸币的发行数量要受金属准备数量的限制,现在则要受国家掌握八种商品数量的限制。国家为了保持市场上有足够的纸币数量,就必须贮备相同数量的商品。而这些商品都是必需品,放在仓库中会造成浪费。原来的金属准备只占纸币发行量的一定比例,而现在的商品贮备却是十足准备,这样造成的浪费也更大。

要维持纸币购买力的稳定,以物价总指数作为纸币发行数量的依据是正确的。但要维持物价总指数的稳定,在用纸币兑换个别商品时就不能以个别商品的物价指数为依据。因为如果以此为依据,物价总指数就不可能保持稳定不变了。物价上涨,纸币兑换商品数量随之而减少,就会形成通货膨胀的局面。这是朱执信纸币管理办法的一大漏洞。

在金属本位制下,纸币不仅代表金属货币流通,而且还以所代表的金属货币的价值为价值。在纸币"代表货物"的情况下,纸币不可能以多种商品的价值为价值,因此这里的"代表"只是指以多种商品保证其购买力,同代表金属货币的性质不尽相同。这一点下一节还将作进一步的说明。

第八节　廖仲恺的货物本位论

廖仲恺(1877—1925),原名恩煦,又名夷白,字仲恺,广东惠阳(治今惠州市惠城区)人。出生于美国旧金山,光绪十九年(1893年)回国;二十年,去日本留学;三十一年,参加同盟会,任总部会计长。辛亥革命后回国,任广东军政府总参议,兼管财政。1913年,讨袁战争失败后到日本,任中华革命党财政部副部长;1919年,受孙中山之托在上海办《建设》月刊,任国民党财政部长;1921年,任孙中山大元帅府财政部次长兼广东省财政厅长;1924年,国民党改组后,被选为中央执行常委,并先后担任黄埔军校党代表、广东省长、国民党中央政治委员、财政部长兼军需总监、广东省财政厅长、工人部长、农民部长等职;1925年7月1日,任广东国民政府委员,不久被国民党右派暗杀。著作有《廖仲恺集》。

廖仲恺担任财经工作多年,对社会经济问题有实际的了解。他在1919年发表《钱币革命与建设》,次年又发表《再论钱币革命》,提出了关于货物本位的理论。

在《钱币革命与建设》中,廖仲恺回顾了1912年冬孙中山提出《救亡策》遭到非议的情况,指出除了党派斗争、外人嫉忌中国改革和中国人几千年来养成的"故息因循之锢习"等原因外,还由于"贵金属之用为钱币已数千年,所中于人心者,根深蒂固,非翻天覆地之巨变,不易破世人之迷梦",以致"中山先生所贡献之救亡策,人皆以梦呓幻想视之,七年之间,沉没于不议不论之渊"①。

为了论证孙中山钱币革命论并非"梦呓幻想",廖仲恺详细摘译这一年在国外杂志上发表的美国学者埃士葛特(Rowland Metzner Estcourt)的《金本位将不为钱币之基础》和费雪的《巩固钱币》两文作为证明,然后进行了自己的分析。他认为实行虚金本位制或实金本位制都不是中国币制改革的方向,中国只有实行钱币革命才是正确的选择。

廖仲恺将货币的作用归纳为三点:交易之媒介、价格之标准和购买力之贮藏。他特别强调交易媒介的作用,指出:"钱币本体,无论为粟帛抑为金银,其性质所以别于他物者,在常辗转流通,而不供直接消费。"②货币要起三项作用,应具备"有定值、便取携、能耐久、易分割"的"四美质","而金银之所以历古今中外膺钱币之上选者,亦由当世认为兼具此四美质故也"③。但是随着近代经济的迅速增长,货币材料发生了根本变化:"金银硬币不及百一,而纸币、银行券、支票、期单等类,百逾九九。大抵国民经济愈发达,内外贸易愈繁盛,则硬币行用之范围亦愈狭小。"④特别是欧战期间,各国普遍以纸币流通。廖仲恺指出这是社会进化的必然结果:"顾生产状态、交易方法变,斯钱币之本质亦不能不顺应此状态方法而变。此乃进化之程序使然,非人力所能如何者也。"⑤

根据币材四美质的要求,廖仲恺指出纸币、银行券等"信用钱币"符合取携便、分割易两条;能耐久一条虽不符合,但可以回收更换。关于有定值,他说:"今夫本位钱币之于百物,其所以为价值之

---

① 廖仲恺:《钱币革命与建设》,《廖仲恺集》,中华书局1983年版,第39页。
② 同上书,第51页。
③ 同上书,第52页。
④ 同上。
⑤ 同上书,第53页。

标准者，必其本身有不变之值而后可。有如尺之度短长，衡之权轻重，倘使尺失其度而衡丧其权，则其所以纪物之短长轻重者，决不足以取信。"①纸币本身并无定值："若论定值，则纸原无价值可言，代表金银本位钱币者，则以金银本位钱币之价值为价值。"②

问题在于，金银的定值是否可靠？廖仲恺用货币数量论来解释货币的价值："以总体之物品论，则因乎流通泉币之总额，加以泉币流通之速度，以与当时所行贸易之总量较，而互相推移。一般物价之涨落，其原因盖本乎此。"③金银数量的变动，使金银的定值也难以保持了，"倘使多如洪水，亦足以泛滥为害于天下"④。16世纪后欧洲的物价革命就是著名的例子。因此他得出结论说："金银钱币之价值或购买力，既变动无常……不能为物价之标准，以一定百，则与其以金银钱币之一种或二种为本位而以纸代表之，曷如以金银暨其他社会最所需要之货物为本位，而以纸为之代表，较为适切于实际，而符合科学的方法也。"⑤朱执信没有提到本位问题，廖仲恺则正式提出了"货物之本位"这一名称。

廖仲恺的方案是这样的：纸币以重要货物为本位。单位纸币所代表货物的多少决定于物价。物价由政府有关部门视各种商品的供求情况，以每月或每周的统计制成指数表，作为标准。纸币的单位叫"圆"，也可以叫别的名称，下为毫、分。一毫以上都用纸币。市场上的银币收回熔为银锭，可供兑换用，但不能流通。对旧纸币进行清理，由国家发行公债收回，新纸币不能用来弥补财政赤字，盈余部分则拨归国库作为行政和生产费用。国家设立钱币部，下设制

---

① 廖仲恺：《钱币革命与建设》，《廖仲恺集》，第53页。
② 同上书，第55页。
③ 同上书，第53页。
④ 同上书，第54页。
⑤ 同上书，第55页。

币、生产、供给、销毁四局。制币局负责纸币的印刷、发行,生产局负责发展生产以供纸币兑换需要,供给局负责准备货物的保管、运输和兑换,销毁局负责纸币销毁和损益的计算,并将盈余部分拨交国库。

在《再论钱币革命》中,廖仲恺分析了英、美、德、日等国实行金本位制所造成的弊病,如英国的经济危机,美国因金多而物价上涨等。他指出,纸币发行要以金银准备为依据,"以此之故,钱币之数量与社会之需要,常不一致。此种缺点,为金属本位制上至大之弊病,不可掩饰"。他主张的货物本位制则包括贵金属和必需品(朱执信的主张只限于必需品):"今假以金、银、铜、铁、煤、米、麦、豆、糖、盐、丝、绵(棉)十二种为例,此十二种货物,虽为钱币之本位,然实际上不用为交易媒介,只用为准备,而以同价额之钱币流通于市场。"①

纸币和准备货物的关系,廖仲恺用的是类似中国历史上均输、平准的办法。政府买卖 12 种准备货物,"价低者多购,价高者少购",以维持货物之间的"平价"②,还可以将在某地已经过剩的货物运到不足的地区销售。政府买卖准备货物必有盈余,代表这种盈余的纸币可以用来发展生产。廖仲恺在分析了准备货物和纸币的出入消长情况后指出:"纸币与货物自动的相消长,纸币还原,即销毁之,故社会不患钱币增加,过乎生产贸易所需之程度,致有一般的物价腾贵之弊。此乃以纸币行货物本位钱币之主要目的。"③

为了说明纸币所代表的价值,廖仲恺将金银的价值和金银作为货币的价值分开。他批评金属论说:"金属论者之说,实误于以构成钱币之金属之价值为钱币之价值。不知钱币为一物,金或银又为一物,两者之性不同。惟以金、银等有价值之物为钱币,故两者之性混

---

① 本段引文均见廖仲恺:《再论钱币革命》,《廖仲恺集》,第 94 页。
② 同上书,第 96 页。
③ 同上书,第 98 页。

而难辨。析而分之,则金银自有其本体之价值,顾钱币自身实无价值可言。"纸币没有价值,廖仲恺进而认为货币都没有价值,货币的价值就是购买力。"夫钱币之所以有购买力者,或起于公众之认定,或由于国家之圜法,不必有赖于有价值之物。"钱币购买力的形成,一直可以"溯流穷源,至于原始以货物为交易媒介之第一例而止"。① 这是用名目主义观点来解释货币的价值。

廖仲恺的货物本位论和朱执信的纸币理论属于同一种类型,因此上一节对后者的评论有些也适用于前者。还需要指出两点:第一,廖仲恺设想的纸币发行办法仍不是满足社会对纸币需要的办法。纸币的需要量不是根据政府掌握货物的多少,而应根据全社会经济活动的需要,社会上还有大量商品需要用纸币来流通,这不是以政府的货物准备情况为依据的发行所能满足的。第二,"货物本位"的名称不确切。"本位"原是指起价值尺度作用的货币。纸币用多种货物保证它的购买力,但多种商品不可能同时起着价值尺度的作用。

廖仲恺正确地指出不能把钱币革命的作用估计过高。他说:"中国有待于一般国民经济问题之解决,急于燃眉,钱币问题不过其中之一种,若对于重要之一般经济问题无所关涉,单就钱币施若干之改良,于全局无甚大之益。"②他指出纸币可以将中国"赢余之物产……尽化为流动、固定之资本,用以筑道路、开运河、产百物",10年以后,中国就能"自存自立","断不至为资本国之牺牲,竭国民之脂膏,肥外人之囊橐矣"③。但即使这样,也成为难以实现的奢望。

---

① 本段引文均见廖仲恺:《再论钱币革命》,《廖仲恺集》,第98—99页。
② 廖仲恺:《钱币革命与建设》,同上书,第56页。
③ 同上书,第57—58页。

第九节　王怡柯编译的《货币学》

就我们所见,北洋政府时期出版的货币学原理书有七种:① 马国文著的《货币学》,中华书局1914年出版;② 李克谦、李翰章合译的《货币论》,日本早大研究社1917年出版;③ 王效文编的《货币论》,商务印书馆1923年出版;④ 杨端六著的《货币浅说》,商务印书馆1923年出版;⑤ 王恒编的《货币概论》,中华书局1924年出版;⑥ 徐宝璜译的《货币论》,北京大学印刷课1924年出版;⑦ 王怡柯编译的《货币学》,商务印书馆1924年出版。

这七种书中,杨端六的《货币浅说》和王恒的《货币概论》是通俗读物。其余五种,前两种源于日本学者或其著作:马国文的《货币学》以原京师大学堂杉荣三郎的讲述为主要依据;李克谦、李翰章合译的《货币论》译自日本法学博士堀江归一的原著,在东京出版,后引进到国内。这本书根本没有纸币理论,是其明显的缺陷。后三种都同美国经济学家金莱(David Kinley,伊利诺伊大学教授,后任校长)的货币学著作有关。此书全名为 Money: A Study of the Theory of the Medium of Exchange,简称 Money,1904年出版,王效文的《货币论》有相当部分取材于它。北京大学直接用它作为教材,"学生因其词义深奥,颇感困难";教师徐宝璜认为它"说理透辟,极有译述之价值"①,故将它译为中文,即《货币论》。王怡柯则以金莱(他译为肯列)书中的"学理为经,采所辑之故实为纬,错互成书"②,编译成了《货币学》。徐译《货币论》共17章约16万字,王怡柯的《货币学》增至20章约26万字,可见增加字数之多。他增加的

---

① 徐宝璜:《货币论·自序》。
② 王怡柯:《货币学·弁言》,商务印书馆1937年版。

主要是关于中国的货币流通历史和现状,在货币学中国化上作出了努力,此外还增加了原著出版以后世界币制的新情况。

金莱的原著出版于20年以前,其间西方经济学又有了新的发展,如产生了德国克纳普(Georg Friedrich Knapp)的货币国定论和美国费雪的货币数量论。这些进展,王怡柯的编译本都未加以反映。而王效文的《货币论》和李芳在差不多时间编写的《经济学原理》中都介绍了新货币数量说,列出了费雪的公式(王效文将它归在美国另一经济学家甘末尔的名下)。王怡柯既称他的《货币学》为编译,对新理论未加注意,是其不足之处。虽然如此,这本书无疑代表了北洋政府时期货币学原理著作的最高水平,而且还影响了以后的许多货币学著作。

王怡柯(1894—1936),字柄程,河南汲县(今卫辉)人。毕业于北京国立法政专门学校,曾任河南大学法学院院长、河南教育款产处处长。1929年,参加创办设在辉县的河南村治学院,任教务长。1933年,到邹平参加山东乡村建设研究院工作,先后任邹平、济宁县长,直至病逝。著作还有《农村自卫研究》。

《货币学》内容广泛,有些内容已见于以前出版的货币学著作,但论述更加深入,有些则是此书第一次论述或原作者的一家之言,从以下介绍的三个问题中可以看出它的一些特点。

1. 货币的定义

金莱列举了关于货币定义的三种主张:① 交易媒介说。凡可以交换商品的都是货币,包括支票、公司股票等。② 硬币说。认为只有金属货币才是货币。③ 折中说。其定义为:"凡一切交易及支付之媒介,法律认之可以免除债务之责任者,皆得谓为货币。"①这是说,

---

① 王怡柯:《货币学》,第27页。

金属货币和纸币,只要具有法偿资格的都是货币。他赞成折中说,认为交易媒介说"失之过广",硬币说又"不免戾(违反)俗"。这类定义都只是从现象上讨论何者是货币,是资产阶级货币理论的通病。

2. 货币的职能

金莱将货币职能分为主要职分、抽绎职分和临时职分三种。主要职分为"交易之媒介"和"价值之权度";抽绎职分为"延期交付之标准""价值转移之手段"和"价值储藏之手段";临时职分有"分配社会之所得""均调费用之效益""信用制度之基础"和"一般价值之具体"①。这里一共提了八个职能,主要部分一看就懂,不必解释。抽绎职分中的"延期交付之标准"和"价值转移之手段"都是支付手段,所以前两个职分加起来就是货币的四个国内职能。临时职分都是货币所能够起的作用,不过这已经不是单纯的货币职能。"分配社会之所得"指收益的分配要通过货币进行,但货币本身并不起分配作用。"均调费用之效益"指人们通过货币选择最适合于自己条件的购买对象,取得最好的消费效果。"信用制度之基础"产生于货币的支付手段职能。所谓"一般价值之具体"则是指货币转化为资本。

3. 货币的价值

金莱指出货币的价值问题是"货币学中最繁难之问题"②。他按照边际效用理论来说明货币的价值。他承认货币数量会影响物价,但不是按货币数量理论来解释物价的变动比例。他的价值理论可以概述如下。

(1)关于货币的全部价值。货币的效用在于满足商品流通的需要,因此有多少商品就需要有多少货币供它们流转。如果货币数量恰恰相当于流转的需要,这时货币的全部价值达到了最高限。在

---

① 王怡柯:《货币学》,第20—26页。
② 同上书,第110页。

达到了最高限的情况下,再增加货币就没有什么效用了,全部价值并不能因此而增加。如果货币数量不足,只能满足部分商品流通的需要,这时的货币只能"免去物物交易至困难至靡费之部分,其贡献于社会之效用至微"①,货币的全部价值则处于最低限。

（2）关于部分货币的价值。部分货币的价值占全部价值的一定比例部分,在全部价值未达到最高限的情况下,增加货币既能增加货币的全部价值,又能增加部分货币的价值。部分货币"所增加之价值,常较前之部分所增加者比例渐小,依次递减,如梯之降下"②,直到全部价值不能再增加,也就是达到边际效用为止。从这一增加情况可以看出,全部价值的增加和部分价值的增加并不是同比例的。反之,价值减少的情况也一样。

（3）关于金属货币和不换纸币的价值。金属货币的金属还有其他用途,而上面分析的仅限于作为货币的效用,还不完全适用,所以金莱又补充说:"盖金属货币限界效用之决定,有数种原因。交易上对之为货币之需要,与他种用途上对之为器饰之需要,二者共同之结果也。"③不换纸币没有其他用途,上述理论原则上可以适用。"在一定条件之下,纸币之数量增加一倍,货物限界单位能易之纸币,亦必增加一倍。"④这一条件是指货物总量、信用交易和纸币的流通速度都不变。但这条件实际上是不可能存在的,更何况纸币的流通还同人们的信赖程度有关,纸币数量增加过速,人们就会丧失对纸币的信赖。因此实际上仍然不能适用:"故谓纸币之价值,与其数量间有反比例之关系,则第一,须具备前所举诸不可能之要件;第

---

① 王怡柯：《货币学》,第 115 页。
② 同上书,第 116 页。
③ 同上书,第 124 页。
④ 同上书,第 308 页。

二,须其数量为固定不变,或增加极为缓慢,方可成立。否则,不免为腐说空论也。"①

上述货币价值论完全否定货币本身的价值,将价值等同于"货币一般的购买力"②,认为它产生于流通过程。错误的性质基本上和货币数量论一样,只是前者不像后者那样简单地用一种比例关系来说明而已。它指出货币数量论的难以成立则是正确的。

4. 货币本位

金莱把本位分成价值本位和法定本位。他对价值本位下定义说:"价值本位者,亦曰价值标准,即选定某物品之价值,用以为权度其他价值之标准也。"③法定本位指法律规定货币材料和货币单位的重量,也就是价格标准的意思。书中除了介绍已经实行的各种本位外,还介绍了学者们设想的各种本位。王效文《货币论》中也谈到这些本位,总标题为"理想的本位",大多译自金莱的原著,但译名稍有不同。下面对这些本位制做一简略介绍。

(1) 单一货物本位制。如以小麦为货币的本位。

(2) 多数货物本位制。亦称"计表本位制",即以物价指数为本位。书中说:"此种本位,经多数经济学者之倡道,且含有科学的性质之故,颇有足研究者。其计算之单位,恰如物价表中指数之组织,以某时选定某品量诸货物之总价格平均之,是为指数,即准是以为计算之单位。"④

(3) 劳动时间本位制。

(4) 劳动所费本位制。

---

① 王怡柯:《货币学》,第309页。
② 同上书,第111页。
③ 同上书,第202页。
④ 同上书,第212—213页。

(5)劳动牺牲本位制(王效文《货币论》译为"劳动无效用本位制")。意指随着社会的进步,生产商品时的劳动牺牲会逐步减少,这种减少牺牲的利益应使债权者和债务者共同享用。如债权者借出代表 100 小时劳动可换 100 件商品的货币,归还时债权者归还花 90 小时劳动却能换取 110 件商品的货币,则双方都得到了社会进步的好处。

(6)限界效用本位制。即按边际效用来计算货币的价值,借出和归还时的价值相等。

(7)总效用本位制(王效文《货币论》译为"全部效用本位制")。类似于计表本位制,归还债务时要考虑社会总效用的增加而增加归还数。

(8)购者剩余本位制。购买商品时所费少,而所得的愉快大,称为"剩余愉快"。买同样的商品,富人和穷人的剩余愉快不同。购者剩余本位制是要使债权人在收回债务时能获得同样比例的"购者剩余"。实际上金属本位制就具有这职能,物价变动时,各人所获得"购者剩余"的比例仍相同。

以上八种本位制,金莱对它们都有所批评。他认为还是金单本位制的弊害最小,"且欲于金本位外,择一种本位较金本位差胜者,亦不可得"[①]。他断定不仅现在这种币制是"较善之制度",就是将来也一定是如此。

八种本位制中,单一货物本位制同单一金属本位制性质相同,但前者的优点显然不如后者;多数货物本位制(同廖仲恺的货物本位制不是一回事)虽然可以根据物价指数测定币值变动的大致情况,甚至可以用来作为保值支付的依据,但也不可能成为一种货币

---

① 王怡柯:《货币学》,第 242 页。

本位;其他几种则更是脱离实际的空想,都违背了"商品价值是无法计算的,只能通过货币间接地得到表现"这一商品生产和流通的基本原理。提出这些主张的学者因为看到用金属货币反映商品的价值有不够合理之处,想寻找一种更合理的计算方法,结果却是徒劳的。

第十九章
国民政府时期废两改元前的货币理论

1927年,蒋介石发动"四一二"反革命政变,成立了南京国民政府。国民政府成立后,不断进行反共和反异己战争,并没有实现国家的统一。

1929年,爆发了世界经济危机。经济危机对各国货币制度产生的直接后果是各国放弃金本位制。1929年12月,阿根廷等3国放弃金本位。1931年7月,墨西哥放弃金本位;9月,英国继之;接着又有15国放弃金本位,日本亦在其内。1932年,有5国放弃金本位。1933年4月,美国也终于放弃了金本位。

由于中国用银,国际银价下跌使中国物价上涨,对经济危机起了缓冲作用,因此,1931年秋以前中国的民族工业反而有所发展。资本主义国家放弃金本位制,实行通货贬值政策,银价因而上涨,对中国不利。加上1931年九一八事变日军强占中国东北、1932年一·二八淞沪抗战和长江流域大水灾,中国也陷入于经济危机中,物价下跌,商品滞销,企业倒闭,农村破产。

在这种危机四伏的经济形势下,中国实行了银本位制。国民政府原计划在1929年7月1日实行废两改元,没有成功。1932年夏,上海洋厘(银元的银两价格)跌到6.8钱,创两元并用以来的最低纪录,银元被大量熔毁。财政部遂于7月成立废两改元问题研究委员会,再一次将废两改元提上议事日程。1933年3月8日,财政部颁布《银本位币铸造条例》。条例规定银本位币一元重26.697 1克,成色88%,含纯银23.493 448克。旧有一元银币在一定期限内仍可流通。中央造币厂(即原来所说的上海造币厂,此时已建成)除铸造银元外,还铸造相当于1 000元含银量的厂条。向中央造币厂申请代铸银元或厂条的,须交纳铸费2.25%。3月10日,上海取消洋厘行市,银元每元按0.715两计算,以元为记账单位。4月5日,中央政治会议宣布于次日起全国废两改元。《银本位币铸造条例》的颁布,标志着中国正式进入银本位制时期。但这个条例没有规定辅币,是不完整的。按照条例铸造的银元一面为孙中山头像,一面为帆船图案,俗称"船洋"。

本章所涉及的币制理论,其主体内容都是在废两改元前即已提出的。有的提出者在废两改元后还继续宣传自己的主张,观点可能有某些变化,也一并在这里讨论。第一节是属于常规范围内的币制主张,是上一章第一节的延续。第二至第八节则分别讨论各种特殊的币制理论和主张,可分为两类:一是在金属本位制度的基础上提出新方案,提出者有寿勉成、刘振东和黄元彬;二是在纸币制度上做文章,提出者有刘冕执、胡召南、徐青甫、阎锡山等。后一类同1935年国民政府实行的法币政策并不是一回事,不能将它们等同。

各种币制理论和主张,都可以从两方面进行考察:一是理论本身是否正确,二是当时有无实行的主客观条件。前者我们分别在各节中讨论;而后者如果各节都要指出,就势必重复了。中国当时处在帝国主义的压迫下,日本还进行了军事占领和武装走私,统治集团贪污腐败,中央和地方矛盾重重。在这样的情况下,即使是正确的币制方案也难以行之有效,更何况有些币制方案本身就带有严重的空想性!这是我们考察任何一种币制理论都不能忽视的立足点。

这一时期出版的由中国人自著的货币学原理书,可以李权时的《货币价值论》为代表,在本章最后一节评述。

第一节 对于币制的一般意见

一般的币制主张仍然是银本位、金银并行本位、金本位、金汇兑本位等。

1928年六七月间,国民政府先后召开了全国经济会议和全国财政会议。全国经济会议在上海召开,有实业家、银行家、经济学家、会计师等参加。会上通过了《国币条例草案》《取缔纸币条例草案》《造币厂条例草案》《废两用元案》等。在南京召开的全国财政会议经审议后,也通过了这些议案。

对于采用何种币制,《国币条例草案》指出:"吾国现尚银、洋两用,无统一之国币;国债高积,无改革之基金;生活低下,无用金之可能。故凡金本位制、金汇兑本位制,在他国行之而效,在中国则障碍繁多,未能推行。"制定中国货币本位应该"陈义毋取过高,求其切实能行",因此要"以确定银本位佐以金券为入手,期于训政期内植其良基;以采行金本位为终鹄,期以宪政成时竣其大业"。考虑到"现行银币,其成色大抵含库平六钱四分零八毫,实等七钱二分银八九之规定,历年所铸成币当在三百兆元以上,为数既巨,流通亦广,人

第十九章 国民政府时期废两改元前的货币理论

习于用。设一旦废除,易以他项新币,无论青黄不接,易生金融恐慌,即新旧递遭,全国亦难免骚然。"①所以《国币条例草案》仍按照惯例,定银本位币含纯银量为六钱四分零八毫。对于废两改元,《废两用元案》指出:"欲解决本位制度,其第一步骤在乎统一货币单位。我国废两用元之说,久为经济界一致之主张,虚银单位实在天演淘汰之列。"②议案决定以一年为筹备期,以1929年7月1日为实施日期。当时国民政府的实力有限,这些决议通过后被束之高阁,币制依旧混乱。

全国财政会议以后,许多人写文章督促政府实行银本位制。徐裕孙指出:"银两不废,洋厘不灭,则银元本位制永无确立之机,故废两改元为整顿我国币制之初步。"他主张收回市场上流通的各种旧币。"若不限期收回,改铸尽净,仍任其与新国币同价流通,则新国币之制定非唯毫无意义可言,且因各币间难免发生贴水关系,将使银元本位制之基础随时有动摇之隐忧。"③他建议在调查应改铸的旧币总额的基础上,规定旧币通用年限,由国库负担全部改铸费用;如国库有困难,可以发行旧币改铸公债等。同时,严格禁止杂币进口。谦益也指出:"今幸统一成功,建设开始,货币之整理为重要建设之一端。"④他的货币整理包括废除银两,回收旧币,发行新货币,设立上海造币厂和实行主辅币之间的十进位制。他还强调"货币之铸发权,应归国家所独占,乃为颠扑不破之原则"⑤。

1929年2月,静如指出:"按推翻银本位,创设金本位或其他本

---

① 全国经济会议秘书处编《全国经济会议专刊》,商务印书馆1928年版,第115页。
② 同上书,第138页。
③ 徐裕孙:《旧币改铸问题》,见陈度编《中国近代币制问题汇编·币制》,第923页。
④ 谦益:《论整理货币应有之办法》,同上书,第927页。
⑤ 谦益:《论国家与货币铸发权之关系》,同上书,第933页。

位制,固为改革币制;而扩清现行一切纷歧复杂病商虐民之货币制度,厉行有秩序的银本位制以暂维现状,亦未始不可目为改革币制。"不管如何改革,"而扫除现在一切不良币政,整齐而统一之,要皆为币制问题之先务"。他特别批评了军队对币政的破坏,指出:"从来货币紊乱上所感受最大痛苦者,不在一二奸侩之私铸,实在于军队中之公开的私铸。"军阀还"视为钞票为筹款工具","其势激而其值浮",造成了纸币的严重贬值。①

上海银行公会认为:"以世界潮流之趋势,与国内外贸易之情况而言,我国币制,亟应改用金为本位,固属确切不易之论";但首先要"速谋全国银币统一,使全国币制先有整个之单位,然后循序前进,至相当时期,再由政府确定金银比价,准备用金"②。该会提出铸币权只归中央造币厂,中央造币厂成立后,全国各地的造币厂应通令一律停铸。

1928年,国民政府邀请美国普林斯顿大学教授甘末尔(Edwin Walter Kemmerer)调查中国财政和货币流通等情况。这是中国自清末以来第三次请外国专家来设计币制改革方案。次年2月,甘末尔和专家六人及助手、秘书等一行来华,成立设计委员会。经过九个月的考察,设计委员会于11月向财政部长宋子文提交了《中国逐渐采行金本位币制法草案》(*The Project of Law for the Gradual Introduction of a Gold Standard Currency System in China*)。草案共40条,并附有长篇的理由书。财政部直到1930年3月才予以公布。

草案提出中国货币单位应含纯金0.601 866克,定名为一"孙"

---

① 本段引文均见静如:《训政时期之货币问题》,见陈度编《中国近代币制问题汇编·币制》,第937—938页。
② 上海银行公会:《金贵银贱与改革币制议》,见同上书,第939页。

(Sun),记号为 S。其价值相当于美金 0.4 元,英金 1 先令 7.726 便士,日金 0.802 5 元。实际流通的是银币,银孙一元重 20 克,成色 80%。不铸金币,银孙及各种辅币均可兑换生金或金汇票。设立金本位信用基金,其数额不少于货币流通额的 35%。基金分两部:第一部设国外,第一步设纽约和伦敦;第二部设国内,必要时可用于铸造新货币。实行金本位制的顺序为:① 金本位币制通行日,至少于实行的前 60 日在一省或数省公布(金本位制要逐步推广,先在一省或数省实行)。② 金本位法币日,于通行日的一年以后,并至少在六个月以前公布。金本位法币日以后一律按金本位法币收付。③ 债务换算日,可以在金本位法币日的同日或以后,也至少在六个月以前公布。草案还拟定了实行金本位的间接计划和直接计划以供选择。前者以银本位制为过渡方法,后者则无此过渡方法。设计委员会主张采用直接计划。这种金本位仍然是金汇兑本位。

1930 年,由于银价进一步暴跌,币制讨论更形热烈。1 月,马寅初继续提出对虚金本位制的批评(当时甘末尔方案尚未公布,他可能已知道内容)。批评的内容有五:① 如果政府不守信用,可能因财政困难而增铸银币不已。② 各地军阀可能利用原有造币厂铸造新银币。③ 民间伪造银币难以避免。④ 日本浪人可能伪造银币偷运入境。⑤ "虚金本位制之最大缺点,即将此制之枢纽(金准备)存贮外国。……万一此国为吾之敌国,直接可以扰乱我金融,间接可以致我死命,言之寒心。"[①]他认为中国要改革币制,除采用金本位外别无他法。不过,几个月后他又认为中国必须"速采虚金本位

---

① 马寅初:《对于金贵银贱之意见》,见陈度编《中国近代币制问题汇编·币制》,第 949 页。

以安定币值"①。主张金本位制的还有贾士毅(1887—1965)、刘大钧(1891—1962)等。但 10 年前主张采用金本位的俞寰澄则认为银价过低,实行金本位制的时机已失,转而对实行此制持反对态度。

1930 年 1 月,诸青来发表《采用金银并行制》②,重申他在 1917 年的主张。他考虑到银价比当时已大为降低,因此改定金圆含纯金 0.747 克,银圆含纯银为 23.902 480 8 克(即袁头币的含银量),两者之比为 1∶32。

同时,张家骧则提出以跛行本位制作为实行金本位制的过渡。在实行跛行本位以前,政府先铸造十元、二十元的金币,兑换时用换币费进行调节。"将来一面渐积金币,一面推广行用,而择金银比价在与三十二相近之时,宣布改用跛本位,停止一圆银币自由铸造。或径将此银币逐渐收回,以纸币代之。"③

在 1919 年提出"币制问题治标策"的陶德琨于 1930 年一二月间作《币制改革中之"金单位"问题》上篇④,次年又作《金本位救国方案与"金单位"建国计划》⑤,陈述自己关于金单位主张的要点。他主张进一步缩小金单位,一金单位含纯金 0.375 克或 0.376 克,前者约合美金 0.25 元,后者约合日元 0.5 元,认为这样同中国大多数人民的生活程度相近。金单位的名称定为"金"或"金钱"。1930 年 2 月海关改以金单位⑥征税后,实际仍折银征收,陶德琨认为不应折银。此外,他还提出发行金汇兑券,制定金汇兑券条例,组织筹

---

① 马寅初:《救济银荒非亟采虚金本位不可》,见陈度编《中国近代币制问题汇编·币制》,第 1282 页。
② 诸青来:《求是斋经济论集》,中国图书服务社 1938 年版,第 159—163 页。
③ 张家骧:《金潮与我国币制本位问题》,见陈度编《中国近代币制问题汇编·币制》,第 972—973 页。
④ 陶德琨:《币制改革中之"金单位"问题》上篇,1930 年版。
⑤ 陶德琨:《金单位救国方案与"金单位"建国计划》,见同上书,第 1403—1422 页。
⑥ 海关金单位的含金量即甘末尔方案一孙的含金量。

备国际汇兑银行,中央造币厂改铸金锭等。

第二节　寿勉成的科学银圆本位论

寿勉成(1901—1966),原名襄,字勉成,又字松园,浙江诸暨人。1921年,毕业于复旦大学;后到美国留学,获华盛顿大学经济学硕士学位,又入哥伦比亚大学研究院学习;1927年回国,任复旦大学、安徽大学教授;1929年,任中央政治学校社会经济系主任;1936年,任该校合作学院院长;1939年起,历任合作事业管理局局长、中国合作事业协会理事长、国际合作联盟执委等;1946年,任中央合作金库总经理;1949年去香港;1951年6月,回内地定居。著作有《中国经济政策论丛》《世界币制问题》《合作经济学》等。

寿勉成讨论币制的文章主要有三篇:①《我国经济改造声中的货币问题》,1927年8月发表;②《从金价问题说到钱币革命》,1930年7月发表;③《我国钱币政策之检讨》,1934年12月发表。三文都编入《中国经济政策论丛》,正中书局1936年出版。

在《我国经济改造声中的货币问题》中,寿勉成将中国的币制改革分为三个时期:第一时期是改革时期,实行废两改元和十进位制;第二时期是改良时期,维持物价和约束外汇;第三时期是改造时期,实行纸币流通制度(文中称为"纸币本位")。

先说第三时期,寿勉成用货币数量论来解释货币的价值,他说:"我们要相信不换纸币之确有做通货的资格,一定要先相信货币的数量说。就是要相信货币价值之随其数量而涨落。"[①]他举了西方从洛克、李嘉图到费雪、甘末尔等学者,指出他们"都相对地承认这

---

① 寿勉成:《中国经济政策论丛》,正中书局1936年版,第257—258页。

个学说"①。因此他说:"假使我们都相信数量说的理由是充足的,那末金可以作货币,银可以作货币,纸也可以作货币;只要能约束数量就行。"他批评金本位论者说:"他们偏重在金货与货币的比量;殊不知货币真正的功用在便利交易。物价是物物供求比较的结果,初非货物与金币所含纯金比较而得;所以货币是货物的佣役,不是货物的主人。"②把货币看作流通手段,从而得出货币价值由本身数量决定的结论。控制不换纸币的数量的确可以改变物价,只是纸币数量和物价的关系很复杂,绝不是费雪、甘末尔的简单公式所能表达的。

寿勉成论述了不兑现纸币的优越性,主要有:金银产量有限,兑现纸币不能随需要而自由伸缩;金的产量时有变化,产量的变化会造成物价的波动;"实币的花纹简单,纸币的花纹复杂,故纸币之伪造远较实币为难"③;开采金银矿产都很花钱,用金是一笔靡费。

但这并不等于中国可以立即实行纸币制度,寿勉成认为这"至少要到数十年或数百年之后才能实现"④,所以先要完成第一时期和第二时期。第二时期就是维持银价的稳定。他说:"能够约束银的产额就是能够约束它的价格。这是维持银价的治本方法。……此外,为治标计,奖励银制艺品,或禁止银货输入,亦非绝对不可。"⑤但是实现这一治本办法是非常困难的,所以寿勉成又提出可以通过控制银元的数量以维持银元的价值。根本的办法就是不实行自由铸造政策。此外还可以仿效美国中央银行的公开市场业务

---

① 寿勉成:《中国经济政策论丛》,第 258 页。
② 同上书,第 260 页。
③ 同上书,第 261 页。
④ 同上书,第 262 页。
⑤ 同上书,第 267—268 页。

(买卖票据)和英国经济学家霍屈莱(Ralph George Hawtery)、凯恩斯(John Maynard Keynes)所主张的票据贴现政策,以调节货币数量及物价。他主张将各种票据分类,对不同行业的票据实行不同的贴现率。实行政策的根据则是物价指数。

在对外汇价方面,寿勉成以瑞典经济学家卡塞尔(Karl Gustav Cassel)和英国凯恩斯的购买力平价学说为理论指导进行分析。他写道:"从长期的变动方面观察,我以为这个学说是很对的,因为我们要买外国货币大都为要买外国的货物。假定二元华币等于一元美金,那末只要二元华币常常能够买到同量的货物,美国的商人就会常常愿意拿一元美金来换二元华币。假使中国的物价涨起来了,他就不肯了,他就要换二元以上的华币了。所以我们既然已经把物价设法镇定,外汇问题也就有一大半解决了。"①实际上决定汇价的原因很复杂,不是购买力平价一个原因所能决定的。

为了维持外汇稳定,除了从根本上保持国内物价稳定外,还必须控制进口,增加出口。寿勉成说:"所以只要能增加在国外的债权,就可以维持银两的金价。拿货物或劳力多运些到外国去便可以达到这个目的。"②同时,还要节制进口,留心对外债务,减少金币汇票的需要。为了维持汇价,中央银行还应有金、银准备,通过买卖金银以调节比价。

寿勉成把第二时期的币制称为"科学的银圆本位制",它不同于银本位制,也不同于金汇兑本位制。他举出和金汇兑本位制的10点不同,主要是两者的货币本位不同,维持国内价格和外汇价格的重点不同等。他主张以实行1914年的《国币条例》为起点,进而实行科学的银圆本位制。在方法上,"对外应该加入如何维持汇价的

---

① 寿勉成:《中国经济政策论丛》,第280页。
② 同上书,第281页。

规定,对内又应该加入如何编制物价指数的规定。至于实行自由铸造规定,则应作为罢论。"①

在《从金价问题说到钱币革命》中,寿勉成再一次指出要实行科学的银圆本位制。他批评金本位说:"所谓金本位的意义,就是要拿金子的价值,做一切交换价值的标准,把钱币看作货物一样,这是最不科学的一种钱币观念!其实金子本身的价值,既不稳定,又怎样可以做别种价值的标准呢?"②他强调理想的钱币是纸币,这不仅为西方一些学者的最近主张,而且也是孙中山的学说。所以中国现在用不到采用过渡到金本位制的办法,而是要"实行废两改元,节制钱币数量,提高中央银行的地位,积蓄生金及金币的准备专作外汇之用,同时尤应研究钱币革命,以求其有实现的可能,庶几举国上下,不致以可贵的精神与时间,完全为金本位而牺牲矣"③。

在《我国钱币政策之检讨》中,寿勉成进一步把科学的银圆本位称为"管理银圆本位"。他指出这种管理银圆本位和外国实行的管理本位不同,因后者"类多完全停止兑现,此在我国,则尚非其时"④。他还主张实行有计划有限度的通货膨胀政策,以发展出口贸易和刺激生产。为了节省硬币,可以改纸币的准备为银条。他说:"夫硬币之铸造,原系一种浪费,理应革除,但纸币如全无金属之准备,在理论固无不合,而在我国今日之社会,则必窒碍难行。故准备虽不便取消,而以银条代替实银币,使不得为零星之兑现,当非绝不可能之事。"⑤

所谓科学的银圆本位制,就是对银元进行科学的管理,通过控

---

① 寿勉成:《中国经济政策论丛》,第289—290页。
② 同上书,第339页。
③ 同上书,第341页。
④ 同上书,第303页。
⑤ 同上书,第301—302页。

制它的流通数量来使之成为脱离本身价值的价值符号。道理和不兑现纸币流通相同,某些方面也和金汇兑本位制相同。在金汇兑本位制下,银元也是价值符号,不过是金的价值符号。科学的银圆本位制下的银元则不与金发生固定的比价关系,不是金的价值符号,银元的对外汇价要通过国家的外汇管理来解决。

寿勉成因认为流通不兑现纸币的时机尚未到来,故主张以银元为价值符号。但控制银元数量比控制纸币数量更难。在银价下跌时,银元的名义价值高于它的实际价值,这时要防止伪造。在银价上涨时,银元的名义价值低于它的实际价值,这时就要防止银元被收藏、销熔或外流。特别是对于后者,政府基本上是无能为力的,结果必然导致通货紧缩,物价下跌,同银本位制下的情况相似。这还不如金汇兑本位。因金汇兑本位下银币的名义价值比它的实际价值要高得多,为银价的上涨留有相当余地。尽管这余地也是有限度的,但比起科学的银圆本位来总要好得多。所以即使撇开国民政府本身的条件不说,仅从货币制度来考虑,科学的银圆本位也不足以摆脱银价波动的影响而成为一种稳定的货币制度。

第三节 刘振东的有限银本位论

刘振东(1898—1987),字铎山,山东黄县(今龙口)人。曾留学美国和英国;1927 年回国,初在中山大学、中央大学任教;1929 年,任中央政治学校财政系主任。1935 年,任该校教务主任兼研究部主任,同年任立法委员;1942 年,任烟类专卖局局长;1945 年,任财政部全国财务人员训练所教育长;1946 年,当选为"国民大会"代表;1947 年,任全国经济委员会委员兼中央银行研究处处长,并获少将军衔。1949 年,去台湾。著作有《中国币制改造问题与有限银本位制》《中国所得税问题》等。

《中国币制改造问题与有限银本位制》于1934年由商务印书馆出版,其中绝大部分是刘振东写于1930年的关于币制之作。他主张中国实行"有限银本位制"。他解释这种币制的命名说:"这种新币制,可以叫做有限银本位,可以叫做虚价银本位,也可以叫做理想银本位或统制银本位。但是我以为'有限银本位'这个名词,比较适当,且不会使许多人望之生畏惧心,所以就叫它'有限银本位'。"[1]

实行有限银本位制的方法有以下几方面:第一,废两改元,改铸新辅币,以统一币制。第二,统一造币厂及废止自由铸造,以限制银元数量,使银币价格和银块价格完全分开。第三,禁止生银进口(如银价上涨则禁止出口)及银矿国营。第四,统一纸币发行权,禁止外国纸币在中国流通。

刘振东解释有限银本位制的理论根据有三:① 银币与银块可以判为二事,银币是货币而银块不过是一种货物。② 货币数量学说。他也像寿勉成一样举出西方一些著名的货币数量论者,并指出:"这个学说,以为假使货币流通的速度不变,贸易额量亦不变,则社会上的物价的变动,与在社会上流通的货币数量,成一正比例,即货币的价值,与其数量,成一反比例。……在过渡时期物价的变动,容或走到这个定律以外,但在平时,则此定律为牢不可破。"[2]③ 购买力平价学说。他说:"这个学说,在百年前英国的学者黎嘉图(李嘉图)已略发其端倪,至最近经加塞尔教授的发挥光大,乃深得一般人的重视。"[3]他认为:"外国商人和中国贸易,彼此间只有买卖货

---

[1] 刘振东:《中国币制改造问题与有限银本位制》,商务印书馆1934年版,第31页。
[2] 同上书,第47—48页。
[3] 同上书,第48页。

物,或赊欠款项。在平常的时候,两国的国外汇价以货币在本国的购买力为标准。"①"要想使本国的理想货币在国际市场中能保持相当的价格,使其国外汇价不跌到购买力平价以下,须先使其在本国的价格——购买力——稳固,要想使其在本国的价格稳固,须先保持政府的信用,不任意增加货币的数量。"②

实行有限银本位制的好处,刘振东共举出11条:① 如果行金本位或金汇兑本位,要有五六亿以上的金准备,实行有限银本位制可以节省大宗款项,使中国的货币改造很容易取得成功。② 政府用贱价的银块铸高价的银币,不但可以减少财政上的负担,反而可以开辟一正当的新财源。③ 货币是社会财富的一部分,实行有限银本位制可以凭空增加货币,即凭空增加中国的富力。④ 国外汇价以购买力平价为标准,比金本位制或金汇兑本位制容易维持。⑤ 政府可以估计社会上的需要而增减货币数量,可以使币值稳固,物价无暴涨暴落的恶现象。⑥ 可以造成理想的有伸缩性的货币制度,保持社会上经济的公平,许多社会问题可解决于无形之中。⑦ 操纵货币数量,可以辅助信用监督政策的成功。⑧ 不仅适合国情,而且对国际贸易有利无弊。"当我国对外贸易入超之时,外人不肯在购买力平价上接受我国之银币,而银币价跌,则洋货价高,而输入减少。但我国出超之时,却可以尽量接收外国的金币,因为金币为实价货币,可以在任何地方,于任何时间,将金币卖出,而不受若何的损失。"③⑨ 国外汇价以购买力平价为标准,可以使中国物价不受世界物价的影响。⑩ 可以限制帝国主义国家对中国的经济侵略,不像金本位制那样有利于外国的经济侵略。⑪ 促进中国经济

---

① 刘振东:《中国币制改造问题与有限银本位制》,第41页。
② 同上书,第43页。
③ 同上书,第58页。

和国际贸易的发展,可以救中国之危亡。

以上各条,有些确是实行有限银本位制的好处,有的则只是出于想象。例如第四条说货币是社会财富的一部分,增加货币就是增加富力,就显然不能成立。货币金属是社会财富的一部分,但提高货币金属的名义价值并不能增加一国的财富。如果名义价值都是财富,则增加纸币发行也是增加财富了。对国际贸易的分析也是有错误的:中国的虚价银币只在国内有效,怎么能用之于对外贸易呢?中国即使不以黄金为货币,在支付国际收支差额时仍然要动用黄金,除非中国限制进口,可是如果限制中国必需的商品进口,又不利于中国经济的发展。此外,如保持社会上经济的公平,限制帝国主义的经济侵略,可以救中国之危亡等,则更是虚夸之言。

刘振东把货币进化史分为三大阶段。第一阶段是复货制度,是用多种货物作为交易的中介。第二阶段是货币制度,即使用金属货币的时期。第三阶段是将来的理想的货币制度,即实行"纸币本位制度"。他说:"百余年来,远识之士已参透货币学理的精义,而认为货币材料不必须为金银之实货,纸币本位,实为最高的理想。"[①]但现在纸币制度还不能实行,所以"有限银本位,才是第一个理想货币制度,才是第一次将货币与货物完全划分","再进一步或两步,于数十年或数百年后,便可以走到纸币本位的理想了"[②]。所以推行有限银本位制"无形中可以完成钱币革命之大业"[③]。

有限银本位制和寿勉成的科学的银圆本位制很相似,但刘振东声明他事先没有看到过寿的文章,看过以后又强调了两种本位制的区别。他说两种主张"根本上绝对相反"的有三大端:一是他主张

---

① 刘振东:《中国币制改造问题与有限银本位制》,第 71 页。
② 同上书,第 66 页。
③ 同上书,第 122 页。

虚价货币,而寿主张实价货币;二是他主张将银块和银币判为二事,寿则认为银价和币价有关,所以主张采取措施维持银价不使下跌;三是他主张只靠购买力平价维持汇价,寿则主张操纵金价、银价、外汇价格、银币汇价四种东西①。实际上,第一条区别是不存在的,所谓科学的银圆本位就是要使银元脱离银价,也属于虚价货币。第二、三条只是程度的区别,刘振东的脱离银价主张更彻底些。应该说两者是属于同一类型的货币制度。

有限银本位制也同科学的银圆本位制一样,比较容易在银价下跌的情况下实行。有限银本位制就是针对银价下跌而提出来的。如果银价上涨到使银元含银量的实际价值超过银元的名义价值,即使禁银出口也没有用,因为银元可以被收藏。而且,国民政府也没有能力禁止外商银行运银出口和日本侵略者的武装走私活动。

第四节 黄元彬的物银矫正策

黄元彬(1893—1956),广东台山人。1927年,任国民政府劳工局秘书;1928年,任立法院秘书处秘书;1930年,由广东省政府提供经费,游历欧美31国,考察各国工农业情况;1931年回国后,任中山大学教授,将考察结果写成若干意见书发表;1938年,任国民参政会参政员;1940—1941年,任广东省政府委员;1947年,被聘为全国经济委员会委员;1948年,任立法委员。新中国成立后,任中国人民银行总行参事。著作有《银问题》《白银国有论》和《国际金融论》等。

《银问题》全名为《游欧美后第一意见书银问题》,广东图书消费合作社1931年出版。黄元彬在其中提出了实行"矫正作用的银制"

---

① 刘振东:《中国币制改造问题与有限银本位制》,第68页。

的主张。《白银国有论》由商务印书馆于1936年出版,其中"矫正作用的银制"已改为"物银矫正策"。书中还根据美国实行白银政策后的形势变化,又把"物银矫正策"发展为"物汇矫正策"。

黄元彬将国际上的金银贵贱分为金贵、金贱、银贵、银贱四种情况,以物价为衡量标准。他说:"金对银之购买力,较大于对物之购买力,其较大之部分,谓之银贱;较少于对物之购买力,其较少之部分,谓之银贵。故银价随其他物价同降,则为金贵,而非银贱;若银价离其他物价而独降,其独降之部分,则为银贱,而非金贵。"①他分析了1871年以来60年间的世界银价,认为只有银贱而从未有银贵,这对中国产业的发展是有利条件。他说:"由此观之,在此六十年之间,有金贵,有金贱,亦有银贱,而独无银贵!我国产业,固步自封,当此世界两次工业革命之狂澜,尚能苟延残喘者,此六十年银价史中,从无银贵,以为自然保障也。苟银价史中,有一次稍为长期之银贵,则我国产业,自不堪设想!"②

总之,黄元彬认为金银贵贱对中国的影响,"金贵无利而害小,银贱害小而利大,金贱无害而利小,银贵利小而害更大"③。因此,决不能实行"金本位或以金为基础之任何本位"④。他指出:"在吾国现状之下,以安定国内物价,及保障原有产业新兴工业,为吾国当务之急。若改行金制,适足以此供安定汇价之牺牲。"⑤但用银也有缺点,不能避免银贵银贱之害,币制改革应解决这一问题:"故去现制与金制之特短,存现制与金制之特长,使世界经济循环之影响,既不能波及于吾国物价及原有产业与新兴工业,更不能波及于吾国国

---

① 黄元彬:《银问题》,广州图书消费合作社1931年版,第3—4页。
② 黄元彬:《白银国有论》,商务印书馆1936年版,第5页。
③ 黄元彬:《银问题》,第140页。
④ 同上书,第153页。
⑤ 同上书,第156页。

民生活,乃为吾国币制改革之最大目标。"①根据这一目标,黄元彬主张实行"矫正作用的银制"即"物银矫正策,使银本位制进于科学化,以保障吾国产业,而阴受其利"②。

黄元彬认为:"盖金银之为物,能为交易之良好媒介,而不能为价值之良好标准,故交易之媒介,无论何种改革制度,终不免于用金用银,或其代表物(如纸币支票等)。而价值之标准,欧美学者,已有发现鸡旦(蛋)毛毡两物,尚较金银为安定,而有鸡旦本位毛毡本位之名称。依一般之研究,一物本位,不若两物本位之安定。两物本位,又不若多物本位之安定。而多物本位,无自实现,须依物价指数以实现之,故又可称为物价指数本位。"③物银矫正策是物价指数本位的一种。

物银矫正策要靠国际力量来实行,而不是中国一国的政策。其方法是,在伦敦设一统计局,由产银和用银国共同组成。选择英、美、加拿大三国可靠的物价指数各一种,并根据纽约或伦敦市价,编制中国、印度、墨西哥大宗输出入商品物价指数各一种。根据上述六种物价指数编制最近几个月的平均指数或特种物价指数,作为物价指数的基础。再以最近几个月平均伦敦银价(英国停止金本位后改用纽约银价)作为银价指数的基础。以一点或两点为一级。如物价指数升一级,由统计局通知伦敦银市,将银价指数亦升一级。余类推。这样,银价和物价成正比例变动,银价和金的价值则成反比例变动。

黄元彬认为,这样做可以避免用银国发生经济恐慌并保持物价的稳定。因为国际上以金计算的物价如有变动,银价也随之而变

---

① 黄元彬:《银问题》,第157页。
② 黄元彬:《白银国有论》,第56页。
③ 黄元彬:《银问题》,第158页。

动,即用银国的对外汇价也随之而变动,两相抵消,则用银国的物价仍保持稳定。他举例分析如下[①]。

(1) 美国羊毛涨价前的算法。

X＝美国羊毛输入中国的银币价格

羊毛每担在美价格＝20(美金)

中美汇兑＝30(每规元百两的美汇)

$$\therefore X = \frac{100 \times 20}{30} = 66\frac{2}{3}(规两)$$

(2) 美国羊毛涨价后的算法。

X＝美国羊毛输入中国的银币价格

羊毛每担在美价格＝24(美金)

中美汇兑＝36

$$\therefore X = \frac{100 \times 24}{36} = 66\frac{2}{3}(规两)$$

(3) 中国生丝在美涨价前的算法。

X＝输出生丝每磅所得的银币价格

中美汇兑＝30

生丝每磅在美价格＝4(美金)

$$\therefore X = \frac{100 \times 4}{30} = 13\frac{1}{3}(规两)$$

(4) 中国生丝在美涨价后的算法。

X＝输出生丝每磅所得的银币价格

中美汇兑＝36

生丝每磅在美价格＝4.8(美金)

$$\therefore X = \frac{100 \times 4.8}{36} = 13\frac{1}{3}(规两)$$

---

① 黄元彬:《银问题》,第164—165页。

第十九章　国民政府时期废两改元前的货币理论

以上两例说明,无论资本主义国家物价上涨或下跌,中国的进出口商品都可保持价格的稳定。资本主义国家有周期性的经济危机,用这办法可以使经济危机不致波及中国。至于物价波动的国内原因,黄元彬指出变动之势极微,只要"另筹米价安定之法,国内物价,已可解决一半"①。他认为物银矫正策是中国解决币制问题唯一可行的对策,实行其他方案都会有严重弊端。

实行物银矫正策,必须同产银国达成一致行动的协议。对此,黄元彬指出:"美墨产银诸国,如狃于目前利益,出于抬高银价之举,不顾吾国之合理提案,吾国应以改行金制为最后之手段,使世界银矿,半归破产,益非产银国所能堪,自能与我同其利害,拥护吾国之提案矣。"②这是一种天真的想法。

银价据物价指数决定,而物价指数是综合多种物价的指数,它不一定符合每一种商品价格的情况。马寅初在当时就曾指出:"矫正物银,以输出入物价指数为根据,但物价指数,系一种平均数,与个别物价,未必相符。譬如其所根据之物价指数系由八十种物价编制而成,其中如有五十种涨价,三十种跌价,物价指数所表示者为上升。倘照物价指数以矫正物银,则跌价之三十种货物,必更吃亏。"③这确是物银矫正策难以顾及的问题。

1933年,美国实行提高银价政策。黄元彬说这是60年以来所从未见过的银贵。他提出了两个对策:一是征白银出口税,二是禁银出口。

对于征银税,黄元彬提出征银的目标不在稳定金银比价(即按国外银价的上涨程度征税,使运银出口无利可图),而是仍以稳定物

---

① 黄元彬:《白银国有论》,第98—99页。
② 黄元彬:《银问题》,第170—171页。
③ 马寅初:《中国经济改造》,商务印书馆1935年版,第580页。

价为目的,即将上述物银矫正策的原则运用到银税的方面,叫作"物银矫正的银税"。

物银矫正的禁银是指"禁银出口,而置信用于纽约伦敦,为汇价之调剂"①。即根据世界物价的变动情况,算出物银矫正的汇价,出卖外国汇票。他认为这一办法比征银出口税更好,所以在1935年1月放弃了征税的主张,专主物银矫正的禁银。

1935年11月4日实行法币政策、白银国有以后,禁银成了现实的政策。但法币政策规定固定对外汇价,特别是英汇。黄元彬认为固定汇价的办法会使中国卷入世界经济恐慌,应牺牲汇价稳定以保持物价稳定,即实行他所主张的物银矫正策。因为白银已不是货币,所以他把物银矫正策改名为"物汇矫正策"。

考虑到固定汇率已成国策,黄元彬只得退而求其次,强调实行物汇矫正策的主要作用在防止受世界经济恐慌的影响。他说:"苟无世界经济恐慌物价大跌的事……无论施行何种方式的汇兑制度,都没有甚么大害。若在经济恐慌物价大跌的时候,我相信:除了我的物汇矫正策以外,都非善计。我更相信:无论何国,无论事前事后,都要袭用我的物汇矫正策的精神。"②他力图为物汇矫正策保护一块最后的阵地。

讨论汇价,必然要涉及购买力平价学说。黄元彬对这一学说提出了修正。他认为刘振东的有限银本位制的"最大疏漏之点,即在为此制对外汇兑基础之购买力平价,不若刘氏所论之简单"③。他指出卡塞尔在1918年提出购买力平价说,1924年法国阿夫达利昂(Albert Aftalion)教授又提出了汇兑心理说,认为"两国间之汇价,

---

① 黄元彬:《白银国有论》,第121页。
② 同上书,第239页。
③ 同上书,第48页。

不外基于吾人对于两国货币所期望之比例而定"①。阿夫达利昂分析影响期望的要素有货币的购买力、对外支付力、对外增殖力、对外保存力及财政政策、汇兑政策等，总称为质的要素；同时还有量的要素，为国际贷借和资本移动。量和质的结合决定人们对汇兑的评价。

黄元彬认为这两种学说及欧战前风靡一世的国际贷借说，都有一面的真理，也都有缺点。他认为只有购买力是质的要素；阿夫达利昂所说的其他要素都是量的要素，最后结果都表现在汇价的供需上，即表现在国际收支上。因此他提出"国际收支的购买力平价说"，说这是"折衷于上举三说，取其所长，弃其所短，并加以修正"②而成的。他的基本观点就是购买力决定汇价的中心，而所有量的要素则使汇价随中心而上下摆动。"故质的要素，为独立要素，量的要素，为附属要素，不能离质的要素所决定之中心，而单独决定汇价"③。不过，黄元彬也承认他的"国际收支的购买力平价说，在今日各国关税贸易政策之下，亦仅存理论上之价值，而无实际上之价值"④。所以就实际而言，他认为还是用物汇矫正策可以解决问题。

第五节　刘冕执的能力本位论

刘冕执(1872—1944)，字闻畏，湖南湘潭人。曾被选入京师大学堂学习。光绪二十九年十二月(1904年初)，被派往日本留学。宣统元年(1909年)，毕业于东京帝国大学。回国后授翰林院编修，

---

① 黄元彬：《白银国有论》，第210页。
② 同上书，第216页。
③ 同上书，第217页。
④ 同上书，第227页。

任度支部币制调查局编译帮办。1913年,任北洋政府财政部币制委员会专门委员。后任财政部参事、参议院议员、国民政府文官处参事等职。全国性抗日战争爆发后避难回湘。

刘冕执原来主张实行金银并(合)行本位制,本书第十八章第一节已作过介绍。从1921年起,他放弃了原来的币制主张,经过六年的思考,于1927年出版《能力主义与能力本位制》(又名《力融学》),提出了实行"能力本位制"的理论和主张。1928年出版的《钱币革命实行方案汇览》、1930年出版的《统一中国的新经济政策》(两书内容有重复),也都是有关能力本位制的论著。这些书再版时都做了补充,各版内容不尽相同。1933年,他又写了《能力本位制确有护党救国安内攘外之四大效用》长文,作为单行本出版。当时他的身体已很衰弱,所以在书的封面上表示,这是他"文章报国"的最后一篇,"从兹搁笔,专让后贤"。

刘冕执不仅著书立说,而且积极进行活动。1930年11月召开全国工商会议时,他提出了《提议请政府实行官办钞券交换法案》提案。1931年11月国民党举行第四届全国代表大会,他又向大会提出实行能力本位制和发行国币代用券的建议,得到中央委员蔡元培、张继等的支持,提出择地试办国币代用券的议案。1932年,南京成立了中华钱币革命协进会,出版《钱币革命》月刊。这一年他的支持者刘子亚向湖南省主席何键和财政厅长张开琏建议,聘刘冕执到湖南宣传他的主张。1933年,钱币革命协进会湖南分会成立,省政府决定以平江、浏阳两县为试验区,但并未实现。1934年,国民党举行四届四中全会,刘冕执、刘子亚向全会提出实行钱币革命建议,中央委员会焦易堂、张继、陈肇英等30余人也提出实行钱币革命议案。四中全会决议交中央政治会议研究,无结果而罢。时任上海钱业公会会长秦润卿在报上发表反对意见,引起争论。而江苏、安徽、江西三省有24县的"公民代表"450余人先后到南京请愿,要求实行能力本位制。1935年后,刘冕执不再外出活动,但刘子亚仍继续鼓吹,并将能力本位论发展为物工化币论(见后)。

所谓能力本位制,就是取消金属货币①,实行纸币制度,只不过这种纸币是按照所谓"能力"发行的,称为"能力通用券"或"国币代用券",还一度称为"官办钞券"。刘冕执把他的主张说成孙中山钱币革命思想的体现,实际上无论货币理论还是具体主张,他都和后者有很大区别。如孙中山一贯主张对外开放、利用外资,刘冕执却说利用外资是孙中山在钱币革命主张无法实现时的不得已的对策,因此强调只要实行能力本位制,就能解决资本问题,就不需要再利用外资了。他抓住孙中山的个别论点,将它片面地发挥,从而得出了许多错误的结论。

刘冕执提出能力本位制,是想摆脱金属货币的束缚。他说:"夫金钱死物也,能力吾人之至灵者也。以吾人至灵之能力,而受制于金钱。今人辄言解放,于此死物之束缚尚不能除之,其所谓解放者安在?"②分析他所说的"受制于金钱",包含有两层意思。

第一层意思是量的方面,指受金属货币数量不足的限制。刘冕执原来主张金银并用,现在又主张取消金银的货币资格,是因为他认为中国的存银已经越来越少。他分析说,民国以来的20年间入超60多亿元,找出了金钱60多亿元。民国元年(1912年)以前的

---

① 对于取消金属货币,刘冕执前后的主张有变化。在写于1930年的《我如何将统一中国的新经济政策发表出来》一文中,他觉得废除金钱阻力太大,又说不废除也可以,"只要法律上说是代用券与金钱价格一律,不准申水贴水,即便够了……金银货币之外,再加一种货币,这不是锦上添花吗?"(《统一中国的新经济政策》,1930年5月版,第1、2页)这样做,不仅不利于国币代用券的流通,而且违背了他自己的理论。笔者仍按原来取消金银货币的主张来分析他的货币理论。

② 刘冕执:《能力主义与能力本位制》,中华钱币革命协进会1933年订正第3版,第15页。

60多年间也应找出几十亿元。此外还有赔款及将现银存到外国银行或送往国外的情况。所以"本国的金钱已经是快要干了。据去年(1931年)《商业日报》耿爱德调查,中国现在的现金只有十七万万零七百余万元。到今年还有入口超过出口五万万余元,恐怕连十七万万都不够了。比较从前的现金,不过只剩得十分之一了。你看一国的金钱被外国吸去了十分之九,自己只剩得十分之一,这国家焉得不穷咧。"①按照中国4.5亿人口来计算人均白银占有量,中国每人分不到4元钱。"一个人只有四块钱的筹码,就是斗一桌小牌也不够周转。况且各种生产事业,都要集合大资本的,都是要很多筹码的,岂是一个人拿四块钱筹码,可以入局的吗?"②而如果发行代用券,"只算每人平均五十元,约计总额也是二百万万"③。

影响金属货币数量的原因还在于窖藏。刘冕执说:"盖货币本为流通之用,若筹码然。乃国中财奴,因筹码为金钱构造之故,窖藏者多。以致不敷周转,社会经济因之枯竭。"④实行"能力本位之目的,取其不耐久而不便储藏"⑤。这就不会再发生因货币被窖藏而使数量减少了。

金属货币数量不足会妨碍经济的发展,因此转变为纸币流通有其必然性。但刘冕执的算法有问题,贸易入超不等于相同数目的现金出口。事实上,在1909—1931年,除1913—1916年外,中国的白银一直是入超的,根本不存在一国的金钱被外国吸去了十分之九的问题。他主张国币代用券一年一换,意在防止人们贮藏货币。企图

---

① 刘冕执:《钱币革命为救济国难之根本办法》,《钱币革命实行方案汇览》(以下简称《汇览》),中华钱币革命协进会湖南分会1933年订正第6版,第242页。
② 同上书,第243—244页。
③ 刘冕执:《国币代用券与各方面之关系》,《汇览》,第180页。
④ 刘冕执:《能力主义与能力本位制》,第57页。
⑤ 同上书,第12页。

限制货币发挥贮藏手段职能来增加货币流通数量,并不是正确的办法。

第二层意思是质的方面,指金属货币所具有的特殊地位的限制。刘冕执说:"金钱这样东西,本来是做筹码,并非穿得吃得的。世界上的人都认他做权利的主体,便有人专门去争夺他。若把他的主体资格取消……他那威权便失去了。世界上若没有这个魔王,那世界便和平了。"①货币不过是筹码(这是名目主义观点),却成了摆布人们命运的魔王,要消灭这个魔王,就要取消金属货币。实行能力本位制,就能恢复"实物交换之精神,变更实物交换之方法"②,使人的能力和物产之间保持一种直接的关系。他说:"夫能力与物产,本有直接提携之关系,一令货币扞格其间,于是直接之关系变而为间接之关系……吾人奈何奉此病魔为神圣,听其从中作祟,使能力与物产之不得自由接近乎?"③

第二层意思是完全错误的。商品和货币的交换确实将直接的物物交换分而为二,但这种局面既不是金银造成的,也不是货币造成的,而是社会关系的产物。人们的劳动要得到社会的承认,就必须通过货币这个"第三者"来进行。至于这个"第三者"由谁担当,则要据社会的发展状况而定。在现代社会中,确实具备了取消金银货币的条件,但却不能取消货币本身。刘冕执自己也说在能力本位制下,"金银之形式虽死,货币之精神犹生"④。既然如此,又怎么能消除同货币有关的各种矛盾?凭能力生产的商品仍要求助于货币才能得到社会的承认,货币的特殊地位仍然没有改变。总之,从

---

① 刘冕执:《能力主义与能力本位制》,第 79 页。
② 同上书,第 56 页。
③ 同上书,第 52 页。
④ 同上书,第 13—14 页。

质的方面考虑，金银的束缚虽然可以解除，货币的束缚却依然如故。

刘冕执解释能力本位制说："夫能力本位制者，乃文明进步之产物，而亘古不磨之天然法则也……实物必由能力得来，未有不经能力，而可以取得交换之价值者……耕者以粟易布，是以耕之能力交换织之能力；仕者以禄代耕，是以仕之能力交换耕之能力。即近代之货币交换，其货币亦由能力得来……故国币代用券者，能力与能力之交换证也。"①这样看来，能力就是劳动，能力本位制就是按劳动交换的制度。如果是这样的话，则应该按商品中所含的劳动量进行交换。可是事实上并非如此，他所说的能力是指个人和机关的财产和收入，能力本位制是个人和机关按自己的财产和收入的一定比例向政府领取国币代用券行用，则能力不过是领券的标准，根本同"能力与能力"相交换无关。而且这里的能力也根本不是本位，因为它并不决定国币代用券所代表的价值量。

刘冕执的价值观念是混乱的。马寅初批评他的能力本位制，说能力本位不如价值本位，刘冕执反驳说："价值之有无，仅可以作为交换之目的，而不可以作为交换之媒介。"他还举例说："试问雨花台之花石，不经能力之拾得，而即可指定之以与人交换乎？海洋之产物，多有可宝贵之价值也，倘不经能力之捞获，而即可指定之以与人交换乎？"②这里的"价值"实际上是指使用价值。

国币代用券发行办法的要点为：国币代用券由国民政府印刷，由发行局负责管理。发行局设总局一所，以下的分局分为四等。领券1 000元以上的向一等局申请，100～1 000元的在二等局申请，10～100元的在三等局申请，10元以下的在四等局申请。个人和机

---

① 刘冕执：《论国币代用券之性质》，《汇览》，第93—94页。
② 同上书，第95页。

第十九章　国民政府时期废两改元前的货币理论

关都可发行(即领用)代用券,个人发行数不得超过每年财产价值或工作收入的十分之一,机关不得超过每年收入或财产价值的十分之五。发券人每次领券要缴印刷及管理费6%。发券人请求发券时要交请求保证书,由保证委员保证后,再交请领书,由保证委员签名盖章,交发行局领券。代用券流通以12个月为限,发券人于期满时缴还原额代用券(不一定是本人领用的代用券),换领新券。保证委员分为四等,领券1 000元以上由一等保证委员保证,余类推。一等保证委员须有财产10万元以上,二等须有5万元以上,三等须有5 000元以上,四等须有1 000元以上。发行额在1万～5万元的,要由本管理局一等保证委员3～7人保证,5万～10万元的7～15人,10万元以上的过半数或全体。国际收支差额仍以现金交付。

从上述发行办法中可以看出其手续的烦琐,特别是代用券一年一换,既无必要,也无可能。这些技术问题我们不必多加评论,以下继续分析能力本位制的理论问题。

刘冕执说他主张有能力的个人和机关都可以发行代用券,是"就吾国旧习,商民无论何人均可出票之事实,发挥而光大之"[①]。这一主张的目的不外两条:一是可以扩大纸币保证的基础,增加纸币的发行数量;二是使人们有更多的资本来发展实业,"且吾国实业之所以不振者,在无资本也,用此制则触目皆是资本矣"[②]。以下对这两条作一分析。

就第一条而言,增加纸币数量的目的固然可以达到,但必然造成通货膨胀。因为如果以财产为保证发行国币代用券,这种财产本来大部分不进入流通,并不构成对货币的需要,现在却获得了发行纸币的资格;如果以收入为保证发行国币代用券,则收入本身已经

---

① 《国币代用券条例草案释疑》,《汇览》,第97—98页。
② 同上书,第139页。

是能力的代价,现在却又从这一代价中生出额外的代价来。这两种发行都不是根据流通的需要,社会上凭空增加不属流通需要的纸币,其结果可想而知。况且财产和收入也起不了保证纸币价值的作用,因为财产不一定随时卖得出去,收入则可能已被收入者用于消费。

滥发代用券和滥发纸币一样,必然引起物价的上涨。刘冕执认为国币代用券的发行量可以高达 200 亿元,而 1935 年实行法币政策后,到全国性抗战开始时的法币发行数量还只有 14 多亿元,物价就已经上涨,可见 200 亿元是多么庞大的数字!但刘冕执却说:"决不因发券多而有物价高昂之现象发生,以代用券自身无价值,其价值即为物品、人工之价值故也。"这显然是说不通的,因此他又说:"纵令物价高昂之现象发生,于券价亦有益无损。何则?代用券所代表者即为物品、人工,物品、人工之价格昂,代用券亦随之而昂矣。夫发行代用券之人,即为具有财产具有工作能力之人,券价虽落,而其财产、人工之价反昂。是不特不受损失,反将其发行之准备加增矣。"①这是何等荒唐的逻辑!物价上涨,申请领券人虽然可以多得代用券,但能够购买到的商品却减少了。物价上涨,对固定收入者、债权人等不利,代用券和一般纸币并无两样,怎么能说发行代用券就不怕物价高昂呢?这完全是为通货膨胀辩护的理论。

就第二条目的而言,又可以从三方面进行分析。

第一,国币代用券的发行,机关的能力与发行数之比大大高于个人。机关可以按财产和收入的十分之五领用代用券,政府也包括在机关之内。刘冕执说当时国家岁入有六七亿元,可以发行 3.5 亿元代用券。国民政府的财政根本不能平衡,则这 3.5 亿元必然会用

---

① 《国币代用券条例草案释疑》,《汇览》,第 110 页。

第十九章 国民政府时期废两改元前的货币理论

于弥补财政赤字。除了中央政府以外,还有各级地方政府。除了收入以外,还有国有的财产。这些如果都按照十分之五的比例来领券,都用于财政性开支,就有相当数量的代用券是不能用于实业投资的了,也就是不能转化为资本。

第二,对于少数有投资条件的人来说,能力本位制使他们增加了一笔收入,可以用来发展实业。但是对于大多数并不富裕的人来说,他们领到代用券后将大部分用于弥补日常开支,而无力将它们转化为资本。保证委员也许不批准这些人领券,则代用券不过是国家机关和少数富人的专利罢了。刘冕执说,"废除金钱,其目的在均匀私产,且发达私产"①。实际上这目的不仅不能达到,反而会进一步加剧贫富差别。

第三,以上两点已说明代用券并不能都被用作资本。另一方面,货币能否转化为资本,还要看客观条件是否具备。没有适当的国内外条件,没有机器、原材料和劳动力,货币就不可能成为资本。在这些条件具备后,如果缺乏货币,则增加货币数量是增加资本的必要条件。但刘冕执却认为无论多少代用券都能成为资本,因此认为实行能力本位制就能做到"触目皆是资本"。这也是完全错误的。

1932年,刘冕执说能力本位制是他"以三十余年之经验,十数年以来之研究"而发明的使中国"起死回生之妙药"②,这药神妙无比,可以解决一切社会矛盾。用他自己的话来说:"一、可以自然解决一切政治问题;二、可以自然解决一切社会问题;三、可以自然解决全民生计问题;四、可以自然解决一切财政问题;五、可以自然解决一切外交问题;六、可以自然解决国防问题;七、可以自然

---

① 刘冕执:《能力主义与能力本位制》,第17页。
② 刘冕执:《记余与中国经济之关系》,《汇览》,第289页。

打倒帝国主义;八、可以自然实现三民主义;九、可以自然消弭共产党;十、可以自然消除兵灾匪患;十一、可以自然使公共事业发达;十二、可以自然使工厂林立,商务繁荣,农业发达,交通便利,教育普及;十三、可以自然使各人之才能发展,有愿必偿,无怀才不遇之感;十四、可以自然使绝不相容之各种主义彻底融和,人类平等,渐达世界大同之盛,免除弱小民族宛转呻吟之苦痛。"①刘冕执认为能力本位制有这样大的神效,其主观空想性简直到了无以复加的地步。王鎏把不兑现纸币看作医治中国封建社会百病的万灵药;刘冕执则把能力本位制看作医治中国半殖民地半封建社会百病的万灵药,甚至还用它来反对共产党。两人所处的历史时期不同,因此提法也有区别,但在极度夸大纸币的作用上则是一对难兄难弟。

附:刘子亚的物工化币论

刘子亚(1894—1970),字子任,湖南桂阳(治今汝城县卢阳镇,1912年改名汝城)人。1919年,毕业于北京大学经济系,毕业后任教于中国大学和民国大学,先后在北京、天津、上海创办以"民治"为名的通讯社和报刊等,13年间,"累遭封闭,累尝铁窗风味"②。1932年,转而信奉刘冕执的能力本位主张,成为鼓吹这一主张的第二号人物;1934—1935年,曾到广西、广东、山西活动,都无结果而归;1935年12月,被邀任国民党国民经济计划委员会秘书兼专门委员;1937年2月,与刘冕执联合向国民党五届三中全会提出实行能力本位制的提案,被财政部长孔祥熙所阻,未予讨论。他还拟征集"百人提案",因全国性抗战爆发而作罢。1934年,他选编一年来发

---

① 刘冕执:《全国工商会议提案》,《汇览》,第61—62页。
② 刘子亚:《物工化币论》,1941年版,第142页。

表的宣传能力本位制的论文,题为《钱币革命救亡方法、症结、责任论文》印行;1941年,又出版《物工化币论》一书,继续宣传能力本位制。后去台湾。

物工化币论同能力本位论大同小异,这里只对物工化币论的特殊点作些说明。其理论上的错误,上面已作过批评,这里不重复。

所谓"物工化币",就是将物产和人工直接化为货币。刘子亚说:"人类日常生活交换之范畴,不外物换物,工换工及物工互换而已。是人类交换之目的,物工二字足以尽之……故分拆能力为物工,而称能力本位为'物工合本位',有何不可!"①但他又认为"人工"有有效、无效之分,而"能力"则专指人工的有效成分,"故究以用能力本位名称为至当"②。

既然仍以能力本位的名称为至当,为什么又要叫物工化币呢?刘子亚的意思是表明所谓能力本位制就是将物、工直接化为货币,而不让任何一种具体货物成为货币。"申言之,非复货币与货物之交换,实乃货物(包括工)之本身化出代表,自为直接交换矣。"③他认为这样就可以随着物产的增加而增加货币数量,不会由于货币的原因而限制生产了。企图让所有商品都成为货币,完全是一种幻想。

刘冕执称能力本位制下的纸币为"能力通用券"或"国币代用券",刘子亚则改称"能力交换证"或暂称"国币券"。他一方面认为国币券"绝无滥发之可能"④,另一方面又说物价上涨"有益无损",所持理由和刘冕执的相同,即认为物价上涨就是国币券价值的提

---

① 刘子亚:《物工化币论》,第50—51页。
② 同上书,第51页。
③ 同上书,第59页。
④ 同上书,第60—61页。

高:"国币券之本身无价值,其价值即为货物之价值。货物高昂,斯国币券之价值亦高昂;其担保准备又随而高昂;从而人民之生活程度亦提高。"①

刘子亚也极度夸大能力本位制的作用,宣称"宇宙间人世上之一切问题,得此则迎刃而解"②。他还认为中国实行这种币制后,将来全世界都会仿行。又说如果在八九年前就实行此制,"时至今日,倭国或不致开战,或竟不敢开战;既开战矣,而我国招致物力,集中人力,均有各地力融计划(委员)会以发动……何患不能战胜敌国!"③

1941年法币政策已实行多年,刘子亚还提出将法币过渡为国币券,法币一元换取国币券一元。

第六节 胡召南的经济救国论

胡召南(生卒年不详),湖北竹山人。宣统二年(1910年),参加同盟会,自称"因避投机之嫌疑,躬耕上庸(即竹山)"④。1931年,他自费印刷《经济救国计划书》,提出以发行丝质救国钞票为起点的经济计划,作为"实现三民主义之捷径办法"⑤,广为散发。

《经济救国计划书》中有胡召南、刘鹤亭、张明嘉署名的致各级党政、各机关团体和各侨胞、各父老兄弟姐妹的《代电》。《代电》指出"民国不幸,战祸频年,财源枯竭,萑苻(指盗贼)遍野,天灾未已,人祸临头,日人乘我之危,以大兵压境占我东省,国情如此,存亡未卜",国家急需钱用,因此胡召南想出了"经济救国"的办法。他们宣

---

① 刘子亚:《物工化币论》,第62—63页。
② 同上书,第7页。
③ 同上书,第110页。
④ 胡召南:《经济救国计划书》,永盛印书馆1931年版,第5页。
⑤ 同上书,第35页。

称这办法"不动国家财政,不捐人民脂膏,不借内外各债",只要发行200亿元丝质救国钞票,就能解决问题。国家"以之充实军饷,化兵为工,以息内乱;扩充海军,移兵实边,以厚国防;普及教育,培养人才,移民开垦,大兴水利,以辟利源;建设铁路、工厂,扩大森林、矿务,按照先总理所定《实业计画》,一律重行建设"。

胡召南建议由政府和人民共同组成全国性的经济救国大会,在各省设经济救国总会,各县设经济救国分会,作为推行丝质救国钞票的机构。钞票以15年为期,但10年后即以发展各项实业的收入将它兑现收回。在此以前,如某县人民要求兑现,可由资本保险处派人到该县设兑现所,特别是内外蒙古、西藏要多设兑现所,推行救国钞票。如果某县人民"已经觉悟",认识到兑现会使全体受重大损失,声明不要兑现,则取消兑现所。如某县有"爱国同志",愿意集股设兑现所,可向资本保险处登记,该县每年应得的公费归他们所有。他说发行救国钞票"对于民众有百利而无一害,目下虽不兑现,终有兑现之期",只要加强宣传,"使国人皆明了经济救国,解除民众痛苦之真相,则救国钞票纵然充满,决无一人(要求)兑现"①。旧纸币一律用救国钞票收回,金属货币则仍容许流通。

胡召南说,有了200亿救国钞票,就不必借外债了,借外债需付利息,故发行救国钞票也要提取息金12亿元。书中还规定了息金的用途,如以4亿元安插复员官兵,400万元奖励肃清防地土匪的部队,1 000万元在首都设国老院(供有功或年老退职长官居住),1 000万元在各省设临时集贤馆(供待业人才居住),1亿元普及教育,2亿元发展少数民族教育等。

发行如此巨额的钞票会不会贬值?胡召南认为"钞票之价值,

---

① 胡召南:《经济救国计划书》,第40—41页。

以信用得失为转移,如公家不失信用,人民决无折扣之理"①。所谓"信用",就是"公家收支一律作现"②。

胡召南认为使用金钱造成了人民的"自私自利观念。贪官污吏,为金钱枉法;土匪盗贼,为金钱拼命。富者建高楼,买婢妾,花天酒地,享天堂之福;贫者生计艰难,食稀粥,下牛力,苟延朝夕,受地狱之苦",以致"酿成打倒资产阶级的风潮"和尖锐的社会矛盾。他说人们最需要的是五谷布帛,"设如当日不用金钱为货物之代表,则金钱不如顽石"。"先总理有见及此,提倡不兑现的纸币以救中国,无奈国人皆被现金所迷",使理想不能实现。"如国人皆以总理之心为心,中国早已和平矣。"③

胡召南将人的"自私自利"完全归于使用金钱。他否定金钱,但不否定货币,不懂得金钱的权力原就是货币的权力,即使不使用金钱和货币,同货币流通有关的矛盾仍然存在。他所主张的救国钞票,兑现与否不是全国统一的政策,而是视各地人民的态度而定。既然发行以不兑现为主的钞票,却又不禁止金属货币的流通,根本没有考虑到这中间存在着不可调和的矛盾。既然对金属货币流通持否定的态度,却又把发行钞票作为短期措施,建设成功后仍旧恢复金属货币流通制度。所有这些都说明了其理论的浅薄和办法的混乱。而更重要的错误,则是他提出钞票的发行数量高达200亿元,同刘冕执所提出的数字一样,其危害性已在刘冕执一节分析过了。中国经济落后,政治和社会矛盾尖锐,胡召南找不到出路,想用最简便的办法在最短的时间内创造奇迹,竟然认为依靠发行巨额钞票就能够救国。这根本不是孙中山钱币革命思想的体现,而是要把

---

① 《经济救国计划书》,第45页。
② 同上书,第39页。
③ 本段引文出处均同上书,第36—37页。

第十九章 国民政府时期废两改元前的货币理论

中国引向更大灾难的"计划书"。

第七节 徐青甫的虚粮本位论

徐青甫(1879—1961),原名徐鼎,浙江镇海枫林乡(今属宁波市北仑区小港街道)人。举人,在浙江武备学堂任翻译、助教、教授共七年。曾去日本考察实业、金融等。被聘为大清银行东三省密查。辛亥革命后曾任浙江诸暨、湖北通城县知事。1915 年后,任中国银行奉天、青岛支行经理,中国银行杭州支行副经理;1922 年,任浙江省政务厅长;1925 年,任浙江地方银行董事长兼杭州分行经理;1926 年任浙江省财经委员、上海市财政局长,不久辞职家居;1934—1937 年先后任浙江省民政厅长、财政厅长、代理省主席。全国性抗战期间曾任国民参政员、浙江省临时参议会议长。新中国成立后,任浙江省政协第一、第二届委员。

在胡召南提出经济救国论的同一年(1931 年),徐青甫提出了经济革命救国论。1932 年,他出版《经济革命救国论》《经济革命论的要旨》《徐青甫先生演讲集》等书。他的理论比胡召南的要复杂得多,而且不像后者那么赤裸裸的荒谬,但也存在着严重的错误。全国性抗战期间他又提出了新的货币理论,将在第二十二章讨论。

徐青甫的"经济革命"是指"改革金融币制",用这种办法救国和胡召南是属于同一种思路。徐青甫认为按普通程序,从辟交通、增生产入手,因中国缺乏资本,不仅不能增富,反而会增贫。他说:"物与货币相表里。物穷则币必穷,币穷而成资本告匮则物愈穷,物愈穷货币亦随之而愈穷。层递而下,不知何所底止。"①因此只能变更

---

① 徐青甫:《重申救国方策非由改革币制入手不可之意见》,《徐青甫先生演讲集》第二册第三讲,浙江财务人员养成所 1932 年版,第 8 页。

程序，由改革金融币制入手，认为这样就能"迎刃而解"。

徐青甫从币制金融入手，但反对头行金属本位制度。他指出，现在早已进入"货币信用时代"，如果仍维持这种"陈腐币制，不特背于进化原理"，而且"使世界国家社会受无谓之恐慌"[①]。他把金属货币制度的弊病归纳为以下七条[②]：① 失其本性。他对货币下定义说："货币者，不指名而有价值之物权也。"斤斤计较于金银的质地，就使人不能正确认识货币的性质。② 扰乱物价。物价以金银为标准，使物价受金银多少的影响而波动。③ 迷眩财观。财以能供人衣食住用为可贵，"使货币而仍以金银为主，则人只知金银为有价值，不知金银之价值非其本身所实有，乃吾人所授与"。④ 供不应求。金银数量不能满足货币流通的需要。⑤ 减少流通效用。金银因是物质之故，对流通会起阻碍作用。⑥ 助长罪恶。为追求货币而导致犯罪。⑦ 束缚生产。人们贮藏财富，贮金银而不贮物品，使生产受到限制。这些弊病是就一般情况而言，中国则更加不能用金银。徐青甫说："银在世界，已全不充本位之用，以其废物，陆续输来，换我有用之物而去。我再不改，无异丧心病狂。"[③]而如果改金本位制，中国要用物产向国外换金，"此其丧心病狂尤有甚也"。金银都不适宜于作为货币，只有另想他法，实行别的币制。

徐青甫认为经济革命的方法不能分别从生产、交易、分配、消费中寻求，而"应改从这四类行为共同有关系的事物上着想"，共同有关的是个"财"字。财有两类，一类是直接供消费用的物品，一类是可以取得物品的物权凭证，即货币。前一类财无法扼其总枢，后一

---

① 徐青甫：《经济革命救国论》，1936年第2版，第86页。
② 所谓七条弊病，前六条见《经济革命救革命》第86—88页。又《徐青甫先生演讲集》第二册第四讲《货币问题》第10—13页也提到金银币的危害六条，其中第六条和《经济革命救国论》中所说的不同，并入此处为第七条。
③ 徐青甫：《经济革命救国论》，第246页。

类财则可以。他说原来的经济学说都没有把两类不同的财分清,以致资本主义和社会主义两大学说"无法沟通"。资本主义学说"过于重视货币,因而坚护私资",社会主义学说"昧于运用货币,因而强夺私资"。既然货币是"物权而非物品",则可以不受数量限制,只要改良信用组织,"使成为无限伸缩之具",用来"调节生产、交易、分配、消费四项分别行为,则两大学说的长处均能保留,而两大学说的短处均可免去,全体有利,无或受害"。①

货币是"物权而非物品",这是徐青甫的货币本质观。"物权"即购买物品的权力。货币确实有这种权力,它代表了一定的生产关系。但货币又是物,是商品的一般等价物。否定货币的商品性,把价值符号视为货币的本质,是名目主义的观点。徐青甫说价值是物能与人欲的结合,货币只能间接满足人的欲望,因此价值也是间接产生的。"金银之价值,非即以其质之坚、色之丽而生,实以可充造币之用,而始有此高价……货币之价值既由他物间接而来,金银之价值转随货币而生。"②他根本否认货币和币材价值的联系。在他看来,货币价值完全是主观的:"所谓货币价值者,乃公认其为法码,用以权衡他物。一言以蔽之曰:公认之信用标准而已。"③

按照上述货币价值观,则货币价值毫无客观标准可言。但徐青甫又要承认货币价值的客观性。他分析了货币的四个职能,认为"价格之尺度"是最主要的职能。关于这一职能,他先作比喻说:"今日世界通用之公尺,或以金属制成,或以竹木削造,非即信赖此金属与竹木也,要皆由地球半径比算而来。"所谓"由地球半径比算而来",承认了长度的客观性。但他又认为长度和制成公尺的金属、竹

---

① 本段引文均见徐青甫:《经济革命论的要旨》,第6—10页。
② 徐青甫:《货币问题》,《徐青甫先生演讲集》第二册第四讲,第4页。
③ 徐青甫:《经济革命论的要旨》,第10页。

木本身的体质无关："尺度乃用物之长度以为比，非必用其物之体质以为比。"这就不对了。尺固然可以用不同的材料制成，但尺成为量长度的物，它本身就是量长度的客观标准，不用尺，就量不出长度。他以这一不恰当的比喻从而推论说："欲以货币为各物价格之尺度，诚须择一物之价值以为比，方可以定各物之价值。但所需者仅其价，非其物质也。"既要用一种物来定货币的价值，又不能让这种物直接起作用。因为任何一种物的价值都要受供需关系的影响，"尺度本身时有伸缩，安足以为长度之准绳乎"？故不如"用其物权之价，而不用其实物"。他批评货币必须用实物的观点说："彼泥于成见，以为货币必需实物者，无异刻点画于竹木之上即以为公尺也。惟竹木之是尚，而不计其伸缩性之有无，乌得为准？"①在这里，再一次显示了他的比喻的难以成立。以竹木为公尺，竹木是极少伸缩性的，"惟竹木之是尚"没有什么不对。货币价值却不同，确实存在着价值不稳定的问题。要解决这个问题，除非根本不用具体的物作为价值标准（如不兑现纸币流通制度），决不能既用其价值而又"不用其实物"②。

用其物权之价，而不用其实物的具体设计是虚粮本位制。粮食是有价之物，但仅仅用它的价而不用它的物，所以称为"虚粮"。徐青甫主张"以各本国多数地点人民通常食用平年中等产地之粗粮若干，定为货币一单位。其少数地点人民所食用之他粮，以科学分析成本效用之法，定其比代分量，而为各该地之货币单位"。粮食仍归私营，"惟其价值，不得超越法定限度之上下"。在"各地设有公仓，

---

① 本段引文均见徐青甫：《货币问题》，《徐青甫先生演讲集》第二册第四讲，第5—6页。
② 有些不兑现纸币规定有含金量，好像是用金的价值而不用金的实物，其实并非如此。这里的含金量并没有起价值尺度的作用，所以是不仅不用金的实物，也没有用金的价值。

其容积至少须能容当地人民半年可食之粮,于获粮之际陆续收买,以备不时放售"。在粮价下落到最低限度时,"人民可将其余粮售给公仓,公仓有尽数收买之义务,不得拒绝"。而在粮价涨到最高限度时,"人民可各按其本户所需之数,持货币依限价向公仓购粮,公仓有依数售给之义务"。①

设立公信所为管理货币金融的机关。全国设公信总所,在若干地区设公信统所,省或旧道区设分所,县市设支所,城乡设区所,以下再设派出所。货币由公信所转账记数,本县市的行使用支票、本票,外地用汇票。零星使用可由各县市支所发行代用货币(纸币),规定最高行使限额。代用货币定期(如一年)收换,过期作废。外出旅行时,大数额可以旅行用款状向各地公信机关支用,零星用途则使用交通用币。

对外设立国际贸易局,控制对外贸易;并设立对外金融机关,纯粹国营,名"中国银行"或"中国对外公信所",总行设上海,在国内外设分支机构,国内仅在通商要埠设立。对外要另有货币本位,还要分贮各国货币以备支付。

徐青甫认为实行虚粮本位制能解除资本和财政的束缚,并能收到财观清明、物价稳定、伸缩自如、圆满流通、防制罪恶、便利生产之效。譬如对于防制罪恶,他认为记账就是一项有效的办法,记账可以使"全国人之财,来踪去迹,尽显于纸上"②。"至不用各地通行纸币之意,实含对内对外两项重要关系于其间。就对内论,使游财不能隐匿,来踪去迹分明,为杜绝一切贪恶之方法。就对外论,断其勾

---

① 本段引文均见徐青甫:《货币问题》,《徐青甫先生演讲集》第二册第四讲,第13—14页。
② 徐青甫:《经济革命救国论》,第259页。

结之路,灭其操纵之具,使吾能自固其藩篱。"①他还分析了这种制度在生产、交易、分配、消费上所起的"神奇"作用。如分配上有"地租失平"问题,徐青甫说:"如依予策,金融币制改革完成,则公款有无限之量,仅费记帐手续,一一可以依其值而买收归公……如此不但地租之不平可除,而土地之改良亦可除去障碍。且可一面减租,一面削减市宅地价,使粮价不腾,房租渐减,安定全体之生计。此可除地租不平之害也。"②总之,实行他的经济革命主张,"则恐慌之病可免,求富之迷可醒,个人可以相安,国际可以免争,达到全体有利,世界和平之境"。他把他的主义称为"通财主义",认为这种主义能"保留资本主义之优点,而能分配公平,达到社会主义之目的"③。

虚粮本位制的空想性是十分显然的。以下简单地指出几点。

第一,把货币流通和贮藏全部改为记账以杜绝贪恶的办法,出发点很好,但在相当长的历史时期内都不会被人们所接受。因为谁也不愿意将私财毫无保留地公之于众,而且取消全国性的流通货币会对社会经济和人们的生活造成很多不便。人们从事经济活动的结果仅有一笔账面数字,将大大影响其从事经济活动的积极性,严重阻碍社会的进步。

第二,徐青甫认为实行虚粮本位制,国家的经济实力将是无限的。他说财政有困难时可以"先以透支行之","即有不敷,亦无妨视为募集之公债,而不必一一向何人募抵也"④。如上所说,国家还可以收买全国的土地。这样势必造成国家财政上的任意开支,导致严重的通货膨胀。

---

① 徐青甫:《经济革命救国论》,第372—373页。
② 徐青甫:《经济革命论的要旨》,第28页。
③ 同上书,第45页。
④ 徐青甫:《经济革命救国论》,第258页。

第三,所谓虚粮本位制,是说粮食本身不作为货币,而货币却以粮食的价值为价值。方法是国家买卖粮食,使粮价维持在一定的幅度内。这可以从三方面进行分析:① 粮食价格既然可以在一定范围内波动,则货币的价值仍是不稳定的,并非如徐青甫所说的实行虚粮本位制就能保持物价的稳定。② 如果要实现粮价的基本稳定,则货币的总量仍要受到束缚,如果缓解财政困难、购买土地等都要开支货币的话,社会上可以动用的货币就会过多,粮价就会上涨。国家贮存的粮食很容易被抢购一空,而粮价仍然扶摇直上。因此,说实行虚粮本位制后财政、资本都可以解除束缚,完全是毫无根据的幻想。③ 国家调节粮价的能力是有限的,在粮食大歉收或大丰收时,国家都不可能通过买卖粮食将粮价维持在法定的幅度内。在这种情况下币值就会大起大落,其幅度可能远远超过金本位或银本位制下的物价波动。

第八节 阎锡山的物产证券论

阎锡山(1883—1960),字伯川,号龙池,山西五台人。光绪三十年(1904年),留学日本;三十一年,参加同盟会;三十三年,进日本士官学校学习;宣统元年(1909年),毕业。回国后任山西陆军小学堂监督等职。辛亥革命后任山西都督。1916年起,任山西督军兼省长;1928年,任第三集团军总司令;1931年,任太原绥靖公署主任;1936年,任牺牲救国同盟会会长;全国性抗日战争爆发后任第二战区司令长官;1949年6月,在广州任国民政府行政院长、国防部长;12月去台湾。在台湾历任"总统府资政""国民党中央评议员"等职。

1931年3月,阎锡山在大连对新村制度研究会讲话时,正式提出他的物产证券理论。1934年将讲话出版,书名为《物产证券与按劳分配》。在 1934—1938 年的五年间,"先后重版十数次,每次出书皆在万册之上"①,内容续有增加。1938 年还出版《物产证券讨论文》,其中有阎锡山的一篇讲话、国内报刊讨论物产证券的文章、国内外人士来函及物产证券研究会的答复等。1940 年他又出版《钱币革命的具体实施》,继续宣传物产证券理论。

阎锡山认为社会上种种罪恶都由"金代值"和"资私有"而产生。"金代值"指"以金银作货币,而代表工、物价值","资私有"指"生产之资本属于私人所有"②。

"金代值"造成了"二层物产制",即一层为物产本身,另一层为以货币代表物产的价值,以致金银"独占贮藏,比限物产"③(限制生产力发展)。这样就产生了"四弊害":①"违反为产物而劳动之劳动原则,反成劳动不为产物,乃为金银","重金轻物之弊害因之以生"④。②"违反生产愈多,生活愈优裕之生活原则。反成生产愈多,生活愈困"⑤。因为生产过剩,不能销售,就会造成生活困难。③"违反保障人民之生活之政治原则,反成限制人民工作,减少人民生活"⑥。政府不能无偿获得金银,因此不能尽量接受人民的物产,只能限制人民的工作时间,以求增加工作人数,使人民和国家都受损失。④"违反互通有无之国际贸易原则,反开商战之路,增兵战之端"⑦。各国为了取得金银而竞相将产品输出他国,导致商战

---

① 民族革命理论及实施研究院:《物产证券与按劳分配·弁言》,民族革命出版社 1941 年版。
② 阎锡山:《物产证券与按劳分配》,民族革命社版(无出版年份,似为初版),第 3 页。
③ 同上。
④ 同上书,第 5 页。
⑤ 同上书,第 6 页。
⑥ 同上书,第 7 页。
⑦ 同上书,第 9 页。

和兵战。

"资私有"则有"四罪案"：① 强盗罪。资本家剥削劳动者的劳动成果。② 杀人罪。造成劳动者的大量死亡。③ 扰乱罪。贫富不均造成社会骚动。④ 损产罪。靠资金生活的人好吃懒做，减少社会生产。

据此，阎锡山得出结论说："就四弊害而言，'金代值'种其因，'资私有'助其势；是'金代值'为主犯，'资私有'为从犯。就四罪案而言，'资私有'种其因，'金代值'助其势；是'资私有'为主犯，'金代值'为从犯。取消'金代值'，废止'资私有'，则四弊害与四罪案之病，均可医矣。"①废止"资私有"问题和本书内容无关，可不予讨论。以下只谈取消"金代值"问题。

阎锡山提出的取消"金代值"的办法是实行物产证券制。他也把这办法称为"钱币革命"。他的支持者将他的主张编成了一首歌，歌词为：

> 金钱金钱，您是罪恶之源泉，
> 因了您的骄宠，痛苦了劳动万千。
> 有力无处卖，生产无本难。
> 您助长了经济侵略，
> 促进了世界的战争。
> 钱币革命早实施，
> 取消您交易的权威，
> 贬您为普通物产。
> 实物作货币，

---

① 阎锡山：《物产证券与按劳分配》，第15页。

劳动能变钱,

人生不会再为您痛苦,

物产再不受您的比限。

同志们,

努力,努力,努力,努力,努力向前干,

废除金银代值,

实行物产证券,

那才是钱币革命的具体实现。①

阎锡山认为取消金银的货币资格、实行物产证券制后就能消灭"二层物产制"。其结果是:"人自以物产为富,不以金银为富;人之劳动,亦自为物产而劳动,不为金银而劳动……物产虽多,物价亦无跌落之虞,均可按其价值,换得证券,以供需用……物产无论如何多,均可由政府尽量接受……即是尽量与人民以工作之机会……国际贸易,纯为互通有无,毫无侵略作用"②。这样就可以消除四弊害。

这理论是错误的。所谓"四弊害",虽然不能说和"金代值"毫无关系,但弊害的根源并不在于金银,而是在于货币,货币的根源则在于商品生产。不取消商品生产,就不能取消以货币"代值"和所谓"二层物产制",而不管货币是否由金银充当。取消"金代值"至多只能消除金属货币数量的限制和因货币金属本身价值变化而引起的物价波动,而不能消除"四弊害"本身。在资本主义社会爆发经济危

---

① 阎锡山:《钱币革命的具体实施》,转引自中国人民银行山西省分行、山西财经学院金融史编写组编《阎锡山和山西省银行》,中国社会科学出版社1980年版,第106—107页。

② 阎锡山:《物产证券与按劳分配》,第26—29页。

机时,会因金属货币数量不足而使危机加剧,取消"金代值"可适当减轻危机,而不能从根本上消灭危机。

何谓"物产证券"？阎锡山说:"'物产证券'者,政府用法令规定,代表一定价值之法货,用以接受人民工作产物,并作人民兑换所需物产,及公私支付一切需用者也。"① 它也是一种纸币。阎锡山指出纸币应取代金属货币:"原夫货币之产生也,为代替物物交易之烦,其基本效能,一为交易媒介,一为价值尺度。但作为此交易媒介,价值尺度之效能,不在其本身为有相当价值之实物,而在赋予法货资格,使其代表一定之价值……纸币生,则金银作货币之理由已失,只留其扰乱物价,及比限物产,困人民之生活,减社会之富力,助长私资剥削,与国际侵略,徒为种种扰害人与人群之罪物耳。"② 但他强调物产证券能兑换物产,因而是"十足之兑现纸币",说它是"不换纸币,实陷于界限不清,认识错误"③。

阎锡山把物产证券比为物产的照相片,"必须有此物产,始能照是相片;以此照片即可购物产。证券如同物产之价值收条,直接代表物产之价值"④。把物产证券比为物产的照相片,说它"直接代表物产之价值",在货币理论上是错误的。物产证券是一种纸币,纸币代表商品的价值和金属货币代表商品的价值是一样的道理,只能通过交换予以间接的反映。它并不直接代表各种具体商品所耗费的个别劳动,而是代表各种商品由社会必要劳动组成的价值。因此,对于每种商品来说,它究竟能换得多少货币,究竟能否卖得出去,都要由市场来决定。纸币代表一定的价值量和商品相交换,它不可能

---

① 阎锡山:《物产证券与按劳分配》,第34页。
② 同上书,第16—17页。
③ 同上书,第23—24页。
④ 同上书,第19页。

是每一种具体商品的照相片。

物产证券决不能对所有商品都来者不拒,但阎锡山却宣称只要实行物产证券制,就不会有商品贵贱或卖不卖得出去的问题了。他说:"收产发券,券如同物之照相片;以券易物,物为券之兑换品。物有若干多,券可发若干多,政府不患不能尽量接受人民之工作产物。发券时,既收回物产,则券有若干多,物即有若干多,人民不患有券而不能兑物。券之数量,随物产多寡以伸缩。就物之价格言,则物之价格稳定;就券之信用言,则券之担保确实。"①

在物产为社会所需要的前提下,由于金属货币数量不足而使商品不能销售,则纸币可以充当流通手段的职能,使商品得以正常流通。这并不是说所有商品都应该得到销售,那些不符合社会需要的产品只能让其淘汰,即使是物产证券也不应予以收购。而人民拿物产证券来兑换商品,则要求兑换自己所需要的商品,并不是政府贮存的所有商品都可以成为兑换品的。由此可见,阎锡山的上述论点根本违背了商品生产和流通的规律。果真照此办理,只能导致通货膨胀:政府仓库中的商品,有些不能满足兑换的需要,有些则因无人问津而长期积压。

马克思在批判英国空想社会主义者约翰·格雷(John Gray)的劳动货币理论时指出:"每种商品直接就是货币。这是格雷从他的不充分的、因而是错误的商品分析中得出的理论。……关于商品直接就是货币或商品中的私人特殊劳动直接就是社会劳动的这种教条,当然不会因为有一个银行相信它并按照它经营就会变成现实。相反,在这种情形下,破产会来扮演实际批评家的角色。"②这也适用于对物产证券论的批评。不过,阎锡山鼓吹物产证券论并不是单

---

① 阎锡山:《物产证券与按劳分配》,第34页。
② 马克思:《政治经济学批判》,《马克思恩格斯全集》第13卷,第76页。

纯的认识错误,而是为了欺骗人民,用纸币来掠夺人民的财富。

在1935年11月国民政府实行法币政策前,物产证券主张并未付诸实施。按照法币政策,法币以外的原有纸币可继续流通,但不得增发,而且要在适当时期收回。阎锡山为了维护其军阀割据的利益,于1935年12月颁布了《山西省银行、晋绥地方铁路银号、绥西垦业银号、盐业银号四行号共同设置实物十足准备库暂行章程》,宣称以实物作为四行号纸币的准备。章程规定四行号纸币以金银货币、生金银和市场上交易之货物为十足准备;准备库设立商行或委托商号向市场收买上述实物,作为发行准备;商行或商号出售货物,售价按成本加3.5%以下,经太原经济建设委员会核准的不在此限。从这规定可以看出,所谓实物准备库不过是阎锡山利用纸币进行官营商业活动。它根本没有规定稳定物价的任务,出售价总要高于收购价;这些商行或商号决不会去收购无利可图的实物,而且用来收购实物的又是只要支付一点造钞费的不兑现纸币。这完全是利用政治权力做本微利大的赚钱生意。"实物准备库组织庞大……经营业务以输出棉花、粮食为主,其次为药材、核桃、煤炭、皮毛等等。由分支库及合作商号收购民间物资,由津沪物产商行办理输出,买成外汇(日、英、德),交给四银行号。"①这哪里还有一点用物产证券来消除社会"四弊害"的影子!法币政策规定不得增发法币以外的其他纸币,但山西省银行的纸币发行额却从1935年的825.6万元增至1936年底的1826.9万元②。增发纸币成为掠夺人民财富的重要手段。

---

① 山西省政协:《阎锡山统治山西罪恶史》,转引自《阎锡山和山西省银行》,第114页。
② 同上书,第123页。

第九节　李权时的货币价值论

从国民政府成立到废两改元,共约六年时间。就我们所见,出版的中国人自著的货币学原理书有六种:① 沈藻墀著的《货币学ABC》,世界书局1929年出版;② 龚斯明著的《货币学概论》,世界书局1929年出版;③ 李权时著的《货币价值论》,世界书局1930年出版;④ 叶作舟、郭真合著的《货币新论》,太平洋书店1930年出版;⑤ 朱彬元著的《货币银行学》,黎明书局1930年出版;⑥ 徐钧溪编著的《货币论》,世界书局1932年出版。其中,李权时的《货币价值论》集中讨论货币价值问题,可以作为这一时期货币学原理书的代表。

李权时(1895—1979),字雨生,浙江镇海大石契(今属宁波市北仑区)人。1918年,毕业于清华学校。随后留学美国,1922年,获哥伦比亚大学哲学博士学位。回国后任大夏大学、复旦大学等校教授,复旦大学商学院院长,曾主编《经济学季刊》(中国经济学社社刊)和《银行周报》。全国性抗战期间,任上海的复旦大学经济学系主任及大同大学、震旦女子文理学院教授等,并于1943年任汪伪全国经济委员会委员。新中国成立后曾任吉林大学经济系教授。著作还有《中国经济思想小史》《经济学原理》《李权时经济财政论文集》《现代中国经济思想》《经济学新论》等。

李权时的《货币价值论》集中讨论货币价值问题,其中有些内容后来又编入《经济学新论》,1938年出版。《经济学新论》的前身是出版于1929年的《经济学原理》[①]。为了更完整地反映李权时的货

[①] 《经济学原理》由《消费论》《生产论》《交易论》《分配论》四种单行本合订而成,四单行本先后出版于1928年和1929年。

币理论,本节以《货币价值论》的内容为主,兼及《经济学新论》中的某些论点。

《货币价值论》列有参考书,其中中文参考书只有王怡柯编译的《货币学》一种,可见对此书的重视。《货币价值论》中介绍了金莱、克纳普、孙中山、费雪、黑耳费里希(Karl Theodor Helfferich,德国人)、马克思、波丹(Jean Bodin,法国人)、劳林(James Lawrence Laughlin,美国人)、安特生(Benjamin Macalester Anderson,美国人)等的货币价值理论,论点引录颇详,作者的个人见解则比较简单。

1. 李权时对货币的定义和职能的论述

关于货币的定义,李权时将主张者分为广义、狭义和折中三派,这三派的定义也就是金莱所列的三说。金莱赞成第三说,李权时也赞成折中派。他将折中派的定义表述为:"无论何物,凡能作交易的媒介,流通市面,互相授受,毫不发生信用问题,且得为最后支付的手段者,皆货币也。"①金莱的第三说中有"法律认之"等字,李权时则认为"世间尽有未经法律承认之多种通用钱币"②,故定义中无"法律"或"法偿"字样。这是他同金莱观点的微小差别。

在《经济学新论》中谈到货币的职能,这也是根据金莱的划分,只是用词比王怡柯编译本明白易懂。货币的职能有三类:第一类是主要的或直接的机能;第二类是次要的或间接的机能;第三类是其他附属机能。主要的或直接的机能有二:交易中介和价值标准。李权时指出:"此二机能之发生,大致不分先后,其重要程度亦不分轩轾;二者失一,钱币之资格即不存在,故二者大有形影不离之势。"③次要的或间接的机能有三:延期支付标准、价值储藏工具、价

---

① 李权时:《货币价值论》,世界书局1930年版,第4页。
② 李权时:《经济学新论》下册,商务印书馆1940年版,第410—411页。
③ 同上书,第409页。

值移转工具。李权时指出这三项机能都由价值标准机能推演而来。其他附属机能有四:社会所得之分配者、消费物界限效用之均衡者、信用基础之建筑者、一般价值之化身者。

2. 李权时的货币价值理论

他将货币价值的起源分为三说。

(1) 货币的价值起于货币的效用或功能说,以金莱为代表。李权时在引了王怡柯《货币学》的一段文字后说:"这样,据金氏的意思,不但币材自身有价值的金属货币是有效用,因之有价值或购买力,就是币材自身并没有价值的不兑换纸币是也有效用,因之也有价值或购买力的。这种币材自身无价值的不兑换纸币的购买力就是一种货币本身的功能价值。"①

(2) 货币的价值起于法律权威说,以克纳普、孙中山为代表。李权时详细摘引了克纳普在《货币国定说》(The State Theory of Money)一书中的论点和孙中山的钱币革命通电。他说孙中山的"崇论宏议,尤其是'以国家法令所制定纸币为钱币……'一段,其与克那柏氏②所创'筹码支付手段'之说,不谋而合"③。孙中山虽然也把货币比作筹码,但是他的货币理论和克纳普的毫无共同之处,"不谋而合"之说是完全错误的④。

李权时对克纳普的理论持批判态度。他指出"此种学说如果有野心家利用和实行起来,那末滥发不兑换纸币,强人民使用,必致金融扰乱,民生涂炭"⑤。他还摘引黑耳费里希于1927年出版的《货

---

① 李权时:《货币价值论》,第10—11页。
② 即克纳普。
③ 李权时:《货币价值论》,第28页。
④ 在《经济学新论》中,李权时在说孙中山"主张钱币价值起于法律"(下册,第428页)的同时,又说他在钱币革命通电中"主张钱币价值起于其所代表之劳务"(下册,第431页)。这样,孙中山的主张成了货币价值二元论。这也是错误的。
⑤ 李权时:《货币价值论》,第21页。

币学》中批评克纳普的话及第一次世界大战中德国马克严重贬值的实际恶果来否定这种谬论。

（3）货币的价值起于货币的生产费说，以马克思为代表。李权时节译《政治经济学批判》中有关段落来说明马克思的价值学说。他承认马克思的学说"是很有至理的"，但又认为马克思"想把时间来做劳力的单位，那倒反把他的学说弄得与现在的事实不符"①。所谓"想把时间来做劳动力的单位"，只是资产阶级学者的一种偏见，并不符合马克思的原意。

上述三说中，李权时表示还是第三说"近乎事理，因为效用是人类心理的现象，而效用的有无大小……是无有不直接或间接与产生该效用的劳力的有无大小有密切的关系的"②。

3. 李权时对货币购买力大小的学说的分类

李权时又将它们分为四种。

（1）货币的价值决定于货币及信用票据的数量说，以波丹、费雪为代表。李权时介绍了从波丹到费雪的货币数量说公式的演变过程。

① 波丹的公式：$M \div T = P$。

M 为货币流通数量，T 为货物流通总额，P 为平均物价。

② $MV \div TF = P$。

M、T、P 同上，V 为货币流通速度，F 为货物总额流通速度。

③ $(MV + M'V') \div TF = P$。

T、F、P 同上，M 为硬币和纸币流通数量，V 为硬币流通速度，M' 为纸币及信用工具流通数量，V' 为纸币及信用工具流通速度。

---

① 李权时：《货币价值论》，第45页。
② 同上书，第46页。

④ 费雪的"交易方程式"：$(MV+M'V')\div T=P$。

P 同上，M 为硬币和纸币流通数量，V 为硬币和纸币流通速度，M' 为银行存款通货数量，V' 为银行存款通货流通速度，T 为贸易总额。

李权时还引了西方学者对货币数量说的批评，如金莱、安特生、劳林等都是。

(2) 货币的价值决定于硬币及货物的数量说，以劳林为代表。李权时将其表述为公式①：

$$(MC\times MD)\div(GC'\times GD')=P$$

或

$$(GC'\times GD')\div(MC\times MD)=V$$

M 为金子产量，C 为金子生产成本，D 为金子需要高度，G 为货物生产量，C' 为货物生产成本，D' 为货物需要高度，P 为物价指数，V 为货币价值指数。

李权时认为劳林和费雪货币价值论的区别有四：① 费雪认为一切交易媒介都是决定货币价值的原因，劳林认为只有硬币或本位币的数量能影响货币价值。② 费雪认为物价的决定在交易之后，劳林认为在交易之前。③ 费雪认为物价是易中（交换媒介）数量的结果，劳林认为物价是易中数量的原因。④ 费雪认为信用易中和物价有密切关系，劳林认为只有变态信用能影响物价。

(3) 货币的价值决定于货币的界限效用说，以金莱为代表，仍据王怡柯的《货币学》。李权时在详细摘录有关论点后指出："观上录金来氏②之货币价值论，可谓包罗万象，无所不有：上述前三个的

---

① 以下二式，《货币价值论》中第一式等于 V，第二式等于 P，实误。此据《李权时经济财政论文集·货币购买力理论》校改。

② 即金莱。

货币价值起源论固网罗在内,即上述后二个的货币价值决定论亦并不遗弃。……所以至少就理论上讲,金来氏之货币价值论实为最完备的一种解释,其余则均有挂一漏万的毛病。不过一物的界限效用究竟如何决定?那还不是根本由于生产费或劳力吗?所以根本上讲起来,货币价值论,一如其他货物的价值论,是应当与货币的生产费或劳力发生密切关系的。"①在李权时看来,货币价值决定于生产费和决定于劳力是一回事,所以他是生产费价值论者,这当然不能和马克思主义的劳动价值论相提并论。

(4) 货币的价值决定于货币的社会效用说,以安特生为代表。安特生用人们的心理因素来解释商品和货币的价值,认为商品和货币的交换比率由受各种原因影响的社会心理所决定。李权时指出这是"金来氏界限效用说之扩大"②,根本无法进行测度。

此外,李权时还举美国马萨诸塞州生活费用腾贵委员会关于物价上涨原因的一份报告,说明影响物价的原因极为复杂。他称之为关于货币价值决定的折中论。其实,这种对于实际情况的调查报告,不应作为货币价值的一种理论来考虑。

在《经济学新论》中,李权时还增加了钱币价值决定于产生币材之劳力说,以马克思为代表。他批评此说"虽亦言之成理",但"终不能成为事实"③。

在《货币价值论》中,李权时曾倾向于货币价值决定于生产费说,到写《经济学新论》时则又退到了货币数量说。他说:"盖数量说有时在短期虽亦不切事实,然其不切事实之处究较其他四说为少也。况自近年世界各国采用管理币制以来,数量说更为各国财政当

---

① 李权时:《货币价值论》,第65—66页。
② 同上书,第72页。
③ 李权时:《经济学新论》下册,第432页。

局所服膺,盖所谓管理云者,即管理其钱币数量,不使过多,亦不使过少,使物价得以安定,亦即币价得以安定之谓也……或谓数量说忽略货物成本对于币值之影响,此则未免厚诬数量说矣,盖数量说公式中,固有 T 或贸易额之因素以包括之也。"[①]

李权时的这一变化,显然是受了不兑现纸币流通的影响。不兑现纸币所代表的价值本来是要受数量的影响的,但这不能简单地称为货币数量说。影响物价的原因很多,即使是纸币流通,也不单纯是一个纸币流通数量问题。至于用不兑现纸币的流通规律来解释金属货币的流通规律,那更是根本错误的了。

---

① 李权时:《经济学新论》下册,第 436 页。

第二十章
废两改元至全国性抗战初期的货币理论(上)

美国放弃金本位后,为了实行通货贬值、维护国内银矿主的利益及国际货币斗争的需要,采取提高银价政策。1934年6月,美国国会通过《白银法案》,规定白银要占法定货币准备的四分之一,为此要大量购进白银。8月,美国实行白银国有计划,向国外购买白银。国际银价急剧上涨,中国的白银因而大量出口。据官方统计,1934年共出超2.5亿多元,加上私运,达3亿元以上。于是中国在经济危机的基础上又爆发了严重的金融危机。通货紧缩,物价下跌,工商企业大量倒闭。上海金融业1934年倒闭44家,1935年倒闭104家①。

为了限制白银外流,国民政府于1933年4月6日开始对白银征2.25%的出口税(银本位币及厂条因已收铸造费,免征出口税)。

---

① 余捷琼:《中国的新货币政策》,商务印书馆1937年版,第102页。

1934年10月15日又将出口税提到10%（银本位币及中央造币厂厂条7.75%），并加征平衡税。① 平衡税率随时调整，要做到征税后使白银出口无利可图。征出口税和平衡税只是临时应急措施，银本位制已面临崩溃的威胁。

当时国内已有一些人士提出了放弃银本位制的主张，国民政府亦组织专人（由宋子文、钱昌照负责，徐新六、顾翊群为助手②）拟订新的币制方案。至1935年9月21日，英国政府首席顾问李滋罗斯（Frederick William Leith-Ross）应聘来华，帮助进行"币制改革"。11月3日晚，财政部发表《施行法币布告》，规定自次日起，以中央、中国、交通三银行（两个月后又加上中国农民银行）的纸币为法币；过去批准发行的其他银行的纸币照常流通，但发行额以截至11月3日止的流通总额为限，以后逐渐用中央银行法币收回；不得行使银元，各种银类均须兑换为法币；设发行准备管理委员会办理法币准备金的保管及发行收换事宜；由中央、中国、交通三行无限制买卖外汇，以稳定汇价。这就是所谓"法币政策"或1935年的"币制改革"。

财政部规定了对英、美、日等国的汇价，实际上对美、对日的汇价是根据规定的对英汇价套算的。法币一元合英镑1先令2便士半。固定对英汇价使中国成为英镑集团的一员，这对英国控制中国经济最为有利。

按法定汇价和实行法币政策时的伦敦银价计算，法币一元的价值约相当于银元价值的60%，即贬值了40%。实行法币政策后，物

---

① 两次征白银出口税的日期，参见中国人民银行总行参事室编《中华民国货币史资料》第二辑（1924—1949），上海人民出版社1991年版，第141—142页。
② 《钱昌照回忆录》，中国文史出版社1998年版，第90页。书中说国民政府于1934年开始拟订币制方案，1935年夏李滋罗斯来华。但李滋罗斯来华是在1935年秋，故国民政府开始拟订币制方案的时间亦可能被回忆录提前了，实际上是在1935年。

价逐步回升,这有利于摆脱因银价上涨、白银外流而引起的金融危机。实行纸币制度加强了中央对地方的控制,为官僚资本的金融垄断创造了条件。法币政策又是国民政府通货膨胀政策的起点,只是在初期还属于缓和的通货膨胀,对经济的发展起着积极的作用。

集中白银,地方实力派进行了抵制。河北、广东、山西、广西、湖北等省白银都集中在本省。政府明令在天津、汉口、广州设发行准备管理委员会分会,就是妥协的一种表现。广东、广西两省分别规定以省银行发行的纸币为法币,以本省法币收兑银类。山西成立实物十足准备库,继续发行省钞。河北成立铜元票发行准备库,发行铜元票。但法币政策极有利于纸币发行权的统一,到全国性抗战时期法币终于成为国民政府统治区的统一的纸币。

中国加入英镑集团,日本、美国都进行了破坏。日本加紧对华北的侵略,并组织大规模的武装走私。美国则从12月10日起减少向海外购银,使银价急剧下跌。1936年3月,财政部派陈光甫、郭秉文、顾翊群三人赴美,经过谈判,于5月签订了《中美币制协定》。美国同意继续购买中国的白银。中国的法币政策作了修改,恢复白银在中国的一定的用途:白银准备至少占法币发行总额的25%,铸造半元、一元银币(向美国订铸各500万元),制造银器银饰仍按原有的习惯办理。从此,中国开始加入美元集团。到全国性抗战时期,法币则完全成为美元的附庸了。

废两改元至全国性抗战初期的货币理论分为两章。本章中,顾翊群、姚庆三、赵兰坪等的币制主张和法币政策非常接近,可以说是实行法币政策的先声。褚辅成的货币革命论也是实行纸币制度的理论和主张。本章介绍了许多对于法币政策的评论观点。另外,赵兰坪、马寅初、姚庆三等的货币理论反映了这一时期中国非马克思主义货币理论发展的新高度。特别需要指出的是,凯恩斯在1936

年提出的新货币理论很快就传入了中国,姚庆三完成于全国性抗战前的著作中已经对它作了系统的介绍。

第一节 顾翊群、姚庆三等的币制论

顾翊群(1900—1992),字季高,江苏淮安(治今淮安市淮安区)人。曾就读于北京大学。1921年,赴美国留学,获俄亥俄州立大学会计学和纽约大学商业管理学硕士学位;1924年回国,曾任中孚银行襄理;1934年,任实业部物价银价讨论委员会委员①;1935年,参与制定法币政策;1936—1937年,任行政院参事,曾作为三代表之一赴美谈判白银问题;1938年12月—1940年任广东省政府委员兼财政厅长、广东省银行行长;1941年以后,历任财政部常务次长、中国农民银行总经理、四行联合办事总处秘书长、联合国国际货币基金理事会理事等职;1946年6月,任中央银行监事会监事,不久赴美任国际货币基金中国首任执行干事;1966年退休后,去台湾定居。

在银价高涨后,顾翊群发表了多篇讨论币制的文章。他原是金本位制的主张者。1933年3月,他发表《中国当前之金融危机》②,建议政府"当机立断,下禁止现银出口令",而"钞票必需继续兑现,既安人心,兼可防止通货之膨胀",指出"倘不能于此时急采有效手段,以资防止,恐抗日未成,而命脉已丧,悔无及矣"。4月,他又发表《再论美国购银之危险性》③,提出了实行通货管理制的可能性。管理通货的主张是凯恩斯在1923年出版的《货币改革论》(*A Tract*

---

① 该委员会由许仕廉任主任委员,路易士、张履鸾为主要负责,编成《中国银价问题》一书,于1936年2月出版。
② 《银行周报》第17卷第10期(1933年3月21日),又发表于《复兴月刊》第1卷第8期(1933年4月)。
③ 《银行周报》第17卷第12期(1933年4月4日)。

on Monetary Reform）中首次提出来的。中国在实行法币政策前有人提出了实行管理通货的主张,顾翊群是最早的一个。他说英国银行、实业两界原对于凯恩斯的通货管理制主张"避之若俯,今则歌颂不已",如果中国因美国购银而采取此制,也会是"利多于害"。

1933年9月,顾翊群发表《中国货币应如何安定》[①],进一步宣传实行管理通货的主张。以下是其中的主要观点。

关于对货币进行管理的必要性,顾翊群指出:"欧战前之学者,以为只有金属货币系良货币,在行金本位之国家,货币善于自行调节,而能恢复平衡,故政府不应加以干涉。但此种理论,已经欧战后之经验,加以否认。欧战甫停时,黄金本身价值大跌,对货物之购买力丧失甚巨。近数年来,适得其反,金之价值,因经济战争之故而大涨,肇成世界物价水平之大跌。故经济学者虽尚认金本位为比较上适当之货币制度,但咸主对金之本身价值,必须加以管理,使其不过于变动,国际物价水平乃得稳定焉。"又说:"主张管理货币之学者,并不反对金本位,且认将来世界必需实行管理制之金本位。不过在今日情况之下,金之价值,受国际影响太大,难以管理……故不得不改用便于管理之货币,为自了之图。""货币管理之目的,即在借货币之管理,以维持物价之平衡。"

关于中国需要实行管理货币的理由,顾翊群指出数十年来银价下跌,因此用银为货币,"既不能为'价值之标准',亦不能谓为'价值之保存者'"。近来银价上涨,国内的有识之士纷纷主张用金,但用金如不加以管理,"则其害较银尤烈"。还不如对银本位加以管理,使其价值保持稳定,待将来各国相继恢复金本位时"再一跃而行金本位"。他认为中国实行管理货币制的目的有四:维持本国物价的

---

① 《银行周报》第17卷第36期(1933年9月19日)。

稳定,发展本国企业界的生产力,争取政府财政的平衡,逐渐储积海外基金。

顾翊群还设想了中国实行管理货币制的具体步骤。他认为实行这一制度有三大前提:① 设立国外汇兑平准基金,以维持汇价的稳定。② 集中各发行银行钞票准备金的管理权,组织一钞票准备金管理委员会进行管理。准备金中可提出一部分购买外汇基金所购外汇,凭此可以增发钞票,增发数又可供外汇基金活动之用。"如是循环,直至政府抬高暨安定物价之目的达到为止"。③ 设立一完全统计机关,编制各种指数以供管理货币的参考。

三大前提具备后,则由政府设立一货币管理委员会。委员会成立后的最初六个月为第一时期,主要是维持汇价的稳定。第二时期一年至两年,为安定物价的试验期。对英、美、日汇价实行钉住政策,以待国内物价的缓慢上升。第三时期也是一年至两年,为货币安定期。物价仍呈上涨趋势,各项经济事业都得到了发展。各发行银行保留原有的钞票发行额,新增钞票仅由中央银行一家发行,以便运用贴现率和公开市场政策统制金融。到国际银价下跌时,则将汇兑基金改充金本位基金,停止银币的自由铸造,改行同国际一致的管理制金本位。提高物价会降低工资收入者的生活水准,顾翊群说这是"牺牲个人现在之享乐,以冀国家未来之成功,其精神何等伟大……苟能达到建设成功目的,又何憾焉?"用牺牲劳动人民的利益来摆脱经济危机,本是剥削阶级统治者的常用策略,顾翊群所提主张的阶级实质也在这里。

1934年2月,顾翊群和姚庆三合作发表《今日之银价问题》①,继续宣传在实行金本位制前,先实行货币管理及其他方面的措施

---

① 《社会经济月报》第1卷第2期(1934年2月)。

(如平衡预算等)。其中也提出原发行银行只保留原有的纸币发行额,新增的发行归中央银行或联合的发行机关进行管理。以后顾翊群去欧洲考察币制,次年回国后又向政府提出"改革币制之建议"①。

1935年3月,姚庆三发表《今日之金融问题》②,提出了禁银出口和钞票停兑的主张。他说"国人闻钞票停兑之说,动辄谈虎色变",但是"为财政而停兑,与夫为经济政策而停兑,两者截然不同"。为经济政策而停兑,纸币价值不会剧跌。对于物价上涨使许多人受到损失的问题,他也作出了类似于顾翊群的分析。他说:"至于通货膨胀对于劳动阶级之利害,则立论当须注意劳动阶级全体之幸福……今后如果施行通货膨胀之政策,则本有工作之工人,固不免因物价涨高生活费用昂贵而见实得工资之减少,但今日之千万失业工人,届时即可因工商繁荣而复得工作,纵使生活费用稍昂,亦必得过于失也。是以就全体工人幸福而论,通货膨胀亦属利多害少,不足以为顾虑也。"

3月28日,英侨沙逊在《字林西报》上发表文章,建议中国坚持银本位,如能获得英镑借款,可以发行一种以英镑作抵的钞票,和银元同时流通。4月,姚庆三发表《沙逊爵士建议之检讨及施行镑汇制度之商榷》③,对这一建议提出批评,并提出了实行镑汇制度的主张。

姚庆三认为,金本位或纯正的金汇兑本位只有到各国恢复金本位后才可考虑,现在则可实行英镑汇兑制度、美元汇兑制度或日元

---

① 姚庆三:《现代货币思潮及世界币制趋势》,国民经济研究所1938年版,第87页。
② 《社会经济月报》第2卷第3期(1935年3月)。
③ 《社会经济月报》第2卷第4期(1935年4月)。

汇兑制度。英、美、日三国的经济,以英国最为巩固,故以实行英镑汇兑制度最为适宜。他并不认为实行汇兑制度会丧失本国货币的独立性,宣称:"世人或以为外币汇兑制度无异使国币附庸于外币,于币制之独立性不无损失。依吾人之见,此种见解或为过虑……瑞典挪威亦为金镑集团之一员,但其币制之独立性,固未受若何之影响也。"他主张汇价维持在国币一元合一先令上,当时中英汇价约为1先令7便士,约贬值三分之一。他认为这样"物价当可回涨至衰落以前之水准,而农工商各业亦不难恢复相当之繁荣矣"。

李滋罗斯来华后,姚庆三又发表《李滋罗斯来华与中国币制前途》①,进一步为镑汇制度辩护。他说自他的主张发表后,"国内人士责难颇苛"。他坚持认为:"夫镑汇之实行,是否将中国之'货币权'附庸于英国,当视实行之情形而定。如维持镑汇之基金,完全由我筹措,则今日吾人以国币与英镑联系为得计而加入英镑集团,他日如以为非计,则退出可也。权操在我,何得谓为附庸?反之,如维持镑汇之基金,有赖于英镑借款,则我'货币权'之是否丧失,当视英镑借款之条件而定。"如果借款合同中无加入英镑集团的明文,则中国仍有改变币制的自由,"亦不能视为丧失'货币权'也"。他主要是从币制本身立论,至于中国当时在国际上能否真正具有独立性,则是他未予考虑的问题。

实行法币政策前,张素民也提出了管理通货的主张。张素民(1895—?),湖南长沙人。他曾留学美国,获宾夕法尼亚大学经济学博士学位,回国后任上海法学院教授、上海商学院教授兼工商管理系主任、光华大学经济系主任、沪江大学教授等。抗战时期投敌,任汪伪财政部关务署署长、中央储备银行常务理事等职。他在

---

① 《社会经济月报》第2卷第9期(1935年9月)。

1934—1935年发表的讨论币制的文章,汇总为《白银问题与中国币制》,由商务印书馆于1936年出版。

张素民于1934年12月提出放弃银本位、白银国有的主张,认为与其"将来被迫而放弃银本位",还不如"趁早自动放弃银本位"①。当时他认为可以同美元按固定比价联系,将银元贬值40％。后来他又表示大致赞同姚庆三的国币同英镑联系的主张。关于新币制的名称,他称之为"管理通货制"或"管理纸币本位制",而认为"最妥的名词,是'管理金汇兑本位制'"②。后来他得知向英、美借款无望,则又表示"暂不采用金汇兑本位",认为"只把银元成色减轻,就可以免除金融的紧缩"③。

上一章第一节已提到刘大钧主张实行金本位制。在各资本主义国家放弃金本位的情况下,他认为实行此制已无可能,也转而主张实行管理货币。他在1940年由独立出版社出版《非常时期货币问题》一书,在《自序》中对自己主张的转变作了解释。他认为现代交易的范围"久已超越各国之国境,故各国货币宜有相当之联系"。各国现"多已放弃金本位,且方从事于货币贬值之竞争",则中国也应适应这一形势。"不得已而思其次,唯有加入英镑集团之一法"。主张虽变,而其目的则一,"仍在维持对我贸易关系重要之国家在币制上的联系",所以同以前的主张"实殊途而同归"。他曾写文章正式向政府建议"采用管理货币,原稿因种种原因,未便发表"。

1934年初,金陵大学教授美国人路易士(Ardron Bayard Lewis)和张履鸾在英文刊物《民国周刊》联合发表《重铸银币对于

---

① 张素民:《白银问题与中国币制》,商务印书馆1936年版,第22页。
② 同上书,第24页。
③ 同上书,第119页。

中国的影响》(The Effects of Remonetization of Silver upon China)①，提出实行补偿货币的主张，即根据物价指数改变银元的法定含银量，以保持物价的稳定。实行这种制度，不必重铸银元，只要在兑换银元时随物价变动增减兑换比率就可以了。这原是费雪在1911年所提倡的，他所指的是金元，路、张则移用到银元。这种制度实行时有很多困难，只能是一种理想。

1935年5月，中央银行职员兼沪江大学商学院教师崔晓岑发表文章，提出实行金银运用制度。他认为放弃银本位已是大势所趋，"中国既不是产金的国家，又不是产银的国家，没有特别偏重任何金属的理由，所以拿金银作一种运用的工具则可，一定拿金银作为流通的媒介物，此时大可不必"②。所谓"金银运用制度"，就是实行纸币流通制度，其要点有：白银国有；组织公共金融机关，发行公库钞券，白银移交公库，收回各银行钞票；在银价高涨时出卖白银，购进黄金，在银价跌落时再买进白银；钞券不兑现，但以金银作担保，使人民信任；钞券发行量以物价为标准，采"管理纸币说"；规定一范围较宽的对外汇率，随时根据进口货的不同种类而伸缩汇价；禁止外商银行钞票和港币流通；为了收集民间存银，在赋税中搭收一半银元。他又把金银运用制度称为"金银运用本位"，认为"本位"二字虽勉强，但纸本位、指数本位、自由本位也一样勉强。他说金银运用本位"比起纸本位来，容易得到信任心"③。

以上各种币制主张，以及即将谈到的褚辅成、赵兰坪的币制主张，除路易士、张履鸾的补偿货币外，都同后来实行的法币政策有某些方面的接近之处，为法币政策起了舆论准备和决策参考的作用，

---

① 转引自马寅初：《中国经济改造》，商务印书馆1935年版，第581页。
② 崔晓岑：《币制与银行》，1936年版，第175页。
③ 同上书，第177页。

顾翊群还是法币政策的制定人之一。这说明法币政策的内容并不是由李滋罗斯所提出，李滋罗斯只是对法币政策作了最后的审定，接受中国成为英镑集团成员。

第二节　褚辅成的货币革命论

褚辅成(1873—1948)，字慧僧，浙江嘉兴(治今嘉兴市南湖区)人。光绪三十年(1904年)，留学日本，先后在东京警察分校、法政大学学习；三十一年，加入同盟会。宣统元年(1909年)，任浙江咨议局候补议员；二年，任嘉兴商会会长。辛亥革命后任浙江军政府政治部长、民政厅长、国民党浙江支部长。1913年，当选为议员，褚辅成因反对袁世凯而被捕，袁死后获释；1917年，到广东，任非常国会副议长；1927年，任浙江省临时主席兼民政厅长，因被怀疑为共产党员，一度被捕，同年获释，在上海任法科大学(后改为上海法学院)校长(院长)；1938年起，任历届国民参政会参政员；1945年7月，和黄炎培等参政员访问延安；1946年，为"制宪国大"代表。

1912年冬，孙中山在杭州作关于钱币革命的演讲，褚辅成参加听讲。他当时认为"时机未熟，恐难实行"，但从此"历年观察社会各方面情形，求此问题之解答"[①]。1931年九一八事变后，"始觉救亡图存，非改革币制，无第二出路"[②]。1934年因金融危机严重，他特向上海法学院师生作货币革命演讲，每星期一次，共讲了10次。演讲由钱步恒笔录，由上海法学院以《货币革命十讲》为题印行。

所谓货币革命，也就是实行纸币制度，褚辅成也像廖仲恺一样，

---

① 褚辅成：《货币革命十讲》，第19页。
② 同上书，第41—42页。

称之为"货物本位"。提出货币革命主张的近因是美国的白银政策,"其势实有非将世界用银各国之银,尽数收买不止"①,这使中国的经济危机和金融危机根本没有解决的希望。他说:"三年以来,复鉴于入超之激增,白银之外流,工商业之总崩溃,益觉货币革命之实施,刻不容缓。"②他从经济和政治两方面分析了中国需要进行货币革命的理由。经济方面的理由有以下五条,其中第一条是他长期考虑的问题,而后面四条则主要是针对白银外流引起的金融危机而发。

(1) 复兴农村。褚辅成说他"主张货币革命,实以救济农村为出发点"③。中国农村破产,亟待救济,而要复兴农村,必须有大量资本。"以我国耕田计之,总数在十二万万亩以上,假定每亩贷以五元,须备六十余万万元。再以人口计之,我国总人口四万万七千万内农民约占四万万,假定每人贷以十元计,亦须四十万万元。现在我国银币数量,只有十六万万元,倘不改革币制,试问从何处可得此巨额之资本?"④这只有实行纸币制度才有可能。

(2) 救济工商业。救济工商业要增加流动资本和减轻利息,也需要用纸币来解决。

(3) 安定金融。白银外流,金融枯竭,"救治之道,只须变更银本位,增加通货,使国家银行充实力量,确能为银行之银行,则各处金融机关,自能周转裕如矣"⑤。

(4) 挽救入超。"盖改用货物本位之后,我国商人不能以纸币向外国购货,外货即不能自由输入……对于兑换汇票之请求,可分

---

① 褚辅成:《货币革命十讲》,第4页。
② 同上书,第20页。
③ 同上。
④ 同上书,第22页。
⑤ 同上书,第29页。

别其所购货物之种类,而加以限制……三年之后,国际收支,定可达到平衡之目的。"①

(5) 防止白银外溢。实行纸币制度,将现金集中于国库,偷运可不禁自绝。

政治方面的理由有可用经济办法实现国家统一、可以实施生产建设、可以编遣军队、有力量救国等四条。其根据都是增加纸币即增加资本,增强经济实力,政治上的困难也可以得到解决。

褚辅成提出货币革命主张,较孙中山、朱执信、廖仲恺时,在国际上又有了更加有力的证据。褚辅成指出:"今日英美日俄德所行之货币政策,为管理货币,此说为英经济家铿士(凯恩斯)所倡。管理云者,谓管理纸币之发行额,务使与工商企业之需要相适应,使物价可底稳定。"②既然国际上已有许多国家实行管理货币,则中国自然也属可行之列。他不赞成刘冕执的能力本位制和徐青甫的虚粮本位制,认为"二者均有窒碍难行",因为:"一、各人能力,大小悬殊,作为标准,令人怀疑。二、粮食价格,时有升降,丰年价廉,凶年价昂,相差不止一倍,定为标准,殊不稳妥。"③

褚辅成主张把纸币定名为"货物兑换券",以它为法币。"是项兑换券,在国内可以兑换货物,遇有国际贸易,可向国际汇兑局兑换各国汇票"④。因此在国际上也可称为"金汇兑本位"。货币单位仍称元,并与关金单位固定比价,法币2元值关金一单位。以国产低值金属制造辅币。发行之后,中央及地方机关均只准收受法币,使其他货币渐归消灭。政府收集全国金银,如以20亿元计,以10亿

---

① 褚辅成:《货币革命十讲》,第31页。
② 同上书,第43页。
③ 同上书,第44页。
④ 同上。

元作为国际汇兑准备金,10亿元用于清偿外债。

为了防止滥发纸币和以现金中饱私囊,褚辅成还提出由政府和商业团体各出相同数目的代表组成金融管理委员会、法币发行委员会、金银保管委员会和货物管理委员会,做到官员共管,互相监督。显然,这一条是国民政府所绝对不能接受的。

以上是褚辅成货币革命主张的主要内容。比起徐青甫、刘冕执、阎锡山的故弄玄虚,他的理论无疑要朴实得多。但这并不是说他的理论就完全正确,主要是存在以下三方面的问题。

(1) 关于币制名称问题。币制名为"货物本位",这名称的不妥笔者已在廖仲恺一节中分析过了,这里不重复。褚辅成既将纸币同关金固定比价,又说它是货物兑换券,则更不妥了。如果纸币真的可以兑换货物,而兑换货物的量和关金无关,则不可能维持同关金的固定比价。如果按关金的价值兑换货物量,则是关金本位而非货物本位。事实上,无论对于关金或对于货物,褚辅成都没有考虑到如何保证兑现的问题,所以货物兑换券是名不副实的,它实为一种不兑现纸币。

(2) 关于货币的本质问题。为了说明可以用纸币作为货币,褚辅成也说货币是筹码,不仅纸币是筹码,而且从货币起源以来所有货币都是筹码。他说,上古日中为市,以物易物,发展到中古,交易渐繁,物物交换已感不便,于是人们"思用一物为计数之筹码,以定物价"①。他不否定货币是商品,但否定货币本身所包含的价值量,因此又说:"凡可为计数筹码者,不问其本身价值如何,俱可用作货币也。"②这是一种名目主义观点。

(3) 关于纸币发行数量问题。褚辅成主张纸币发行额要同工

---

① 褚辅成:《货币革命十讲》,第8页。
② 同上书,第9页。

商企业需要相适应,反对通货膨胀,但他估计的纸币发行数量仍然过高。他提出实行货币革命在经济和政治方面的理由,仍有过分乐观之处,这是同纸币发行数量过高的估计相联系的。他说:"币制改革后,全国物产及人民生产力,皆可为发行纸币之准备,则货币之数量,可随生产事业而增加,生产建设之资本,不患不足矣。"①"全国物产及人民生产力,皆可为发行纸币之准备"的说法很危险,它很容易成为政府滥发纸币的借口。实际上,即使实行纸币制度,也仍然会有资本不足的问题,只是比金属货币流通大有改善而已。他又说:"今之中央政府,实力未充,故未能扶助各省。一旦币制革新,实行纸币政策,则中央在经济方面,握有无上权力,对于各省实业,不难贷以巨款,使之克期举办。"②实行纸币制度可以大大增加中央政权的实力,这是对的,但其实力仍要受纸币流通需要量的客观限制,并不是总能贷出巨款支持地方建设的。

第三节 赵兰坪的币制论和货币价值论

赵兰坪(1898—1989),浙江嘉善人。曾留学日本,获庆应大学经济学学士学位,回国后先后任暨南大学、中央大学、中央政治学校教授和中央银行经济研究处专门委员。1946年起,任国民党中央候补监察委员。新中国成立前夕去台湾。著作有《经济学大纲》《各国通货政策与货币战争》《现代币制论》《通货外汇与物价》《货币与银行》等。

1934年10月—1935年7月,赵兰坪发表多篇论文讨论经济和金融危机,提出了废除银本位制的主张。这些文章汇集在1936年出版的《现代币制论》中,其中的《中国经济金融财政之根本自救方

---

① 褚辅成:《货币革命十讲》,第38页。
② 同上书,第37页。

案》还出版了单行本。

赵兰坪认为中国当时经济困难的主要原因是对外汇价腾贵。"对外汇价腾贵之结果,国外市场,若干重要出口货物,为之锐减。全部输出贸易,为之减退,国内市场,进口货物,可以廉价出售。国产货物,难与竞争,农工事业,大受打击。一般物价,为之下落。人民购买能力,为之降低,遂成遍及全国之金融恐慌。"[1]因此中国要摆脱危机,也只能从降低汇价下手,这只有放弃银本位、实行"纸本位制"[2]才有可能。

放弃银本位制的具体办法,赵兰坪提出先要集中发行,集中现银,整理补助货币。针对中国发行权分散的情况,他说为了迁就事实,可以中央、中国、交通三行的纸币为中心,统一全国通货;私立银行已发行纸币的,以现有发行额为限,不得增发。实行"纸本位制"必然会使汇价下落,待其自然下落到一定程度后再予以安定。

赵兰坪虽然主张实行"纸本位制",但仍把它视为过渡性的制度。至于将来的发展方向,他认为"欧战前之金币本位制,已成历史上之遗迹";将来的币制"大概为金准备制,即以政府或中央银行为中心,发行政府纸币或银行纸币,而以现金与在外金汇,为兑现准备。凡遇输现出口,始得兑取现金或金汇,国内通货,必以纸币为主,银币与贱金属货币为辅"[3]。因此等到各国币制安定以后,中国也可以"在严密管理汇兑之下,行使以生金与金汇为兑现准备之金本位制"[4]。

实行"纸本位制"会不会引起通货膨胀?赵兰坪著文予以否定。

---

[1] 赵兰坪:《现代币制论》,正中书局1936年版,第137页。
[2] "纸本位"不是一个科学的名称。因为"本位"的本意是指以一定量的金属作为货币的价值标准,而纸币本身是没有价值的,但这名称在20世纪三四十年代比较流行。
[3] 赵兰坪:《现代币制论》,第6—7页。
[4] 同上书,第7页。

他说中国当时"财政收支,已渐平衡。军费支出,亦未增加……故除非常事变外,收支大致可以适合,不致再有起债之必要……军政费用,纵有不敷,亦可求之于公债,而无膨胀通货之必要"①。实际上,国民政府成立以来,财政从未得到平衡,军费开支不断增加,他的说法并不符合实际。

赵兰坪还对"纸本位制"作了理论性的分析。他说:"纸本位制,又可名之曰自由本位制,即以纸币为本位货币。本位货币,并不与一定量之贵金属,保持等价关系。亦即本位货币之价值,不受一定量贵金属之束缚,而有充分自由伸缩之意。"②他将"纸本位制"分为两种。

第一种又分为甲、乙两类。甲类是"本位货币,于事实上,虽已脱离一定量贵金属之束缚,而于法律上,则仍保持等价关系之纸本位制"。乙类是"本位货币,于事实上,法律上,皆已脱离一定量贵金属之束缚。价值之大小,不受任何限制,而有充分自由伸缩之纸本位制"。这两类之所以归入同一种"纸本位制",则是因为它们都"遵照发行条例之规定。在法定保证准备额外,皆有正货(现金)准备,为发行纸币之基础"。③

第二种是"并无正货准备或正货准备极少之纸本位制"。这种"纸本位制"根本不顾发行条例的规定而不断增加发行,使币值下降,而且币值下降的速度高于通货膨胀的速度,以致全国通货总值反而比原来的降低,于是又有增发的必要。"犹如治病,愈治而病势愈增。病势愈增,不得不加急治疗,结果,反使病势危笃耳。"④

赵兰坪主张的是第一种的乙类"纸本位制"。他认为实行这种

---

① 赵兰坪:《现代币制论》,第12—13页。
② 同上书,第15—16页。
③ 本段引文出处均同上书,第16—17页。
④ 同上书,第18—19页。

币制,物价虽受汇兑下落影响而稍稍腾贵,但腾贵极微,不会造成通货膨胀。他还指出:"若能调节通货之供求,不受财政上之影响,国际收支,若能平衡,则虽并无正货准备之纸本位制,亦可通行无阻。唯其对外汇兑,不免时有涨跌耳。"[1]纸币流通制度成功与否,关键不在于有无现金准备,赵兰坪的这一说法是正确的。

1934年,赵兰坪完成了他的代表作《货币学》,于1936年出版。此书颇为流行,直到1948年尚在再版。他在1944年自费出版的《通货外汇与物价》上、下两册,原理方面大体上仍沿袭《货币学》中的观点。以下就以《货币学》为依据,讨论赵兰坪的货币理论。

赵兰坪认为,自世界各国放弃金本位后,"以前之货币学理,大半皆已失效"[2],金属主义理论就属于失效的范围,只有采取名称主义(即名目主义)派的主张才能说明货币的本质。他称赞克纳普于1905年提出的货币国定说是在"货币学说史上,开一新纪元",而欧战以来金本位制崩溃,则使"名称主义,遂得应运而起"[3]。不过他并不赞成克纳普的"货币为法制之产物"的货币本质观,因为这不符合货币的全部历史;而"就现状而论,一国货币,于一方面,固为该国法制之物,而由国家法令所规定,而于他方面,则为一定经济社会之产物,亦即全国人民互信之结晶"[4]。

赵兰坪认为货币的性质是随着货币经济的发展而变化的。货币产生之初,由家畜、贝壳、兽皮、米谷、布帛等充当货币,"货币性实以商品性为基础",可以"名之曰商品货币"[5]。后来由贱金属发展到以贵金属为货币。贵金属货币可分为前后两期,前期为秤量货币

---

[1] 赵兰坪:《现代币制论》,第19页。
[2] 赵兰坪:《货币学·自序》,正中书局1936年版。
[3] 赵兰坪:《货币学》,第11页。
[4] 同上书,第25页。
[5] 同上书,第3页。

时代,又可分为两期:"第一期,即以金银器具为货币。此种货币,于货币之特性外,兼具商品性质……故其所以能充货币者,在其本身之价值外,又在其直接使用之价值。第二期,则为特别之金银物件,例如金块银条,金银元宝之类。此种货币,已非商品,不能直接满足人类欲望,故无直接使用价值。至其所以能充货币者,纯在本身之有价值,而为一般乐于接受也。"①后期为铸币时代,也分两期:一为国家和人民共同铸造时期,二为国家独占铸造时期。近百年来又使用纸币。纸币也分前后两期:前期为兑现纸币,仍以金属货币为基础;后期以不兑现纸币为主。他又说各国货币进行的阶段并不一致,"惟其最后归趋,必入纸币时代,殆无疑义"②。

因此,赵兰坪对货币下了如下的定义:"凡充一般交换之媒介者,皆得谓之货币。至其构成原素,或为金银,或为纸片,或竟并无形体,仅有若干文字数目,皆无不可。至其成立,或经国家法制之规定,且于现实经济社会之中,确能完成货币之职能,固得谓之货币。或虽未经国家法制之规定,而于现实经济社会之中,亦能完成货币之职能,常充一般交换之媒介,而为一般人民乐于授受者,亦得谓之货币。是以货币之本质,不在其本身是否有价值,而在是否能充一般交换之媒介也。"③更简单的说法,则是"货币即为一般交换之媒介,获得财货劳务之证书也"④。这就是说,起流通手段职能作用的就是货币,不管它本身有无价值。

既然流通手段就是货币,那么货币的价值如何决定呢?赵兰坪对货币价值作了三个方面的论述。

---

① 赵兰坪:《货币学》,第4页。
② 同上书,第10页。
③ 同上书,第26页。
④ 同上书,第35页。

第一,货币的个人价值。指各人对货币价值量的主观评价,"其大小,则由个人所有货币量之多寡,及其货币欲之强弱定义"①。赵兰坪认为这不是货币学的讨论对象。

第二,货币的材料价值。赵兰坪认为货币最初具有货币和商品二重性质,"此时货币之本质,可用货币商品说解释之。货币价值之决定,可用币材价值论说明之"②。进入秤量货币时代,货币的商品性和货币性开始分离。铸币时代的货币则"仅有货币性,而无商品性"。进入纸币时代,造币材料已无价值,就更不能以货币材料的价值来说明货币的价值了。

赵兰坪也像许多西方经济学家一样,把主张货币的价值由货币材料决定的人都称为货币金属论者(他们认为马克思也是金属论者)。他说材料价值论存在两大缺点:① 混淆了货币和作为货币材料的贵金属。货币只是一种交换媒介,而贵金属则是一种商品,两者应严加区别。② 金银价值不但不决定金银货币的价值,而金银货币的价值反受货币制度的决定。例如英国行使金本位时,规定黄金一盎司等于货币 3 镑 17 先令 10 便士半,扣除铸造期间利息 1 便士半,人们可按 3 镑 17 先令 9 便士等于一盎司标准金的价格卖予英格兰银行,这 3 镑 17 先令 9 便士就是标准金一盎司的法定价格。在这里,赵兰坪混淆了货币的价值和价格标准。马克思对这种混淆早已有批判。他说:"1 盎斯金和 1 吨铁同样都可表现为 3 镑 17 先令 $10\frac{1}{2}$ 辨士,因此,金的这种计算名称被叫作金的**造币局价格**。于是产生了一种奇怪的想法,以为金用它自身的材料来估价……它从国家取得固定的价格。确定一定重量的金的计算名称

---

① 赵兰坪:《货币学》,第 128 页。
② 同上书,第 141 页。

被误认为确定这个重量的价值。"①赵兰坪的错误也同样是如此。

第三,货币的一般价值。包括货币的对内价值和对外价值,货币价值是指货币的对内价值。赵兰坪说货币价值就是货币"在国内之一般的购买能力。亦即对于国内一般商品之综合的购买能力。此为货币之职能价值……又可名之曰货币之使用价值"②。他认为货币价值就是物价的反面,"物价之涨跌,即为币值之表现形态"③。"故于事实上,理论上,货币价值之大小,并无绝对之标准。须视物价之涨跌,始知币值之变化。"④

基于这种认识,赵兰坪宣称价值尺度虽为货币的原始职能之一,但在今日"已非货币之职能"⑤。现在货币的基本职能有二:① 一般交换之媒介;② 直接获得财货之手段。货币的附属职能或次要职能则随基本职能或主要职能而发生,亦随基本职能或主要职能而消灭。这些职能是价值之表示、价值之储藏、价值之移转和一般延期支付用具。价值之表示相当于原来的价值尺度职能。赵兰坪解释说:"价值之表示者,即于交换之时,表示财货之交换价值也。若无货币,物物相易,即有无数交换比率。易言之,即有无数交换价值。若有货币,则用货币,以示交换价值之大小,名之曰价格。"⑥也就是说,货币可以表示商品的价值,但它并不起衡量商品价值的作用。

从赵兰坪的上述货币理论可以看出,他是企图用纸币流通的现象来说明货币的本质和职能,并由此建立起他的货币价值论。我们可以对他的货币价值论作以下两点分析。

---

① 马克思:《政治经济学批判》,《马克思恩格斯全集》第13卷,第64—65页。
② 赵兰坪:《货币学》,第129页。
③ 同上书,第195页。
④ 同上书,第196页。
⑤ 同上书,第39页。
⑥ 同上书,第41页。

第一,对金属货币(不包括辅币)来说,否定货币材料的价值对货币价值的决定作用是根本错误的。货币材料的价值就是货币的价值,而不是这种金属作为货币以后另外有一个职能价值。至于铸币价值可能对铸币材料的价值发生背离,那是另一个问题。在这种情况下,铸币成了一种价值符号,但它的价值基础总是铸币材料的价值。

第二,纸币是价值符号,本身没有价值。在纸币和金属货币未脱离联系的情况下,它代表的是金属货币的价值。在纸币和金属货币完全断绝联系的情况下,纸币的价值确是在执行货币职能时获得的。但它客观上代表着一定的价值量,同商品的价值进行比较,使商品具有价格。商品生产者的抽象劳动只有通过货币才能得到社会的承认,商品价值的大小只有通过和货币的比较才能近似地得到反映,商品价值的实现只有通过和货币的交换才能完成。所有这一切,在纸币流通条件下并没有丝毫改变。因此,没有理由否定现代货币的价值尺度职能。

赵兰坪把到费雪为止的货币数量论,统称为"机械的货币数量说"。他对费雪货币数量说的难以成立之处作了一些分析后指出:"总之,费休(费雪)之货币数量说,虽用数学方程式,分析货币数量、流通速度、商品交易额,对于物价之关系,而其结论则仅注重货币价值之变化,目为物价变化之唯一主要原素。易言之,即将货币价值之变化,完全归诸货币数量之增减,而置其他原素于不足轻重之列。此种主张,较之穆勒(指约翰·穆勒)之货币数量说,反逊一筹……(穆勒的)货币数量说,则除流通货币量及其流转速度外,并不忽视商品交易额……此种主张,虽难完全说明币值与物价之变化,但较费休之抽象理论,似与真理反近也。"①他还引法国经济学家阿夫达

---

① 赵兰坪:《货币学》,第162页。

利昂在1925年对许多国家物价的统计来"证明物价之涨跌,币值之高下,并不与货币之增减,保持相当正确之比率关系"①。但他又认为"通货数量之变化,虽非决定物价币值之唯一要素,而仍不失为其主要要素"②;在行使金本位或金属本位制的国家,"若作长时期观察,物价之涨跌,决于通货量之增减。二者之变化,有一致之倾向"③。物价受货币数量决定本来是不兑现纸币流通的规律,赵兰坪却认为更适用于金本位或金属本位制的条件下,这完全是想当然的说法。

关于货币对外价值的决定,赵兰坪介绍了西方四种主要学说:国际贷借说(国际收支说)、购买力平价说、国际贷借和购买力平价的折中说、汇兑心理说。汇兑心理说又细分为杜勒斯(Eleanor Lansing Dulles)的汇兑投机说和阿夫达利昂的狭义汇兑心理说。他对这些学说作了评价后指出:"窃以为货币对外价值之决定,有直接原因与间接原因之别。又因本位制度之互异,而有不同。故其大小变化,并无普遍一致之原则。须视一国之本位制度,对手国之本位制度,以及国际间之收支关系,以为断。"④他一一列举了各不同本位国之间货币对价值决定的多种直接和间接原因。

第四节　学者们对新币制的评论

法币政策实行后,学者们纷纷发表了对它的评论。除马寅初、章乃器、钱俊瑞另有专节外,其余的主要评论在本节一并介绍。

---

① 赵兰坪:《货币学》,第163页。
② 同上书,第195页。
③ 同上书,第193页。
④ 同上书,第235—236页。

实行法币政策前,社会上盛传政府要实行通货膨胀政策。司徒宏即着手收集有关通货膨胀的材料,加上个人观点,编成《通货膨胀与货币贬值》一书,于法币政策实行后的第三天由经业书局出版。他将通货膨胀分为"有计划与有限制之通货膨胀"和"无计划与无限制之通货膨胀",认为两者"利害适相反"。"盖前者施行结果,于全国经济金融,国计民生均蒙大利;而后者施行之结果,未蒙大利不已,反能致全国经济金融,国计民生,陷于万劫不复之境,故膨胀通货政策,类似于重笃病者之开刀,其生死安危,全系于外科医生之手。"①他认为有限制的膨胀可以缓和国家财政困难,松动金融,提高物价,增加出口减少进口,繁荣工商业,复苏农村,减少失业。同时又指出:"人世间之事物,有利必有一害……更何况内忧外患之我国,有其特殊之国际环境与国内环境,通货膨胀之在英美日为救命灵剂,在中国或则变为砒霜致命,亦未可必"②。他希望政府以马克严重贬值为殷鉴,不要重蹈德国的覆辙。

在实行法币政策的第二天,顾翊群就发表《论我国新货币政策》予以赞扬。他说新货币政策"诚不愧为国民政府成立以来,对全国人民之最有利之一种举措"③,能够起安定汇价和物价,有利对外收支,纸币通行,银行业务及组织趋于合理化,国际地位提高,同邻国感情进步等积极作用。对它完全持肯定态度。

赵兰坪声称法币政策同他在5月所著的《中国经济金融财政之根本自救方案》的主张和办法暗合④。财政部长孔祥熙在宣布实行法币政策后曾发表宣言,表示"政府对于通货膨胀,决意避免……再

---

① 司徒宏:《通货膨胀与货币贬值》,经业书局1935年版,第34页。
② 同上书,第39页。
③ 吴小甫编《中国货币问题丛论》,货币问题研究会1936年版,第363页。
④ 司徒宏:《通货膨胀与货币贬值·各经济学家之意见》。

历十八阅月,国家预算即可收支适合"。赵兰坪在《吾国币制改革之前因后果》一文中支持孔祥熙的宣言说:"孔财长所谓十八个月后,财政收支,可以平衡,确有充分根据,并非徒托空言。收支既能渐趋平衡,何以又有增发纸币,以补收入不足之必要?"①根本否定有通货膨胀的可能。

姚庆三声称法币政策"与吾人夙昔所鼓吹者正相符合",无限制买卖外汇的办法就是他所建议的"外汇本位制"②。财政部发表的《新货币制度说明书》声称"新货币制度绝非放弃银本位",理由是中央造币厂仍依照《银本位币铸造条例》的规定铸造银币,"法币之准备,仍以现银为基础,保持以前之准备办法,有多少准备方可发行多少法币,法币与现银间并未脱离关系"。对此,姚庆三在《银价跌落声中新货币政策之前途及复准备制度之建议》中批评了并未放弃银本位的声明,指出:"此种新制度,谓之镑汇制度可,谓之管理通货制度亦无所不可,但绝对不能谓非放弃银本位;盖果为银本位也,则必纸币可以兑换银元,果为银块本位也,则必纸币可以兑换银块,无一于此,徒以准备中尚有若干现银之存在,而遂谓中国犹未放弃银本位也,其乌乎可!"③

张素民也批驳了中国并非放弃银本位的说法。他说:"货币本位,即是价值的本位;详晰起来,即是'用以衡量一切货物的价值'之一定数量物品之价值。"④法币脱离了银价,它的价值受着人为的管理或操纵,所以中国已正式放弃银本位。他肯定这种放弃,指出:"新币制是一种管理通货;管理通货乃是世界上一种进步的货币制

---

① 吴小甫编《中国货币问题丛论》,第357页。
② 姚庆之:《现代货币思潮及世界币制趋势》,第89—90页。
③ 吴小甫编《中国货币问题丛论》,第156—157页。
④ 张素民:《白银问题与中国币制》,第137页。

度,我们今日能采用之,乃是我们的荣幸。"①

杨端六在题为《财政部的货币新法令》的演讲中,肯定法币政策"实为我国币制划一新纪元"。他认为法币和英镑结成固定关系后,"中国已由银本位国家一变而为金本位国家"。他担心政府不断用增发纸币的办法来解决财政困难,指出法币政策未规定纸币的最高发行数量,"惟望政府能早自限制,慎勿滥发"。②

南开大学教授方显廷(1903—1985)在《通货管理与中国经济前途》中亦称法币制度为"通货管理",指出:"管理通货在今日几已遍世皆然,欧西各国早有实施,美国日本亦相继踵行,我国本久有实行之意,特徘徊瞻顾,迟疑莫决,而忽于此时宣布施行者,固为环境所逼迫,特将此种世界趋势所促成者也。"③他分析了通货管理在过渡时期的影响和最终影响。在过渡时期要实行通货膨胀,所以也就是通货膨胀的影响。通货膨胀,物价上涨,有利于促进生产,刺激繁荣,但对工资收入者不利。他指出:"我国工人生活费本不充裕,近年经济衰落,情形益滋不安,今兹变迁,或更将驱之于水火中也。"④他提醒政府"预谋设法救济",防止出现骚动,对农民暴动亦要注意戒备。

但从长期考虑,方显廷强调要区分管理通货和通货膨胀,管理通货要求"依需要而供给通货,使物价涨跌至相当限度后能趋安定,不致继续涨跌"⑤,也就是说,通货膨胀只是实行法币政策过渡时期的需要,以后要坚决防止。他警告说:"管理通货设能谨慎施行,当属利多害少……所应注意者,初期膨胀,应有限度,财政亏空弥补之

---

① 张素民:《白银问题与中国币制》,第140页。
② 本段引文均见吴小甫编《中国货币问题丛论》,第277、282—283页。
③ 同上书,第286—287页。
④ 同上书,第290页。
⑤ 同上书,第293页。

后,物价抬至相当程度,应即停止,如此始可收膨胀之利而不蒙其害。使不加限制,毫无预制,则如吸食鸦片烟毒……迨毒入膏肓,则悔之已晚,欧战以后德俄往事,殷鉴不远也。"①

周宪文(1907—1989)以《新中华》记者名义发表《中国新币制之检讨》,指出实行法币政策是"我国币制之空前大改革,归纳其内容,实不外为银本位之放弃"②。他分析实行新币制的理由有五条:防止现银外流,安定汇兑行市,限制进口贸易,奖励生产事业,准备非常事变,大弊亦有五条:人民购买力降低,平民生活更苦,外人在华工业将更发展,资金逃避将更严重,国际纠纷将更甚。他尖锐地指出:"此次之新币制,既不许兑现,故其本身即非通货膨胀,但已造成通货膨胀之基础条件;今后政府是否以此基础条件为根据而实行通货膨胀,则须视今后事实之表现也。"③这实际上表示了对政府的不信任。他特别强调法币政策的成败有两个先决条件:"(一)视政府是否忠实推行?即政府万一借此机会,实行通货膨胀,则其前途将不堪设想。(二)视日方是否故意为难?即日方万一故意为难,激起重大事变,则其前途亦未许乐观。"④

周宪文还批评了认为实行法币政策就能使中国"起死回生"的盲目乐观观点。他举了一个形象的例子:"按货币之与经济,犹衣服之与人身,肥者衣宜宽大,瘦者衣宜紧小,即货币之变动应随经济而变动也。又经济之恐慌则犹人身因病而趋瘦,今不求去病致肥之道,而仅以改革币制是务,则无异以宽大之衣服,御诸瘦弱之人身,谓其病已霍然,纵非欺人,亦为自欺。"⑤

---

① 吴小甫编《中国货币问题丛论》,第 294—295 页。
② 同上书,第 297 页。
③ 同上书,第 307 页。
④ 同上书,第 310 页。
⑤ 同上书,第 311 页。

1936年4月,燕京大学教授侯树彤(1905—1938)发表《我国银行制度能胜任管理通货乎》,对法币政策是实行"通货管理"的观点提出了商榷意见。他说:"自从新币制令颁行以来,一般经济学者皆喜欢谈通货管理一个问题。但据我个人观察,以为在今日的中国,谈通货管理,实嫌太早!一个国家那打算实施有效的通货管理,至少须先有(一)健全的银行制度;(二)精确的统计材料;(三)深通货币问题的人才。"①这三条,中国一条都不具备。

侯树彤认为:"通货管理的目的,只是在求一国国内的经济安定。达到这个目的之手段,只是在控制通货的流通额。"②因此,在经济恐慌、物价下跌、工人失业时,应当设法增加通货流通额,以提高物价;而在技术改良,企业家的利润膨胀,有可能引起生产过剩时,则应及早设法减少通货的流通额,以贬抑物价。他分析了中国银行制度对实行通货管理的四大障碍:① 发行不集中。实行法币政策后发行权并没有完全集中,中央、中国、交通三行的纸币发行量至多占全国纸币流通总额的三分之二,还不能有效地控制发行数量。② 信用准备不集中。要控制信用,中央银行必须能控制各商业银行的信用准备,其前提条件则是集中信用准备于中央银行。法币政策并没有解决这一问题。③ 贴现制度不发达。难以利用调整贴现率政策来控制信用。④ 无证券买卖(指中央银行的证券买卖,即公开市场政策)。市场上的主要证券是公债券和国库券,不能起调节通货流通量的作用。根据这四点,侯树彤说:"没有健全而完整的银行组织,而侈谈通货管理,何异痴人说梦?"③

对新币制进行系统研究写成的专著有林维英的《中国之新货币

---

① 吴小甫编《中国货币问题丛论》,第371页。
② 同上书,第372页。
③ 同上书,第393页。

制度》、余捷琼的《中国的新货币政策》和马寅初的《中国之新金融政策》。

林维英,福建闽侯(治今福州市区)人,当时在全国经济委员会工作。1946—1949年,任中央银行外汇审核处处长。《中国之新货币制度》用英文写成,完成于1936年4月,同年出版;次年由朱义析译为中文,由商务印书馆出版。林维英肯定新币制已取得了相当的成功,"国际与国内之影响,大体令人满意"[①]。他称新币制为"管理之外汇本位制"或"外汇管理本位制"[②]。

《中国之新货币制度》设专章讨论币制管理问题。林维英对进一步健全币制管理提出了以下一些意见:第一,中国币制管理的最终目的似为求汇率的安定,但汇率的安定必须以国内物价有相当程度的稳定为条件,否则决不能维持长久。因此,"今日规定之汇率,决不能视为固定不变之法则,仅能视为暂时的处置而已"[③]。第二,政治和社会安定对货币管理的成就意义至为重要,"今日之政治,离澄清之期尚远,且恐惧与疑虑,弥漫四境",这"将妨害汇率之稳定,且将阻止国外资本之流入"[④]。第三,为了发挥中央银行作为金融管理机构的作用,要做到:① 平衡国家预算。"倘支出常超过收入,倘政府向中央银行借款,非常自由,则银行终必全恃纸币,以应亏负,结果难免走入货币膨胀之一途。故预算之统制,第一须中央银行独立,第二须维持预算平衡。"[⑤]② 控制银行信用。中央银行货币和信用的管理必须具备发行、掌握商业银行准备金、自由买卖证券和贴现四种权力,而这四条现在都还没有做到。③ 筹划国外借

---

① 林维英:《中国之新货币制度》,朱义析译,商务印书馆1937年版,第184页。
② 同上书,第93、170页。
③ 同上书,第109页。
④ 同上书,第111页。
⑤ 同上书,第112页。

款。过去的向外国借款多令人失望,尤以政府的债务为最。利用外资以中外联合投资的办法最好。④ 公布统计资料和形成舆论。民众明了币制管理的目的和性质,可以增强对币制的信任。

林维英指出不能视管理货币为"万应灵药"①,必须注意解决上述问题。他对新币制的前途感到忧虑,认为"举凡贸易之逆超,币制之纠缠,预算之短绌,政治之不统一,及国外纠纷之威胁"都已很严重,"瞻望将来,既不宜过分乐观,同时亦不能过抱悲观",要认识到"成败二方,均属可能"②。他特别强调中央银行的改组和预算的平衡,把它视为新币制成败的关键。而这两条恰恰是国民政府难以办到的。

余捷琼,毕业于中央大学。1935—1936 年,任国立中央研究院社会科学研究所练习助理员;1936—1939 年,任助理员;1940 年,任副研究员。他的《中国的新货币政策》于 1937 年由商务印书馆出版。他认为新币制施行后"虽有若干点尚未能尽满人意,但对于安定金融市场,调整国内物价,改进国际贸易,则可谓已有相当的成就"③。关于新币制的名称,"就形式上看,颇与外汇本位制相似",而"对内方面实际上成为纸本位"④。

余捷琼指出,中国经济的出路在于增加产业投资,放弃银本位只能解决部分的问题。他对今后货币问题所提的意见,也涉及林维英所提的内容,只是强调的重点和具体主张不尽相同。以下仅介绍余捷琼对于汇价和物价的意见。

汇价和物价不能同时保持稳定,余捷琼反对用牺牲国内物价的办法来维持汇价。他在作了充分的论证后指出:"改革币制时同时

---

① 林维英:《中国之新货币制度》,第 140 页。
② 同上书,第 165—166 页。
③ 同上书,第 128 页。
④ 同上书,第 146、195 页。

明白宣布稳定[汇]率,实至为不当,惟汇率既已宣布,即不能轻易变动,以免引起人民的怀疑。"①但可以采取一些补救办法,逐步扩大外汇的买卖差价,在扩大差价的掩护下逐渐降低汇价。今后汇价应避免与任何一国发生固定的关系,以便保持变动汇价的主动权。

对于国内物价,余捷琼主张实行缓慢上升的政策,以刺激长期投资。为了有效地操纵物价,要进行金融组织的改造,维持政局的安定和财政收支的平衡。他反对用纸币弥补财政赤字,尖锐地指出:"历史上的货币悲剧,无不由于财政膨胀造成"②。"假如中央银行再和财政打成一片,通货数量随财政亏空的情形而伸缩,则吾人绝不能希望经济有安定的一日……吾人固深望政府以金融前途为重,根本的工作仍在于谋财政收支的澈底平衡。"③

从以上可以看出,实行法币政策后,多数学者对法币制度怀有一则以喜、一则以惧的矛盾心情:喜的是中国终于结束了自清末以来关于币制的争论,摆脱了金属本位制的束缚,实行了符合世界币制潮流的纸币流通制度,而且对当时的经济起了积极作用;惧的是政府很可能用纸币来解决财政困难,使中国走上不断通货膨胀的道路。后来的事实证明,这种恐惧决不是杞人之忧!

第五节　马寅初的币制论

马寅初(1882—1982),浙江嵊县(今嵊州市)人。光绪三十二年(1906年),毕业于天津北洋大学,被录取公费留学美国。先在耶鲁大学获经济学硕士学位;1914年,获哥伦比亚大学经济学博士学

---

① 林维英:《中国的新货币政策》,第154页。
② 同上书,第163页。
③ 同上书,第169—170页。

位;1915年回国,在北京大学任教授至1927年,曾任教务长和系主任,还兼任浙江兴业银行顾问、中国银行总司券、中国经济学社社长等职;1928年,任国民政府立法委员;1929年任立法院财政委员会委员长,后又任经济委员会委员长,还兼任南京中央大学、陆军大学和上海交通大学教授;1937年全国性抗战爆发后,创办重庆大学商学院,任院长;1940年,他因公开批评政府而被逮捕;1942年出狱,又被软禁在重庆歌乐山,直到1944年冬才获得自由。解放战争时期,他先后任重庆大学、上海中华职业学校、上海工商专科学校教授。新中国成立后,历任中央人民政府委员,中央财政经济委员会副主任,华东军政委员会副主席,浙江大学、北京大学校长,第一、二届全国人民代表大会常务委员会委员,中国人民政治协商会议第一至四届委员,第二、四届常务委员会委员,中国科学院哲学社会科学学部委员等。1959年,因发表《新人口论》等文章受到错误的批判;1979年,恢复名誉,先后任北京大学名誉校长及第五届全国人民代表大会常务委员等职。著作有《马寅初演讲集》《中华银行论》《中国经济改造》《中国之新金融政策》《战时经济论文集》《通货新论》《财政学与中国财政——理论与现实》等。

马寅初的币制主张在本书第十八、十九章都有论及。当时他是金本位制的主张者,后来又一度以金汇兑本位为应急措施。在法币政策出台前后,他的币制主张和理论见于1935年出版的《中国经济改造》和1937年出版的《中国之新金融政策》两书中。

英、日、美等国相继放弃金本位制后,马寅初认为中国再实行金本位已毫无意义。他不赞成20世纪30年代出现的种种特殊的币制主张,对大多数主张都提出过批评意见。他强调纸币兑现只能兑金属货币,而不能兑货物。在《中国经济改造》中,他提出了15条理由来批评以货物为准备的主张。如他指出货物准备"不合经济原理"说:"今货存公仓,储不交易,则钱之需要量小而流通钞票反逐渐加多(货进则钞出),物价安得不涨?反之则物品取出,交易加多,而货币反少(货出则钞进),物价安得不更跌?"①这确是货物准备论者所无法自圆其说的。

在《中国之新金融政策》中,马寅初专章批评了阎锡山的物产证券和按劳分配理论。他认为"多数物品本位制"和阎锡山的物产证券相类似,故先批评了"多数物品本位制"。他说:"若以多数物品为一综合单位而发行",如果要求兑现,"政府兑与一撮之米,一合之麦,几两烟草,几镑铜铁",有何用处?既然"无法兑现,有准备等于无准备"。而实行这种制度的弊病则有:① 入选的物品价高,生产者多蒙其利;不入选的物品价格依旧,不能得利,"愈形其不公平"。② 如果以物品全量为发行标准,"则货币数量超过交易数量,物价必因之而大涨"。③ 即使以上市的物品数量为发行标准,因货币要经过多次周转,对"货币流通速度,置之不顾,结果通货必有膨胀之患"。④ "物品涨价,则农人可以多押,于是纸币愈多,物价愈高,物价愈高,纸币愈可多发,因果相循,靡有底止,甚至酿成不可收拾之局,其为害或较德国之纸马克尤烈矣。"②这些分析说明,不按流通需要发行纸币,所谓物品本位或物产证券,其结果必将导致通货膨胀,物价上涨。

物产证券论无法解释货币如何执行价值尺度职能,马寅初也注意到了。他指出:"物产证券,本身无价值,以物产之价值为价值,以物产证券衡量物产之价值,不啻以物产自己之价值衡量自己之价值,天下岂有是理乎?"③这对于从理论上揭露物产证券论的荒谬

---

① 马寅初:《中国经济改造》,第409页。
② 本段引文均见马寅初:《中国之新金融政策》下册,商务印书馆1939年版,第344—345页。
③ 同上书,第346页。

性,是很有说服力的。

马寅初还批评了物产证券论的两点理论错误。一是把筹码缺乏和资本缺乏混合为一。他指出:"现在钞票流通已广,即往乡下收买农产,亦多有用钞票者,但阎先生以为钞票受现银限制,仍不足以流通物产,鄙意则以为中国农村破产,非由于筹码缺乏,实由于资本缺乏"①。二是分不清生产过剩是"金代值"之过还是"资私有"之过。他说:"人民之不肯多买,其故不在'金代值',实在'资私有',因在资本主义制度之下,生产结果,归私人所有,如其劳资分配,各得其平,犹属无妨,无如劳动者所得远不及资本家之多,资本家以其多余之所得,重投于生产,于是生产愈多,但生产成品,须由劳动者购买,而劳动者则以所得微薄,购买力小,不能销受许多生产成品,故有生产过剩之现象,此明为'资私有'之结果,非'金代值'之病也。"②

如果银价不进一步上涨,马寅初认为还是以维持银本位制为好。他说:"若从经济方面考虑,主张维持银本位者,确有相当之论据"③。"倘美国不采购银政策,银之世界市价必逐渐趋跌无疑,当此世界经济陷于长期之恐慌中,银本位制对于中国实利逾于弊"④。他分析银本位之利有四条:① 银本位较"纸本位"有保障;② 银本位下物价稳定;③ 白银便于窖藏;④ 银价有自动调节之功。但是,在美国白银政策的冲击下,"中国银本位制之利益,却在此狂澜中尽行失去"⑤。

在美国继续提高银价的情况下,马寅初也认为只有放弃银本位

---

① 马寅初:《中国之新金融政策》下册,第349页。
② 同上书,第350页。
③ 马寅初:《中国之新金融政策》上册,商务印书馆1939年版,第66页。
④ 同上书,第187页。
⑤ 同上书,第190页。

之一途。他主张实行以稳定国内物价为标准的管理货币,为了稳定物价而宁可牺牲汇价的稳定。他不赞成同任何一国的货币联合,认为联合后"大权旁落,俯仰由人",失去了"管理货币之真意"①。但他又认为中国还缺乏实行管理货币的条件,因此陷于进退维谷之境。

在实行法币政策以后,马寅初认为它"实开中国货币制度之新纪元"②。对于新货币制度,他既表示肯定,也表示担心,怕政府走上通货膨胀的道路。对政府宣传法币政策的不实之辞,他直率地发表了自己的意见。

对于是否放弃银本位的问题,马寅初指出金、银本位制度要具备三种资格:① 自由铸造;② 自由兑现;③ 自由输出入。实行法币政策后,这三种资格都已失去,"其已非银本位,昭然若揭"③。他也把纸币流通制度称为"纸本位制",但不同意法币是"纸本位制"的说法。他说:"纸本位者,即将纸币与现金之兑换性完全取消,而以政府之权威为背景,故又曰命令货币。纸币之发行与管理,必须以强有力之政府为后盾,视社会之需要定发行之多少,不得因财政之困难而多发一文,自为最要之条件,否则其危险实不堪设想。"④法币并不具备这些条件。法币还有准备金,对外又同英镑相联系,以英镑的价值为对外价值,因此并不是纯粹的"纸本位制"。他认为当时全世界实行"纸本位制"的唯一国家是英国。

关于纸币的价值,马寅初说:"纸币之币材,并无价值,但纸币本身则有价值。纸币之价值,乃从其交换之媒介而来,盖一切买卖支

---

① 马寅初:《中国之新金融政策》上册,第 89 页。
② 同上书,第 227 页。
③ 马寅初:《中国之新金融政策》下册,第 303 页。
④ 同上书,第 315—316 页。

付,非货币不行,故人人对于货币,有一般的需要;因其对于货币有需要,故货币有价值。"①这是说货币的价值产生于货币的职能,金属货币和纸币的币材价值虽有区别,作为货币则都具有价值。至于价值量的决定,马寅初用供求关系来解释。关于纸币,他说:"纸本位既与现金完全断绝关系,其价值之高低,仍完全由需要与供给两种势力作用的结果。"一个"仍"字,表明他认为金属货币的价值也是由需要和供给决定的。他又指出:"金属货币之需要,可以分为二种:一种为交换媒介之需要,一种为贮藏价值之需要。"②但纸币贮藏价值的功用不如金属货币,因此纸币的贮藏需要也不如金属货币。如果社会上原来需要10亿银元,现在改为10亿元纸币,物价却可能上涨,这是因为纸币的贮藏需要减少的缘故。虽然马寅初对金属货币和纸币的价值有混淆,但指出两者在贮藏手段职能上有区别,则是正确的。

马寅初认为法币制度应称为"汇兑本位",性质相当于金汇兑本位。他指出"纸本位"和"汇兑本位"的区别是:"纸本位之精神,在管理得宜,其数量之多寡,能随贸易而伸缩,重在国内物价之稳定,对于外汇则可稳定固甚善,不能稳定,亦不足以妨害之或破坏之。或称管理本位……而汇兑本位最大目的,在求对外之稳定,国内物价,恐不免或有波动,我国法币之外汇率,既须稳定,故可称为汇兑本位。"③

对于新货币制度绝非通货膨胀的说法,马寅初也提出了批评。财政部说法币的现金准备和保证准备不变,而且继续铸造银本位币,因此不可能发生通货膨胀。马寅初指出,即使如此也已经包含

---

① 马寅初:《中国之新金融政策》下册,第316页。
② 同上书,第317页。
③ 同上书,第312页。

了通货膨胀的可能性,因为:① 集中民间储藏现银,足以膨胀通货。② 发行准备加多,足以膨胀通货。按现银准备六成计算,如果吸收 10 亿元现金,则另可多发 6.66 亿多元法币。③ 法币充作存款准备,足以膨胀通货。其他银行将原来用作营业准备金的银元向中央、中国、交通三行兑换法币,而三行则又可将兑到的银元充作发行准备增加发行。如兑入 60 万元营业准备金即可多发 100 万元法币。这些分析揭露了法币政策和通货膨胀无缘的说法是欺人之谈,显示了他勇于坚持真理的性格。

第六节 姚庆三的现代货币思潮论

从废两改元至 20 世纪 30 年代末,共约七年时间,就我们所见,出版的中国人自著的按西方货币理论体系编写的货币学原理书有 10 种:① 陈振骅著的《货币银行原理》,商务印书馆 1934 年出版;② 唐庆永著的《现代货币银行及商业问题》,世界书局 1935 年出版;③ 赵兰坪著的《货币学》,正中书局 1935 年出版;④ 蒋廷黼著的《纸币概论》,中华书局 1936 年出版;⑤ 崔晓岑著的《币制与银行》,1936 年出版(廖英芬发行);⑥ 刘觉民编的《货币学》,中华书局 1936 年出版;⑦ 马咸著的《法币讲话》,商务印书馆 1938 年出版;⑧ 吴文英著的《货币学新论》,国际文化学术研究会 1938 年出版;⑨ 姚庆三著的《现代货币思潮及世界币制趋势》,国民经济研究所 1938 年出版;⑩ 莫萱元编著的《货币学要论》,商务印书馆 1939 年出版。

上述 10 种著作,赵兰坪《货币学》中的理论已在本章第三节中论及,崔晓岑、姚庆三著作中的个别观点在本章第一、三节中有引用。在西方最新货币理论的传播方面,姚庆三的《现代货币思潮及世界币制趋势》走在各书的前面,有单独讨论的必要。

姚积坤,字庆三,以字行,浙江鄞县(治今宁波市城区)人。1929年,毕业于复旦大学。留学法国,毕业于巴黎大学最高政治经济系。回国后任上海法学院、复旦大学、上海商学院等校教授。1936年,任国民经济研究所研究员。后入金城银行工作。著作还有《财政学原理》等。

《现代货币思潮及世界币制趋势》完成于全国性抗战爆发前夕。全书分《金本位论》《银本位论》《汇价政策论》《物价政策论》《汉约克与凯恩斯之货币理论》和《社会主义之货币政策》等六编。书中介绍了许多西方的当代货币理论,其中有些是最新的货币理论。这样迅速地得出研究西方最新货币理论的成果,在中国同类著作中很少见。

《金本位论》中介绍了卡塞尔、吉城(Joseph Kitchin,英国人)、渥伦(George Frederick Warren,美国人)、皮尔逊(Frank Ashmore Pearson,美国人)的黄金物价关系论及西方学者对他们的批评。卡塞尔认为黄金储存量增加率和经济发展率保持一致,即每年增加率均为3%时,可保持物价的稳定。吉城以用作货币的黄金储存量来和物价相比较,他计算出用作货币的黄金的常态增加率为3.1%,实际增加率和常态增加率相一致时可保持物价的稳定。渥伦和皮尔逊则以用作货币的世界黄金储存量来同世界基本货物生产数量相比较,如果两者的增加率相同,可以保持物价的稳定。这些结论都曾受到学者们的批评。姚庆三认为对这些结论不能全盘否定,他得出结论说:"如假定世界经济发展率不变,而黄金之需要亦不变,则黄金之供给当能影响于物价之长期趋势;反之,如假定世界经济发展率不变,而黄金之供给亦不变,则黄金之需要亦能影响于物价之长期趋势。"[①]所有这些结论都不考虑黄金及商品的价值,这种论

---

① 姚庆三:《现代货币思潮及世界币制趋势》,国民经济研究所1938年版,第67—68页。

证方法仍属于货币数量论的论证方法。

《银本位论》中对卡塞尔的购买力平价说、费雪的货币数量说和正统派的现银流通学说都提出了修正意见。卡塞尔认为物价变动为因,汇价变动为果,姚庆三说:"据近十年来我国之经验以观,汇价之变动实为因,物价之变动乃为果,物价之变动实为适应汇价变动之调节作用也。"① 对于费雪的货币数量说,他说:"根据我国近十年来之经验,以为物价水准之变动亦可为因,通货数量之变动亦可为果,且通货数量之变动亦不必与物价水准之变动相符合,纵令通货数量之变动与物价水准之变动背道而驰,亦可由流通速率之变动,使费歇教授交换方程式之左右两方仍趋平衡也。"② 据正统派的金银流动理论,汇价高于理论平价时,现银流入,反之则流出。姚庆三根据多人的研究,得出关于中国现银流动的结论说:"近十年来,我国现银之流动决定于国币实际汇率对其理论平价之差额,而国币实际汇率对其理论平价之差额,则又决定于借贷平衡及资本移动,但实际上资本移动对于现银流动之影响实较借贷平衡对于资本移动之影响尤巨。"③

《汇价政策论》中介绍了英国经济学家索尔特(Arthur Salter)、艾因齐格(Paul Einzig)、凯恩斯等人的汇价理论。凯恩斯曾主张中央银行运用远期汇率政策以控制国际资金的运动,即通过买卖远期汇票的办法,使远期汇率接近于利率平价,以避免因国与国之间的短期利率差异而造成不必要的国际资金移动。姚庆三指出这种政策并不完全有效:"盖远期汇率政策之运用,仅可应付以远期汇票为抵补之短期资金之移动,但实际上一部分短期资金之移动并不以远

---

① 姚庆三:《现代货币思潮及世界币制趋势》,第118页。费歇即费雪。
② 同上书,第126页。
③ 同上书,第141页。

期汇票为抵补,故远期汇率政策之运用亦有时而穷也。"①另外,如果人民对本国币制不信任,则这一政策也难以实行。

《物价政策论》中介绍了史脱拉高斯(Henry Strakosch)、费雪等的物价稳定理论和霍屈莱、罗伯逊(Dennis Holme Robertson,英国人)的反物价稳定论。"赫曲莱不赞成物价水准之稳定,而主张消费者所得及消费者支出之稳定。"②例如人口增加而产量未得到相应的增加,为维持物价稳定,就要降低消费者的平均所得,这对固定收入者有利;要使每一消费者的所得不变,则应使物价下跌。反之,如果产量的增加超过人口的增加,为维持物价稳定,就要增加消费者的平均所得,这对固定收入者不利;要使每一消费者的所得不变,则应使物价下跌。姚庆三对霍屈莱的这一主张多有批评,认为物价稳定论和消费者所得稳定论可以"互相折衷","不必过于拘泥,在通常情形之下,货币政策之目标,不在使物价稳定,或使物价渐涨,或使物价渐跌,而在使物价与成本维持适当之均衡,俾物价不致远在成本之下,使各种企业发生损失,而引起经济之衰落,亦不致远在成本之上,使各种企业赢益过巨,而诱致过度之发展"③。

剑桥学派的罗伯逊认为物价变动不能避免。"货币政策之目标不应阻止一般物价水准之一切变动,其为实现生产之适宜的变动所必需者应加以容许,而其足以使生产之变动超过适宜点者则应加以阻止。"④"罗氏理论的精义,实特别注重于经济复兴时期物价之必须上涨,至谓经济衰落时期物价之必须下跌,则不过陪衬之语。"姚庆三对罗氏的主张"极表赞同",他说:"盖货币政策之终极目标,实

---

① 姚庆三:《现代货币思潮及世界币制趋势》,第183页。赫曲莱即霍屈莱。
② 同上书,第198页。
③ 同上书,第204页。
④ 同上书,第209页。

在使社会之生产力为最善之利用,俾得人尽其才,地尽其利,至物价与成本之调整,犹其次焉者耳……如社会之生产力尚未为最善之利用,人有弃才,地有弃利,则货币政策之运用当先以全盘就业之实现悬为鹄的,物价与成本纵稍有差异,亦非所计。"①

第五编专门讨论奥地利学派哈耶克(Friedrich August von Hayek)和英国凯恩斯的货币理论。姚庆三首先介绍了哈耶克把货币理论的发展分为四个阶段:第一阶段的"特征在欲于货币总量生产总量及一般物价水准间建立机械式之因果关系",以费雪为代表。第二阶段"以限界效用说为根据,建立货币所得说以解释货币对于一般物价水准之影响",以维塞尔(Friedrich von Wiesser,奥地利人)、阿夫达里昂等为代表。第三阶段的"特征在以货币数量解释利率,再以利率解释物价之变动",以维克塞尔(Johan Gustav Knut Wicksell,瑞典人)为代表。维克塞尔将利率分为"自然利率"和"货币利率"。自然利率指没有货币因素干扰,资本需要和储蓄供给相均衡时的利率。"如果货币利率适与均衡利率相等,则此项利率可称为中和利率,盖其对于物价不致发生偏性影响,不致使物价涨高,亦不致使物价跌落。"②他主张应使货币利率等于中和利率。第四阶段为米塞斯(Ludwig Heinrich Edler von Mises,奥地利人)对维克塞尔理论的补充,以货币利率和均衡利率的差额解释消费品和资本品的价格变动,再以两者的价格变动解释经济循环。第四阶段尚未完成,哈耶克的理论亦属于这一阶段的理论。接着姚庆三分析了哈耶克的货币理论,这里从略。

凯恩斯的货币理论著作,主要有三种书,代表了凯恩斯主义的三个发展阶段。第一种是前已提到的《货币改革论》,1923年出版。

---

① 姚庆三:《现代货币思潮及世界币制趋势》,第212页。
② 本段引文出处均同上书,第213—215页。

第二种是《货币论》(*Treatise on Money*),1930年出版。第三种是《就业、利息和货币通论》①(*The General Theory of Employment, Interest and Money*),1936年出版。以前中国学者的货币著作中,提到《货币改革论》的不少;提到《货币论》的就少些了,其中只有刘觉民的《货币学》介绍了凯恩斯在《货币论》中提出的关于物价的两个基本公式,说它"是一个极有价值的贡献"②。至于《就业、利息和货币通论》,余捷琼的《中国的新货币政策》曾引述它的某些论点,但该书以讨论中国的货币制度为主,不可能对它作系统的介绍。

姚庆三则系统地论述了凯恩斯在三本书中的货币理论。在《货币改革论中之凯恩斯》一节中介绍了凯恩斯的方程式 $n=p(k+rk')$,并指出它脱胎于庇古(Arthur Cecil Pigou)的 $P=\dfrac{kR}{M}$ 或罗伯逊的 $P=\dfrac{M}{kR}$。在《货币论中之凯恩斯》一节中介绍了凯恩斯的两个基本方程式 $P=\dfrac{E}{O}+\dfrac{I'-S}{R}$ 和 $\pi=\dfrac{E}{O}+\dfrac{I-S}{O}$,式中$(I'-S)$ 和 $(I-S)$ 等于零是实现均衡的条件。姚庆三指出这一理论酷肖维克塞尔和米塞斯的学说,并说:"物价之稳定,既赖乎储蓄与投资之均衡,而储蓄与投资之均衡,又赖乎实际利率与自然利率之均衡;故凯恩斯以为如中央银行能操纵实际利率使与自然利率相均衡,即不难使储蓄与投资相均衡,俾物价臻于稳定。"③其办法不外乎运用重贴现政策及公开市场政策。

---

① 姚庆三将此书书名译为《就业利息与货币之一般理论》,"一般理论"比"通论"更符合凯恩斯的原意。刘絜敖《国外货币金融学说》指出:"凯恩斯认为,传统的'古典'理论仅系就一特殊情况立论的'特殊理论',只有他在此书内所提出的理论才是适用于一般情况(包括各种特殊情况在内)的一般理论"(中国展望出版社1983年版,第305页注)。
② 刘觉民:《货币学》,中华书局1941年版,第184页。
③ 姚庆三:《现代货币思潮及世界币制趋势》,第235—236页。

对于《就业、利息和货币通论》,姚庆三作了尤其详细的介绍,内容包括《世界经济恐慌与凯恩斯》《凯恩斯就业理论之出发点》《公共建设政策之理论》《公共建设政策之例证》《低廉资金政策之理论》《低廉资金政策之例证》《储蓄与投资》《通货扩张政策与物价》《通货扩张政策与汇价》等九节。

姚庆三对凯恩斯的新理论作了很高的评价。他说:"凯恩斯在其新著《就业利息与货币之一般理论》中,字义文意又均一脱前人窠臼,即其自己在《货币论》中所创之各种方程式亦均放弃不提。凯恩斯在其《货币改革论》中不免受马夏尔(Alfred Marshall)、皮固等之影响,凯恩斯在其《货币论》中亦不免受维克赛尔、米斯等之影响,但其新著《就业利息与货币之一般理论》则不惟对马夏尔、皮固等正统学派之学说施以猛烈攻击,即对维克赛尔、米斯等瑞典学派、奥国学派亦批评不遗余力,故凯恩斯此书实不愧为一空前之贡献。"①又说:"凯恩斯每一新书出,常能引起学术界之热烈辩论,对学术界之贡献,实属不浅……凯氏之新说已浸浸乎成为今后新经济之柱石矣!"②

姚庆三对凯恩斯的新理论及其实践以介绍为主,偶尔亦作一些评论。如对于储蓄和投资相等的理论,他认为只适宜于动态的现象,"就静态言,或即就某一定时间言,则储蓄与投资自可不等……惟就动态而言,就某一定时期内言,则凯氏所谓储蓄与投资必然相等之说实亦具至理"③。对于一种国外新产生的理论,真正了解它还需要时间,姚庆三的贡献是及时向国人系统介绍了这种理论,而不是对它作出什么重要的评论。

---

① 《现代货币思潮及世界币制趋势》,第 237 页。马夏尔即马歇尔,皮固即庇古,维克赛尔即维克塞尔,米斯即米塞斯。
② 同上书,第 238 页。
③ 同上书,第 259 页。

第二十一章
废两改元至全国性抗战初期的货币理论(下)

俄国十月革命前,马克思主义在中国已有初步的传播。十月革命对中国产生了深刻的影响,从此,马克思列宁主义在中国进入了广泛传播的时期,形成了一股不可抗拒的潮流。马克思主义著作在中国大量出版。以马克思主义经济理论而言,据不完全统计,20世纪20年代至40年代出版的译本和自著,包括少数较重要的哲学译著在内至少有222部,其中20年代共48部,30年代共110部,40年代共64部①,数目相当可观。

马克思原著同货币理论关系最密切的是《资本论》和《政治经济学批判》。1921年,北京大学学生邓中夏、罗章龙等发起成立马克思学说研究会,该会翻译室德文翻译组的学生在老师的帮助下着手翻译《资本论》,译出了《资本论》第一卷初稿。据罗章龙回忆,这本

---

① 胡寄窗:《中国近代经济思想史大纲》,中国社会科学出版社1984年版,第433页。

第二十一章 废两改元至全国性抗战初期的货币理论(下)

译稿交给了导师陈豹隐。陈豹隐后来译出了《资本论》第一卷第一篇,作为第一分册,于1930年由上海昆仑书店出版。另由潘东舟续译《资本论》第一卷第二至四篇,作为第二、第三分册,于1932年、1933年由北平东亚书店出版。接着,侯外庐、王思华也合译了《资本论》第一卷,其中上册于1932年出版,中、下册和合订本于1936年由世界名著译社出版。此外,吴半农译、千家驹校的《资本论》第一卷第一册于1934年由上海商务印书馆出版。最后,郭大力和王亚南完成了《资本论》的全译本,于1938年由上海读书生活出版社出版。

《政治经济学批判》最早由李达翻译,书名译为《政治经济学批评》,于1928年出版[①]。1930年,乐群书店出版刘曼译本,书名译为《经济学批判》。1931年,上海神州国光社出版了郭沫若译本。

此外,苏联经济研究所科兹洛夫(Генрих Абрамович Козлов,当时译为"G. 加兹罗夫")主编的《货币信用论》第一卷《资本主义下的货币》,由汪耀三据英文译本译出,书名定为《货币信用论教程》,于1939年由上海光明书局出版。

本章内容可分为三方面:① 正面阐述马克思主义的货币理论。这些阐述体现了中国学者对马克思主义货币学说的理解水平。② 批判了西方错误货币理论,最主要的是对名目主义、金属主义和货币数量论的批判。这种批判既提高了人们的理论认识水平,也普及了马克思主义货币理论,在中国货币理论史上具有重要的意义。③ 运用马克思主义的货币理论分析中国货币问题及对本国错误货币理论和主张的批判。这些分析批判对促使人们正确认识中国的货币问题发挥了良好的作用。这是马克思主义和中国实际相结合在货币理论上的表现。以上三方面,前两方面以陈豹隐、沈志远、李

---

① 曾勉之:《李达著译目录》(初稿),见《中国当代社会科学家》第2辑,书目文献出版社1982年版,第136页。

达的货币理论为代表,第三方面以章乃器、钱俊瑞、孙冶方的货币理论为代表。这两者的综合,反映了马克思货币理论在中国的早期传播情况及 20 世纪 30 年代所达到的水平,特别是李达的货币学专著,标志着中国马克思主义货币学体系的建立。

第一节　陈豹隐的货币理论

陈豹隐(1886—1960),字惺农,原名启修,大革命失败后流亡日本时改名,四川中江人。光绪三十三年(1907 年),留学日本,考入东京第一高等学校预科。1913 年,入东京帝国大学法科学习;1917 年,毕业;1918 年回国,任北京大学法商学院教授,在北京大学宣传马克思主义经济学,指导学生学习《资本论》;1923 年,赴欧洲讲学;1924 年,到苏联,加入了中国国民党和中国共产党;1925 年,回国,曾在黄埔军校、农民讲习所讲课;1927 年,去日本;1930 年回国,仍任教于北京大学;1938 年,在武汉任国民政府军事委员会经济顾问,被选为国民参政会参政员;1946 年,在重庆参与创办西南学院,并任川北大学商学院院长;1947 年,任重庆大学商学院院长。新中国成立后,任四川财经学院筹备委员会委员兼教务长、全国政协常委、民革中央常委等职。

陈豹隐除翻译出版《资本论》第一分册外,还翻译了其他马克思主义著作多种。他的著作有《新经济学》《经济学原理》《经济学原理十讲》《经济学讲话》《财政学总论》等。以下根据《经济学讲话》来介绍他的货币理论。

《经济学讲话》是陈豹隐根据学生记录他的讲课笔记大加删补而成的,由北平好望书店于 1933 年出版。在货币理论方面,该书以马克思货币理论为指导,并作了很多发挥,颇有自己的特色。

第二十一章　废两改元至全国性抗战初期的货币理论(下)

关于货币的本质,陈豹隐分六个层次加以说明:①"货币是一种固定的扮演着一般等价物的角色的商品。这是从他的形式与外表来说的。"②"货币表现着一般商品的价值的普遍等价形态,即表现着一切商品的价值,也就是表现着一切商品的社会的劳动和同质的劳动。"③"货币是抽象劳动的物的表现。"④"货币是生产关系的表现,是历史的产物,是社会的范畴。"⑤"货币是解决抽象劳动与具体劳动的矛盾的东西,同时也是解决使用价值与价值(交换价值)的矛盾的东西。"⑥"货币在交换过程当中实行着流通商品的任务。"陈豹隐十分重视货币本质在整个货币理论中的意义,他指出:"把刚才所讲的六层综合起来,就得着货币的本质,这种从货币的由来与商品价值形态的转变的关系上去说明的,关于货币本质的理论,就是马克思经济学上的货币论的最基本的部分。"①

陈豹隐分析了金银适宜于充当货币的四种特性:质料比较纯粹,分成零块仍保持原有价值,容积小而价值大,质料具有比较永久的性质。这不算什么创见,但他引用了马克思在《政治经济学批判》中的名言:"货币天然的是金银,而金银却不天然的是货币。"②对金银和货币的关系的分析又深了一层。

关于货币的职能(书中称为"机能"),陈豹隐将它分为单纯商品经济的货币职能和当作资本货币的职能。单纯商品经济的货币职能就是马克思所说的五种职能。前四种是货币的国内职能:"充当价值的尺度或尺标的机能""充当流通手段的机能""充当退藏货币的机能或叫做充当蓄藏货币的机能""当做支付手段看的

---

① 本段引文均见陈豹隐:《经济学讲话》,马玉璞、胡亚衡、杨廷胜、邢润雨、任右民合记,好望书店1933年版,第490—493页。
② 陈豹隐:《经济学讲话》,第496页。此句现译为:"金银天然不是货币,但货币天然是金银。"(《马克思恩格斯全集》第13卷,第145页)

机能"①。

第五种是货币的国际职能,即世界货币职能。陈豹隐指出这一职能是马克思《资本论》中最初确定使用的②,"即在今日也只是马克思主义经济学的特有的用语,在别的经济学上简直没有这个名词"③。他认为世界货币职能又可分为六种职能,前三种是潜在职能或准备职能,相当于国内职能的前三种职能。后三种是实际的活动职能,除支付手段职能外,还有"当做一般购买手段看的机能"和"当做财富的一般的绝对体化物看的机能"④。实际上,所谓潜在职能只是货币发挥世界货币职能的基础,实际的活动职能则是世界货币职能的表现。

对于资本货币的职能,陈豹隐说:"所谓当做资本货币看的机能,在普通的马克思主义经济学的书上是没有的,同时就在马克思的《资本论》上说明货币机能的地方也是没有讲到的(在其他地方当然说到),这并不是马克思把他忽略了,而是马克思所用的方法使然。"⑤他把资本货币的职能又分为四种:"当做单纯资本看的机能","当做公的收夺手段看的机能","当做信用收夺手段看的机能","当做支付准备金及支付公债金的机能"⑥。

在全面阐述马克思货币学说的基础上,陈豹隐对三种错误的货币理论进行了批判。

第一种是名目论。陈豹隐说名目论又叫契约论,其主张是:"货币之所成为货币,不一定由于它本身的金属价值,倒主要的由于法

---

① 陈豹隐:《经济学讲话》,第531、540、553、559页。
② "世界货币"的名称实际上是马克思在《政治经济学批判》中最先使用的。
③ 陈豹隐:《经济学讲话》,第586页。
④ 同上书,第607、609页。
⑤ 同上书,第616—617页。
⑥ 同上书,第634、638、652、658页。

律上对于货币所给的威信,或由于社会对它的默契。"①在三种错误的货币理论中,名目论"算是最有势力的一种",其"历史来源是很早的,远在希腊时代就有了"②。陈豹隐将近代名目论的发展分为三个时期:第一时期是重商主义时代,是名目论的极盛时代;第二时期是名目论的衰退时期,即从亚当·斯密开始的"经济学上的正统派时代"③;第三时期是名目论的复兴时期,从德国的历史学派开始,真正的复兴则是在19世纪后半期。"因为到了十九世纪的后半期即金融资本主义的时期,信用机关特别发达而且有力……我们所看见的,明明只是辅币才用金属充当,其他都用非金属的货币去代替了。在这种情形下面当然名目论又会盛行了。"④

陈豹隐从四个层次来批判名目论。第一,名目论说货币是法律的产物,他反驳说:"如果货币是法律的产物,那末,离开了法律时当然就没有货币,但是,事实上证明在国际间虽是没有具体的法律,而很显然的在国际的贸易上却依旧是有货币……可见货币不是一种名目的东西。"⑤第二,名目论说货币是一种支付手段,他反驳说:"支付手段之所以成为支付手段的理由,名目论却未道着……货币本身的支付能力主要是因其本身有价值,而决不是靠法律规定而生的;纸币的支付能力,除了例外之外,主要的是因为它的后面有兑换准备金的缘故,也不是靠其名目的法律规定而生的。"⑥第三,名目论不能回答"到底为什么在现今只有金属才能充当本位币"⑦。第

---

① 陈豹隐:《经济学讲话》,第500页。
② 同上书,第501页。
③ 同上书,第505页。
④ 同上书,第506页。
⑤ 同上书,第508页。
⑥ 同上书,第508—509页。
⑦ 同上书,第510页。

四,名目论不能说明货币价值有变动的事实。指出这四层以后,陈启修归纳说:"总之,名目论的谬误,第一在没有明白货币是必然从商品交换当中发展出来的一种本身具有价值的特殊商品,第二在他不懂得货币是社会的范畴又是历史的产物:名目论只以为货币是偶然的法定的东西,而不知它是历史上为解决某种社会问题而生出来的东西,所以名目论不能不陷于错误。"①

第二种是金属论。陈豹隐指出金属论的起源也很早,近代金属论最初的有力主张者是重商主义者。到了"主张自由竞争的重农学派及正统派的势力渐盛的时候,名目论渐为金属论所压倒,而形成近代金属论的极盛期"②。在"金融资本时代",金属论的地盘日益缩小,而第一次世界大战以来,金属论又抬头了。

陈豹隐肯定金属论者认为货币材料本身必须有购买力是抓住了一部分真理,同时又指出金属论不能说明以下一些问题:"何以从历史上看来货币发展的最后结果,必定会以某种特定东西——金银——充当货币……金和银怎样由普通商品转为货币商品?为什么很久以前也有金银而它不一定充当货币,而必到了某一个特定时期才成为货币?所谓信用货币如支票有价证券等,为什么在事实上也等于货币,也能如货币那样有购买能力?"③所以金属论不能对国际货币、国内纸币及金属货币作出正确的说明。

第三种是折中论。陈豹隐把"职能货币说"和"机能说"归入这一类。这种理论认为货币有价值,又不必有价值。"把本身有价值的货币作为现实的货币,而把无价值而当作支付手段用的方面的货

---

① 《经济学讲话》,第512—513页。
② 同上书,第514—515页。
③ 同上书,第518页。"信用货币"原作"商品货币",据文意校改。

币认为是理想的货币。"①因为这种理论对名目论和金属论都各取一部分,所以是折中论。

陈豹隐从以下几方面批判折中论:① 不过是把货币的种种不同的方面排列杂凑在一起。② 忽略货币的本质,不研究货币的发展状况,不懂得当作货币商品看的货币和当作价值符号看的货币的区别和关联。③ 以货币的机能来解释货币的本质,颠倒了对所谓理想货币和现实货币的评价,以为金属货币是不进步的,非金属的货币如纸币等才是进步的。他反驳说:"但是实际上,情形却恰恰相反……不但欧战以来各国竞相努力吸收现金,而置所谓理想的货币于不顾,并且,如果我们拿最近世界经济恐慌时的纸币狂跌股票瓦落的现象看一看,则所谓理想的货币(纸币等)的如何不理想,就可彻底了解了。"②此外,陈豹隐还指出了折中论和马克思经济学的区别:"马克思经济学虽然接受了他们(指名目论和金属论者)的一部分理论,然而绝不像折衷论者那样杂凑,而是把两种学说溶化了的克服了的,绝不是囫囵吞枣的接受,而是有机结合式的克服……它是超出于过去种种理论之上,把它们克服了之后的,集大成的货币论,无以名之,或可以名之为商品转化论罢。"③

马克思在《政治经济学批判》中列有《关于货币计量单位的学说》一节,对名目论(未用"名目论"或"名目主义"的名称)进行了批判。对金属论虽没有列专节,但他的货币本质观就是建立在对金属论的批判的基础上的。马克思对名目论和金属论的批判为以后的马克思主义者对它们的批判奠定了理论基础。由于马克思以后名目论和金属论都有了新的发展,对它们的批判不能仅从马克思的著

---

① 《经济学讲话》,第520页。
② 同上书,第523—524页。
③ 同上书,第524—525页。

作中照搬现成的文句,而是要运用马克思主义的观点作新的分析。陈豹隐的批判就是属于这种情况。他不但划清了马克思主义货币理论和金属论、名目论的界限,而且划清了和折中论的界限,对宣传马克思主义货币学说起了积极的作用。但由于这是一种创造性的批判,有不够准确之处在所难免。例如他把名目论和契约论等同,实际上契约论只能说是名目论的一种。又如认为名目论把货币只看作一种支付手段。实际上名目论者的认识根源主要是把货币看作流通手段。还有,陈启修的批判存在着某些时代的局限,这主要表现在认为纸币必须兑现及对纸币的否定过多上,但在金属论重新抬头时期具有这些观点是很自然的。

第二节 沈志远对错误货币理论的批判

陈豹隐的《经济学讲话》出版不久,沈志远出版了他的马克思主义政治经济学著作《新经济学大纲》。

沈志远(1902—1965),原名会春,浙江萧山(今杭州市萧山区)人。1922年,毕业于交大附中;1925年,加入中国共产党;1927—1929年,在莫斯科中山大学学习;毕业后在莫斯科中国问题研究所当研究生;1931年年底回国,任中共江苏文委委员和中央文委委员;1933年,与党组织失去联系。以后先后任暨南大学、北平大学法商学院、西北大学法商学院、燕京大学教授,国民政府政治部文化工作委员会委员,重庆生活书店总编辑,《理论与现实》《大学月刊》主编等。1944年,加入中国民主同盟;1945年被选为中央委员。新中国成立后,历任出版总署编译局局长、华东军政委员会委员、全国人大代表、中国科学院哲学社会科学学部委员、中国科学院上海经济研究所筹备主任等。1958年年初被错划为右派;1980年,恢复名誉。著作有《计划经济学大纲》《新经济学大纲》《近代经济学说史》等。

《新经济学大纲》于1934年由北平经济学社出版。到新中国成立前共出了十几版,其中有六版经过修订,以1943年的第九版修订最多。1949年出修订解放版,次年又修订再版。

在《新经济学大纲》中,沈志远依据马克思的货币学说,论述了货币的本质和职能,批判了错误的货币理论。

沈志远指出:"货币为价值之最高的表现形态。"他在分析了价值形态的发展及物物交换的困难后说:"于是,为避免不便起见,一种相对地固定的(尚不甚固定,因有地域性与时间性底限制)商品,逐渐被确定下来,作为一般商品所共通的等量形态。这种商品,就称为一般的等价。""货币……不是别的,无非是价值底共通形态之一种,不过这是最后的、最高的一种罢了。"据此,沈志远对货币下了这样的定义:"一种特殊的商品,固定地,普遍地通用作为一般的等价(即一切商品价值之等量形态),在商品世界中执行一般共通等量底职能,并独占此共通等量之地位的,就叫做货币。"他进一步强调指出:"货币不是简单的商品,它是一种特殊的商品——一般共通的等量或等价。货币是价值之一般共通的形态,是抽象社会劳动底体现者,而同时它又是商品生产者底交换联系底形式,是私人劳动并合到社会劳动体系中去的一种形式。"[①]

在论述了货币的本质后,沈志远进而分析了把货币看成"是一种支配人类命运的神秘力量"的货币拜物主义。他指出,"资本阶级想尽一切方法来袒护这种货币底拜物主义(或货币的'物神性')",以维护豪富的威权。"正因为这样,所以资本主义的经济学说,大部

---

① 本段引文均见沈志远:《新经济学大纲》,北平经济学社1934年版,第110—112页。

分都是宣传货币拜物主义的。"而正确的方法,则是"应该把隐藏在这些物品后面的人与人的社会关系,充分地揭露出来"。他还指出,"仅仅在理论上揭破了货币拜物主义底实质",并不能消灭货币拜物主义,只有"把产生货币'威权'的那种社会结构,根本改造过",才有可能"消灭货币拜物主义底'魔力'"。①

关于货币的职能,沈志远不像陈豹隐讲得那样复杂,而是完全按照《资本论》所说的五种职能来阐述。他像陈豹隐那样对错误的货币理论进行了批判。初版中批判的两种错误理论是"国家观的货币论"和"金属观的货币论"(后修订为"国家或法律的货币说"和"金属的货币说"),修订版中又增加了对"数量的货币说"的批判。

沈志远说国家观的货币论或叫法律的货币论,或叫名目论。这一派的货币定义是:"货币是国家法定的支付和购买工具,因之同时也就是私人的购买和支付工具。"实际上名目论的含义比货币国定论的含义要广,沈志远完全将它们等同了。他从以下三方面对名目论者进行了批评。

第一,他们只"拿住了货币底一种职能(例如流通工具),就根据这一职能去下整个的定义;执迷于一种职能,片面地据此以说明货币之整个的实质"。

第二,他们只是根据"自由铸币制不存在和纸币能畅快流通的时期"的情况来对货币下定义,所以认为"货币绝对不是商品,货币没有实在的价值,而只有名义的价值"。

第三,他们根本"没有估量到铸币自由制存在和通货膨胀时期底事实情形"。他责问说:"如果照国家的货币论底说法,货币是国家的、合法的,可以十足通用的符号,那么为什么在膨胀时期(例如

---

① 本段引文均见沈志远:《新经济学大纲》,第113—115页。

大战中及战后几年中的德国底马克和俄国底卢布),这大批大批同样是'国家的''合法的'纸币,简直弄到一文不值的地步呢?"①实际的历史事例是对货币国定论极有力的否定。

对于金属论,沈志远指出金属论者所根据的片面事实则是"自由铸币制存在和金币流通",所执迷的职能则是价值尺度和宝藏工具。他们把货币只看作是金子,只是普通商品,"似乎这个金属物商品之天然的本性,使它成为货币,成为在交换中大家愿意接受的一种商品"。他们根本不懂得"货币是一般的商品同时又是特殊的商品这个道理",不懂得"把它当作流通工具或支付工具看时……它可以被符号品来代替"。沈志远又说:"金属论者既认定货币只是金子,他们因此就对纸币取否定的态度,商品不能交换纸币,因为纸币不是商品……根据金属论者底观点说,纯粹名义的货币符号,不仅在世界的商品流通界中不通用,即在国内的流通界中,也是不通用的。"然而,"纯粹名义的(即本身无价值的)同时又十分稳固的货币符号长期流通着的历史的事实,完全驳倒了金属论派底见解"。②

以上是沈志远批判名目论和金属论的主要论点。一方面,他和陈豹隐都坚持了马克思主义的货币理论,注意划清马克思主义货币理论和这两种错误理论的界限。另一方面,我们也不难看出他们的批判又有各自的特点,而且在观点上还存在着某些差别。例如陈启修指出马克思经济学接受了名目论和金属论的一部分理论,沈志远则更强调马克思主义货币理论和它们的区别。陈豹隐较多发挥自己的见解,沈志远则以阐述马克思原著的基本观点为主。此外,沈志远在对待纸币的态度上要胜过陈豹隐,他肯定有"十分稳固的货币符号长期流通着的历史的事实",表明他并不因批判名目论而忽

---

① 本段引文均见沈志远:《新经济学大纲》,第147、150—151页。
② 本段引文出处均同上书,第151—153页。

视不兑现纸币流通的可能性。

马克思在《政治经济学批判》中列有《关于流通手段和货币的学说》一节,对货币数量说(未用"货币数量说"的名称)进行了批判。沈志远对货币数量说的批判就以此节为依据,如对休谟、李嘉图的错误理论的认识根源的分析都源于此,即休谟是受了美国金矿发现的影响,李嘉图是受了纸币流通的影响。沈志远还批判了费雪、卡塞尔、凯恩斯的现代货币数量说。虽然这些理论产生于马克思以后,沈志远对他们的批判仍没有超出《政治经济学批判》中的论述。他说:"现代的数量说者把商品与货币底价格,单纯地作为物与物底量的关系来理解,而不把它看作本身具有价值的商品与货币的关系……照他们底意见,仿佛货币是没有内在价值的交换工具,货币在流通中不过是对于商品表示着量的关系,由价格形态而取得价值的。货币因为在流通中发生作用,所以才能取得价值。"①这一批判抓住了货币数量说的最本质的错误,只是还显得不够。货币数量论者不仅否定货币的价值,而且还否定货币的贮藏手段职能对货币流通的调节作用,以为不为流通所需要的货币也必定成为流通手段,造成货币的贬值。

沈志远在最后还作了一个"郑重声明",指出他所批评的货币数量说是以金银本位货币的流通为大前提的,至于"不兑现的纸币制……那情形当然又两样了"②。声明这点很重要,因为直到新中国成立后,有的经济学者还不懂得这个区别。

第三节 章乃器的币制理论

章乃器(1897—1977),浙江青田人。辛亥革命时参加过新军。

---

① 沈志远:《新经济学大纲》,生活书店1947年版,第96页。
② 同上书,第97页。

1917年,毕业于杭州甲种商业学校;后任浙江实业银行副总经理;1927年11月,创办《新评论》半月刊;1933年,任中国征信所董事长;1936年1月,参与组织上海各界救国联合会,积极从事抗日救亡活动,于11月被捕,为"七君子"之一;1937年7月获释;1938年初任安徽省财政厅长;1939年去四川,后投资经营上川企业公司。抗战胜利后,参与发起组织民主建国会。新中国成立后,历任中国人民政治协商会议全国委员会常委兼财经组组长、政务院政务委员兼编审委员会主任、财政经济委员会委员、粮食部部长等职。1957年,被错划为右派;1980年,恢复名誉。著作有《中国货币金融问题》、《中国货币制度往那里去》(部分)、《中国货币问题》、《中国经济的改造》等。

《中国货币金融问题》是一部论文集,1936年由生活书店出版。《中国货币制度往那里去》是与钱俊瑞、骆耕漠、狄超白合著的,1935年11月由新知书店出版,章乃器写了其中的第四章《各派币制改革论之介绍及批评》;同年12月再版时,他又加写了第五章《新货币制度的分析》。《中国货币问题》于1937年由北新书局出版。本节所谈的都是他在上述三书中的理论和主张。

《中国货币问题》中有《货币的意义和效用》,是根据马克思主义的货币学说来论述货币的本质和职能的。章乃器指出:"货币是表现其他一切商品共通的交换价值的特殊东西,它是抽象社会劳动的体现者,同时又是商品生产者的交换联系工具,是私人劳动合并到社会劳动体系中的具体表现。"① 他分析了货币的五种职能。在分析价值尺度职能时,他指出:"一切商品的价值是由于社会劳动力所产生的……因此,商品价值的真实基础,就是社会劳动。货币——金货或银货,也同样有价值,因为它也是由社会劳动制造

---

① 章乃器:《中国货币问题》,北新书局1937年版,第4—5页。

出来的。"①他还区分了价值尺度和价格标准:"作为价值尺度的货币,可以把各种不同的商品的价值转化为价格,而作为价格标志的货币,则可以计算金子自身。"②对于纸币,章乃器指出它完全是金属货币的代表:"纸币本身是没有价值的,它只有照票面规定的数目,代替金银的时候,才有价值,它才以真实货币代理人的资格,在市场上尽着各种职能,否则,它便毫无用处。"③显然,这些分析都是以马克思主义的货币学说为根据的。

在《中国货币的种类》中,章乃器把当时中国的货币分为封建性的货币、资本主义性的货币和列强在华的货币。封建性的货币包括各省地方势力发行的纸币、铜元,广东的毫洋,军队的军用券,钱庄的庄票,典当、票号、商店的纸币等。资本主义性的货币包括法币,银行纸币和政府发行的银元、辅币等。列强在华的货币即帝国主义在华银行发行的纸币。前两种货币的划分缺乏明确的界限,如广东毫洋被定为封建性的货币,而其他银角则又作为辅币归入资本主义性的货币即是一例。类似的例子还可以举出一些。

币制问题是章乃器讨论货币问题的重点。他把货币制度放在整个社会环境中来考虑,指出"中国民族革命现阶段的任务,对外是阻抑帝国主义的侵略,对内是解决土地问题和实行重要产业的国营"④。这一基本目标不解决,单靠改革币制是没有什么用的。他批评那些认为解决货币问题就能解决中国社会经济问题的人说:"在货币问题上,钻牛角尖的人们,往往也逃不出流俗经济学家的领

---

① 章乃器:《中国货币问题》,第8页。
② 同上书,第9页。
③ 同上书,第18—19页。
④ 章乃器、钱俊瑞、骆耕漠、狄超白:《中国货币制度往那里去》,新知书店1936年版,第98页。

域。他们不但是只见树木,不见森林,只见涓滴,不见江河,而且还要认树木大于森林,涓滴大于江河。本来,我们也不能抹煞货币在现社会中的重要性,然而决不能认为货币问题的解决,就是整个社会问题的解决。"①这确是当时许多币制主张的致命弱点。

章乃器还指出:"中国目下种种式式的币制改革论,都逃不出是通货膨胀论。粮食本位,能力本位和物品本位三者,着眼于农村金融;他们的共同目标,是使人民在产品或者劳力尚未卖出之前,就能取得货币,使金融不至枯竭。其他各种币制改革主张,主要的是着眼于都市物价之跌落以及政府财政之困难;他们的共同目标,是抑低币价,抬高物价,刺激人民的购买,同时使政府能以改革币制的余利,渡过目下的财政难关,将来更可利用低廉的资金市场,减轻债务上利息的负担,而且以便于发行新债。"②这是一种局部的解决方法,"恐怕结果也是徒然使军阀、官僚和豪绅们,能用新的口号加重农民的压迫吧",因此他批评徐青甫、阎锡山、刘冕执等的货币主张是"救国有心,实行无术"的"乌托邦思想"③。

反对高估货币的作用,并不是说不应该进行币制改革。章乃器主张实行管理货币,他说:"倘使中国要争取民族的解放,我们应该主张:中国要有一个独立的货币本位和稳定的货币价值;这就是改用自己的管理货币的主张。"④"独立的货币本位"自然不能加入任何货币集团。他也主张实行通货贬值:"为了农民和民族工业的利益,我们应该减低币价以提高物价,为了进出口贸易相对的平衡,我们也需要抑低汇价以限制输入刺激输出";但他又指

---

① 章乃器、钱俊瑞、骆耕漠、狄超白:《中国货币制度往那里去》,第95页。
② 同上书,第96页。
③ 同上书,第99页。
④ 章乃器:《中国货币的前途》,《中国货币金融问题》,生活书店1936年版,第224页。

出这只是一时的作用,中国的根本出路是要"由侵略和剥削中间解放出来"①。

章乃器强调通货膨胀必须是有条件的,条件有二:"第一,币值的低降,要有一定的标准;第二,币制改革的目的,必须是经济的,而不是财政的。"②他曾设想以海关金单位为标准。原来一金单位约合银元1.65元,如改为3元,币值就降低了45%。纸币的最后兑现虽然也用外汇,但并没有参加任何货币集团。

对于法币政策,章乃器一方面认为是需要的,因为这是向战时经济走出的第一步。其意义有二:"第一,战时币制的要点,是尽量的避免贵金属币材在国内的流通,尽量的把贵金属币材集中起来,作为向国外购买军需品之用。新币制集中现金的手段,是适合这个要点的……第二,特殊的、在半殖民地的中国,在过去几年间殖民地化的经济建设之后,现金已经集中在帝国主义掌握中的上海……(新币制)可以使敌人掌握中的三万万元的巨准备,转变为存在海外的外币准备;这是有相当的国防意义的。"③另一方面他又批评法币政策使中国成为英镑集团的一员,"无限制买卖外币"的条文是"上了帝国主义的圈套",使中国货币"完全国际化","完全失去战时经济的作用"④。因为中国"还没有从帝国主义的锁链里解放出来",国际化的结果只能使中国遭受更深的侵略:"帝国主义的商品,在汇价稳定的条件之下,可以用更大的规模向中国倾销;帝国主义的资本,在汇价稳定的条件之下,可以用更大的规模,向中国自由输入。"⑤为此他大声疾呼:"我们应该即刻取消'无限制买卖外币'的

---

① 章乃器、钱俊瑞、骆耕漠、狄超白:《中国货币制度往那里去》,第100页。
② 章乃器:《金融恐慌中金融制度的演变》,《中国货币金融问题》,第290页。
③ 章乃器:《当前的财政金融问题》,同上书,第83—84页。
④ 章乃器:《经济论争中的两条战线》,同上书,第14页。
⑤ 章乃器:《当前的财政金融问题》,同上书,第83页。

条文"①。在1936年《中美币制协定》订立后,他进一步指出:"目下中国货币权,已是英镑和美元的附庸,而十分的成为殖民地性的货币了。""中国货币的自主性,完全丧失了。"②

有些学者吹捧法币政策,说中国的经济从此可以复兴,章乃器驳斥了这种盲目乐观的论点。如认为法币政策可以稳定汇价,章乃器指出这只有暂时的可能,中国的汇兑平准基金有限,如果没有英、美的支持,"'稳定'的水泡就会向空中飘散得无影无踪"。因此,把外汇的稳定当作复兴民族经济的关键是不切实际的幻想。在对外贸易问题上,章乃器指出:"实行贸易统制吧,别人的关税壁垒高得如天一般,中国的关税篱笆残破得连一点微风也抵挡不住",而且中国农业生产力破败至极,"用什么来统制贸易,用什么来奖励输出呢?"③法币政策对生产的刺激是有限的,大部分货币仍然会流向地产投机等非生产性事业,"农工商业反不会得到什么润泽。接着必然是资金仍归冻结,虚伪繁荣的面幕又须揭开了。已往的事实是这样过来的,将来的发展不是重演一遭,便是以更大规模的形式开辟新的衰落纪录。"④

章乃器还批评了18个月内可以平衡预算的诺言,指出所谓"平衡",不过是靠多发纸币,用纸币来弥补财政赤字。他告诫说:"不能以通货膨胀为财政膨胀的手段;否则财政膨胀要成'积重难返'之势,而国家信用动摇的结果,币制改革要成为失败。"⑤后来他又指出:"新币制……无疑的是有限制的通货膨胀,是正式通货膨胀的开

---

① 章乃器:《当前的财政金融问题》,《中国货币金融问题》,第85页。
② 章乃器:《中国货币问题》,第47页。
③ 章乃器、钱俊瑞、骆耕漠、狄超白:《中国货币制度往那里去》,第116—117页。
④ 同上书,第121页。
⑤ 同上书,第102页。

端。虽然目下还没有走上通货膨胀的极端,可是现银日渐减少,财政支出日渐增大,不久的将来,本格的通货膨胀,恐怕是不可避免的啊!"①

作为治标的办法,章乃器提出在发行准备管理委员会中增加一般大众的代表。不过他又指出:"然而这些似乎都是枝叶小节,真正独立健全的货币制度,一定要等中国民族真正解放之后,才有可能出现的。"②在《中国货币问题》中,他进一步指出:"总而言之,建立自主的货币权,首先要争取民族解放,摧毁帝国主义在华的统治,建立一个真正自主的国家。"③

第四节 钱俊瑞的国际货币权论

钱俊瑞(1908—1985),笔名陶直夫等,江苏无锡(治今无锡市城区)人。1927年,毕业于江苏第三师范学校;1928年,入无锡江苏民众教育学院学习;1929—1933年参加中央研究院社会科学研究所的农村经济调查;1933年,为塔斯社上海分社记者,并参与建立中国农村经济研究会,任理事;1935年,加入中国共产党,任中央文化工作委员会委员;同年年底,参与发起成立上海文化界救国会,任救国会党团书记;1936年,参与创办《永生》和《现世界》杂志,任主编。全国性抗战时期,先后任全国救国联合会党团书记、华中局文化工作委员会书记、《江淮日报》主编、新四军政治部宣教部长等职。抗战胜利后,先后任新华社北平分社代社长兼总编辑、党中央秘书、解放日报社社论委员会主任、华北大学教务长等职。新中国成立后,

---

① 章乃器:《中国货币问题》,第43页。
② 章乃器、钱俊瑞、骆耕漠、狄超白:《中国货币制度往那里去》,第131页。
③ 章乃器:《中国货币问题》,第68页。

第二十一章 废两改元至全国性抗战初期的货币理论(下)

历任教育部党组书记、副部长,政务院文化教育委员会秘书长,文化部党组书记、副部长兼国务院文教办公室副主任,中国科学院哲学社会科学学部委员,中国社会科学院世界经济研究所所长,第一、二届全国人民代表大会代表,第一至六届全国政协委员,第四至六届全国政协常委等。著作编有《钱俊瑞文集》。

实行法币政策前后,钱俊瑞除与章乃器等合著《中国货币制度往那里去》外,还发表论文,讨论货币问题。他主要从国际的货币斗争来分析法币政策,具有相当的深度。

钱俊瑞指出当时欧美有三大货币集团——英镑集团、美元集团和金集团(法郎集团),而参加远东货币战的则是英镑、美元和日元。美国争夺中国的货币权从1930年的甘末尔顾问团开始,因发生金贵银贱风潮,这个计划受挫。美国提高银价政策,不仅是为了国内银矿主的利益,也是为了争夺货币权的需要。"美国厉行白银政策,其重要的目的之一,就要想在银价提高到适当程度的时候,把银价稳定下来,这样把中国的银元,由白银做个媒介,连接到美元上去。"①"那末,中国的银本位币就可以完全跟着美金的变动而变动,中国也就自然而然地加入了美元集团。"②

英国在华银行则在银价高涨时悄悄地把大批白银从上海装运出口,大部分囤积在香港。英国人不再投资在华工商业,甚至还收回在华资本,彻底破坏中国的金融和工商业,给美国以警告。英国沙逊爵士发表的"举世注意的《救济上海金融计划书》……除了竭力指斥美国的白银政策所加于中国经济的威胁,同时赞成维持白银本

---

① 钱俊瑞:《中国跌进英镑集团以后》,《钱俊瑞文集》,中国社会科学出版社1998年版,第293页。本书此标题"跌进"误为"跃进",引文中"厉行"误为"属行",据吴小甫编《中国货币问题丛论》校改。
② 章乃器、钱俊瑞、骆耕漠、狄超白:《中国货币制度往那里去》,《钱俊瑞文集》,第264页。

位,在表面上'讨好'中国以外,就干脆地怂恿中国对英作英镑借款,发行上海镑券,造成中国的银币英镑并行本位的币制,而实际上便把中国拉入英镑的集团"①。罗斯爵士的来华,终于把货币权轻易地夺到了英国的手中。

至于日本,则采取"用机关枪和大炮为后盾"②的办法推进日元。它反对中国加入英镑集团,因此罗斯爵士途经日本时受到了冷遇。日本要中国华北五省脱离中央,建立受它控制的政权,还用所谓"中日经济提携的口号,甚至提议日本自己改用银本位,造成中日满的银集团,来控制中国的币制"③。

钱俊瑞批评了认为中国货币同英镑联系只是一个技术问题的观点。他说:"国内有些经济学家颇藐视帝国主义列强夺取货币权的问题。他们认为币制改革只是一个技术问题,至多也只跟市场问题有关,至于它跟英镑、美元和法郎会发生什么关系,他们认为是无足轻重的。"问题的关键是中国有没有抗衡帝国主义的能力。"无奈中国是一个半殖民地国家,中国的咽喉是紧握在帝国主义手里,同时国内割据的情势还依然存在。在这些条件之下,我们能'自力更生',不借用外力,实行'管理通货'吗? 那是绝对不能的。""所以,惟一可能的办法,只有在世界货币中间,在国际政局所容许的条件之下,选择一种比较最为适当的货币,跟它结成一定的联系,同时再靠借款和'精神的援助'使币价得到相当的稳定。"④中国同英镑建立固定汇价的关系,就使中国在事实上成为英镑集团的一员了。

是不是同外国货币发生固定的联系就一定是可怕的事情呢?

---

① 章乃器、钱俊瑞、骆耕漠、狄超白:《中国货币制度往那里去》,《钱俊瑞文集》,第266页。
② 同上书,第263页。
③ 钱俊瑞:《新币制的透视》,同上书,第274页。
④ 钱俊瑞:《中国跌进英镑集团以后》,同上书,第291页。

钱俊瑞进一步作了分析。他指出日本货币同英镑一样有稳定的汇价联系,也可以说是属于英镑集团,但日本却并没有受累,因为它仍保持汇价自由升降的可能。日本和中国的区别在于:"日本是一个征服者,而中国是一个被征服者,日本有相当雄厚的金融资本,中国的银行资本只是列强资本的附庸,日本有在世界市场上横冲直撞的商品,而中国的工业却幼弱得可怜,最后日本有从事对外侵略的军备,而中国的军备在对外的关系上,只够做'不抵抗主义'的础石。"①因此,中国的加入英镑集团必然使英国有加强对中国政治经济控制的可能。

钱俊瑞对通货贬值进行了阶级分析。他指出物价上涨时吃亏的是大多数中国人,占便宜的除国内的少数人外,主要是外国人。在农村,享受物价上涨好处的是地主和富农。对于物价上涨对产业发展有利的观点,钱俊瑞也提出了否定性的意见。他指出法币所规定汇价虽然使出口货在国际市场上的价格比以前便宜,但在世界一般购买力的薄弱,以及国外各式各样的关税壁垒的情况下,中国的商品再贱些,恐怕也难于跟列强的商品竞争。即使某些商品有增加输出的可能,对于整个生产部门的影响很小,而且得到实惠的也将是外国在华的企业。至于国内市场,由于购买力的降低,也没有扩展的希望。他的结论是:"工业不能扩展,工人的工资就没有希望增加(实际工资减低了),失业的工人也没有办法减少;可是物价却还在上涨。这样的结果,产业就只有越加衰落。这就是为什么通货膨胀解决不了经济危机的原因;同时,这也就是半殖民地中国实行通货膨胀的结果格外凄惨的原因。"②

总之,单靠改变货币制度救不了中国。钱俊瑞说:"谁不知道,

---

① 钱俊瑞:《中国跌进英镑集团以后》,《钱俊瑞文集》,第292页。
② 钱俊瑞:《新币制的透视》,同上书,第275页。

列强对于中国货币权的争夺,仅是帝国主义宰割中国民族的一幕;而中国货币本身的脆弱和紊乱,也只是中国整个经济结构所必然产生的现象之一。谁想单从货币本身来解决中国的货币问题,谁就是'头痛医头,脚痛医脚'的庸医。"①

1936年《中美币制协定》订立后,钱俊瑞又发表文章,指出中国已加入美元集团,这是美国在中国货币战场上的胜利。加入美元集团,对中国政府来说,则会进一步利用纸币来弥补财政赤字:"中国财政的困难已是谁都知道的事,如果美国能够替中国法币维持一定汇价,那末中国政府大发纸币,以补苴财政,当然非但是可能,而且是必然的。"②他希望当局能利用这种结盟来对付日本的侵略,尽量争取对中国更有利的结果。他说:"帝国主义者都要宰割中国人民是没有问题的。我们今天所要求的是怎样把美元对中国货币的胜利不只使它荼毒我民众而要更进一步运用它来打击我们最大的敌人。到那时,通货膨胀固然不是好办法,然而比起在目前状况下厉行通货膨胀,那情形就要好过千万倍了。"③

第五节　孙冶方对物产证券论的批判

孙冶方(1908—1983),姓薛,原名萼果,曾用名宋亮,江苏无锡(治今无锡市城区)人。1923年,加入中国社会主义青年团;1924年,转为中国共产党党员,任中共无锡支部书记;1925年,去苏联莫斯科中山大学学习;1930年回国,在上海参加革命活动,曾任1933年成立的中国农村研究会理事;1937年9月,任中共江苏省文化工

---

① 钱俊瑞:《中国货币制度往那里去》,《钱俊瑞文集》,第272页。
② 钱俊瑞:《中国白银协定的透视》,同上书,第289页。
③ 同上书,第290页。

作委员会书记。新中国成立后,历任华东工业部副部长、国家统计局副局长、中国社会科学院经济研究所所长、中国社会科学院顾问、国务院经济研究中心顾问、中共中央顾问委员会委员等职。著作有《社会主义经济的若干理论问题》等。

1936年,孙冶方在中国农村研究会刊物《中国农村》上发表《从"物产证券"谈到一般的货币理论》[①],对物产证券论进行了批判。

首先,孙冶方从对资本主义的基本认识出发批判物产证券论的错误。他指出:"近代许多货币改革论者有一个共同的特点,就是他们都不敢从正面来观察现社会底病症。这好比是肺结核病的患者最怕人家说他是肺痨病一样,一切布尔乔亚的学者也最怕指摘资本主义社会底真正病源。他们把现社会底一切'病症'都归罪于货币。"这一实质性的揭露不仅适合于提出物产证券论的阎锡山,也适用于中国当时企图从改革币制中来寻找出路的许多学者。

物产证券论把社会经济的弊端都视为金银货币所引起的,却完全避开了资本主义生产关系这一本质根源。对此,孙冶方作了深刻的揭示,他指出:"金银货币在现社会所起的作用完全是现社会的生产关系——说得明白些,即现社会制度——所赋予它的"。他针对阎锡山所说的社会四大弊病逐一作了剖析。

第一弊病是为金银而生产。孙冶方说:"在商品经济社会里,货币(金银)是公认的价值形式,是一切商品共同的'等值形式'。任何商品只有换成了货币以后,方才能够证明生产者……所花费的劳动是社会所需要的,是没有白费掉;到了这时候,方才能够使某个商品中所含的私人劳动被公认为社会劳动。"所以,为金银而生产"不是金银本身所造成的,而是以追逐利润为目的的资本主义私有生产制

---

① 收入薛暮桥、冯和法编《〈中国农村〉论文选》下册,人民出版社1983年版,第562—574页。

度所造成功的,金银只是代人受过而已"。

第二弊病是造成周期经济危机。孙冶方分析了资本主义社会造成经济危机的原因,指出这"是无政府状态的生产所必然造成的结果",和金银无关。"当经济危机爆发的时候,现金并没有减少,而是整批地藏在银行的地窖里,没有人去提用。"

第三弊病是"政府不能无偿获得金银以尽量接受人民之工作产物"。孙冶方一针见血地指出:"不论政府用何种方式(现金或'空头支票')来接受资本家底剩余生产品,但政府不能自己来消费这许多东西的……那么在大众购买力日益跌落(尤其在危机期间)的条件下,这些生产品只能永久留在政府的仓库中等待顾客光临了。所以如果物产证券可以解决掉危机,那么转运公司的提单和货栈房的栈单早已把经济危机解决掉了。"

第四弊病是各国因争夺金银而引起战争。孙冶方说,帝国主义战争是为了获取利润,即使取消金银也不能消灭战争。

其次,孙冶方用货币理论来论证物产证券论的不能成立。他指出货币并不是如资产阶级经济学者所认为的那样只是一种给人类以便利的工具。"商品经济的基本条件是盲目的社会分工和生产资料之私人占有。所以在这经济中存在着私的劳动对社会劳动的矛盾,具体劳动对抽象劳动的矛盾和使用价值对价值的矛盾。"随着经济的发展,"上述各种矛盾便愈加显露而尖锐了"。在那时,"商品生产者愿意商品本身所包含的两种矛盾的本质在形式上,具体地分离开来",而"特殊的商品——即货币,——就使上面所说的那种矛盾得到了解决办法"。这说明"货币不是那一个聪明人发明起来的,而是长期的历史发展底结果"。货币虽然解决了商品和商品社会自身的矛盾,但并没有取消矛盾,而是"商品社会底矛盾又以新的形式在发展而扩大着"。货币"把商品生产者底出卖和购买这两种行为分离开来",形成了经济危机的可能性。他指出:"这并不能证明物产证券论者底金银万恶论,因为这种可能性也是商品生产自身的矛盾促成的,货币是不能负担这责任的。"

阎锡山认为价值尺度不一定由有相当价值的实物担当,孙冶方也进行了批评。他指出纸币没有价值尺度职能。"只有自身有长短的东西才可以度量别的东西底长短,只有自身有重量的东西才可以权衡别的东西底轻重;同样也只有自身有价值的货币才可以测度别的商品底价值。"所以物产证券归根到底还要借重银元来作为衡量商品价值的工具。纸币没有价值尺度职能,在当时无疑是正确的①。

1935年1月,俞寰澄发表《对阎百川先生发行"物产证券"讲话之感想》②一文,认为以货物为本位计算困难,不如"以一人作工一日之工作,为计算单位"。普通工价每日约5角,按照这个标准发行半工、一工、双工、五工、十工的证券,"以是为物价标准,似较大洋及货物本位为胜"。孙冶方指出由于存在着"私的劳动和社会劳动之矛盾""具体劳动和抽象劳动之矛盾",不能以工作时间直接表示物品的价格。"两样东西一定要具有同样的性质才可以相比较……而每个具体的私的劳动却有形式,复杂程度和生产率大小不同,同时每个商品是许多生产部门中许多职业不同的劳动者所创造成的,所以在商品社会中绝对没有可能计算每个商品中所包含的劳动时间。"

最后,孙冶方指出物产证券论的乌托邦性质:"'物产证券'实际

---

① 这里加上"当时"两字,是因为笔者认为今日的纸币已经不代表有价值的货币实体,它代表的仅是一定的价值量。它是价值符号,但是可以执行价值尺度职能。
② 《申报月刊》第4卷第1号(1935年1月15日)。

上便是格莱①和欧文的'劳动证券'之变形,'公营商场'实际上也就是欧文的特设商场。'劳动证券'和'特设商场'之失败是这些乌托邦社会主义思想的实际的批评。"

以上是孙冶方在货币理论上批判物产证券论的基本内容。它既揭示了物产证券论在理论上的荒谬性,又起了正面宣传马克思主义货币学说的作用。

第六节 李达的货币学概论

李达(1890—1966),字永锡,号鹤鸣,湖南零陵(治今永州市零陵区)人。1913年,留学日本;1920年回国,参与发起上海共产党早期组织,主编《共产党》月刊;1921年,出席中国共产党第一次全国代表大会,当选为党中央宣传主任;1922年,当选为中央委员,任湖南自修大学校长;1923年,因同陈独秀有严重分歧而脱党;1926年北伐军占领武汉后,任国民革命军总政治部编审委员会主席兼中央军事政治学校教官和代理政治总教官;1930年后,在上海法政学院、暨南大学、北平大学法商学院、广西大学、中山大学、湖南大学等校任教;1949年重新入党。以后历任中央政法干校副校长,湖南大学、武汉大学校长,第三届全国人民代表大会常委,中国科学院哲学社会科学学部委员,中国哲学学会会长等职。著作有《现代社会学》《社会学大纲》《经济学大纲》《货币学概论》等,还翻译《政治经济学批判》等书出版,编有《李达文集》。

《货币学概论》是中国第一部系统的马克思主义货币学原理书。20世纪30年代已基本完成。新中国成立后,三联书店将它列为

---

① 格莱即格雷。"莱"原作"策",笔者校改。

第二十一章 废两改元至全国性抗战初期的货币理论(下)

"新中国大学丛书",于 1949 年出版①。书中提到的最晚年份为凯恩斯的卒年 1946 年②,但全书引用的材料最晚为 1936 年。书中引用马克思的话都未写明是马克思所说,说明 1949 年出版时书的内容未做大的改动。

《货币学概论》共九章,依次为《货币的本质》《货币的机能》《各派货币学说》《信用与信用货币》《资本主义的货币体制》《金融恐慌与货币流通》《世界货币的运动与汇价》《通货膨胀》和《金本位制的崩溃》。以下分别介绍各章的要点。

第一章《货币的本质》和第二章《货币的机能》基本上按照《政治经济学批判》和《资本论》第一卷第一篇的体系论述。如货币的五个职能并不是简单地按顺序排列,而是根据马克思在上述两书中的分析,将价值尺度和流通手段放在一节中论述,将其他三个职能放在另一节中论述,后者的标题为"当作货币看的货币",这正是马克思货币职能理论的一个很重要的特点,李达也完全遵循这个思路。在《货币的历史》中,李达谈到中国的情况:"中国古代曾以珠、玉、贝、布、帛为货币。中国货币二字,从贝从巾,这是说明造字当时或以前曾用贝与布为一般等价物的事实。凡属与物品的授受有关系的诸字,如买、卖、价、贩、贸、质、赁、费、贮、资、赐、赉、赏、偿、赎、贿、赂、赠、赢、贼、赛、赈、财、宝等许多和经济有关的诸字,都从贝旁③。甚至贫、贱、贵、贤等字也从贝旁,好像表示着这些都与贝之多少有关。

---

① 曾勉之《李达著译目录》(初稿)中说《货币学概论》曾在 1936 年初版,1942 年又在香港出版(《中国当代社会科学家》第 2 辑,第 136 页)。但尹进《李达〈货币学概论〉的写作前后及出版的伟大意义》(《经济评论》1991 年第 5 期)中说《货币学概论》首次出版于 1949 年。
② 李达:《货币学概论》,《李达文集》第 3 卷,人民出版社 1984 年版,第 638 页。《李达文集》中的《货币学概论》据三联书店版排印。
③ "买"繁体为"買","卖"繁体为"賣","价"繁体为"價","宝"繁体为"寶"。

又如布字，广义的说来，有巾帛的意思。币字从巾，表示着布、帛、巾等曾通用为一般等价物；如市、帑、帐等与财货有关的诸字，都从巾旁，这与买卖诸字从贝旁，有同样的意义。贝、布等之曾充作货币，在中国历史上都有确实可靠的证据。"①

在第二章《货币的机能》中，李达还列有《货币的阶级性》一目，分别论述了古代、封建时代和现代社会的货币的阶级性。货币为剥削阶级所利用，究竟是不是阶级性，学术界有不同意见。李达是中国最早提出货币具有阶级性的观点的人。

第三章《各派货币学说》批判了货币金属学说、货币名目学说和货币数量学说。李达先对金属主义和名目主义货币学说的错误作了总的说明。他指出，这两种学说"都是蜷伏于货币的物神性之前，拘泥于货币的现象，不知道从商品生产关系的分析去理解货币的本质，只知道把货币的某一种或两种的机能抬高到绝对的地位，而忽视货币的其他的各种机能，创造出片面性的货币理论。金属主义者只注视于货币价值尺度的机能与储藏手段的机能，而否认其他的机能；名目主义者只注视于货币的支付手段的机能与流通手段的机能，而否认其他的机能。换句话说，前者只注重货币之物质的存在，后者只注重于货币之观念的存在；前者只看到货币之物理的性质，后者只看到货币之精神的性质"②。

对于金属主义者，李达指出他们从"货币材料的金银的自然性质，去说明货币的神秘的能力"③；他们不知道价值和使用价值的区别，把使用价值看作价值，把贵金属特殊的使用价值看作货币的价值；他们还把货币与商品的交换看作单纯的商品与商品的交换，即

---

① 李达：《货币学概论》，《李达文集》第3卷，第540页。
② 同上书，第619页。
③ 同上书，第621—622页。

等同于物物交换。因此,他们对纸币采取否定态度,"不知道货币在发挥流通手段的机能时,能够由价值的符标或象征所代表"①。关于金属主义的历史,李达说起源于16世纪和17世纪,在资本主义初期颇为流行。进入"金融资本主义时代"已被名目主义所代替,但"在欧战以后纸币的洪水泛滥之时,又曾经暂时的复活起来,如德国学者Kniens(克尼斯),Karl Diehl(迪尔),Adolf Wagner(瓦格纳)等人,都是金属主义的支持者"②。李达认为金属主义产生于16、17世纪,而将名目主义的起源上推到希腊时代的亚里士多德,两者的历史显得太不相称。实际上金属主义也同样有古老的历史。

李达主要批判资产阶级现代的名目主义。他说:"现代的名目主义,不从国王的布告去说明货币,而是从货币之观念的存在形态去说明货币,并且它是在资本主义商品经济的最后阶段发生的。在这一点就存有它的进步性。"③他分析了名目主义的背景,指出现代名目主义的代表者为德国克纳普、艾尔斯特(Ludig Elster)、本迪克逊(Friedrich Bendixen)、里夫曼(Robert Liefmann)等人。他介绍了本迪克逊、里夫曼、齐美尔(Georg Simmel,德国人)、克纳普等的名目主义观点。他没有把名目主义归结为国家的或法律的货币说,而是指出克纳普的货币国定学说的"货币理论的精神,不在于那种'国定学说',而在于名目主义"④。这是对货币理论认识更加深化的表现。他指出帝国主义时期的名目主义是为通货膨胀政策服务的,是"利用货币制度作为剥削劳苦群众的补助手段"⑤。

对于货币数量学说,李达除了批判李嘉图以前的数量论外,还

---

① 李达:《货币学概论》,《李达文集》第3卷,第623页。
② 同上书,第624—625页。
③ 同上书,第525—526页。
④ 同上书,第630页。
⑤ 同上书,第633页。

批判了费雪、卡塞尔、凯恩斯的现代数量论,而以费雪的交易方程式为代表。他指出:"依据数量论者的见解,在货币的购买力之中,除了货币与商品的数量关系以外,决不含有别的东西。至于价值的内容,在这里完全被排除了。"①商品价格的变动有商品方面的原因,有货币方面的原因,也有双方共同的原因。"在货币流通的平均的速度一定的场合,价格的总体是原因,货币量是结果;在商品价值总量及其变形的平均速度一定的场合,货币价值是原因,货币量是结果。"李达不仅从价值上批判数量论,而且还提到了贮藏货币的调节作用。他说:"数量论者对流通手段的机能中的货币作皮相的考察,把货币作为没有价值、也不代表金银价值的交换手段;他们又不理解储藏货币是流通的金银的贮水池。"②指出后面一点很重要,只有这样才能说明货币供求关系的一般变动不至于影响货币的购买力,而商品供求关系的变动则会随时影响商品的价格。

纸币数量会影响商品价格,李达指出数量论者在这一现象的解释上,主要是不懂得纸币首先代表某种分量的金子。纸币数量的增加表明每元纸币所代表的金量的减少,因而使物价提高。数量论者仅仅将这种现象归于货币数量的增加,"暴露了他们并不理解价值,不理解货币的本质"③。李达对纸币发行数量增加和物价上涨的关系还是作机械的理解,认为纸币增加一倍,物价也增加一倍。这也是马克思的观点。实际上纸币数量和物价的关系并不这样简单,物价并不随纸币数量的增加而成比例地增加。

第四章《信用与信用货币》论述了资本主义国家的信用制度。信用货币有汇票、期票、支票和银行券。书中指出发行银行券不需

---

① 李达:《货币学概论》,《李达文集》第 3 卷,第 639 页。
② 同上书,第 642 页。
③ 同上书,第 644 页。

第二十一章 废两改元至全国性抗战初期的货币理论(下)

要百分之百的准备金。

第五章《资本主义的货币体制》介绍了各种货币本位制度,英、美、法、日四国金本位的历史,银行券流通的理论和英、美、法、德、日等国的银行券制度等。其重点是讨论银行券问题。银行券必须兑现,银行券的流通法则就是金子的流通法则。银行券如不能兑现,就成了不兑现银行券。李达认为不兑现银行券还不是不兑现纸币,两者的区别是有没有丧失信用。不兑现银行券虽然丧失了法律上的兑换性,如果没有丧失信用,则经济上的兑换性依然存在。只有当信用亦丧失时,才"转变为不兑现的纸币,而受纸币流通法则所支配"①。他还认为即使银行券已不兑现,仍必须保持有一定比率以上的准备金,否则,流通的混乱就不可避免。这是在当时历史条件下所作出来的结论,已不符合今天货币流通的实际情况。

第六章《金融恐慌与货币流通》分析了资本主义社会的金融危机问题。李达指出"金融恐慌,是产业恐慌的发现形态"②,故从产业恐慌(经济危机)谈起。他将金融恐慌分为一般的金融恐慌和特殊的金融恐慌两大类。前者又称"金融=信用恐慌",是产业恐慌的现象形态;后者则"是以货币资本为运动中心,以银行、交易所及财政等方面为活动范围的恐慌"③。

李达主要讨论了金融=信用恐慌,将它分为信用恐慌、银行恐慌、货币恐慌、交易所恐慌、货币本位恐慌等几种。产业恐慌首先表现为信用恐慌,信用恐慌的发展则产生银行恐慌,导致许多银行的停业。在信用恐慌时,银行券的发行不能满足支付的需要,就会产生货币恐慌。货币恐慌时,人们狂热追求金子,银行无法应付银行

---

① 李达:《货币学概论》,《李达文集》第3卷,第696页。
② 同上书,第712页。
③ 同上书,第721页。

券兑现的要求,实行停止兑现,禁金出口,就产生了货币本位恐慌。另外,在信用紧迫时,股票势必跌价。股票的价格一落千丈,就形成了交易所恐慌。对于这些恐慌,李达还指出它们"也不一定都一齐出现,有一种现象单独出现的场合,有几种现象同时出现的场合,也有某一种现象(如信用恐慌)先出现而其他诸现象随着发生的场合"①。

第七章《世界货币的运动与汇价》详细介绍了有关汇价的问题。其中批判了卡塞尔的购买力平价说。购买力平价说是用来解释纸币流通国家(李达称之为"纸本位国")和金本位国之间或两个纸币流通国家之间的汇价的。李达指出:"购买力平价说的要点,就是认定汇票由甲乙两国间的一般的物价水准之差所决定,因而汇票的价格仅由两国的物价水准所决定,与金融市场的供求关系无关,与国际借贷的贸易差额及支付差额无关。"②这就是说,决定汇价的原因很多,有物价水准的原因,有金融市场供求关系的原因,有国际借贷的原因,有国际贸易的原因,还有国际收支的原因。购买力平价说只讲物价水准一个原因,而又用货币数量来解释物价水准,"这显然是汇价之庸俗的说明"。购买力平价说企图通过安定物价来安定汇价,李达指出这是不可能的。各国的生产力发展是不平衡的,因此价格的发展也是不平衡的。"要排除这种不平衡,只是一种空想,因而想依靠安定物价以安定汇价那种购买力平价说,根本上是不能成立的。"③

第八章《通货膨胀》将资本主义国家的通货膨胀分为三种形态:纸币的通货膨胀、汇兑的通货膨胀和信用的通货膨胀。纸币的通货膨胀从分析纸币流通规律入手。李达指出:"纸币是从货币的流通

---

① 李达:《货币学概论》,《李达文集》第3卷,第728页。
② 同上书,第768—769页。
③ 同上书,第770页。

第二十一章 废两改元至全国性抗战初期的货币理论(下)

手段的机能发生的,只在发挥流通手段的机能时才代理金银货币。所以纸币是金银的表章,是当作金银表章看的价值表章。"①表章即现在所说的"符号"。纸币是金银的符号,因此"纸币的数量在不超过它所代表的同名金币的流通必要量的场合,纸币能够代表它票面所记载的同名金币的价值,——这就是纸币的运动法则。"②李达不指名地引用了马克思《政治经济学批判》中的名言,书中的译文为:"国家是可以把任意的纸币数量加上任意的名称而投入于流通的。但这种机械的行为一完结,其支配也随着完结。不论是价值表章或是纸币,在被拘束于流通之时,就受自身的内在法则所支配"③。

李达指出,纸币通货膨胀是国家基于财政上的目的而滥发纸币的结果。他把纸币通货膨胀的发展过程分为三个阶段。第一阶段是通货膨胀发生的阶段,或称"潜伏的通货膨胀"的阶段。这时纸币虽已膨胀,但人们对纸币的信用还未丧失,作为储藏手段的纸币反而异常地增加起来。第二阶段是通货膨胀发展的阶段,或称通货膨胀的假繁荣的阶段。这时人们把大量纸币投入流通,实行"纸币的实物化"的运动,投机特别流行,生产有增大倾向,消费也随着增加。一方面产生了许多通货膨胀富翁,另一方面大众的生活水准降低。第三阶段是通货膨胀的破裂阶段。纸币等于废纸,不能发挥流通手段机能,生产者大众"宁肯回到自给自足的物物交换的状态"。"社会的生产和资本家的占有的矛盾,就必然会发展为阶级对抗",引起"经济的政治的总危机"④。

---

① 李达:《货币学概论》,《李达文集》第3卷,第777页。
② 同上书,第779页。
③ 同上书,第778页。《马克思恩格斯全集》第一版第13卷的译文为:"国家固然可以把印有任意的铸币名称的任意数量的纸票投入流通,可是它的控制同这个机械动作一起结束。价值符号或纸币一经为流通所掌握,就受流通的内在规律的支配。"(第109—110页)
④ 同上书,第791页。

汇兑通货膨胀指一国对外收支逆差引起的对外汇价贬值,导致禁金出口和停止银行券兑现,国内物价上涨;为了适应物价的上涨,要增加银行券的发行。当银行券丧失信用,就转变为纸币,汇兑通货膨胀转变为纸币通货膨胀。反之,纸币通货膨胀也会引起汇价的低落,而转变为汇兑通货膨胀。

信用通货膨胀指信用膨胀漫无限制地扩大,发行过多的银行券而引起的物价腾贵现象。它可能发生在产业繁荣时期、经济恐慌时期和战争时期。

李达分析了通货膨胀对不同阶级产生的不同后果。通货膨胀有利于资产阶级,特别有利于大独占资本家。他们可以通过提高商品价格,降低劳动者的实际工资,进行商品、土地、汇兑、证券等投机,进行资本集中,用减价通货来偿还债务等办法来获利。另外,地主、农业资本家和富农也能获得相当大的利益。通货膨胀不利于小生产者和靠薪俸生活的人,而特别不利于劳苦大众。劳动者名义工资的提高比不上物价上涨的速度,"因而在纸币通货膨胀的时期中,榨取率特别增大,资本家所得的剩余价值分量特别增加"①。

在分析了通货膨胀的内容以后,李达还讨论了通货膨胀的定义。他指出,数量论者和金属论者把通货膨胀解释为一般物价的腾贵现象,以致认为贵金属货币流通时也能发生通货膨胀的观点是错误的。他也不同意仅从生产不足和为非生产消费而发行纸币的角度去解释通货膨胀。他强调通货膨胀的定义一定要说明阶级实质,因此"试作一个关于通货膨胀的定义":"通货膨胀,是支配的资产阶级为着自己阶级的利益,利用通货的发行以贬低劳动者的实质工资并从(重)新分配国民的收入,以至使资本主义经济的生产机构和

---

① 李达:《货币学概论》,《李达文集》第3卷,第815页。

商品流通解体的货币现象。"①这定义完全着眼于揭示资本主义国家实行通货膨胀政策的阶级实质,具有鲜明的批判性。但中国封建社会时期就有过严重的通货膨胀,这定义未能包括。定义也未涉及衡量通货膨胀的具体标准,而且认为通货膨胀必导致"生产机构和商品流通解体",有过于绝对化之嫌。

通货膨胀发展到最高程度,就需要厉行通货紧缩以谋货币的安定。李达举了资本主义国家肃清通货膨胀的三种常见方法:旧纸币作废,贬价收兑,按原价恢复兑现。他指出实行通货紧缩政策"除了大独占资本以外,其他社会各阶级都要受到消极的影响,而安定通货的一切负担,却都直接或间接的转嫁于劳苦大众"②。

第九章《金本位制的崩溃》介绍了德国、法国、英国、美国、日本、奥地利等主要资本主义国家第一次世界大战以来的货币流通情况和金本位制的崩溃过程。李达指出法国于1936年9月25日宣布放弃金本位,"意味着全资本主义世界金本位制之普遍的完全的崩溃(荷兰和瑞士追随了法国的后尘),从此再也没有采行金本位的国家了"③。

以上有重点地介绍了《货币学概论》各章的要点,由此可见中国第一部系统的马克思主义的货币学著作的基本内容及所达到的成就。书中的许多论点在新中国成立后出版的同类著作中也可看到,表明《货币学概论》在运用马克思主义说明货币问题上已经达到了相当高的水平。该书很少涉及中国的货币,仅在《货币的历史》中用中国古文字来证明贝、布曾作为一般等价物,作为中国人写的货币学专著,这无疑是一个缺陷。

---

① 李达:《货币学概论》,《李达文集》第3卷,第822—823页。
② 同上书,第825页。
③ 同上书,第896页。

第二十二章
全国性抗战中后期和解放战争时期的货币理论(上)

法币发行后,初期的币值呈缓慢上升趋势。由于得到英、美的支持,无限制买卖外汇的政策一直维持到1938年3月。1938年3月10日敌伪中国联合准备银行成立,企图以该行纸币联银券换取法币,套取外汇。于是国民政府规定购买外汇须经过审核,从而外汇产生了黑市。1939年3月,国民政府依靠英国贷款,设立1 000万镑的汇兑平准基金,维持一元法币合8.25便士的黑市价。以后黑市汇价仍继续下跌。官价和黑市价的并存,使外汇投机盛行。

以国内物价计算,法币于1940年进入了恶性膨胀时期,即物价的上涨速度超过了法币发行的增长速度。1942年7月1日起,法币由中央银行统一发行。到1945年8月抗战胜利时,法币发行额为5 569亿元,为1937年6月的394.8倍。同期重庆的批发物价指数为1937年1—6月的1 795倍。抗战胜利后,国民党发动内战,法币以更快的速度恶性膨胀。到1948年8月21日,法币的发行额达6 636 946亿元,为1937年6月的470 705.4倍。1948年8月发行金圆券前夕,上海的批发物价指数为1937年1—6月的4 927 000倍。

法币彻底崩溃,国民党败局已定,国民政府突然于1948年8月19日宣布"以金圆为本位币"。新币制的要点为:金圆每元的法定含金量为纯金0.222 17克,由中央银行发行金圆券流通,最高发行额为20亿元;法币以300万元折合金圆一元;禁止人民持有金、银、外汇,持有者应于9月30日前向中央银行或其委托银行兑换金圆券,黄金每市两兑200元,白银每市两兑3元,银币每元兑2元,美币每元兑4元。发行金圆券完全是一个骗局。当时法币的发行额折合金圆券只有2亿多元,而新规定的最高发行额却为20亿元,这为今后大量增发纸币披上了合法的外衣。人民受尽了恶性通货膨胀之苦,而国民政府对他们仅有的最后一批金银外币也不放过。金圆券发行后只有70天,物价就如脱缰野马般地狂涨。到1949年6月,金圆券的发行额已超过130万亿元,1949年5月第一周的上海批发物价指数为1937年1—6月的2 102 000倍(相当于以法币计算的63 060亿倍)。①

1949年7月4日,溃逃广州的国民政府行政院又搞了一次所谓的"币制改革",宣称"以银元为本位",各种银元券可以在广州、重庆、福建、衡阳、桂林、昆明、贵阳、成都、兰州等地兑现。当时国民党反动势力即将被赶出大陆,发行新纸币的欺骗性已暴露无遗,人民政府正式宣告将来在新解放区不收兑银元券,这就促使解放区的人民普遍拒用银元券。

---

① 法币发行额和法币、金圆券的物价指数据吴冈:《旧中国通货膨胀史料》,上海人民出版社1958年版。金圆券的发行额据徐堪报告,见中国人民银行总行参事室编《中华民国货币史资料》第二辑(1929—1949),第646页。

在 20 世纪 40 年代国民政府统治区的恶性通货膨胀期间,常有人提出币制改革的主张。除了仍有人主张实行金本位、银本位、金汇兑本位等常规的币制外,还有一些特殊的币制主张。这些主张并没有什么高明之处,但作为曾经存在的主张,有必要略予提及。

刘子亚继续宣传刘冕执的能力本位制,并提出物工化币论。这已附在刘冕执理论一节后论及。

1946 年 3 月,李芳亭在迪化(今乌鲁木齐)出版《中国新通货方策概论》,提出了他的币制方策。他主张使用三种货币:① 以宪币作为国币,又称"主币"或"正币",以"圜"为单位,以示和法币的区别;② 以原有的法币为辅币,供实际流通用;③ 改原有的粮食库券为"粮食代券",又称"实物券"或"证券",以斤或斗为单位。宪币约与美元同值,同法币的比价由中央银行或其代办机关根据市场比价情况确定。粮食代券则代表粮食,和粮食共同涨跌。宪币以紧缩发行为原则,法币以大量发行为原则,粮食代券以稳定发行为原则。在这种通货方策中,宪币和粮食代券的价值都要稳定,两者保有一定之比值。李芳亭的货币方策看似复杂,实际上是要以黄金、外汇保证宪币对外价值的稳定,以粮食保证宪币对内价值的稳定。法币仅用作计价和流通而不供保值用。这同按物价指数来保值一样,宪币和粮食代券起代表物价指数的作用。问题在于,如果政府能够采取保值的措施,又何必通过宪币和粮食代券?而在财政赤字严重只能依靠滥发纸币来弥补赤字的情况下,又怎么能建立稳定的宪币体系?其空想性是显然的。

1948 年 4 月,姚仲拔集其几篇短文题为《当前币制问题》出版。其中写于同年 3 月的《改革币制管见》和《实施铜币制》曾译成英文在上海《自由论坛报》发表。他主张实行铜币制,认为铸用铜币后,铜币原料铜、铅的市价必大涨,据此市价确定铜币折合法币数,铜币

第二十二章 全国性抗战中后期和解放战争时期的货币理论(上)

的铸造额要使其总值相当于已发行的法币数。由于铜的价值低,势必增加铸造数额,他估计应铸铜币数为450亿枚或675亿枚。企图用这种低值的铸币作为货币,根本违反货币发展的要求。

还有一种怪论,则公然著书为通货膨胀辩护。这怪论由署名"新陈"的人提出。他写了一本书,题为《币制改革声中谈纸币膨胀政策》,1948年1月出版。他鼓吹采取纸币膨胀政策,不断用大面值纸币代替已贬值的较小面额的纸币,这样一步一步地提高面值,是最"巧妙"的方法,"省去折换收回手续和费用……和折换一样,简直天衣无缝,省许多纸张印刷、兑换等支出"[①]。他宣称"纸币膨胀,无害人民,所入仍等于租税,有益国家"[②];物价上涨只要是并肩同时上涨,就对经济没有什么害处。国家要实行膨胀预算,"一年预算加几个零,一天就要加三百六十五分之一的零"[③],做到有计划地日日、月月上涨。他还提出各种商品和劳务都确定一个基数(价值),实际价格和工薪则按物价上涨程度折算。"价值和价格比率,可大可小,每日,或每月,每年,由中央依膨胀预算币数经济情形社会需要挂牌。"[④]新陈的通货膨胀无害论以物价并肩涨对所有人的后果都一样为理论前提,因此通货膨胀等于使每人都公平地按比例承担了一笔无形租税,并无其他更多的害处。这个前提根本不能成立,而且即使是征收租税也还有一个负担能力的问题。新陈的理论完全适应了官僚资产阶级利用通货膨胀肆意掠夺人民财富的需要。

20世纪40年代的主要货币理论也分两章。就我们所见,这一时期中国人自著的按资产阶级货币理论体系编写的货币学原理书

---

① 新陈:《币制改革声中谈纸币膨胀政策》,江南印书馆1948年版,第5页。
② 同上书,第10页。
③ 同上书,第45页。
④ 同上书,第44页。

有13种：① 杨端六著的《货币与银行》，1941年在香港首次出版；② 孙樾编著的《货币与银行》，福建省银行金融研究室1942年出版；③ 陈绍武著的《货币学》，立信会计图书用品社1943年出版；④ 马寅初著的《通货新论》，商务印书馆1944年出版；⑤ 施仁夫著的《最新货币学》，艺新图书馆1944年出版；⑥ 刘涤源著的《货币相对数量说》，中华书局1945年出版；⑦ 滕茂桐著的《货币新论》，正中书局1945年出版；⑧ 顾凌云编著的《货币银行学述要》，1946年出版；⑨ 蒋廷黼著的《货币与物价之研究》，1946年出版；⑩ 朱通九、徐日洪编著的《货币学》，正中书局1946年出版；⑪ 樊弘著的《现代货币学》，商务印书馆1947年出版；⑫ 王传曾著的《现代货币原理》，中国文化服务社1948年出版；⑬ 褚葆一著的《货币价值论》，中华书局1948年出版。此外还有不少涉及货币学原理而以讨论实际问题为主的著作，如刘大钧的《非常时期货币问题》(独立出版社1940年出版)，吴大业的《物价继涨的经济学》(商务印书馆1945年出版)，王璧岑的《通货膨胀论》(商务印书馆1948年出版)，陈肇斌的《通货膨胀与中国经济危机》(中国文化服务社1948年出版)，刘锡龄的《中国币制改革论》(立信会计图书用品社1948年出版)等。本章讨论其中的六种货币思想。

第一节　杨端六对西方货币理论的介绍

杨端六(1885—1966)，原名杨冕，湖南长沙(治今长沙市区)人。光绪三十二年(1906年)留学日本，加入中国同盟会。1916年，去英国留学；1920年回国后，在商务印书馆工作，曾任《东方杂志》编辑和商务印书馆会计科长；1928年后，任中央研究院会计主任、社科学研究所所长兼秘书、研究员,武汉大学教授兼法学院院长,并任国民参政会参议员等职。新中国成立后,任中南军政委员会财经委员会委员、武汉大学教授。著作有《货币浅说》《货币与银行》《现代会计学》《清代货币金融史稿》等。

1940年,杨端六著《货币与银行》,于次年2月在香港出版,1942年3月在重庆再版。他在《序》中说:"货币银行学书虽汗牛充栋,竟无一本可适用于我国教科者。著者研究此学,历三十余年,从无编纂教科书之意,但近十年来,深感缺乏教材之苦,乃从事搜集资料……此书之作,即由于此。"他介绍此书的特点是"重在说理透彻,由浅入深,引人入胜,而不重在标奇立异,独树一帜"。也就是说,以介绍各家学说为主,而不是提出自己的观点。

《货币与银行》除《总论》外,分为《货币制度》《信用制度》《货币理论》和《货币银行政策》四篇。《货币理论》篇分两章,第一章是关于物价和物价指数问题,属于一般性的理论,多数货币学著作中都有论述。第二章是《货币价值学说》,系统介绍西方各种货币价值理论,表现了和同类著作不同的特点。介绍的文字往往中外文并举,外文是引用有关原文,未予翻译,也不作评论。

杨端六指出,"货币价值学说在货币学中算是最艰深的一部分",欧战以后随着"各国社会组织的愈趋复杂",货币理论也趋向复杂化,"大家各出新裁,争奇立异,名目之繁多,公式之奇特,使读者头昏眼花"[①]。这样错综复杂的理论,分类困难。英国经济学家格雷戈里(Theodor Emanuel Gregory)曾将货币价值学说分为五大派:① 供求学说,由此演进而成为数量学说。② 生产成本学说,由此演进而成为劳力学说。③ 界限效用学说。④ 现金余额学说。

---

① 杨端六:《货币和银行》,商务印书馆1946年版,第101页。

⑤ 收入学说。在《货币和银行》第三篇《货币理论》第二章《货币价值学说》中,杨端六仿照这种分类,改为四大派:① 供求学说演为数量学说。此派又分三小派:现金交易学说、现金余额学说、动态学说。② 界限效用学说。③ 生产成本学说演为劳力学说。④ 国家学说。上述七派列为七节,另外又加上《购买力平价学说》和《货币与利息》两节,一共为九节。

现金交易学说即费雪的货币数量学说。卡塞尔的购买力平价学说"也是数量说的一派,但是推广到国际金融上去"[①],所以接在费雪的后面论及。

第三篇第二章第三节《现金余额学说》介绍了剑桥学派马歇尔的学说和庇古的 $P=\dfrac{kR}{M}$、凯恩斯的 $n=p(k+rk')$ 两公式。

第三篇第二章第六节《动态学说》介绍了霍屈莱"消费者收入与消费者支出说"和凯恩斯的交易基本方程式。前者指物价由消费者的支出决定,不是由消费者的剩余现金决定,消费者的支出则取决于消费者的收入。关于后者,杨端六在《货币论》的 10 个公式中选了最初两个:

$$P=\dfrac{E}{O}+\dfrac{I'-S}{R} \tag{1}$$

$$P=W_1+\dfrac{I'-S}{R} \tag{2}$$

W_1 为 the rate of earning per unit of output(单位产品的报酬率),即 $\dfrac{E}{O}$。所以公式(2)由公式(1)派生。公式(1)为凯恩斯的第

---

① 杨端六:《货币和银行》,第 109 页。

一基本方程式。杨端六说:"十个公式之中,有一个共通的因素,就是 $I'-S$。这个因素是凯恩斯学说的中心。"①"他的结论,是 $I'-S$ 要为正数,物价才能上涨,工商业才能繁荣,否则物价下落,工商业必定萧条。其余八个公式也是如此。"②

界限效用学说即边际效用学说,为奥地利学派的理论。杨端六介绍了米塞斯的货币价值论、哈耶克的生产程序学说和熊彼特(Joseph Alois Schumpeter)的个人主观学说。

对于米塞斯的理论,杨端六分析说:"密赛斯在他的《货币与信用论》(*Theory of Money and Credit*),把货币的价值归纳在客观的交换价值一角内,但纯粹的客观的交换价值不是奥国学派立论的基础,所以他很巧妙地把主观的价值归纳到客观的范围以内……笼罩今日市上的货币客观交换价值,是由昨日各个人在市上的主观评价的影响所造成,而昨日的货币客观交换价值又是由前日各个人主观评价所造成。由此上推,直至货币不曾含有客观交换价值,即货币尚未成为货币的一天为止。在那时候,货币的价值不过是一种普通货物的价值而已。"③

对于哈耶克的生产程序学说,杨端六称它为"今日经济学界之一个权威学说"④。他归纳哈耶克理论的最"精彩"的部分说:"假设消费者决定把他的收入,多储蓄一些而用在投资……结果,生产者货物价格必定比较地上涨,而消费者货物必定比较地下落。但是生产者货物价格不必同等上涨,也不必毫无例外。接近消费者货物的前一阶段的生产者货物价格因为受到消费者货物跌价的影响,应该

---

① 杨端六:《货币和银行》,第119页。密赛斯即米塞斯。
② 同上书,第121页。
③ 同上书,第121—122页。
④ 同上书,第123页。

比增加的货币可用在全部生产者货物的结果要相对的跌落,此一阶段的生产者货物价格虽然较为跌落,但是要比消费者货物价格跌得少些。"[1]货币数量对各种货物的影响不同,所以"人为的刺激归于无用,不如听其自然调节"[2]。

对于熊彼特的个人主观学说,杨端六主要指出他认为货币价值决定于各人的主观界限效用,因此并不存在货币的一般购买力。

第三篇第二章第八节《货币与利息》中介绍了维克塞尔的利率理论和凯恩斯的《就业、利息和货币通论》。

维克塞尔把利率分为货币利率和自然(杨译为"天然")利率,杨端六简要地介绍了两种利率的理论,并指出据此而提出的利率政策是:"如物价不变,银行利率可不变。如物价上涨,则应提高利率。如物价下落,则应降低利率。"[3]

杨端六指出凯恩斯《就业、利息和货币通论》"全书理论很深"。他解释凯恩斯的基本观点为:"他是主张把货币价值逐渐减低,以期达到增加利润因而增加生产因而增加劳力的需要之目的。要减低货币价值,必定要使借款利率比较地低于企业所得的利润。他认为利率减低是可以刺激生产的。"[4]杨端六主要解释了凯恩斯的利息学说,而对他的其他重要理论,如有效需求原理、储蓄等于投资等都未涉及。

第三篇第二章第九节《生产成本学说与劳力学说》中介绍了李嘉图的生产成本学说和马克思的劳力价值学说。

国家学说指克纳普的货币学说。

---

[1] 杨端六:《货币和银行》,第125页。
[2] 同上书,第126页。
[3] 同上书,第132页。
[4] 同上书,第133页。

以上就是《货币理论》篇的结构和内容要点。内容都限于介绍。至于如何介绍、介绍什么,则反映了作者对这些理论的理解。总的来说,还没有达到"说理透彻"的要求。但在抗战时期资料缺乏的情况下,能够作这样系统的介绍已经很不容易了。作为一本教材,能较好地起入门引导的作用,所以出版后受到了欢迎,一直到1949年还在再版。

第二节 马寅初的通货新论

1944年,马寅初出版他的货币新著《通货新论》。他在《自序》中说:"本书之用意,在将第一次大战后所发明之各种新学说,凡可为中国将来整理通货之理论的根据,与大战后各国调整通货之种种方法与步骤,凡可为中国整理通货之经验的根据者,著成专书,对于当前的大时代,作一涓埃的贡献。"可见着眼点在于今后中国制定货币政策的参考,不是单纯地介绍西方的最新货币学说。因此,书中的"新学说",实际上并不很新,如凯恩斯在1930年和1936年提出的货币学说都未涉及。书中的有些西方理论如自然利率、投资等于储蓄等,在《中国新金融政策》中曾出现过,但理论分析主要在本书中展开。

在《中国新金融政策》中,马寅初认为只有英国放弃金本位后实行了"纸本位"。而在《通货新论》中,则将各主要资本主义国家放弃金本位后的货币制度都称为"纸本位",至于中国的法币流通制度,则仍称为"汇兑本位"。

马寅初认为,实行金本位制,因黄金可以在各国间自由流通,故能保持住对外汇价的稳定;而在国内货币流通中,因银行准备金的多少会引起信用的膨胀和紧缩,形成物价的忽高忽低,导致经济危机的爆发。这是金本位的致命伤。第一次世界大战以后,黄金在国际间已不能自由流通,而国内物价则可以通过贴现率和公开市场的运用维持稳定,这样就造成了金本位的崩溃。据此,他指出:"欧战以前,各国竞相采用金本位。与其牺牲外价,不如牺牲内价。现在则竞相放弃金本位,管理通货。与其牺牲内价,不如牺牲外价。"① 把稳定内价放在首要地位,在外价和内价的稳定不能兼得时,应维持内价,牺牲外价。这是马寅初的一贯主张,在《通货新论》中作了进一步的强调。

中国法币同英镑联系,是维持外价,牺牲内价。马寅初分析了这种"汇兑本位"的利弊。他说英国对本国主张维持内价,但英籍顾问却偏要求中国维持外价,认为这样可以利用外资,取得国际援助,便利资源开发,促进直接投资,保障国际贸易。但"汇兑本位"有以下害处:① 足以扰乱国内金融及物价;② 容易失去金融控制权;③ 对接受存款国家不利。第三条是说如果中国谋币制独立,要收回存在英国的准备金,对英国也不利。如果这样的国家不止一个,各国竞相提现,英国就难以应付。他主张中国以后也改为以维持内价为主,即从"汇兑本位"转变为"纸本位"。

马寅初在《中国新金融政策》中已肯定纸币也有价值,在《通货新论》中则进一步指出纸币有价值尺度职能。他说:"金本位放弃后,黄金已退居于货物之地位,不复为价值之尺度。为价值之尺度者,乃纯然有独立价值之纸币。黄金价格之大小,亦将用纸币价值为之尺度,与百物无异。"② 这一点同赵兰坪的理论正好相反。按照马克思的货币理论,纸币没有价值尺度职能。但在世界范围的纸币制度确立后,货币理论应该有所变化。这时的纸币已不代表金属货

---

① 马寅初:《通货新论》,商务印书馆1946年版,第23页。
② 同上书,第29页。

币的价值,自然也不代表纸的价值,而是代表在流通中形成的一定的价值量,以此来衡量商品的价值。从这个角度说,马寅初的纸币有价值尺度职能的观点是正确的,具有先见之明。

可以牺牲对外汇价,并不是不要稳定外价。稳定外价的方法,马寅初强调了设立外汇平准基金的作用。他说:"一国货币之内价,随国内农工商各业之情形而变动。其外价则易受国际情形变迁之影响。故内价与外价最好拆开。拆开之法,莫善于设立外汇平准基金。凡国际间短期资金之流动(如资金逃走投机买卖等类),以及黄金白银之出入,凡其所引起外汇涨落之风险,皆由外汇平准基金负之,使中央银行之准备金不受丝毫影响,则其贴现率亦不至有忽上忽下之变动。国内农工商各业可以安然渡过。不但内价可以稳定,即外价亦不至大有上落,因内价与外价相辅而行也。如是,中央银行之集中准备金与外汇平准基金同时存在,同时活动。前者任维持内价之责任,使一国通货无膨胀与紧缩之危险。后者任维持外价之责,使投机家与逃资者之活动与他国之金融政策,不至加害于本国之经济,真可谓货币二元制,诚今日金融界最有价值之新发明。"①

1939年3月在英国支持下设立的外汇平准基金,企图维持8.25便士的汇率,但仅仅维持三个月就宣告失败。这是因为法币对内不断贬值,只有以法币买外汇,而没有以外汇买法币的,所以难以维持长久。因此,马寅初指出维持汇兑平准基金必须有一个前提,就是"有汇出亦有汇进。且往往买进时价贱,卖出时价贵"②。这又必须稳定货币的内价,使生产和对外贸易不断得到发展才有可能。

---

① 马寅初:《通货新论》,第82—83页。
② 同上书,第91页。

马寅初赞成维克塞尔的自然利率理论,认为储蓄和投资相等时的利率为自然利率。他说:"自然利率下跌,则储蓄者将减少。储蓄减少,如需要资金不减,自然利率又将回高。故自然利率如一平衡线以平衡投资与储蓄者也。"①他又根据卡塞尔的观点,认为美国的贴现政策就是要做到货币利率和自然利率相一致,使投资等于储蓄。他称赞自然利率的决定作用说:"由此观之,可知世界物价随美国走,美国物价随贴现政策走,贴现政策随自然利率走,故自然利率为一中庸之现象,犹中国之所谓'道',所谓'天理',顺天者昌,逆天者亡。自然利率必须为经济政策所宜遵循者,投资加大,储蓄亦加大,投资减少,储蓄亦减少,则自然利率可以不变。"②他还指出有些经济学家并不同意卡塞尔的观点,美国运用贴现政策并未取得成功,但又认为"惟投资等于储蓄,货币利率应与自然利率趋于一致,则毫无问题"③。

为了稳定纸币的内外价,马寅初又讨论了购买力平价说和货币数量说。

马寅初指出:"购买力平价说,是由货币数量说推演而得。货币数量说既有可以批评之处,则购买力平价之说可以批评之处亦必甚多。故学者对此两说均无一致之结论,不能成为经济学上之定律,只可认为一种经济趋势。"④除理论基础不对外,还要看购买力平价说所认为的汇价决定原则是否符合实际。马寅初主要指出了以下几点:① 清算国际债务,国外投资及利息,雇用国际劳工及技术人员,侨民汇款等,都和货币购买力无关,但可影响汇价。② 物价指

---

① 马寅初:《通货新论》,第 101 页。
② 同上书,第 102 页。
③ 同上书,第 103 页。
④ 同上书,第 153 页。

数有时并不反映货币购买力的变化。例如假定有六种物品,每种值 10 元,其中有一种涨到 100 元,则平均物价为 25 元。粗看好像物价普遍上涨,实际上并不反映货币购买力的变动。③ 物价可以影响汇价,但汇价也可以影响物价。汇价变动是因,物价变动是果,这也不能用购买力平价来解释汇价。购买力平价说虽然有许多可批评之处,但马寅初又认为"国际间汇兑之调整,仍以此说为依据,盖舍此之外,另无他法也"①。

马寅初分别论述了美国派(费雪)和英国派(马歇尔、凯恩斯、庇古)的货币数量说,对他们都有批评。费雪假定其他情形不变,则货币数量 M 和物价 P 成正比。马寅初指出:"世界上万事万物往往互有关联,若变动其一,其他不能不变……故假定其他情形不变,不合事实。"② 如增加现金 M,则银行信用 M' 必随之增加。M 增加,流通速度 V 必小。因 M' 大,利率下跌,事业发达,商品交易量 T 加大。"今既知 M 变,其他四因素不能不变。其他因素既同时起变化,则 M 影响 P 力量之一部或全部将为其抵消,P 之变化不必成正比例……故谓 P 随 M 比例变化,并非确论。"③ 对于凯恩斯的 $n=pk$,马寅初指出了三点:第一,k 代表社会中的消费单位,专指家庭消费者而言,但工厂、商店也是消费单位,显然不完全。第二,人生不能无意外,以备非常之用的生活费未包括在 $n=pk$ 公式之内。第三,一定期间内,n 既不会有大变动,则 p 和 k 成反比例变化,但实际上决定 p 的为 n、k、p 并不存在因果关系。因此,马寅初认为凯恩斯的方程式和费雪的一样,所反映的相互关系是对的,所不对的是因果关系。他认为庇古的方程式 $P=\dfrac{kR}{M}$ 比凯恩斯的准

---

① 马寅初:《通货新论》,第 153 页。
② 同上书,第 159 页。
③ 同上书,第 160 页。

确，但没有反映非常时期的货币价值："非常时与常时之货币价值，大有出入。披古方程式中之 P，似不包括非常时期之观念在内，因彼只说货币需要之量，而未提及需要之强度。"①马寅初还用心理学派的理论批评货币数量说，认为货币的购买力受心理因素的影响很大，在这些方程式中都未得到反映。

对货币数量论的批评首先应区别金属货币和纸币，马寅初则对这两者一视同仁。如对费雪的理论，他说："就长期言之，货币数量说，尚有相当用处。此为货币数量说最大之贡献。"②他用来证明长期有用的例子之一是澳大利亚和美国旧金山金矿发现引起的物价大涨。其实，这是黄金本身价值降低而引起的物价上涨。马克思在批评休谟的货币数量论时指出，"自从美洲矿山发现以来随着金属货币量的增加同时发生的商品价格的提高成为他的学说的历史背景"③。马寅初则将它当作正面的例证而加以肯定。

《通货新论》中还列有《中国社会组织与传统的经济思想之关系》一章。这一章的内容和货币理论无关，反映了马寅初的重要经济思想。他认为：中国的传统思想重在一"安"字，西洋则重在一"强"字；"安"由"均"而得，"均"为求"安"之手段，"安"为行"均"之目的；安贫的思想不适合今日之世界，应创造"均富"的新思想以替代之。他说："吾人嗣后不能再谈'安贫'，应讲均富之法，以期达到'自安''相安'与'治安'之大道，则国富民强，可以图自存矣。"④

---

① 马寅初：《通货新论》，第174页。披古即庇古。
② 同上书，第161页。
③ 马克思：《政治经济学批判》，《马克思恩格斯全集》第13卷，第151页。
④ 马寅初：《通货新论》，第218页。

第三节　徐青甫的物本币末论

徐青甫在20世纪30年代提出经济革命救国论,在货币方面主张实行虚粮本位制,已见第十九章第七节。以后他进一步研究经济问题,看了许多国人自著和翻译的经济学著作。1944年,他写成《物价问题之研究》一书,提出了关于商品价值、价格及货币等的新理论。他表示原有的经济学说必须纠正:"回首此十余年中,阅读所得增加之知识,多属枝叶之类,统计收获,可谓极寡;而发觉一般经济学说上理论错误之处,则印象较前转深,而感经济需要革命之情绪益甚。尤以经济学说之亟须纠正,殊属迫切,盖理论乃事实之前导,经济政策之更革,犹其次焉者"①。他的理论是在西方经济理论在中国广泛传播的情况下另辟蹊径而形成的,具有与众不同的特色。

徐青甫把劳动称为"劳务"。他既肯定价值产生于劳务的支出,又认为价值的多少还决定于"效用之程度"。因此价值是两者的结合:"服劳所费力量之多寡,与受劳获得效用之程度,合称'价值'。"②他把价值分为"满欲能"和"组织能",商品买卖,买方获得满欲能,卖方收回组织能。实际上,满欲能就是商品的使用价值,组织能则是商品的价值。徐青甫没有劳动二重性的概念,也不懂得商品有价值和使用价值之分。使用价值是价值的前提,他则将使用价值归入价值的范畴,作为形成商品价值量高低的一个因素。

徐青甫还认为价值要受环境的影响,他说:"'环景(境)'犹如变压器,可使价值被估计之程度高下,犹如电之可以大小其量。"③环

---

① 徐青甫:《物价问题之研究·自序》,《物价问题之研究》,邮政储金汇业局1944年版。
② 同上书,第1页。
③ 同上书,第10页。

境包括空间、时间、双方人、金融、前途预测和关系物价（相关物价）六个方面。他又将价值分为"原生价值"和"附生价值"。原生价值指商品产生时的价值，附生价值指将商品运到适当环境中所增加的价值。原生价值和附生价值之和为"产生价值"。产生价值也就是商品达到消费者之手时的价值，故又称"消费价值"。在他看来，所有在商品流通中附加的劳务支出都能增加商品的价值，而不管它是否为增加商品价值所必需的。

商品的价值是内在的，它的货币表现是价格。价格可能反映价值，也可能背离价值。但徐青甫认为，商品成交时，交易双方不仅评定商品的价格，也评定商品的价值。他说："自有货币以后，货币充价值之尺度，以权价值，币数之概念始附丽于价值之上，惟不经交易，不可可称为'价值'，须俟成交时，价值经双方评定，以币数计算者，则谓'价格'。"①在他看来，价格和价值总是一致的，两者的区别仅仅在于是否用货币来表示：不用货币表示的是价值，用货币表示的是价格。价值有原生价值、附生价值、产生价值（消费价值）之分，同样，价格也有原生价格、附生价格、产生价格（消费价格）之分。

在价值、价格之外，徐青甫还提出了一个"价值本体"的概念。他认为"有价值本体，始有价值，有价值方有价格"，这是劳价、物价的三个层次。他解释价值本体说："就人发生之价值言（即劳价）：其人之智识技能等乃其价值本体。其临时行为表现之成绩，与接受其劳务者估计效用之程度，乃其价值。给予之薪工，酬劳之币数，则为其价格。就物发生之价值以论（即物价）：物之质量，乃其价值本体，随环景而异其使用或估计之效用，乃其价值。交易时买卖上确定物量与币数之比率，则为其价格。"②实际上，就人来说，价值本体

---

① 徐青甫：《物价问题之研究》，第1—2页。
② 同上书，第3页。

第二十二章　全国性抗战中后期和解放战争时期的货币理论(上)

有些像价值源泉,还有一定道理;至于物,质量是使用价值的组成部分,是形成价值的前提,说它是价值本体就完全错了。这是混淆价值和使用价值而导致的结果。

关于货币的本质,徐青甫认为"唯名主义"(名目主义)和"唯金主义"(金属主义)"虽各有其部份真理",但都未能把握货币演进中的"基本之动力"。这"基本之动力"就是"人类为便利其交易行为,无时不在求谋得一可靠之标准,以为其贡献于社会之财物及劳役价值的归算,俾能借以取得相当之报偿"①。设置货币的主旨就是"化不同之物为共同之价,庶可易于比较,能成相等,便于久储而供随时之易换"②。所以货币是"取得公证合格之财富价值化身",是财富的"离体物价"③。他认为用来证明商品价值的价值化身本身不需要有价值,不必由商品来充当。"因货币如受物质之拘束,则币值与物价相反之妙用,完全丧失";以金银之类作货币,是"人类思想较为单纯,尚不知物价可离开物体而存在"的时代的产物,"仍未能超出物物交易之心理"④,他肯定计账货币(存款币或银行币)是最良好的货币:"记帐货币,实可谓正宗货币,其源(原)由系出自物价所化悉依于设置货币之主旨而自然发生者也。"⑤虽然徐青甫对名目主义持批评态度,实际上他的货币本质论也是一种名目主义。

徐青甫详细论述了劳价、物价、货币的关系。物价包括料本和劳价,劳价贵贱是物价贵贱的主因。劳价包括薪工、租金、利息、利润等,不限于工人的劳动报酬。他所说的劳价贵贱,除所付货币数量的多少外,还要同成物的数量和质量进行比较。"费少物多质精

---

① 徐青甫:《物价问题之研究》,第18页。
② 同上书,第19页。
③ 同上书,第25、20页。
④ 同上书,第65页。
⑤ 同上书,第25页。

者,是劳价低;费多物寡质粗者,是劳价高"①。因此,他认为中国的劳价是高的,通常认为落后国家劳价低,是一种误解。货币为支付劳价、物价而流通:"货币无自主权,一面随劳价而发付,一面随物价而化记,毫不容其从中伸缩。"②社会生产发展,需要化币的财富增加,作为财富代表的货币也自然增加,"但患无物,不患无币"。

货币既然是被动因素,因此不能单纯以增发货币为管理经济的手段。"如直接欲由货币上改善国民生活,宽裕财政,则增加薪工租金,提高利息利润,徒足提高物之价格,减低所得之实质,结果名义所得虽增,实质所得反减,无裨于国民生活之改善也。"③如果货币发行过多,就"如水之渗入酒中"④,货币的总价值未增加,而单位货币的价值就会贬低。据此,徐青甫提出了"顺其自然性能以管理"货币的主张:"(一)凡生产财富,欲入流通场流通,其价值有相当耐久性者,概宜予以化价之便利。(二)无可收可换财富之价值为根据者不发支票式本票式之币,以免蹈空。"⑤这就是说,货币发行要从商品流通的实际需要出发,决不能搞通货膨胀的发行。

徐青甫设计了劳、物、币三者价值关系的公式共 16 个。前 14 个都未涉及货币的供给量,讨论没有货币因素影响下的各种价值关系。第 15 个公式引入货币因素,再结合前述公式,推出了第 16 个公式——货币价值的公式:

$$\pi = \frac{1}{M} = \frac{1}{(C_N + C_K) \cdot T_E}$$

---

① 徐青甫:《物价问题之研究》,第 52 页。
② 同上书,第 26 页。
③ 同上书,第 67—68 页。
④ 同上书,第 25 页。
⑤ 同上书,第 32—33 页。

式中，π 为在货币正常流通量下每一货币单位所代表的价值，M 为本期货币的正常流通数量，C_N 为前期日用品的消费总值，C_K 为前期其他产品的消费总值，T_E 为同前期相比的本期成物指数。

C_N+C_K 实际上就是前期的消费总值，也就是产生总值（产生总值不可能等于消费总值，因有些产品可能未卖出，它们的产生总值不能计入消费总值，但徐青甫没有考虑到这一点）。消费品的消费决定人们的享用水平，所以徐青甫将它分开来计算。前期的消费总值乘本期的成物指数是预计的本期消费总值，货币的正常流通量就是相当于消费总值化币需要的数量。徐青甫说："是以一社会欲保持正常之货币流通量，须置重于使币数依随于其产供物量而变动，物主币从，知所重轻，谋国是者，实不可不辨。"①

对于这公式，可以作如下分析。

第一，$\pi=\dfrac{1}{M}$ 是根据货币价值是商品价值的倒数而来。因为 M 代表本期需要化币的商品价值总额，所以 M 的倒数就代表每一单位货币的价值。但是这种理论是不能成立的。原因有以下两点：① M 不可能等于成交商品的价格总额（见下）；② 即使相等，也不能用平均数的办法求得单位货币所代表的价值。在进行交换前，商品已经有自己的价值，单位货币也已经代表一定的价值量，商品可能以高于或低于本身价值的价格出售（徐青甫认为价格总是价值的反映）。一定时期内的不同时间，单位货币所代表的价值还可能发生变化，在通货膨胀时期尤其是如此。无数次的买卖形成了商品的总价格。显然，从总价格中平均出来的单位货币的价值量决不是单位货币代表的真正的价值量。

---

① 徐青甫：《物价问题之研究》，第134页。

第二,货币有各种各样的用途,不限于购买商品。各种用途都构成对货币的需要,而同一单位货币则可以多次使用。因此计算货币流通需要量,既不能只限于购买商品的需要,也不能不考虑货币流通速度的因素。本式将货币的正常流通量只限于购买商品,而又没有计入货币流通速度对货币流通需要量的抵消作用,是一个十分明显的失误。

第三,事实上货币的正常流通量是无法计算的,只能从原有的实际流通量中做出近似的估计。本式也有这个意思。式中货币需要量的公式实为 $M=(C_N+C_K) \cdot T_E$。T_E 就是用来作推算的参考数字。其意思是说,以前期的消费总值为基础,也就是以前期的货币流通量为基础,再参考本期的成物指数。成物指数增加多少,货币流通量也应该增加多少。这当然不会很精确,但作为一个参考系数,大体上还可以。我们可以拿美国现代货币主义者弗里德曼(Milton Friedman)的货币政策主张来进行比较。弗里德曼主张实行单一规则的货币政策,货币供应量随经济增长率而增加。"弗里德曼具体建议,货币供应量应按照每年 4%～5% 的固定增长率有计划地增长(根据过去一百年间美国年产量平均增长 3%,劳动力增长率按年平均 1%～2% 计算而得),而不应随意调整,这样就可以保持物价稳定。"[1]徐青甫采用的也是类似于这样的货币供应量的计算办法。就这一点而论,徐青甫倒是弗里德曼的先驱。

徐青甫把货币分为本票式和支票式两类。所谓"本票式货币",是指"离体之价"的货币,即完全作为商品的化价而发行的;"支票式货币"则是指政府按其预算收入先行发出的货币,此类货币如超过政府的实际财政收入就成为透支(赤字)。徐青甫认为前一种货币

---

[1] 刘涤源、陈端洁:《弗里德曼及现代货币主义》,经济科学出版社 1987 年版,第 98 页。

第二十二章 全国性抗战中后期和解放战争时期的货币理论(上)

可能发行不足,因为有些商品可能在流通中折价抵押,从而使化币数减少。其折减部分的价值仍在,最终仍然需要化币。这部分的未发行货币可由政府的透支来弥补。他假定 D_M 为折减货币数,U_M 为政府透支货币数,M 为正常货币量,M' 为实际货币量,则

$$M' = M - D_M + U_M$$

当 $D_M = U_M$ 时,货币的实际流通量等于正常流通量,徐青甫认为这样就可以保持物价稳定,所以"U_M 之权操诸政府如何使之与 D_M 相当,实为管制通货之枢纽"①。当 $D_M < U_M$ 时,货币流通量过多,物价上涨;反之则货币流通量不足,利率高涨,平时可促使物价下跌,在非常时期更促使物价上涨。

前已指出,徐青甫认为货币是被动因素,这是他的货币理论的根本出发点。他批评了认为"增减货币,即能增减实在价值","只须紧缩发行,即能平抑物价"的错误思想。如对于后者,他指出:"货币流通之数量,实由物价乘物量之数以形成,今若就其原因,而作适当之措施,如减少薪工、租金、利息、利润、运费、捐税等所得币数,或增加产供物量,与夫减少凡由减少劳物比例而来之流通币数,则对于物价之稳定,当可奏效。"②他强调,单从货币数量上求物价稳定,会产生一系列有害的结果,如财政上力求平衡,结果差额反而加大;金融上力求紧缩发行,市场上通货反而日多;管制上力求平抑物价,结果物价反而上涨等。根本的办法是从增加物量上下手。他说:"物为价值本体,不注重物量之加多,以求物价之稳定,而仅注重财政上货币出入之平衡,未免务其末而忘顾其本;物者,本也,币者,末也"③。

---

① 徐青甫:《物价问题之研究》,第 135 页。
② 同上书,第 146 页。
③ 同上书,第 155—156 页。

物本币末论确实抓住了商品货币关系的最根本之点,但把货币完全看成被动因素也有片面性。这仍是一种传统的货币"面纱观",把货币仅仅看作罩在物物交换经济之上的一层面纱。马克思及维克塞尔等都批评了货币面纱观,把货币经济看作一个有机整体。货币的根源虽在商品,但货币对商品来说并不完全是消极被动的,而是具有积极的反作用。因此从经济管理上考虑,既要重视商品生产和流通问题,也要重视货币对社会经济的影响,注意运用适当的货币信用政策以达到促进经济发展的目的。这一点是徐青甫所没有认识到的。

维克塞尔以来的许多西方经济学家都重视利率的作用。徐青甫也肯定利率对物价具有主动之力。但他并没有提出利用利率来进行经济管理,而只要求通过货币管理,使货币数量适应商品流通的需要以降低利率。低利率是增加商品产量的重要因素。利率由"货币供求定律而来"[1],货币供求相当,利率就不会提高。这种主张仍是他的物本币末论的应有之义。

徐青甫写本书时,国民政府统治区的通货膨胀已很严重。虽然战争时期通货膨胀不可避免,但政府的腐败加剧了恶性通货膨胀的程度。徐青甫的理论是反对通货膨胀的,具有现实的针对性。不过他并没有正面揭露当局利用通货膨胀掠夺人民财富的实际,而将物价上涨的原因主要归于人们(包括统治者和被统治者)对于货币和商品的关系认识有错误。他分析了许多错误心理,最后归纳说:"物价变动之所以形成为严重问题者,可谓来自一般对于货币之认识错误,与夫过分重视之所引起,继以币物之间,既缺联系,亦乏弹性,更促成心理上误会之加深,遂招致群起盲目推动价格基础,自掘坟墓

---

[1] 徐青甫:《物价问题之研究》,第 158 页。

第二十二章　全国性抗战中后期和解放战争时期的货币理论(上)

可能发行不足,因为有些商品可能在流通中折价抵押,从而使化币数减少。其折减部分的价值仍在,最终仍然需要化币。这部分的未发行货币可由政府的透支来弥补。他假定 D_M 为折减货币数,U_M 为政府透支货币数,M 为正常货币量,M' 为实际货币量,则

$$M' = M - D_M + U_M$$

当 $D_M = U_M$ 时,货币的实际流通量等于正常流通量,徐青甫认为这样就可以保持物价稳定,所以"U_M 之权操诸政府如何使之与 D_M 相当,实为管制通货之枢纽"①。当 $D_M < U_M$ 时,货币流通量过多,物价上涨;反之则货币流通量不足,利率高涨,平时可促使物价下跌,在非常时期更促使物价上涨。

前已指出,徐青甫认为货币是被动因素,这是他的货币理论的根本出发点。他批评了认为"增减货币,即能增减实在价值","只须紧缩发行,即能平抑物价"的错误思想。如对于后者,他指出:"货币流通之数量,实由物价乘物量之数以形成,今若就其原因,而作适当之措施,如减少薪工、租金、利息、利润、运费、捐税等所得币数,或增加产供物量,与夫减少凡由减少劳物比例而来之流通币数,则对于物价之稳定,当可奏效。"②他强调,单从货币数量上求物价稳定,会产生一系列有害的结果,如财政上力求平衡,结果差额反而加大;金融上力求紧缩发行,市场上通货反而日多;管制上力求平抑物价,结果物价反而上涨等。根本的办法是从增加物量上下手。他说:"物为价值本体,不注重物量之加多,以求物价之稳定,而仅注重财政上货币出入之平衡,未免务其末而忘顾其本;物者,本也,币者,末也"③。

---

① 徐青甫:《物价问题之研究》,第 135 页。
② 同上书,第 146 页。
③ 同上书,第 155—156 页。

物本币末论确实抓住了商品货币关系的最根本之点,但把货币完全看成被动因素也有片面性。这仍是一种传统的货币"面纱观",把货币仅仅看作罩在物物交换经济之上的一层面纱。马克思及维克塞尔等都批评了货币面纱观,把货币经济看作一个有机整体。货币的根源虽在商品,但货币对商品来说并不完全是消极被动的,而是具有积极的反作用。因此从经济管理上考虑,既要重视商品生产和流通问题,也要重视货币对社会经济的影响,注意运用适当的货币信用政策以达到促进经济发展的目的。这一点是徐青甫所没有认识到的。

维克塞尔以来的许多西方经济学家都重视利率的作用。徐青甫也肯定利率对物价具有主动之力。但他并没有提出利用利率来进行经济管理,而只要求通过货币管理,使货币数量适应商品流通的需要以降低利率。低利率是增加商品产量的重要因素。利率由"货币供求定律而来"①,货币供求相当,利率就不会提高。这种主张仍是他的物本币末论的应有之义。

徐青甫写本书时,国民政府统治区的通货膨胀已很严重。虽然战争时期通货膨胀不可避免,但政府的腐败加剧了恶性通货膨胀的程度。徐青甫的理论是反对通货膨胀的,具有现实的针对性。不过他并没有正面揭露当局利用通货膨胀掠夺人民财富的实际,而将物价上涨的原因主要归于人们(包括统治者和被统治者)对于货币和商品的关系认识有错误。他分析了许多错误心理,最后归纳说:"物价变动之所以形成为严重问题者,可谓来自一般对于货币之认识错误,与夫过分重视之所引起,继以币物之间,既缺联系,亦乏弹性,更促成心理上误会之加深,遂招致群起盲目推动价格基础,自掘坟墓

---

① 徐青甫:《物价问题之研究》,第158页。

之可笑举动,形成无可收拾之局面,此实其问题症结之所在也。"①这种"错误人人有份"式的分析,客观上对当时通货膨胀的实质起了掩盖的作用。

徐青甫在 20 世纪 30 年代初提出的经济革命救国论过分夸大了货币的作用,40 年代提出的物本币末论则又过分贬低了货币的作用,十几年间走了两个极端。但对商品和货币具体关系的分析,则大大地深化了一步。另辟蹊径建立自己的理论体系,反映了他勇于探索和创新的精神;而过于轻视和排斥前人或同时代人的研究成果,则使他难以避免一些可以避免的理论上的幼稚之处,如货币流通量公式不考虑货币流通速度因素就是一例。

第四节　刘涤源的货币相对数量说

刘涤源(1912—1997),湖南湘乡(治今湘乡市城区)人。1939 年,毕业于武汉大学经济系;1942 年,获硕士学位;后任重庆大学商学院银行系讲师;1944 年,去美国,在哈佛大学文理研究院经济系为研究生;1947 年,曾任驻美大使馆商务参事处助理商务参事,年底回国;1948 年以后,为武汉大学经济系教授,曾任经济系主任。著作有《凯恩斯就业一般理论评议》《现代货币数量说及其思想渊源》《货币相对数量说》《凯恩斯消费倾向理论剖析》等。

《货币相对数量说》是刘涤源的硕士论文,后于 1945 年出版。此书曾获中央研究院 1944 年度杨铨奖,这是当时国内的最高学术奖。书中实际涉及的内容不限于货币数量和物价问题,而对货币的本质、职能、价值、作用等一般货币学原理都进行了讨论。从论述中

---

① 徐青甫:《物价问题之研究》,第 178 页。

可见作者的专业理论基础颇为深厚。但由于当时作者尚未接受马克思主义的货币学说,只能按照西方经济学的体系来分析货币问题。

20世纪30年代世界范围的纸币制度确立,许多货币学家认为这是名目主义货币理论的胜利,刘涤源也这样认为。他说:"关于现代货币之本质的解释,金属主义或商品说已无能为力,势须由名目主义的学说取而代之了。"①他用名目主义观点对金属主义和货币商品说进行了批评,把货币看成是抽象单位:"总之,货币为充任交换媒介之共通的抽象单位,在本质上绝非商品,至其构成之原素,或为金银,或为纸片,或竟并无形体,仅具若干文字数目,皆无不可……货币实为计算单位,或为计数的筹码。"②他认为货币只有交换价值而无价值。所谓货币价值,就是货币的"客观的交换价值",也就是货币的职能价值。货币既无价值,因此他不说货币的价值尺度职能,而说货币的基本职能是价格尺度和交换手段。这些观点产生于不兑现纸币流通制度的条件下,用纸币流通的特点来解释货币的本质,以致根本否定了货币原本的商品性和货币的内在价值。

在正面论述货币相对数量说之前,刘涤源对原来的货币数量说进行了细致的分析。他指出原来的货币数量说分两大派:一派为"交易总值的数量说",以费雪为代表;一派为"存余总值的数量说",以剑桥学派为代表。他对费雪和剑桥学派的庇古、霍屈莱、罗伯逊的理论分别作了评论。对费雪的数量说批评尤多,共12条,最后总结说:"总之,费氏数量说之所以特别惹人批评与攻击,大部分是由于其欲用简单而机械的原理去表现复杂的事实,而且要用内容复杂的统计数字去证明此单纯原理之精确;因而显得缺憾重重。反不如

---

① 刘涤源:《货币相对数量说》,中华书局1947年版,第25页。
② 同上书,第51页。

剑桥派数量说仅作原则上的概略叙述之为愈。"①同时,他又肯定费雪对货币理论作出了"不可磨灭的贡献"。

归纳起来,刘涤源认为过去的数量说,尤其是费雪的机械的数量说,主要有两点缺误。一是采取"绝对"的观点,单纯用货币数量的变动去解释物价,"往往认定影响物价水准的各种因素中,惟货币数量是最重的自变因素,而忽略非货币因素之自动性与自主性";二是采取"静态的观点,用'如其他事项不变,一语去抹煞货币因素变动对于非货币因素之影响,未将货币数量变动后经济组织各部门之可能变化,一并计入,故其结论与现实的经济情况相去极远,因而在实用上的价值甚为微弱"②。

针对这两点缺误,刘涤源提出了他的货币相对数量说。他对货币相对数量说下定义说:"货币相对数量说,是以货币数量之变化为出发点,采取动态观点,将货币数量变化所引起之种种变化,凡与物价有关者一并包括;即将货币供给之变化,及因此而引起的货币需要之变化,一并包括,而构成相对于货币需要之货币数量的变化,以解释此时物价变动之现象。"③

凯恩斯在《就业、利息和货币通论》中提出,在未充分就业的情况下,货币数量增加不会引起物价上涨;充分就业以后,物价便和货币数量同比例变动。据此,刘涤源认为过去的"货币数量说的'绝对'观念,以'充分就业'为假定前提",他的货币相对数量说则"以未达充分就业的水准为前提"④。他将物价水准和货币数量的动态关系概括为三种情况。

---

① 刘涤源:《货币相对数量说》,第119页。
② 同上书,第86页。
③ 同上书,第88页。
④ 同上书,《自序》。

(1) 当生产弹性为0（即充分就业）时，货币需要弹性亦为0，这时物价弹性为1，物价水准和货币数量增加成正比例上涨。

(2) 当生产弹性为1时，货币需要弹性亦为1，货币数量增加会刺激产业作正比例的扩充。如货币流通速度不变，则货币相对数量不变，物价水准也不变，物价弹性为0。

(3) 当生产弹性大于0而小于1时，货币需要弹性亦大于0而小于1。货币数量增加，一方面能刺激产业有所扩充，另一方面也促使货币的相对数量增大，导致物价水准上涨。上涨程度小于货币增加的程度，物价弹性小于1而大于0。

刘涤源指出第一、二两种情况很少出现，所以主要以第三种情况为准。他从各个角度详细论述了货币增加过程中可能产生的各种情况，最后将货币相对数量说的要旨归纳为以下六点。

(1) 在一般社会中，生产弹性小于1而大于0，货币数量增加后，既促使物价水准上涨，又促使生产规模扩大。物价水准上涨程度小于货币数量增加程度，两者相差程度决定于生产弹性的大小。

(2) 货币数量增加后，在长时期（新旧两均衡间的时间长度）中，物价水准大体上和货币相对数量成正比而上涨。而在短时期中，要将货币流通速度缩减的作用并入讨论。

(3) 货币相对数量的决定，依存于货币绝对数量增加和货物供给增加两者的比率，由两者共同决定。

(4) 如货币流通速度不变，在货币数量增加量一定时，货币相对数量增大的程度，依存于生产弹性的大小。

(5) 物价变动的其他现象，要由其他学说去解释。

(6) 应用货币相对数量说去观测物价水准的变动时，先求出货币数量指数和生产指数两者的比率，即得货币相对数量的增加率；乘以100，即得货币相对数量指数。货币相对数量变动和物价水准变动在程度和速度上势必大体一致。但是因为有其他扰乱因素存在,不论在理论上或事实上,均只会近于1,而不能等于1。

对于货币相对数量说,我们可以作如下分析。

货币相对数量说所说的"货币"是包括一切货币的。对于足值的金属货币流通来说,无论是绝对的或是相对的货币数量说,同样都是错误的。是成交的商品价格总额决定货币流通数量,而不是相反。对于不兑现纸币流通来说,则物价毫无疑问要受货币数量的影响。在这个限度内,货币相对数量说确实要胜于原来的绝对数量说。因为物价并不随着纸币数量的增加成正比例地上涨,用货币相对数量说来解释物价的变动更符合于实际。如果明确地将这种理论的适用范围限于不兑现纸币流通的社会,比将其适用范围扩大到所有货币流通的社会要恰当得多。

就不兑现纸币流通来说,货币相对数量说也只比较符合货币流通较为稳定或缓和通货膨胀时期的情况。在恶性通货膨胀时期,这种理论就毫无意义了。中国当时的法币已经进入恶性膨胀时期,增加纸币发行并不能起增加就业和发展生产的作用,物价的上涨速度超过了法币发行量的增加速度,已不是货币相对数量说所能解释的了。

最后,还需要指出的是,刘涤源提出货币相对数量说,表现出了创造性的理论思维,在中国货币理论史上应占有一席之地。但对他本人来说,提出货币相对数量说只是他早期学术活动中的一个插曲,或者说,只是他整个学术征途上的一个脚印。他的一生最主要的学术贡献是对凯恩斯主义进行了长期的研究,并作出了系统、深入的评析。1989年出版的《凯恩斯就业一般理论评议》是其代表作。

第五节 滕茂桐的货币新论

滕茂桐,1914年生,安徽舒城人。1937年,毕业于燕京大学经济系;1938年,赴英留学,获剑桥大学彼得豪斯学院经济学硕士学位;1940年回国,先后任西南联合大学讲师、华西协和大学教授、中央银行经济研究处副处长、南开大学教授兼金融贸易系主任等;1956年,任外交部国际关系研究所研究员;1958年,被错划为右派。后调安徽医学院任教;1978年,恢复名誉,任安徽大学教授兼经济系主任。曾任联邦德国波恩大学客座教授、美国帕特森大学访问教授、中国民主促进会中央委员兼安徽省委名誉主任委员、全国政协委员、安徽省政协副主席等。著作有《货币新论》、《旧中国通货膨胀史料》(署名"吴冈")、《中国改革开放的回顾与展望》(英文版)、《国际金融新论》等,并译有《资本主义发展之研究》《凯恩斯传》《马歇尔传》等。

《货币新论》写于他1944年在华西协和大学任教时,由正中书局于1945年出版。到1947年已出了四版,1980年又在台湾出第五版。本书篇幅不大,加上附录还不到5万字。它不是罗列式地介绍西方各家的货币理论,而是参考各家学说,经过作者的融会贯通,形成了一个理论体系。用他自己的话来说,就是"采集各家之言,成一独立系统"①。这一论述特点是此书篇幅不大的根本原因。

《货币新论》的正文分为七章,依次为《货币理论的新趋势》《货币理论利率与经济理论》《储蓄与投资》《生产计划与预期价格》《利率与生产计划》《消费计划与全部均衡》《动态的全部均衡——结

---

① 滕茂桐:《货币新论》,正中书局1947年版,第45页。

第二十二章　全国性抗战中后期和解放战争时期的货币理论(上)

论》①。书中还有若干附录,如附录二是《近代储蓄与投资理论的简史》,介绍了维克塞尔、凯恩斯、罗伯逊及瑞典学派的有关理论。

在第一章《货币理论的新趋势》中,滕茂桐开宗明义地指出:"近十余年来,货币理论的发展,在突飞猛晋;以往的货币理论大体上是静态的,分析的方法着重在局部均衡,今后的货币理论却是向着与动态及全部均衡学说相联系的路上迈进。"②这就是说,他的货币新论,新就新在把货币理论建立在动态分析和全部均衡学说的基础上。当时中国虽然已传入了西方的许多货币理论,而按这要求论述的还没有。姚庆三介绍了哈耶克所说的货币理论发展的四个阶段,其中第三阶段以维克塞尔为代表;又比较系统地介绍了凯恩斯的货币理论。但他并未从静态或动态、局部或全部均衡来提出问题。刘涤源的货币相对数量说采取了动态分析方法,但仅限于用来分析物价。全部均衡的理论在中国还是第一次引进。

滕茂桐简要地分析了动态和全部均衡学说的发展过程:以前的货币数量说都是静态的理论。剑桥学派的现金差额公式较有进步,"使货币理论与经济理论发生联系,惟仍不能脱离静态与局部均衡学说的桎梏"。维克塞尔将价值理论和货币理论联在一起。他将商品供给方面分为消费品和资本货物,需求方面分为消费收入和储蓄收入。"货币利率的升降,既可调节,复可促成四者间的波动;物价水准的起伏,不过象征四者间的失调而已。"③这种理论已有动态意味,但还没有应用全部均衡学说进行分析,所以还不能解释通货膨胀下的物价上涨。凯恩斯和希克斯(John Richard Hicks,英国

---

① 《货币新论》中"计画"和"计划"混用,笔者将其统一为"计划"。改动之处,不另作说明。
② 滕茂桐:《货币新论》,第1页。
③ 同上书,第2页。

人)应用马歇尔的长短期分析动态问题的方法,选择几个比较易于管制的变数如国民所得、储蓄、投资、生产计划,货币的需求,利率等,去确定他们相互的关系。这种分析方法已经是全部均衡的分析方法。滕茂桐认为将这种方法应用于实际,"虽不能十分准确,其与预计的结果则比较接近是毫无问题的"①。

在第二章《货币理论利率与经济理论》中,滕茂桐指出了新旧货币理论讨论重点的不同:"以前的货币理论着重在讨论货币价值的决定,以及货币价值波动时对财富分配的影响,生产与就业情况,则略而不及;货币的供给与需求所决定的是物价水准。现代货币理论着重在讨论利率以及利率波动之后对生产'计划',消费'计划',就业趋势等的影响,至于物价水准仅占次要的地位。"②以往的货币理论和经济理论是截然分开的,货币学专门研究货币价值的公式,所注意的只是各物的相对价值。如果采用全部均衡学说,去研讨全社会物资的供需情况、经济活动和物价体系,就根本用不到用货币去计算各物的相对价值。"因此无法表示货币的价值,货币的供给与需求力量所决定的便不是货币价值而是货币利率,货币学也就不独立,去专门研究货币的价值,于是货币学与经济理论可以合而为一。"③

第三章《储蓄与投资》讨论了储蓄与投资是否相等的问题。滕茂桐肯定人们计划的储蓄和投资未必相等,但最终实现的储蓄和投资则是相等的。关于后者,他说:"人们的财产不外乎实物、股票与货币;全社会货币的收支,股票的买卖必然恰恰相等,因之全社会的净储蓄仅表现于实物价值的增加部分。所谓投资,也正是全社会实

---

① 滕茂桐:《货币新论》,第4页。
② 同上书,第4—5页。
③ 同上书,第8页。

物价值的增加部分,故投资与储蓄恒相等。"①

上述投资和储蓄相等的理由,仅指未消费的实物就是投资的实物而言。但这种实物并不一定真正用于投资,因此这理由也反过来说明储蓄和投资是不相等的。事实上滕茂桐正是这种观点,所以他说:"在自由经济的社会,自动储蓄与自动投资没有直接的联系,储蓄与投资的时间也无由恰恰符合,储蓄很容易流于无用,因之全要由货币金融当局去运用金融政策。计划经济制度,可以弥补储蓄与投资数额及时间不相符合的缺点,因为事先可以计划周详。"②

滕茂桐还将储蓄投资理论运用于经济政策。他举了三点:① 在资本货物充裕、失业问题严重的国家,不需要奖励个人节约,政府预算可以不平衡,以提高人民的购买力,促进消费工业兴隆。② 在资本货物缺乏的中国,应奖励个人节约,政府对于工业建设最好先为筹划,既可避免收入水准降低,又可迅速增添资本货物。③ 战时如资源已充分利用,物价飞涨,实际投资难以增加,则应减少计划投资和用作投资的银行信用及钞票,并增加人们的自动储蓄。

第四章《生产计划与预期价格》中讨论了生产者对产品的预期价格如何影响了他的生产计划。滕茂桐指出:"生产计划与预期价格的关系,是现代货币理论里很重要的一部分"③。影响生产者预期价格的因素有"政治同物质环境的变化,将来产品需求情况,原素的供给情况,产品与原素过去及未来价格变动的经验等"④,最后一项因素尤为重要。

滕茂桐用生产计划和预期价格理论分析了全国性抗战以来中

---

① 滕茂桐:《货币新论》,第13页。
② 同上书,第18页。
③ 同上书,第22—23页。
④ 同上书,第24页。

国的生产情况。中国从1937年起工业品价格的上涨程度超过农产品及原材料,而1940年以后则是农产品上涨的程度超过了工业品。当时(指1944年3月)工业资金缺乏,其中钢铁机器工业尤为困难,而消费品工业则尚可维持,而且有新工厂的设立。他认为这是生产者对产品价格的预期在起作用。在预期价格将继续上涨的情况下,"生产计划必趋向于消费品工业的发展,因为生产时间较短"①,预期的利润率就愈大。针对这一情况,滕茂桐认为从局部均衡的观点看,工业贷款似应实行低利政策,但从全部均衡的观点看,则低利反而会增加生产计划的趋向于囤积,是不可取的。

根据凯恩斯等人的利率理论,投资率的高低影响利率的高低,而利率的高低则会影响投资率成反方向的变化。滕茂桐在第五章《利率与生产计划》中介绍了凯恩斯的利率理论后,主要讨论了一些例外的情形。他综合西方学者的意见,提出了四点,说明利率并不是调节生产的唯一因素。

(1) 有时资本货物的数量愈增加,边际生产能力反而递增;投资率减少,利率反而上升。前者同投资方向有关,如投资方向引起企业家对资本货物更多的需求,则边际生产效率不仅不递减,反而递增。后者是由于投资率减少大半是因为企业家蒙受损失,无力摊提折旧,不能继续放款,使利率上升同资本货物减少的现象同时存在。

(2) 利率提高以后,投资率不一定受到阻碍。如机器工业的企业家在利率提高、其他工业畏缩不前时必须忍痛牺牲,压低产品售价,使其他工业得以继续进行。所以在利率提高的情况下,投资率仍继续增加。

---

① 滕茂桐:《货币新论》,第28页。

(3) 利率提高对流动的资本货物的生产易受影响,而对固定的资本货物则不一定,因为后者每年的赢利扣除折旧费后,同高利率相比仍可能有利可图。

(4) "企业家从事于生产,要考虑许多条件,利率只是一端,企业家对之固然要考虑,惟远不若经济学家所想像之重要。"[①]近年来政府在国民经济中的地位日见重要,公共工程的兴建与否,不仅考虑利率,更要从国策考虑。

第六章《消费计划与全部均衡》讨论了凯恩斯的倍数理论。倍数理论是说生产的扩大,使生产者的收入增加,从而引起对消费品需求的增加,又进而引起从事消费品生产的人们的收入的增加。这样循环往复,国民收入总量的增加会等于最初增加的对产品需求量的若干倍。滕茂桐对倍数理论进行了实际的分析。

(1) 在动态社会中,将来(未实现)的倍数同过去(已实现)的倍数很难彼此相同,只能根据过去的倍数来近似地推测未来的倍数。

(2) 应用倍数理论还要看财富的分配情况。在英美资本主义国家,财富集中在资本家手中,他们并不将所有收入用于消费,资源并不能充分利用,物价呈下落趋势,失业人口可能增加。"而财富分配公平,一般民众的收入增加,储蓄部分小于消费部分,消费工业与资本工业,层层相因而兴旺,资源可以充分利用,生活程度提高,才是全社会之福。"[②]

(3) 应用扩张倍数理论更要看资本货物的累积情形。在欧美工业化很早的国家,投资机会逐渐减少,必须辅以公共工程政策,并用增加所得税率或救济贫民的办法以增加倍数。而中国民族工业尚在蜕变时期,资本累积甚微,投资机会很多,政府应奖励储蓄,使

---

① 滕茂桐:《货币新论》,第39页。
② 同上书,第43页。

利率有可能下落。公共工程大可不必提倡。如果倍数的增加只是增加贸易入超,使大量消费品进口,则永无工业化之一日。而且即使消费工业繁荣,如不能刺激资本工业的发展,仍会造成经济危机。

(4) 中国近年来的物价上涨,人们的货币收入往往全部用于消费。但由于存在着收入到支出的时间距离,所以仍不会形成倍数的无限大。

第七章是结论,归纳全部均衡的几个基本条件。滕茂桐指出他的全部均衡的分析系统为:"物价上升时,一方面人们会预计将来物价上升,这可能加深不均衡的程度;他方面人们的现金需要增加,促使利率上升,这是稳定全部均衡的力量。"① 然后他把全部均衡的力量分为以下三个方面。

(1) 预期价格的力量。在现行价格上涨的比例大于预期价格上涨的比例(预期价格弹性小于1)时,人们认为这种上涨只是暂时现象,通过对物资的减少需求和增加供给,全局均衡可望逐渐恢复。但在物价极度动荡时期,预期价格等于或大于1,物价就会继续上涨。

(2) 利率的力量。在物价上升时,如果不是无限制地供给现金,利率会提高。在均衡失调的时候,工商业界要考虑预期利率:如果预期利率的弹性很小(现行利率变动比例大于预期利率变动比例),他们不会去改变生产和囤积计划,利率阻止物价波动的作用很薄弱;如果预期利率等于1或大于1,他们就会紧缩生产和囤积计划,利率能起阻止物价波动的作用。所以"制止通货膨胀,预期利率具有特效"②。运用高利率政策可提高工商业者的预期利率。但反过来,实行低利率政策则无助于制止萧条,因为利率不能无限下降,

---

① 滕茂桐:《货币新论》,第45页。
② 同上书,第47页。

萧条时期的企业家也不会因利率低而增加对于物资的需求。

(3) 运用倍数理论要谨慎斟酌。扩张倍数超过一定限度会引起恶性膨胀,扰乱均衡;在一定限度内则可使资源充分利用,国民收入丰厚;而倍数过低,则可造成失业,减少国民收入。

以上是《货币新论》的主要内容。从中可以看出滕茂桐注意了中国和西方国家的不同历史条件,指出在执行经济政策时应有所区别,考虑到了学习西方的货币理论要从中国的实际出发。不过这种联系实际是有限度的,对于当局执行的恶性通货膨胀政策只是隐约地提出了一点劝告,而难以进行直率的批评。至于西方资产阶级的货币理论并不能根本解决经济危机,那是另一个问题,这里就不作进一步的分析了。

第六节　樊弘的货币理论

樊弘(1900—1988),四川江津(治今重庆市江津区)人。1925年,毕业于北京大学;1937—1939年在英国剑桥大学进修,研究凯恩斯经济学说;曾任湖南大学、中央大学教授,中央研究院社会科学研究所研究员,复旦大学经济系、北京大学经济系主任等职。新中国成立后,任全国政协委员、九三学社中央委员和中央委员会顾问等职。1950年,加入中国共产党。著作有《现代货币学》《凯恩斯的就业、利息和货币的一般理论批判》《凯恩斯有效需求原则和就业倍数学说批判》等。

《现代货币学》是1946年樊弘在复旦大学任教时所著,1947年由商务印书馆出版。新中国成立前共出四版,各版内容相同。作者在《自序》中指出,"货币理论的研究大约可以分为两个主要的时期:(一)货币价值研究时期,(二)货币经济研究时期"。后一时期的研究范围宽广,"现代货币学的领域与动态经济学的领域几乎没有什么区别"。他的《现代货币学》一书对两个时期的主要货币理论都有涉及,先讨论货币价值的意义和决定,再讨论整个货币经济的动态关系。作者还声明,书中的学说没有一点是他发明的,他只是把罗伯逊、凯恩斯、林达尔(Erik Robert Lindahl,瑞典人)、马克思等人的"货币学说重新加以条理而已",采自罗伯逊的尤多。故本书也属于传播西方货币理论之作。在进行条理化的过程中,自然也体现了作者自己的观点。

樊弘认为货币的职能有二:① 一般偿债手段。偿债时间可分即期和延期两种。即期偿债即现钱交易,这时货币成为"流通的中介"。延期偿债则为"支付手段"。② 价值标准的倍数。樊弘之所以不用价值尺度的名称,是因为他认为货币本身并无实际价值,不同的货币量只体现着一种价值的倍数关系。纸币没有实际价值,进而认定所有货币都没有实际价值,这是一种名目主义的观点。因此樊弘认为,"货币的价值系指货币一单位所交换的一般货物的数量"[①]。也就是说,货币的价值就是货币的购买力。他分别介绍了费雪的"货币数量说"和剑桥学派的"现金余额的学说"。

对于费雪的公式,樊弘认为除了通货和存款外,还应加上商业信用。以 M_1 代表通货量,M_2 代表存款量,M_3 代表商业信用量;以 V_1、V_2、V_3 分别代表 M_1、M_2、M_3 的流通速度,则货币数量公式为

$$M_1V_1 + M_2V_2 + M_3V_3 = PT$$

剑桥学派的公式为

[①] 樊弘:《现代货币学》,商务印书馆1948年版,第31页。

第二十二章　全国性抗战中后期和解放战争时期的货币理论(上)

$$P = \frac{M}{KT}$$

这一公式在本书第二十章第六节已作介绍,指出这是罗伯逊的公式,只不过这里将原式的 R 改成了 T。另外还要考虑商业信用,假定以 C 代表一切货币所购买的物资 KT 中用商业信用购买的比例,则其式为

$$\frac{KT \cdot C}{M_3} = \frac{1}{P_3}$$

樊弘称费雪的货币学说为动态的货币学说,剑桥学派的货币学说为静态的货币学说。这同一般的说法恰巧相反。他所说的动态指一定时期内货币在市场上的交易活动,而静态则是指货币在一定的时点上的静止状态。这是从不同的角度说的。

对于两个不同的货币价值公式,樊弘强调其实质上的一致性。因为 K 实际上是 V 的倒数:"假令一个国家的年货币所得总量为货币总量的两倍,那末,货币的流通速度在一年之内便系 2,即 V 等于 2。反过来说,该国家的货币总量便必为国民年货币所得的二分之一,即 K 等于 $1/2$。"[①] 他用公式演算来证明两个货币价值公式的一致性。但他用 $K = 1/V$ 作为设定的前提来进行论证,未免给人以牵强之感。其实,只要从公式中证明 $K = 1/V$,两者的一致性也就不言而喻了。现将其论证作适当的修正如下。

假定国民的真实所得均为消费品,R 为消费品的年交易总量,国民年货币所得总量为 PR,则

$$VM = PR \text{(相当于费雪的公式)}$$

---

① 樊弘:《现代货币学》,第 47 页。

$$M=\frac{PR}{V}$$

又据罗伯逊的公式:

$$M=KPR$$

故 $\frac{PR}{V}=KPR$

即 $\frac{1}{V}=K$

经论证后,樊弘指出:"由此可见,由上述两派货币价值学说的公式而所求得的货币的价值完全是相同的……所以在过去两派学说互相争衡的时间中,一切出奴入主的互相攻讦的言论通通都是废话。"[①]在中国学者中,樊弘大概是指出这一点的第一人。

在货币经济学部分,樊弘主要讨论了投资和储蓄,利率和限界(边际)利率及国家应采取的货币政策等问题。

第一,关于投资和储蓄。樊弘分析了银行放款是否合于经济原则的问题。他认为这要看放款是出于公众的自愿储蓄还是强制储蓄。自愿储蓄是公众自愿节约下来的储蓄,强制储蓄则是在并无公众储蓄的情况下银行所进行的放款。银行的这种放款势必引起物价的上涨,货币的实际价值因而降低,公众以同量货币只能买进较少的商品,等于是一部分货币用作了储蓄,所以叫"强制储蓄"。属于强制储蓄的放款不好,有公众的自愿储蓄而不放款也不好,因为在后一种情况下,不放款会导致物价的下跌,对生产不利。所以樊弘说:"假令银行的放款恰恰等于公众分子的储蓄,在静态的国民经

---

① 樊弘:《现代货币学》,第49页。

济的机构中这当是最有利于生产的事情了。"①

至于在动态的社会中,有新增加的人口尚未被吸收到工业部门,则属于强制储蓄的放款也是应该的,这样可吸收新的劳动预备军,增加社会财富。"但当着新的财富已经增加之后,银行对工商业者的放款则须以等于储蓄为止。"②如果人口未增加,只是每个人的生产力增加了,银行增加放款可以起稳定物价的作用。但樊弘认为这种稳定物价的政策是不合理的,随着生产力的进步,物价下跌是正常现象。

樊弘还提出在静态社会中银行对工商业流动资金的放款公式为

$$ak = qbD$$

公式中的 a 代表银行在等于货币储蓄的放款中借给工商者用作流动资金的比例,k 代表国民的真实储蓄占国民真实所得的比例,q 代表工商业者的生产时期内每一时点平均所需流动资金的比例(在一生产时期内流动资金平均递增的情况下,q 为 $1/2$),b 代表银行贷款占一生产时期内流动资本的比例,D 代表生产时期对一年的比例。如果在动态社会中,则必须打破这一公式对银行的束缚,进行适当的强制储蓄。

樊弘还介绍了凯恩斯的两个物价公式。对于投资和储蓄是否相等的问题,他认为凯恩斯在《货币论》中说投资和储蓄不必相等,在《一般雇佣理论》(原文如此)中说投资和储蓄恒等,两者并不矛盾。他说:"这个理由简单明了。即在计划投资增加的顷刻,投资可与储蓄不相等。但在投资增加而后,立刻便有强制储蓄发生。此强

---

① 樊弘:《现代货币学》,第 54 页。
② 同上书,第 56 页。

制储蓄的部份必然等于投资的增量无疑……所以这两种学说均可成立。"①但他又表示宁可采取第一种学说,这样更符合实际的社会生活。

第二,关于利润和利息。樊弘先讨论了资本限界利润率递减的规律,指出马克思在《资本论》第三卷就已很明显地提出,可惜在经济学界影响不显著,到凯恩斯的《一般就业理论》(原文如此)出版后,则似已成为一切经济讨论的主要柱石之一。他还强调了心理因素的作用,公众的恐怖心理对限界利润率渐减的影响很大。

樊弘介绍了两种利率理论:一种认为利率由贷款的供求关系决定,"一名可贷资本的利息的学说";另一种认为利率由货币的供求关系决定,"一名货币偏爱的利息说,亦称活动偏爱的学说"②。后者是由凯恩斯发明的。樊弘认为这两派各和上述货币价值理论中的两派同出一源。"因此之故,所以可贷基金的货币利息论,其所指的可贷基金的供给完全是指的在一段时期内一派川流。反之,货币偏爱的学说,其所指的货币的需要则系指的在一刹那时点上人人所需要来作购买货物的准备基金的池水了。"③他说这两派理论不是互相竞争,而是互相补充的,并举例作了说明。

马克思曾经指出:"通货的绝对量只有在紧迫时期,才对利息率产生决定的影响。……在另外的情况下,通货的绝对量不会影响利息率。"④利率是由借贷资本的供求关系决定的。在信用制度进一步发展的情况下,货币随时可以转化为借贷资本,从这个意义上,说利率受货币供求关系的影响也有一部分道理。只是樊弘认为前一

---

① 樊弘:《现代货币学》,第67页。
② 同上书,第72页。
③ 同上书,第73页。
④ 马克思:《资本论》第3卷,人民出版社2004年版,第601页。

种利息理论和费雪的货币数量论同源则未必妥当,因为从费雪的理论中并不能推出利率受借贷资本供求关系决定的结论。这种理论产生在费雪以前,马克思就是突出的代表。

樊弘分别论述了在均衡状态下和非均衡状态下利率对物价的影响。在均衡状态下,利率降低会使投资增加,物价上涨;短期利率降低,对短期资本的需要增加,消费财的价格会短期增高;长期利率降低,对固定资本的需要增加,消费财的价格会长期增高。在非均衡状态下,利率相对于限界利率来说居于次要的地位。因为资本家主要考虑预期利润率的高低来决定自己的投资。"他们所计较的是太阳和月亮大的损失或利得,星星小的几厘钱的利息的差额,自然不在计较之列。"①

第三,关于货币政策。樊弘指出货币政策不是以死板的稳定物价水准为目的。前已指出,他是赞成生产力进步情况下的物价下跌的。因此,货币政策的目的只是在于使货币购买力能同产业的变迁相适应,即要支持生产力进步的变迁,限制有碍于生产力进步的变迁。在有利于生产力进步的前提下,即使物价有若干上涨也是应当的。将这理论应用到经济循环上,"在循环的上翼,我们所应采的货币的政策应当是防抑繁荣为过度的膨胀。而在循环的下翼,我们所应采的货币的政策应当是减少衰败的过度的紧缩了。"②为了上述目的,银行首先要实行正确的利率政策,用利率来调节人们的投资活动。当着企业家相信资本的限界利润率将继续上升时,利率的作用有限了,中央银行可采用公开市场政策吸引公众对政府债券的投资。银行还可以采用差别利率,以鼓励富有前途的工业,限制一般的投机家。政府则还应采用公共工程政策以弥补银行政策的不足。

---

① 樊弘:《现代货币学》,第87页。
② 同上书,第119页。

在繁荣的上翼,政府不要增加公共工程的设施,而改在衰败的末期进行。

为了保证公共工程政策的实施,樊弘介绍了林达尔的弹性的预算平衡理论。就是说,在繁荣时期政府应使预算有盈余,在衰败时期则可以使预算有赤字,只要做到将繁荣时期的盈余补衰败时期的不足而达到平衡就可以了。为此,他还在书中抄录了林达尔提出的预算编制方法刍议,并指出:"我很表同情于林塔(达)尔的意见,即货币的研究在将信用,预算,商业和工资政策合在一道,以图减少经济的波动。"[①]

---

① 樊弘:《现代货币学》,第125页。

第二十三章
全国性抗战中后期和
解放战争时期的货币理论(下)

本时期在国民政府统治区出版的中国人自著的马克思主义的或倾向于马克思主义体系的货币学原理书有三种：① 黄宪章著的《货币学总论》，笔垦堂书屋1947年出版；② 彭迪先著的《新货币学讲话》，生活书店1947年出版；③ 杨培新著的《新货币学》，致用书店1947年出版。本章介绍前两种。

1927年以后，和国民政府并存的还有中国共产党领导的革命政权。革命政权一开始就建立了自己的银行并发行货币。1932年2月，中央苏维埃共和国国家银行成立，部分根据地的银行改组成为国家银行的分行。1935年10月，中央红军长征到达陕北后，11月，国家银行改名为中华苏维埃共和国国家银行西北分行。1937年10月，西北分行改组为陕甘宁边区银行。

全国性抗日战争时期，各抗日根据地继续设立银行。至解放战争时期,随着解放区的扩大和逐渐连成一片,各解放区的银行也渐趋统一。1948年12月1日,华北解放区的华北银行、山东解放区的北海银行和西北解放区的西北农民银行(陕甘宁边区银行已并入此行)合并组成中国人民银行,发行人民币。新中国成立前后,陆续用人民币收兑了各解放区的货币。从此,中国建立了独立、统一、稳定的货币制度。

解放区金融工作的实践,锻炼、培养了许多金融工作者。由于处在战争的环境中,不可能进行货币理论的系统研究,但在货币管理的实践中,总结出了不少理论性的认识。本章以曹菊如、薛暮桥的货币理论为代表,反映解放区在货币理论上所取得的成就。

第一节 黄宪章的货币学总论

黄宪章(1904—1985),湖南耒阳(治今耒阳市)人。1925年,毕业于上海南方大学教育系,后留学法国,在巴黎大学法科博士班当研究生,专攻经济学和财政学;1931年回国,先后在上海法政学院、上海江南学院、上海暨南大学、四川大学、西北大学、华西大学等校任教,曾任四川大学经济系主任、中国民主建国会中央委员。新中国成立后,历任四川大学经济系主任、副教育长,成都市人民政府委员,中国民主建国会四川省工委副主任委员、成都市分会主任委员,四川省工商行政管理局副局长等职。1957年,被错划为右派。改正后任四川省政协常委,中国民主建国会中央委员、四川省副主任委员等职。著作有《经济学概论》和《货币学总论》。

《货币学总论》上、下两册,1947年初版。全书分《货币之历史发展》《货币之基本原理》《货币制度》《货币价值论》《货币问题与货币政策》五编。在《序言》中,黄宪章介绍了写作本书的一些情况。他说在五年前,"在讲授货币学两年后,开始感到中国货币学的书籍,大体上都是抄袭英美货币学的理论体系,似不甚符合货币一现象应有的解释及中国经济的需要"。当时以"众北"为笔名发表了一篇《中国金融学之新体系》的论文,提出了编撰"合于中国需要的金融学"的主张,并以此作为自己的心愿。他收集了关于货币论的参考资料约百余册。后来他在四川大学讲授货币学,在讲授之余终于赶出了这部书。他表示本书有两大缺陷:一是所参考的资料,大都为1940年以前的文献,还不够新;二是第五编只写两万余字,未免近于畸形。

本书摘引了大量中外学者关于货币的论述。不仅有西方资产阶级学者的,而且还有《资本论》(郭大力、王亚南译)及其他马克思主义著作中的论点。关于中国的,则以引述货币史资料为主,除《管子》《荀子》等古籍外,还引丁福保、卫聚贤的钱币学著作及日人吉田虎雄原著、周伯棣编译的《中国货币史纲》等。黄宪章在引述西方学者的各种论点后,都注意运用马克思主义的货币学说进行批判。所以本书内容虽然十分庞杂,而就其主导倾向来说,则是属于马克思主义的货币学著作。

对于货币的产生,黄宪章用马克思关于价值形态发展的四个阶段(单纯的价值形态、扩大的价值形态、一般的价值形态和货币的价值形态)来说明。货币产生以后,他则分别分析了西方和中国的金属货币的演进。他把中国金属货币的演进分为七个阶段:① 贱金属铸造货币——铜铲币(即原始布币);② 贱金属铸币与贵金属秤量货币——先秦的布币、刀币、铜钱(现称"圜钱"或"环钱")和黄金秤量货币;③ 贱金属铸币及金银秤量币——秦汉至北宋的货币;④ 贱金属铸币与银秤量币——南宋至明的货币,贱金属包括铜、铁(北宋即兼铸铁钱);⑤ 银币与银两及贱金属辅币——清代的货币;⑥ 1933年废两改元后的银本位制;⑦ 1935年实行法币政策,罢黜金属货币。中国历史上的货币流通非常复杂,这种阶段划分未必妥当。黄宪章不是货币史学者,能够写到这样,也颇不容易了。另外,在讨论纸币时,他述及了中国古代纸币流通的历史概况。

《货币之基本原理》一编中列有《货币之本质》《货币之职能》等章。黄宪章将货币本质论分为五派:① 金属主义学派;② 法定货币学派;③ 观念货币学派;④ 职能货币学派;⑤ 等价货币学派。②③⑤三派是从名目主义(他称之为"名称主义")学派中分出来的,而"等价货币学派"则指马克思主义派。

黄宪章介绍了各派的学者及其论点,然后归纳出各派的基本论点。以下只介绍各派的基本论点。

第一,金属主义学派。"(一)货币之主要职能,是充作商品交换价值的尺度与本位;(二)惟有商品始能充作商品交换的价值尺度与本位;(三)金银是商品,其本身具有与其他商品同样的价值,因为它们……也同是人类劳动的生产物;(四)金银之所以较其他的商品更适合于充作货币,是因为它们底自然性质远较其他的商品为优越,所以金银天然就是货币;(五)纸币虽然可以代表金银去履行货币的任务,但纸币是应该兑现的通货,故仍受金银的束缚,事实上仍然等于金银货币;(六)金银货币具有调节物价与对外贸易平衡的自动机能,故金属货币实是一种不需要法律政治或人为信仰的纯经济的货币;(七)金银货币的价值比较稳定,且具有国际货币的性质,不比纸币或存款通货只限于一国国内或一个地区内才可流通。"[①]

第二,法定货币学派。"(一)货币最初是一种交换财货,其所以成为一定社会中具有通用力的财货,是最初由习惯次由法律所承

[①] 黄宪章:《货币学总论》上册,笔耕堂书屋1947年版,第69页。原文舛误之处,引用时已作校改。

认的;(二)社会由原始物物交换社会进化到所谓支付社会(按即指货币经济时代的社会——宪)的时候,货币乃是法律所规定的支付手段;(三)法定支付手段,也是国家任意用法律制定的价值单位……不一定要金银,因为支付手段不须和其他财货具有共通的价值关系;(四)……货币材料是纸片抑或是竹片,甚至仅仅是一种标识或符号,都与货币的特性无关;(五)因之,货币是法律所制定的支付手段的标识;它的价值(用法定论的习语,应该是通用力或支付能力),完全是由国家(支付社会之一种)底法律所赋予的。"①

第三,观念的货币学派,可分为两派:一派为抽象的观念论者;一派为主观的价值论者,大多数心理学派的经济学家属于这一派。

抽象的观念论又叫作"计算单位或筹码说",其论点归纳如下。"(一)货币是一种支付手段;因之,它底材料的价值,是否与其名称价值相等,殊无考虑之必要;(二)货币……最重要的特性,乃是代表物品或劳役之请求权的一种证券;(三)凡代表请求权的证券,必然含有数量的观念在内,从而货币就成为一种想像的价值单位;(四)货币……履行计算单位的任务,在商业交易或执行支付之时,最需要的手段是计数单位;(五)货币既是计算单位,则称之筹码也是一样;(六)货币……成为一切物品交换比例的公分母,也好比计算角度的度,分,秒,计算长度的尺,寸,分一样;度分秒或尺寸分都是人类为着计算的便利而想像出来的,是人类思维活动的结果,它们并未曾受其他任何的事物所规定;(七)……公分母一经设定,则一切交换的价值及支付价值都得由此而获得一种比较的标准,从而相互交换的数量及相对支付的数量,均能由此而被决定。"②

主观的价值论又叫作"主观价值评价的代价财货说",其论点归

---

① 黄宪章:《货币学总论》上册,第73页。
② 同上书,第78—79页。

纳为:"(一)一切财货的价值是由人类对于它们各别的主观评价所规定;(二)人类对于财货的主观价值评价,是由这些财货对于人类欲望之满足程度,即所谓限界效用所规定;(三)货币是一种交换其他财货时的主观价值评价的代价财货;(四)货币本身的价值也是由所有主的主观评价所规定,亦即由于货币对其所有主的限界效用所规定。"①

第四,职能货币学派。"(1)货币的本质,不在其物质的属性,或币材的属性,而在其履行的职能:故货币不论是用金银铸造抑或用纸币印刷,甚至仅仅具有一种记账的符号,只要它能履行货币的种种职能,就不能不说是一种货币;(2)货币的特性既由其职能而发生,则其本身的实质价值可以和其名称价值相符,也可以不相符,甚至毫无实质价值也无关重要;(3)……故货币是一种交换媒介物;(4)……故货币是一种直接获得财货的工具或是一种购买力的证书;(5)……故货币是一种支付手段;(6)……故货币是一种保证信用的工具,或是一种证券;(7)在资本主义社会中……故货币为一种较高级的资本;(8)在资本主义社会中……货币底最大职能,是在维持经济的均衡,尤其是使生产与消费及新投资相均衡,使社会总收益与个人消费,储蓄及投资相均衡;这只有依赖通货管理之一法。故货币可以说是一种维持资本主义经济均衡的手段。"②

第五,等价货币学派,又叫作"经济史观学派"。"(1)在私有财产制和交换未发生和发展以前,没有货币,到未来不依靠交换以为生活手段的时代,也将没有货币,惟有在以私有财产及商品生产为基础的社会,尤其是资本主义社会中,才有货币,也才迫切地需要货币,故货币是历史的产物;(2)交换社会,尤其是资本主义社

---

① 黄宪章:《货币学总论》上册,第79页。
② 同上书,第87页。

会……为着交换进行之便利,必有一种作为价值尺度的东西,以尽等价交换的任务,货币就是这一般的等价物;(3)一般的等价物,必须它自身也是劳动的生产物,也具有价值,故货币在本质上是一种商品,在机能上是一种特殊的商品;(4)金与银之成为货币,第一,因为它早已是一种商品,其本身早已有交换价值,第二,因为它的自然性质适宜于充作等价物,故成为一种特殊的商品,第三,因为社会的交换机能赋予它以等价物的任务,故货币是金或银或金银的代表物;(5)金银铸币或金银代表币的实质价值有时低于其名称价值……只不过在充作价值尺度和流通手段时,国家或社会依据习惯或颁布法律,公认那名价高于实价的货币,等于其所载明的或代表的同量实价,事实上也确实仍以货币商品——金银的实值为基础。故货币不是人们为交换及支付便利起见而任意造成的技术手段。"① 最后一条是说在不足值货币流通的情况下,货币实际上是按所代表的金银的实际价值流通的。只是他说得不够清楚,后来在讨论货币价值论时作了进一步说明。

黄宪章指出前四个学派的理论都只是从货币的某一角度去说明货币,"科学地说明了货币底本质者,当推等价货币学派"②。表明了他是马克思主义的货币本质论者。他还解释了等价货币学派和金属主义学派的根本区别:"因为金属主义者认为金银天然为货币,而卡尔(马克思)则认为货币是从商品世界中演化出来的特殊商品,金银不过是最适宜于充作货币的特殊商品,故货币天然为金银。其次,金属主义者侧重金银成为货币的自然性质,卡尔则兼重金银成为货币的社会性质,亦即兼重金银在交换发展过程中从一般商品

---

① 黄宪章:《货币学总论》上册,第90—91页。
② 同上书,第92页。

脱离出来而成为独占货币地位的特殊等价物之社会机能。"①资产阶级货币学者往往把马克思主义的货币学说归入金属主义一类中，黄宪章这一分析在当时起了澄清理论是非的作用。

对于货币的职能，黄宪章分别论述了上述前四派的货币职能论，然后根据"等价学派对于货币职能之分析"的"基本原理，更参证现代经济体系中的具体货币现象及未来的货币趋势"②，提出了自己的货币职能论。他把货币职能分为基本职能、从属职能和特殊职能。基本职能中，"最原始的与最基本的职能是作用为一切商品的一般等价物"③。然后又分为四种基本职能：价值之尺度、价格之标准或本位、价格之单位、国际货币。从属职能也有四种：商品流通手段、支付手段、价值之贮藏、价值之转移。特殊职能则有货币的资本化，计划经济的计算单位、调整手段及分配手段。后者是指苏联货币的特殊职能。

第四编《货币价值论》中列有《货币价值学说》一章。黄宪章分货币价值学说为七类：金属生产费用说、货币商品的劳动价值说、职能价值说、主观价值评价说、心理预测说、法定价值说、货币数量说。

金属生产费用说亦称"币材价值说"，以伏昂、配第、李嘉图、约翰·穆勒、阿诺为代表。

货币商品的劳动价值说即马克思主义的价值论。黄宪章指出了马克思的劳动价值论和英国古典学派劳动价值论的区别，引用《资本论》的论述来说明商品和货币价值的形成，并进而分析了不足值的本位铸币、辅币以及纸币的价值问题。最后他总结为以下六

---

① 黄宪章：《货币学总论》下册，第357页。
② 同上书，第100页。
③ 同上书，第102页。

条:"(一)货币是商品,其价值的形成与商品同,换言之,其价值同样为生产所必要的劳动量所决定。(二)货币商品是金银,尤其是金,故货币底价值依存于其所含的金量的价值。(三)金银底价值是有变动的,故含同一重量金银的货币,其价值亦是有变动的。(四)价格标准,是一定的金量,故货币价值变动之时,不妨碍一定金量的价格标准。(五)商品价格是货币与商品交换比例的指数,假定商品价值不变,则价格是和货币价值之涨落成反比例的,换言之,价格是受货币价值的决定。反之,假定货币价值不变,则价格将和商品价值成正比例的涨落,亦即价格将为商品价值所决定。(六)如果货币价值不变,商品价格与价值不一致,那是由于其他的特殊原因,不影响于货币价值对于价格的相互关系。"[1]

职能价值说以亚当·斯密、约翰·穆勒、季特为代表。斯密是劳动价值论者,但斯密的"货币价值理论,却侧重于货币的交换能力"[2]。约翰·穆勒既认为货币价值决定于货币材料的生产费,又认为货币价值决定于数量,黄宪章认为这也偏重于货币的交换能力。这样就将他们两人都归入了职能价值说的主张者。季特则认为金银作为货币提高了它的价值,"一旦金银币被剥夺其货币身份之时,则金银在所有者的手里只是一些贬值很厉害的贮藏物了"[3]。这确实是一种职能价值论的论点。

主观价值评价说即"限界效用说",为奥地利学派所首创。黄宪章以庞巴维克的论述为代表来说明这一学派的货币价值论。最后他批判说:"货币自有货币的客观价值,它的客观价值不是依存于'所有者的财富状况',也不是依存于'满足主观幸福'的程度;它的

---

[1] 黄宪章:《货币学总论》下册,第365—366页。
[2] 同上书,第366页。
[3] 同上书,第369页。

客观价值是由社会所公认,不是由个人去判断的。贲氏底全部价值理论(当然货币价值理论也包括在内)之空洞无物,就是因为他不理解商品价值与货币价值之社会的和物质的因素,有意踏进个人心理分析的错误圈内。"①

心理预测说是阿夫达里昂的货币价值论。阿夫达里昂根据第一次世界大战后欧洲各国的金融情况,认为"物价之涨落,主要地是由于外汇率之涨落,而外汇率之涨落,又主要地是由于本国人和外国人对于本国政治经济情势尤其是财政金融情势的心理预测……此种心理的预测,一经萌芽,便如蔓草一般地延展到各个经济的主体,因而造成一般的倾向,卒至引起外汇的投机购买和资金的逃避,或外汇的抛售或资金的内流,如此便直接影响于外汇率的涨落,间接影响于国内物价之涨落。"②黄宪章批评了此说,指出在第一次世界大战后,只有美国发了战争财,成为欧洲的债主,德、法等欧洲各国经济、财政情况都不妙,实行通货膨胀政策,物价必然上涨。"故当年德法外汇及物价之忽涨忽落,终至节节提高者,实由于其纸币之金价格的低落,而心理的因素,只是推波助澜的副手罢了……心理预测说之哲学观念及科学的认识还要比奥地利学派的主观评价说更为肤浅!"③

法定价值说即"固定货币说",为克纳普、本迪克逊等所主张。黄宪章指出克纳普的理论"纯以法律为根据",本迪克逊的理论"则参杂一些主观价值评价的思想",但他们都认为"货币价值为国家的法律所规定"。对此,黄宪章批判说:"法律对于货币的作用,只能规定货币的本位及单位,换言之,只能规定价格标准,不能决定货币的

---

① 黄宪章:《货币学总论》下册,第373页。贲氏即庞巴维克。
② 同上书,第374页。
③ 同上书,第376页。

第二十三章　全国性抗战中后期和解放战争时期的货币理论(下)

价值。"①

货币数量说是《货币价值学说》中内容最多的部分。黄宪章提到的有孟德斯鸠、休谟、约翰·穆勒的"绝对数量说",季特、卡塞尔的"相对数量说",费雪的"交换方程式",马歇尔、庇古、凯恩斯的"现金余额说",霍屈莱的"消费者支出说"及凯恩斯的"所得说"。他对各人的论点一一作了说明。"交换方程式"和"现金余额说"本书已多次涉及,这里从略。

霍屈莱的消费者支出说即杨端六所说的"消费者收入与消费者支出说"。黄宪章指出:霍屈莱认为一般需要(在单位时间内最后购买者所支出的货币总额)决定物价,一般需要由消费者的支出而定。社会中的现金余额则为未消费差额。某时期中消费者支出和未消费差额之比为货币流通速度。"物价水准与未消费差额及流通速度成正比例,而与消费者购货量(按投资额在外)成反比例。"②

凯恩斯的所得说即他在《货币论》中所提出的物价学说。黄宪章选了凯恩斯的四个方程式,即两个基本方程式及由此推衍出来的基本方程式的第二式。两个第二式为

$$P = \frac{1}{e}w + \frac{I' - S}{R}$$

$$\pi = \frac{1}{e}w + \frac{I - S}{O}$$

w 为每一单位人力的所得率,e 为劳动效率系数,即 $w_1 = \frac{1}{e}w$。w_1 已见《杨端六对西方货币理论的介绍》一节,为单位产品的报酬率。

---

① 黄宪章:《货币学总论》下册,第 379 页。
② 同上书,第 392—393 页。

为什么将凯恩斯的所得说也归入货币数量说呢？黄宪章解释说："然一究其内容，仍不外一般国民手中的货币量及存款通货量，为物价水准之决定因素，亦即为货币价值之决定因素。他之所以不同于前辈的数量说者，在于他注重国民所得与储蓄及投资之相互关系。"①然后，他对凯恩斯理论的要点作了解释，指出他的说法"当为英美大多数学者所拥护，因为如果果然可以采用凯恩斯的货币理论以建立有效的金融制度，而避免资本的恐慌，岂不比用战争方法来解救恐慌来得省钱省力焉！"②

对所有的货币数量说，黄宪章还进行了总的批判，指出"一切的货币数量说，均不承认货币具有内在的现实的价值，所以拿货币的购买力为中心问题而讨论"③。然后，他又列专章，以劳动价值论为基础正面阐述了物价理论。

从货币本身必须有实在的价值的观点出发，黄宪章否定了所谓"纸本位"的名称，认为它"没有存在的理由"。至于中国的法币，他认为很难给它一个适当的名称，"但以法币的法律根据，仍未脱离银本位的属性，故我们称现在的法币制度为管理银本位制，似乎比较旁的名称要妥当些"④。其实，"管理银本位制"也同样是一个不妥当的名称。

第二节　彭迪先的新货币学

彭迪先(1908—1991)，原名伟烈，四川眉山(治今眉山市东坡

---

① 黄宪章：《货币学总论》下册，第399页。
② 同上书，第400页。
③ 同上书，第401页。
④ 同上书，第289页。

区)人。1926年,留学日本;1935年,毕业于九州帝国大学经济系,留校任助教并为研究生;1937年,毕业;全国性抗战爆发后回国;1938年,任西北联合大学法商学院教授,因参加进步活动被解聘;1939年,任生活书店的馆外编审;1940年,任武汉大学教授;1945年,任四川大学教授兼主任;后任法学院院长;1951年,任成华大学校长、川西区人民行政公署监察委员会主任委员、西南军政委员会监察委员、文教委员等职;1953年,任四川大学校长、四川省人民政府委员等职;1956年,任中国民主同盟中央委员;1960年,任中国民主同盟四川省主任委员、四川省政协副主席;1978年后,任全国人大常委会委员、民盟中央副主席、四川省副省长等职。著作有《实用经济学大纲》《世界经济史纲》《新货币学讲话》《货币信用论大纲》等。

《新货币学讲话》是一部用马克思主义观点写成的比较通俗的货币学著作,特别是关于货币的本质和职能,完全根据《资本论》的体系。书中还有一部分内容是说明实际货币问题的,列有《中国货币问题》专章,讨论了废两改元、法币政策及抗战时期的法币问题。

在《纸币》一章中,彭迪先除了阐明马克思主义的纸币理论外,还批评了所谓"纸币本位"。他指出货币必须具有价值,具有价值尺度和流通手段职能。"把纸片、革片等等其本身不能当作一般的等价物的东西,而只能当作货币的代替品或价值的标记的东西,误认为可以当作货币本身的幻想,就是基于误解货币为单纯的流通手段的错觉……于是许多人就以为纸币所执行的流通手段的职能,便是货币所执行的一切的职能;以为纸币也能够行使本位货币的职能,因而主张所谓'纸币本位'的谬说。"①他分析"纸币本位"主张的错误有三:① 纸币本身没有价值,不能充作价值尺度和价

---

① 彭迪先:《新货币学讲话》,三联书店1949年版,第64页。

格标准。② 纸币不能执行贮藏手段、支付手段、世界货币等职能。③ 要使纸币不贬值,在发行量上就不能超过流通所必需的货币量,这时的纸币实质上还只是充作流通手段的辅助机能;只有当纸币数量超过这个界限时,才能够代替必需流通的货币的全部,而这时纸币就要贬值。"这就是说:纸币对于货币的流通手段的机能,也不能完全代替发挥。"他的结论是:"虽然曾经有许多人,在理论上,或在实践上,故意的,或无意的,想把纸币充作货币的本位,但其唯一的成绩,结局只是证明了'纸币本位'的不可能。"[①]他主张纸币必须能够兑现,否则就不能保持稳定。

上述对"纸币本位"的批判,主要不是批判"纸币本位"的名称不能成立,而是批判了以纸币完全取代金属货币的主张。当时各国实行纸币流通制度的历史不长,彭迪先从坚持马克思主义货币学说出发,以为纸币流通制度是不可能成功的,这反映了一种认识上的局限。不过,他的批判间接说明了没有"纸币本位"这个东西。纸币不是以本身的价值来起价值尺度的作用的,所以不能称为"本位"。但在世界范围确立纸币制度后,纸币成了独立的货币,它以它所代表的价值发挥价值尺度职能的作用,这一点应该得到肯定。

《新货币学讲话》中列有《各种货币学说述评》一章,分为《货币金属学说、单纯的货币商品学说》《货币国定学说、货币职能学说、币票券学说》《货币数量学说》《购买力平价学说》四节。这同黄宪章的分类不甚一致,而不独立设名目主义学派来同金属主义学派相对则是相同的。黄宪章没有提到货币票券学说,但所说观念的货币学派中的抽象的观念论同它相近。购买力平价学说则被黄宪章放在国际汇兑中讨论。由于篇幅的悬殊,彭迪先的论述自然要简单得多。

[①] 彭迪先:《新货币学讲话》,第 65—66 页。

两人所举的代表人物有不一致之处,这是因为有些货币理论本身既可归入这一类,也可归入那一类的缘故。

货币金属学说以古典学派李嘉图为代表。彭迪先指出这一派的错误有三:① 认为货币在经济生活上发挥极大权力的根源在于充作货币的贵金属的价值上,没有看见使贵金属转化为货币、转化为一般等价物的作用。② 将货币和货币材料贵金属混同为一。③ 不能说明为什么纸币也可以充作货币。货币商品学说的代表有杜克(Thomas Tooke)、富拉尔顿、威尔逊(James Harold Wilson)(三人均为英国的银行学派代表)、瓦格纳和古典学派等。"这些学者往往过于强调货币的商品性,而陷于不把商品与货币加以区别的错误。"①他还强调了不能把马克思主义的货币理论混同于"幼稚的货币商品学说",因为前者"追溯货币的起源,一方面承认货币的商品性,同时又指出了为什么从商品世界里要分化出商品与货币,以及这两者的不同之点"②。

货币国定学说以克纳普为代表。彭迪先从三方面批判了克纳普理论的错误,其要点为:第一,想在法律制度中追求经济发展的法则,以为法律是本源的第一义的,而经济是派生的第二义的,这是方法论的错误。第二,把国家制定货币制度的法制上的机能,误解为货币产生的经济上的机能。第三,误认货币的本质为象征,完全否认金(银)内在价值的意义,以为货币只是抽象的观念的价值单位。

货币职能学说彭迪先只举了黑尔弗里希为"最重要的代表人物"。这种学说认为,货币的价值决不是它素材的价值,而是职能价值。彭迪先指出这种学说"妄想从货币的职能出发,解说货币的本

---

① 黄宪章:《新货币学讲话》,第110页。
② 同上。

质及其价值,这是一种本末颠倒的不合理的办法"①。

对于货币票券学说,彭迪先分析说:"这种学说,认为货币不过是一种票券或是对于财物的凭票。"②它本身没有内在的固有的价值,它的价值可以由政府的意志自由规定。早期倡导这种学说的有洛克、休谟、孟德斯鸠等,"第一次欧战后不换纸币发行制的流行,又造成了这种学说风靡一世的环境。而克纳普的货币国定说更加强化了它的理论基础"③。代表人物有本迪克逊、齐美尔、熊彼特、卡塞尔、艾尔斯特等。本迪克逊、齐美尔、艾尔斯特被李达划归为现代名目主义的学者。

在分别论述货币国定学说、货币职能学说、货币票券学说以后,彭迪先作了简要的批判。他说,三者"有一个共通的一致的主张,即货币本身跟制造货币的材料的价值没有任何关系……货币只是一种计算单位,是一种象征,这种货币理论,跟主观的价值学说有着密切的联系,故可称为主观的货币论"④。

关于货币数量说的代表人物及其理论,彭迪先提到的前人基本上都已谈过,这里不重复。他从以下几方面对这种理论进行了批判:① 货币数量论者不了解货币价值、商品价格、货币数量三者的因果关系,倒果为因。② 货币数量论者不了解货币的本质,不明白货币价值的意义,认为货币价值就是所谓货币的购买力,货币价值是在流通中才形成的。③ 货币数量论者"在价值中只看见物与物的量的关系,而忽略了隐藏在物的形态之后的人与人的关系……所以他们只分析、研究比率,误认机械的反历史的数学的方法,是经济

---

① 黄宪章:《新货币学讲话》,第115页。
② 同上。
③ 同上书,第116页。
④ 同上书,第117页。

学唯一的正确方法"①。④ 他也像赵兰坪一样引阿夫脱利昂的研究结果,来证明物价的高低并不和货币数量的增减"保持相当正确的比率关系",而且物价变化"也不是货币数量增减的结果"②。但赵兰坪的最后结论仍然是肯定货币数量论,而彭迪先则予以完全否定。彭迪先还指出货币数量学说在实践上"是资本主义世界货币政策的理论基础、最高指导原则"③。

购买力平价学说由卡塞尔提出,得到了凯恩斯的肯定。彭迪先指出:① 购买力平价学说的理论基础和前提是货币数量学说。② 购买力平价论者倒因为果。第一次世界大战后德、法两国"往往外汇行市发生腾落,引起物价也跟着涨跌,物价的涨跌,更进而引起货币数量的增减"④。③ 事实上各国的外汇行市并不同该国的购买力平价完全一致。④ 认为货币的价值决定于物价水准,使货币成为不过是商品价格的派生的现象。

在对中国货币问题的分析中,彭迪先肯定实现废两改元是"中国币制改革"的"空前的创举",但因存在银价极不安定和财政经济的种种困难,又"有更进一步加以改革的必要"⑤。他也认为法币制度为"外汇本位制度",实行法币政策后,中国货币已加入英镑集团。他着重分析了全国性抗战时期的通货膨胀问题,指出:"通货膨胀,实际上是一种无形的租税,而且是一种以民众为对象的征课。恶性的通货膨胀,等于无代价的没收一般民众的资产……尤其是中小农民、佃农,以及固定收入者如工人及公教人员等,均陷于极悲惨的命

---

① 黄宪章:《新货币学讲话》,第 131—132 页。
② 同上书,第 132 页。
③ 同上书,第 127 页。
④ 同上书,第 135 页。
⑤ 同上书,第 140 页。

运中。社会的财富分配愈趋不均,愈集中于少数特殊阶级的手里,而百分之九十五以上的民众,均在经济上日趋没落。这便是战时通货膨胀所造成的惨痛的结果。"①针对战后通货进一步恶性膨胀的情况,他向当局发出了"法币是否会陷于1923年德国纸马克的悲运"②的警告!

第三节　曹菊如的货币理论

曹菊如(1901—1981),福建龙岩(治今龙岩市新罗区)人。他年轻时曾当店员,后去南洋,在印尼等地曾参加华侨组织的反帝大同盟。1930年,回国参加革命,同年加入中国共产党。为闽西工农银行和中华苏维埃共和国国家银行的创始人之一。参加长征到达陕北后,任中华苏维埃国家银行西北分行副行长。全国性抗日战争时期,先后任陕甘宁边区银行行长、财政厅长、财政经济部副部长、西北财经办事处秘书长等职。解放战争时期,任冀热辽分行经理、东北银行总经理、东北财经委员会秘书长等职。新中国成立后,历任政务院财经委员会委员、副秘书长,中国人民银行副行长、行长、党组书记等职。著作编有《曹菊如文稿》。

解放区的货币理论主要是针对当时货币斗争的实际经验而形成的,所以货币理论的重点在于如何保证纸币流通的相对稳定以及对法币、伪币斗争的胜利。曹菊如长期从事银行工作,他的货币理论完全来自革命的实践。陈云同志称赞他"在延安时对货币的作用有过卓越的见解"(为《曹菊如文稿》题词)。他在新中国成立前的货币理论主要见于《边币问题》(1944年)、《陕甘宁边区抗战时期关于

---

① 黄宪章:《新货币学讲话》,第152—153页。
② 同上书,第185页。

金融问题的一些经验》(1945年)、《对热河省金融问题的初步意见》(1946年)三文中。

在革命战争的环境下,增发纸币以致引起物价上涨是不可避免的。1944年,陕甘宁边币的发行额已达26亿多元,比全国性抗战前法币的发行总额还要高出10多亿。曹菊如在《边币问题》中指出:"一百多万人口的边区,发行额竟达到小数点以上十位,也就相当可观了。现在边币的发行总额,相当于抗战前若干时候中、中、交、农四行发行额的总和,跌价是不足为怪的。"①但同时他又认为边币的发行还有"少了"的一面。对此,他采用了计算购买力的办法。

这里所说的购买力,不是指单位边币的购买力,而是指边币发行总额的购买力。发行总额购买力指数的计算方法是这样的:以1940年12月的月底发行总额和12月的平均物价指数为基数100,求出以后每月的发行指数和物价指数,然后以物价指数除发行指数乘以100即得。据此,曹菊如指出当时的边币发行量是少了。他说:"如果以一九四〇年底发行额的购买力为一百,那么截至一九四四年二月底止,票面额虽达二十六亿余元,而购买力则仅达百分之一百二十七点一,与一九四〇年相比增加极少,比可能容纳量则相差很多。"②

在恶性通货膨胀的情况下,纸币发行量的增长速度赶不上物价的上涨速度,纸币发行的绝对数量虽然增加,而按实际购买力计算反而减少了。曹菊如这里所说的,现象上虽有相似之处,实际上却完全是另外一种情况。根本的区别在于当时边区流通的不限于一种货币,除边币外,还有法币。物价指数是由边币和法币流通共同决定的,而货币发行量则仅指边币而言。因此,所谓边币少了,就是在法币和边币同时流通的条件下,边币的流通阵地还不够扩大,还

---

① 曹菊如:《边币问题》,《曹菊如文稿》,中国金融出版社1983年版,第54—55页。
② 同上书,第55页。

大有进一步占领市场的余地。曹菊如指出："边币发行的过程，是边币与法币斗争的过程，不是你进我退，就是我进你退，我们在斗争中的对策运用得好，边币购买力就可大大增加，搞不好还会大大地减少，这是被事实证明了的。"①这就是所谓边币少了的真义。排挤法币以占领流通阵地，是边区金融工作的一个重要目标。

但是，当时还不能禁止法币在边区的流通，因为还需要利用它的积极作用。

曹菊如比较了边币和法币的优劣。首先，他强调边币优于法币，"根据在于边区生产不断地发展，边币的发行又有充分的物资保证，别的不去说它，只要用一定数量的货物就可以把已发行的边币全部收回，而这个力量现在我们是能够拿得出来的。边币有这样充足的保证，其信用基础不弱于任何国家十足准备的票子……而法币呢？如果没有帝国主义的帮助，就有垮台的可能，如果法币垮台，我们坚信边币是不会跟着它垮的。"②曹菊如也承认法币有优于边币的地方。他说："今天法币的好处在于'腿长'，它不但在大后方独占市场，而且以优于边币的姿态在边区内流通，占边区市场达一半以上……法币在边区里可以买到东西，在友区也可以买到东西；而边币则只能在边区内买到东西，到友区就不行了。"③为了掌握必需的物资进入边区，必须利用法币这一"腿长"的优点。边区应采取的金融政策是："承认法币的某些优点，而设法削弱之；承认边币的某些不足，而设法弥补之。这样就要掌握实力，取得主动权，保持法币为我所控制，并为我所利用，在利用法币的基础上予以削弱打击。"④

---

① 曹菊如：《边币问题》，《曹菊如文稿》，第 60 页。
② 同上。
③ 同上书，第 60—61 页。
④ 同上书，第 63 页。

第二十三章　全国性抗战中后期和解放战争时期的货币理论(下)

《陕甘宁边区抗战时期关于金融问题的一些经验》是在抗日战争结束时,由曹菊如主持撰写的一份陕甘宁边区金融工作的总结。其中对于边币的发行问题进一步作出了理论分析。

当时,边区称法币为"外汇",边区银行用边币可以无限制兑换法币的办法来稳定边币和法币的比价。"这样,边币与法币的关系,就近似银行兑换券与硬币的关系。其实质就是法币的兑换券。"① 为了保证边币能够兑换到法币,边区银行必须有相当数量的法币准备金。准备金太多,对银行是一种损失;准备金太少,又不能满足无限制兑换的需要。曹菊如指出"按照发行量规定固定比例的准备金方法,已证明不合实际";"照兑出法币量占发行量的比例来规定准备金比例的方法,也证明不可靠"②。最后从实践中总结出了一个"可能是比较可靠的方法",就是找出一个适当的数目,在这个数目以下的完全不要法币准备,在这个数目以上的就要百分之百的法币准备。"我们拟定在总发行量中不要法币准备金的部分,其数目是等于一九四〇年底发行总额购买力的百分之八十五,就是说在购买力指数中可以除去八十五不要法币准备金,此外就要百分之百的法币准备金。为此,如购买力指数达到等于一九四〇年底发行总额购买力百分之一百九十时,就要等于一九四〇年底发行总额购买力百分之一百零五的法币准备金,即等于全部发行量百分之五十五的法币准备金。又如发行购买力指数只百分之一百一十时,只要等于一九四〇年底发行总额购买力百分之二十五的法币准备金,即等于全部发行量百分之二十二点六的法币准备金。"③ 这种准备办法相当

---

① 曹菊如:《陕甘宁边区抗战时期关于金融问题的一些经验》,《曹菊如文稿》,第74页。
② 同上书,第83—84页。
③ 同上书,第84—85页。

于金属货币流通制度下银行券发行的超额准备法。用一种纸币作为另一种纸币的准备,并求出行之有效的计算准备数量的办法,这确是从当时的中国国情出发的一个独特的创造。

边币流通的一个重要问题是贬值严重,如何解决它呢?当时存在三种主张:一是提高边币对法币的比价;二是稳定在边币和法币的比价上;三是稳定在物价上。曹菊如主张"以稳定在现有的物价上为目标,但在实现这个目标之前,先以稳定在边、法币一定的比价上为第一个步骤"①。先稳定边、法币比价的好处是可以增加边币的发行,"如果外汇能继续保证,在两三个月内增加等于二月底边币发行总额购买力一倍以上是没有问题的……到那时再谈提高,也就有了真正的实力作基础"②。曹菊如指出:"最后的答案是,稳定在物价上不可能,稳定在比价上很需要。"理由有二:"(1)一般说战时物价必涨;(2)边区主要物资靠外来,外涨内必涨。"③稳定边、法币比价的办法就是按上述比例留足法币准备金。

曹菊如指出:"在法币价值不断跌落的情况下,求比价稳定,实际上就是通货膨胀。"④但边区的公务人员供给实物,工人工资以实物计算,靠利息生活的人很少,只有农民难免受到剪刀差扩大的影响。"所以通货膨胀对于边区国民生计的影响,比之国民党统治区域以及一切资本主义国家,其程度要轻得多。"⑤

对于边币的发行量,曹菊如也提出了自己的主张。他说:"半年以前我们曾主张过,边币的可能容纳量要看兑出的法币量来决定。如每月兑出法币数超过当月发行数,就证明发行量超过社会流通必

---

① 曹菊如:《边币问题》,《曹菊如文稿》,第70页。
② 同上书,第71页。
③ 曹菊如:《陕甘宁边区抗战时期关于金融问题的一些经验》,同上书,第77页。
④ 同上书,第80页。
⑤ 同上书,第81页。

需量。现在证明这一看法也不可靠"①。他主张将实际流通量的购买力指数定在140％左右,超过或低于这个指数,就表明货币发行过多或通货不足。这数字是从长期实践经验中得出的,因为在实践中,购买力指数超过150％还继续发行,就会使物价上涨(超过国民党统治区的上涨);而不到130％还继续收缩,就会筹码不足。

1946年,曹菊如前赴接管东北,在筹建热河省银行时,他就如何夺取伪满币市场,使边币能够巩固地流通于全省的问题发表了意见。他主张:"运用各种方法(包括利用伪币打击伪币在内)推行边币,开拓边币流通市场,使打击伪币、驱逐伪币成为推行边币的必然结果。"②其进程可分为三个步骤:"第一,广泛地准许边、伪币同流和实行无限制的自由兑换。""第二,从部分地区开始,逐渐实行禁用,但仍用各种方式兑换,其目的在于逐渐达到边币在全省范围内巩固地独占市场。""第三,肃清伪币,并把它驱逐出境。"③为实现这个目标,他要求贸易公司和公营商店用物资充分支持边币,要求银行准备足够数量的边币支持兑换,实事求是地实行灵活变化的牌价政策。这是在新形势下为更有力地打击和肃清伪币而制定的货币政策,它积极配合了东北解放区的巩固和建设事业,也为全国其他地区的新金融工作提供了可贵的经验。

第四节　薛暮桥的货币理论

薛暮桥,1904年生,江苏无锡(治今无锡市城区)人。第一次国

---

① 曹菊如:《陕甘宁边区抗战时期关于金融问题的一些经验》,《曹菊如文稿》,第90页。
② 曹菊如:《对热河省金融问题的初步意见》,同上书,第103—104页。
③ 同上书,第104—105、107页。

内革命战争时期参加中国共产党。1931年,参加中国农村调查工作,主编《中国农村》杂志;1938年加入新四军,参加华中敌后抗敌斗争;1943—1947年在山东抗日根据地任省政府秘书长兼工商局长;新中国成立后,历任政务院财政经济委员会秘书长、工商管理局局长、国家计委副主任、国家统计局局长、全国物价委员会主任、国务院发展研究中心名誉主任等职。著作有《中国农村经济常识》、《中国国民经济的社会主义改造》、《抗日战争时期和解放战争时期山东解放区的经济工作》、(以下简称《山东解放区的经济工作》)、《中国社会主义经济问题研究》、《我国物价和货币的研究》等。

薛暮桥在领导山东解放区经济工作期间,对抗日根据地的对敌货币斗争、解放区货币制度等问题曾有详细的论述,还对法币和金圆券的破产和人民新货币的产生进行了分析。这些论述和分析都汇集在新中国成立后出版的《山东解放区的经济工作》一书中。

薛暮桥高度重视货币斗争在革命战争中的作用。他指出:"敌我货币斗争的胜负,从根本上说是决定于敌我军事上、政治上的斗争的胜负,是敌我军事、政治、经济斗争的组成部分。但是,货币斗争有它自己的特殊规律,有在总路线、总政策指导下的特殊政策。货币斗争的胜负,对军事、政治斗争的胜负也起一定的反作用。"① 这里所说的敌我货币斗争,是指抗币(山东解放区的抗币为北海银行发行的北海币)同法币、伪币(山东地区主要是敌伪中国联合准备银行发行的联银券)之间的斗争。山东解放区的货币斗争大体上分为两个时期:在1941年12月太平洋战争爆发以前,北海币的发行数量很少,法币在解放区可以自由流通,斗争还不尖锐;太平洋战争爆发以后,法币的贬值加剧,而日本侵略者又向解放区排挤法币,使

---

① 薛暮桥:《山东抗日根据地的对敌货币斗争》,《山东解放区的经济工作》,山东人民出版社1984年增订版,第169页。

法币贬值更为严重,因而斗争也趋于激化。"在这样的情况下,抗日民主政府不得不采取断然的措施,排挤法币,禁用伪币,大量发行抗币,建立独立自主的抗币市场。"①

对敌货币斗争需要政治力量和经济力量的结合。薛暮桥指出:"货币斗争的胜利,首先建筑在政治力量与经济力量的结合上。所谓政治力量,是用法令来限制或规定某些经济活动,使之合于抗战和人民的利益……政治力量用得过多,则人民的经济活动所受限制过大,困难亦必增加。""所谓经济力量,即掌握货币或物资,通过市场的自然规律,去左右市场和人民的经济活动,使他合于我们所预期的要求。"经济力量的"效果有时比政治力量更大,如果把政治力量与经济力量适当结合起来,则能发挥更巨大的斗争力量"。②薛暮桥还强调,经济斗争主要还是要依靠经济力量。把政治斗争放在适当地位,不过分夸大政治斗争的作用,是薛暮桥经济管理工作的一个很重要的特点。

这一认识表现在对敌货币斗争上,就是不单纯依靠行政命令来取胜。薛暮桥批评当时的一种错误认识说:"有些同志把压低法币伪币的比价作为我们货币斗争的基本方针,把法币伪币的比价压得愈低愈好,这个思想是错误的。"③他分析说:"法币伪钞币值的跌落,主要是他们本身的通货膨胀,和军事上政治上的失败所促成的,单靠我们压低法币伪币比价,并不能把它们打击下去……今天法币的流通是全国性的,法币的币值在全国范围内是相当一致的,一个地区的单独压价,并不能起多大影响,亦不可能长久支持。"④主观

---

① 薛暮桥:《山东抗日根据地的对敌货币斗争》,《山东解放区的经济工作》,第171页。
② 本段引文见薛暮桥:《山东工商管理工作的方针和政策》,同上书,第233—234页。
③ 薛暮桥:《山东抗日根据地的对敌货币斗争》,同上书,第175页。
④ 薛暮桥:《山东解放区的财政经济工作》,同上书,第20页。

地压低比价不仅不可能长久支持,而且对根据地的经济还起着有害的作用。因为比价过低不利于根据地商品的出口,这样就会造成贸易入超,法币伪币供不应求,法币伪币的市场比价就自然上升,以致在货币斗争中变主动为被动。薛暮桥主张货币斗争必须以稳定物价为目标。战争期间,物价不可能完全稳定,但要"保持物价的平稳上升,希望每年上涨不要超过一倍,而且逐渐上升,避免波动"①。他把货币斗争的基本方针定为:"巩固独立自主的抗币市场,稳定根据地的物价,借以保障生产发展,安定人民生活,而不是压低法币伪币的比价。"②法币、伪币比价的降低主要决定于它自身的贬值程度,而不是其他。

实行了这一方针,使山东解放区的货币斗争取得了重大的胜利:1943年把几亿元法币排挤出山东解放区,1945年又把几十亿元伪币排挤出山东新解放区,换回了同等价值的敌占区物资,对改善解放区的物资供应起了重大的作用。

薛暮桥把抗币有效地驱逐法币和伪币称为"良币驱逐劣币"。他说:"资产阶级经济学家曾经发明'劣币驱逐良币'规律。在市场上使用金属货币,劣币(含金量不足的货币)与良币等价流通时候,良币会自动退出市场,被人贮藏起来。如果市场上流通的是不兑现的纸币,各种纸币按照不同的比价流通,那么情况就会相反,不是'劣币驱逐良币',而是'良币驱逐劣币'(不断贬值的纸币)。"③这规律在中国货币理论史上还是第一次提出。它说明的是不兑现纸币同金属货币具有不同的流通规律。金属货币的劣币驱逐良币是由于人们在使用时不愿支付良币,而纸币的良币驱逐劣币则由于人们

---

① 薛暮桥:《山东解放区的财政经济工作》,《山东解放区的经济工作》,第17页。
② 薛暮桥:《山东抗日根据地的对敌货币斗争》,同上书,第175页。
③ 同上书,第179页。

第二十三章 全国性抗战中后期和解放战争时期的货币理论(下)

在使用时不愿收受劣币。

如何稳定物价,薛暮桥指出应做到三点:① 要调节抗币的发行数量,使它能适应市场流通需要,而"在这一问题上的关键,是要作到财政上的收支平衡"①。② 要以重要的物资来作发行的准备。他说:"根据我们几年来的经验,在今天战时的农村的情况下,金银对货币并不能起多大的作用,而真正起作用的是几种重要物资。"②"持有抗币的人民所关心的不是抗币能够换回多少金银,更不是能够换回多少美元或英镑,他们关心的是能够换回多少粮食、棉布等日用必需品。"③③ 要统一领导全省的银行工作。

这种用重要物资作准备的办法,薛暮桥称之为"物资本位"。他在回答当时一位外国记者的提问时说:"我们采取的是'物资本位'。抗日民主政府控制货币发行数量,勿使超过市场流通需要。我们每发行一万元货币,至少有五千元用来购存粮食、棉花、棉布、花生等重要物资。如果物价上升,我们就出售这些物资来回笼货币,平抑物价。反之,如果物价下降,我们就增发货币,收购物资。我们用这些生活必需品来作货币的发行准备,比饥不能食,寒不能衣的金银优越得多。"④

"物资本位"相当于廖仲恺所说的"货物本位",但两者又有区别。廖仲恺把金、银包括在准备货物之内,薛暮桥则不包括。更主要的,两人的纸币发行办法不同。廖仲恺主张掌握多少物资就发行多少纸币,而且出售货物所获得的纸币,除盈余外都要销毁。这种发行办法完全受货物准备的限制。而薛暮桥主张的纸币发行则完

---

① 薛暮桥:《山东解放区的财政经济工作》,《山东解放区的经济工作》,第17页。
② 同上书,第18页。
③ 薛暮桥:《山东抗日根据地的对敌货币斗争》,《山东解放区的经济工作》,第174页。
④ 同上书,第175页。

全视市场需要而定,不受政府手中物资准备多少的限制,而且收回的纸币还可以继续投放于市场。显然后一种发行办法是正确的。这是因为两人所处的历史条件不同。20世纪的最初20年,不兑现纸币流通还被视为特殊的例外,所以提出这一主张的人,包括孙中山、朱执信、廖仲恺等,他们所设想的纸币流通制度都不可避免地存在着许多漏洞。而到30年代以后,不兑现纸币流通已成为普遍的社会现象,再加上抗日根据地货币流通的实践经验,就使薛暮桥能够提出切实可行的纸币发行办法。

薛暮桥的纸币发行办法是正确的,但"物资本位"这个名称仍不是一个科学的概念,因为这些物资并不起价值尺度的作用。这一点同廖仲恺的"货物本位"存在着同样的缺点。薛暮桥说:"马克思说货币是各种商品的一般等价物。货币不一定同金银联系,也可以同其他商品联系。只要我们适当控制抗币的发行数量,并掌握着充分的物资,能够在必要时用来回笼货币,平抑物价,就完全可以使抗币为人民所信任。"[1]这段话从严格理论意义上来看是有缺点的,因为货币"同金银联系"和"同其他商品联系"已不属于同一范畴,前者指货币以何者为价值尺度的问题,后者指用何者来维持货币的购买力问题。薛暮桥将两者混而为一了。

薛暮桥对纸币的价值确实没有作深入的探讨。他认为:"币值的客观标准就看物价是否稳定。物价上涨就是币值跌落,物价下降就是币值上升"。又说:"在市场上流通的是不兑现的纸币时候,货币所代表的价值就主要决定于它的发行数量。"[2]这是一种直观的解释。他否定了当时解放区的纸币是金属货币的符号的论点,但没

---

[1] 薛暮桥:《山东抗日根据地的对敌货币斗争》,《山东解放区的经济工作》,第174—175页。

[2] 同上书,第177页。

第二十三章　全国性抗战中后期和解放战争时期的货币理论(下)

有对这种纸币代表什么价值作出理论上的分析。从20世纪30年代开始的各国纸币流通制度,标志着纸币不再是金属货币的价值符号的时代的到来,薛暮桥实际上已提出了这个观点。只是他当时的着眼点只能是中国解放区的情况,而其理论的精神却符合纸币理论发展的方向。

有时,薛暮桥又把解放区的货币制度称为"管理通货制"或"物价本位制"。他说:"有人询问我们采用的是什么货币制度,什么本位制度。我们可以这样答复,我们采用'管理通货制','物价本位制'。我们的本币既不是同金银保持一定联系……更不是同法币伪钞保持一定联系,我们的本币是与物价联系,是把物价指数(不是某一种商品的指数,而是若干种重要商品的总指数)作为我们决定币值高低的标准。"①"物价本位"和"物资本位"含义并不完全一样,"管理通货"则根本排除了"本位"的概念。几种名称的同时使用,表明了他对这些名称还没有作出严格的区分。

1949年3月,薛暮桥写了《从"法币"到"金圆券"》和《解放区人民的新货币》,分析了国民政府所发行的"法币"和"金圆券"破产的原因和人民新货币的特点。

薛暮桥认为法币的严重膨胀有四个原因:"第一由于在帝国主义、封建主义和官僚资本主义的重重掠夺下,农业工业生产不但不能发展,而且迅速衰落,使货币制度所依托的经济基础根本动摇……第二由于贪污浪费及反民主、反人民、反共的罪恶战争,使其财政亏空日益巨大……第三由于生产衰落,和国民党反动派政府放任美货倾销侵占中国市场,以致对外贸易的入超日益增加……第四以蒋宋孔陈四大家族为首的官僚资本集团,不但不来平稳物价,而

---

① 薛暮桥:《山东工商管理工作的方针和政策》,《山东解放区的经济工作》,第228页。

且推波助澜,带头投机囤积,以便从混乱中猎取巨额利润"[①]。法币破产后,国民政府又发行金圆券,然而"通货膨胀不但没有停止,反而加速度的进行"[②]。他预言"眼看着不出一年,蒋币将与国民党反动派的罪恶统治,同被送入坟墓"[③]。这预言已为历史所证实。

关于人民新货币——人民币的产生,薛暮桥指出有两个特点:其一是各解放区被分割封锁,原有的经济联系很少,因而各地的货币也不统一,随着解放区的扩大和连接,有必要进行货币统一工作;其二是始终未和金银发生联系,是用粮食、布、棉等重要物资作保证的,是一种完全独立自主的货币。

解放区的物价平稳,同国民党统治区形成了鲜明的对比。薛暮桥指出:"如去年(1948年)全年蒋区物价上涨了一千几百倍,而我解放区的物价则仅上涨了一倍到三倍。冀南币、北海币与蒋币的比价,前年十二月还是一比三十,到去年十二月底已经变为一比三万(法币)。这不能不说是我们货币政策的巨大的成功!"[④]最后,他归纳两种货币的不同本质和不同结果说:"蒋币是帝国主义、封建主义、官僚资本主义统治的产物,它是国民党反动派掠夺人民的重要工具,所以它必然会跟随着国民党反动统治的崩溃而崩溃。解放区新货币则是反帝国主义、反封建主义、反官僚资本主义的新民主主义的产物,它保护着广大人民的利益,且系新民主主义经济发展之一重要保证,所以它必然会跟随着新民主主义革命的胜利而日益巩固。"[⑤]

---

① 薛暮桥:《从"法币"到"金圆券"》,《山东解放区的经济工作》,第197—198页。
② 同上书,第198页。
③ 同上书,第200页。
④ 薛暮桥:《解放区人民的新货币》,《山东解放区的经济工作》,第202—203页。
⑤ 同上书,第204页。

图书在版编目(CIP)数据

中国货币理论史/叶世昌等著. —上海:复旦大学出版社,2022.7
ISBN 978-7-309-16117-5

Ⅰ.①中… Ⅱ.①叶… Ⅲ.①货币史-中国 Ⅳ.①F822.9

中国版本图书馆 CIP 数据核字(2022)第 013525 号

中国货币理论史
叶世昌 等 著
责任编辑/戚雅斯

复旦大学出版社有限公司出版发行
上海市国权路 579 号　邮编:200433
网址:fupnet@ fudanpress.com　http://www.fudanpress.com
门市零售:86-21-65102580　团体订购:86-21-65104505
出版部电话:86-21-65642845
江阴市机关印刷服务有限公司

开本 787×1092　1/16　印张 41.25　字数 475 千
2022 年 7 月第 1 版第 1 次印刷

ISBN 978-7-309-16117-5/F·2874
定价:128.00 元

如有印装质量问题,请向复旦大学出版社有限公司出版部调换。
版权所有　侵权必究